AF432202

N° 118

Abril – Junio 2009

*Director Fundador: Allan R. Brewer-Carías*
*Editorial Jurídica Venezolana*

SUMARIO

JURISPRUDENCIA

Información Jurisprudencial



Comentarios Jurisprudenciales



ÍNDICE

Revista de Derecho Público
N° 1 (Enero/marzo 1980)
Caracas. Venezuela

Publicación Trimestral

Hecho Depósito de Ley
Depósito Legal: pp 198002DF847
ISSN: 1317-2719
1. Derecho público–Publicaciones periódicas



*Normas para el envío de originales*

La Revista de Derecho Público aceptará artículos inéditos en el campo del derecho público. Los artículos deberán dirigirse a la siguiente dirección secretaria@revistadederechopublico.com

*Se solicita atender a las normas siguientes:*

1. Los trabajos se enviarán escritos a espacio y medio, con una extensión aproximada no mayor de 35 cuartillas tamaño carta.

2. Las citas deberán seguir el siguiente formato: nombre y apellidos del autor o compilador; título de la obra (en letra cursiva); volumen, tomo; editor; lugar y fecha de publicación; número de página citada. Para artículos de revistas u obras colectivas: nombre y apellidos del autor, título del artículo (entre comillas); nombre de la revista u obra colectiva (en letra cursiva); volumen, tomo; editor; lugar y fecha de publicación; número de página citada.

3. En su caso, la bibliografía seguirá las normas citadas y deberá estar ordenada alfabéticamente, según los apellidos de los autores.

4. Todo trabajo sometido deberá ser acompañado de dos resúmenes breves, en español e inglés, de unas 120 palabras cada uno y con una palabras clave (en los dos idiomas)

5. En una hoja aparte, el autor indicará los datos que permitan su fácil localización (N° fax, teléfono, dirección postal y correo electrónico). Además incluirá un breve resumen de sus datos académicos y profesionales.

6. Se aceptarán para su consideración y arbitraje todos los textos, pero no habrá compromiso para su devolución ni a mantener correspondencia sobre los mismos.

La adquisición de los ejemplares de la Revista de Derecho Público puede hacerse en la sede antes indicada de la Fundación Editorial Jurídica Venezolana, o a través de la librería virtual en la página web de la Editorial: http://www.editorialjuridicavenezolana.com

La adquisición de los artículos de la Revista en versión digital puede hacerse a través de la página web de la Revista de Derecho Público: http://www.revistadederechopublico.com

Las instituciones académicas interesadas en adquirir la Revista de Derecho Público mediante canje de sus propias publicaciones, pueden escribir a canje@revistadederechopublico.com

La Revista de Derecho Público se encuentra indizada en la base de datos CLASE (bibliografía de revistas de ciencias sociales y humanidades), Dirección General de Bibliotecas, Universidad Nacional Autónoma de México, LATINDEX (en catálogo, Folio N° 21041), REVENCYT (Código RVR068) y DIALNET (Universidad de la Rioja, España).

Portada: Lilly Brewer (1980)

Diagramado y montaje electrónico de artes finales: Mirna Pinto,
en letra Times New Roman 9,5, Interlineado 10,5, Mancha 20x12.5

Hecho el depósito de Ley
Depósito Legal: DC2017000542
ISBN Obra Independiente: 978-980-365-382-8

Impreso por: Lightning Source, an INGRAM Content company
para Editorial Jurídica Venezolana International Inc.
Panamá, República de Panamá.
Email: ejvinternational@gmail.com

ESTUDIOS

# Artículos

## *Democracia representativa y economía de mercado en el Mercosur*

Roberto Chacón de Albuquerque
*Doctor en Derecho por la Universidad de São Paulo,
Profesor de la Universidad Católica de Brasília*

**Resumen**: *En este artículo, el autor analiza el fenómeno de la inestabilidad institucional histórica del Cono Sur, planteando sus causas y consecuencias. Partiendo del supuesto de que la democracia representativa y la economía de mercado han constituido más la excepción que la regla en la región, la cual ha sido plagada históricamente por dictaduras civiles y militares, se subraya el hecho de que la normalidad institucional es el camino de renovación y éxito para la moderna democracia social. La legitimidad del Mercosur se vincula al predominio de la racionalidad política y económica sobre la intuición salvacionista.*

Abstract: *In this article, the author analyzes the phenomenon of institutional instability in the history of the Southern Cone, inquiring into its causes and consequences. Taking into consideration that representative democracy and market economy habe been more the exception than the rule in the region, it is highlighted that institutional normality is the path towards renovation and success aiming at modern social democracy. The legitimacy of Mercosur is connected to the predominance of political rationality over salvationist intuition.*

SUMARIO



## I.   INTRODUCCIÓN

En el siglo pasado, los países del Cono Sur han vivenciado la democracia y la economía de mercado solamente de forma esporádica y casual. La inestabilidad política y económica ha sido la regla. Dictaduras civiles y militares, violaciones de derechos humanos, cambios de moneda, inflación galopante, largos períodos de recesión seguidos de cortos períodos de crecimiento, estatización parcial de los medios de producción, proteccionismo contra la importación de productos extranjeros, corrupción sistémica, asistencialismo, descrédito generalizado de las instituciones. Periódicamente, los países del Cono Sur han sido el palco escénico del surgimiento de gobiernos autoritarios que prometían con el derrumbe del orden vigente la instalación de un ciclo virtuoso de desarrollo productivo con la valorización de la vida y de la dignidad humana. El precio a pagarse en tales procesos de modernización autoritaria con efectos dudosos y contraproducentes ha sido siempre la renuncia a la libertad. Para que se diera un salto cualitativo y cuantitativo en las relaciones sociales, para que se transformara positivamente el proceso de producción de bienes y servicios, había que renunciar siempre a la democracia representativa y a la economía de mercado. Tanto el pluralismo político como el pluralismo económico eran considerados responsables por todos los males y miserias de la sociedad. Instrumentos de fachada utilizados por grupos oligárquicos, ajenos a la movilización popular, listos para controlar el Estado en su propio provecho. Movimientos de derecha e izquierda recurrieron a esta estrategia política para acceder al poder. Ninguno de ellos ha sido sostenible ni político ni económicamente. Su legado han sido deudas impagables y generaciones perdidas, sin perspectivas de mejora social.

Incapaces de reglar y solucionar institucionalmente sus conflictos y contradicciones, los países del Cono Sur han sido presas de la desesperación, entregándose a propuestas de salvación milagrosa. En Brasil, este fenómeno es conocido como sebastianismo. El sebastianismo es originariamente un movimiento místico que con el pasar del tiempo se dotó de una proyección política. Empezó en Portugal a partir de la segunda mitad del siglo XVI, con el desaparecimiento en 1578 del rey Don Sebastián en la Batalla de Alcazarquivir, entre fuerzas portuguesas y marroquíes. Esta batalla tuvo secuelas perduraderas para Portugal. Con el desaparecimiento del rey Don Sebastián, nacía el mito del sebastianismo. La idea de que el rey Don Sebastián volvería para regir Portugal. Por falta de herederos, el trono portugués terminó en las manos de su primo, el rey Felipe II, un Habsburgo español. Para el pueblo de Portugal, el rey Don Sebastián continuaba vivo. Llegado el momento oportuno, él volvería para asumir el trono y expulsar a los extranjeros usurpadores, restituyendo la soberanía nacional. Uno puede afirmar que el sebastianismo es fundamentalmente un mesianismo más político que religioso. Inconformado con el *status quo*, con el régimen político vigente, con las instituciones que regulan la lucha por el poder y su ejercicio, se anhela una salvación milagrosa a través de un líder carismático. Explotando la credulidad popular, oportunistas se presentaron como el rey oculto, como la encarnación del rey Don Sebastián, al pueblo de Portugal. Casi un siglo después de su desaparecimiento, la independencia portuguesa es restaurada en 1640. El sebastianismo no llega a su término. Se transmuda en la creencia de la llegada de un político bueno que pondrá fin a la iniquidad.

El salvacionismo político ha sido una característica recurrente en los países del Cono Sur. Basado, en la creencia de que solo a partir del Estado con un liderazgo autoritario, se puede cambiar la sociedad, él ha sabido acompañarse, de la renuncia popular a la democracia representativa y a la economía de mercado para acelerar el proceso de consolidación del nuevo orden. A menudo, el Congreso Nacional, la institución a la cual deben convergir las más variadas posiciones ideológicas, constituyendo un espacio de manifestaciones y soluciones democráticas, ha sido embridado o cerrado. En este proceso, constituciones han sido reformadas o sustituidas en un crescente continúo de tensión política. Brasil no ha constituido una excepción en este cuadro perturbador. Al largo del siglo pasado, la inestabilidad política y económica ha plagado la historia brasileña de manera similar a lo que ocurrió con los demás países del Cono Sur.

## II.   INESTABILIDAD INSTITUCIONAL

Solamente en siglo pasado, Brasil tuvo seis constituciones. Si uno agrega las dos constituciones del siglo XIX, el número total en la historia brasileña ha sido de ocho constituciones. La inestabilidad constitucional ha sido tan grande que las constituciones pasaron a ser reconocidas por la sociedad por su año de adopción. La Constitución de 1934, la Constitución de 1937, la Constitución de 1946, la Constitución de 1967, la Constitución de 1969, la Constitución de 1988. A los movimientos revolucionarios responsables por estos cambios constitucionales no les habría gustado que estas constituciones sean identificadas con números, sino con los nombres de sus líderes o de las ideas maestras que encuadraron estos movimientos, pero esto no sucedió. Los nombres de los líderes y las ideas maestras se perdieron en el tiempo, solo quedando números.

La Constitución de 1934 ha sido promulgada por la Asamblea Nacional Constituyente de 1934, tras la Revolución de 1930. Para que esta Constitución haya sido aprobada, ha sido necesaria otra revolución, la Revolución Constitucionalista de 1932, en São Paulo, la cual ha sido derrotada por el gobierno central y dictatorial. Hasta la adopción de la Constitución de 1934, las decisiones de éste eran tomadas por decreto. Actualmente, esta constitución es reconocida como un placebo que careció de valor democrático directo. Ha sido promulgada para superar el anhelo de cambio institucional de la Revolución Constitucionalista de 1932. Un poco más tarde, cerca de tres años después, la Revolución de 1930 hizo conocer su verdadera plataforma constitucional. La Constitución de 1937, que ha sido otorgada por el gobierno central, y no promulgada por una Asamblea Constituyente, implantó la dictadura civil. Durante casi una década, Brasil vivió bajo un régimen de excepción técnicamente constitucional. Con la caída de esta dictadura civil, en la cual los militares ejecutaron un rol accesorio y secundario, se adoptó una nueva constitución, la Constitución de 1946. Promulgada por una Asamblea Constituyente, ella consagró libertades y derechos individuales de los cuales la Constitución de 1937 carecía. La Constitución de 1946 no tendría una vida larga. Un golpe militar, el 1º de abril de 1964, instalaría un largo periodo de dictadura sin resistencia popular. Bajo presión militar, el Congreso Nacional, transformado en Asamblea Constituyente, elaboró una constitución, la Constitución de 1967, que legalizó la toma de poder por los militares. La Constitución de 1967 ha sido, hasta ahora, la de más corta duración. De la misma manera que la Constitución de 1934, ella constituyó una tentativa de legitimación institucional de una dictadura antes del profundizamiento del régimen de excepción con medidas arbitrarias en contra de los derechos humanos.

Si la Constitución de 1934 ha sido sustituida por la Constitución de 1937, la Constitución de 1967 ha sido igualmente reemplazada, con un interregno casi idéntico, por la Constitución de 1969, mediante una enmienda constitucional, consolidando la dictadura militar. Las libertades civiles fueron restringidas, la censura fue establecida, derechos políticos fueron suspendidos. Mientras la Constitución de 1946 dio forma, bajo un punto de vista constitucional, a un proceso de redemocratización tras la caída de una dictadura civil, otra constitución, la Constitución de 1988 inauguró otro proceso de redemocratización, de esta vez tras la caída de una dictadura militar. Promulgada por una Asamblea Constituyente, la Constitución de 1988 fundamentó el nuevo régimen democrático. La democracia representativa se estableció con la elección directa y secreta del presidente de la República, de los gobernadores de los Estados, de los prefectos municipales y de los representantes del Poder Legislativo, consagrándose además la independencia y armonía de los tres poderes constituidos. Al mismo tiempo en que se amplió el elenco de derechos sociales, se instituyó un orden económico basado en la economía de mercado, en la libertad de iniciativa. Como suele ocurrir en periodos de redemocratización, afloran demandas de satisfacción de necesidades sociales anteriormente reprimidas. Como consecuencia, la Constitución de 1988 es una de las más largas del mundo. Cuenta con 250 artículos, además de los 96 artículos del Acto de las Disposiciones Constitucionales Transitorias. En veinte años, hubo 57 enmiendas a esta Constitución, subrayando el hecho de que no se ha todavía logrado sedimentar la normalidad institucional.

Esta sucesión de nuevas constituciones y el propio proceso de reforma de las constituciones vigentes es un fenómeno que caracteriza la inestabilidad política y económica de los países del Cono Sur. Sirven muchas veces más para legitimar cambios de poder y procedimientos de control del pueblo que para impulsar períodos de renovación sostenible de la sociedad. Muchos movimientos revolucionarios tuvieron como resultado solamente el cambio de la oligarquía vigente, con su sustitución por otra oligarquía civil o militar supuestamente más progresista y humana. Sus propuestas y promesas prerrevolucionarias necesitaban ser plasmadas en un texto constitucional que las recogiera, consolidara y organizara para conquistar el apoyo de la opinión pública todavía recelosa de más un cambio de reglas. La mencionada inestabilidad política y económica se hizo acompañar siempre por la inseguridad jurídica. Si las normas constitucionales cambiaban, lo mismo se puede decir, con aún más rapidez, de las normas infraconstitucionales, legitimándose así a menudo el asistencialismo, la corrupción y la violación de derechos humanos. En este proceso recurrente, el enemigo de los cambios ha sido muchas veces identificado como siendo el extranjero. Declaradamente o no, las dictaduras civiles y militares del Cono Sur han sido nacionalistas, no en términos de valorización de los aspectos positivos de la cultura, de la política, de la economía nacional, sino con la identificación del extranjero como responsable por los problemas nacionales.

Hasta el surgimiento del MERCOSUR, el 26 de marzo de 1991, con el Tratado de Asunción, los países del Cono Sur, en la mejor de las hipótesis posibles, vivían de espaldas unos a los otros. Sin la redemocratización, no habría MERCOSUR. Antes de estrechar lazos recíprocos, las dictaduras civiles y militares han fomentado explícita o implícitamente la rivalidad entre estos países a punto de, en momentos críticos, la posibilidad de guerra no ser descartada del escenario militar. En la década de los setenta, hubo hasta un mismo principio de carrera nuclear entre los regímenes militares, que se agotaban en búsqueda de legitimación. Más que un proyecto comercial, para promover el libre intercambio de bienes, personas y capital entre los países que lo integran, el MERCOSUR es un proyecto político con afán de superación de rivalidades, sumando esfuerzos para la promoción de la democracia representativa y de la economía de mercado en los Países Miembros con participación de las organizaciones de la sociedad civil.

## III. DEMOCRACIA REPRESENTATIVA

La importancia de la democracia representativa ha sido resaltada desde la Declaración de Iguazú, el acuerdo que sirvió de base para la integración regional, suscrita el 30 de noviembre de 1985. La redemocratización tanto en Argentina como en Brasil era un fenómeno reciente. Pocos días antes de asumir el cargo, el primer presidente civil de Brasil desde la dictadura militar, Tancredo Neves, había muerto. Los entonces mandatarios de Argentina y Brasil, Raúl Alfonsín y José Sarney, los próceres del MERCOSUR, se reunieron para prestarle un homenaje. "El presidente de la República Argentina, Dr. Raúl Alfonsín, y el presidente de la República Federativa del Brasil, Dr. José Sarney, procedieron a la inauguración solemne, el 29 de noviembre de 1985, del puente internacional que une la ciudad de Puerto Meira en el Brasil con la de Puerto Iguazú en la República Argentina" (ítem 1). El nombre escogido, "Puente Tancredo Neves", el fallecido estadista brasileño, estaba cargado de simbolismo histórico, por remitir "a su trayectoria política imbuida de valores democráticos, de solidaridad y de cooperación latinoamericana" (ítem 2). El valor intrínseco de la democracia representativa ha sido explícitamente reconocido. "Destacaron que, dentro de la tradición de continuidad de la relación bilateral, los éxitos recientemente alcanzados por las dos naciones en sus respectivos procesos de consolidación democrática han traído condiciones particularmente propicias para el perfeccionamiento de sus vínculos en sus más variados sectores, como así también para una colaboración más íntima y estrecha en el plano internacional (ítem 16).

Antes del proceso de redemocratización, la integración regional no habría sido posible. En la mejor de las hipótesis, durante la dictadura militar, los países de la región se miraban unos a los otros con una desconfianza respetuosa. No hay registros de guerras entre países democráticos. Lo mismo no se puede decir de guerras entre países dictatoriales y de guerras entre países democráticos y países dictatoriales. Los entonces mandatarios crearon una Comisión Mixta con representantes gubernamentales y empresariales, un mecanismo que dio impulso a la integración, "para examinar y proponer programas, proyectos y modalidades de integración económica" (ítem 19). La modalidad de integración escogida ha sido precisamente la intergubernamental. "Por último, los presidentes Raúl Ricardo Alfonsín y José Sarney reafirmaron enfáticamente que el proceso de democratización que vive el continente debe reconducir a una mayor aproximación e integración entre los pueblos de la región" (ítem 32).

En la misma fecha de suscripción de la Declaración de Iguazú, los mandatarios firmaron la mencionada Declaración Conjunta sobre Política Nuclear, "que se consustancia con los propósitos pacíficos de los programas de desarrollo de sus países en el campo nuclear y que se enmarca en las mejores tradiciones de cooperación y paz que inspiran a América Latina" (ítem 31). En la Declaración Conjunta sobre Energía Nuclear, suscrita el 30 de noviembre de 1985, los mandatarios reconocieron en los considerando del prólogo "[q]ue la ciencia y tecnología nucleares revisten un valor trascendente en la vida de todo país moderno para impulsar significativamente su desarrollo social y económico" (ítem 1). Más adelante, reconocieron "[q]ue ambos países se han empeñado con esfuerzo durante largos años, en la investigación y en el estudio de la aplicación con fines pacíficos de la energía nuclear; y que ello les ha requerido ingentes inversiones para alcanzar un nivel apreciable de conocimiento que les da acceso en la actualidad a la posibilidad de beneficiar a sus respectivos pueblos con los adelantos que derivan del empleo pacífico de la energía nuclear" (ítem 2). En lugar de perder, los dos vecinos ganarían al compartir experiencias y formular estrategias comunes. "[L]a cooperación entre la Argentina y el Brasil constituirá un multiplicador de los beneficios que recíprocamente pueden obtener del uso pacífico de la energía nuclear; y que permitirá a los dos países enfrentar en mejores condiciones las crecientes dificultades encontradas en el suministro internacional de equipos y materiales nucleares" (ítem 3). Esta cooperación no está circunscrita a Argentina y Brasil. Ella está "abierta a todos los países latinoamericanos que se encuentren interesados en participar de ella" (ítem 4). Más adelante, en la Declaración Conjunta sobre Energía Nuclear, instrumento máximo de la paz nuclear sudamericana, los entonces presidentes de Argentina y Brasil, Raúl Alfonsín y José Sarney, reiteraron: "1. "Su compromiso de desarrollar la energía nuclear con fines exclusivamente pacíficos"; "2. Su propósito de cooperar estrechamente en todos los campos de la aplicación pacífica de la energía nuclear y de complementarse en los aspectos que recíprocamente estimen conveniente acordar"; y "3. Su anhelo de que esta cooperación sea extendida a los otros países latinoamericanos que tengan los mismos objetivos".

Los mandatarios declararon explícitamente: "[s]u decisión de establecer un grupo de trabajo conjunto bajo la responsabilidad de las cancillerías argentina y brasileña, integrado por representantes de las respectivas comisiones y empresas nucleares, para el fomento de las relaciones entre los dos países en esa área, la promoción de su desarrollo tecnológico nuclear y la creación de mecanismos que aseguren los superiores intereses de la paz, la seguridad y el desarrollo de la región, sin perjuicio de los aspectos técnicos de la cooperación nuclear, que continuarán siendo regidos por los instrumentos vigentes". En lugar de rivales, como en la dictadura militar, Argentina y Brasil se tornaron parceros en la generación y explotación de energía nuclear. Sin democracia representativa, nada de esto habría sido posible.

Pocos años después de su nacimiento, el MERCOSUR tuvo que enfrentar un reto político que le serviría para definir su vocación política, poniendo a prueba su capacidad de liderazgo y de fidelidad a sus principios fundantes. El 3 de febrero de 1989, el general Andrés Rodríguez protagonizó un golpe de Estado contra el general Alfredo Stroessner, el cual encabezó una dictadura militar durante casi 35 años. Terminaba así la más larga dictadura de la historia paraguaya. No con una revolución o un levante popular, ni con una transición democrática, sino con un golpe de Estado. La Constitución de 1992 estableció el régimen democrático, incrementando la protección de los derechos humanos. Para el Paraguay, la redemocratización tan poco ha significado una garantía de estabilidad política y económica. Con Juan Carlos Wasmosy, ha sido elegido el 15 de agosto de 1993 un presidente civil. Su gobierno no fue de los mejores en la historia Paraguay. Hubo graves crisis económicas, afectando seriamente a la población. Como en los otros Países Miembros del MERCOSUR, se empezó a percibir que la redemocratización no significaba el término de las crisis, sino un complejo y sofisticado proceso de maduración política y desarrollo intelectual.

En 1996, el general Lino Oviedo, jefe de las Fuerzas Armadas del Paraguay, ha sido acusado de un intento de golpe de Estado para derrocar al presidente Juan Carlos Wasmosy. El general Lino Oviedo ha sido alejado del Ejército, acusado de encabezar la tentativa de golpe de Estado, siendo enseguida encarcelado y enjuiciado por un tribunal militar. Inhabilitado para la elección presidencial del 1998, Raúl Cubas, aliado del general Lino Oviedo, ha sido el candidato victorioso. Luis María Argaña ha sido designado vicepresidente del Paraguay, aliado del ex presidente Juan Carlos Wasmosy. Tras asumir la presidencia del Paraguay, Raúl Cubas indultó al general Lino Oviedo. El escenario político se complicó todavía más con el asesinato el 23 de marzo de 1999 de Luis María Argaña. Con manifestantes contra el gobierno llenando las calles, el Marzo Paraguayo puso el país al borde de una guerra civil. Blanco de un juicio de destitución político, Raúl Cubas renunció al gobierno, exilándose en Brasil. Lino Oviedo se refugió en Argentina.

La reacción del MERCOSUR no se hizo tardar. El general Lino Oviedo, jefe de las Fuerzas Armadas del Paraguay, había sido acusado de un intento de golpe de Estado contra el presidente Juan Carlos Wasmosy. Esto ocurrió en abril de 1996. Con el Paraguay amenazado por una guerra civil, el 25 de junio de 1996 los presidentes de la consolidación democrática de Argentina, Brasil, Paraguay y Uruguay, Carlos Saúl Menem, Fernando Henrique Cardoso, Juan Carlos Wasmosy y Julio María Sanguinetti, firmaron la Declaración Presidencial sobre Compromiso Democrático en el MERCOSUR. Primeramente, ellos reiteraron "lo expresado en la Declaración Presidencial de Las Leñas, el 26 y 27 de junio de 1992, en el sentido de que la plena vigencia de las instituciones democráticas es condición indispensable para la existencia y desarrollo del MERCOSUR".

La historia del Cono Sur lamentablemente ha sido caracterizada por sístoles y diástoles, por períodos de dictadura y de democracia que se suceden a lo largo del tiempo. Si se analizan las trayectorias políticas no solo del Cono Sur sino de todo el Subcontinente, no es exagero afirmar que cualquiera de estos países corría riesgo por sus debilidades institucionales de sumirse en un régimen de excepción. Lo que ocurrió en el Paraguay podría ocurrir con más o menos éxito en los demás países del MERCOSUR. Si el MERCOSUR no adoptara una medida de rechazo a la amenaza de golpe militar en el Paraguay, estaría respaldando golpes militares contra la democracia representativa en los demás Países Miembros. Por esto, la Declaración Presidencial sobre Compromiso Democrático en el MERCOSUR reafirmó "la solidaridad de los Estados americanos y los altos fines que ella persigue requiere la organización política de los mismos en base al ejercicio efectivo de la democracia representativa".

Sin democracia representativa, no habría ni habrá MERCOSUR. Los mandatarios acordaron que "[l]a plena vigencia de las instituciones democráticas es condición esencial para la cooperación en el ámbito del Tratado de Asunción, sus Protocolos y demás actos subsidiarios" (ítem 1). Las consecuencias de un régimen de excepción han sido determinadas. "Toda alteración del orden democrático constituye un obstáculo inaceptable para la continuidad del proceso de integración en curso respecto al Estado miembro afectado" (ítem 2). Si un país es sometido o está en vías de ser sometido a una dictadura civil o militar, "[l]as Partes consultarán inmediatamente entre sí, en la forma que estimen apropiada, en caso de ruptura o amenaza de ruptura del orden democrático en un Estado miembro. Las Partes procederán igualmente, de forma coordinada, a efectuar consultas con el referido Estado Miembro (ítem 3). Si estas consultas no redundan en una corrección de rumbos hacia la democracia, el respectivo País Miembro será suspenso del MERCOSUR. "En caso de que las consultas previstas en el parágrafo anterior resulten infructuosas, las Partes considerarán la aplicación de las medidas pertinentes. Las medidas podrán abarcar desde la suspensión del derecho de participación en los foros del MERCOSUR hasta la suspensión de los derechos y obligaciones emergentes de las normas del MERCOSUR y de acuerdos celebrados entre cada una de las Partes y el Estado donde haya ocurrido la ruptura del orden democrático" (ítem 4). Impulsada por circunstancias críticas, nacía así la cláusula democrática del MERCOSUR. Hasta los mismo acuerdos bilaterales que podrían ser firmados en el futuro por el MERCOSUR tendrían de ser enmarcados por esta cláusula. "Las Partes deberán incluir una cláusula de afirmación del compromiso con los principios democráticos en los acuerdos del MERCOSUR con otros países o grupo de países" (ítem 5).

En vista de la gravedad de la situación en el Paraguay, que continuaba a agudizarse y que culminaría con el magnicidio, la Declaración Presidencial sobre Compromiso Democrático en el MERCOSUR no ha sido considerada suficiente. Reiterando "lo expresado en la Declaración Presidencial de las Leñas el 27 de junio de 1992 en el sentido de que la plena vigencia de las instituciones democráticas es condición indispensable para la existencia y el desarrollo del MERCOSUR" y ratificando "la Declaración Presidencial sobre Compromiso Democrático en el MERCOSUR y el Protocolo de Adhesión a esa Declaración por parte de la República de Bolivia y de la República de Chile", los mismos presidentes de Argentina, Brasil, Paraguay y Uruguay que firmaron la Declaración Presidencial sobre Compromiso Democrático en el MERCOSUR también suscribieron, el 24 de julio de 1998, conjuntamente con los presidentes de Bolivia y Chile, el Protocolo de Ushuaia sobre Compromiso Democrático en el MERCOSUR, la República de Bolivia y la República de Chile.

Otra vez, queda claro que sin democracia representativa, no habría ni habrá MERCOSUR. "La plena vigencia de las instituciones democráticas es condición esencial para el desarrollo de los procesos de integración entre los Estados Partes del presente Protocolo" (artículo 1) El objetivo del Protocolo de Ushuaia es preservar la integridad democrática de los Países Miembros, contra cualquier intento putschista? "Este Protocolo se aplicará a las relaciones que resulten de los respectivos Acuerdos de integración vigentes entre los Estados Partes del presente Protocolo, en caso de ruptura del orden democrático en alguno de ellos" (artículo 2).

Hay consecuencias para el régimen de excepción. "Toda ruptura del orden democrático en uno de los Estados Partes del presente Protocolo dará lugar a la aplicación de los procedimientos previstos en los artículos siguientes" (artículo 3). Como lo previsto en la Declaración Presidencial sobre Compromiso Democrático en el MERCOSUR, la primera medida a ser adoptada es un proceso de consultas. "En caso de ruptura del orden democrático en un estado parte del presente Protocolo, los demás Estados Partes promoverán las consultas pertinentes entre sí y con el Estado afectado" (artículo 4). Si este proceso de consultas no resulta en el retorno a la democracia representativa, el País Miembro puede ser suspendido del MERCO-

SUR. "Cuando las consultas mencionadas en el artículo anterior resultaren infructuosas, los demás Estados Partes del presente Protocolo, según corresponda de conformidad con los Acuerdos de integración vigentes entre ellos, considerarán la naturaleza y el alcance de las medidas a aplicar, teniendo en cuenta la gravedad de la situación existente. Dichas medidas abarcarán desde la suspensión del derecho a participar en los distintos órganos de los respectivos procesos de integración, hasta la suspensión de los derechos y obligaciones emergentes de esos procesos" (artículo 5).

Un aspecto, previsto en el artículo siguiente del Protocolo de Ushuaia, debilita la protección de la democracia en el MERCOSUR. Las medidas retaliatorias tienen que ser aprobadas por consenso. Si un País Miembro se encuentra en una situación de dependencia económica en relación al País Miembro objeto de "ruptura del orden democrático", difícilmente aquél se pronunciará contra éste. "Las medidas previstas en el artículo 5 precedente serán adoptadas por consenso por los Estados Partes del presente Protocolo según corresponda de conformidad con los Acuerdos de integración vigentes entre ellos, y comunicadas al Estado afectado, el cual no participará en el proceso decisorio pertinente. Esas medidas entrarán en vigencia en la fecha en que se realice la comunicación respectiva" (artículo 6). Para que las medidas retaliatorias cesen, la normalización democrática es una condición imprescindible. "Las medidas a que se refiere el artículo 5 aplicadas al Estado Parte afectado, cesarán a partir de la fecha de la comunicación a dicho Estado del acuerdo de los Estados que adoptaron tales medidas, de que se ha verificado el pleno restablecimiento del orden democrático, lo que deberá tener lugar tan pronto ese restablecimiento se haga efectivo (artículo 7). El Protocolo de Ushuaia sobre Compromiso Democrático "es parte integrante del Tratado de Asunción y de los respectivos Acuerdos de integración celebrados entre el MERCOSUR y la República de Bolivia y el MERCOSUR y la República de Chile" (artículo 8).

## IV. DERECHOS HUMANOS

El esfuerzo de defensa de la democracia representativa no estaría completo sin una toma de posición clara e inequívoca a favor de los derechos humanos. Tras la aprobación del Protocolo de Ushuaia sobre Compromiso Democrático en el MERCOSUR, se procedió a la adopción del Protocolo de Asunción sobre Compromiso con la Promoción y Protección de los Derechos Humanos del MERCOSUR, suscrito el 20 de junio de 2005.

Nuevamente, el sitio de la firma de este protocolo ha sido lleno de simbolismo. Asunción, capital del Paraguay, el País Miembro del MERCOSUR en el cual la democracia estaba en riesgo de colapso. El Consejo del Mercado Común (CMC), teniendo en cuenta el Tratado de Asunción, el Protocolo de Ouro Preto y el Protocolo de Ushuaia, había adoptado la Decisión CMC N° 40/04, creando la Reunión de Altas Autoridades sobre Derechos Humanos del MERCOSUR. Considerando que "los derechos humanos son fundamentales para la construcción de sociedades libres y para la búsqueda del desarrollo económico y social", "que la protección y la promoción de los derechos de los ciudadanos de los Estados Partes del MERCOSUR y de los Estados Asociados son objetivos esenciales del proceso de integración de América del Sur", se concluyó "que las libertades individuales, los principios democráticos y el estado de derecho constituyen valores comunes a las sociedades sudamericanas". El CMC había decidido "[i]nstituir una reunión de Altas Autoridades en el área de Derechos Humanos, que sesionará con la participación de los órganos competentes en la materia de los Estados Partes y de los Estados Asociados, en los términos de la Dec. CMC N° 18/04, incluyendo las respectivas Cancillerías" (artículo 1). En el prólogo mismo del Protocolo de Asunción sobre Compromiso con la Promoción y Protección de los Derechos Humanos del MERCOSUR, se relacionó una serie de instrumentos internacionales que lo fundamentan: 1) la Declaración Presidencial de Las Leñas, del 27 de junio de 1992; 2) la Declaración Presidencial sobre Compromiso Democrático en el MERCOSUR; 3) el Protocolo de Ushuaia sobre Compromiso Democrático en el MERCOSUR, la República de Bolivia y la República de Chile; 4) la Declaración Americana de Derechos y Deberes del Hombre, la Convención Americana sobre Derechos Humanos y otros instrumentos regionales de derechos humanos, así como en la Carta Democrática Interamericana; 5) la Declaración y el Programa de Acción de la Conferencia Mundial de Derechos Humanos de 1993; 6) las resoluciones de la Asamblea General y de la Comisión de Derechos Humanos de las Naciones Unidas; y 7) la Declaración Presidencial de Puerto Iguazú del 8 de julio de 2004, "en la cual los Presidentes de los Estados Partes del MERCOSUR destacaron la alta prioridad que le asignan a la protección, promoción y garantía de los derechos humanos y las libertades fundamentales de todas las personas que habitan el MERCOSUR".

La democracia representativa y el respeto a los derechos humanos no deben ser encarados como un obstáculo al desarrollo económico. Al contrario, la democracia, el respeto a los derechos humanos y el desarrollo económico sostenible son fenómenos interdependientes.[1] Bajo el concepto de derechos humanos, se incluyeron los derechos económicos, los derechos sociales, los derechos culturales, los derechos civiles y los derechos políticos.[2] Un régimen de excepción, con el sacrificio de los derechos civiles y políticos, no puede ser considerado una garantía de ejercicio de los derechos económicos. Para el prólogo del Protocolo de Asunción sobre Compromiso con la Promoción y Protección de los Derechos Humanos del MERCOSUR, "la vigencia del orden democrático constituye una garantía indispensable para el ejercicio efectivo de los derechos humanos y libertades fundamentales, y que toda ruptura o amenaza del normal desarrollo del proceso democrático en una de las Partes pone en riesgo el goce efectivo de los derechos humanos" (ítem 11).

Este axioma es repetido en el Protocolo de Asunción sobre Compromiso con la Promoción y Protección de los Derechos Humanos del MERCOSUR. "La plena vigencia de las instituciones democráticas y el respeto de los derechos humanos y de las libertades fundamentales son condiciones esenciales para la vigencia y evolución del proceso de integración entre las Partes" (artículo 1). Se establece enseguida el deber de cooperación intramercosur para la defensa de los derechos humanos. "Las Partes cooperarán mutuamente para la promoción y protección efectiva de los derechos humanos y libertades fundamentales a través de los mecanismos institucionales establecidos en el MERCOSUR" (artículo 2). Igual si un País Miembro es sometido a un régimen de excepción, a una dictadura civil o militar, la protección de los derechos humanos no podrá ser objeto de restricciones arbitrarias. "El presente Protocolo se aplicará en caso de que se registren graves y sistemáticas violaciones de los derechos humanos y libertades fundamentales en una de las Partes en situaciones de crisis institucional o durante la vigencia de estados de excepción previstos en los ordenamientos constitucionales respectivos. A tal efecto, las demás Partes promoverán las consultas pertinentes entre sí y con la Parte afectada" (artículo 3).

---

1   Protocolo de Asunción sobre Compromiso con la Promoción y Protección de los Derechos Humanos del MERCOSUR, Prólogo: "Resaltando (…) que la democracia, el desarrollo y el respeto a los derechos humanos y libertades fundamentales son conceptos interdependientes que se refuerzan mutuamente".

2   Protocolo de Asunción sobre Compromiso con la Promoción y Protección de los Derechos Humanos del MERCOSUR, Prólogo: "Reconociendo (…) la universalidad, la indivisibilidad, la interdependencia e interrelación de todos los derechos humanos, sean derechos económicos, sociales, culturales, civiles o políticos".

Al igual que en el Protocolo de Ushuaia sobre Compromiso Democrático, el País Miembro recalcitrante puede ser retaliado con suspensión. "Cuando las consultas mencionadas en el artículo anterior resultaren infructuosas, las demás Partes considerarán la naturaleza y el alcance de las medidas a aplicar, teniendo en cuenta la gravedad de la situación existente. Dichas medidas abarcarán desde la suspensión del derecho a participar en los distintos órganos del proceso de integración, hasta la suspensión de los derechos y obligaciones emergentes del mismo" (artículo 4). Otra vez, como en el Protocolo de Ushuaia sobre Compromiso Democrático, tales medidas tienen que ser adoptadas por consenso. "Las medidas previstas en el artículo 4 serán adoptadas por consenso por las Partes, y comunicadas a la Parte afectada, la cual no participará en el proceso decisorio pertinente. Esas medidas entrarán en vigencia en la fecha en que se realice la comunicación respectiva a la Parte afectada" (artículo 5). Para que las medidas sean suspendidas, las violaciones a los derechos humanos necesitan ser detenidas. "Las medidas a que se refiere el artículo 4 aplicadas a la Parte afectada, cesarán a partir de la fecha de la comunicación a dicha Parte de que las causas que las motivaron fueron subsanadas. Dicha comunicación será transmitida por las Partes que adoptaron tales medidas" (artículo 6). El Protocolo de Asunción sobre Compromiso con la Promoción y Protección de los Derechos Humanos del MERCOSUR "es parte integrante del Tratado de Asunción" (artículo 7).

## V.  MERCOSUR SOCIOLABORAL

Pese a que el Tratado de Asunción, el tratado fundante del MERCOSUR, no contenga disposiciones específicas relacionadas a cuestiones sociolaborales, ya que él tuvo como objetivo primordial el establecimiento de un proceso de integración económica, los sindicatos de los respectivos Países Miembros desde temprano presionaron para que se debatiera el impacto de la creación de un área de libre comercio, de una unión aduanera y de un mercado común sobre el mercado de trabajo. Como una instancia no decisoria, dependiente del Grupo Mercado Común (GMC), el Subgrupo de Trabajo para Relaciones Laborales, Empleo y Seguridad Social (SGT 10), de integración tripartita, debate aspectos relativos a las políticas de empleo, legislación laboral y aplicación de los convenios de la Organización Internacional del Trabajo (OIT) en el MERCOSUR, con especial atención para los trabajadores migrantes y fronterizos. El SGT 10 promueve acciones sobre cualificación y formación profesional, así como sobre salud, seguridad laboral, inspección laboral y seguridad social. Conocido como una OIT mercosurina, el SGT 10 es responsable por el desarrollo de una cultura regional de protección al trabajo que dio origen al MERCOSUR Sociolaboral. La Coordinadora de Centrales Sindicales del Cono Sur (CCSCS), una instancia de articulación y coordinación de centrales sindicales, intenta representar a los trabajadores para el perfeccionamiento del MERCOSUR Sociolaboral. La Comisión Sociolaboral (CSL), órgano tripartito, integrado por representantes gubernamentales, de los trabajadores y de las empresas, auxiliar del GMC, tiene como objetivo acompañar y promover, y no sancionar, la aplicación del principal instrumento normativo del MERCOSUR Sociolaboral, la Declaración Sociolaboral del MERCOSUR.

El MERCOSUR es dotado de otras instituciones e instrumentos normativos sociolaborales, los cuales complementan el SGT 10, la CCSCS y la Declaración Sociolaboral del MERCOSUR. El Foro Consultivo Económico Social (FCES), creado para representar a los sectores económicos y sociales del MERCOSUR, es un mecanismo de acceso de la sociedad civil a las instancias máximas de integración. La Declaración Sociolaboral del MERCOSUR ha sido antecedida por el Acuerdo Multilateral de Seguridad Social del MERCOSUR, suscrito el 15 de diciembre de 1997. Con el Observatorio del Mercado de Trabajo del MERCOSUR (OMTM), el SGT 10 se dotó de una herramienta para analizar la situación laboral en el

Cono Sur. Suscrita el 10 de diciembre de 1998, la Declaración Sociolaboral del MERCOSUR creó la CSL, para acompañar su aplicación. Las iniciativas sociolaborales continuaron, con la Carta de Buenos Aires sobre Compromiso Social, del 30 de junio de 2000; el Repertorio de Recomendaciones Prácticas sobre Formación Profesional, del 17 de junio de 2003, emanado del Consejo del Mercado Común (CMC) (Recomendación CMC Nº 01/03); la Primera Conferencia Regional de Empleo, de carácter tripartito y con asistencia de la OIT, realizada el 15 y 16 de abril de 2004, concluida con la Recomendación de los Ministros de Trabajo sobre una Estrategia MERCOSUR para la Creación de Empleo. Este esfuerzo resultó en la aprobación de la Estrategia MERCOSUR de Crecimiento de Empleo por el CMC el 20 de julio de 2006 (Decisión CMC Nº 04/06).

Los sindicatos de los Países Miembros, organizados en la Coordinadora de Centrales Sindicales del Cono Sur (CCSCS), presionaron para que el MERCOSUR se dotara de una carta social o de un protocolo social, de una norma comunitaria para garantir los derechos de los trabajadores. Asumiendo la forma de una declaración presidencial, la Declaración Sociolaboral, compuesta de 25 artículos, agrupa dos grandes segmentos. El primero es referente a los derechos laborales asegurados, y el segundo dice respeto a la aplicación y seguimiento de su contenido. Los derechos laborales se encuentran divididos en tres grandes núcleos, derechos individuales, derechos colectivos y otros derechos. Los derechos individuales contemplados son: el derecho a no discriminación (artículo 1); el derecho a la promoción de la igualdad (artículos 2 y 3); los derechos de los trabajadores migrantes y fronterizos (artículo 4); el derecho a la eliminación del trabajo forzoso (artículo 5); el derecho a la protección del trabajo infantil y de menores (artículo 6); y los derechos de los empleadores (artículo 7). Los derechos colectivos son los siguientes: el derecho a la libertad de asociación (artículo 8); el derecho a la libertad sindical (artículo 9); el derecho a la negociación colectiva (artículo 10); el derecho a la huelga (artículo 11); el derecho a la promoción y desarrollo de formas preventivas y alternativas de autocomposición de los conflictos individuales y colectivos de trabajo (artículo 12); y el derecho al diálogo social (artículo 13). La Declaración Sociolaboral incluye también en su ámbito: el derecho al fomento del empleo (artículo 14); el derecho a la protección de los desempleados (artículo 15); el derecho a la formación profesional y desarrollo de recursos humanos (artículo 16); el derecho a la salud y seguridad en el trabajo (artículo 17); el derecho a la inspección del trabajo (artículo 18); y el derecho a la segundad social (artículo 19). Se establece un mecanismo de aplicación y seguimiento del previsto en la Declaración Sociolaboral, basado en memorias anuales que los Estados Miembros deben preparar y presentar, las cuales son analizadas y controladas por la Comisión Sociolaboral (CSL) del MERCOSUR (artículos 20-23).

## VI.  ECONOMÍA DE MERCADO

La democracia representativa es indisociable de la economía de mercado. El MERCOSUR ha sido el resultado de un proceso de integración de los países del Cono Sur tras un largo y traumático período dictatorial militar, en el cual no hubo economía de mercado, libre competencia meritocrática, sino un populismo oligárquico enmarcado por la precariedad institucional. La propia denominación de esta organización de integración regional es significativa. No se optó por llamarla de *Comunidad*, de *Unión*, sino de *Mercado*, de Mercado Común del Sur. Con su establecimiento, se pretendió juntar esfuerzos para impulsar no solamente la consolidación de la democracia representativa, sino también de la economía de mercado. Esto está claro en los consideranda del Tratado de Asunción. La integración debe constituir un mecanismo para perfeccionar la economía de mercado, que no es adversaria de la justicia social. "[L]a ampliación de las actuales dimensiones de sus mercados nacionales, a través de la integración, constituye condición fundamental para acelerar sus procesos de desarrollo económico con justicia social" (ítem 1). El MERCOSUR es un intento de explotar ventajas comparativas regionales, potenciando la inserción de los Países Miembros en el mercado mundial.

El Tratado de Asunción prevé las condiciones para la constitución del MERCOSUR: "Este Mercado Común implica: -La libre circulación de bienes, servicios y factores productivos entre los países, a través, entre otros, de la eliminación de los derechos aduaneros y restricciones no arancelarias a la circulación de mercaderías y de cualquier otra medida equivalente; -El establecimiento de un arancel externo común y la adopción de una política comercial común con relación a terceros Estados o agrupaciones de Estados y la coordinación de posiciones en foros económicos comerciales regionales e internacionales; -La coordinación de políticas macroeconómicas y sectoriales entre los Estados Partes: de comercio exterior, agrícola, industrial, fiscal, monetaria, cambiaria y de capitales, de servicios, aduanera, de transportes y comunicaciones y otras que se acuerden, a fin de asegurar condiciones adecuadas de competencia entre los Estados Partes; -y El compromiso de los Estados Partes de armonizar sus legislaciones en las áreas pertinentes, para lograr el fortalecimiento del proceso de integración" (artículo 1 (2)). El MERCOSUR no ha sido concebido como un mecanismo para impulsar un proceso de integración subcontinental alternativo. No hay, a la luz del Tratado de Asunción, espacio para una tercera vía, la cual ha sido intentada sin éxito por las dictaduras civiles y militares del Cono Sur, con nacionalismo y estatizaciones.

El MERCOSUR es una oportunidad rara para promover la modernización de la economía de los Países Miembros dentro de un marco de normalidad política y económica. Con la ampliación de la oferta de bienes y servicios, se podrán mejorar las condiciones de vida de sus habitantes. No habrá armonía entre progreso económico y bienestar social, ni desarrollo sostenible, sin el respeto a la democracia representativa y a la economía de mercado, con la administración pública controlada por una burocracia que no es meritocrática.

## VII. CONCLUSIÓN

La democracia representativa y la economía de mercado, tras todo lo que se ha experimentado en el Cono Sur, con la eliminación periódica y sistemática de opositores al régimen de excepción de ocasión en el poder, pueden ser una garantía de justicia social, libertad y paz, tanto interna como externamente. Si los ciudadanos del Cono Sur, que son tan diferentes entre sí, admitieren que pueden respetarse, no ahorrando esfuerzos para convivir bajo los principios de la cooperación, de la dignidad humana y de la normalidad institucional, la integración subcontinental no se restringirá al ámbito comercial y económico, alcanzando la temática social. Pero si uno considera retrospectivamente la historia no solamente del Cono Sur, sino del Subcontinente, la conclusión no tiene como ser muy optimista. Un cuestionamiento quizás aporte un nuevo elemento de reflexión.

¿Puede una suma de inestabilidades institucionales nacionales resultar en una estabilidad institucional subcontinental?

## VIII. BIBLIOGRAFÍA

ACCIOLY, Elizabeth Pinto de Almeida, *Mercosul & União Européia: estrutura jurídico-institucional*, 3ª ed. Curitiba: Juruá, 2003.

BAPTISTA, Luiz Olavo, *O Mercosul: suas instituições e ordenamento jurídico*, São Paulo: LTr, 1998.

BARBOSA, Rubens A. *Mercosul: quinze anos*, São Paulo: IMESP, 2007.

BONAVIDES, Paulo y ANDRADE, Paes de. *História constitucional do Brasil*, 9º ed. Brasília: OAB/DF, 2008.

BORGES, José Souto Maior, *Curso de direito comunitário: instituições de direito comunitário comparado: União Européia e Mercosul*, São Paulo: Saraiva, 2005.

BRUM, Argemiro J., *Integração do Cone Sul: Mercosul*, Ijuí: Unijuí: 1995.

CASELLA, Paulo Borba y ARAÚJO, Nádia de., *Integração jurídica interamericana*, São Paulo: LTr, 1998.

CASTRO, Therezinha de., *Nossa América: geopolítica comparada*, Rio de Janeiro: IBGE, 1992.

CERVO, Amado Luiz y RAPOPORT, Mário, *História do Cone Sul*, Rio de Janeiro: Revan, 1998.

GOYOS Jr., Durval de Noronha, *Gatt. Mercosul & Nafta*, São Paulo: Observador Legal, 1993.

MELLO, Celso D. de Albuquerque, *Direito internacional da integração*, Rio de Janeiro: Renovar, 1996.

PEREIRA, Ana Cristina Paulo, *Mercosul: o novo quadro jurídico de relações comerciais na América Latina*, Rio de Janeiro: Lumen Juris, 1997.

TRINDADE, Otávio A. D. Cançado, *Mercosul no direito brasileiro*, Belo Horizonte: Del Rey, 2007.

VENTURA, Deisy São Paulo, *As assimetrias entre o Mercosul e a União Européia: desafios de uma associação inter-regional*, São Paulo: Manole, 2003.

# Hacia la construcción de un derecho procesal constitucional en Venezuela

## (Notas apreciativas críticas sobre nuestro sistema de justicia constitucional)

Jesús María Alvarado Andrade
Profesor Derecho Constitucional de la UCV y
Universidad Simón Bolívar

**Resumen**: *El presente trabajo tiene como finalidad, abogar por el empleo del nomen iuris "Derecho Procesal Constitucional" además de reflexionar sobre las implicaciones que tal concepto ha tenido en Derecho Comparado. Asimismo, se pretende contribuir a un debate, que se centre en la necesidad de abandonar las nociones "Justicia Constitucional" y "Jurisdicción Constitucional", ya que son nociones constitucionales, y el "Derecho Procesal Constitucional" sería un concepto mas preciso, pues encierra la dimensión procesal de la protección de la Constitución, lo que lo convierte en parte del Derecho Procesal y no del Derecho Constitucional.*

PALABRAS CLAVES:

Constitución, Derecho Procesal Constitucional, Jurisdicción Constitucional, Justicia Constitucional, Derecho Constitucional Procesal, Control Difuso, Control Concentrado y Sistema de Justicia

*"Una buena Constitución es infinitamente mejor que el mejor déspota"*

*Thomas MACAULAY*
*(1800-1859)*
*Historiador y Político Británico*

SUMARIO

## I.    INTRODUCCIÓN GENERAL

Al estudiar el desarrollo teórico y la problemática de la *"Jurisdicción Constitucional"*, *"Justicia Constitucional"* o *"Derecho Procesal Constitucional"* en la actualidad, observamos que la misma ha devenido en una herramienta teórica-científica indudable e indispensable *"cada día con mayor vigor"*, en la confección de un real *"Estado de Derecho"*, puesto que se ha entendido, que con una  sólida *"Jurisdicción Constitucional"*, *"Justicia Constitucional"* o *"Derecho Procesal Constitucional"*, es que se puede garantizar efectivamente el principio fundamental del *"Estado de Derecho"*, cual es el de la *"supremacía constitucional"*.

Dicha primacía de la constitución en el orden jurídico positivo, quiere significar el hecho de que ella se entiende suprema o superior del orden jurídico positivo, y por tanto debe ser acatada por todos los ciudadanos que habitan un Estado, y además por los órganos que ejercen el poder público.

Ello nos lleva a considerar que la Constitución pudiera considerarse norma jurídica, sólo cuando existan reales órganos jurisdiccionales dotados de hacer respetar la letra de la constitución, ya que es indudable que una norma jurídica es aquella, en la cual debe destacar su aspecto coercitivo.

Lo dicho lo recoge la  actual constitución conforme a nuestro *"constitucionalismo"*, cuando en el preámbulo señala expresamente que el Estado venezolano se constituye, entre otras cosas, en un *"Estado de justicia, federal y descentralizado"* que consolida los valores de la *"libertad, independencia, paz, solidaridad, bien común, integridad territorial, conviven-cia y el imperio de la ley para ésta y las futuras generaciones"*[1].

---

[1]    El artículo dos (2) de la Constitución de 1999, señala que "Venezuela se constituye en un Estado democrático y social de Derecho y de Justicia, que propugna como valores superiores de su orde-namiento jurídico y de su actuación, la vida, la libertad, la justicia, la igualdad, la solidaridad, la democracia, la responsabilidad social y en general, la preeminencia de los derechos humanos, la ética y el pluralismo político". *Cfr.* Constitución de la República Bolivariana de Venezuela, en *Gaceta Oficial Extraordinaria* N° 5.453 de la República Bolivariana de Venezuela, de fecha 24 de marzo de 2000. En la actualidad la Constitución de 1999, ha sido enmendada en sus artículos 160,162, 174, 192 y 230. *Cfr.* Constitución de la República Bolivariana de Venezuela, en *Gaceta Oficial* N° 5.908 Extraordinaria del 19 de Febrero de 2009.

De ello, es que resulta relevante el valor que se le atribuye en el texto constitucional al término *"imperio de la ley"*, pues éste no es más que un término que alude al concepto o postulado del *"Estado de Derecho"*, es decir al hecho de que todos los actos de los órganos que ejercen el poder público, así como las conductas de los ciudadanos, deben ajustarse a lo dispuesto en el texto constitucional[2].

Destaquemos *ab initio* que un principio fundamental de la formulación del *"Estado de Derecho"* es el principio de la *"supremacía constitucional"* que postula que la Constitución es la norma suprema y el fundamento del ordenamiento jurídico, con lo cual todos los ciudadanos y los órganos que ejercen el Poder Público están sujetos a la Constitución y deben acatarla y cumplirla.[3]

Las consecuencias de este principio son: *primero*; todos los actos dictados por los órganos del poder público necesariamente deben estar sujetos a lo dispuesto en la carta fundamental, so pena de la nulidad de la actuación de cualquier órgano del poder público que contravenga lo dispuesto en la constitución *segundo*; todo acto de cualquier ciudadano deberá estar ajustado a lo dispuesto en la norma constitucional, so pena de la nulidad de cualquier actuación de cualquier ciudadano que contravenga lo dispuesto en la constitución y *tercero*; un sistema de mecanismos o garantías que aseguren a los ciudadanos la posibilidad de controlar las actuaciones de los órganos que ejercen el poder público en procura de mantener el desiderátum político-jurídico del soberano plasmado en la *lex superior.*

Ello de por si solo revela que la cláusula de *"supremacía"* no es más que una noción absoluta, sostén de la formulación del *"Estado de Derecho"* que quiere expresar el proceso de *"juridificación"*, es decir, de configuración inicial del poder constituyente en una norma constitucional, la cual puede verse en nuestra Constitución cuando la misma señala que: *"La Constitución es la norma suprema y el fundamento del ordenamiento jurídico. Todas las personas y los órganos que ejercen el Poder Público están sujetos a esta Constitución".*[4]

Con ello se quiere dejar en claro que la Constitución es la resulta del poder constituyente primario u originario, pues éste se *"juridifica"* y se convierte dicha voluntad general constituyente en norma constitucional, de allí que se recalque la importancia del sistema de *"Justicia Constitucional"*, de *"Derecho Procesal Constitucional"* o de *"Jurisdicción Constitucional"* a la luz de la naturaleza jurídica de la propia Constitución.

De hecho el concepto de *"supremacía constitucional"* como noción absoluta y base de la formulación del *"Estado de Derecho"* lleva aparejada la confección y necesidad de un *"sistema de justicia"* que vendría a ser la máxima garantía adjetiva al derecho fundamental del ciudadano a la *"supremacía constitucional"*, es decir a su propia voluntad constituyente como ha afirmado entre nosotros el Profesor Allan R. Brewer-Carías.[5]

---

2    *Cfr.* Arts. 7, 136, 137, 138 y 139 de la Constitución de la República Bolivariana de Venezuela, en *Gaceta Oficial* N° 5.908 Extraordinaria del 19 de Febrero de 2009.

3    *Cfr.* Art. 7 de la Constitución de la República Bolivariana de Venezuela, en *Gaceta Oficial* N° 5.908 Extraordinaria del 19 de Febrero de 2009.

4    *Ibídem.*

5    Recientemente ha afirmado el Profesor Allan R. Brewer-Carías, que "[...] puede decirse que en el constitucionalismo moderno surgió el sistema de justicia constitucional en sus dos vertientes, como protección de la parte orgánica de la Constitución, y como protección de su parte dogmática, es decir, de los derechos y libertades constitucionales, lo que en definitiva, no es más que la manifestación de la garantía constitucional del derecho fundamental del ciudadano al respecto de la su-

Dicha cláusula de *"supremacía"* adquiere efectividad siempre y cuando exista un sistema judicial, conocido como sistema de *"Jurisdicción"* o *"Justicia Constitucional"* o de *"Derecho Procesal Constitucional"*, que sea capaz de garantizar esa *"supremacía"* mediante el control jurisdiccional total de todos los actos del Estado afín de adaptarlos o circunscribirlos a lo que expone la Constitución en tanto emanación de la voluntad constituyente originaria, así como la protección por parte de los tribunales de los derechos y garantías de cualquier ciudadano en sus relaciones con sus semejantes o en sus relaciones jurídicas con el Estado.

II.   NATURALEZA DE LA "JURISDICCIÓN CONSTITUCIONAL", "JUSTICIA CONSTITUCIONAL" Y DEL "DERECHO PROCESAL CONSTITUCIONAL" EN EL DERECHO COMPARADO

Por lo pronto señalaremos que una consecuencia de este principio de la *"supremacía constitucional"*, en cualquier Constitución escrita e incluso no escrita como la inglesa[6], es que todos los actos dictados por los órganos que ejercen el poder público, así como los actos o conductas de los ciudadanos deben respetar la letra, espíritu y principios del texto constitucional, para así garantizar la indemnidad de la voluntad constituyente, pero para ello es necesario que existan diferentes medios que garanticen que esa voluntad constituyente no sea

premacía constitucional. Este derecho fundamental, en esta forma, se concreta tanto en un derecho al control jurisdiccional de la constitucionalidad de los actos estatales, sea mediante sistemas de justicia constitucional concentrados o difusos, y en un derecho al amparo judicial de los derechos fundamentales de las personas, sea mediante acciones o recursos de amparo u otros medios judiciales de protección inmediata de los mismos. La consecuencia de este derecho fundamental, sin duda, implica el poder atribuido a los jueces de asegurar la supremacía constitucional, sea declarando la nulidad de los actos contrarios a la Constitución, sea restableciendo los derechos fundamentales vulnerados por acciones ilegítimas, tanto de los órganos del Estado como de los particulares. Ahora bien, tratándose de un derecho fundamental de los ciudadanos el de asegurar la supremacía constitucional mediante la tutela judicial de la misma, dado el principio de la reserva legal es evidente que sólo la Constitución podría limitar dicho derecho, es decir, sería incompatible con la idea misma del derecho fundamental de la supremacía constitucional que se postula, cualquier limitación legal al mismo, sea manifestada en actos estatales excluidos del control judicial de constitucionalidad; sea en derechos constitucionales cuya violación no fuera amparable en forma immediata". *Cfr.* Allan R. Brewer-Carías, "El Juez Constitucional vs. la Supremacía Constitucional. (O de cómo la Jurisdicción Constitucional en Venezuela Renunció a Controlar la Constitucionalidad del Procedimiento seguido para la "Reforma Constitucional" sancionada por la Asamblea Nacional el 02 de noviembre de 2007, antes de que fuera rechazada por el pueblo en el referendo del 02 de diciembre de 2007)", en *Revista de Derecho Público*, N° 112, Editorial Jurídica Venezolana, Caracas 2007, pp. 661-694.

6   Para garantizar esa *"Supremacía"* es menester recordar nuevamente que es necesario la existencia de un sistema de *"Justicia Constitucional"*. Sobre la naturaleza de la *"Judicial Review"* como lo conceptualiza la doctrina y jurisprudencia inglesa, dice el profesor Neil Parpworth lo siguiente "is essentially a procedure whereby the courts are able to determine the lawfulness of the excercise of executive power. It is concerned with the legality of the decision making process as opposed to the merits of the actual decision. We have already seen in chapter 5 that the courts have traditionally rejected suggestions, at least since 1688, that they may review the lawfulness of an Act of Parliament. The same cannot be said of delegated legislation. It is beyond doubt that the such legislation is subject to the supervisory jurisdiction of the Courts. In this sense, therefore, judicial review entails the courts upholding the principle of the legislative supremacy of Parliament where the power to make legislation does not derive from the prerogative". *Cfr.* Neil Parpworth, *Constitutional & Administrative Law*, 4Th Edition, Oxford University Press, London 2006, pp. 243. Observemos que esta opinión presenta la particularidad de que en Inglaterra priva la *"soberanía"* del parlamento.

menoscabada por el propio Estado en su actuación, y ello solo puede alcanzarse con la confección de un sistema de *"Jurisdicción"*; *"Justicia Constitucional"* o de *"Derecho Procesal Constitucional"*.

Claro que habrá que recordar, que esto que nos parece en la actualidad lugar común, respecto a la importancia del principio de *"supremacía constitucional"*, se produce de manera plena a mediados del siglo XX, como bien lo refiere de forma clara el *Prof.* Manuel Aragón Reyes[7], pues es en los primeros años de este siglo, que la idea de la Constitución deja de ser norma política, como sucedía en el siglo XIX, para convertirse también en norma jurídica, pero aclaremos que éste es el caso muy particular de Europa, puesto que en América eso fue entendido así desde la Revolución Norteamericana y por el importante proceso de constitucionalización que desencadenó en las nacientes Repúblicas hispanoamericanas, en el que destaca el caso Venezolano de 1811[8].

De hecho, mientras que en Europa la idea de la supremacía constitucional sucede tardíamente, en el siglo XX, particularmente con la doctrina y el pensamiento de Hans Kelsen, -*creación de los primeros Tribunales Constitucionales*-, ya en América desde principios del siglo XIX, tal idea ya era debatida en los círculos políticos y jurídicos de esas comunidades.

En ligazón con lo anterior es menester hacer una sutil diferencia. Cuando hablamos de Europa, habrá que decir que nos referimos a Europa Continental excluido de ella a la Inglaterra, puesto que al respecto habrá que recordar que tanto en esto como en tantos otros asuntos, aplica la frase de Ortega y Gasset, cuando señalaba que:

> *...éste es el pueblo, que siempre ha llegado antes al porvenir, que ha anticipado todos en casi todos los órdenes. Prácticamente deberíamos omitir el casi.*

Ello lo decía Ortega y Gasset por cuanto:

> *...como siempre [...] pareció Europa un tropel de pueblos, los continentales llenos de genio, pero exentos de seriedad, nunca maduros, siempre pueriles, y al fondo, detrás de ellos, Inglaterra...como la nurse de Europa[9].*

Lo antes dicho se trae a colación en el sentido de que hay que advertir que los desarrollos si bien propios en muchos aspectos de los Norteamericanos, tienen claros antecedentes teóricos en el derecho inglés que los regía, y un ejemplo de ello es el del juez Edward Coke, en el caso del Dr. Thomas Bonham siglos antes de los desarrollos teóricos de los Americanos (1610).

En dicho caso -*Thomas Bonham*-, por primera vez, -*así lo refiere parte de la doctrina (Domingo García Belaunde)*-, se afirmó que el derecho natural estaba por encima de las prerrogativas del Rey, sentando así las bases de lo que posteriormente sería el *"Control Cons-*

---

7    *Cfr.* Manuel Aragón Reyes "El Juez Ordinario entre Legalidad y Constitucionalidad", texto de la ponencia presentada el 25 de septiembre de 1996 en el 1° Encuentro organizado por el Anuario de la Facultad de Derecho de la Universidad Autónoma de Madrid, p. 165.

8    *Cfr.* Allan R. Brewer-Carías, *Reflexiones sobre la Revolución Norteamericana (1776), la Revolución Francesa (1789) y la Revolución Hispanoamericana (1810-1830) y sus Aportes al Constitucionalismo Moderno*, 2ª Edición Ampliada, Serie Derecho Administrativo N° 2, Universidad Externado de Colombia, Editorial Jurídica Venezolana, Bogotá 2008, 369 pp.

9    *Cfr.* José Ortega y Gasset "Prólogo para Franceses" en *La Rebelión de las Masas*, Círculo de Lectores, 1967, p. 37.

*litucional de las Leyes por parte de los Jueces*"[10], claro que como bien lo afirma el profesor Domingo García Belaunde "*...el temprano atisbo del juez Coke, iba a quedar pronto en el olvido, como lo confirma la práctica judicial inglesa durante siglos*"[11], por cuanto los esmeros políticos en reafirmar las prerrogativas del Parlamento, redujeron abiertamente estos planteamientos.

De hecho:

> *...Así, mientras que Inglaterra, cuna del common law, se caracterizaría por desconocer la división de poderes, huir de la Constitución escrita y codificada e ignorar el control de la constitucionalidad, sus colonias de América, partiendo de las mismas raíces y alimentadas en gran parte por las mismas lecturas (Locke, Rousseau, Blackstone, etc.) llegarían a planteos contrapuestos, los que han dado nacimiento a un modelo constitucional realmente paradigmático y distinto del inglés*[12].

Esa diferencia del sistema norteamericano con el sistema inglés va a radicar en varias cosas, una de ellas es el énfasis en el principio Republicano de Gobierno, que esbozaron los Americanos del Norte, y que venía a entenderse como el corolario contrario al sistema Monárquico, y por otra parte habrá que destacar otros principios  tales como: la separación de poderes, el federalismo y el de la "*supremacía constitucional*", como elaboraciones mas importantes del sistema jurídico norteamericano.

Este último principio de la "*supremacía*", pese a los múltiples criterios de varios intelectuales que esbozaban la importancia de constitucionalizarlo, no fue aceptada en la Convención de Filadelfia de 1787, a pesar de que en los debates de la constituyente de la Convención de Filadelfia, fue vigorosamente defendida.

Ello no lo podemos abordar aquí, pero es menester advertir que para entender tal proceso, la obra del "*Federalista*" resulta vital, por cuanto, en ella podemos sumergirnos en el análisis importante que a tal efecto hacen Hamilton, Jay y Madison en la que se observan muchas ideas valiosas, como por ejemplo ese recelo que manifiestan por el gobierno del "*pueblo*"[13].

Pero sino fue constitucionalizado tal principio de la "*Judicial Review*" como principio muy ligado al principio de la "*supremacía constitucional*", cabe la pregunta de ¿cómo entonces tal sistema de la "*judicial review*" como lo definen los anglosajones, adquiere tanta importancia en Norteamérica?

La respuesta parece venir también de una peculiar tradición del gobierno de los jueces que tiene raíces en el sistema inglés, de hecho, quizás eso sea lo que explique que el juez

---

10    *Cfr.* Domingo García Belaunde, *De la Jurisdicción Constitucional al Derecho Procesal Constitucional*, Editorial Jurídica Grijley E.I.R.L, Instituto Iberoamericano de Derecho Constitucional, Sección Peruana, 4º Edición, Lima 2003, p. 27-28.

11    *Ibidem.*

12    *Ibidem.* Corrobórese esto en parte con lo referido en la nota al pie número seis (6).

13    Quizás por ello señala respecto a la "*Revolución Norteamericana*" el profesor Tomás Carrillo Batalla que: "De la Revolución Norteamericana, puede en síntesis decirse que 1) No fue el punto de viraje de un cambio de la estructura económica y social 2) Tampoco reflejó un largo proceso de elaboración doctrinaria como en Francia. Fue sencillamente un movimiento para el ascenso al poder de las clases dominantes de la sociedad norteamericana y subsistir en el mando a las autoridades coloniales ingleses." *Cfr.* Tomás Carrillo Batalla, *Historia Crítica del Concepto de la Democracia*, T.I, Monteávila Editores, Colección Simón Bolívar, Caracas 1983, pp. 29 y 30.

Marshall, se haya atrevido en su pronunciamiento judicial en 1803, caso *Marbury vs. Madison*, a sostener la importancia de la *"supremacía constitucional"* y el rol de los jueces en ese estado de evolución jurídica[14], y que en 1857, en el caso *Dred Scott vs. Sandford*, el Juez Tancy, volvió a esbozar.

Pero tal conclusión de la superioridad de la constitución y del debido control por parte de los jueces provino indudablemente de las interpretaciones que llevó a cabo la Corte Suprema de Justicia de ese país, en clara jurisprudencia pretoriana.

Es decir, la jurisprudencia  enfatizó tal principio de la *"supremacía de la constitución"*, aun cuando se pueda discutir si el mismo está o estaba o no plasmado en la constitución federal.

Por lo pronto destaquemos que lo prioritario, no es hacer grandes esfuerzos por entender este punto, sino dirigir más esfuerzos, por esclarecer el punto de las bases teóricas propias del Estado Liberal que permitieron tal conclusión.[15]

---

14   Al respecto muy bien señala el Prof. Domingo García Belaunde que "...A fin de comprender cabalmente la situación de Marshall, cuyo genio jurídico está fuera de toda discusión, hay que recordar que Marshall se encontraba arrinconado, que el caso lo demoró en resolver más de un año, y que al final, no le dio la razón ni al demandante ni al Gobierno, sino que se fue por la tangente, apelando al principio de la supremacía de la Constitución sobre la ley de la judicatura de 1789. Ahora bien, sentado el principio de que los jueces podían controlar la constitucionalidad de las leyes, llama la atención que nada hubiese pasado entonces, y que no hayan existido reacciones aparentes contra tal fallo. Pero cabe imaginar que algo tuvo que repercutir en los círculos gubernamentales, y lo más probable es que el gobierno no expresase públicamente su desagrado, ya que el fallo lo beneficiaba, motivo por el cual, el principio quedó así sentado, y en forma definitiva. Pero que tal sentencia provocó un verdadero terremoto en las altas esferas del gobierno, es algo que no puede descartarse, como lo comprueba la correspondencia de Jefferson, publicada con posterioridad [...] Y eso explica porqué el Juez Marshall nunca más volvió a utilizar el control constitucional, así como jamás volvió a inaplicar una ley federal durante su larga carrera judicial. que duró hasta 1835. Esto es, desde 1803 en que se da el fallo Marbury vs. Madison hasta 1835, que es un lapso de 32 años, el Juez Marshall no volvió a invocar tal principio, sino que por el contrario, se dedicó a reafirmar el naciente derecho norteamericano y a ratificar las prerrogativas del Congreso (si bien lo hizo muy sutilmente). Aún más, el control judicial sólo es vuelto a utilizar en 1857, en el caso Dred Scott vs. Sandford, bajo otra Corte y con otro Presidente, el Juez Taney, y sólo empieza a tener cierta importancia a fines del siglo pasado. Y tan sólo durante la llamada revolución constitucional en la época de Roosevelt, ya en pleno siglo veinte, es que el principio se afirma, y en puridad de verdad, el caso *Marbury vs. Madison* se vuelve un auténtico leading case (es decir, caso líder, que orienta y sirve de fundamento a lo que viene después). De lo expuesto se desprende que, basada en viejos preceptos de contenido iusnaturalista, alguna aislada experiencia inglesa que luego se desarrolló en las colonias americanas, enunciada nítidamente en 1803, con un discreto desarrollo durante el siglo XIX, la judicial review recién se afirma a mediados de los años veinte, y así continúa hasta nuestros días. Y es a partir de esta época que se hacen planteos de largo alcance sobre el control judicial, como puede verse en la extensa obra de Corwin ..." *Cfr.* Domingo García Belaunde, *De la Jurisdicción Constitucional al Derecho Procesal Constitucional*, ob. cit. p. 27-28.

15   Por Estado liberal entendemos el modelo de sociedad buscado por las revoluciones burguesas del siglo XVIII y XIX y que hace hincapié en el carácter racional y legal, la mínima intervención estatal en el plano económico y la representación en el parlamento de la *"soberanía nacional"*.

III.  LA EVOLUCIÓN LIBERAL DE LA "JUSTICIA CONSTITUCIONAL" EN EL DE-
RECHO COMPARADO

Toda la evolución del sistema de *"Justicia Constitucional"* no puede verse aisladamente, debe ser analizada en el contexto liberal en que fue gestado y sigue incluso gestándose.

Ante todo habrá que recordar que el liberalismo postula la necesidad de un individuo libre y autónomo, no intervención del Estado en la libertad y propiedad de las personas, independencia judicial, responsabilidad del Gobierno, imperio de la ley, etc., reconducibles a la idea de la limitación del Poder.

Así, la idea de subordinación a la ley se inscribe en la línea de la *"Ilustración"* que pretendía mediante el *"pacto social"*[16] superar la sumisión de hombres a hombres, por la sumisión de todos frente a la ley, con lo cual la conquista liberal primigenia venía dada por la conquista de una legalidad bajo este pacto, en el que los hombres sólo se sometieran a las leyes y no a otros hombres, como refirió en su oportunidad Nicolás De Cusa y la doctrina pactista medieval de Marsilio de Padua.[17]

Ello puede explicar el contexto sobre el cual el juez Marshall, desarrolló su teoría, y enfatizara que aun cuando la Constitución Estadounidense de 1787[18], no lo expresara literalmente, *-me refiero al principio de supremacía constitucional-* el mismo se desprendía de su texto, ya que si la constitución era entendida como un pacto que establecían los norteamericanos por el cual se constituía formalmente a los Estados Unidos de América, es decir un pacto fundacional, fundamental, político, también devendría ésta en una norma superior y por consiguiente base de todo el ordenamiento jurídico positivo.

Así pues, este verdadero *"pacto social"* debería estar resguardado por un poder judicial independiente, donde los jueces fungieran como defensores del pueblo ante el ejercicio del poder, y en donde el poder judicial debía ser un órgano intermedio entre el pueblo y el go-

---

16    Recordemos que esto es desarrollado aun más por el pensador francés Jean Jacques Rousseau, que se inscribe en la línea del *"iusnaturalismo contractualista"*, al igual que pensadores de la talla de I. Kant, Locke, etc.

17    En la base de la teoría de la *"Sociedad Civil"* que arranca desde la época medieval y de la escolástica, surgen voces autorizadas como las de San Agustín y Tomás de Aquino como sus representantes mas destacados, que sostienen el hecho de que la ley es representación de una ley eterna, en una clara concepción naturalista del universo, que acepta en España, Francisco de Vitoria. La ley natural es *"la participación de la ley eterna en la creatura racional asimismo el derecho natural es la parte de ley natural que rige la vida social"* Cfr.  Manuel García Pelayo "Estado legal y Estado Constitucional de Derecho", publicado en el *Tribunal de Garantías Constitucionales para el Debate*, Fundación Friedrich Nawmann, Lima 1986, pp. 23-34.

18    La Constitución Norteamericana fue aprobada por la Convención Federal reunida en Filadelfia hace más de doscientos años (1787), dicha Constitución Federal llamada *"Constitución de los Estados Unidos de Norteamérica"* es uno de los documentos de mayor importancia para el pensamiento universal. Para una comprensión completa del proceso del Constitucionalismo Occidental. *Cfr.* Allan R. Brewer-Carías, *Reflexiones sobre la Revolución Norteamericana (1776), la Revolución Francesa (1789) y la Revolución Hispanoamericana (1810-1830) y sus Aportes al Constitucionalismo Moderno*, 2ª Edición Ampliada, Serie Derecho Administrativo N° 2, Universidad Externado de Colombia, Editorial Jurídica Venezolana, Bogotá 2008, 369 pp.

bierno al cual le correspondía la obligación de determinar el significado y la correcta aplicación de la Constitución.[19]

Esta visión partía del hecho *–que dejamos en claro en este breve punto de partida del ensayo–* de que el movimiento revolucionario norteamericano se basó en la denuncia de los peligros que generaba un régimen *"democrático"*, pues en dicho sistema los órganos políticos del Estado, al estar legitimados democráticamente, dificultaban *-en criterio de los estudiosos de aquella época-* establecer un control sobre los mismos.

Por ello era la preocupación por el poder judicial, que era y sigue siendo considerado hoy en día como el único que puede hacer frente a los excesos del parlamento y del ejecutivo, resultando a su vez indispensable el hecho de que estos controladores sean independientes.

Así, la Revolución jurídica norteamericana convertiría a los tribunales en custodios, guardianes y controladores del poder, pues es en los jueces en quien debía recaer la defensa del pacto político asumido por el pueblo norteamericano, mediante la atribución expresa a ellos de ser los custodios de la Constitución, a través de los mecanismos de control de la constitucionalidad que tienen no sólo una finalidad jurídica *-de protección del texto de la Constitución-* sino política, como controladores de la legitimidad en el ejercicio del poder y garantes de los derechos, intereses y garantías de los ciudadanos.[20]

Por ello la discusión, si bien se centraba *–al inicio del proceso de constitucionalización-* en otorgar a la Constitución fuerza normativa y convertirla en la base de todo el ordenamiento jurídico positivo, también abordaba el problema del control del poder, pues si la Constitución era considerada la fuente del poder político, era importante también el análisis de quien controlaría ese poder, y quien controlaría al contralor de ese poder[21].

Pero esta idea de balance y control del poder, del *"check & balance"*, como señalan los ingleses, lo podemos encontrar en las discusiones de los  padres fundadores de los Estados Unidos de América, con bases teóricas sólidas por lo menos en la obra de *"El Federalista"*[22],

---

19    En nuestro criterio, una muestra palpable de la tradición intermedia de la justicia-pueblo es la tradición histórica de los jurados en los procesos judiciales en norte-américa.

20    Al respecto es menester destacar que "La presuposición teórica del control de constitucionalidad de las leyes, tal como lo entendemos hoy, debe buscarse en las Constituciones revolucionarias, americana y francesa. Es entonces que la Constitución asume el significado de norma constitutiva y reguladora de la vida política asociada, de pacto social, de ley fundamental capaz de conformar la toda vida constitucional". *Cfr* Alfonso Celotto "La justicia constitucional en el mundo: formas y modelos" Consultado en *Revista Iberoamericana de Derecho Procesal Constitucional* en www.iidpc.org/pdf/doctrinar1Celotto.pdf

21    *Cfr.* Allan R. Brewer-Carías, *"Quis Custodiet Ipsos Custodes*: De la interpretación constitucional a la inconstitucionalidad de la interpretación"* en *Revista de Derecho Público*, Nº 105, Editorial Jurídica Venezolana, Caracas, 2006, pp. 7-27. Publicado también en Allan R. Brewer-Carías, *Crónica sobre la "in" justicia constitucional. La Sala Constitucional y el autoritarismo en Venezuela*, Colección Instituto de Derecho Público, Universidad Central de Venezuela, Nº 2, Caracas 2007, pp. 47-79.

22    La obra de *"El Federalista"*, es una obra extraordinaria escrita por Hamilton, Madison y Jay, publicado por primera vez en 1780. Su importancia radica en que Hamilton, Madison y Jay son tres pensadores que no se caracterizaron por su adhesión incondicional a los postulados de la Constitución Norteamericana de (1787), pues expusieron diversas tesis en formas de análisis crítico de la misma Constitución. En esta obra se tratan los temas más espinosos del derecho constitucional de la época y porque no del contemporáneo todavía, tales como: *"La teoría del gobierno representativo"; "El fundamento del equilibrio y la separación de poderes de todo régimen demo-*

en el que se trataba de esbozar una salida al problema básico en torno a la discusión sobre si la facultad de control sobre el poder legislativo que se atribuiría al poder judicial no convertiría a los jueces en un poder sobrepuesto al parlamento, por aquello, quizás, de que en una Republica -*de respublica, de cosa publica*- nadie podía tener el dominio o exclusiva interpretación de la ley.[23]

Sin embargo, una voz tan autorizada como Alexander Hamilton[24] señaló con bastante precisión algo que actualmente es sostenido en los estudios de avanzada de la "*Justicia Constitucional*" contemporánea[25] y es el hecho de que los jueces no pueden -*en el ejercicio de la función de interpretación de las normas*- hacer otra cosa más que declarar nulas las leyes contrarias a la Constitución, es decir, los jueces sólo pueden ser legisladores negativos tal y como se sostiene hoy en día, y que en el caso norteamericano se tradujo en la creación del típico modelo de "*control difuso*" de la constitucionalidad de las leyes, basado en el argumento de que en todo sistema presidido por una ley fundamental, los jueces ostentan el derecho de interpretar y desaplicar las leyes contrarias a la Constitución, y que esto no representaba *per se* una inmiscusión en el ámbito del poder legislativo.

Dicho control es muy distinto al "*control concentrado*" de raigambre europea en el que un solo Tribunal, llamado casi siempre "*Tribunal Constitucional*" o "*Corte Constitucional*", despliega el monopolio exclusivo en la interpretación constitucional y puede declarar la inconstitucionalidad con efectos *erga omnes* de actos en ejecución directa e inmediata de la Constitución casi siempre cuando entren en flagrante contradicción con la Constitución, aun cuando en este modelo también se sostuvo el modelo de "*legislación negativa*", solo con la diferencia de que era un solo Tribunal el encargado de hacer dicha labor.

Así, desde el punto de vista de los padres fundadores de Norteamérica, sostener la tesis de que los jueces no existirían como órganos separados de los órganos legislativos por el hecho de ejercer un control sobre el parlamento y el ejecutivo, era considerar al texto constitucional como nugatorio, ya que era una necesidad derivada de la propia superioridad formal y material de la Constitución sobre las leyes que los jueces debían garantizar la fuerza normativa del texto constitucional al anular toda ley contraria a la Constitución. Por ello, el control político y jurídico era asignado y ejercido por los jueces, quienes al conocer de una ley que probablemente era manifiestamente inconstitucional, debían desaplicarla en procura de garantizar la superioridad formal del texto constitucional, que a fin de cuentas no es más que la voluntad del pueblo soberano expresado a través de un pacto político.

---

*crático*", además del necesario mecanismo de frenos y contrapesos llamado también "*check & balance*".

23   Esta consideración la hacemos pues creemos que tiene importancia advertir que nos parece antirepublicano la atribución que se le dio a la Sala Constitucional en la Constitución de 1999 al señalar en su Art. 335 que "Las interpretaciones que establezca la Sala Constitucional sobre el contenido o alcance de las normas y principios constitucionales son vinculantes para las otras Salas del Tribunal Supremo de Justicia y demás tribunales de la República", pues en un régimen Republicano nadie debería tener el monopolio exclusivo en la interpretación de la Ley. *Cfr.* Constitución de la República Bolivariana de Venezuela, en *Gaceta Oficial* N° 5.908 Extra-ordinaria del 19 de Febrero de 2009.

24   *Cfr.* Hamilton, Madison y Jay, *El Federalista*, Fondo De Cultura Económica, México 2001. 430 pp.

25   *Cfr.* Allan R. Brewer Carías, "Judicial Review in Venezuela". Paper prepared for the Seminar on Judicial Review in the Americas ... and Beyond, Duquesne University School of Law. Pittsburgh, 10 of November 2006.

Al respecto Alexander Hamilton dirá -recogido por el Profesor Roberto Blanco Valdez-que:

*...Negar esto sería tanto como afirmar que el diputado es superior al mandante; que el siervo es superior al amo; que los representantes del pueblo son superiores al propio pueblo; y que los hombres que actúan en virtud de apoderamiento pueden hacer no sólo lo que éste permite, sino incluso lo que prohíbe*[26].

Así pues, este enfoque de la superioridad de la Constitución sobre la ley como elemento explicativo del control de la constitucionalidad, deviene del hecho de considerar a la Constitución como emanación de la voluntad popular, del pueblo en su totalidad, quienes al constituirse en Estado diseñan el mecanismo mediante el cual obligan a los órganos que ejercerán ese poder público constitucionalizado, y en especial al órgano intermedio entre el pueblo y el Estado *-como son los Tribunales-* a aplicar el ordenamiento a partir de esa consideración de la Constitución como base primaria del ordenamiento jurídico positivo, como consecuencia ineluctable de su superioridad formal, de su supremacía política, del hecho de que ésta emana del poder constituyente originario, un poder *-por definición-* superior a los poderes constituidos, entre ellos, el poder legislativo.

## IV. EL DERECHO CONSTITUCIONAL Y EL DERECHO PROCESAL EN EL CONTEXTO DEL CONSTITUCIONALISMO

*Ab initio* podemos destacar que el proceso de constitucionalización antes advertido, tuvo repercusiones en todos los aspectos del derecho tanto en su vertiente sustantiva como en la vertiente adjetiva o procesal.

La influencia de la constitución tanto en sus principios o valores como en sus aspectos orgánicos y dogmáticos ha logrado una profunda influencia en la sociedad y en la escala de producción jurídica, e incluso ha obligado a que se estudien y se logren determinados objetivos que pueden ser enumerados en dos grandes áreas, un ***primer objetivo***, la protección de la constitución en tanto norma jurídica y un ***segundo objetivo***, el establecimiento de las garantías jurídicas necesarias para la protección de la constitución y de los derechos constitucionales de los ciudadanos.

Así las cosas, la doctrina procesal, de forma ostensible, tuvo que verse impactado por este proceso de constitucionalización, con lo cual el *"sistema de justicia"* en sí mismo se vio condicionado por las nuevas formulaciones que significó la cláusula del *"Estado de Derecho"* y del *"constitucionalismo"* en general. Por ejemplo se puede observar como algunos procesalistas de mitad del siglo XX, como Piero Calamandrei, Niceto Alcalá Zamora y Castillo y Eduardo Couture entre otros, presentaron reflexiones sobre el impacto de la constitución en cualquier proceso, sea mercantil, administrativo, civil o penal.

---

26  Mencionaba Hamilton en el Federalista que: "Lo único que supone es que el poder del pueblo es superior a ambos; y que en los casos en que la voluntad del legislador declarada en las leyes, esté en oposición con la del pueblo declarada en la Constitución, los Jueces deben estar condicionados por la última, antes que por las primeras" Agregando Hamilton que: "...Ningún acto legislativo contrario a la Constitución puede ser válido. Negar esto, significaría afirmar que el subalterno es más importante que el principal; que el sirviente está por encima de sus patrones; que los representantes del pueblo son superiores al pueblo mismo" *Cfr.* Roberto Blanco Valdez, *El Valor de la Constitución: Separación de Poderes, Supremacía de la Ley y Control de Constitucionalidad en los Orígenes del Estado Liberal*, Alianza Editorial, 2006, 384 pp. y *Cfr.* Hamilton, Madison y Jay, *El Federalista*, Fondo de Cultura Económica, México 2001, 430 pp.

De hecho, el jurista florentino Piero Calamandrei, por su importante y meritoria obra ha sido catalogado como uno de los pioneros del establecimiento de la jurisdicción constitucional, sobre todo a partir de su obra publicada en 1950, *"La illegittimitá costituzionale delle leggi nel processo civile"*, en el continente Europeo.

Sin embargo, dicha obra debe advertirse que posee una clara influencia de Hans Kelsen[27] aun cuando con mayor profundidad procesal.

En el caso del *Prof.* Eduardo Couture, ocurre lo mismo, se evidencia en su obra una clara preocupación por el valor que ostentan las normas constitucionales que regulan las instituciones procesales, aun cuando mas referido con el proceso civil[28], lo que no deja de asombrar cuando se tiene presente que estos juristas son de principios de siglo.

Así, ésta génesis del *"constitucionalismo"*, tuvo impacto en todas las áreas del derecho, mucho mas en la parte procesal, en la que quizás por el recuerdo romano de que no hay *"acción"* sin *"derecho"*, se pensó seriamente en cómo plantearse de forma efectiva una protección de la constitución y de los derechos de los particulares.

Este solo dato nos permite advertir, que no es un problema sólo de orden sustantivo la protección de la constitución y de los derechos de los particulares sino que también es de orden procesal, pues es en los procesos en que no solo se desarrolla la función jurisdiccional propiamente dicha, sino que es el único medio a través del cual dos partes o mas en un claro contradictorio pueden esbozar sus argumentos y descubrirse la verdad.

En el caso de la *"Jurisdicción Constitucional"*, *"Justicia Constitucional"* o *"Derecho Procesal Constitucional"* tal dato resulta mas importante, una vez tomado en cuenta que existen análisis mas densos tomados de la ciencia procesal que desde los alemanes con Mutter y Windsheid a la cabeza han logrado desarrollar una real *"ciencia procesal"* con el único fin de conseguir soluciones para una mejora en el *"sistema de justicia"*, en la protección de la constitución, y en los derechos de los particulares.

Este movimiento se dio en Venezuela en mayor medida cuando los profesores Luis Loreto, Arminio Borjas, Ramón Feo, Rafael Marcano Rodríguez, Leopoldo Márquez Añez, Humberto Cuenca, Gabriel Sarmiento Nuñez, Arístides Rengel Romberg, Mario Pesci-Feltri, Mariolga Quintero, Alberto Baumeister Toledo, Henríquez La Roche, Rafael Ortíz Ortíz, René Molina Galicia y Ramón Escovar León entre otros, desarrollaron y desarrollan los que se mantienen aun con vida, un derecho procesal científico.

---

27   De hecho no puede dudarse que es Hans Kelsen, quien realmente resulta ser el fundador del *"Derecho Procesal Constitucional"*, pues es este quien estudió las garantías constitucionales y el establecimiento de una magistratura, en particular en su estudio intitulado, *"La Garantía Jurisdiccional de la Constitución"* de 1928. Aun cuando es menester advertir que esta obra justamente emplea las expresiones *"Justicia Constitucional"* o *"Jurisdicción Constitucional"*, de forma indistinta.

28   *Cfr.* Eduardo Couture "Las Garantías Constitucionales del Proceso Civil", en *Estudios de Derecho Procesal Civil*, Tomo 1, Lexis Nexis, Depalma, Buenos Aires 2003. En especial, la parte tercera de la obra que se dedica a los llamados por el *"Casos de Derecho Procesal Constitucional"*, por cierto muy referida en los poquísimos casos en los cuales la Sala Constitucional del Tribunal Supremo de Justicia ha empleado la noción *"Derecho Procesal Constitucional"*.

## V.  LOS CONCEPTOS DEL DERECHO PROCESAL CONSTITUCIONAL EN EL DERECHO COMPARADO

La falta de rigor y precisión de conceptos como el de *"Justicia Constitucional"* o el de *"Jurisdicción Constitucional"* ha acarreado que se ensaye una nueva conceptualización denominada *"Derecho Procesal Constitucional"*.

Dicha disciplina ha tenido la fortuna de contar con la participación de los más destacados juristas a nivel mundial en los temas constitucionales, todos estudiosos de esta nueva conceptualización, quienes han ofrecido varias definiciones las cuales destacaremos en este acápite, con el objeto de ofrecer un esbozo que permita entender un poco la evolución del *"Derecho Procesal Constitucional"* a nivel comparado.

Un buen comienzo a este respecto, puede ser referir, la posición del Prof. Peter Haberle, quien ha dicho –*me permito una cita in extensu*– respecto al *"Derecho Procesal Constitucional"* que:

...Es el  Derecho procesal autónomo del Tribunal Constitucional constituido por la Constitución o del Tribunal al que se confían sus funciones. Se debe diferenciar entre el Derecho Procesal Constitucional en sentido estricto, que abarca desde su inicio -por medio de petitorios- hasta su terminación -incluyendo las posibles órdenes de ejecución, efectos de la sentencia-, y el Derecho Procesal Constitucional en un sentido amplio, que incluye también la elección del juez constitucional y las posibles regulaciones en la formulación de un voto singular [...] En un Estado constitucional federal como Alemania se añade -con muchas variantes- el Derecho Procesal Constitucional de los Länder -cada estado por separado- (15 de los 16 Länder en Alemania tienen hoy en dia su propia jurisdicción constitucional o estatal). En los Estados que constitucionalmente pertenecen a "Europa", se añade el "Derecho Procesal Constitucional europeo". En la Europa en el sentido más amplio del Consejo de Europa o del Convenio Europeo de Derechos Humanos con el Tribunal Europeo de Derechos Humanos de Estrasburgo [...] se piensa en el Derecho Procesal del Convenio Europeo de Derechos Humanos; en la Europa en sentido estricto de la Unión Europea (UE) y su "Derecho Constitucional Europeo", se alude al Derecho Procesal Constitucional del Tribunal de Justicia Europeo de Luxemburgo [...]. El concepto "Derecho Procesal Constitucional Europeo" lo evitan algunos autores, puesto que para ellos el Derecho de la UE no es todavia un "Derecho Constitucional". Una importante tarea de investigación científica para el futuro es la de investigar e impulsar las influencias recíprocas de los derechos procesales constitucionales nacionales y del Derecho Procesal Constitucional europeo. [...] El futuro indicará si se deberá añadir el Derecho Procesal de los Tribunales de la ONU y del Tribunal Penal Internacional (Estatuto de Roma, 1997). Si se tuviera que continuar con la "constitucionalización" del Derecho Internacional, surgen entonces también materias que se abren a la ciencia del Derecho Procesal Constitucional (junto a la "europeización" del Derecho Procesal Constitucional, uno se verá confrontado a una "internacionalización").

[...]

Desde el punto de vista europeo, en América Latina y en toda América se debería tomar en consideración también a la Corte Interamericana de Derechos Humanos, en Costa Rica. Los "derechos humanos" son una tipica materia (en parte) jurídico-constitucional. También aqui se desarrollan campos de trabajo fructíferos para el "Derecho Procesal Constitucional" que se está expandiendo. A medida que la jurisdicción constitucional madura a lo largo y ancho del mundo transformándose en el elemento estructural de tipo Estado Constitucional, el Derecho Comparado se transforma en un elemento y un instrumento imprescindibles del Derecho Procesal Constitucional. Este método de trabajo ya forma hoy el "quinto" método de interpretación [...]. Esporádicamente, los tribunales constitucionales nacionales se reconocen ya en teoria (como el Tribunal Constitucional de Liechtenstein, 2002) y en la práctica (como el Tribunal Constitucional turco, cuando hace aproximadamente ocho años desarrolló el Derecho del auto temporal sin base textual análoga: Derecho Procesal Constitucional Comparado). Asimismo, el Derecho comparado "intra-alemán" es productivo en relación con las Constituciones de los Länder unos con otros (éstas son básicamente autónomas frente al Tribunal Constitucional Federal).[29]

De la amplia definición exhaustiva del *Prof.* Haberle, encontramos que el *"Derecho Procesal Constitucional"* forma parte o es un capítulo especialísimo del Derecho Constitucional, criterio que deviene en un entendimiento de la disciplina como una síntesis o mejor dicho, un *"Derecho Constitucional Concreto"*, que no tiene porque ser sobrevalorado.

De hecho, Haberle, destaca en su definición cuales serían los contenidos de lo que el considera debe ser el *"Derecho Procesal Constitucional"*, sin embargo, esta definición es buena tomarla en cuenta pues la influencia del Prof. Haberle es notable, ya que por ejemplo, autores como el Prof. Héctor Fix Zamudio del cual comentaremos algo, ha dicho algo similar.

Así pues, la definición de Haberle, está mas inspirada en una observación más hacia el aspecto sustantivo que hacia el aspecto adjetivo, ya que será *"Derecho Procesal Constitucional"* todo aquello que concierna a las competencias que se le atribuyan al Tribunal Constitucional, Corte Constitucional o Sala Constitucional en nuestro caso. Sin embargo, llama la atención, que Haberle, afirme que ese derecho aplicable a esos Tribunales es un *"derecho aplicable autónomo"* y que lo divida en dos ideas, uno en sentido estricto y uno en sentido amplio.

Otro autor que se ha referido al tema, es el Prof. Regis Frota Araujo, quien ha definido el *"Derecho Procesal Constitucional"*, en los términos de disciplina jurídica autónoma pero instrumental del derecho constitucional:

> *...como la disciplina jurídica o la doctrina que, en los últimos treinta años, va alcanzando autonomía científica, por su carácter autónomo, que estudia la jurisdicción constitucional en toda su amplitud, y que aun cuando instrumental con respecto al Derecho Constitucional, aborda aspectos de la dimensión constitucional en que se sitúan institutos jurídicos como el mandato de seguridad, individual y colectivo, y asimismo, el mandato de injunción, en su caso, con el objetivo de tutelar situaciones subjetivas derivadas de derechos fundamentales*[30].

En dicha definición no podemos saber por qué menciona que el *"Derecho Procesal Constitucional"* es una *"disciplina jurídica o la doctrina que, en los últimos treinta años, va alcanzando autonomía científica, por su carácter autónomo"* pues dicha afirmación es muy tautológica, y no nos dice en realidad que es, pues se basa en el carácter de la disciplina, su autonomía, pero no deja en claro el concepto, el objeto de estudio, que es lo importante.

De hecho cuando menciona que es instrumental del derecho constitucional se liga con lo dicho por el Prof. Peter Haberle, aun cuando este a todas luces es mucho mas profundo en su razonamiento y mas claro en los contenidos.

Pero siguiendo con las opiniones de juristas especialistas en el estudio de esta disciplina catalogada como *"Derecho Procesal Constitucional"*, es menester destacar la opinión del Prof. Ernesto Rey Cantor, el cual ha dicho que:

---

29    *Cfr.* Domingo García Belaunde y Eloy Espinosa-Saldaña Barrera, *Encuesta sobre Derecho Procesal Constitucional*, Lima 2006, p. 12-13.

30    *Cfr.* Domingo García Belaunde y Eloy Espinosa-Saldaña Barrera, *Encuesta sobre Derecho Procesal Constitucional*, ob. cit. p. 53.

*...El Derecho Procesal Constitucional es un conjunto de principios y normas consagrados en la Constitución y en la ley, que regulan los procedimientos constitucionales y los procesos constitucionales, cualquiera que sean los órganos encargados de preservar con justicia la supremacía de la Constitución y la protección de los derechos humanos.*[31]

Esta afirmación de Rey Cantor, es mas una descripción de lo que a su juicio es el *"Derecho Procesal Constitucional"* desde una simple lectura de las normas constitucionales. La verdad sea dicha, esta descripción es muy divagante, pues en realidad el tema es mas amplio si se toma en cuenta que no solamente los procesos constitucionales y su finalidad, puede ser de interés no mas, para el *"Derecho Procesal Constitucional"*.

El Prof. Humberto Nogueira Alcalá, de la Universidad de Chile, ha sido más enfático y nos ha ofrecido una definición del *"Derecho Procesal Constitucional"* en sentido amplio, como:

*...la Rama del Derecho Público interno que tiene por objeto el estudio sistemático de los principios y reglas constitucionales como los preceptos legales y reglamentarios que aseguran el acceso a la jurisdicción, al debido proceso, como asimismo, aquellos que establecen las bases y regulan la magistratura y los procesos y acciones constitucionales que aseguran la supremacía de la Constitución y los derechos fundamentales, todo lo cual implica además una adecuada interpretación constitucional.*

*Esta rama del Derecho Público interno se complementa con la jurisdicción internacional de los derechos humanos y el derecho supranacional y comunitario, garantizado por los respectivos tribunales supranacionales o internacionales en su caso*[32].

En esta definición encontramos similitudes con la apreciación del Prof. Haberle en cuanto a los contenidos y en cuanto a su ubicación, ya que se le circunscribe como un capítulo del derecho público, pero del derecho constitucional precisamente, con el agregado muy interesante de incluir en esa descripción de contenidos el tema de *"las bases que regulan la magistratura"*.

Por otro lado, el profesor Jesús González Pérez, procesalista, ha dicho respecto al *"Derecho Procesal Constitucional"*, algo bien enfático y que se distancia de lo antes referido casi en su totalidad, pues conceptualiza haciendo abstracción de los elementos comunes que:

*...El Derecho procesal constitucional es Derecho procesal. Si la disciplina que llamamos Derecho procesal constitucional tiene por objeto el estudio de la reglamentación de los procesos constitucionales y no va más allá, extendiéndose al estudio de las cuestiones de fondo que en ellos se debaten, es Derecho procesal y solo Derecho procesal.*

*Si, por razones prácticas, quiere hacerse otra cosa y abordar cuestiones materiales relacionadas con la defensa de la Constitución, estaríamos ante un objeto híbrido que ya sólo podria tratarse correctamente utilizando las técnicas de las respectivas Ciencias.*[33]

Esta conceptualización parece correcta en el entendido de que a lo largo del trabajo hemos visto que tanto la expresión *"Justicia Constitucional"*, como la llamada *"Jurisdicción Constitucional"* no solo tienen por objeto un estudio de los procesos constitucionales en si

---

31    *Cfr.* Domingo García Belaunde y Eloy Espinosa-Saldaña Barrera, *Encuesta sobre Derecho Procesal Constitucional, ob. cit.* p. 59.

32    *Cfr.* Domingo García Belaunde y Eloy Espinosa-Saldaña Barrera, *Encuesta sobre Derecho Procesal Constitucional, ob. cit.* p. 64.

33    *Cfr.* Domingo García Belaunde y Eloy Espinosa-Saldaña Barrera, *Encuesta sobre Derecho Procesal Constitucional, ob. cit.* p. 75.

mismo, sino que van mas allá en el sentido de proposiciones teórico-practicas sobre la defensa de la Constitución, lo que lo hace un híbrido, al mezclar aspectos sustantivos y procesales.

Por tanto *"Derecho Procesal Constitucional"*, así entendida, deviene en una disciplina que si bien procesal porque su objeto es mas el estudio de los procesos constitucionales también ostenta naturaleza sustantiva pues estudia la Constitución en si misma, lo que lo hace una disciplina heterogénea verdaderamente.

Esto no es tomado muy en cuenta, y en el caso de Venezuela, no encontramos ninguna remisión a este simple detalle, que ha permitido incluso, que se hable de *"Justicia Constitucional"* o *"Jurisdicción Constitucional"* pero sin ninguna vinculación con la ciencia procesal.

El constitucionalista Español Pablo Pérez Tremps, ofrece una definición bastante importante señalando que es

> *...La rama del Derecho que estudia los mecanismos jurisdiccionales de protección e interpretación de la Constitución y de los derechos fundamentales.*[34]

Esta apreciación demuestra como en España, hablar de *"Justicia"* o de *"Jurisdicción"* no reviste las contradicciones que existen en nuestro país, con lo cual tanto la *"Justicia"* o la *"Jurisdicción"* como sinónimos, son mecanismos procesales o jurisdiccionales para la protección de la Constitución, y esto es *"Derecho Procesal"* como lo refiere el Prof. Pérez Tremps.

Por otra parte el Prof. Lucio Pegoraro, da una definición, haciendo un argumento de autoridad, tomando las palabras del profesor Gustavo Zagrebelsky, señalando que el *"Derecho Procesal Constitucional"* es

> *... el conjunto de las reglas –todas para interpretar- que se refieren a la instauración de jueces constitucionales y la representación en éstos de posiciones subjetivas, las modalidades de acción de la Corte Constitucional, los caracteres y los efectos de sus decisiones [...]. Coincide pues, en Italia, con la parte procesal de la Justicia constitucional. La doctrina, o por lo menos parte de ésta, se encuentra al tanto de que en América Latina la expresión asume características más amplias.*[35]

Un dato interesante de esta apreciación del Prof. Lucio Pegoraro, es que menciona que en América latina la expresión *"justicia constitucional"* asume características mucho más amplias.

Pero ¿qué quiere decir realmente Lucio Pegoraro con esto?. La verdad es que la respuesta, la debería ofrecer el propio jurista, pero reflexionando un poco mas, podemos decir que si en el caso italiano que es un caso muy importante en el sistema de *"justicia constitucional"* Europeo, el término *"justicia constitucional"* exclusivamente se refiere al estudio de las normas que se refieren a los procesos y procedimientos constitucionales, los caracteres y los efectos de sus decisiones, y el estudio de las normas que permiten la instauración de jueces constitucionales, en el caso de América latina, tal expresión va mucho mas allá y es mas confusa.

---

34    *Cfr.* Domingo García Belaunde y Eloy Espinosa-Saldaña Barrera, *Encuesta sobre Derecho Procesal Constitucional, ob. cit.* p. 78.

35    *Cfr.* Domingo García Belaunde y Eloy Espinosa-Saldaña Barrera, *Encuesta sobre Derecho Procesal Constitucional, ob. cit.* p. 81 y 82.

Luego veremos de que se trata cuando analicemos el caso venezolano, en el que la expresión *"justicia constitucional"* es un término que es mas complejo que en Europa pues en nuestro pais *"Justicia"* y *"Jurisdicción"* constitucional no son términos equivalentes *prima facie*, como suceden en otras latitudes.

El Prof. Alessandro Pizzorusso, también ha definido el *"Derecho Procesal Constitucional"* en los siguientes términos:

> *...En países donde existe una Corte Constitucional, el Derecho Procesal Constitucional se refiere a la organización de la misma, los procedimientos que ésta emplea, los efectos de sus decisiones y la doctrina que estudia estos argumentos. En los países con justicia constitucional difusa, una distribución de la disciplina de este tipo parece menos útil, pero teóricamente no imposible*[36].

Así pues, el jurista italiano, nos ofrece un aspecto muy importante como es la poca utilidad práctica que tendria una distribución conceptual de la disciplina, sin negar que teóricamente no es imposible, aspecto que luego ahondaremos.

Por otra parte, otra dificultad de la definición del *"Derecho Procesal Constitucional"*, ha sido destacada por el jurista Antonio Ruggeri, quien ha dicho al respecto una extensa opinión a tomar en cuenta de la forma siguiente:

> *...Según mi opinión, es bastante problemático dar una definición única del "Derecho Procesal Constitucional" y, probablemente, una operación de este tipo resulte, al menos en parte, forzada. En efecto, se tiene presente que, siendo diferentes las competencias de la Corte Constitucional, son igualmente diferentes los "procesos constitucionales" expresando, cada uno de ellos, exigencias reconstructivas típicas. El mismo juicio sobre las leyes, que también -como se sabe- constituye el prototipo o el tronco de la justicia constitucional, se desarrolla en Italia (y en otros lugares) según procedimientos diferenciados (por ejemplo, con relación a los casos en los que las partes del proceso sean el Estado y las autonomías territoriales o bien, los privados), procedimientos gobernados cada uno por cánones que le son propios. Considérese después el hecho de que también los elementos o los términos usualmente recurrentes en las experiencias procesales comunes, como el de "parte", "juez" y, precisamente "proceso", considerado en conjunto y en forma unitaria, experimentan adaptaciones considerables en sus aplicaciones a la justicia constitucional. Por ejemplo, en Italia no se excluye que la Corte Constitucional pueda ser juez y parte al mismo tiempo, ya sea en circunstancias particulares (en los casos judiciales de conflictos de atribución entre poderes del Estado), en derogación al principio nemo iudex in causa propria (al respecto, quien escribe ha sustentado la tesis según la cual la Corte puede ser sólo parte activa y no también parte pasiva en un juicio semejante, justamente porque la Corte es órgano de "casación" del ordenamiento). Y algo más: el último inciso del artículo 137 de la Constitución excluye que las decisiones de la Corte (si es el caso: son llamadas "decisiones" y no "sentencias") puedan ser objeto de alguna forma de "impugnación": expresión que tiene aquí un significado del todo peculiar, cuando menos por el hecho de que no existe un tribunal constitucional de apelación (o de segundo grado). Y así sucesivamente.*[37]

Por lo pronto, luego de tantas definiciones, no hablar de Héctor Fix-Zamudio, es dejar de lado que para él más que una verdadera definición él ha intentado una *"descripción"* del

---

36    *Cfr.* Domingo García Belaunde y Eloy Espinosa-Saldaña Barrera, *Encuesta sobre Derecho Procesal Constitucional, ob. cit.* p. 83

37    *Cfr.* Domingo García Belaunde y Eloy Espinosa-Saldaña Barrera, *Encuesta sobre Derecho Procesal Constitucional, ob. cit.* p. 88. Esta sola crítica requiere un estudio exhaustivo de todo nuestro sistema de justicia a los efectos prácticos pero también teóricos que en nuestro pais todavía sigue sin hacerse, pues tiene correspondencia con el caso Venezolano.

"*Derecho Procesal Constitucional*", lo cual resulta interesante ya que muchas no son realmente definiciones, ni siquiera conceptualizaciones, por no llegar a niveles de abstracción requeridos para una conceptualización satisfactoria.

Siendo así, Fix-Zamudio con su simple "*descripción*", nos dice algo revelador y es que éste es la:

> ...*disciplina jurídica situada dentro del campo del Derecho Procesal que se ocupa del estudio sistemático de las instituciones, los procesos y de los órganos por medio de los cuales pueden resolverse los conflictos relativos a los principios, valores y disposiciones fundamentales, con el objeto de reparar las violaciones a los mismos*[38].

De hecho, aquí el elemento procesal descuella una vez que sitúa el problema de estudio desde la óptica procesal, lo cual si bien lo distancia de una pretendida visión netamente sustantiva, no nos puede hacer perder de vista que se inscribe en la postura de un "*Derecho Constitucional Procesal*", mas que de un "*Derecho Procesal Constitucional*".

Claro que cuando hablamos de que se hace un énfasis en lo procesal, lo reflejamos por lo dicho anteriormente, y es que los procesalistas del constitucionalismo moderno se han preocupado por el estudio de las llamadas "*Garantías Constitucionales del Proceso*", lo que si es propio del derecho procesal de nuestros días, y que no lo hace nada parecido a una tesis favorable a la del "*Derecho Procesal Constitucional*".

Por último es menester referir la opinión de dos juristas, estudiosos del tema, el **primero** el Prof. Eduardo Ferrer Mac-Gregor, y el **segundo** el Prof. Héctor Gros Espiell, el primero ha dicho que:

> ...*El Derecho Procesal Constitucional es la disciplina que se encarga del estudio sistemático de la jurisdicción, órganos y garantías constitucionales, entendiendo estas últimas como los instrumentos predominantemente de carácter procesal dirigidos a la protección y defensa de los valores, principios y normas de carácter constitucional.*[39]

Y el segundo ha enfatizado lo siguiente:

> ...*es una rama del Derecho Procesal, referida específicamente a los procedimientos que resulten de la aplicación de normas constitucionales. Es procesal, y no sustantiva ni mixta. Es, como todo Derecho Procesal, procedimental y no sustantivo, sin perjuicio de que la existencia y funcionamiento de estos procedimientos, han de respetar principios jurídicos sustantivos.*[40]

Como vemos la discusión se centra en si es "*procesal*", o si es "*sustantiva*" ésta nueva conceptualización o disciplina jurídica, así que si bien los problemas conceptuales de la "*jurisdicción*" o "*Justicia Constitucional*" *prima facie* son superados por esta nueva categorización conceptual de "*Derecho Procesal Constitucional*", que englobaría ambas nociones, habrá que reconocer que ésta también plantea la discusión insalvable en los actuales momentos de si es o no una disciplina autónoma, de si es una disciplina procesal o sustantiva, o si pertenece o no al "*Derecho Constitucional*".

---

38    *Cfr.* Domingo García Belaunde y Eloy Espinosa-Saldaña Barrera, *Encuesta sobre Derecho Procesal Constitucional, ob. cit.* p. 91.

39    *Cfr.* Domingo García Belaunde y Eloy Espinosa-Saldaña Barrera, *Encuesta sobre Derecho Procesal Constitucional, ob. cit.* p. 94.

40    *Cfr.* Domingo García Belaunde y Eloy Espinosa-Saldaña Barrera, *Encuesta sobre Derecho Procesal Constitucional, ob. cit.* p. 127.

De las conceptualizaciones anteriores se evidencia como las expresiones *"Justicia Constitucional"* y *"Jurisdicción Constitucional"* son utilizados indistintamente en las propias *"definiciones"* del *"Derecho Procesal Constitucional"*, aun cuando en muchas ocasiones se emplea de forma precisa el término *"justicia"* cuando se hace notar una noción material y *"jurisdicción"* cuando se trata de una noción orgánica.

En mi criterio tal diferencia e indeterminación conceptual dificulta el estudio del *"Derecho Procesal Constitucional"*, ya que dentro de esta nueva conceptualización se sigue por fuerza de la tradición empleándose los términos *"Justicia"* o *"Jurisdicción Constitucional"*, con lo cual las definiciones del *"Derecho Procesal Constitucional"*, siguen siendo imprecisas.

Incluso, este empleo de las expresiones *"Jurisdicción"* o *"Justicia Constitucional"*, dentro de las propias definiciones de la disciplina *"Derecho Procesal Constitucional"*, corrobora o afianza las teorías que a tal respecto ha sostenido el profesor Allan R. Brewer-Carias en nuestro foro.

De hecho, creemos que si en nuestro medio no se ha empleado la noción *"Derecho Procesal Constitucional"*, es porque se ha entendido -*y en esto tiene relación con lo dicho por el* Prof. *Alessandro Pizzorusso*, que en aquellos países donde existe una Corte o Tribunal Constitucional, el *"Derecho Procesal Constitucional"* se refiere a la organización de la misma, los procedimientos que ésta emplea, los efectos de sus decisiones y la doctrina que estudia estos argumentos, mientras que en los países con métodos de *"Justicia Constitucional Difusa"*, la distribución de la disciplina parece menos útil.

Quizás por ello, resulte válida esta observación, ya que explicaría, la ausencia del concepto *"Derecho Procesal Constitucional"* en Venezuela, mucho mas cuando tomamos en cuenta que quizás sea esto lo que refiere el profesor Allan R. Brewer-Carías cuando afirma que en nuestro *"Sistema de Justicia Constitucional Mixto"* los procesos y procedimientos constitucionales incluso no son especiales pues se aplican en todos los procedimientos ordinarios y los que se pudieran considerar típicos de estos no son tan especiales pues su regulación esta detenido en leyes de orden general en ligazón con los derechos de los particulares.

Antes es menester referir, que en el caso del Derecho Comparado, como hemos visto, el tema del *"Derecho Procesal Constitucional"* es abordado más o menos claramente en lo que se refiere a sus contenidos, pero no en su definición, lo que se puede palpar en los estudios.

Por ejemplo, un detalle a tomar en cuenta, es el caso de la recurrencia a remitir el estudio del *"Derecho Procesal Constitucional"* al estudio propio del *"Derecho Constitucional"*, catalogándose incluso como una parte de este  *"Derecho Constitucional Procesal o Concreto"*- idea tan en boga por autores como Peter Haberle y Hector Fix Zamudio.

Vale acotar que esa forma de conceptualización encierra mas la visión de que tal disciplina tendría como norte el mero estudio de las garantías procesales constitucionales, sin reparar mucho en que como ha dicho el Prof. Ferrer Mac-Gregor, la jurisdicción, órganos y garantías constitucionales, deben ser entendidas como los instrumentos predominantemente de carácter procesal dirigidos a la protección y defensa de los valores, principios y normas de carácter constitucional, con lo cual la diferencia no es de semántica sino que devendría en una diferencia de contenidos entre el *"Derecho Procesal Constitucional"* y el *"Derecho Constitucional"*.

## VI.  LA AUTONOMÍA DEL DERECHO PROCESAL CONSTITUCIONAL

La discusión de si es una disciplina autónoma o no, ha sido intensa , de hecho si tomamos en cuenta que las expresiones *"Justicia Constitucional"*, y *"Jurisdicción Constitucional"* no solo tienen por objeto un estudio de los procesos constitucionales en si mismos, sino que van mas allá en el sentido de proposiciones teórico-practicas sobre la defensa de la Constitución, entenderíamos que no estamos ante un problema simple, ya que el estudio de los procesos constitucionales amerita el estudio de aspectos procesales, del procesalismo científico tan característicos de la escuela italiana y alemana y de procesalistas pioneros como los antes referidos juristas Piero Calamandrei, Giuseppe Chiovenda, Niceto Alcalá Zamora y Castillo y Eduardo Couture, etc, sin negar que por otra parte el estudio de los aspectos de protección de la constitución, ameritan estudios serios de *"Derecho Constitucional"*.

El punto de si estamos ante una disciplina híbrida o no, es algo que ha desatado polémica, por ello, solo mencionaremos dos posiciones un tanto antagónicas que nos pueden situar con claridad en el problema.

Una opinión a tomar en cuenta es la del Prof. Peter Haberle, quien ha dicho a este respecto que:

*...No puede sobrevalorarse de ninguna manera la importancia del así entendido Derecho Procesal Constitucional ni como disciplina académica, ni como campo de investigación científica, ni como práctica judicial. Ésta es un área fascinante y en desarrollo tanto intensivo como extensivo. En el "mundo jurídico", pertenece, junto con el Derecho Constitucional material y en común con él, al "ajuar", al fundamento del tipo "Estado Constitucional", tan exitoso a lo largo del mundo que en 1989 tuvo una "hora mundial", y también hoy hay que soportar una y otra vez muchos contratiempos y déficits a escala mundial. Junto a los Derechos Humanos (que deben ser protegidos por los tribunales constitucionales e internacionales), junto al Derecho Constitucional de la democracia y del pluralismo, junto a todas las formas de separación de poderes (incluidas las formas "verticales" del regionalismo y federalismo), el Derecho Procesal Constitucional constituye, en mi opinión, uno de los temas principales del Estado constitucional. Éste es una disciplina autónoma, en tanto que debe hablarse de una "autonomía del proceso constitucional. [...]*

*El Derecho Procesal Constitucional es "autónomo" frente a los Derechos procesales de las otras jurisdicciones, como, por ejemplo, los códigos de procedimiento penal y civil, y también frente a la jurisdicción contencioso-administrativa. Sin embargo, hay también conexiones: muchos principios del Derecho Procesal Constitucional, por ejemplo, la investigación material de la verdad (véase § 26 de la Ley del Tribunal Constitucional Federal) o la publicidad, son principios generales del Derecho que caracterizan también a otros códigos procesales (en parte, con modificaciones).*

*El Derecho Procesal Constitucional hay que entenderlo tanto sustancial-materialmente [en cuanto a su contenido], como procesal-procedimentalmente [modalidades procesales], en cuanto que también es de naturaleza "mixta". Algunos principios del Derecho Procesal Constitucional derivan directamente de la Ley Fundamental, como la publicidad, la conformación como Estado de Derecho (por ejemplo, la independencia de los magistrados), el pluralismo (en la forma de una posible inclusión de tantos interesados como sea posible en procesos de importancia: audiencias, participación). Asimismo, todas las consecuencias del principio de dignidad humana, a entender material y procesalmente, son ejemplos aplicables (la doctrina del Derecho Procesal Constitucional como Derecho constitucional concretizado): desde la prohibición de la tortura hasta la audiencia jurídica.*[41]

---

41  *Cfr.* Domingo García Belaunde y Eloy Espinosa-Saldaña Barrera, Encuesta sobre Derecho Procesal Constitucional, *ob. cit.* p. 12-14.

Así pues, la sobrevaloración de la que comenta Haberle, evidencia su convicción de que no es en definitiva una rama procesal, ni mucho menos una rama especial o autónoma respecto al derecho constitucional, sino que es mas bien un *"Derecho Constitucional Concretizado"*, claro que esto es criticado y rechazado con vehemencia por el Prof. Domingo García Belaunde, quien ha defendido la idea de que es parte del Derecho Procesal, aun cuando esta tesis de Haberle ha tenido impacto en muchos profesores como sucede con el jurista Héctor Fix Zamudio, quien sostiene una posición original, pero que se asemeja a la de Haberle[42].

---

42  Compartimos a este respecto lo que ha explicado el profesor Domingo García Belaunde cuando refiriéndose a esta apreciación teórica del *"Derecho Constitucional Concretizado"* ha señalado que "Desde hace muchos años, Héctor Fix-Zamudio ha sostenido que, al lado del Derecho Procesal Constitucional, disciplina procesal que precisamente estudia los mecanismos operativos e instrumentales para hacer efectivas determinadas instituciones constitucionales, existe un Derecho Constitucional Procesal, que no es un simple juego de palabras, sino una realidad tangible, cual es, el análisis de aquellas instituciones procesales que contiene la Constitución del Estado. Esto es así, toda vez que desde fines del siglo XVIII, en que aparecen las primeras constituciones, a la actualidad, la mayoría de ellas han ampliado su radio de acción, pues se ha producido el fenómeno que podemos llamar de constitucionalización del orden jurídico, que es una operación intelectual mediante la cual, para dar mayor solidez y fijeza a cada ordenamiento específico, se procede a depurar las normas básicas o principios de cada área del Derecho, y se las eleva a rango constitucional. Así, las actuales constituciones contienen lo que clásicamente se conoce como Derecho Constitucional, pero también otros temas y han acogido diversos principios que no siendo constitucionales *stricto sensu*, han buscado su constitucionalización. De esta suerte, al lado de la parte dogmática y orgánica que siempre existieron, se ha incorporado principios de Derecho financiero (aspectos tributarios, de endeudamiento, crédito, presupuesto), laborales y de seguridad social, penales, civiles, internacionales, mercantiles, etc. Dentro de este elenco, determinadas instituciones básicas del Derecho procesal se han elevado a rango constitucional, tales como el principio del juez natural, de la instancia plural, del debido proceso, etc. Se crea así el Derecho Constitucional Procesal que en rigor no es procesal, sino constitucional (*Cf.* Héctor Fix-Zamudio, La problemática contemporánea de la impartición de justicia y el derecho constitucional en *"Ius et Veritas"*, núm. 8, junio de 1994). Ahora bien, si la misma lógica la extendemos a otras partes del Derecho que se han visto elevadas a rango constitucional, podríamos también hablar del Derecho Constitucional Tributario (que sería disciplina tributaria), del Derecho Constitucional Civil (que sería disciplina civil), del Derecho Constitucional Internacional (que sería disciplina del Derecho Internacional Público), del Derecho Constitucional Comercial (que sería comercial) y así sucesivamente, las que también podrían ser consideradas disciplinas constitucionales. Con esto, habríamos logrado dos cosas: a) En primer lugar, obtener un aislamiento, de corte académico, para entender adecuadamente cuál es nuestra disciplina y cómo ella encuentra acomodo, o mejor aún, sustento, en el Derecho Constitucional. b) Enriquecemos las disciplinas jurídicas y prácticamente las doblamos, toda vez que por cada una de ellas, podemos hacer un desarrollo de su contraparte constitucional, ya que, a la larga, directa o indirectamente, toda rama del Derecho tiene su punto de apoyo en la Constitución, la cual, como decía Pellegrino Rossi, contiene en su seno las têtes de chapitre de todo el orden jurídico (*Cf.* Cours de Droit Constitutionnel, Paris 1843). Sin embargo, el hecho de que tras esta nueva nomenclatura se dé una realidad, que ella misma nos sea útil por razones de estudio, y que tenga cierto predicamento, no significa que en rigor sea necesaria. Aquí estamos, más que ante un juego de palabras, con un crecimiento innecesario de disciplinas jurídicas, sin beneficio del rigor. Es un poco como aquellos cursos que se llaman "Introducción al Derecho", "Criminología" o "Derecho Económico" que no tienen sustancia propia, sino que sólo son útiles convencionalmente, como unidades académicas para el estudio, pero sin alcanzar configuración autónoma. En consecuencia, si bien útiles para fines docentes y curriculares, son eliminables si queremos mantener una sistemática coherente en la clasificación que hagamos de las distintas áreas jurídicas. Aquello que pretende estudiar el llamado "Derecho Constitucional Procesal", puede ser distribuido en dos áreas: los aspectos netamente procesales pueden ir al Derecho Procesal Constitucional y los netamente constitucionales, pueden desarrollarse en el Derecho Constitucional. En última instancia, pueden alojarse en el De-

Ahora bien, un jurista que no está muy de acuerdo con esta apreciación antes advertida del Prof. Haberle, es el Prof. Ferrer Mc Gregor, y lo dicho lo deducimos, pues en criterio de este jurista, el *"Derecho Procesal Constitucional"*, si es una disciplina jurídica autónoma de naturaleza procesal, pues

> *...Se encuadra en el campo de estudio del Derecho Procesal, ya que, así como paulatinamente se ha logrado la independencia de las diversas disciplinas procesales respecto del derecho sustantivo, que se iniciara con los derechos procesal civil y penal, y posteriormente respecto a los derechos procesales administrativo, del trabajo, agrario, etc., también ha sucedido lo mismo con esta joven disciplina que ha alcanzado su autonomía respecto a la materia sustantiva constitucional*[43].

Este aspecto, es importante, pero es menester señalar que si bien es cierta esta última apreciación, el tema se hace complejo cuando se analizan los particulares sistemas jurídicos, en especial, los de sistemas de *"Justicia Constitucional Mixtos o Duales"* en general.

## VII. LA JUSTICIA Y LA JURISDICCIÓN CONSTITUCIONAL COMO TÉRMINOS DICOTÓMICOS. EL TRATAMIENTO CIENTÍFICO VENEZOLANO

Todo lo dicho respecto al *"Derecho Procesal Constitucional"* a nivel de derecho comparado es importante a la hora de analizar el caso de la viabilidad de tal conceptualización en Venezuela.

De hecho, como primer punto surge la duda de si tal denominación es muy distinta a lo que se conoce como *"Jurisdicción Constitucional"* o *"Justicia Constitucional"*.

Al respecto diremos que en el caso del derecho comparado el término *"Justicia Constitucional"* o *"Jurisdicción Constitucional"* son términos equivalentes, de hecho ambos quieren referir exclusivamente al estudio de las normas que se refieren a los procesos y procedimientos constitucionales en cabeza de las *"Cortes Constitucionales"* o *"Tribunales Constitucionales"*, los caracteres y los efectos de las decisiones, y el estudio de las normas que permiten la instauración y desarrollo de la participación de jueces constitucionales en un Estado Constitucional.

Recordemos que la discusión sobre el término *"justicia"* radica en que es tan impreciso como el término *"jurisdicción"*, pues no son correctos, toda vez que se conoce que el problema es más de competencia que de *"jurisdicción"* o *"justicia"*, si de conceptos precisos se trata.

Ahora bien en el caso de América Latina, tales expresiones van mucho mas allá y son mas confusos, por lo menos en lo concerniente a los conceptos, lo que genera algunas contradicciones en el modelo de *"Jurisdicción Constitucional"* o *"Justicia Constitucional"* como sucede en Venezuela.

---

recho Procesal Constitucional, ya que estamos tratando de instituciones netamente procesales. El hecho notorio de que hayan sido paulatinamente constitucionalizadas dentro de este fenómeno antes descrito, no nos autoriza a crear una nueva disciplina que, como decimos, pese a su utilidad docente, carece de rigor científico". *Cfr.* Domingo García Belaunde, *Derecho Procesal Constitucional*, Editorial Temis, Bogotá 2001, p. 12-14.

43    *Cfr.* Domingo García Belaunde y Eloy Espinosa-Saldaña Barrera, *Encuesta sobre Derecho Procesal Constitucional, ob. cit.* p. 94-97.

Por ello, nos parece indispensable, abordar primero el punto del *"Derecho Procesal Constitucional"* para luego ver si ello es aplicable en nuestro orden jurídico positivo en relación a lo que se entiende por esta disciplina actualmente en el mundo iberoamericano.

Antes es bueno advertir, que a lo largo del presente trabajo, hemos empleado indistintamente las expresiones *"Jurisdicción Constitucional"* o *"Justicia Constitucional"* como expresiones sinónimas, con lo cual hemos de recordar que es conocido el hecho de que en Venezuela los términos *"Justicia Constitucional"* y *"Jurisdicción Constitucional"*, son los conceptos mas empleados en la confección de nuestro orden jurídico positivo e incluso los mas adoptados por parte de la doctrina.[44]

Tales conceptos adquieren mas importancia luego de que en la Constitución de 1999, se plasmaran y se normativizaran en los términos que el Prof. Allan R. Brewer-Carías ha expuesto en diversas obras.

Ello implica que tomada en cuenta esa anterior acotación, nos resulta mas fácil observar como en la confección de la Constitución de 1999 se optó por un modelo de *"Justicia Constitucional"* bicéfalo conceptualmente, puesto que en ese sistema se presentan dos conceptos a tomar en cuenta en nuestro orden jurídico positivo.

El **primero** es el concepto material llamado *"Justicia Constitucional"* que explica el hecho de que todos los Tribunales de la República tendrán el poder de garantizar y hacer efectiva la letra de la constitución, con el poder de desaplicar cualquier norma que colide con ésta; lo que alude mas bien a un *"control difuso"* de la constitucionalidad y **segundo** el concepto orgánico de *"Jurisdicción Constitucional"* que tiende a desprender el hecho de que un Tribunal éste si único y especial tendrá el poder de desaplicar, de conocer, de controlar jurisdiccionalmente aquellos actos, omisiones u actuaciones especiales en ejecución directa e inmediata de la Constitución por parte de cualquier órgano que ejerza el poder público, que alude a lo que se conoce como *"control concentrado"* de la constitucionalidad.

Es por ello, que tal sistema se hace complejo cuando de conceptualizaciones se trata, ya que el concepto orgánico de *"Jurisdicción Constitucional"* necesariamente implica el ejercicio del concepto material de *"Justicia Constitucional"*, pero a la inversa no sucede así.

Tal tesis en el mundo actualmente es abandonada por el mote o desarrollo conceptual de *"Derecho Procesal Constitucional"*, que no es más que una síntesis superadora de estas nociones ya advertidas muy imprecisas y muy contradictorias[45].

---

44    *Cfr.* José Guillermo Andueza, *La Jurisdicción Constitucional en el Derecho Venezolano* , Sección de Publicaciones, Facultad de Ciencias Jurídicas Políticas de la Universidad Central de Venezuela, Caracas 1955,100 pp;  Orlando Tovar Tamayo, *La Jurisdicción Constitucional*, Biblioteca de la Academia de Ciencias Políticas y Sociales, Serie: Serie Estudios, 10, Caracas 1983, 149 pp; Humberto J. la Roche, *El control Jurisdiccional en Venezuela y Estados Unidos*, Maracaibo, 1972, 153 pp; Allan R. Brewer-Carías, *El Control Concentrado de la Constitucionalidad de las Leyes, Estudio de Derecho Comparado*, Cuadernos de la Cátedra Allan R. Brewer Carías de Derecho Público, Nº 2. Universidad Católica del Táchira, Editorial Jurídica Venezolana, Caracas, San Cristóbal 1994, 179 pp; Humberto *Briceño León, "Coexistencia y adecuación entre el control difuso y objetivo de la Constitución", en: 200 años del Colegio de Abogados, Colegio de Abogados del Distrito Federal, Avila Arte Impresores*, Caracas 1989, pp. 437-456.

45    Para una comprensión de estas nociones de *"Justicia Constitucional"* y *"Jurisdicción Constitucional"*, la primera como noción material y la segunda como noción orgánica en el caso venezolano *Cfr.* Allan Brewer Carías, *Estudios sobre el estado constitucional (2005-2006)*, Cuadernos de la Cátedra Fundacional Allan R. Brewer Carías de Derecho Público, Universidad Católica del Táchi-

De hecho ésta nueva denominación conceptual *"Derecho Procesal Constitucional"*, no es sólo una invención de nuevo nombre, sino un esfuerzo conceptual que sitúa propiamente el problema central, el estudio del objeto, que no es mas que la problemática de cómo garantizar la indemnidad constitucional y la protección de los derechos constitucionales, aspecto que pasa indudablemente por la protección de los derechos constitucionales por los tribunales y el control de todos los actos, actuaciones u omisiones de cualquier órgano que ejerza el poder público que menoscabe los valores y principios constitucionales, aunado al hecho de situar el objeto de estudio en los llamados procesos y procedimientos constitucionales que se emplean para garantizar así los valores y principios constitucionales orgánica y materialmente.

Así esta nueva conceptualización *"Derecho Procesal Constitucional"*, redescubre el objeto central del llamado sistema de protección de la constitución, estudiando las vías procesales que se hacen valer en Tribunales para hacer efectiva la letra de la constitución, evidenciando las contradicciones evidentes en las conceptualizaciones anteriores en las que se aseveraban conceptos un tanto confusos como los de *"justicia constitucional"* y *"jurisdicción constitucional"*, toda vez que todos los Tribunales ejercen también la llamada *"jurisdicción constitucional"* en el mejor sentido procesal del término, y que siendo mucho mas precisos debiéramos emplear mas bien la noción de *"competencia"*.

Creemos que este esfuerzo académico de la nueva conceptualización de *"Derecho Procesal Constitucional"*, es importante, ya que evidencia la necesidad imperiosa de aclarar estos conceptos para asi permitir una mejor comprensión y desarrollo normativo idóneo de una buena legislación en materia de procesos y procedimientos constitucionales.

De hecho en nuestro esquema, ese sistema de *"Justicia Constitucional"*, está dotada de competencias de *"control concentrado"* de la constitucionalidad de las leyes y demás actos dictados en ejecución directa de la Constitución[46], de *"control difuso"* de la constitucionalidad de los actos normativos a cargo de todos los jueces[47] y del conocimiento de acciones de amparo a los derechos constitucionales[48], así como de mecanismos que deberán estar destinados a resguardar, garantizar y proteger la supremacía constitucional[49]; la tutela judicial efectiva[50], el principio de constitucionalidad[51], y el principio de soberanía popular[52].

---

ra, N° 9, Editorial Jurídica Venezolana, Caracas 2007 pp. 835 y en igual forma en *Cfr.* Allan Brewer Carías, *Crónica sobre la "in" Justicia Constitucional. La Sala Constitucional y el autoritarismo en Venezuela*, Colección Instituto de Derecho Público, Universidad Central de Venezuela, N° 2, Caracas 2007, 702 pp.

46  *Cfr.* Art. 336 de la Constitución de la República Bolivariana de Venezuela, en *Gaceta Oficial* N° 5.908 Extraordinaria del 19 de Febrero de 2009.

47  *Cfr.* Art. 334 de la Constitución de la República Bolivariana de Venezuela, en *Gaceta Oficial* N° 5.908 Extraordinaria del 19 de Febrero de 2009.

48  *Cfr.* Art. 27 de la Constitución de la República Bolivariana de Venezuela, en *Gaceta Oficial* N° 5.908 Extraordinaria del 19 de Febrero de 2009.

49  *Cfr.* Art 7,131,333,334 de la Constitución de la República Bolivariana de Venezuela, en *Gaceta Oficial* N° 5.908 Extraordinaria del 19 de Febrero de 2009.

50  *Cfr.* Art 26,253,254,257 y 280 de la Constitución de la República Bolivariana de Venezuela, en *Gaceta Oficial* N° 5.908 Extraordinaria del 19 de Febrero de 2009.

51  *Cfr.* Art 25,136,137,138,139 de la Constitución de la República Bolivariana de Venezuela, en *Gaceta Oficial* N° 5.908 Extraordinaria del 19 de Febrero de 2009.

52  *Cfr.* Art 5 de la Constitución de la República Bolivariana de Venezuela, en *Gaceta Oficial* N° 5.908 Extraordinaria del 19 de Febrero de 2009.

En las líneas anteriores reflejamos como se emplean diversos conceptos como *"justi-cia"* o *"jurisdicción"*, todos con el mote en algunas partes de *"constitucional"* como sinóni-mos, aunque la verdad no lo sean. Incluso aunque dichos conceptos parezcan muchas veces como sinónimos, parece que en realidad no lo son, de allí la importancia del estudio del pro-blema del *nomen iuris* de la disciplina como lo ha demostrado el Prof. Domingo García Be-launde.

Pero un punto importante es el tema de si es correcto asimilar la noción de *"Justicia Constitucional"*, con *"Jurisdicción Constitucional"* o con *"Derecho Procesal Constitucio-nal"*, no como un problema de semántica, sino de contenido.

## VIII. EXISTENCIA DEL DERECHO PROCESAL CONSTITUCIONAL EN VENEZUE-LA. TÉRMINOS EMPLEADOS

Si partimos de las nociones muy aceptadas en Venezuela por parte de la doctrina, el ter-cer concepto *"Derecho Procesal Constitucional"* no tendría cabida luego de que no existe propiamente un *"Derecho Procesal Constitucional"* ya que no es una disciplina científica, es parte de la *"Justicia Constitucional"* o de la *"Jurisdicción Constitucional"* aun cuando en el esquema conceptual del Prof. Allan R. Brewer-Carías tales conceptos no son equivalentes, sino que aluden a realidades distintas.

La tesis referida parece sostener que hay una *"Justicia Constitucional"* y una *"Jurisdic-ción Constitucional"* como términos distintos solo y en cuanto a que este ultimo es una no-ción orgánica y la primera una noción material, de hecho, esta tesis, no es nueva, la podemos encontrar en autores como el Prof. Louis Favoreau entre otros.

Recordemos que en el caso del jurista Louis Favoreau y del propio profesor Allan R. Brewer-Carías, muestran mucha afinidad con esta clasificación, pues esos conceptos o expre-siones en ese sentido antes advertido, provienen del maestro francés Charles Eisenmann, discípulo de Hans Kelsen, quien se consagró como jurista con su obra *"La justice consti-tuiionnelle et la Hauie Cour Conslitutionnelle d'Aulriche*, París (1928)"*, lo que nos hace pensar que cuando se aluden a esas expresiones *"Justicia Constitucional"* y *"Jurisdicción Constitucional"* se esta haciendo alusión a la conceptualización de Charles Eisenmann y de Hans Kelsen.

Claro que habrá que aceptar que en el caso nuestro la influencia del Prof. Mauro Cap-pelletti es notable en la obra del Prof. Allan R. Brewer Carias, y como la obra de Brewer-Carías digamos que se constitucionalizó, es importante tener en cuenta que por lo tanto las expresiones *"Justicia Constitucional"* y *"Jurisdicción Constitucional"*, devienen en nociones constitucionales. Sin embargo, ello no obsta a que podamos decir, que esta peculiar concep-tualización entendida como que la *"justicia"* es una noción que aplica materialmente y que es obligación por parte de todos los jueces de la República a ejercer el control de la constitu-cionalidad, mientras que la noción *"Jurisdicción Constitucional"* está mas referido al órgano que dotado de unas competencias propias está llamado a ejercer el *"control concentrado"* de la constitucionalidad, sea una categorización un tanto insatisfactoria.

Incluso llama poderosamente la atención que las dos nociones no parecen ser asimila-bles, ya que existen dos cosas a revelar, pues si se afirma que la *"Jurisdicción Constitucio-nal"* atiende mas a una noción orgánica, es para asimilar justamente el rol del Tribunal o Corte Constitucional a un resguardo del orden orgánico en tanto controlador político, casi al mejor estilo Kelseniano, *-de hecho ya vimos un posible origen histórico de esta asimilación-* en cambio la parte material devendría en la única noción que atendería al resguardo de los derechos y garantías constitucionales expresamente, lo cual crearía algunos riesgos que ya se han evidenciado en nuestro modelo constitucional.

Por otra parte, nos merece atención el hecho de que brevemente podemos pasar revista de lo complejo de la aceptación de una idónea conceptualización, para explicar la disciplina *"Derecho Procesal Constitucional"* a partir de nociones muy distintas que a primera vista parecen irreversibles, pues no son discusiones semánticas como parece, sino de contenidos.

## IX. SOBRE EL CONCEPTO DEL DERECHO PROCESAL CONSTITUCIONAL EN VENEZUELA

Uno de los aspectos centrales de nuestro hilo argumental, es destacar aproximadamente una tentativa conceptual de lo que es el *"Derecho Procesal Constitucional"*, y por sobre todo sus contenidos en Venezuela.

En un capítulo anterior vimos como existe mucho recelo en una conceptualización de esta rama, en su catalogación como rama procesal o adjetiva, lo que es normal cuando se comienza a estudiar en serio una rama o un objeto del conocimiento.

No creemos baladí, que en el mejor momento de los estudios del derecho constitucional moderno, surge esta rama llamada *"Derecho Procesal Constitucional"*, que no dudamos por sus particularidades en catalogarla como una rama reciente de la ciencia procesal y del derecho constitucional, que se encarga entre otras cosas del estudio sistemático de las garantías constitucionales, de aquellos instrumentos predominantemente procesales que están dirigidos a la reintegración del orden constitucional cuando el mismo ha sido desconocido o violado por los órganos en ejercicio del poder público.

Este dato, evidencia que en ningún momento es algo distinto a lo que se conoce como *"Justicia Constitucional"* o *"Jurisdicción Constitucional"* mas si que es una noción mas amplia y superadora que tiende a lograr una cierta autonomía conceptual y por qué no metodológico, para así estudiar de forma mas profunda este aspecto de la realidad constitucional, no en criterios sustantivos solamente sino en criterios procesales que son los que permitirán realmente lograr determinados resultados concretos teniendo presente que el derecho no pretende en ningún momento soluciones teóricas sino prácticas[53].

## X. CONTENIDOS DEL DERECHO PROCESAL CONSTITUCIONAL EN VENEZUELA

Pensamos así, entonces, que el llamado *"Derecho Procesal Constitucional"* tiene aplicabilidad en Venezuela en el plano normativo, mas urge promocionar el cultivo de esta disciplina en el sentido de mejorar las fallas y confusiones de nuestro sistema constitucional.

En cuanto a sus contenidos resulta problemático solo en parte, pues creo que para garantizar un verdadero *"Derecho Procesal Constitucional"*, es indispensable tener en cuenta varios contenidos. Ellos son:

i. El estudio de la conformación normativa y organizativa de un solo Tribunal Constitucional separado del Poder Judicial o salas constitucionales dentro del poder judicial, llamado a garantizar la *supremacía constitucional*;

---

53    En Venezuela es el profesor Allan R. Brewer-Carias quien más ha estudiado a profundidad los temas del *"Derecho Procesal Constitucional"*, aun cuando no emplee el término. Para ello pueden verse sus innumerables estudios, todos de alto nivel adjetivo y sustantivo. Recientemente publicó un importante estudio del cual no disponemos pero que recomendamos. *Cfr.* Allan R. Brewer-Carias, *La Justicia Constitucional (Procesos y Procedimientos Constitucionales)*, Editorial Porrúa/Instituto Mexicano de Derecho procesal Constitucional. México, 2007, 521 pp. En el que analiza sustantivamente y procesalmente la *"Justicia Constitucional"* en Venezuela.

ii. El estudio de los procesos electorales y constitucionales para la designación, remoción o suspensión de los Magistrados y del poder judicial en su conjunto para así lograr *standards* de optimización y de independencia del poder judicial y de todo el sistema de justicia;

iii. La protección de los derechos fundamentales, (Derecho Internacional de los Derechos Humanos) a través de mejoras adjetivas, para garantizar el respeto de ciertos derechos humanos que no ostentan garantías constitucionales idóneas;

iv. El estudio procesal de los procesos o procedimientos constitucionales así como de los procesos ordinarios en los cuales pueda aplicarse el *"control difuso"* de la constitucionalidad, que tiende a dar preponderancia a los jueces comunes sin merma de la importancia del Tribunal Constitucional o de las salas constitucionales (*véase supra punto (i)*)

v. El estudio de la acción popular[54], la legitimación en los procesos constitucionales, las medidas cautelares en los procesos y procedimientos constitucionales y la materia probatoria en dichos procesos[55];

vi. El estudio de la conformación, correlación y correspondencia de nuestro modelo constitucional *"federal"* para así lograr uniformidad constitucional entre las personas político territoriales, teniendo presente que *"la justicia"* está nacionalizada en Venezuela y su descentralización es precaria, en los términos de una tutela judicial efectiva;

vii. La incorporación del estudio del Hábeas Corpus[56], Hábeas Data[57], Amparo, Derecho Internacional Privado[58], Comunitario y Público y del Derecho Internacional de los Derechos Humanos[59], para así garantizar una justicia transnacional que integre los procesos comunitarios con proposiciones claramente procesales y no solamente de forma sustantiva;

---

54    *Cfr.* Luis H. Farías Mata, "¿Eliminada la acción popular del derecho positivo venezolano?" en *Revista de Derecho Público* N° 11, Editorial Jurídica Venezolana, Caracas, 1982, pp. 5-17.

55    *Cfr.* Jesús Eduardo Cabrera Romero, "El Principio de Adquisición Procesal", en Jesús María Casal, Alfredo Arismendi y Carlos Luis Carrillo (Coordinadores), *Tendencias Actuales del Derecho Constitucional. Homenaje a Jesús María Casal Montbrun*, Tomo II, Universidad Central de Venezuela-Universidad Católica Andrés Bello, Caracas 2007. *Cfr.* Jesús Eduardo Cabrera Romero, "La Prueba en el Proceso Constitucional Venezolano", en *Revista de Derecho Probatorio*, N° 14, Editorial Homero, Caracas 2008. *Cfr.* Rubén Hernández Valle, "La prueba en los procesos constitucionales", en *Revista Iberoamericana de Derecho Procesal Constitucional* N° 5, 2006, pp. 183-196.

56    *Cfr.* Rutilio A. Mendoza Gómez, "El Habeas Corpus en España y Venezuela. Una perspectiva comparada" en *Revista de Derecho Constitucional* N° 7, Editorial Sherwood, Caracas 2003, pp. 167-187.

57    *Cfr.* Víctor Bazán, "El Habeas Data y el derecho de autodeterminación informativa en perspectiva de derecho comparado" en *Revista de Derecho Constitucional* N° 9, Editorial Sherwood, Caracas 2004, pp. 35-72. *Cfr.* Gladys S. Rodríguez, "Habeas Data en los umbrales del siglo XXI" en *Revista Tachirense de Derecho* N° 12, Centro de Investigaciones Jurídicas, Centro Tachirense de Estudios Municipales, Universidad Católica del Táchira, San Cristóbal 2000, pp. 37-54.

58    *Cfr.* Tatiana de Maekelt, "Ley de Derecho Internacional Privado. Comentarios generales" en *Revista de la Facultad de Ciencias Jurídicas y Políticas de la Universidad Central de Venezuela* N° 117, Facultad de Ciencias Jurídicas y Políticas, Universidad Central de Venezuela, Caracas 2000, pp. 143-161.

59    *Cfr.* Pedro Nikken, "Sobre el concepto de Derechos Humanos" en *Revista Tachirense de Derecho* N° 3, Universidad Católica del Táchira, Centro de Investigaciones Jurídicas, Universidad Católica

viii. La integración y el logro de la confluencia de los modos de garantía del sistema procesal constitucional como son el *"control concentrado"* y el *"control difuso*[60]*"* y su esclarecimiento en cuanto al valor de las sentencias y sus efectos;

ix. Las garantías procesales constitucionales llevadas a tal efecto en los procesos ordinarios o especiales ante tribunales con competencia exclusiva o no para conocer de actos en ejecución directa e indirecta de la constitución;

xi. El control jurisdiccional, la confección de normas y procedimientos constitucionales para el control de los tratados internaciones suscritos por la República, los actos de gobierno, los decretos leyes, las coaliciones de leyes[61], las omisiones legislativas[62], los actos de reforma y enmienda constitucional[63], las leyes estadales y municipales, así como los decretos de Estados de Excepción;

Téngase presente que todos estos contenidos de una forma u otra están presentes en nuestro orden jurídico positivo y en las discusiones dogmáticas en Venezuela, en mayor o en menor medida, el problema gira entre otras cosas, en la confusión que presenta emplear los términos *"Justicia Constitucional"*[64] o *"Jurisdicción Constitucional"*, como nociones imprecisas que quieren significar mas la noción de *"Competencia"* en materia constitucional que puede tener una Corte o Tribunal Constitucional y el resto de los tribunales.

No olvidemos, que la aplicabilidad de un *"Derecho Procesal Constitucional"* no solo es viable sino que se hace urgente ya que urge importar los conceptos procesales, las instituciones procesales de la *"Teoría Procesal Científica"* a los análisis del sistema de protección constitucional.

Así pues, es necesario abrir cauces para garantizar la viabilidad del *"Derecho Procesal Constitucional"*, ya que es esta disciplina la que puede estudiar satisfactoriamente los aspectos procesales del sistema de *"Justicia Constitucional"*, que en nuestro caso, siempre son descartados por consideraciones de orden sustantivo que nunca terminan por garantizar de forma práctica los problemas de los justiciables.

---

del Táchira, San Cristóbal 1993, pp. 5-23. *Cfr.* Luis A. Herrera Orellana, "Sobre el Concepto y Fundamento de los Derechos Humanos", en *Revista de Derecho* N° 12, Tribunal Supremo de Justicia, Caracas 2004. pp. 31-58.

60    *Cfr.* José Vicente Haro García, "El sentido y alcance del control difuso de la constitucionalidad" en *Revista de Derecho Constitucional* N° 4, Editorial Sherwood, Caracas 2001, pp. 275-287. *Cfr.* José Vicente Haro García, "El control difuso de la constitucionalidad en Venezuela: El estado actual de la cuestión" en *Revista de Derecho Constitucional* N° 9, Editorial Sherwood, Caracas 2004, pp. 253-276.

61    *Cfr.* Jesús María Casal, "Las colisiones constitucionales y su resolución" en *Revista de Derecho* N° 27, Tribunal Supremo de Justicia, Caracas 2008, pp. 19-46.

62    *Cfr.* Jesús María Casal, "La protección de la Constitución frente a las omisiones legislativas" en *Revista de Derecho Constitucional* N° 4, Editorial Sherwood, Caracas 2001, pp. 141-187.

63    *Cfr.* José Vicente Haro García, "Sobre los límites materiales de la enmienda y la reforma constitucional" en *Revista de Derecho Constitucional* N° 8, Editorial Sherwood, Caracas 2003, pp. 35-66.

64    Habrá que recordar *-pues es importante-* que la *"justicia"* como valor, es una sola, que se manifiesta en muchas aristas. actos, conductas humanas, pero que aplicada a cualquier acto, conducta o materia no deja de ser *"Justicia"*. Recordemos que ella es un ente verdadero, con lo cual decir *"Justicia Constitucional"* es agregarle un accidente ajeno a su esencia, aún cuando reconocemos que alude a una realidad histórica importante en el caso del derecho público.

Por ejemplo en el caso Venezolano, el *"Derecho Procesal Constitucional"* está por hacerse toda vez que es importante que se estudien y ergo se mejoren los problemas procedimentales y procesales (legitimación, admisibilidad, presupuestos procesales, efectos de las sentencias, noción de partes, pruebas en los procesos constitucionales etc.), lo que es la única salida para una mejora sustancial de los procesos constitucionales. Desde otro aspecto tendremos un *"Derecho Procesal Constitucional"* en los términos referidos, muy contradictorios aunque siempre perfectibles.

## XI. LOS CONTENIDOS DE NUESTRO DERECHO PROCESAL CONSTITUCIONAL BAJO UNA CODIFICACIÓN

En el campo del *"Derecho Procesal Constitucional"* ha surgido el tema de la codificación también como una solución a los problemas de delimitación de los contenidos propios de la disciplina, más que todo luego de la experiencia *"codificadora"* de la República del Perú.

La primera pregunta que surge es si tal codificación es idónea, aun teniendo mas o menos claro algunos contenidos antes advertidos, pues si en el campo del derecho procesal común, (derecho procesal civil, mercantil y penal), y del derecho común (derecho civil y mercantil) e incluso penal el tema de la codificación ha sido objeto de fuertes críticas, no creemos que el *"Derecho Procesal Constitucional"* codificado escape a esas criticas.

Los Legisladores en el ámbito mundial en su gran mayoría tienen bien presente las ventajas y las inconveniencias de la codificación en general. De hecho, como bien señala el jurista Gonzalo Parra Aranguren con referencia al caso de los Estados Unidos de América, en materia de codificación.

> *...la cuestión es determinar si esfuerzos de esta naturaleza son aconsejables o si producen en la práctica más inconvenientes que beneficios. [...] las soluciones codificadas a veces son inconvenientes pero en otras son necesarias y útiles... Normas codificadas [...] presentan ventajas. Pero traen consigo el riesgo de ridiculizar el derecho y de conducir a resultados desafortunados en situaciones poco frecuentes. Deben utilizarse con circunspección*[65].

Con dicha cita se advierte los peligros de *"ridiculizar"* el derecho. De hecho, los opositores a la codificación han recordado el peligro de la *"petrificación"*, que una codificación implica, recordando las ideas esbozadas por Savigny y Thibaut quienes advertían que las normas jurídicas escritas, aun cuando sean las mejores al tiempo de su promulgación, no pueden resolver en forma satisfactoria los nuevos problemas y situaciones que surgen necesariamente todos los días como consecuencia del continuo cambio en las condiciones económicas, políticas, sociales o culturales[66].

En el caso de la codificación del *"Derecho Procesal Constitucional"* podemos señalar que una primera critica que pudiéramos hacer a esta solución es que en nuestra apreciación, el margen de holgura que tiene el legislador para codificar y legislar en materia constitucional es casi nulo. De hecho, si nos detenemos en la realidad normativa, podemos comprobar que

---

65    *Cfr.* Gonzalo Parra Aranguren, *Curso General de Derecho Internacional Privado (Problemas selectos y otros estudios),* 3° edición revisada, Universidad Central de Venezuela, Facultad de Ciencias Jurídicas y Políticas, Caracas 1998, p. 256-262.

66    En esta parte, sin duda, debemos advertir que tomamos como nuestras, los estudios del profesor Gonzalo Parra Aranguren, que aun cuando mas referidos al derecho privado –*Internacional Privado*-, las consideramos totalmente válidas en el contexto del *"Derecho Procesal Constitucional"*.

nuestra constitución ostenta innumerables preceptos orgánicos y dogmáticos, con lo cual concluiríamos que es inútil codificar esos principios pues ya están expuestos en la Constitución -*Constitución de tipo "larga" 350 artículos*-, y que de hacerlo, se petrificaría el derecho a niveles innecesarios toda vez que uno de los contenidos justamente del *"Derecho Procesal Constitucional"* es el tema de la *"interpretación constitucional"*, lo cual sería contrario a una codificación que pretende mas bien cerrar todas las posibles lagunas normativas e interpretativas.

Al respecto también habrá que recordar como ha dicho el Prof. Gonzalo Parra Aranguren que:

> *...La codificación nunca debe ser considerada como una actuación final y ningún Legislador ha pretendido hacerlo una sola vez y para siempre. Por el contrario, todo el mundo acepta que si las condiciones sociales cambian también deben ser modificadas la (sic) normas jurídicas[67]. Asimismo se ha señalado que la codificación nacional representa un obstáculo y no favorece la unificación por cuanto, como punto de honor, muchos Legisladores no están dispuestos a cambiar sus propias reglas, en particular si han sido codificadas en época reciente[68].*

Crítica u observación válida, pues recuérdese el problema que significó la codificación del General José Antonio Páez en Venezuela, así como las reformas difíciles a nuestros códigos: Civil, Mercantil y Procesal Civil y Penal.

Claro, que los defensores de la codificación, argumentan que la misma produce seguridad, claridad y la posibilidad de predecir los resultados, aun cuando podemos advertir en palabras del Prof. Gonzalo Parra Aranguren que tal postura termina.

> *...ridiculizando el derecho, pues tal seguridad radica únicamente en que permite conocer de antemano las reglas jurídicas, que aunque cierto, puede no ser la mejor solución[69].*

Por ello puede señalarse que la codificación en materia de *"Derecho Procesal Constitucional"* si bien puede brindar seguridad, claridad y facilidad de referencia, porque *"es deseable, en toda comunidad, que las leyes que regulan los derechos, deberes, relaciones y negocios de los individuos, en lo posible, sean fácilmente accesibles a ellos para su uso diario o su consulta"*, también debe tenerse presente que inconscientemente el *"Derecho Procesal Constitucional"* postula un gran activismo de los jueces, características del sistema de derecho consuetudinario (*common law system*), que conllevaría a problemas tales como la dificultad para localizar los precedentes judiciales, ordinariamente dispersos en muchos casos -*no siempre bajo el mote de jurisprudencia*-; sin olvidar la existencia de decisiones contradictorias de los tribunales que, no es muy seguro de que pueda solucionarse mediante un código escrito[70], aun cuando, la simplificación de un código hace más fácil el entendimiento por parte de los ciudadanos rompiendo el lenguaje legalísimo y súper complejo, propias de las leyes.

Por ello dice el Prof. Parra Aranguren, que no es sorprendente que

---

67    *Ibidem.*

68    *Ibidem.*

69    *Ibidem.*

70    *Cfr.* Gonzalo Parra Aranguren, *Curso General de Derecho Internacional Privado (Problemas selectos y otros estudios),* 3° edición revisada, Universidad Central de Venezuela-Facultad de Ciencias Jurídicas y Políticas, Caracas 1998, pp. 256-262.

*…muchos escritores, jueces y abogados, de críticos acerbos se hayan convertido en vigorosos partidarios de la codificación[71].*

Aun con todos los datos ya expuestos, podemos señalar que la codificación puede ser entendida como útil para corregir la solución admitida por el derecho vigente; pues el cambio legislativo es necesario cuando el error a corregirse se encuentra en una norma escrita o cuando los tribunales han rechazado, o se han mostrado dispuestos, a corregir un error legal en las decisiones judiciales, aun cuando es nuestro criterio, pudiéramos advertir que en el campo del *"Derecho Procesal Constitucional"* no creemos que sea esta una buena razón para postular un código con los problemas que ello representa.

Sin embargo, hay que tomar en cuenta que lo más importante del *"Derecho Procesal Constitucional"* es la parte procesal y la parte sustantiva, y no la materia de codificación, ya que no tiene sentido abogar tanto por algo como la codificación, que de amplio margen de holgura al legislador, pues en realidad este debería ser un restringido margen, ya que constitucionalmente el legislador por ejemplo tiene un precario margen cuando se trata de legislar en materia de derechos fundamentales; pero hay que tomar en cuenta que la constitución no refiere salvo en la parte de las *"garantías procesales"*, cómo es cada uno de los procesos constitucionales, todo el iter procedimental de ellos, y en tal caso, ello si puede ser objeto de codificación tomando en cuenta todos los contenidos del *"Derecho Procesal Constitucional"* como sucedió en el código peruano de *"Derecho Procesal Constitucional"*.

Esta codificación seria viable, eso si, si se plantean o se toman en cuenta los planteamientos antes mencionados, teniendo en cuenta que no podemos someter a los justiciables con procedimientos del derecho común, la mayor de las veces ajenos a la realidad constitucional siempre dando mayor holgura a la arbitrariedad judicial.

## XII. ALGUNAS CONTRADICCIONES DEL MODELO DE "JUSTICIA CONSTITUCIONAL" O DE "DERECHO PROCESAL CONSTITUCIONAL" EN NUESTRO PAÍS

Queremos destacar que de este proceso de constitucionalización que arranca en Norteamérica y que se ha proyectado desde el inicio de ese proceso en nuestro país, como ya hemos visto, se pueden extraer algunas reflexiones importantes para la mejora y replanteamiento de nuestro *"Derecho Procesal Constitucional"*.

*La* **primera,** *es la necesidad,* de procurar la confección de un Tribunal o Corte Constitucional separado del poder judicial, como han sostenido desde hace buen tiempo los *Prof.* Josefina Calcaño De Temeltas y José Vicente Haro[72], para así evitar las confusiones competenciales que existen en nuestro modelo constitucional, en el que una Sala Constitucional, que ejerce el llamado *"control concentrado"*, ostenta la misma jerarquía y se encuentra en el mismo Tribunal Supremo de Justicia, conjuntamente con el resto de las mal llamadas *"jurisdicciones"*, penal, civil, social, contencioso-administrativo, electoral, muchas de ellas en funciones de casación y la **segunda,** la urgente necesidad, de descartar de una buena vez por todas, la visión errada y harta peligrosa, que sostiene que como *los Tribunales –en especial el Tribunal Constitucional-* son los llamados a aplicar el ordenamiento a partir de la consideración de la Constitución *-base primaria del ordenamiento jurídico positivo, como consecuencia ineluctable de su superioridad formal, de su supremacía política, como emanación del*

---

71    *Ibidem.*

72    *Cfr.* José Vicente Haro "El Anteproyecto de Constitución y la Jurisdicción Constitucional en Venezuela" en *Ius et Praxis,* Vol. 5, N° 2, 1999, pp. 293-319.

*poder constituyente originario, un poder por definición, superior a los poderes constituidos, entre ellos, el poder legislativo-,* ostentan una superioridad, casi a la par de la propia Constitución, casi en función *"para-constituyente"* como ha sostenido nuestra Sala Constitucional, la cual por cierto, ha desquiciado el orden jurídico positivo.

Lo anteriormente se afirma, por cuanto en mi criterio, nada es mas peligroso para un régimen republicano que avalar la atribución que se le confirió a la Sala Constitucional en la Constitución que señala que *"Las interpretaciones que establezca la Sala Constitucional sobre el contenido o alcance de las normas y principios constitucionales son vinculantes para las otras Salas del Tribunal Supremo de Justicia y demás tribunales de la República"*[73], *pues en un régimen Republicano nadie debería tener el monopolio exclusivo en la interpretación de la Ley o de la Constitución, por cuanto el propio "principio de legalidad" o de "constitucionalidad"* mas propiamente, como corolario del *"Estado de Derecho"*, recogido en el preámbulo de la constitución, como *"imperio de la ley"*, obviamente se ve sustancialmente modificado, bajo ese esquema de monopolio en la interpretación de la constitución, pues nos da la idea -*no ajena a la realidad*- de que los ciudadanos Magistrados tendrían unos privilegios en la aplicación de la ley respecto a los ciudadanos, ya que estos terminan a *fortiori* siendo la propia Constitución[74], algo muy parecido a la frase de Charles Evans Hughes, cuando afirmaba que *"Vivimos bajo una Constitución, más la Constitución es lo que los Jueces dicen que es"*, algo que justifica no una defensa de una jurisprudencia cualquiera, sino de una jurisprudencia *"para-constituyente"*, algo que el sistema Republicano rechazaba desde sus primeras formulaciones por ser un resquicio monárquico.

Por ejemplo, la Constitución dice en el preámbulo *"que el pueblo de Venezuela refunda la República para establecer una sociedad democrática, participativa y protagónica, multiétnica y pluricultural en un Estado de justicia, federal y descentralizado, que consolide los valores de la libertad, la independencia, la paz, la solidaridad, el bien común, la integridad territorial, la convivencia y el imperio de la ley para esta y las futuras generaciones"*, y en el texto de la Constitución se señala que *"La Constitución es la norma suprema y el fundamento del ordenamiento jurídico. Todas las personas y los órganos que ejercen el Poder Público están sujetos a esta Constitución"*[75]; y de igual manera señala que *"La Constitución y la ley definen las atribuciones de los órganos que ejercen el Poder Público, a las cuales deben sujetarse las actividades que realicen"*[76], expresando y enfatizando aun más este *"imperio de la ley"*, con la afirmación de que *"Toda autoridad usurpada es ineficaz y sus actos son nulos"*[77].

En el caso del poder judicial norteamericano es más claro, ya que allá –*hasta donde tenemos conocimiento*- no hay un monopolio en la interpretación de la ley o de la constitución.

---

73    *Cfr.* Art. 335 de la Constitución de la República Bolivariana de Venezuela, en *Gaceta Oficial* N° 5.908 Extraordinaria del 19 de Febrero de 2009.

74    *Creemos por ello que es indispensable la necesidad de tomar en cuenta que el "Derecho Procesal Constitucional" como disciplina ha tenido como norte la meta de una disciplina científica, que obliga a los llamados a tener responsabilidades constitucionales que sean personas con conocimiento de lo que hacen.*

75    *Cfr.* Art 7 de la Constitución de la República Bolivariana de Venezuela, en *Gaceta Oficial* N° 5.908 Extraordinaria del 19 de Febrero de 2009.

76    *Cfr.* Art 135 de la Constitución de la República Bolivariana de Venezuela, en *Gaceta Oficial* N° 5.908 Extraordinaria del 19 de Febrero de 2009.

77    *Cfr.* Art 138 de la Constitución de la República Bolivariana de Venezuela, en *Gaceta Oficial* N° 5.908 Extraordinaria del 19 de Febrero de 2009.

Por ejemplo en Venezuela los jueces, lo sabemos, están sometidos únicamente a la ley y al derecho, pero esto lo dice con más claridad la Ley Orgánica del Poder Judicial[78] cuando señala que *"La justicia se administrará en nombre de la República, y los tribunales están en el deber de impartirla conforme a la ley y al derecho, con celeridad y eficacia"*, ya que la Constitución sólo dice que *"La potestad de administrar justicia emana de los ciudadanos y ciudadanas y se imparte en nombre de la República por autoridad de la ley"*[79], y no deja muy en claro como hace con todos los órganos del poder publico si esta obligado a actuar de conformidad con la ley y el derecho, aun cuando del artículo 7 de la *lex* superior se desprende esa afirmación.

De ello se colige el hecho de que están sometidos al imperio de la constitución y la ley los jueces, pero con una matización inadmisible cual es la de que esa ley es la *"ordenada"* por la Sala Constitucional, ya que los jueces interpretarán la Constitución y aplicarán las leyes y los reglamentos según los principios y preceptos constitucionales conforme a la interpretación que de los mismos haga la Sala Constitucional actuando en lo que ellos mismos catalogan como *"Jurisdicción Normativa"*[80].

Esta imposición a los jueces será en todo tipo de procesos; con lo cual vemos que este *"imperio de la Ley"* no es tanto, puesto que la ley no se impone directamente por si misma, sino que en muchos casos pasa por el filtro de su apoderado terrenal, que viene a ser la Sala Constitucional.

Incluso la Constitución, señala que los Jueces, al menos y por muy sometidos que estén al imperio de la ley, tienen la potestad de sospechar de la ley, de ponerla en duda y de desaplicarla mediante el *"control difuso"*.

De hecho dice la norma constitucional que *"Todos los jueces o juezas de la República, en el ámbito de sus competencias y conforme a lo previsto en esta Constitución y en la ley, están en la obligación de asegurar la integridad de esta Constitución"*[81], y que *"En caso de incompatibilidad entre esta Constitución y una ley u otra norma jurídica, se aplicarán las*

---

78    *Cfr.* Art 9 de la Ley Orgánica del Poder Judicial, *Gaceta Oficial Extraordinario* N° 5.262 del 11 de septiembre de 1998.

79    *Cfr.* Art 253 de la Constitución de la República Bolivariana de Venezuela, en *Gaceta Oficial* N° 5.908 Extraordinaria del 19 de Febrero de 2009. Esta norma incluso viene a corroborar como el Poder Judicial en las formulaciones clásicas debería estar fuera del aparato estatal pues emana de los ciudadanos directamente y es el freno que estos tienen respecto al ejercicio del poder público estatalizado.

80    La *"jurisdicción normativa"*, según el Profesor y ex Magistrado de la Sala Constitucional, Jesús Eduardo Cabrera. *"se manifiesta cuando la Sala Constitucional ha preferido aplicar las normas de la Carta Fundamental, a pesar de que no existen leyes que las implemente, y a ese fin acude a disposiciones legales semejantes o análogas que hacen viables las situaciones referidas en la normativa constitucional, logrando así que la normativa constitucional viva. O, cuando por control difuso constitucional desaplica normas procesales existentes que coliden con la Constitución; o cuando las ha reinterpretado conforme los principios constitucionales"* Cfr. Jesús Eduardo Cabrera, "La Prueba en el Proceso Constitucional Venezolano". en *Revista de Derecho Probatorio* N° 14, Ediciones Homero, Caracas 2006, pp. 111-112.

81    *Cfr.* Art 334 de la Constitución de la República Bolivariana de Venezuela, en *Gaceta Oficial* N° 5.908 Extraordinaria del 19 de Febrero de 2009.

*disposiciones constitucionales, correspondiendo a los tribunales en cualquier causa, aún de oficio, decidir lo conducente".* [82]

Por supuesto que la Constitución tiene que aplicarse, pero tienen los jueces derecho a discutirla y desaplicarla, cuando un órgano jurisdiccional considere que una norma con rango de ley aplicable al caso de cuya validez dependa el fallo, pudiera ser contraria a la constitución, es decir que están sometidos al *"imperio de la ley"* pero con la salvedad como ya vimos de que esa ley muchas veces es la que resulte de las precisiones interpretativas obligatorias del filtro de la Sala Constitucional.

Lo que queremos destacar aquí es que en un sistema Republicano, vale que el Tribunal Supremo de Justicia sea el garante de la supremacia y efectividad de las normas y principios constitucionales, y puede ser como dice nuestra Constitución, que será el máximo órgano en materia de *"Jurisdicción Constitucional"*, pero no puede ser el *"máximo y último intérprete de la Constitución"*, como tampoco ésta puede considerarse como la única sala de dicha instancia jurisdiccional del Tribunal Supremo de Justicia que tenga el monopolio de la interpretación constitucional sobre el contenido o alcance de las normas y principios constitucionales estableciendo una obligatoriedad y vinculatoriedad para las otras Salas del Tribunal Supremo de Justicia y demás tribunales de la República[83],ya que la interpretación de la constitución en un sistema Republicano le corresponde al soberano en su conjunto.

La contradicción se manifiesta con más intensidad cuando se ve que el poder judicial en principio no puede estar sujeto al principio de la legalidad de la misma forma que las *"Administraciones Públicas"*, las cuales no actúan sólo con sometimiento pleno a la ley y al derecho, sino también sujeta a las instrucciones de los superiores; así el poder judicial bajo este esquema ya mencionado le ha sido establecido una jerarquia inadmisible, la de la ley y el derecho  *como si fueran dos cosas distintas-* y la de la superioridad jurisdiccional, lo que hace que bajo este esquema se creen dos dueños, dos parámetros de actuación, que es muy difícil de mantener,  porque o se obedece a la  ley o se obedece al superior, quien no encarna a la ley precisamente[84].

Lo idóneo seria revisar los conceptos y plantearnos que un Tribunal o Corte o Sala Constitucional solo tiene atribuido unas competencias constitucionales específicas que no lo hacen superior a nadie ni siquiera a un Tribunal de una instancia mas baja. De hecho, dicha Sala, tendrá responsabilidades de alta investidura, interpretará la constitución y dará jurídicamente matices y de hecho impondrá alguna interpretación constitucional como competencia especialisima, lo que obligara a revisar en nuestro esquema dual o paralelo las sentencias de los tribunales u otras salas afín de preservar la supremacia constitucional, pero ello ni es función *"para-constituyente"* ni de ello se desprende una defensa a que tal sala sea *"el máximo y único intérprete de la constitución"*, pues una cosa es que cualquier ciudadano deberá respetar las sentencias de cualquier tribunal, e incluso las interpretaciones que ofrezcan al resolver un caso concreto, y otra es que se postule que cinco, cuatro u ocho personas sean los dueños del sentido de una constitución que es del soberano, casi, a la usanza esta competencia de la Sala Constitucional, al cónclave y a la autoridad del papa surgido a raiz del Concilio Vaticano II, que si bien es algo de índole religioso o teológico, muy entendible, en materia de *"Derecho Constitucional"* no tiene ninguna justificación lógica, ni se corresponde con nues-

---

82    *Ibidem.*

83    *Cfr. Art. 335 de la* Constitución de la República Bolivariana de Venezuela. en *Gaceta Oficial* N° 5.908 Extraordinaria del 19 de Febrero de 2009.

84    *Cfr.* Alejandro Nieto, *La Balada de la Ley.* Editorial Trotta, Madrid 2003, 298 pp.

tro constitucionalismo, pues no tiene antecedentes, y mas bien fue rechazado desde la Constitución de 1811 esta especie de confiscación de la *"interpretación constitucional"*, por parte de los jueces.

Así pues, las decisiones e interpretaciones de nuestra Sala Constitucional tendrán la competencia para hacerla pero no son *"voz de Dios"*. Discutirlas y ponerla en juego es el único futuro de un *"Derecho Procesal Constitucional"* serio en nuestro país.

## XIII. CONCLUSIONES

La necesaria recurrencia a dar por sentado ciertos conceptos en la ciencia jurídica, siempre nos lleva directamente a la falta de innovación o quizás mejor dicho a no redescubrir o comprender verdaderamente algunas realidades que a veces no son tan simples como se pretenden muchas veces mostrar.

En el caso de la *"Ciencia Constitucional"*, en especial la Venezolana ha tenido ese fantasma, la recurrencia a los argumentos de autoridad sobre todo los de la *"jurisprudencia"*, lo que ha llevado aparejado el mal que directamente se nos impida ver los árboles, y solo veamos el bosque, o a veces al contrario.

Para salvar la evolución histórica de nuestras instituciones es bueno de vez en cuando despojarse de los pre-conceptos, pues ello nos permitirá ver las fallas y los grandes logros de nuestra doctrina y jurisprudencia, y en el caso Venezolano, podemos decir que hemos dicho nuestro *"derecho a la Venezolana"*, no en términos despectivos sino en claro reconocimiento a las personas que de una u otra manera han contribuido a independizarnos científicamente, muchos avances por cierto de los cuales seguimos sin comprender y peor aun, ignoramos.

Recordemos que antes que muchos países, nuestro país adoptó un sistema constitucional, un esquema federal, una democracia representativa, un poder judicial único y un catalogo de derechos constitucionales que hacían de este país un país inserto en el constitucionalismo mundial de avanzada, por ello es que hoy en dia no podemos perder de vista nuestra consciencia histórica, pues ésta justamente nos obliga a examinar nuestras fallas y nuestros aciertos, para lo cual es indispensable que nuestro derecho sea cada vez mas reexaminado de vez en cuando.

Un reexamen importante es el de nuestro sistema de *"Justicia Constitucional"* a la luz de las discusiones que en el mundo se dan respecto a este sistema, y la inserción de este sistema en una disciplina más omnicomprensiva como es el del *"Derecho Procesal Constitucional"*.

No olvidemos que el mismo está presente en nuestro país, tanto en sus contenidos de forma teórica como en el plano normativo e incluso jurisprudencial. La necesidad de abogar de frente por un *"Derecho Procesal Constitucional"* en Venezuela no viene tanto por el nombre, ni siquiera por sus contenidos, sino por la forma de su estudio que si esta alejado de la doctrina mundial, en el sentido de que debe despojarse la doctrina y jurisprudencia de las discusiones de Teoría Constitucional y debe abocarse al estudio procesal de nuestras instituciones.

La catalogación, la discusión por los contenidos se seguirá haciendo en el mundo, la autonomía de la disciplina se seguirá debatiendo, mas lo que no se debate en Venezuela es la necesidad de mejorar los mecanismos procesales que permitan el mantenimiento de la supremacía constitucional (orgánica y dogmáticamente).

La presentación de estas reflexiones no son parte de discusiones *"persas"* ni *"bizantinas"*, las mismas son necesarias a tomar en cuenta desde una vertiente del derecho adjetivo tan olvidado en los estudios de derecho público, pero sin que ello implique desconocer la nuez del orden constitucional, verbigracia el derecho sustantivo.

Cuando estas cosas se den tendremos un mejor *"Derecho Procesal Constitucional"*, antes bien seguiremos desarticulados hablando de conceptos vetustos que no terminan de mejorar  o comprender nuestras instituciones y olvidando los esfuerzos de nuestros más brillantes juristas.

## XIV. BIBLIOGRAFÍA

AYALA CORAO, Carlos M., "Bases para la elaboración de un Anteproyecto de Ley Orgánica de la Jurisdicción Constitucional" en *Revista de Derecho Público* N° 39, Editorial Jurídica Venezolana, Caracas 1989, pp. 77-98.

BREWER-CARÍAS, Allan, "La Justicia Constitucional en la Nueva Constitución" en *Revista de Derecho Constitucional* N° 1, Caracas 1999, pp. 35-44.

-"Principios del método concentrado de justicia constitucional" en José de Jesús Navaja Macías y Víctor Bazán (Coordinadores), *Derecho Procesal Constitucional*, Tomo I, Orlando Cárdenas Editor, Irapuato, Gto., México 2007, pp. 251-272.

-*El Sistema de Justicia Constitucional en la Constitución de 1999. (Comentarios sobre su desarrollo jurisprudencial y su explicación, a veces errada, en la Exposición de Motivos).* Editorial Jurídica Venezolana, Caracas 2000, 134 pp.

-*Estado de Derecho y Control Judicial (Justicia Constitucional, Contencioso Administrativo y Amparo en Venezuela)*, (Prólogo de Luciano Parejo Alfonso), Instituto Nacional de Administración Pública, Madrid 1987, 657 pp.

CALCAÑO DE TEMELTAS, Josefina "La Jurisdicción Constitucional en Venezuela: pasado, presente y futuro" en *Revista de Derecho Constitucional* N° 2, Editorial Sherwood, Caracas 2000, pp. 61-92.

CANOVA GONZALEZ, Antonio, "La futura justicia constitucional en Venezuela", en *Revista de Derecho Constitucional* N° 2, Editorial Sherwood, Caracas 2000, pp. 93-181.

-"La Supersala (Constitucional) del Tribunal Supremo de Justicia" en *Revista de Derecho Constitucional* N° 3, Editorial Sherwood, Caracas 2000, pp. 285-319

-"Rasgos generales de los modelos de justicia constitucional en Derecho Comparado: (2) Kelsen", en *Revista de Derecho Constitucional* N° 6, Editorial Sherwood, Caracas 2002, pp. 65-88.

-"Rasgos generales de los modelos de justicia constitucional en Derecho Comparado: (3) Europa Central", en *Revista de Derecho Constitucional* N° 7, Editorial Sherwood, Caracas 2003, pp. 75-114.

CASAL H, Jesús María "El constitucionalismo venezolano y la Constitución de 1999" en *Revista de la Facultad de Derecho de la Universidad Católica Andrés Bello*, Universidad Católica Andrés Bello, Facultad de Derecho N° 56, Caracas 2001, pp. 137-179.

-"La facultad revisora de la Sala Constitucional prevista en el numeral 10 del artículo 336 de la Constitución" en *Revista de Derecho Constitucional* N° 3, Editorial Sherwood, Caracas 2000, pp. 267-283.

-"Cosa Juzgada y efecto vinculante en la Justicia Constitucional" en *Revista de Derecho Constitucional* N° 8, Caracas 2003, pp.193-217.

DELGADO OCANDO, José M. "Derecho Procesal Administrativo y Jurisdicción Constitucional" en *Revista de Derecho*, Tribunal Supremo de Justicia, Caracas 2003, pp. 47-58.

FIX-ZAMUDIO, Héctor, "Breves reflexiones sobre la naturaleza, estructura y funciones de los organismos jurisdiccionales especializados en la resolución de procesos constitucionales" en *Tribunales y Justicia constitucional Memoria del VII Congreso Iberoamericano de Derecho Constitucional*, Universidad Nacional Autónoma de México (UNAM), México 2002.

HARO, José Vicente, "La justicia constitucional en Venezuela y la Constitución de 1999" en *Revista de Derecho Constitucional* N° 1, Caracas 1999, pp. 135-193.

-"El sentido y alcance del control difuso de la constitucionalidad", en *Revista de Derecho Constitucional* N° 4, Editorial Sherwood, Caracas 2001, pp. 275-287.

-"La justicia constitucional en Venezuela y la necesidad de un tribunal federal constitucional (Una propuesta para la Asamblea Nacional Constituyente de 1999)" en *Revista de Derecho Administrativo* N° 6, Editorial Sherwood, Caracas 1999, pp. 51-113

-"El control difuso de la constitucionalidad en Venezuela. El estado actual de la cuestión" en *Revista de Derecho Constitucional* N° 9, Editorial Sherwood, Caracas 2004, pp. 253-276.

# Comentarios Monograficos

## APOSTILLAS SOBRE LA TÉCNICA PROBATORIA DE LA CONTABILIDAD

Humberto Romero-Muci
*Profesor de Derecho Financiero en la
Universidad Católica Andrés Bello*

**Resumen**: *Para el derecho la contabilidad es una cuestión de hecho,
como tal susceptible de prueba. El presente trabajo responde a las preguntas sobre (i) qué se prueba, (ii) cómo se prueba y (iii) qué valor tienen la prueba de la contabilidad, particular en sus manifestaciones a
través de (i) la información contable, (ii) las anotaciones de los hechos
contables y sus respaldaos, (iii) los libros y registros especiales de contabilidad y los estados financieros, asi como las reglas y principios de
contabilidad.*

## I.    INTRODUCCIÓN

Para el derecho la contabilidad constituye una **cuestión de hecho**. Como tal es susceptible de prueba. Su significación para el derecho requiere su demostración conforme los medios, en la oportunidad y con el valor probatorio que este le reserva para su legítima y válida
consideración.

Para nuestro tema, las preguntas obligadas a este respecto son: (i) qué se prueba, (ii)
cómo se prueba y (ii) qué valor tiene la prueba de la contabilidad.

La prueba de la contabilidad versa sobre (i) la información contable, (ii) las anotaciones
de los hechos contables y sus respaldos, (iii) los libros y registros especiales de contabilidad y
los estados financieros y finalmente, sobre (iv) las normas y técnicas de contabilidad.

Dada la naturaleza comunicacional o informativa de la contabilidad, la acreditación de
tales hechos opera fundamentalmente por medios documentales, esto es, aquellos capaces de
reproducir las declaraciones de conocimiento a que se refiere dicha información. Los (i)
documentos pueden ser o no escritos, escritos y no firmados (libros de contabilidad y registros especiales, comprobantes, papeles domésticos o de trabajo, documentos electrónicos),
escritos y firmados "o instrumentales" (estados financieros, certificaciones y dictámenes de
auditoria, contratos y soportes firmados), aunque existen otros recursos directos e indirectos
que son también idóneos y conducentes para la demostración de dicha información como
hecho. Entre ellos destacan como mecánicas procesales particulares, (ii) la **exhibición de
documentos instrumentales** en poder del adversario o de un tercero al proceso[1] y los (iii)
**informes** que se encuentren o que consten en documentos, libros, archivos, que se hallen en
oficinas públicas, bancos, asociaciones, sociedades civiles, mercantiles, aunque no sean parte

---

1    Artículo 436 del Código de Procedimiento Civil.

en el juicio[2]. A ello se añaden probanzas particulares como (iv) la *prueba pericial* para generar convicción mediante conocimientos especializados sobre la información y particularmente la técnica contable, incluido el testimonio pericial, (v) la *inspección o reconocimiento judicial* de dichos documentos o partes de ellos, (vi) las *reproducciones o fotocopias* de documentos escritos o no.

### 1.  La prueba documental

Tanto los *libros de contabilidad y registros especiales,* como los *estados financieros,* son *pruebas documentales,* susceptibles de diferenciación entre (i) *objeto documental,* que es el elemento material que contiene el hecho incorporado, (ii) el *contenido del documento,* que es el hecho que se incorpora al objeto, que puede ser una representación, declaración de voluntad o conocimiento hecha por una persona (parte o tercero) y (iii) el *acto de documentación,* que consiste en la transcripción o impresión del contenido en el objeto, siendo este el aspecto formativo del documento, que incluye la autoria, la data, que son la atestación del tiempo y lugar de la declaración a fin de vincularla con el objeto y todas aquellas menciones que conforme a la ley, permiten calificar ciertos documentos para que adquieran mayor o menor categoría probatoria[3].

En el caso de la contabilidad hay que distinguir entre (i) el objeto o elemento material que son *los libros y registros especiales de contabilidad y los estados financieros,* (ii) el fondo del documento, que son los *hechos contables,* que se hacen constar, mientras que (iii) el acto de documentación es la transcripción, representación o impresión del contenido en el objeto, que se verifica mediante *las anotaciones o registros, las certificaciones o dictámenes* de dichos *hechos contables,* lo cual se contiene, como se dijo, en *los libros y registros especiales de contabilidad y en los estados financieros.*

Dada la distinción anterior, el contenido del documento contable (hecho contable) tiene un valor probatorio propio según su naturaleza, distinto del valor probatorio del documento en si (libros de contabilidad, registros especiales y estados financieros).

Pero, permitasenos una aclaración adicional: en lo que a los documentos se refiere, debemos distinguir entre (i) los libros y registros contables como documentos sin firma y (ii) los estados financieros como documentos o instrumentos privados firmados por su autor o por un tercero.

### A.  Los libros y registros especiales de contabilidad

Según el Código de Comercio los libros de comercio obligatorios son los de inventario, mayor y diario, los cuales deben ser llevados en forma regular y conforme a las exigencias normativas *ex* artículos 32, 33, 34, 35, 36 y 37. Los libros auxiliares para tener valor probatorio requieren cumplir con los mismos requisitos que los obligatorios[4].

Obsérvese que la información que legalmente es susceptible de prueba es la contenida en el *asiento* o anotación en la *cuenta* o *partida* respectiva. Repetidas veces el Código de

---

2    Articulo 433 del Código de Procedimiento Civil.

3    *Vid.,* para toda explicación sobre el valor probatorio y la impugnación de los medios documentales, Jesús Eduardo Cabrera Romero, *Contradicción y control de la prueba legal y libre.* Tomos I, Editorial Jurídica Alva, Caracas 1997, p. 392.

4    Articulo 39 del Código de Comercio.

Comercio hace énfasis en tal concepto como base de la información contable[5]. Emblemático es el texto del artículo 38 al señalar que **"...los asientos de los libros solo harán fe contra su dueño..."**. Aunque el Código de Comercio no explica en qué consiste el asiento, su esencia formal corresponde a la técnica contable. Se trata de la anotación básica o representación del hecho contable, el cual ocurre, como se explicó con precedencia, por partida doble, esto es, cada asiento tiene su contrapartida por el mismo valor. La causa del hecho contable se asienta en el Debe y su efecto en el Haber. El asiento o asientos, así como su contrapartida, se registran en una cuenta que es la representación de un elemento patrimonial, sea de activo, pasivo o patrimonio (en este último, entre otros, de ganancia o pérdida), permitiendo el control de su situación y evolución cualitativa y cuantitativa. De modo que, el asiento es solo una anotación cualitativa y cuantitativa del hecho contable. *El asiento no debe confundirse con el soporte de la transación económica que subyace al hecho contable, esto es, la transación que se representa contablemente.*

Como contabilizar es interpretar correctamente el hecho contable, la traducción correspondiente, esto es, la atribución de significado técnico del evento o transacción a la que se refiere el soporte, se concreta en el asiento que se registra en la cuenta o cuentas respectivas. Un mismo hecho puede ser representado, a la vez, cronológicamente en el libro diario y analíticamente en el libro mayor.

Para fines mercantiles, el asiento tiene valor probatorio por sí mismo. Los **soportes o comprobantes**[6], por el contrario, son objeto de prueba distinto, aunque que se complementan con los asientos o anotaciones contenidos en los libros de contabilidad, para dar fundamento a los asientos.

Por el contrario, en materia tributaria, el asiento no tienen valor probatorio por sí mismo. La eficacia de la prueba contable surge de la concordancia de los asientos y de los soportes, según confirma el artículo 91 de la Ley de impuesto sobre la renta. Del mismo modo ocurre en materia bancaria[7], donde la Ley de la materia prescribe que el efecto probatorio de

---

5    Artículo 34 del Código de Comercio: "En el libro diario se asentará día a día las operaciones que haga el comerciante, de manera que cada partida exprese claramente quien es el acreedor y quien el deudor, en la negociación a la que se refiere o se resumirán mensualmente, por lo menos los totales de esas operaciones siempre que, en este caso, se conserven todos los documentos que permiten comprobar tales operaciones, día por día".

    Artículo 36 del Código de Comercio: "Se prohíbe a los comerciantes: 1. alterar los asientos el orden y fecha de las operaciones descritas, 2. dejar blancos en el cuerpo de los asientos o a continuación de ellos, 3. poner asientos al margen y hacer interlineaciones, raspaduras o enmendaturas, 4. borrar los asientos o parte de ellos, 5. arrancar hojas, alterar la encuadernación o foliatura y mutilar alguna parte de los libros".

    Artículo 37 del Código de Comercio: "Los errores y omisiones que se cometieren al formar un asiento se salvarán en otro distinto, en la fecha en que se notare la falta".

6    Esa diferencia entre los libros, sus asientos y los soportes o comprobantes se deduce de las referencias de los artículos 34 ("...se conserven todos los documentos que permitan comprobar tales operaciones, día por día") y 44 ("Los libros y sus comprobantes deben ser conservados durante diez años, a partir del último asiento") del Código de Comercio.

7    Artículo 221. "Los libros de contabilidad llevados por los bancos, entidades de ahorro y préstamo, otras instituciones financieras, casas de cambio y demás empresas sujetas a esta Ley, serán ajustados a las disposiciones del Código de Comercio, de esta Ley y de las normas que dicte la Superintendencia; adminiculados con los documentos acreditativos de los asientos allí registrados, podrán hacer pruebas en la misma forma en que lo determina el citado Código.

los asientos surge de su concordancia con el soporte respectivo y reenvía sus efectos probatorios al Código de Comercio, el cual, como vimos, afirma el valor probatorio autónomo del asiento de operaciones comerciales entre comerciantes. Somos de la opinión que, la antinomia en cuestión se resuelve entendiendo el valor probatorio autónomo de los asientos solo para los casos de operaciones bancarias con comerciantes y por motivos comerciales, según las reglas del Código de Comercio. Cuando se trate de operaciones con no comerciantes, la eficacia probatoria del asiento requerirá su concordancia con los soportes respectivos. Sobre esto volveremos mas adelante. Por ahora, lo importante es hacer notar la diferencia entre ambos objetos de prueba.

Como veremos, para los asientos, el cruce de información entre comerciantes hace prueba entre estos a favor y en contra. Frente a terceros, solo en lo que perjudique al comerciante, quedando a salvo que el tercero no podrá aceptar lo favorable sin admitir también lo adverso que ellos contengan.

En efecto, como quiera que los libros de comercio son documentos que emanan de su autor, solo hacen fe en contra del comerciante[8]. Esta es la consecuencia jurídica que resulta del principio jurídico contenido en el apotegma, según el cual nadie puede crearse un título para si (*Nemo sibi adscribit*).

Ahora bien, quien quiera hacer valer contra el comerciante la información contenida en los libros de comercio, debe soportar aquella parte de la información contenida en los libros que le favorezca al mismo o simplemente le sea perjudicial a quien los haga valer. Su eficacia probatoria esta prevista genéricamente en los artículos 1401 y 1402 del Código Civil. Entre comerciantes, las anotaciones contenidas en los libros hacen fe recíprocamente de las operaciones de comercio entre aquellos, para lo cual es esencial la prueba de que ambos sujetos son comerciantes y que la operación a probar es un acto de comercio[9].

La experticia contable, la exhibición, la prueba de informes son las mecánicas procesales idóneas para establecer la información contenida en los libros de contabilidad. Cualquier falsedad imputable a los libros (material o ideológica) tiene que ser demostrada mediante prueba en contrario, quedando a salvo la relativa a su legalización, la cual, como tal declaración de una autoridad pública, solo es susceptible de tacha de falsedad *ex* artículo 1.380 del Código Civil.

Además, los posibles errores y omisiones de anotación que el comerciante detecte a tiempo, pueden ser rectificados en la forma prevista legalmente, esto es, salvándolos en otros asientos distintos a aquel en que se notare la falta. Conforme al articulo 37 del Código de Comercio, el error no puede ser borrado, o sometido enmendadura, raspadura, interlineaciones o notas al margen, sin riesgo de que comprometa la regularidad de la forma de llevanza del libro y en consecuencia su valor probatorio.

---

Los libros auxiliares de contabilidad pueden ser aprovechados por éstos en juicio, siempre que reúnan todos los requisitos que al efecto prescriben el Código de Comercio, esta Ley y las normas que establezca la Superintendencia."

8    Artículo 1377 del Código Civil: "Los libros de los comerciantes hacen fe contra ellos; pero la parte contraria no podrá aceptar la favorable sin admitir también lo adverso que ellos contengan". Artículo 38 del Código de Comercio: "...los asientos de los libros solo harán fe contra su dueño, pero la otra parte no podrá aceptar lo favorables in admitir también lo adverso que ellos contengan". (Principio de indivisibilidad de la confesión Artículo 1404 del Código Civil).

9    Artículo 38: "Los libros llevados con arreglo a los artículos anteriores hacen prueba entre comerciantes por hechos de comercio...".

Además, en lo que respecta a las falsedades que detecte el comerciante, no salvadas en la forma prevista *ex* artículo 37, visto que los libros también tienen efectos confesorios, las declaraciones de conocimiento contenidas en los asientos y registros contables, pueden ser revocadas mediante la prueba de error de hecho *ex* artículo 1404 del Código Civil.

Es bueno advertir que, la nota que debe estampar el Registrador Mercantil o en su caso el Juez de Comercio (también llamado acto de **"legalización de los libros"**), que se coloca en el primer folio sobre el número de estos en los libros de inventario y diario, con su firma, fecha y sello de la oficina, como condición de eficacia de dichos objetos probatorios y, como acto de documentación, no lo convierte en documento público. La certificación del Registrador solo hace fe pública, y es una atestación de que esos son los libros del comerciante de que se trata, de su extensión en número de páginas y la fecha y lugar de la certificación[10]. Tal certificación es una manifestación de voluntad administrativa que solo busca garantizar con eficacia *erga omnes*, la identidad de los libros como objeto o medio de documentación de la información contable, pero jamás la autenticidad ni la integridad de su contenido, razón por la cual no tiene otra virtualidad probatoria que la que la propia Ley le reconoce como declaraciones de conocimiento del comerciante sobre su situación patrimonial tal como en ellos esta expuesta, en el orden y condiciones que pauta el propio Código de Comercio en sus artículos 32 al 39 y la técnica contable[11]. En consecuencia, los únicos asientos válidos son los que se anoten en dichos libros legalizados y los que se registren con posterioridad a la legalización.

En el caso de las entidades financieras, la Superintendencia de Bancos, esta facultada para establecer mediante normas de carácter general, los términos y condiciones en que podrán realizarse los asientos contables y demás anotaciones producidas a través de procedimientos mecánicos y computadoras, sobre hojas que después habrán de ser encuadernadas correlativamente, para formar los libros obligatorios, los cuales serán legalizados, por lo menos trimestralmente. Los libros necesarios y los auxiliares firmados con arreglo al procedimiento y a los requisitos fijados por la Superintendencia, tendrán valor probatorio pleno, de conformidad con lo dispuesto en el Código de Comercio[12]. Incluso, la Superintendencia podrá establecer y regular sistemas electrónicos de contabilidad, caso en el cual sustituirán los libros de contabilidad que requiere el Código de Comercio. En este supuesto, dichos sistemas tendrán el mismo valor probatorio que el Código de Comercio le asigna a los libros de contabilidad y se regirán, en cuanto sea aplicable, por las disposiciones que sobre exhibición de libros de contabilidad contiene el referido Código[13].

---

10   Artículo 33 del Código de Comercio.

11   La legalización constituye un acto que tiene por objeto la adveración o identificación material de los libros en blanco a utilizar por el empresario para asiento de sus operaciones (y actas) o de los estados y libros ya formados, contra el posible riesgo de desmembración de su estructura o sustitución de las hojas. Se trata, pues, de un acto de intervención administrativa y documentación pública en el tráfico mercantil, de carácter cautelar (limitado a la incolumidad extrínseca o material) y de autenticación externa, no de fondo, en el sentido de que se acredita la existencia del medio y su estado (en blanco o ya utilizado), pero no la veracidad de su contenido. La legalización se refiere a la autenticidad del documento, pero no a su valor probatorio intrínseco. La legalización de los libros obligatorios da lugar al cumplimiento del deber de llevanza, evitando así las posibles sanciones y pérdida de beneficios que se derivan de la falta de contabilidad.

12   Artículo 222. de la Ley general de bancos y otras instituciones financieras.

13   Artículo 223 de la Ley general de bancos y otras instituciones financieras.

Para fines fiscales, además de exigirse la llevanza regular de los libros legales de contabilidad, los asientos solo hacen prueba en conexión con los soportes que los respaldan, entre ellos las facturas, recibos y los comprobantes de pago e ingreso. Así lo establece la parte final del artículo 91 de la Ley de impuesto sobre la renta, cuando señala que "[...] **Las anotaciones o asientos que se hagan en dichos libros y registros deberán estar apoyados en los comprobantes correspondientes y sólo de la fe que éstos merezcan surgirá el valor probatorio de aquéllos"**. De modo que, el *valor probatorio de los asientos contables* como insumo para la determinación del Impuesto sobre la Renta y demás tributos, estará condicionado por su consistencia con otros documentos soportes o comprobantes que sean causa y efecto de la transacción.

En virtud del principio que postula como finalidad del procedimiento administrativo y judicial, el establecimiento de la "verdad"[14], en caso de inconsistencias entre las declaraciones tributarias y los libros de contabilidad prevalecen los asientos contenidos en estos últimos que sean consistentes con los soportes y comprobantes que respaldan la transacción objeto de registro. Del mismo modo, en caso de inconsistencia entre los asientos de contabilidad y los comprobantes correspondientes, prevalecen estos últimos.

En el caso de las erogaciones, uno de los elementos probatorios fundamentales, es la factura comercial. Este es el instrumento fiscalmente idóneo para demostrar una transacción y su cuantía, sea que corresponda a un costo[15] o a un gasto, pero no es el único. En atención al principio de libertad probatoria[16], la erogación también puede demostrarse mediante los contratos que soportan la transacción (causa) y los instrumentos de pago correspondientes (efecto). Fuera de estos límites formales, no es dable exigir otras comprobaciones para probar la erogación.

Así se ha pronunciado la jurisprudencia patria al referirse al alcance de la norma del artículo 91 en comentarios, señalando que: **"Las citadas disposiciones regulan las obligaciones contables y fiscales que deben cumplir los contribuyentes del impuesto sobre la renta; en concreción de dichas normas la Administración ejerce sus potestades de vigilancia, investigación y control fiscal, con la finalidad de determinar no sólo la legalidad de las operaciones realizadas por los contribuyentes; sino la sinceridad que merezcan las mismas"**[17].

---

14 Artículo 12 del Código de Procedimiento Civil.

15 Artículo 23, parágrafo primero de la Ley de impuesto sobre la renta: "El costo de los bienes será el que conste en las facturas emanada directamente del vendedor, siempre que los precios no sean mayores que los normales en el mercado. Para ser aceptadas como prueba de costo, en las facturas deberá aparecer el número de Registro de Información Fiscal del vendedor, salvo cuando se trate de compras realizadas por el contribuyente en el exterior, en cuyo caso, deberá acompañarse de las facturas correspondientes. No constituirán prueba de costo, las notas de debito de empresas filiales, cuando no estén amparadas por los documentos originales del vendedor.

16 Artículo 156 del Código Orgánico Tributario: "Podrán invocarse todos los medios de prueba admitidos en derecho, con excepción del juramento y de la confesión de empleados públicos cuando ella implique prueba confesional de la Administración.

Salvo prueba en contrario, se presumen ciertos los hechos u omisiones conocidos por las autoridades fiscales extranjeras". Del mismo modo, sobre la libertad probatoria, Artículo 395 del Código de Procedimiento Civil.

17 Sentencia de la Sala Político-Administrativa del Tribunal Supremo de Justicia de fecha 21 de marzo de 2007, con ponencia del Magistrado Hadel Mostafá Paolini, caso *Loffland Brothers de*

El criterio expuesto por la sentencia parcialmente transcrita, es de particular utilidad para comprender que, la **suficiencia** de la prueba de las operaciones realizadas por los contribuyentes, se configura a partir de la consistencia entre (i) la representación de estas en la contabilidad (ii) con los demás soportes o comprobantes que demuestren la operación respectiva y en ningún caso es dable exigir algún otro requerimiento adicional o alguno en específico, como lo sería, por ejemplo, la pretendida demostración de la efectiva prestación del servicio que origina la erogación o la factura comercial, respectivamente. Siendo satisfactorio el soporte contable y congruente con el asiento correspondiente a la transacción de que se trate, la prueba es suficiente para la acreditación procesal del hecho como tal. Así lo ha sentado la Sala Político Administrativa, al indicar que aparte de la concordancia entre el asiento y el comprobante, **"…no basta con la sola existencia física del comprobante de contabilidad para dar por probada y demostrada la erogación, sino que es necesario examinar *'la fe'* que éste merezca para así poder precisar su valor probatorio, para lo cual tanto la autoridad administrativa como la judicial tienen amplias facultades de apreciación"**[18].

Por lo tanto, el examen de la eficacia probatoria del soporte se limita a este. Es menester precisar que, esa evaluación (apreciación) de la eficacia probatoria del soporte no es caprichosa, ni libre, sino conforme a la **sana crítica**[19], esto es, la valoración y apreciación de la prueba debe razonarse y motivarse por el juzgador, quien en todo caso debe usar la lógica y las máximas de experiencia[20]. Además, en la fijación de los hechos contables los jueces también pueden fundamentar la interpretación de los asientos y soportes de la contabilidad **"… en los conocimientos de hecho que se encuentren comprendidos en la experiencia común o máximas de experiencia. [Además…en] la interpretación de contratos o actos que presenten oscuridad, ambigüedad o deficiencia, los Jueces se atendrán al propósito y a la intención de las partes o de los otorgantes, teniendo en mira las exigencias de la ley, de la verdad y de la buena fe."**[21]

---


*Venezuela, C. A. vs. República de Venezuela (Fisco Nacional)*, en www.tsj.gov.ve/decisiones/spa/Marzo/00499-22307-2007-1998-14870.html

18    Sentencia de fecha 28 de enero de 2003, con ponencia de la Magistrada Yolanda Jaimes, caso *Elementos Prefabricados, C.A. (ELPRECA) vs. República de Venezuela (Fisco Nacional)*, en www.tsj.gov.ve/decisiones/spa/enero/00034-280103-2002-0802.htm

19    Artículo 273 del Código Orgánico Tributario: *"A los efectos de la promoción, evacuación y valoración de las pruebas, los jueces tendrán por regla las disposiciones que al efecto establezca el Código de Procedimiento Civil, el Código Civil y otras leyes de la República"*. Por su parte el Artículo 507 del Código de Procedimiento Civil, ordena que *"A menos que exista una regla legal expresa para valorar el mérito de la prueba, el Juez deberá apreciarla según las reglas de la sana crítica"*.

20    *Vid.*, Humberto Enrique Tercero Bello Tabares. *Tratado de Derecho Probatorio*, Tomos I. Ediciones Paredes, Caracas 2007, p. 395.

21    Artículo 12 del Código de Procedimiento Civil. En ningún caso esa facultad interpretativa del Juez puede configurar el vicio de ultrapetita en la sentencia. Así lo ha decidido la Sala Político Administrativa al señalar que: *"…por el hecho de que el Juzgado de la causa haya analizado las Condiciones Generales del Contrato que se encuentran en la guía aérea, en donde concluyó que, ciertamente, existe una relación contractual entre la sociedad de comercio contribuyente y los usuarios del servicio, no significa que haya incurrido en el aludido vicio de ultrapetita, pues de acuerdo con la norma parcialmente transcrita los jueces están facultados para interpretar contratos u actos cuando exista ambigüedad u oscuridad; razón por la cual resulta forzoso para esta Sala desestimar el vicio denunciado. Así se declara".* Sentencia de fecha 2 de Diciembre de 2008, con ponencia de

Habiendo congruencia entre el asiento y sus soportes, cualesquiera que estos sean en atención al principio de libertad probatoria de la transacción objeto de prueba, el medio es *suficiente* para la acreditación del hecho contable. Esta es la razón precisa del porqué no es necesario ratificar mediante testimonial de su autor, dichos respaldos o comprobantes cuando son documentos privados emanados de terceros (*i.e*, facturas, contratos), pues de la forma dicha solo seria viable cuando el documento emanado del tercero se promueva de forma autónoma y no se valore en congruencia con el asiento contable que lo representa en los libros de contabilidad respectivos[22]. Si el asiento no es congruente con el soporte representado en documento privado emanado de tercero en el juicio, siendo que los soportes privan sobre la información contenida en el asiento, entonces el documento privado no es prueba suficiente (inconducente) del hecho contable y deberá ser ratificado en juicio mediante testimonial para dar valor probatorio a la transacción a la que se refiere *ex* articulo 431 del Código de Procedimiento Civil[23].

De otro lado, el requerimiento del articulo 92 de la Ley de impuesto sobre la renta, según el cual "**[…a] todos los efectos previstos en [esa] Ley, sólo se aceptarán estos comprobantes [facturas] como prueba de haberse efectuado el desembolso…**", es única y exclusivamente a los fines del control fiscal, y, en modo alguno, tiene incidencia material sobre la veracidad del gasto incurrido y sobre el derecho a la deducción del mismo.

En efecto, la razón de ser de la norma aludida no es otra que el control fiscal, toda vez que a través de la documentación de las operaciones económicas o jurídicas de que se trate, la Administración Tributaria podrá verificar que el contribuyente ha efectuado los gastos que pretende deducir de su renta bruta a los fines de determinar el enriquecimiento neto gravable.

Por lo tanto, lo trascendente es que la Administración Tributaria compruebe que efectivamente se han realizado las operaciones o negocios que implican los costos o gastos declarados como imputables o deducibles. De alli que el rechazo de la deducción de dichos costos o gastos sólo procederá en los casos en que el órgano administrativo compruebe que no se ha realizado la operación o no se ha efectuado la erogación cuya deducción se pretenda. Tal situación se presume en los casos en que el contribuyente no posee respaldo documental, o que los documentos sean falsos o contengan irregularidades que hagan presumir que no se ajustan a la verdad, salvo la prueba en contrario que de ello pueda presentar el contribuyente a los efectos de demostrar que efectivamente realizó la operación y, por tanto, que tiene derecho a deducir el gasto[24].

---

la Magistrado Evelyn Marrero Ortiz, caso *Federal Express Holdings vs. República de Venezuela (Fisco Nacional)*, en www.tsj.gov.ve/decisiones/spa/Diciembre/01526-31208-2008-2002-0424. html

22    Sentencia de la Sala Administrativa de la Corte Suprema de Justicia, de fecha 19 de diciembre de 1996, con ponencia de la Magistrado Conjuez Ilse Van der Velde, caso *Marcos Pisan Guzman vs. República de Venezuela (Fisco Nacional)*, en Jurisprudencia Ramirez & Garay, Tomo XX, año XX.

23    Artículo 431: "Los documentos privados emanados de terceros que no son parte en el juicio ni causantes de las mismas, deberán ser ratificados por el tercero mediante la prueba testimonial".

24    En efecto, en sentencia de la Sala Político Administrativa del Tribunal Supremo de Justicia, fecha 20 de diciembre de 2006, caso *Materiales De Plomeria, C.A. (MAPLOCA) vs. República de Venezuela (Fisco Nacional)*, la mencionada Sala se pronunció de la manera que se indica de seguidas:"Derivado de lo anterior, se concluye que el incumplimiento de alguno de los requisitos legales y reglamentarios en las facturas no acarrea necesariamente la pérdida de la deducción del gasto, sino que habrá de atenderse al examen equitativo y racional de las mismas, en cada caso concreto,

Del mismo modo, en materia del impuesto al valor agregado, la factura[25] tiene una especial trascendencia, pues a través de este instrumento los contribuyentes del impuesto cumplen con la obligación de repercutir el tributo sobre el adquirente de los bienes o servicios gravados y a la vez los contribuyentes ordinarios fundamentan el derecho a la deducción del crédito fiscal repercutido para establecer la cuota del impuesto al valor agregado a cumplir. Al igual que en el impuesto sobre la renta, la factura o el documento equivalente, que cumple todos los requisitos legales para su válida configuración solo es prueba plena del crédito deducible, pero en ningún caso la prueba única, a mas de que la carencia de algún requisito no priva a la factura incompleta de cierto valor probatorio capaz de llevar al Juez la convicción de la realización de una operación económica entre las partes en ella identificada. Al igual que en el impuesto sobre la renta, en el impuesto al valor agregado, los requisitos legales y reglamentarios para la elaboración de las facturas y los documentos equivalentes, cumplen una función formal, por un lado probatoria de la transacción y su medida y de otro, de control fiscal de la misma.

En materia mercantil los libros del comerciante en caso que uno de los litigantes ofreciere estar y pasar por lo que constare de los libros de su contendor y este se negare a mostrarlos sin causa suficiente a juicio del Tribunal, de conformidad con el artículo 43 del Código de Comercio, el juez podrá deferir de oficio el juramento a la otra parte o decidir la controversia, por lo que resulte de los libros de este, si fuere comerciante y sus libros estuviesen llevados en la forma debida. Se trata de una prueba de juramento deferido de oficio, que opera como consecuencia de la negativa del comerciante intimado a exhibir sus libros.

Del mismo modo el examen de los libros como objeto de prueba de obligaciones mercantiles, según expresa regulación del Código de Comercio puede realizarse mediante los medios probatorios de *exhibición* y *comunicación*, en la forma, con los fines y efectos probatorios particulares y disimiles que allí se regulan.

La *exhibición* tiene por finalidad la presentación de los libros de comercio para su examen y compulsa de lo que tenga relación con la cuestión controvertida. Se trata de una facultad que opera de oficio por el Juez o a instancia de parte. Su pertinencia o conducencia esta limitada a las causas mercantiles en las cuales resulten aplicables las reglas probatorias propias de los libros de comercio, esto es, asuntos entre comerciantes por hechos de comercio. El examen lo realiza el Juez directamente o mediante auxilio de expertos contables que se designan para efectuar el examen y compulsa con relación al hecho litigioso.

De conformidad con el enunciado del artículo 42 del Código de Comercio, cuando la exhibición es solicitada por una parte contra el adversario, debe hacerse en la oportunidad procesal de promoción de prueba y señalarse con precisión cuál es el objeto o la información que se requiere examinar mediante exhibición, esto es, indicación del propósito probatorio sin que sea licito el examen general que solo esta permitido bajo la modalidad de la comunicación en los casos taxativamente regulados en el artículo 41 del citado Código, incluida la

---

en concordancia con los documentos equivalentes y los restantes elementos probatorios aportados en autos, todo ello sin menoscabo del deber que pesa sobre todo contribuyente o responsable de acatar fielmente la normativa dictada por el legislador tributario en materia de facturación". *Vid.* www.tsj.gov.ve/decisiones/spa/diciembre/02978-201206-2006-20055216.htm

25    *Vid.*, todo lo relativo a la factura fiscal, en Viloria, Mónica, Sánchez, Salvador y Fraga, Luis, La factura fiscal <régimen jurídico>, Fraga, Sánchez & Asociados, Caracas 2003.

contabilidad de terceros[26], esto es, sucesión universal, comunidad de bienes, liquidación de sociedades legales o convencionales, quiebra o atraso e indagación de sospechas sobre irregularidades en el cumplimiento de los deberes de los administradores y falta de vigilancia de los comisarios de sociedades, cuando sea solicitado por un número de socios que representen al menos el veinte por ciento del capital social de conformidad con el artículo 291 del Código de Comercio.

En estos últimos supuestos como medida excepcional, el examen general de los libros de comercio opera para conocer la situación y movimiento patrimonial del comerciante mediante depósito de los libros en el Tribunal a la orden del Juez que determinará la persona que examinará dichos libros.

Tanto en el caso de la exhibición como de la comunicación dichas pruebas no tienen tarifa legal, de modo que son valoradas como toda expresión de la contabilidad, según la sana crítica y las máximas de experiencia.

Finalmente se dice que es ilegal la prueba de inspección judicial de los libros contables entre comerciantes o de un tercero, por cuanto permite a la contraparte o a terceros, entrar en conocimiento de toda la contabilidad del adversario y la información correspondiente que exceden la parte pertinente al asunto controvertido, en infracción del principio legal del se-

---

26   "…el artículo 41 [del Código de Comercio], no impide que la contabilidad de personas extrañas a una causa pueda ser objeto de prueba, en los juicios a que se refiere esa norma, ya que en casos de sucesión universal o comunidad de bienes, muchos de los haberes partibles podrían estar en posesión de terceros, o ser el resultado de negocios con terceros y la única forma que tendrían las partes del juicio sucesoral o de partición, para que sean reconocidas sus acreencias, podría ser acudir a la contabilidad general de esos terceros. Una situación similar surge cuando se liquidan sociedades legales (como la conyugal o la concubinaria) o convencionales, ya que los bienes a partir pueden estar en poder de terceros, o ser el resultado de operaciones globales o continuadas realizadas con terceros, a veces difícil de ubicar." (ver sentencia de la Sala N° 94 del 15 de marzo de 2000, caso: *Paul Hariton*).

Con mucha más razón en un caso de quiebra o atraso, las operaciones del fallido con terceros que sea necesario probarlas, para recuperar bienes, podrían ser obtenidas del examen general de la contabilidad del tercero.

Se trata de casos excepcionales y taxativos, referidos a determinados juicios, donde toda una contabilidad –incluso de un tercero ya que la norma no distingue- puede ser examinada, y que establece no solo la copia de un asiento o una página, sino al examen general que acepte la ciencia contable. Ello se hace previa manifestación: exhibición que hace de sus libros el sujeto objeto de la prueba. Fuera de estos casos, en el proceso civil o mercantil, el examen general está legalmente prohibido, tanto sobre la contabilidad de las partes, como la de los terceros.

La previsión del artículo 42 del Código de Comercio, se refiere a la parte que esté interesada en traer como elemento de prueba un asiento que consta en algún libro de un comerciante, el cual debe ser indicado con relativa precisión, señalando lo que se pretende probar y el libro donde consta el hecho y materia de litigio. En estos casos el Juez debe trasladarse para hacer el examen y compulsa de tales libros en el sitio donde ellos se encuentren. Después del examen se procederá a la compulsa de los asientos que se pretenden llevar al proceso, lo que corresponde al Secretario del Tribunal". Sentencia de la Sala Constitucional del Tribunal Supremo de Justicia, de fecha 16 de febrero de 2006, con ponencia del Magistrado Jesús Eduardo Cabrera Romero, caso *U21 CASA DE BOLSA C.A.* contra el auto dictado el 6 de junio de 2005, ratificado el 28 de junio del mismo año, por el Juzgado Décimo de Primera Instancia en lo Civil, Mercantil y del Tránsito de la Circunscripción Judicial del Área Metropolitana de Caracas, en www.tsj.gov.ve/decisiones/ scon/febrero/185-160206-05-1914.htm

creto de la información contable del comerciante[27]. En nuestra opinión, la razón precisa es la inconducencia del medio, entre otras razones porque la demostración de la información contable excede las simples constataciones sensoriales que supone la inspección, incluso cuando el juez se acompañe de perito.

En materia tributaria, la Administración en ejercicio de sus amplias facultades de fiscalización y determinación para comprobar y exigir el cumplimiento de las obligaciones tributarias, podrá "**...exigir a los contribuyentes, responsables y terceros la exhibición de su contabilidad y demás documentos relacionados con su actividad, así como que proporcionen los datos o informaciones que se le requieran con carácter individual o general**"[28], incluso "**...retener y asegurar los documentos revisados durante la fiscalización, incluidos los registrados en medios magnéticos o similares y tomar las medidas necesarias para su conservación; a tales fines se levantará un acta en la cual se especificarán los documentos retenidos**".[29]

En lo que respecta a la información documentada en forma electrónica, podrá también "**...requerir copia de la totalidad o parte de los soportes magnéticos, así como información relativa a los equipos y aplicaciones utilizados, características técnicas del hardware o software, sin importar que el procesamiento de datos se desarrolle con equipos propios o arrendados o que el servicio sea prestado por un tercero**"[30]. En definitiva, "**...adoptar las medidas administrativas necesarias para impedir la destrucción, desaparición o alteración de la documentación que sea exigible conforme las disposiciones del [Código Orgánico Tributario], incluidos los registrados en medios magnéticos o similares, así como de cualquier otro documento de prueba relevante para la determinación de la Administración Tributaria, cuando se encuentre éste en poder del contribuyente, responsables o terceros**".[31]

Incluso, en el curso de los procedimientos de decisión de recursos administrativos, la Administración Tributaria podrá solicitar del propio contribuyente o de su representante, así como de entidades y de particulares, dentro del lapso para decidir, las informaciones adicionales que juzgue necesarias, requerir la exhibición de libros y registros[32] y demás documentos relacionados con la materia objeto del recurso y exigir la ampliación o complementación de las pruebas presentadas, si así lo estimare necesario.

B.  *Los estados financieros*

Caso distinto es el de los estados financieros. Ya hemos dicho que estos documentos contienen la información que es representación de la situación financiera, la actividad o rendimiento financiero y los flujos de fondos financieros de una entidad económica, que no debe ser confundido con un juicio de certeza sobre la misma, pues como se ha dicho, la información contable no es exclusivamente descriptiva, sino también valorativa de los hechos contables relevantes que allí se sintetizan.

---

27  *Cfr.* Miguel Arrieta Zinguer, "La contabilidad mercantil de los empresarios", en *Centenario del Código de Comercio Venezolano 1904*, Tomo I, Academia de Ciencias Políticas y Sociales, Caracas 2004, p. 61.

28  Artículo 127, ord. 3 del Código Orgánico Tributario.

29  Artículo 127, ord. 7 del Código Orgánico Tributario.

30  Artículo 127, ord. 8 del Código Orgánico Tributario.

31  Artículo 127, ord. 10 del Código Orgánico Tributario.

32  Artículo 254.

Nos referimos al balance de situación, al estado de ganancias y pérdidas y de flujo de efectivo.

Por tratarse de documentos o instrumentos privados (han sido formados por particulares sin intervención **ab inicio** en dicha formación por funcionarios público alguno)[33], deben ser atacados por tacha de falsedad, por lo que respecta a las *falsedades materiales* (alteraciones de la escritura capaces de variar el sentido original de lo que se transcribió o falsificaciones de firma de los profesionales de la contabilidad que opinen o certifiquen los estados financieros de que se trate) o por simulación en lo que respecta a *falsedades ideológicas* (referidas las menciones inventadas o tergiversadas que hace constar la persona actuante al momento de de documentar el instrumento, dando fe de hechos que no ocurrieron o que no lo fueron como lo dice quien documenta <simulaciones>).

La falsedad material del acto de documentación esta prevista en los artículos 1381 del Código Civil, y para los casos de los actos de documentación contable se configurarían, sin ser los únicos, por ejemplo, en los casos de (i) falsificación de firmas, números de colegiación, sellos en dictámenes y certificaciones de estados financieros emanados de contadores públicos, (ii) cuando el acto se haya extendido maliciosamente y sin conocimiento de quien aparezca como otorgante encima de una firma en blanco suya, y (iii) cuando en el cuerpo del estado financiero se hayan hecho alteraciones materiales capaces de variar el sentido de lo que firmó el otorgante.

En nuestro criterio, *ex* artículo 1382 del Código Civil, las falsedades ideológicas relativas a la información contable, tendrían que ser impugnadas mediante la acción de simulación o mediante las excepciones que se refieran al acto objeto de fraude o dolo, para demostrar el engaño referido al acto y consecuentemente su nulidad y la falsedad ideológica del documento.

Adicionalmente, las falsedades sobre la representación de los *hechos contables*, contenidos en los estados financieros, esto es, las anotaciones de los hechos contables (registro de operaciones ficticias o simuladas, ocultamiento de hechos, anotaciones de operaciones por montos distintos, doble contabilidad), son susceptibles de impugnación mediante prueba en contrario.

Adicionalmente, por su origen, las informaciones sobre los estados financieros constituyen declaraciones de conocimiento que pueden emanar de la parte o de terceros.

Si emana de la parte califica como una *confesión* (documento confesorio). Se trataría de estados financieros suscritos por el comerciante o su representante. Su eficacia probatoria esta prevista genéricamente en los artículos 1401 y 1402 del Código Civil. Este es el caso preciso, también, de las declaraciones tributarias[34].

---

33   Según el Profesor Cabrera Romero, son documentos privados "...todo acto que emana de las partes, sin intervención de registradores, jueces u otro funcionario público competente y que se refieren a hechos jurídicos a los cuales pueden servir de prueba". *Ibíd.* p. 345.

34   Artículo 147 del Código Orgánico Tributario: "Las declaraciones o manifestaciones que se formulen se presumen fiel reflejo de la verdad y compromete la responsabilidad de quienes las suscriban, sin perjuicio de lo dispuesto en el artículo 91 de este Código. (...) Dichas declaraciones y manifestaciones se tendrán como definitivas aun cuando puedan ser modificadas espontáneamente, siempre y cuando no se hubiere iniciado el procedimiento de fiscalización y determinación...". Al respecto, la Sala Político-Administrativa del Tribunal Supremo de Justicia, ha expresado con claridad la importancia de la presunción de certeza que surge de la declaración jurada realizada de acuerdo

Si la declaración de conocimiento sobre los estados financieros de una empresa emana de un tercero, como en el caso de los (i) dictámenes, (ii) certificaciones y la (iii) firma del contador público, **"…se presumen, salvo prueba en contrario, que el acto respectivo se ha ajustado a las normas legales vigentes y a las estatutarias cuando se trate de personas jurídicas; que se ha obtenido la información necesaria para fundamentar su opinión; que el balance general representa la situación real** (*recticus*: **situación razonable) de la empresa, para la fecha de su elaboración; que los saldos se han tomado fielmente de los libros y que estos se ajustan a las normas legales y que el estado de ganancias y pérdidas refleja los resultados de las operaciones efectuadas en el período examinado".**[35]

En nuestra opinión, la eficacia probatoria de los dictámenes y certificaciones del contador público respecto de documentos contables, es limitadamente la de una ***presunción legal***, con el alcance que indica la norma en comentarios. Jamás implica **"plena fe"** y mucho menos envuelve a dichos documentos de la calidad de la **"fe pública"**. Como tal presunción legal, puede ser impugnada mediante prueba en contrario.

El efecto probatorio de la presunción en comentarios solo se refiere a las prestaciones del contador público que impliquen la facultad certificadora y los dictámenes respecto de estados financieros. No otras certificaciones y dictámenes del contador público, como servicios de dichos profesionales *ex* artículo 7 de la Ley de la materia, tienen el efecto presuntivo en comentarios[36].

---

a la metodología prevista para cada tributo. Así, en reciente sentencia, señaló dicha Sala, que: "(…), lo que puede percibirse de la declaración presentada por la contribuyente es la exactitud de los cálculos efectuados, operando a su favor una presunción de que los datos y cifras han sido determinados con base a las disposiciones contenidas en las leyes tributarias y son traslado fiel de los registros que debe llevar (artículo 128 Código Orgánico Tributario de 1994 y 147 del vigente); no obstante, la Administración Tributaria está facultada para ejercer su potestad fiscalizadora y efectuar la verificación del origen de lo informado y por ende, la correcta determinación del tributo". *Cfr.* Sentencia de fecha 8 de octubre de 2008, con ponencia del Magistrado Emiro García Rosas, caso *Convencaucho Industrias, S.A. vs. República de Venezuela (Fisco Nacional)*, consultada en www.tsj.gov.ve/decisiones/spa/octubre/01208-81008-2008-2006-1803. html

35   Artículo 8 de la Ley de ejercicio de la contaduría pública.

36   Hemos visto casos en que, se valoran judicialmente experticias sobre la contabilidad asumiendo por analogía el efecto probatorio de la presunción regulada por el citado artículo 8, esto es, se asume la corrección y legalidad de las cifras consultadas en la contabilidad y que dan fundamento a la experticia contable. En palabras resumidas, una vía oblicua para construir la justificación y el valor probatorio de la experticia contable, como expresión de la sana crítica. Aun que como veremos más adelante, la eficacia probatoria de la experticia no debe ser confundida ni afectada por la eficacia probatoria de los documentos a los que se refiere la experticia (los documentos contables), como quiera que se trata de medios de prueba cuyo valor probatorio es libre, nada se opone a que el Juez, por analogía, fundamente su razonamiento de valoración según la presunción de corrección y legalidad de la contabilidad cuando se trate de experticias contables. Véase por ejemplo la justificación del Tribunal Superior Sexto de lo Contencioso Tributario, con asociados, de fecha 21 de Abril de 2002, caso *Marko Comercializadora vs. República de Venezuela (Fisco Nacional)*, consultada en original, p. 32: "En lo que respecta al informe de experticia transcrito parcialmente con anterioridad, este Tribunal, tomando en consideración la fundamentación técnica del mismo, y tomando en cuenta que el artículo 8 de la Ley del Ejercicio de la Contaduría Pública establece que, salvo prueba en contrario, el dictamen, la certificación y la firma del Contador Público sobre los estados financieros de una empresa, hace presumir que se ha obtenido la información necesaria para sustentar su opinión, que los saldos se han tomado fielmente de los libros, y que refleja los resultados de las operaciones efectuadas en el período examinado, disposición que debe aplicarse

Por lo que respecta a *-la certificación y la firma del contador en los estados financieros-*, implican "...dar por cierto [su] contenido..."[37]. Nosotros precisaríamos: **dar por razonable la situación a la que se refiere el estado financiero de que se trate.**

Con su certificación el contador asume la responsabilidad de la autenticidad de los estados financieros certificados, tanto de su contenido material como ideológico, con el propósito de poner en conocimiento a los interesados (socios y terceros) de la información de la entidad de que se trata. La certificación del contador público se expresa mediante la suscripción de los estados financieros, esto es, mediante su firma, pues sobre esta recaerá su reconocimiento y, por lo tanto, determinante de su eficacia probatoria. Esta certificación no presupone la independencia del contador público respecto del ente de cuyos estados financieros se trata.

Debe precisarse, que la elaboración o la autoría de la contabilidad, no necesariamente coinciden con la del contador que la certifica, ni siquiera la presupone. La responsabilidad de la elaboración de contabilidad es del empresario o del representante legal del ente de cuya situación financiera se trata. La elaboración puede corresponder a sujetos determinados o no, incluso puede ser parcialmente mecanizada por sistemas electrónicos y respaldada de esa manera. La firma del no contador en los estados financieros, por ejemplo, la del representante legal de la entidad, también implica una certificación (sin el efecto probatorio *ex* artículo 8 de la Ley de ejercicio de la contaduría pública) cuyo propósito es limitadamente la de dar autenticidad al documento y su contenido y asumir la responsabilidad de las consecuencias de la información allí documentada, incluido efectos confesorios sobre la información contable.

En nuestro criterio, solo tiene valor probatorio como presunción la certificación del contador público que se expide en los términos enunciados por la norma en comentarios.

Los certificados del contador público versan sobre aspectos estrictamente contables y por lo tanto, debe omitir conceptos, interpretaciones y apreciaciones jurídicas y las simplemente subjetivas. Cualquier ampliación o restricción a ese alcance contable le resta valor de presunción legal y la limita a un principio de prueba por escrito en los términos del alcance de la respectiva certificación. Nada más. Cualquier enunciado ajeno a la contabilidad y la función profesional del contador público, tales como opiniones jurídicas, o meras subjetividades, no tiene valor probatorio alguno. Por vía de ejemplo, no es idóneo que por este medio se pretenda probar que la retención no es obligatoria en un caso determinado o que un crédito fiscal es líquido y exigible, simplemente porque así aparece expresado en la certificación del contador público.

Si bien la ley no establece ninguna especificación sobre las formalidades o el procedimiento para su configuración, la certificación del contador público debe enfatizar los aspectos que ordenan legalmente la contabilidad y por lo tanto le dan valor probatorio a esta. Por eso, el juicio de razonabilidad que supone el artículo 8 de la Ley del ejercicio de la contaduría pública, debe ser lo suficientemente explícito y preciso en lo relativo a la identificación de la información que certifica, del modo siguiente:

---

por analogía a las experticias contables, la cual es apreciada con todo el valor probatorio que de ella se desprende..."

37    Sentencia de la Sala de Casación Penal del Tribunal Supremo de Justicia, de fecha 21 de febrero de 2008, caso *Rafael Martín Guédez*, condenatoria por la comisión del delito de suscripción, autorización, presentación y publicación de balances inexactos en grado de continuidad, tipificado en el artículo 293 (hoy 434) de la Ley General de Bancos y otras instituciones Financieras, en relación con el artículo 99 del Código Penal, en www.tsj.gov.ve/decisiones/scp/febrero/102-21208-2008-c06-260.html, p. 35 .

(i) Que la información presentada esta en conformidad con las normas legales vigentes y las estatutarias, esto es, conforme a las exigencias legales aplicables (mercantiles, formales y materiales), la política contable del ente (reglas estatutarias[38]), así como conforme a la técnica contable aplicable;

(ii) Que se ha obtenido la información **necesaria** para fundamentar la opinión contable, esto es, tanto la información cuantitativa, como la cualitativa, y se han hecho las explicaciones, revelaciones y salvedades debidas de dicha información y sus efectos en la situación financiera y el resultado del ente;

(iii) Que el balance representa razonablemente la situación del patrimonio del ente para su fecha y que el estado de ganancias y pérdidas refleja los resultados de las operaciones efectuadas en el periodo examinado, siendo que los saldos se han tomado fielmente de los libros legalizados, esto es, que existe conformidad entre los estados financieros y el respaldo debido en los soportes o evidencias de las operaciones (contratos, facturas, recibos, estados de cuenta, etc), incluidos los cálculos, indagaciones, estimaciones correspondientes.

Por su parte, *las opiniones sobre estados financieros*, normalmente se refieren a los dictámenes de auditoría de estados financieros básicos (balance general, estado de ganancias y perdidas, estado de flujo de efectivo), aunque pueden también emitirse dictámenes especiales sobre elementos, cuentas o partidas específicas de los estados financieros, certificación del cumplimiento de cláusulas de contratos o de disposiciones legales[39], etc. Las opiniones a las que se refiere el artículo 8 en comentarios y por lo tanto el efecto probatorio allí previsto, versa sobre estados financieros básicos.

Se trata de un juicio técnico sobre la razonabilidad o no de la información financiera auditada, según normas y principios de auditoria generalmente aceptados. El dictamen presupone estados financieros certificados por el representante legal de la entidad y dicha revisión especial de auditoria, se consigna en la llamada opinión del auditor, la cual también tiene que estar suscrita por el dicho profesional de la contaduría auditor, acompañándose a los estados financieros auditados certificados.

El dictamen del auditor externo constituye el resultado de una actividad de control y verificación de la situación financiera de una empresa por contadores independiente, esto es, un peritaje extrajudicial tendente a analizar, comprobar, controlar y verificar la actividad de producción de la información financiera, que finaliza con la opinión o dictamen comentado para el uso de terceros.

---

38    Artículos 213, ord. 6 y 214, ord. 7 del Código de Comercio: "…las reglas con sujeción a las cuales deberán formarse los balances y calcularse y repartirse los beneficios".

39    Artículo 72 de la Ley de impuesto sobre la renta: "*(omissis)* Este dividendo presunto no procede en los casos en que la sucursal pruebe, a satisfacción de la Administración Tributaria, que efectuó totalmente en el país la reinversión de la diferencia entre la renta neta fiscal gravada y la renta neta. Esta reinversión deberá mantenerse en el país por el plazo mínimo de cinco (5) años. Los auditores externos de la sucursal deberán presentar anualmente con la declaración de rentas, una certificación que deje constancia que la utilidad a que se contrae este artículo se mantiene en Venezuela".

Se dice que el auditor externo es un contador independiente, porque el juicio técnico de razonabilidad es conducido por contadores con las cuales no existe conflicto de intereses con el ente auditado[40].

La opinión del auditor sobre los estados financieros, también goza de la presunción de razonabilidad sobre la situación financiera y atribuye valor probatorio a la información correspondiente en los términos del artículo 8 de la Ley de ejercicio de la Contaduría Pública.

La opinión de auditoria es la prueba de la auditoria. No constituye prueba de la auditoria, la simple firma del auditor al pie de los estados financieros, ni la simple mención que pudiera hacer la empresa de que la información ha sido auditada. Del mismo modo, la opinión que exprese que la información auditada no representa razonablemente la situación financiera de un ente, incluida aquella con salvedades, priva a dicha información de la calidad de razonable y por lo tanto declara su inconfiabilidad, solo cuando el efecto de las salvedades es significativo para los estados financieros considerados en conjunto. Las razones de las salvedades pueden ser desde la inobservancia de principios de contabilidad sobre presentación y cuantificación de partidas, utilización de principios inapropiados, notas o revelaciones inapropiadas, incertidumbres, hechos subsecuentes, diferencias en criterios y juicios aplicados, hasta la existencia de errores o irregularidades significativas. Si el efecto de las salvedades es significativo, se emite una opinión adversa o se abstiene de emitirla, la cual también se hace expresa por escrito. En ambos casos, la opinión calificada o su omisión equivalen a expresar que la información financiera auditada no es razonable. El informe con salvedades significativas o su negación, solo constituye un indicio del *déficit* de la información financiera, que activa las consecuencias que el ordenamiento jurídico reserva a la información contable inconfiable.

En todo caso, las atestaciones del contador público en los actos propios de su profesión (certificaciones, firmas y dictámenes), son consecuencia de una facultad normativa certificadora exclusiva, delegada legalmente a este tipo de profesionales, que tiene como contrapartida un deber de expresar la corrección de la información financiera. *Esta facultad certificadora solo implica una medida de eficacia probatoria limitada de hacer presumir la corrección de la información expresada en el estado financiero certificado o en la opinión de auditoria*. Como hemos dicho, en ningún caso, hace fe (limitado a los actos auténticos de los funcionarios públicos en ejercicio de sus funciones[41]), ni implica dar *fe pública* a la información contable, (que es un estándar probatorio limitado a los documentos registrados y notariados[42]). Por la misma razón –y aunque parezca de Perogrullo- dicho valor probatorio no convierte al documento contable en documento público, ni al contador en funcionario Público. Así lo decidió la Sala Político Administrativa del Tribunal Supremo de Justicia, en sentencia de fecha 11 de agosto del año 2004 para referirse al informe de un contador público al amparo de la presunción del artículo 8 de la Ley de ejercicio de la contaduría pública,

---

40    Así lo presupone y exige el articulo 11 de la Ley del ejercicio de la contaduría pública, incluso como postulado ético de la prestación de auditoria: "Los contadores públicos deberán observar, en el ejercicio de las actividades que les son propias, las siguientes normas de ética: (*omissis*) ord. 3. Emitir dictámenes sobre los estados financieros de una empresa, solamente cuando no exista relación de dependencia, ni un interés directo entre ellos y la empresa de que se trate".

41    *Vid.* Antonio Pacheco Amitesarove, "Autenticidad, fe pública y fehaciencia documental en Venezuela", en *Revista de Derecho Probatorio* N° 8, Editorial Jurídica Alva, Caracas 1997, p. 85.

42    Articulo 9: "La fe pública registral protege la verosimilitud y certeza jurídica que muestran sus asientos. La información contenida en los asientos de los registros es pública y puede ser consultada por cualquier persona".

señalando que: "...**no deja de ser menos cierto que ello no puede interpretarse como el otorgamiento de fe pública y por consiguiente, la aludida naturaleza del instrumento tampoco puede ser entendida como pública**".[43]

En otras jurisdicciones el contador público se asimila por expresa ficción legal al funcionario público, solo a los fines de su responsabilidad penal en caso de infringir el deber de expresar la corrección de la información financiera[44]

Los estados financieros certificados y los auditados, no califican como pericias extraprocesales y, por lo tanto, no deben ser ratificados en juicio por sus autores como testigos, aun que nada se opone a que se promueva la testimonial del suscriptor del documento para que declare sobre los hechos a que se refiere su contenido con el objeto del mejor esclarecimiento de los hechos controvertidos a los que puede referirse o conectarse la información allí representada.

Por último, la ley mercantil no regula la eficacia probatoria de los libros mercantiles, cuando estos no se han llevado según el estándar legal. Según el Profesor Bello Tabares, tal irregularidad implica entre comerciantes, que la información contenida en los libros solo puede hacer prueba en contra del comerciante, "...**produciéndose una división de los libros de comercio, en el sentido de no tomarse en cuenta aquello que beneficie al comerciante...**", al amparo de una interpretación *contrario sensu* del artículo 38 del Código de Comercio, que limita la eficacia probatoria de los libros de comercio a aquellos correctamente llevados entre comerciantes.[45]

En materia tributaria, la llevanza irregular de los libros y registros de contabilidad, aparte de implicar la infracción de un deber formal, desvirtúa la información contenida en los libros y registros irregulares como medio de prueba y habilita la operatividad legal de los métodos determinación presuntiva de las situaciones fiscales correspondientes.[46]

2.    *La prueba de experticia  y el testimonio pericial*

El medio de prueba mas socorrido en la fijación de la información y de la técnica contable como objeto de prueba es, sin lugar a dudas, la prueba pericial o experticia.

Como quiera que la información contable constituye, en esencia, un hecho calificado, esto es, un hecho cuya comprensión requiere conocimientos especializados asociados a la técnica contable, el medio idóneo o conducente para su fijación procesal es la experticia o

---

43    Con ponencia de la Magistrado Yolanda Jaimes, caso *Cartuchos Deportivos Arauca, vs. Republica de Venezuela (Fisco Nacional)*, en http://www.tsj.gov.ve/decisiones/spa/agosto/01024-110804-2001-0736.htm

44    Para el caso Colombiano, la norma del articulo 10 de la Ley 43 de 1990, es de igual tenor al enunciado del articulo 8 de la Ley del Ejercicio de la Contaduría Pública venezolana. La diferencia estriba en que el Contador Público y el Revisor Fiscal en ese país, se asimilan al funcionario público para efectos de las sanciones penales por los delitos que cometieren en el ejercicio de su profesión. La facultad certificadora se considera que otorga fe pública sobre la información contenida en el documento contable. *Vid.*, Francisco Bernate Ochoa, *Delito de falsedad en estados financieros*, Colección textos de jurisprudencia, Universidad del Rosario, Bogota 2007, p. 28. Sobre el certificado del contador público como prueba contable, Elizabeth Whittingham García, *Las pruebas en el proceso tributario*, Temis, Santa Fe de Bogota 2005. p. 124 a la 127.

45    *Cfr.* Humberto Enrique Tercero Bello Tabares. *Tratado de Derecho Probatorio*. Tomo II. Ediciones Paredes, Caracas 2007, p. 912.

46    Artículos 132, 133 y 181 del Código Orgánico Tributario.

prueba pericial. Los sujetos con la idoneidad técnica para realizar este tipo de encargo son los profesionales de la contaduría pública.[47]

La valoración del dictamen correspondiente es según las reglas de la sana crítica. La eficacia probatoria del dictamen depende de su consistencia, precisión, concreción y claridad frente a los hechos objeto de verificación según ha sido solicitado por las partes o por el juez (*intrepetita*) y nunca sobre aspectos no solicitados (*ultrapetita*). Además, aunque sobre la forma de practicar el dictamen y rendir el concepto respectivo, no están previstas formulas sacramentales, los términos en que se rindan los conceptos deben ser lo suficientemente explícitos y congruentes con las conclusiones, así como de fácil entendimiento para una persona no especializada en el tema, cualidades que son criterios de apreciación y valoración[48]. Consecuentemente, porque el criterio de valoración de la prueba de expertecia es según la sana crítica, el dictamen no es obligatorio para el juez, "...**quien puede separarse del dictamen de los expertos si su convicción se opone a ello...**", sino encuentra las conclusiones debidamente fundamentadas, claras, precisas y convincentes[49], según confirman las normas de los articulos 1.427 del Código Civil, y 507 del Código de Procedimiento Civil.

Sin embargo, pensamos que no se trata de una vuelta ilimitada a la libre convicción del juez, pues, si bien es cierto que éste se puede apartar del dictamen pericial cuando su convicción de oponga a ello; no es menos cierto que el juez no puede tomar la decisión con elementos que estén fuera de los autos y, menos aún, con elementos derivados de sus propios conocimientos técnicos o relacionados con una ciencia o arte conocida por él.

Queremos decir que el juzgador puede descartar de manera motivada y debidamente justificada, las conclusiones aportadas por los expertos, con base en la lógica y en las máximas de experiencia; sin embargo, su rol no puede configurar una sustitución de las partes, en el sentido que no puede aportar a los autos, nuevos elementos técnicos o que supongan un conocimiento especial como el requerido para la labor pericial, pues, en dicho supuesto, el juez no estaría actuando como el órgano decisor y director del proceso, sino como un experto más, en auxilio de su natural labor de conocer la causa y sentenciar.

En todo caso, creemos importante considerar que los conocimientos técnicos o propios de una profesión, ciencia o arte manejados por el juez, forman parte de su conocimiento privado y, aún cuando puede resultar inevitable que dicho conocimiento sea el fundamento de su decisión de apartarse del dictamen pericial, no le legitima para aportar a los autos, "elementos probatorios" no llevados por las partes. Al respecto, debe tenerse en cuenta que los conocimientos técnicos o propios de una ciencia o arte, exceden el concepto de máximas de experiencia, lógica y, en suma, sana crítica.

Es importante destacar que, "...**en la experticia la prueba es el dictamen del o los peritos respectivos, y no los recaudos que estos hayan examinado o tomado en cuenta a los fines de elaborarlo. El hecho de que un documento no sea admitido como prueba escrita apta para ser tomada en cuenta en el proceso, por no revestir las condiciones que la ley exige a ese tipo de probanza, ya sea en su formación o en su presentación, no es en sí mismo contradictorio con el hecho de que se aprecie en una experticia para cuya forma-**

---

47    Artículo 7 de la Ley de Ejercicio de la Contaduría Pública, en concordancia con el artículo 453 del Código de Procedimiento Civil.

48    *Vid.*, Elizabeth Whittingham García, *Las pruebas en el proceso tributario*, Temis, Santa Fe de Bogotá 2005, p. 151.

49    Artículo 507 del Código de Procedimiento Civil.

ción los expertos hayan tomado en cuenta ese mismo documento...".[50] O como también se ha dicho "**una cosa es la eficacia que pueda tener un instrumento como prueba documental y otra el resultado de una prueba de experticia en la que se analiza dicho instrumento en armonía con otros elementos documentales que los peritos puedan revisar**".[51]

Finalmente, a los expertos contables solo les esta dado emitir interpretaciones sobre los conceptos técnico contables y su referencia a los hechos contables controvertidos. En ningún caso interpretaciones jurídicas (*extrapetita*), que comprometen la eficacia de la prueba y que en definitiva solo son de la exclusiva competencia del juez.[52]

Una variedad de la experticia es el ***testimonio pericial***. Se trata de un medio probatorio libre, expresión del principio de libertad probatoria. Su objeto pueden ser los mismos hechos susceptibles de prueba mediante experticia, solo que el examen del perito se rinde como la declaración de un testigo, esto es, mediante interrogatorio. Su valor probatorio se establece según las reglas de la sana crítica. En materia contable es un medio probatorio de sinigual utilidad para establecer, sobre todo, el sentido de conceptos y el alcance de la técnica contable en situaciones concretas.

Se trata de un medio de prueba novedoso que tuvo su origen en nuestra legislación adjetiva en la Ley Orgánica sobre Sustancias Estupefacientes y Psicotrópicas y que "...**sin la menor duda es admisible en el proceso tributario, al estar éste orientado por el principio de libertad de pruebas, según lo dispone el artículo 193, primer aparte, del Código Orgánico Tributario**".

---

50    Sentencia de la Sala Político Administrativa de fecha 11 de julio de 2002, con ponencia del Magistrado Hadel Mostafá Paolini, caso *Organización Sarela vs. República de Venezuela (Contraloría General de la República)*, en www.tsj.gov.ve/decisiones/spa/Julio/00957-160702-0739.htm "Debe observarse, en consecuencia, que cuando los peritos evacuan una prueba de experticia contable, forman su convicción a partir del análisis de un cúmulo determinado de documentos, sin que esté dentro de sus capacidades o funciones el apreciar si, desde el punto de vista jurídico, alguno de dichos documentos cumple o no con las formalidades para surtir efecto como prueba instrumental. Será al Juez a quien corresponda, a partir del análisis del dictamen plasmado en el informe pericial, determinar si los elementos revisados de forma concordada por los expertos arrojan un resultado razonable que merece credibilidad.

Por tanto, y visto que los expertos que actuaron en este caso no sólo partieron del contenido de la referida acta de Junta Directiva para justificar sus conclusiones, esta Sala desestima la objeción planteada en este sentido por la representación de la Contraloría General de la República, por cuanto, se insiste, una cosa es la eficacia que pueda tener un instrumento como prueba documental y otra el resultado de una prueba de experticia en la que se analiza dicho instrumento en armonía con otros elementos documentales que los peritos puedan revisar. Así se declara"

51    *Ibid.*, p. 24.

52    *Vid.*, sentencia del Tribunal Superior Sexto de lo Contencioso Tributario, de fecha 29 de Abril de 2002, caso *Makro Comercializadora, C. A. vs. República de Venezuela (Fisco Nacional)*, consultada en original, p. 33. "...no puede el Tribunal apreciar la conclusión del informe pericial en el sentido de que la bonificación o descuento obtenida por la contribuyente se encuentra enmarcada en la norma del artículo 51 del Reglamento de la Ley de Impuesto al Consumo Suntuario y Ventas al Mayor, pues ello implica una valoración legal de los hechos que no corresponde a los medios de prueba en general, ni a la experticia en particular. Igual apreciación merece la conclusión relativa a que el mecanismo específico aplicado en el presente caso, en el cual es la contribuyente quien documenta la operación comercial de bonificación o descuento a su favor, produce los mismos efectos contables descritos en los artículos 21 de la Ley de Impuesto al Consumo Suntuario y 51 de su Reglamento."

Así mismo, en fecha más reciente, la Sala Político-Administrativa del Tribunal Supremo de Justicia, dejó claramente establecido: "...[que], **en cuanto a la señalada prueba debe indicarse que tradicionalmente un destacado sector de la doctrina nacional, ha visto el fundamento legal de su admisibilidad en el proceso probatorio venezolano en una interpretación concatenada de los artículos 395 del Código de Procedimiento Civil, 132 de la Ley Orgánica sobre Sustancias Estupefacientes y Psicotrópicas y 98 de la Ley Orgánica de Salvaguarda de Patrimonio Público (las dos últimas normativas actualmente derogadas por el Código Orgánico Procesal Penal), argumentando que la misma forma parte de las denominadas pruebas libres admitidas en derecho al no estar expresamente prohibidas por la ley, siendo valoradas conforme a las reglas de la sana crítica.**

**En este sentido, se ha indicado que mediante dicha prueba se pretende que el experto llamado a juicio como testigo, deponga de la misma forma que un testigo ordinario sobre las características de los hechos litigiosos, estándole permitido inclusive, emitir juicios de valoración conforme a los especiales conocimientos que posee en una determinada materia.**

**Bajo tales premisas, suele señalarse que dicha prueba de perito-testigo se diferencia del denominado testigo calificado, sub-tipo de la prueba testimonial, por cuanto al perito-testigo si bien le es dado declarar sobre hechos que percibió en el momento en que se verificaron, tal como sucede respecto del testigo ordinario, debido a que posee conocimientos especializados en una determinada área o materia, lo dicho por él en juicio encuentra mayor peso probatorio que el de un simple testigo. En tal sentido, agrega la doctrina que mientras el testigo calificado nunca será considerado como un experto, el perito-testigo podrá deponer sobre hechos deducidos a pesar de no haberlos presenciado.**

**Ello así, resultará cualidad fundamental para calificar como perito-testigo, poseer los conocimientos especializados en una determinada área del saber, pudiendo promoverse dicho medio de prueba para comprobar los mismos hechos susceptibles de conocerse por medio de un dictamen pericial, en atención a las particulares características de dicha prueba, las cuales han llevado a catalogarla como "un híbrido de experticia con testimonio".**

**Derivado de las consideraciones precedentes, y aun cuando tal prueba ha sido concebida como un medio distinto del testimonio, sucede que en virtud de sus múltiples similitudes, le son aplicables las normas adjetivas dictadas para regular la prueba testimonial; así por ejemplo, será procedente la aplicación de las reglas de promoción del señalado medio, sin necesidad de que medie una designación y posterior aceptación y juramentación por parte del perito-testigo, en atención a que éste no va a desempeñar un cargo judicial. Resultarán asimismo aplicables, la tacha como testigo y no la recusación como experto, siendo lo procedente para su evacuación la declaración oral sujeta a repregunta conforme a las normas de control del testigo, no pudiendo solicitarse la aclaratoria o ampliación propias del dictamen pericial. Tal posición doctrinaria es compartida por esta Sala, debiendo en consecuencia, admitirse la factibilidad legal de dicho medio probatorio en el proceso contencioso administrativo, particularmente, en el contencioso tributario".**[53]

---

53    Sentencia de fecha 9 de Noviembre de 2005; con ponencia de la Magistrado Yolanda Jaimes, caso *Venecia Neptum Towing Offshore and Salvage, C.A (NEPTUVEN), vs. República de Venezuela (Fisco Nacional)* en www.tsj.gov.ve/decisiones/spa/mayo/00706-16507-2007-2002-0594.html

### 3.   *La prueba de exhibición y de información*

En juicios entre no comerciantes que lleven contabilidad o contra comerciantes, se puede utilizar la mecánica probatoria de la exhibición de documentos para que los libros, registros de contabilidad y estados financieros de la contraparte o de un tercero, sean traídos a los autos como medio de prueba de la información contable controvertida. Esta mecánica procesal tiene fundamento en la norma general del artículo 436 del Código de Procedimiento Civil, la cual requiere para su valida proposición identificación del objeto de la prueba y cuando sea pertinente, aportarse un medio de prueba que constituya por lo menos presunción grave de que el instrumento se halla o se ha hallado en poder del adversario o del tercero. Este seria el medio idóneo, por ejemplo, para fijar en el proceso los hechos referidos a información contenida en opiniones o informes de auditoria emanados de firmas auditoras, papeles de trabajo, etc. La falta de exhibición del documento contable, tiene por efecto que se tenga por cierta la copia o la afirmación que haga el proponente de su contenido. En nuestra opinión, el solo deber de llevar contabilidad hace presumir su existencia y llevanza por el obligado a exhibirla.

Con fundamento en el articulo 433 del Código de Procedimiento Civil, también puede probarse la información y la técnica contable mediante informes que consten o se encuentren en documentos ya sean fisicos o electrónicos, libros, archivos u otros papeles que se hallen en oficinas publicas, bancos, asociaciones gremiales, sociedades civiles o comerciales e instituciones similares, aunque estas no sean parte en el juicio. Esta prueba tiene por finalidad requerir información a personas jurídicas publicas o privadas respecto de información que conste en documentos libros, archivos sobre hechos debatidos en el proceso, debiéndose especificar la información que se solicita y el objeto de la prueba. Por ejemplo, este es el vehiculo probatorio idóneo para demostrar el texto de los principios de contabilidad, publicaciones técnicas o de los principios de auditoria, mediante requerimiento a la Federación de Colegio de Contadores Públicos de Venezuela.

### 4.   *La prueba de inspección judicial*

Somos de la opinión que la prueba de inspección judicial tiene muy limitado uso, en razón de su inconducencia para la demostración de la información, los documentos y la técnica contable, pues por su naturaleza especialmente cualificada las situaciones jurídicas asociadas a la contabilidad, su fijación en el proceso como hechos controvertidos requiere de técnicas probatorias que exceden la simple constatación sensorial del juez (como ocurre a través de la inspección judicial) y suponen la comprensión de hechos que requieren conocimientos especializados asociados a la técnica contable, salvo casos excepcionales se nos ocurre- relativos a la constatación de la existencia o el estado de los documentos contables en cuanto objetos y no la información en ellos contenida. Imaginemos un caso en que este controvertida la llevanza de libros de contabilidad y se promueve la inspección para dejar constancia del estado en que se encuentran los libros, existencia de tachaduras, enmendaduras, de que no están legalizados, el contenido de paginas WEB, etc.

Como examinamos con anterioridad, existen medios idóneos, especialmente previstos por el ordenamiento para la demostración de las situaciones jurídicas asociadas a la contabilidad, tanto para la demostración de los documentos objeto como la información en ellos contenida, tales como la exhibición e información sobre los libros y registros de contabilidad de la parte o de un tercero, la experticia contable y el testimonio pericial[54].

Aunque el Juez puede hacerse asistir de un perito para que coadyuve o lo ayuden en la mejor practica de la prueba (designación que no es obligatoria y puede ser propuesta por el promoverte o de oficio en caso de ser necesaria), el protagonismo del practico como auxiliar de justicia, no implica una experticia, sino una simple colaboración u orientación al juez mediante conocimientos especiales para la mejor ejecución de la prueba.

Su colaboración no es para que califique u opine sobre los hechos objeto de constatación, ni para que sustituya al juez en la práctica, bien en el mismo acto de ejecución o mediante informe separado. Cualquier exceso implicaría una mutación errónea que  invalida la prueba y le resta todo valor probatorio[55].

---

54    Así lo ha expresado la Sala de Casación Civil del Tribunal Supremo: "... la exhibición de documentos (y los libros lo son) puede ser solicitada a terceros (artículo 437 del Código de Procedimiento Civil), por lo que dentro de un proceso se puede pedir como prueba el examen y compulsa de determinado asiento de los libros de contabilidad de un tercero, siempre que se designe previa y determinadamente qué se ha de compulsar y ello sea pertinente.

El proceso moderno está dominado por el principio de la obtención judicial coactiva de los medios de prueba, y de él no escapan los terceros que posean material probatorio.

En consecuencia, y sin necesidad que se demuestre la existencia de una unidad económica, el tercero tenía la obligación de colaborar con la justicia y proveer el material probatorio que se le señalare; bastando la orden del Tribunal en ese sentido para que no exista violación del artículo 47 constitucional.

La Sala quiere, además, resaltar que la prueba admitida por el juez, fue la inspección judicial de documentos contables. Se trata de una confrontación de los soportes de una contabilidad, la cual necesariamente tiene que cotejarse con los asientos, y tal confrontación, que es una operación que puede involucrar expertos, tampoco es una inspección judicial, por lo tanto considera la Sala que tal prueba de inspección ocular o judicial era como tal violatoria del artículo 49 constitucional, ya que el debido proceso fue infringido al realizarse en una materia protegida por la confidencialidad (artículo 60 constitucional) un medio de prueba (la inspección judicial) que contrariaba la probanza especial destinada a compulsar los asientos contables, o la pericia (auditoría total o parcial) que necesita cotejar los asientos con sus comprobantes para tener eficacia probatoria, tal como lo exige el artículo 201 de la Ley General de Bancos y otras Instituciones Financieras.

Expuesto lo anterior, la Sala señala que no es la inspección judicial el medio de prueba conducente para probar los hechos contenidos en la contabilidad específica del comerciante, ya que la Ley prevé un medio de prueba concreto para probar hechos que interesen a las partes, mediante la exhibición, examen y compulsa de los libros, así que no es posible decretar y practicar una inspección judicial, en casos como éste.

En el caso bajo análisis la accionante, sobre cuyos libros de comercio recayó la admisión y evacuación de la prueba de inspección judicial, en un proceso donde no es parte, se le amenaza con violarle el principio del secreto de los libros del comerciante, mediante un medio de prueba, que en el supuesto analizado resulta ilegal, ante tal infracción cometida por el Tribunal de la causa, que le cercena el derecho a la defensa, la acción de amparo es la vía más idónea para restablecer su situación jurídica, de manera tal que la presente acción de amparo constitucional debía ser admitida tal como lo hizo el a quo, y así se declara". Sentencia de fecha 13 de noviembre de 2008, con ponencia del Magistrado Luís Antonio Ortiz Hernández, caso *Consorcio Barr, S.A. vs. Four Seasons Caracas. C.A*, en www. tsj.gov.ve/decisiones/scc/noviembre/rc.00760-131108-2008-07-907.html

55    *Vid.*, Humberto Enrique Tercero Bello Tabares, *Tratado de Derecho Probatorio*, Tomo II, Ediciones Paredes, Caracas 2007, p. 964.

## 5.  *La prueba de indicios*

Dada la naturaleza opinable de la información financiera, mucha de la demostración sobre el sentido de dichos juicios, es producto de una prueba circunstancial o indirecta. Es aquí donde la prueba de indicios cumple una función inestimable. La convicción del juez sobre las situaciones jurídicas asociadas a la contabilidad, se logra a través de inferencias que se forman a partir de hechos diversos que en conjunto permiten arribar a la convicción sobre el sentido determinado de la información contable.

La prueba o hecho indicado (desconocido o probado) se establece (cierta o simplemente en forma probable) por inducción que hace el juez a partir del hecho conocido (indicador o fuente de prueba) mediante inferencia lógica, crítica y por experiencia (adecuación lógica) a partir de la información que aporta el primero que ha sido demostrado en el proceso. Por eso no se trata de un medio de prueba que se obtiene por representación (no es histórico), sino por inferencias, razonamientos lógicos y críticos que hace el operador de justicia partiendo del hecho base, cierto, demostrado en el proceso o indicador[56]. Es lo que se denomina presunciones judiciales (*u hominis*)[57].

La prueba y apreciación de indicios se encuentra regulada en los artículos 1399 del Código Civil y 510 del Código de Procedimiento Civil, según el cual los Jueces apreciarán los indicios que resulten de autos en su conjunto, teniendo en consideración su gravedad, concordancia y convergencia entre sí y en relación con las demás pruebas de autos.

Un caso clínico ayuda a ejemplificar la situación: en el caso de la demostración del carácter exento de la renta de una editorial jurídica para fines del impuesto en cuestión, el Juez formó su convicción sobre la actividad exenta a partir de la fijación concordante entre sí de dos indicios: (i) la no distribución de beneficios (hecho indicado) según inferencia de la cuenta de patrimonio **"Excedente con destino al Fondo Fundacional"**, hecho que se fijó a partir de los estados de situación financiera (hechos indicadores) para los periodos examinados, aportados al proceso como documentos privados y el (ii) destino fundamentalmente científico de la actividad generadora de los ingresos obtenidos por la venta y edición de libros jurídicos a librerías jurídicas (hecho indicado), hecho que se fijó a partir de los documentos privados representados por las facturas emitidas con ocasión de la venta correspondiente (hecho indicador), las cuales fueron aportadas al proceso como documentos privados.

Así lo decidió el Tribunal Superior Quinto de lo Contencioso Tributario de fecha 18 de septiembre de 2008[58], **"Se encuentra, igualmente, inserto en la primera pieza del expediente judicial los Estados de Situación y de Ganancias y Pérdidas de la institución consultante en sede administrativa, correspondientes a los ejercicios 2003; 2004; 2005; 2006 y 2007, a los cuales se le otorga al valor propio de los instrumentos privados conforme los Artículo 1363 y siguientes del Código Civil, de los cuales se evidencia el patrimonio de la fundación recurrente, así como las ganancias obtenidas durante los mencionados ejercicios económicos, y muy especialmente se detalla la cuenta de patrimonio denominada "Excedente con destino al Fondo Fundacional" en la cual se registran las**

---

56    *Vid.*, Humberto Enrique Tercero Bello Tabares, *Tratado de Derecho Probatorio*, Tomo II, Ediciones Paredes, Caracas 2007, p. 1026.

57    Artículo 1394 del Código Civil.

58    Bajo la autoría de la Jueza Bertha Elena Ollarves, caso *Fundación Editorial Jurídica Venezolana* en nulidad por ilegalidad de la consulta del Seniat, que calificó a la Fundación como no exenta del impuesto sobre la renta, consultada en original, p. 8.

ganancias obtenidas por la **FUNDACIÓN EDITORIAL JURÍDICA VENEZOLANA,** **cuyo aumento proviene de las ganancias del ejercicio, producida a su vez por la venta de los libros especializados en el área jurídica.**

**En el mismo sentido se aprecian las facturas emitidas por la fundación recurrente en autos, correspondiente a los ejercicios económicos 2006 y 2007, las cuales comprenden la mayoría de las piezas del expediente judicial -13 piezas-, cuyo valor se otorga el propio de los instrumentos privados conforme lo señala los Artículos 1363 del Código Civil en concordancia con el Artículo 429 del Código de Procedimiento Civil, y en las cuales se ha verificado la venta de libros relacionados a la ciencia jurídica. Incluso detalla este Juzgado Superior, que gran cantidad de los compradores son conocidas librerías jurídicas que compran al por mayor los libros y revistas jurídicas, para luego revenderlas".**

En este caso, la prueba de ambos hechos (i) los estados financieros y (ii) las facturas de venta de libros, permiten inferir (presumir) que la cuenta de ganancias retenidas demuestra la no distribución de beneficios a los fundadores producto de una actividad científica relacionada con la edición y venta de obras jurídicas, hechos que califican como exento el enriquecimiento correspondiente a la luz de la ley de impuesto sobre la renta. Pero hay mas y no se dijo en la sentencia: el juez pudo reforzar su convicción y la fuerza de su razonamiento a partir de la presunción legal de corrección de la situación financiera de la contribuyente, que se infiere de la presunción de la certificación por contador público de los estados financieros *ex* artículo 8 de la Ley de ejercicio de la contaduría publica.

    C.   *La prueba de la contabilidad electrónica*

La contabilidad no podía escapar al signo de los tiempos modernos: *la tecnología informática.* El procesamiento, la documentación y el almacenamiento de la información contable inteligible mediante medios electrónicos, automatizados y desmaterializados.

Este ingente avance, sin embargo, plantea importantes retos al derecho, particularmente de tipo probatorio. La contabilidad tradicional soportada en formato físico, representada en los libros y registros, llevada y anotada manualmente, ahora es sustituida por registros contables computarizados, en el que garantizar y demostrar la integridad de la información es el reto de confiabilidad y certeza del *nuevo medio* y por su puesto su capacidad probatoria.

En virtud del principio de libertad probatoria que rige en nuestro sistema jurídico (articulo 12 del Código de Procedimiento Civil), y de conformidad con el enunciado del articulo 395 del Código de Procedimiento Civil, no estando expresamente prohibido el medio electrónico, la viabilidad probatoria del mismo tiene cabida para la demostración de las pretensiones de las partes. Su único particularismo como prueba libre, es que "...**se promoverán y evacuaran aplicando por analogía las disposiciones relativas a los medios de pruebas semejantes contemplados en [las Leyes nacionales] y en su defecto en la forma que señale el Juez".**

Las legislaciones sectoriales bancaria y fiscal vienen contemplando el medio electrónico como soporte de información financiera y fiscal para los fines por ella tutelados, que sustituyen los formatos físicos tradicionales y que surten los mismos efectos probatorios que aquellos.

Ya habíamos avanzado los casos de la Ley general de bancos y otras instituciones financieras (artículo 223) y el Código Orgánico Tributario en los supuestos de las declaraciones[59], pagos, documentación de libros y soportes como la factura fiscal[60] y documentos equivalentes.

Tal como apunta la doctrina probatoria más conspicua, "...**estos documentos electrónicos no son otra cosa que medios de prueba judicial, referidos a cosas u objetos con soporte electrónico, que representan hechos jurídicos diferentes a si mismos, que puedan influenciar en el animo del juzgador al demostrar hechos debatidos en la contienda judicial, documentos que no se limitan a los mensajes de datos, sino cualquier medio electrónico que pueda almacenar, reproducir y representar hechos jurídicos tales como DVD, CD ROM, discos flexibles, *diskette*, discos duros, discos compactos, unidades de memoria RAM y REM los cuales no encuentran regulación en la Ley [sobre mensajes de datos y firmas electrónicas] y que deben ser propuestos como medios libres en la oportunidad del lapso probatorio...**"[61]. Para la promoción del medio se debe cumplir con (i) la identificación del medio DVD, CD, etc, (ii) señalamiento del contendido de los mismos, vale decir, de los hechos o datos documentados o almacenados, (iii) identificación de la forma, lugar y persona que almacenó o grabó los datos en cualquiera de estos documentos electrónicos, siendo que de tratarse de terceros deberá proponerse su testimonio, (iv) identificación de la persona a quien se le atribuye la autoria del contenido de esos documentos electrónicos de almacenamiento de datos y el (v) objeto de la prueba.

La evacuación debe realizarse mediante la reproducción total o completa del medio electrónico de almacenamiento de datos, donde las partes puedan controlar o contradecir la prueba y cuyas resultas serán vertidas en un acta levantada al efecto y cuya apreciación será

---

59    Artículo 125 del Código Orgánico Tributario: "La Administración Tributaria podrá utilizar medios electrónicos o magnéticos para recibir, notificar e intercambiar documentos, declaraciones, pagos o actos administrativos y en general cualquier información. A tal efecto, se tendrá como válida en los procesos administrativos, contenciosos o ejecutivos, la certificación que de tales documentos, declaraciones, pagos o actos administrativos, realice la Administración Tributaria, siempre que demuestre que la recepción, notificación o intercambio de los mismos se ha efectuado a través de medios electrónicos o magnéticos".

    Artículo 138 del Código Orgánico Tributario: "Cuando la Administración Tributaria reciba por medios electrónicos declaraciones, comprobantes de pago, consultas, recursos u otros trámites habilitados para esa tecnología, deberá entregar por la misma vía un certificado electrónico que especifique la documentación enviada y la fecha de recepción, la cual será considerada como fecha de inicio del procedimiento de que se trate. En todo caso se prescindirá de la firma autógrafa del contribuyente o responsable. La Administración Tributaria establecerá los medios y procedimientos de autenticación electrónica de los contribuyentes o responsables".

60    La facturación electrónica es un mecanismo admitido y regulado por el ordenamiento jurídico-tributario, como una alternativa válida en aquellos casos en que se demuestra la existencia de un alto volumen de facturación así como del cumplimiento de una serie de requisitos adicionales de carácter técnico. A este respecto, dicho mecanismo de facturación se encuentra fundamentado en el artículo 54 de la Ley del impuesto al valor agregado, en concordancia con lo previsto en el 68 del Reglamento de dicha Ley, y de manera muy particular, desarrollado en el contenido de la Providencia Administrativa N° SNAT/2008-0286 (*Gaceta Oficial* N° 38.997 de fecha 19 de agosto de 2008), por medio de la cual, se reguló la utilización de medios distintos para la emisión de facturas y otros documentos por parte de los llamados, "prestadores de servicios masivos" para emitir su facturación en formato electrónico.

61    *Cfr.* Humberto Enrique Tercero Bello Tabares, *Tratado de Derecho Probatorio*, Tomo II, Ediciones Paredes, Caracas 2007, p. 942.

por vía de la sana crítica. En caso de impugnación, la prueba en contrario requiere la experticia para demostrar la autenticidad del medio electrónico de almacenamiento de datos y la originalidad de su contenido, en el entendido que la falta de impugnación producirá una aceptación tacita del medio y de su contenido[62].

## II. BIBLIOGRAFÍA

ARRIETA ZINGUER, Miguel, "La contabilidad mercantil de los empresarios", en *Centenario del Código de Comercio Venezolano 1904*, Tomo I, Academia de Ciencias Políticas y Sociales, Caracas 2004.

BERNATE OCHOA, Francisco, *Delito de falsedad en estados financieros*, Colección textos de jurisprudencia, Universidad del Rosario, Bogota 2007.

CABRERA ROMERO, Jesús Eduardo, *Contradicción y control de la prueba legal y libre*, Tomos I y II, Editorial Jurídica Alva, Caracas 1997.

PACHECO AMITESAROVE, Antonio, "Autenticidad, fe pública y fehaciencia documental en Venezuela", en *Revista de Derecho Probatorio* N° 8, Editorial Jurídica Alva, Caracas 1997.

TERCERO BELLO TABARES, Humberto Enrique, *Tratado de Derecho Probatorio*, Tomos I y II, Ediciones Paredes, Caracas 2007.

WHITTINGHAM GARCÍA, Elizabeth, *Las pruebas en el proceso tributario*, Temis, Santa Fe de Bogota 2005.

---

62    *Cfr*. Humberto Enrique Tercero Bello Tabares, *Tratado de Derecho Probatorio*, Tomo II. Ediciones Paredes, Caracas 2007, p. 943.

# EL CONSTITUCIONALISMO EN EL MUNDO ÁRABE

Sacha Rohán Fernández Cabrera
*Abogado. Especializaciones en Derecho Procesal y en
Derecho Internacional Económico y de la Integración
Profesor en la Especialización de Derechos Humanos (postgrado)
Universidad Alejandro de Humboldt*

**Resumen**: *En nuestra formación eurocentrista olvidamos la existencia
de otras culturas, como la árabe y la musulmana, por lo que el presente
trabajo, trata de dar un acercamiento al derecho constitucional en el
mundo árabe-musulmán, observando las similitudes y diferencias entre
nuestra cultura occidental y esas culturas en el ámbito constitucional,
notando la importancia del préstamo constitucional y la mutua influencia que se da entre los países en un mundo globalizado, tanto en las
constituciones, jurisprudencia, control constitucional, derechos humanos
y sistema político.*

## I.  INTRODUCCIÓN

Dentro de nuestra formación eurocentrista solemos olvidar la existencia de otras partes
del mundo, así como las culturas contenidas en ellas, tales como la africana, la indígena, la
árabe, la musulmana, entre otras.

Por tal motivo, en el presente trabajo, trataremos de dar un acercamiento a lo que es el
derecho constitucional en el continente africano, pero en lo relativo al mundo árabe-musulmán, es decir, de aquella parte de dicho continente que son arabófonos o que sin serlo practi-
can la religión musulmana o el Islam.

De esta manera, podremos observar las similitudes y diferencias entre nuestra cultura
occidental y esas culturas milenarias en el ámbito constitucional, así como ver nuestras similitudes o asimetrías, para de esta manera poder notar la importancia del préstamo constitucional y la mutua influencia que se da entre los países en un mundo que cada vez se encuentra
más globalizado.

## II.  ISRAEL

En relación a la ubicación geográfica en la que se encuentra el mundo árabe y musulmán, se halla un país que se destaca y separa del resto de los países de esa región, ese no es
otro que Israel, ya que su idioma es el hebreo y su religión la judía. Sobre este país daremos
una breve descripción, ya que se escapa del objeto y tema del presente trabajo, sin embargo,

por su ubicación y las relaciones con sus vecinos, es importante hacer una sucinta explicación del mismo.[1]

Con respecto a este país se debe destacar que no fue sino hasta 1917 que logra su separación e independencia del Imperio Otomano, por lo que hasta esa fecha poseía una ley continental con características musulmanas. Luego entre 1918 y 1948 se da un segundo periodo en el que tienen una protección de Gran Bretaña y mantienen sus leyes aunque con cierta influencia inglesa, además de algunas normas establecidas durante la ocupación inglesa o leyes del mandato británico. Después de 1948, con la fundación del Estado de Israel, se da el desarrollo de un derecho israelí propio, que no es otra cosa más que un derecho combinado de todas las influencias anteriores con la creación de su propio derecho, definido como un "Estado judío" en el que los partidos religiosos tienen mucho peso.[2]

Igualmente, en los últimos diez años ha tenido una gran influencia por parte del derecho constitucional de EEUU, Canadá y Alemania, todo lo cual le da una gran variedad y enriquecimiento a este sistema jurídico, y aunque se rige por principios como la democracia y el estado de derecho, también se fundamenta en su fe y su etnia, por lo que algunos sectores exigen la aplicación a ultranza del principio religioso.[3]

## III. BREVE HISTORIA DE LOS ESTADOS ISLÁMICOS U ORIENTALES

Los Estados islámicos y orientales del mundo árabe, han solido estar dirigidos o regidos bajo gobiernos despóticos,[4] por lo tanto se han caracterizado en la mayor parte de su historia por ser Estados absolutistas, presididos bajo la ley islámica y con predominio de gobiernos militares, todo lo cual ha permitido la supervivencia del modelo antiguo de gobierno y de Estado, de lo cual aún quedan vestigios. Aunado a lo anterior, se observa que aún existen solidaridades tribales, confesionales y locales, con lo cual se patentiza que todavía hay sociedades patriarcales, aunado a ciertas reminiscencias al colonialismo.

No obstante, la influencia jurídica del mundo islámico-oriental[5] por parte del mundo occidental-extranjero no es reciente, ya que dicha influencia que incluye también el aspecto

---

1   Para ver la relación entre el desarrollo constitucional (Israel no tiene Constitución escrita sino un conjunto de leyes básicas que fijan la organización y estructura del estado así como regulación de ciertos derechos y que han de servir posteriormente de fundamento a la elaboración de una Constitución) y los derechos humanos, se puede ver a Bohórquez Mahecha, Omar Eduardo, "El desarrollo de los Derechos Humanos en Israel: la influencia de la seguridad y la religión", *Revista Nueva Época*, N° 23, noviembre-diciembre 2004, Universidad Libre, Editorial Kimpres Ltda., Bogotá, Diciembre de 2004.

2   En Israel existen partidos religiosos musulmanes y cristianos, pero los predominantes y los que poseen influencia son los partidos religiosos judíos, sobre todo los ortodoxos y ultraortodoxos.

3   Esto dificulta el reconocimiento, desarrollo y protección de los derechos humanos como el de libertad de religión y la no discriminación por la raza. Sin embargo, no se puede negar que hay influencias del derecho civil y sobre todo del common law, lo que hace ver la existencia de un sistema complejo, sobre todo al tomar en cuenta que en palestina, donde Israel tiene parte del territorio ocupado, existen 3 sistemas.

4   Los que se encontraban regidos bajo sultanes, mamelucos o califas.

5   En el siglo VII, con la llegada de Mahoma a Medina (La Meca) se establece la Constitución de Medina (Dastur al-Medina, 622), la naturaleza jurídica de este documento es semejante a la de una Constitución en su aceptación moderna, a pesar de los detractores que tiene esta tesis, algunos la consideran la primera Constitución escrita del mundo y que crea la primera comunidad islámica o Ummah (en la que participaron los judíos). Así, se trata una especie de Constitución que regulara

político y ético, como un proceso de modernización, se inició desde el siglo XVII, cuando llegó Napoleón Bonaparte a Egipto, influencia la cual aún continúa.[6]

De esta manera se fue instaurando una nueva jerarquía de poderes y objetivos, que abarca lo intelectual y lo discursivo, que plantea problemas distintos a los religiosos-jurídicos, los tabúes y las prohibiciones, sin olvidar tampoco a estos. Por ello, para evitar el atraso y la caída de los Estados, toman la iniciativa de realizar cambios dentro de ellos copiando el modelo occidental. Así en 1839, surge el "Tanzimat"[7] regulando los derechos humanos y las libertades civiles, llegando de esta manera a la Constitución de Andel Hamid II en 1877, pasando posteriormente a la Carta de Paz Civil y de Seguridad, firmada por Siria, Irak y Marruecos.

Asimismo, adoptan criterios internacionales para basar su derecho en hechos objetivos y no subjetivos, en donde destaque la participación de la sociedad, la preservación de la historia y la moral, donde la política del Estado sea dirigida por las fuerzas políticas, y de esta manera evitar el desorden existente entre la sociedad y el individuo. Con esto se observa que está sufriendo una mutación la situación rígida existente.

Adempero, no fue sino hasta la llegada del siglo XIX cuando se da un gran movimiento constitucional, el cual se dio dentro de una fase nacionalista-dictatorial, aunado al colonialismo discriminatorio, que se produjo bajo la forma liberal, con un parlamento colonial[8] y con movimientos de resistencia contra la usurpación del poder.

## IV. EL MUNDO ÁRABE, ISLÁMICO, ORIENTAL DE HOY EN DÍA

El derecho constitucional islámico moderno, se perfila con un alto énfasis en la materia del reconocimiento de los derechos fundamentales, así como su tipificación, con lo cual se produce un "paradigma de comprensión cultural", lo cual trae consigo una problemática interna, carencias, disfunciones, variantes y confrontación con las concepciones de occidente, en donde no existe una visión unánime de los mismos.[9]

---

la convivencia en la ciudad, estableciendo bases que después serán aplicadas por los musulmanes en todos los lugares en que existieran, siendo que esta declaraba que los musulmanes conformaban una Nación que está por encima de todo prejuicio racial o del tipo que fuere, y que quienes quisieran convivir con ellos podían hacerlo siempre que no traicionaran la confianza que se depositaba en ellos. Cada comunidad, dentro de una mayoría musulmana, tenía el derecho a regirse según sus propias creencias sin que nadie pudiera inmiscuirse en sus asuntos ni intentar forzarles a nada, en ella engloba, en una comunidad única, a árabes y judíos, a medinenses y a gentes de Meca, a tribus, clanes y familias, unidos conjuntamente.

6    Esto en cuanto a una influencia relevante en las transformaciones de los Estados, ya que previamente han existido otros tipos de influencias como la del Imperio Romano.

7    Conjunto de leyes orgánicas.

8    Ejemplo de esto son Egipto, Siria, Irak, Túnez y Marruecos. Es lo que se conoce como Magreb, adaptación al español de una voz árabe que significa lugar por donde se pone el sol, la parte opuesta se denomina Mashreq, que comprende usualmente la región Norte del África, la parte más occidental del mundo árabe, siendo que existe la Unión del Magreb Árabe (UMA), que agrupa a todos los países de la zona.

9    Igualmente, en el mundo occidental se presenta esta confrontación en cuanto a lo que se ha de entender por derechos humanos, su protección, alcance, interpretación, etc., con lo cual se evidencia también una falta de uniformidad o unanimidad en cuanto a los mismos.

De esta manera se puede ver si estos países tienen o no constituciones,[10] que consagren una separación del poder público en varias ramas, que existan instituciones, que las constituciones sean semánticas[11] y que haya una existencia fáctico-jurídica de las constituciones. Así, se puede realizar una clasificación genérica de los cincuenta y cinco países que conforman la Conferencia Islámica Mundial,[12] de la siguiente manera:

1. Países arabófonos.[13]

2. Irán, que es chiíta y pertenece a la escuela exegética Jafarí.

3. Países laicos.[14]

4. Los países de Afganistán, Pakistán y Banglades.

5. Los países como Bosnia-Herzegovina.

Es así como, a pesar de las diferencias que puedan existir dentro de esta clasificación, se pueden encontrar nueve elementos comunes y que son:

1. Existencia de un idioma jurídico-constitucional.

2. La división y colaboración de poder público.

3. La existencia de principios imperativos de la ley constitucional, con aplicación de la exégesis de la ley islámica.

4. La realización de la interpretación constitucional bajo la ley islámica.

5. El principio de legitimidad *iure et de iure* de todo acto según la ley islámica, junto con la aplicación de los principios generales del derecho islámico.

6. Aplicación del principio del pluralismo islámico.

7. El principio de soberanía islámica.

8. El principio de protección de minorías según la ley islámica.

9. El principio de democracia islámica o Shura[15] según la ley islámica.

---

10    Constituciones con separación de poderes al estilo de Montesquieu, que es el modelo occidental eurocentrista.

11    Es decir, que se encuentren redactadas o en caso de no estarlo, que se pueda acudir a algún texto que permita su aplicación y desarrollo como ocurre con el caso de Gran Bretaña.

12    Igualmente se encuentra la Liga de Estados Árabes o simplemente Liga Árabe, que es una organización que agrupa a los Estados árabes y que fue fundada el 22 de marzo de 1945 por siete Estados. Sin embargo, esta organización no ha conseguido un grado importante de integración regional y, la organización no mantiene relaciones directas con los ciudadanos de sus Estados-miembro. En su carta fundacional, la Liga Árabe fija como sus objetivos iniciales los de conseguir que el resto de estados árabes que aun se encuentran colonizados por países europeos se independicen, al igual que en el protectorado británico de Palestina, teniendo en cuenta que la minoría judía no cree el estado de Israel. También especifica que no se trata de una Unión de estados ni de una Federación, sino una Liga en la que todos los estados soberanos mantienen una total independencia.

13    Los cuales pertenecen a la Liga Árabe.

14    Como Turquía, Azerbaiyán, Kasakastán, Kirguistán, Tayikistán, Turmenistán, Ubekistán y Chechenia.

Todo lo mencionado anteriormente, sin duda que genera una serie de conflictos en estos países que tratan de armonizar y adaptar sus creencias y culturas a estos nuevos conceptos provenientes de occidente bajo una visión eurocentrista.

De esta forma, vemos como en Afganistán con la nueva constitución de 2004, buscó dar mayores derechos a las mujeres, a las minorías, al papel de la religión en el Estado, a la educación, al empleo, a la seguridad, y a los fines de dar mayor protección a los DDHH.

Por su parte en Turquía, se han producido reformas en materia de DDHH, para evitar las torturas, la impunidad, dar acceso a contar con los servicios de los abogados, que se den juicios justos, se permita la libertad de expresión, algo parecido a lo ocurrido en Túnez. En Egipto incluso se ha dado una tolerancia ante los homosexuales.

Por otro lado se encuentran países como Arabia Saudita en los que no se puede cambiar al gobierno, existe la tortura, hay detenidos arbitrariamente, existe la discriminación contra la mujer, contra las etnias y las posiciones religiosas.[16]

Igualmente, se presenta una dicotomía de la jurisprudencia entre lo oriental y lo occidental, entre la religión y una ley unida, entre el derecho público y el derecho privado. No obstante, se busca que exista derecho a la libertad, a la igualdad política y social, aplicar un derecho a favor del administrado y proteger a la propiedad.[17]

Las constituciones árabes suelen tener una economía socialista,[18] en las que se reconocen tres tipos de categorías de propiedad, siendo que los tres tipos son del pueblo, en donde se incluyen todos los recursos naturales, los dominios públicos, las empresas nacionalizadas y las empresas creadas por el Estado. La propiedad colectiva como objetivo pertenece a las organizaciones populares y profesionales, así como la propiedad privada. Estas constituciones establecen la función social de la propiedad privada, supeditada a la economía nacional y al interés público, pero igualmente establecen que en caso de darse una expropiación debe producirse una justa indemnización.

Ante estas situaciones es que se han criticado las Cumbres Árabes, señalando que se trata solamente de declaraciones retóricas, llenas de intenciones (no de acciones) y promesas (incumplidas), sin la existencia de verdaderos programas, tareas o reformas democráticas dentro de los sistemas de gobierno establecidos para los Estados.

Por ello, se critica también a la Carta Constitucional Árabe de Derechos (por parte de occidente), en cuanto a que no cuenta con mecanismos eficaces de protección, no garantiza eficazmente el derecho de libertad política, de elecciones libres y objetivas, de la existencia de partidos políticos, de sindicatos, de igualdad de las mujeres, por lo que la Liga Árabe pide

---

15    Expresión para la fe islámica, que suele ser un Consejo que debe ser consultado para conservar la tradición y el islamismo.

16    Algo similar ocurre en Siria, Irán e Israel.

17    No se debe olvidar que el derecho de propiedad en varios de estos países no existe como lo concebimos en occidente, sino que se ve como una propiedad colectiva de la cual cada individuo se sirve según sus necesidades.

18    Como el caso de Siria.

abrirse a estos cambios, pero no sin encontrar la oposición y negación de varios de sus miembros.[19]

Igualmente existe la Declaración de Derechos Humanos del Islam, efectuada en el Cairo en 1990; así como la Convención Árabe de Derechos Humanos de 1997, firmada por los países islámicos y no islámicos, tratados en los que se reconocen los derechos civiles, políticos y económicos, así como los límites a los gobiernos y al poder público. Con esto se observa el esfuerzo que realizan estos países para dar protección a los derechos fundamentales, aunque esto no implica que posean el mayor éxito, pero si que se encuentran en proceso de transformación.

Hoy en día se dice que la Constitución más progresista y democrática es la de Irak, en donde los EEUU pretende extender su modelo institucional de Estado para que a su vez de allí sirva de influencia al resto de los países del mundo árabe e islámico.

Lo que es cierto, es que existe una idea principal de integración al sistema internacional, a la civilización contemporánea, a la modernización de los pensamientos,[20] en donde se produzca un movimiento de cambio y transformación de la sociedad árabe desde el nacional hasta el musulmán, que se inspira en valores del Islam como la fraternidad, la solidaridad, la identidad como ideología de oposición política, la protesta social y de los parámetros fundamentales de la sociedad.

En los países laicos se observa que se reprime o se acepta el islamismo, el cual consideran que va en contra del modernismo, siempre buscando ir en contra del Estado autocrático que daña la democracia como medio de coexistencia. No obstante, hay algunos países que utilizan a la democracia para legitimar políticas de exclusión, realizando una interpretación restrictiva de los DDHH, con la aplicación de un laicismo perforador y mezquino, aplicando una represión política e ideológica en contra de las masas.[21]

De todo lo anterior, se puede observar que el problema principal no es de DDHH o de democracia, ya que no se enriquece a la moral o refuerzan la libertad adquirida, ni moralizan un derecho que se encuentre ya fundado, sino que estos son empleados como abanderamientos de recambio para mantener la separación de dos mundos y crear elites.

Sin embargo, no se puede negar que existe una constante progresión de las reivindicaciones democráticas,[22] pero que aún es frágil por:

1. Haberse hecho de manera muy formal, confundiéndose la democracia y la protección de los DDHH con el liberalismo salvaje.[23]

2. Las realidades de las condiciones objetivas, materiales, organizativas e ideológicas.

---

19     Otra de las críticas que se plantea, es que a pesar de pretender ser respetuosos y protectores de los DDHH y tratar de avanzar en este sentido, se observan actitudes contrarias a esto cuando otorgan inmunidad a todos los ciudadanos de EEUU en esos países cuando realicen cualquier acto ilícito, incluyendo aquellos violatorios de los DDHH.

20     Según afirman algunos autores, esto se da habiendo entendido que su modo de pensamiento de un sistema cerrado ha fracasado.

21     Sobre este aspecto se puede ver a González del Miño, Paloma, "El debate actual sobre la democracia en el mundo árabe. La iniciativa norteamericana del gran Oriente Medio", *Revista Jurídica*, N° 14, Universidad Autónoma de Madrid, UAM Ediciones, Madrid 2006.

22     Como sería el caso de Egipto.

23     En cuanto al libre mercado y el porcentaje de injerencia de los partidos políticos.

Por ello, el mayor reto es como hacer la transición de manera consciente fundándose en sólidas bases, tanto económicas, sociales y políticas, en donde se produzca un reagrupamiento de las acciones para buscar el desarrollo autónomo y sostenido, así como permitir la participación, el pluralismo político, las libertades, la igualdad, la movilidad social y la circulación del poder.

El parlamentarismo que se produjo durante el siglo XIX, el cual mencionamos en el punto anterior, lo que produjo un poderoso movimiento constitucional y liberal que se reflejó en el siglo XX, desde sus inicios hasta los años cincuenta, en el cual se observó que no se pudo contener los cambios exigidos por las clases medias, blancos de los nacionalistas. Las necesidades y demandas por la creación de nuevas constituciones en razón del deterioro del estado islámico-otomano forzaron a una modernización. Pero aún existe una fragilidad de las fuerzas sociales, debido a la irregularidad y disparidad del progreso económico que refleja el peso de la sociedad ante el Estado deformado, sin organización y estructura, y la existencia de una composición social multinacional y multirracial,[24] lo cual lo hace débil. Por eso, es que se busca ir a un nuevo equilibrio político-social que evite estos conflictos existentes.

De esta manera podemos decir, que estos países son ricos en constituciones pero pobres en constitucionalismo, con la existencia de partidos únicos y ambigüedades en los límites de la rama Ejecutiva,[25] por lo que deben buscar el equilibrio de las ramas del poder público como elemento fundamental. No obstante, no se puede decir que exista un modelo único ni un marco constitucional único aplicable a todos los países, sino que por el contrario, habrá tantos modelos o marcos constitucionales, como realidades y necesidades de cada uno de esos países.

No se puede olvidar que el mundo árabe e islámico, es multinacional y fraccional en sus sociedades, con dilemas en cuanto a la transición del poder, aunque se basan en unos principios de derechos humanos como el derecho a la igualdad y a la ciudadanía, que se fundamentan en la concepción de nación-Estado europea, falta una verdadera protección a las minorías y a las etnias, así como de la existencia de un verdadero pluralismo democrático.

No podemos olvidar que la soberanía de la mayoría de estos Estados se basa en Dios (Alá) y no en constituciones seculares como las occidentales, todo lo cual permite ver la complejidad de esta realidad.

---

24    Este problema multirracial y multiétnico se observa con mayor claridad en Sudán e Irak, que han sufrido largas guerras civiles. En ambos países, el constitucionalismo permite el fortalecimiento de la identidad de Estado, la creación de un proyecto nacional y permite la relación entre sus miembros.

25    Como ocurre en Arabia Saudita o en Irán. Por ello, es que se debe distinguir entre las constituciones escritas y las sociedades que se basan en el constitucionalismo. Ciertamente, en el medio oriente hay muchas constituciones escritas, pero son frecuentemente ineficientes en limitar la rama ejecutiva del poder público. Los problemas que generalmente se presentan en las constituciones árabes va desde la creación de los parlamentos que se estancan en un único partido político, hasta la ambigüedad constitucional en cuanto a las limitaciones que tiene el Ejecutivo. Sin embargo, hay países que han realizado un progreso notable en ir hacia sociedades basadas en el constitucionalismo, como lo son Kuwait, Bahrain y Catar, que en el 2003, realizaron debates públicos; así como Yemen y Marruecos que lograron alcanzar elecciones multipartidistas.

El constitucionalismo en la región árabe debe tener una agenda común en la que dentro de sus prioridades se debe incluir la necesidad de buscar en el derecho comparado[26] lo que les permita mejorar tanto el sistema político como el legal, en una dimensión importante que les favorezca el desarrollo vital en la vida política y jurídica en el mundo árabe.

## V.  LA REVISIÓN CONSTITUCIONAL POR PARTE DE LAS CORTES O TRIBUNA-LES CONSTITUCIONALES

El colapso de los regímenes autoritarios y el resurgimiento de las democracias liberales han renovado el interés en las constituciones y el constitucionalismo, de esta manera los reguladores de la ley (parlamento y jueces) pueden usar al derecho y a las constituciones para fortalecer los Estados de derecho, siendo esto un punto central para restringir el poder centralizado.

La existencia de instituciones representativas en la que sus dirigentes son elegidos por el pueblo, permite la noción de los gobiernos democráticos, así como el concepto de la voluntad popular, que fungen como primer elemento democrático. De esta manera, surge en segundo lugar como elemento fundamental la separación y equilibrio de poderes. En tercer lugar, está el elemento de la "revisión judicial o constitucional" o "control constitucional", que permite vigilar las actuaciones de las autoridades del gobierno a los fines de verificar si son conforme a la constitución y actúan dentro de las limitaciones constitucionales.

Debido a esto, es que actualmente se encuentra establecida en varias constituciones de diversos paises la revisión constitucional, efectuada por un tribunal especial (tribunal o corte constitucional), o a través de las cortes o tribunales supremos de justicia. Para esto, se requiere de un sistema judicial autónomo e independiente que podria ser visto como un cuarto elemento constitucional democrático.

La revisión constitucional en el mundo árabe posee diferentes formas, pero en todas tienen como elemento común que la validez o invalidez de las leyes dependen de su coherencia y concordancia con la constitución. Por ello, la inconstitucionalidad es un caso especial de invalidez. La primera razón para la validez de una ley está establecida en la constitución, mientras que la validez de las regulaciones dictadas por el Ejecutivo se encuentra en la ley. La segunda razón es el principio de legalidad, que permite a los reglamentos del Ejecutivo tener el respaldo de la autorización de la ley.

De esta forma, las leyes o las actuaciones del gobierno no pueden violentar programas sociales, ser discriminatorias, inequitativas, tener ausencia de poder, infringir el debido proceso, actuar con falta de jurisdicción, infringir la reserva legal, violentar el contenido debido de las leyes, violar la separación de poderes, o violar derechos humanos.

Esta protección mediante la revisión judicial puede ser a su vez preventiva (antes de que suceda la violación o inconstitucionalidad) o correctiva (después de que sucede la violación o inconstitucionalidad), dependiendo del sistema que haya adoptado cada pais. Igualmente, el control puede ser abstracto-difuso o concentrado, centralizado o descentralizado, así como puede darse en las ramas ejecutiva y legislativa quienes también efectuarian la revisión constitucional -más no judicial-, aunado de la existencia de la judicial. Pero en el mundo árabe e islámico se debe incorporar otro elemento que es el religioso, ya que la ley islámica debe ser aplicada obligatoriamente e incluso en algunos casos con preferencia, por lo que se debe buscar el equilibrio entre el derecho constitucional y el islámico.

---

26    Lo que en inglés se conoce como cross fecundation.

Un ejemplo de esto es Arabia Saudita, donde su sistema judicial está basado en el Sharia y el Shura,[27] por lo que se debe realizar su interpretación de conformidad con el Islam y la rama judicial también está limitada por los poderes del soberano, que es el rey.

Por otro lado, no en todos los países se encuentra consagrada la revisión judicial o constitucional, aunque si en su mayoría, y como se señaló, varía de un país a otro. Incluso, algunos países han admitido esta figura con la intención de parecer democráticos y defensores de los DDHH. Por ello, podemos decir que la revisión constitucional más que una excepción es una regla en estos países, siendo reconocida en Siria en su constitución de 1920, en la constitución iraquí de 1925, en la constitución jordana en 1952, en la constitución de Kuwait de 1962, y en la constitución de los Emiratos Árabes Unidos de 1971. Igualmente, se crean cortes o tribunales constitucionales como los casos de Yemen en 1970, Sudan en 1973 y Siria en 1973.[28]

Por otro lado, en Egipto desde 1971 se acepta y reconoce la revisión constitucional con un tribunal constitucional (1973), siendo un país que ha ejercido influencia en los demás para su aceptación. Además, este país ha tenido varias reformas constitucionales para aumentar la libertad política y fortalecer la revisión constitucional en pro de mayor protección de los DDHH, así como el fortalecimiento de las instituciones y ramas del poder público, todo debido a que ha entendido que los tribunales están para resolver problemas y no formar parte de ellos.

Lo fundamental de entender, es que con la revisión constitucional no se pretende que la rama judicial se inmiscuya en los asuntos de las ramas legislativa y ejecutiva, o que se encuentra en un escalón superior a estas. Esta facultad se debe ejercer como el ejercicio de una técnica que permita solventar las controversias de una manera profesional y que genere respeto por el trabajo legislativo. Así lo que se debe pretender es que se establezcan los principios constitucionales, el Estado de derecho, las garantías constitucionales, y la protección de los derechos humanos. Incluso para el ejercicio de esta facultad las cortes constitucionales deben:

1. Colocarse así mismas restricciones en cuanto a su ejercicio y casos en los que procede.

2. Implementar el Sharia islámico en armonía con las constituciones, ya que esta es la principal fuente legislativa, lo cual justifica que en las decisiones se emplee mucho el lenguaje islámico.

3. Tener respeto por los tratados internacionales que establecen los niveles internacionales en materia de protección de los DDHH.

## VI. CONCLUSIONES

De esta manera notamos, como la transformación de los Estados árabes e islámicos, se inició desde los tiempos de Napoleón, lo que nos evidencia que se ha producido una transformación, político-jurídica-institucional lenta, pero constante, en cuanto a la influencia de occidente en oriente.

---

27    Que es un constitucionalismo monárquico.

28    Esta información se obtuvo de Jackson, Vicki C. and Mark Tushnet, *Defining the Field of Comparative Constitucional Law*, Praeger London, pp. 76 y 77.

Asimismo, notamos como dentro de este mundo destaca Israel, que se separa del resto de los países de la región.

También debemos entender que se presenta una dicotomía de la jurisprudencia entre lo oriental y lo occidental, entre la religión y una ley unida, entre el derecho público y el derecho privado, aunque se busca la protección de los derechos humanos.

Por ello, el reto que tienen es el de realizar la transición de manera consciente fundándose en sólidas bases, tanto económicas, sociales y políticas, en donde se produzca un reagrupamiento de las acciones para buscar el desarrollo autónomo y sostenido, así como permitir la participación, el pluralismo político, las libertades, la igualdad, la movilidad social, la circulación del poder, y la protección de los derechos humanos.

Las necesidades y demandas por la creación de constituciones cambió al tradicional estado islámico-otomano y lo forzó a una modernización, pero aún existe una fragilidad de las fuerzas sociales, debido a la irregularidad y disparidad del progreso económico que refleja el peso de la sociedad ante el Estado deformado, sin organización y estructura, y la existencia de una composición social multinacional y multirracial, lo cual lo hace débil. Por ello, es que se busca ir a un nuevo equilibrio político-social que evite estos conflictos existentes. De este modo, deben dejar de ser países que son ricos en constituciones pero pobres en constitucionalismo, con la existencia de partidos únicos y ambigüedades en los límites de la rama Ejecutiva, por lo que deben buscar el equilibrio de las ramas del poder público como elemento fundamental.

De igual modo, no se puede decir que exista un modelo univoco ni un marco constitucional único aplicable a todos los países, sino que por el contrario, habrá tantos modelos o marcos constitucionales, como realidades y necesidades de cada uno de esos países exista.

Aquí, es donde se evidencia la importancia de la revisión constitucional a través de una corte o tribunal constitucional, que permita solventar las controversias de una manera profesional y que genere respeto por el trabajo legislativo, estableciendo cuáles son los principios constitucionales inmutables, el Estado de derecho, las garantías constitucionales, y la protección de los derechos humanos.

# LEGISLACIÓN

# Información Legislativa

## LEYES, DECRETOS NORMATIVOS, REGLAMENTOS Y RESOLUCIONES DE EFECTOS GENERALES DICTADOS DURANTE EL SEGUNDO TRIMESTRE DE 2009

Recopilación y selección
por Marianella Villegas Salazar
*Abogado*

SUMARIO

I.   ORDENAMIENTO CONSTITUCIONAL DEL ESTADO

1. *Régimen del Poder Público Nacional.* A. Distrito Capital. B. Administración Pública Nacional: Organización y funcionamiento. C. Poder Judicial. a. Reestructuración integral de todo el Poder Judicial Venezolano. b. Planes y beneficios de jubilación de carácter especial. c. Juzgados. 2. *Poder Municipal: Ley Orgánica del Poder Público Municipal.*

II.   RÉGIMEN DE LA ADMINISTRACIÓN GENERAL DEL ESTADO

1. *Administración Financiera.* 2. *Régimen Presupuestario: Presupuesto Anual.* 3. *Régimen del Endeudamiento.* 4. *Actividad Estadística del Estado.* 5. *Sistema de Control. Control del Patrimonio Público (Declaración Jurada de Patrimonio).* 6. *Sistema Nacional de Contrataciones.*7. *Sistema Impositivo.* A. Sujetos Pasivos Especiales: Declaración por Internet. B. Impuestos. Impuesto al Valor Agregado: Exoneraciones. C. Impuesto sobre Alcohol. 8. *Política de Fomento: Condecoraciones.*

III.   POLÍTICA, SEGURIDAD Y DEFENSA

1. *Política de Relaciones Exteriores.* A. Tratados, Acuerdos y Convenios: Acuerdos y Tratados Bilaterales. B. Integración Latinoamericana y de Iberoamérica. 2. *Seguridad y Defensa.* A. Plan de Protección y Prevención en períodos festivos. B. Secuestro y Extorsión.

IV.   DESARROLLO ECONÓMICO

1. *Régimen Cambiario.* A. Convenios Cambiarios. B. Adquisición de Divisas. 2. *Régimen de los Bancos y Otras Instituciones Financieras.* A. Tasas de interés. B. Cartera de Crédito Agraria. C. Cajeros electrónicos: Acondicionamiento. 3. *Régimen del Comercio Interno.* A. Acceso a los bienes y servicios. B. Producción comercialización de productos. C. Precios máximos de venta al público. D. Régimen de Energía y Petróleo. a. Actividades primarias de Hidrocarburos: Reserva de bienes y servicios. b. Desarrollo de las Actividades Petroquímicas. E. Régimen de la minería.

V.   DESARROLLO SOCIAL

1. *Salud: Imágenes en las cajetillas de cigarrillos.* 2. *Régimen de la Vivienda.* A. Congelación de alquileres. B. Adquisición de Viviendas: Inaplicación del Índice de Precios al Consumidor (IPC). 3. *Educación.* A. Matrículas y mensualidades. B. Programas de formación: Transporte acuático. 4. *Régimen del Turismo: Establecimientos de alojamiento turístico.* 5. *Régimen del Trabajo: Salario mínimo.*

## VI.   DESARROLLO FÍSICO Y ORDENACIÓN DEL TERRITORIO

*1. Régimen de Protección del Medio Ambiente y los Recursos Naturales. 2. Régimen de las Telecomunicaciones: Requerimiento de actualización de datos. 3. Régimen del Transporte y Tránsito.* A. Transporte y Tránsito Terrestre. a. Servicio de Transporte: Tarifas. b. Peajes. c. Programa de Gas Natural Vehicular GNV. d. Autoridades. B. Transporte y Tráfico Aéreo: Regulaciones Aeronáuticas.

## I.   ORDENAMIENTO ORGÁNICO DEL ESTADO

### 1.   *Régimen del Poder Público Nacional*

#### A.   *Distrito Capital*

Ley Especial Sobre la Organización y Régimen del Distrito Capital. *G.O.* N° 39.156 de 13-4-2009 Administración Pública Nacional.

Ley Especial de Transferencia de los Recursos y Bienes Administrados Transitoriamente por el Distrito Metropolitano de Caracas al Distrito Capital. *G.O.* N° 39.170 de 4-5-2009.

Ley de Presupuesto del Distrito Capital para el Ejercicio Fiscal 2009. *G.O.* N° 39.172 de 6-5-2009.

#### B.   *Administración Pública Nacional: Organización y funcionamiento*

Decreto N° 6.732 de la Presidencia de la República, sobre Organización y Funcionamiento de la Administración Pública Nacional. *G.O.* N° 39.202 de 17-6-2009.

#### C.   *Poder Judicial*

##### a.   *Reestructuración integral de todo el Poder Judicial Venezolano*

Resolución del Tribunal Supremo de Justicia, mediante la cual se aprueba la reestructuración integral de todo el Poder Judicial Venezolano. *G.O.* N° 5915 Extraordinaria de 2-4-2009.

##### b.   *Planes y beneficios de jubilación de carácter especial*

Resolución del Tribunal Supremo de Justicia, mediante la cual se dictan las normas que regularan los planes y beneficios de jubilación, de carácter especial, para los cargos que en ella se mencionan, al servicio de la Dirección Ejecutiva de la Magistratura y del Poder Judicial. *G.O.* N° 5915 Extraordinaria de 2-4-2009.

##### c.   *Juzgados*

Resolución N° 2009-0006 del Tribunal Supremo de Justicia, mediante la cual se modifican a nivel nacional, las competencias de los Juzgados para conocer de los asuntos en materia Civil, Mercantil y Tránsito. *G.O.* N° 39.152 de 2-4-2009.

Acuerdos del Tribunal Supremo de Justicia mediante los cuales se dictan los lineamientos que deben adoptar los Tribunales y Circuitos de Protección de Niños, Niñas y Adolescentes que en ellos se especifican. *G.O.* N° 5915 Extraordinaria de 2-4-2009.

Resoluciones del Tribunal Supremo de Justicia, mediante las cuales se suprimen las Salas de Juicio integradas por los Jueces Unipersonales que en ellas se señalan. *G.O.* N° 5915 Extraordinaria de 2-4-2009.

Resoluciones del Tribunal Supremo de Justicia, mediante las cuales se trasladan los Juzgados que en ellas se especifican. *G.O.* Nº 5915 Extraordinaria de 2-4-2009.

Resolución del Tribunal Supremo de Justicia, mediante la cual se modifica la estructura de la competencia agraria de la Circunscripción Judicial del Área Metropolitana de Caracas y del estado Miranda. *G.O.* Nº 5915 Extraordinaria de 2-4-2009.

2.   *Poder Municipal: Ley Orgánica del Poder Público Municipal*

Ley de Reforma Parcial de la Ley Orgánica del Poder Público Municipal. *G.O.* Nº 39.163 de 22-4-2009.

## II.   RÉGIMEN DE LA ADMINISTRACIÓN GENERAL DEL ESTADO

1.   *Administración Financiera*

Ley de Reforma Parcial de la Ley Orgánica de la Administración Financiera del Sector Público. *G.O.* Nº 39.164 de 23-4-2009.

2.   *Régimen Presupuestario: Presupuesto Anual*

Providencia del Ministerio del Poder Popular para Economía y Finanzas (ONAPRE) mediante la cual se publica la Distribución General del Presupuesto de Gastos y Aplicaciones Financieras para el Ejercicio Fiscal 2009, ajustada conforme al Decreto Nº 6.655, de fecha 30 de marzo de 2009, publicado en la *G.O.* Nº 39.150, de fecha 31 de marzo de 2009. *G.O.* Extraordinaria Nº 5.916 de 7-4-2009.

3.   *Régimen del Endeudamiento*

Decreto Nº 6.676 de la Presidencia de la República, mediante el cual se procede a la Septingentésima Sexta Emisión de Bonos de la Deuda Pública Nacional, constitutivos de empréstitos internos, destinados al financiamiento del Servicio de la Deuda Pública Interna y Externa. *G.O.* Nº 39.163 de 22-4-2009.

Decreto Nº 6.682 de la Presidencia de la República, mediante el cual se procede a la Septingentésima Séptima emisión de Bonos de la Deuda Pública Nacional, constitutivos de empréstitos internos, destinados al financiamiento de proyectos; así como los Gastos corrientes, ejecutados por intermediación de órganos o entes que conforman el Sector Público. *G.O.* Nº 39.167 de 28-4-2009.

Resolución Nº 09-04-02 de la Banco Central de Venezuela, por la cual se autoriza la negociación en mercado secundario y en moneda nacional de los títulos correspondientes a la Septingentésima Sexta emisión de Bonos de la Deuda Pública Nacional, destinados al financiamiento del Servicio de la Deuda Pública Interna y Externa. *G.O.* Nº 39.167 de 28-4-2009.

4.   *Actividad Estadística del Estado*

Decreto Nº 6.675 de la Presidencia de la República, mediante el cual se dicta el Reglamento General de la Ley de la Función Pública de Estadística. *G.O.* Nº 39.163 de 22-4-2009.

5.   *Sistema de Control. Control del Patrimonio Público (Declaración Jurada de Patrimonio)*

Resolución Nº 01-00-000122 de la Contraloría General de la República, mediante la cual se implanta el Sistema para la Presentación de la Declaración Jurada de Patrimonio en Formato Electrónico disponible en la página Web de la Contraloría General de la República. *G.O.* Nº 39.205 de 22-6-2009.

6.   *Sistema Nacional de Contrataciones*

Ley de Reforma Parcial del Decreto N° 5.929, con Rango, Valor y Fuerza de Ley de Contrataciones Públicas. *G.O.* N° 39.165 de 24-4-2009.

Decreto N° 6.708 de la Presidencia de la República, mediante el cual se dicta el Reglamento de Ley de Contrataciones Públicas. *G.O.* N° 39.181 de 19-5-2009

7.   *Sistema Impositivo*

A.   *Sujetos Pasivos Especiales: Declaración por internet*

Providencia N° SNAT-2009-0034 del SENIAT, por la cual se establece la obligación de declarar por internet a los sujetos pasivos especiales. *G.O.* N° 39.171 de 5-5-2009.

B.   *Impuestos. Impuesto al Valor Agregado: Exoneraciones*

Decreto N° 6.719 de la Presidencia de la República, mediante el cual se exoneran del pago del Impuesto al Valor Agregado, en los términos y condiciones previstos en el presente Decreto, a las operaciones de importación definitiva de los bienes muebles corporales realizadas por los órganos y entes del Poder Público Nacional. *G.O.* N° 39.184 de 22-5-2009

Decreto N° 6.740 de la Presidencia de la República, mediante el cual se exonera del pago del Impuesto al Valor Agregado en los términos y condiciones previstos en este Decreto, a las operaciones de importaciones definitivas de los bienes muebles corporales señalados, realizadas por los órganos y entes del Poder Público Nacional, destinados exclusivamente para las obras de la Red de Transporte de Banda Ancha basado en Fibra Óptica. *G.O.* N° 39.196 de 9-6-2009.

C.   *Impuesto sobre Alcohol*

Providencia N° SNAT-2009-0049 del SENIAT, mediante la cual se legaliza la Emisión y Circulación de Bandas de Garantía para licores. *G.O.* N° 39.198 de 11-6-2009.

8.   *Política de Fomento: Condecoraciones*

Ley de Reforma Parcial de la Ley sobre la Condecoración Orden Heroínas Venezolanas. *G.O.* N° 39.194 de 5-6-2009.

## III.   POLÍTICA, SEGURIDAD Y DEFENSA

1.   *Política de Relaciones Exteriores*

A.   *Tratados, Acuerdos y Convenios: Acuerdos y Tratados Bilaterales*

Ley Aprobatoria del Acuerdo entre el Gobierno de la República Bolivariana de Venezuela y el Gobierno de la República Socialista de Vietnam, para la Promoción y Protección de las Inversiones. *G.O.* N° 39.170 de 4-5-2009.

Ley Aprobatoria del Acuerdo entre la República Bolivariana de Venezuela y el Reino de España, para el Diseño, Planificación, Construcción, Suministro, Instalación y Mantenimiento del Sistema Integral, incluyendo el Suministro de Material Rodante del Tramo Puerto Cabello - La Encrucijada. *G.O.* N° 39.170 de 4-5-2009.

Ley Aprobatoria del Acuerdo Complementario al Acuerdo Básico de Cooperación Técnica entre el Gobierno de la República Bolivariana de Venezuela y el Gobierno de la República del Ecuador para el Desarrollo de Procesos Agroecológicos. *G.O.* N° 39.170 de 4-5-2009.

Ley Aprobatoria del Acuerdo de Cooperación en Materia de Turismo entre el Gobierno de la República Bolivariana de Venezuela y el Gobierno de la República de Bulgaria. *G.O.* N° 39.170 de 4-5-2009.

Ley Aprobatoria del Acuerdo Complementario al Acuerdo Marco de Cooperación entre el Gobierno de la República Bolivariana de Venezuela y el Gobierno de la República Socialista de Vietnam, en Materia Educativa. *G.O.* N° 39.170 de 4-5-2009.

Ley Aprobatoria del Acuerdo Complementario al Acuerdo Marco de Cooperación entre la República Bolivariana de Venezuela y la República Socialista de Vietnam, en Materia de Educación Superior. *G.O.* N° 39.170 de 4-5-2009.

Ley Aprobatoria del Acuerdo para el Desarrollo del Proyecto de Creación de la Escuela de Planificación y Gobierno del Sur entre el Gobierno de la República Bolivariana de Venezuela y el Gobierno de la República del Ecuador. *G.O.* N° 39.170 de 4-5-2009.

Ley Aprobatoria del Convenio entre el Gobierno de la República Bolivariana de Venezuela y el Gobierno de la Federación de Rusia, sobre la Cooperación en el Área del Uso de la Energía Nuclear con Fines Pacíficos. *G.O.* N° 39.170 de 4-5-2009.

Ley Aprobatoria del Acuerdo Marco de Cooperación entre la República Bolivariana de Venezuela y la República de Zimbabwe. *G.O.* N° 39.170 de 4-5-2009.

Ley Aprobatoria del Acuerdo Marco de Cooperación entre el Gobierno de la República Bolivariana de Venezuela y el Gobierno de la República del Congo. *G.O.* N° 39.170 de 4-5-2009.

Ley Aprobatoria del Acuerdo Marco de Cooperación entre la República Bolivariana de Venezuela y la Confederación Suiza. *G.O.* N° 39.170 de 4-5-2009.

Ley Aprobatoria del Acuerdo de Cooperación entre el Gobierno de la República Bolivariana de Venezuela y el Gobierno de la República Italiana, en Materia de Infraestructura. *G.O.* N° 39.170 de 4-5-2009.

Ley Aprobatoria del Acuerdo de Cooperación entre la República Bolivariana de Venezuela y la República Italiana, en el Campo de la Protección Civil y Administración de Desastres. *G.O.* N° 39.183 de 21-5-2009.

Ley Aprobatoria del Acuerdo de Cooperación entre el Gobierno de la República Bolivariana de Venezuela y el Gobierno de la República Argentina, en Materia de Complementación Industrial en el Sector Salud. *G.O.* N° 39.183 de 21-5-2009.

Ley Aprobatoria del Protocolo de Enmienda entre el Gobierno de la República Bolivariana de Venezuela y el Gobierno de la República Popular China, al Convenio entre el Gobierno de la República Bolivariana de Venezuela y el Gobierno de la República Popular China, sobre el Fondo de Financiamiento Conjunto. *G.O.* N° 39.183 de 21-5-2009.

Ley Aprobatoria del Acuerdo de Cooperación en Materia Deportiva, entre el Gobierno de la República Bolivariana de Venezuela y el Gobierno de la República Argentina. *G.O.* N° 39.183 de 21-5-2009.

Ley Aprobatoria del Acuerdo Complementario al Convenio Básico de Cooperación Técnica entre el Gobierno de la República Bolivariana de Venezuela y el Gobierno de la República Argentina, en Materia de Transporte Terrestre. *G.O.* N° 39.183 de 21-5-2009.

Ley Aprobatoria del Acuerdo entre el Gobierno de la República Bolivariana de Venezuela y el Gobierno de la República Socialista de Vietnam, para evitar la Doble Tributación y Prevenir la Evasión y el Fraude Fiscal en Materia de Impuesto Sobre la Renta y Sobre el Patrimonio. *G.O.* N° 39.183 de 21-5-2009.

Ley Aprobatoria del Acuerdo Complementario al Acuerdo Marco de Cooperación entre el Gobierno de la República Bolivariana de Venezuela y el Gobierno de la República Socialista de Vietnam, en Materia Acuícola y Vegetal. *G.O.* N° 39.183 de 21-5-2009

Ley Aprobatoria del Acuerdo Complementario al Convenio Básico de Cooperación Técnica entre el Gobierno de la República Bolivariana de Venezuela y el Gobierno de la República Federativa del Brasil, en el Sector Eléctrico. *G.O.* N° 39.183 de 21-5-2009.

Ley Aprobatoria del Acuerdo Marco de Colaboración en Materia Energética entre el Gobierno de la República Bolivariana de Venezuela y el Gobierno del Reino de España. *G.O.* N° 39.191 de 2-6-2009.

Ley Aprobatoria del Acuerdo entre la República Bolivariana de Venezuela y el Reino de España para el Suministro, Instalación, Montaje y Puesta en Marcha del Material Rodante, Vía Férrea y Sistemas Integrales del Suburbano Caracas-Guarenas-Guatire. *G.O.* N° 39.191 de 2-6-2009.

Ley Aprobatoria del Convenio entre el Gobierno de la República Bolivariana de Venezuela y el Gobierno de la Federación de Rusia sobre Cooperación en el Área Energética. *G.O.* N° 39.191 de 2-6-2009.

Ley Aprobatoria del Acuerdo sobre Servicios Aéreos entre el Gobierno de la República Bolivariana de Venezuela y el Gobierno de la Federación de Rusia. *G.O.* N° 39.191 de 2-6-2009.

Ley Aprobatoria del Acuerdo entre el Gobierno de la República Bolivariana de Venezuela y el Gobierno de la Federación de Rusia sobre la Promoción y Protección Recíproca de Inversiones. *G.O.* N° 39.191 de 2-6-2009.

Ley Aprobatoria del Acuerdo Complementario al Convenio Básico de Cooperación Técnica entre el Gobierno de la República Bolivariana de Venezuela y el Gobierno de la República Federativa del Brasil, en Materia Agraria e Industrial. *G.O.* N° 39.191 de 2-6-2009.

Ley Aprobatoria del Convenio de Cooperación entre el Gobierno de la República Bolivariana de Venezuela y el Gobierno de la República Argentina sobre Delitos en Materia de Drogas. *G.O.* N° 39.191 de 2-6-2009.

Memorándum de entendimiento N° DM-082 del Ministerio del Poder Popular para Relaciones Exteriores, entre la República Bolivariana de Venezuela y la República Argentina, para la localización, propiedad e instalaciones de las futuras facilidades de regasificación de GNL para asegurar el abastecimiento de gas natural en la Provincia de Buenos Aires de la República Argentina. *G.O.* N° 39.204 de 19-6-2009.

Protocolo Modificatorio N° DM-083 del Ministerio del Poder Popular para Relaciones Exteriores, al Memorándum de Entendimiento entre la República Argentina y la República Bolivariana de Venezuela para la creación de un Fondo de Cooperación Argentino - Venezolano, para el Desarrollo Industrial. *G.O.* N° 39.204 de 19-6-2009.

Acuerdo de Cooperación Nº DM-084 del Ministerio del Poder Popular para Relaciones Exteriores, en el área de Promoción Comercial y Transferencia de Tecnología en materia de Comercio Internacional entre la República Bolivariana de Venezuela y la República Argentina. *G.O.* Nº 39.204 de 19-6-2009.

Programa de Intercambio Cultural Nº DM-085 del Ministerio del Poder Popular para Relaciones Exteriores, entre la República Bolivariana de Venezuela y la República Argentina, para el período 2009 - 2011. *G.O.* Nº 39.204 de 19-6-2009.

Programa de Trabajo Nº DM-086 del Ministerio del Poder Popular para Relaciones Exteriores, entre el Gobierno de la República Bolivariana de Venezuela y el Gobierno de la República Federativa del Brasil, en materia de Asistencia Técnica en el área de Agricultura Familiar. *G.O.* Nº 39.204 de 19-6-2009.

Resolución Nº DM-081 del Ministerio del Poder Popular para Relaciones Exteriores, mediante la cual se suscribe el Memorándum de Entendimiento para la Implementación de un Mecanismo Bilateral de Compensación de Pagos entre la República Bolivariana de Venezuela y la República del Ecuador, en los términos que en ella se indican. *G.O.* Nº 39.201 de 16-6-2009.

Resolución Nº DM-088 del Ministerio del Poder Popular para Relaciones Exteriores, mediante la cual se suscribe el Memorándum de Entendimiento, para el establecimiento de Consultas Políticas entre el Ministerio del Poder Popular para Relaciones Exteriores de la República Bolivariana de Venezuela y el Ministerio de Relaciones Exteriores de la República de Angola, en los términos que en ella se señalan. *G.O.* Nº 39.207 de 25-6-2009.

Resolución Nº DM-089 del Ministerio del Poder Popular para Relaciones Exteriores, mediante la cual se suscribe el Memorándum de Entendimiento para la Reactivación de la Comisión Mixta de Coordinación y Evaluación entre el Gobierno de la República Bolivariana de Venezuela y el Gobierno del Estado de Grenada, en los términos que en ella se señalan. *G.O.* Nº 39.207 de 25-6-2009.

Resolución Nº DM-90 del Ministerio del Poder Popular para Relaciones Exteriores, mediante la cual se suscribe el Memorándum de Entendimiento entre el Gobierno de la República Bolivariana de Venezuela y el Gobierno de la República de Mozambique, sobre el establecimiento del mecanismo de Consultas Políticas, en los términos que en ella se indica. *G.O.* Nº 39.207 de 25-6-2009.

Resolución Nº DM-91 del Ministerio del Poder Popular para Relaciones Exteriores, mediante la cual se suscribe el Comunicado Conjunto, sobre el establecimiento de Relaciones Diplomáticas entre la República Bolivariana de Venezuela y la República Islámica de Mauritania, en los términos que en ella se indican. *G.O.* Nº 39.207 de 25-6-2009.

Resolución Nº DM-092 del Ministerio del Poder Popular para Relaciones Exteriores, por la cual se suscribe el Memorándum de Entendimiento entre el Gobierno de la República Bolivariana de Venezuela y el Gobierno de la República Democrática de San Tomé y Príncipe sobre el Establecimiento del Mecanismo de Consultas Políticas, en los términos que en ella se señalan.

Resolución Nº 99 del Ministerio del Poder Popular para las Obras Públicas y Vivienda, por la cual se establece e implementa el Sistema de Tarifas Aeroportuarias aplicables por el uso de instalaciones y servicios en las áreas del dominio público del Instituto Aeropuerto Internacional de Maiquetía. *G.O.* Nº 39.209 de 29-6-2009.

B.    *Integración Latinoamericana y de Iberoamérica*

Ley Aprobatoria del Acuerdo de Seguridad y Soberanía Alimentaria de los Países Miembros de Petrocaribe y el ALBA, ALBA Alimentos. *G.O.* N° 39.183 de 21-5-2009.

2.    *Seguridad y Defensa*

A.    *Plan de Protección y Prevención en períodos festivos*

Resolución N° 107 del Ministerio del Poder Popular para Relaciones Interiores y Justicia, por la cual se activa e implementa el Plan Nacional de Protección para la Prevención y Atención en Períodos Festivos, de Asueto y Vacacionales. *G.O.* N° 39.151 de 1-4-2009.

B.    *Secuestro y Extorsión*

Ley Contra el Secuestro y la Extorsión. *G.O.* N° 39.194 de 5-6-2009.

## IV.    DESARROLLO ECONÓMICO

1.    *Régimen Cambiario*

A.    *Convenios Cambiarios*

Convenio Cambiario, mediante la cual se dicta las Normas que Establecen el Régimen para la Adquisición de Divisas por parte del Sector Público, en los términos que en ella se mencionan. *G.O.* N° 39.169 de 30-4-2009.

Convenio Cambiario, mediante el cual se modifican los artículos que en él se mencionan, del Convenio Cambiario N° 11, en los términos que en él se indican. *G.O.* N° 39.178 de 14-5-2009.

Convenio Cambiario N° 11, mediante el cual se dictan las normas que establecen el régimen para la adquisición de divisas por parte del Sector Público. *G.O.* N° 39.197 de 10-6-2009.

Convenio Cambiario N° 12, mediante el cual se informa que las divisas originadas por concepto de exportaciones de oro, serán de venta obligatoria al Banco Central de Venezuela, excepto las divisas provenientes de la actividad de exportación realizada por las empresas a que se refiere el presente Convenio Cambiario, en los términos que en él se indican.

B.    *Adquisición de Divisas*

Resolución N° 033 del Ministerio del Poder Popular para Ciencia, Tecnología e Industrias Intermedias, mediante la cual se quedan sin efecto los certificados de Insuficiencia o Certificados de No Producción Nacional, emitidos por el extinto Ministerio del Poder Popular para las Industrias Ligeras y Comercio MILCO antes del 30 de junio del año 2008, destinados a obtener de la Comisión de Administración de Divisas CADIVI la autorización de adquisición de divisas para la importación de bienes, que por sus características, están comprendidos en el marco de las competencias, atribuidas a ese Despacho, en los términos que en ella se indican. *G.O.* N° 39.164 de 23-4-2009.

Resolución Conjunta N° DM-2.304, DM-S-N, DM-S-N, DM-S-N, DM-S-N, DM-S-N, DM-S-N, DM-S-N, DM-S-N, de los Ministerios del Poder Popular para Economía y Finanzas, para el Comercio, para las Industrias Básicas y Minería, para la Salud y Protección Social, para la Energía y Petróleo; para Ciencia, Tecnología e Industrias Intermedias, para las Telecomunicaciones y la Informática, para la Alimentación y para la Agricultura y Tierras, mediante la cual la Comisión de Administración de Divisas CADIVI, otorga la Autorización para la Adquisición de Divisas, previo cumplimiento de los requisitos establecidos en la normativa cambiaria vigente, se determinan en la Lista N° 1, los bienes que no requieren Certificado de Insuficiencia o Certificado de No Producción Nacional y en la Lista N° 2, los bienes que requieren el Certificado de Insuficiencia o Certificado de No Producción Nacional. *G.O.* N° 5.921 de 14-5-2009.

Resolución N° 2.314 del Ministerio del Poder Popular para Economía y Finanzas, por la cual las importaciones de bienes de capital, insumos y materias primas realizadas por las empresas que conforman los sectores productivos y transformadores del país hasta por el monto que en ella se menciona o su equivalente en otras divisas, previo cumplimiento de los requisitos establecidos en la Providencia que al efecto dicte la Comisión de Administración de Divisas CADIVI, gozarán de la agilización en el trámite para la obtención de la Autorización de Adquisición de Divisas AAD y de la Autorización de Liquidación de Divisas, ALD en los términos que en ella se indican. *G.O.* N° 39.187 de 27-5-2009.

Providencia N° 096 de la Comisión de Administración de Divisas (CADIVI), mediante la cual se establecen los Requisitos y el Trámite para la Autorización de Adquisición de Divisas destinadas a Operaciones de Remesas a Familiares Residenciados en el Extranjero, en los términos que en ella se indican. *G.O.* N° 39.189 de 29-5-2009

Resolución N° 292 del Ministerio del Poder Popular para las Industrias Básicas y Minería, por la cual se definen los requisitos y trámites para la obtención de la Calificación de Espectáculos Públicos, a los fines de la Solicitud de Autorización de Adquisición de Divisas por ante la Comisión de Administración de Divisas CADIVI. *G.O.* N° 39.195 de 8-6-2009.

Resolución N° 210.09 de la Superintendencia de Bancos (SUDEBAN), por la cual se establecen las condiciones que deben cumplir los Operadores Cambiarios Fronterizos para la constitución de las fianzas de fiel cumplimiento. *G.O.* N° 39.197 de 10-6-2009.

Resolución N° 2.406 del Ministerio del Poder Popular para Economía y Finanzas, por la cual se dispone que los deudores que obtuvieron divisas para el pago de deuda privada externa durante el régimen de cambio vigente en el período 1994-1996, que se encuentren en la obligación de reintegrar divisas al Banco Central de Venezuela, podrán cumplir con su obligación mediante la entrega de divisas o su equivalente en bolívares. *G.O.* N° 39.200 de 15-6-2009.

Providencia N° 097 de la Comisión de Administración de Divisas (CADIVI), mediante la cual se establecen los requisitos y el trámite para la adquisición de Divisas por parte de las Representaciones Diplomáticas, Consulares, sus Funcionarios, así como por parte de Funcionarios Extranjeros de los Organismos Internacionales, debidamente acreditados ante el Gobierno Nacional. *G.O.* N° 39.210 de 30-6-2009.

2.    *Régimen de los Bancos y Otras Instituciones Financieras*

A.    *Tasas de interés*

Aviso Oficial del Banco Central de Venezuela, mediante el cual se informa que la tasa activa promedio estipulada durante el mes de marzo de 2009, por los seis bancos comerciales y universales con mayor volumen de depósitos, fue de veintidós enteros con treinta y siete centésimas por ciento, en los términos que en él se especifican. *G.O.* N° 39.155 de 7-4-2009.

Aviso Oficial del Banco Central de Venezuela, mediante el cual se informa que la tasa de interés máxima preferencial a ser aplicada por las instituciones financieras, a las operaciones crediticias destinadas al sector turismo, que regirá para el mes de abril de 2009, es de dieciséis por ciento, en los términos que en ella se mencionan. *G.O.* N° 39.155 de 7-4-2009.

Aviso Oficial del Banco Central de Venezuela, mediante el cual se informa que la tasa de interés activa máxima a ser aplicada a los créditos vigentes destinados a la adquisición de vehículos otorgados mediante contrato de venta con reserva de dominio y bajo la modalidad de cuota balón, que regirá en el mes de abril de 2009, es de veintidós enteros con treinta y siete centésimas por ciento, en los términos que en él se indican. *G.O.* N° 39.155 de 7-4-2009.

Providencia N° SNAT-2009-0033 del SENIAT, por la cual se informa que la tasa de interés activa promedio, fijada por el Banco Central de Venezuela para el mes de marzo de 2009, ha sido de veinticinco coma ochenta y siete por ciento. *G.O.* N° 39.170 de 4-5-2009.

Providencia N° SNAT-2009-0038, mediante la cual se informa que la tasa de interés activa promedio ponderado de los seis principales bancos comerciales y universales del país con mayor volumen de depósitos, excluidos las carteras con intereses preferenciales, fijada por el Banco Central de Venezuela para el mes de abril de 2009, ha sido de 24,65 por ciento. *G.O.* N° 39.177 de 13-5-2009.

Resolución N° 09-06-01 del Banco Central de Venezuela (BCV), por la cual se fija en veintinueve coma cinco por ciento, la tasa anual de interés a cobrar por el Banco Central de Venezuela en sus operaciones de descuento, redescuento y anticipo, con excepción de lo dispuesto en el artículo que en ella se indica. *G.O.* N° 39.193 de 4-6-2009.

Resolución N° 09-06-02 del Banco Central de Venezuela (BCV), por la cual se informa que los bancos, entidades de ahorro y préstamo y demás instituciones financieras regidos por el Decreto con Fuerza de Ley General de Bancos y Otras Instituciones Financieras y demás Leyes Especiales, no podrán cobrar por sus operaciones activas, excluidas aquéllas relacionadas con tarjetas de crédito, una tasa de interés anual o de descuento superior a la tasa fijada periódicamente por el Directorio del Banco Central de Venezuela para las operaciones de descuento, redescuento, reporto y anticipo de este Instituto. *G.O.* N° 39.193 de 4-6-2009.

Providencia N° SNAT-2009-0052 del Servicio Nacional Integrado de Administración Aduanera y Tributaria (SENIAT), por la cual se informa que la tasa de interés activa promedio ponderado de los seis principales bancos comerciales y universales del país con mayor volumen de depósitos, excluidas las carteras con intereses preferenciales, fijada por el Banco Central de Venezuela para el mes de mayo de 2009, ha sido de veinticuatro coma ocho por ciento. *G.O.* N° 39.199 de 12-6-2009.

B.     *Cartera de Crédito Agraria*

Resolución Conjunta N° DM-2291 y DM-0024-2009 de los Ministerios del Poder Popular para Economía y Finanzas y para la Agricultura y Tierras, mediante la cual se fijan las condiciones para la imputación de Bonos Agrícolas como parte de la Cartera de Crédito Agraria Obligatoria. *G.O.* N° 39.166 de 27-4-2009.

C.     *Cajeros electrónicos: Acondicionamiento*

Resolución N° 232.09 de la SUDEBAN, por la cual las Instituciones Financieras deberán acondicionar por lo menos el treinta y tres por ciento de la totalidad de los cajeros electrónicos ofrecidos para uso de clientes, para que sean fácilmente accesibles y utilizables por parte de personas de la tercera edad. *G.O.* N° 39.206 de 23-6-2009.

3.   *Régimen del Comercio Interno*

   A.   *Acceso a los bienes y servicios*

Ley de Reforma Parcial del Decreto N° 6.092, con Rango, Valor y Fuerza de Ley para la Defensa de las Personas en el Acceso a los Bienes y Servicios. *G.O.* N° 39.165 de 24-4-2009.

   B.   *Producción y comercialización de productos*

Resolución Conjunta N° DM-073, DM-0043-2009, DM-148 y DM-033-09 de los Ministerios del Poder Popular para el Comercio, para la Agricultura y Tierras, para la Salud y para la Alimentación, por la cual se establecen las Especificaciones Técnicas, Tipología, Condiciones y Requisitos de Comercialización del Arroz Blanco de Grano Largo. *G.O.* N° 39.208 de 26-6-2009.

Resolución Conjunta N° DM-2.283, DM S-N, DM S-N, DM-055 y DM 021-09, de los Ministerios del Poder Popular para Economía y Finanzas, para las Industrias Ligeras y Comercio, para la Agricultura y Tierras, para la Salud, y para la Alimentación, mediante la cual se prorroga hasta el 30 de abril de 2009, la vigencia de la resolución conjunta mediante la cual se determinan los productos, subproductos e insumos requeridos para la producción de los alimentos a los cuales se aplicarán las medidas temporales para la flexibilización de trámites para la producción, importación y mercadeo,

   C.   *Precios máximos de venta al público*

Resolución Conjunta N° DM-027, DM-0026-2009 y DM-022-09 de los Ministerios del Poder Popular para el Comercio, para la Agricultura y Tierras y para la Alimentación, por la cual se fija el Precio Máximo de Venta al Público PMVP, de la Leche en Polvo en todo el territorio nacional. *G.O.* N° 39.160 de 17-4-2009.

Resolución Conjunta N° DM-028, DM-0027-2009 y DM-023-09, de los Ministerios del Poder Popular para el Comercio, para la Agricultura y Tierras y para la Alimentación, por la cual se fija en todo el territorio nacional el Precio Máximo de Venta al Público PMVP, de los Productos Alimenticios que en ella se indican. *G.O.* N° 39.160 de 17-4-2009.

Resolución Conjunta N° DM-029, DM-0028-2009 y DM-024-09, de los Ministerios del Poder Popular para el Comercio, para la Agricultura y Tierras y para la Alimentación, por la cual se fija el Precio del Maíz Blanco de Producción Nacional. *G.O.* N° 39.160 de 17-4-2009.

Resolución Conjunta N° DM-030, DM-0029-2009 y DM-025-09, de los Ministerios del Poder Popular para el Comercio, para la Agricultura y Tierras y para la Alimentación, por la cual se fija el Precio del Maíz Amarillo de Producción Nacional. *G.O.* N° 39.160 de 17-4-2009.

Resolución Conjunta N° DM-031, DM-0031-2009 y DM-026-09, de los Ministerios del Poder Popular para el Comercio, para la Agricultura y Tierras y para la Alimentación, por la cual se fija en todo el territorio nacional el Precio del Arroz Paddy pagado al Productor. *G.O.* N° 39.160 de 17-4-2009.

Resolución Conjunta N° DM-072, DM-0042-2009 y DM-032-09 del Ministerios del Poder Popular para el Comercio para la Agricultura y Tierras y para la Alimentación, por la cual se fija el Precio Mínimo del Cacao, pagado al productor primario en todo el territorio nacional, puesto en los sitios de recepción habitual. *G.O.* N° 39.198 de 11-6-2009.

Resolución Conjunta N° DM-076, DM-0044-2009, DM-034-09 del Ministerios del Poder Popular para el Comercio para la Agricultura y Tierras y para la Alimentación, que fija el Precio Máximo de Venta de semilla certificada de Maíz Blanco y Maíz Amarillo de Producción Nacional. *G.O.* N° 39.198 de 11-6-2009.

Resolución Conjunta N° DM-079, DM-0046-2009 y DM-036-09 de los Ministerios del Poder Popular para el Comercio, para la Agricultura y Tierras y para la Alimentación, mediante la cual se fija en todo el Territorio Nacional el Precio Máximo de Venta al Público, y el Precio Máximo de Venta, del Azúcar en sus diferentes Presentaciones. *G.O.* N° 39.205 de 22-6-2009.

Resolución Conjunta N° DM-080, DM-0047-2009 y DM-037-09 de los Ministerios del Poder Popular para el Comercio, para la Agricultura y Tierras y para la Alimentación, mediante la cual se fija en todo el Territorio Nacional el Precio Máximo de Venta al Público, y el Precio Máximo de Venta, Pagados al Productor de los Alimentos y Rubros que en ella se indican. *G.O.* N° 39.205 de 22-6-2009.

Resolución Conjunta N° DM-078, DM-0045-2009 y DM-035-09 de los Ministerios del Poder Popular para el Comercio, para la Agricultura y Tierras y para la Alimentación, mediante la cual se fija en todo el territorio nacional el Precio Máximo de Venta al Público, del Arroz Blanco de Mesa y el Precio Mínimo de Venta del Arroz Paddy, en los términos en ella señalados. *G.O.* N° 39.208 de 26-6-2009.

Resolución Conjunta N° DM-083, DM-0048-2009 y DM-038-09 de los Ministerios del Poder Popular para el Comercio, para la Agricultura y Tierras y para la Alimentación, por la cual se fija en todo el territorio nacional, el Precio Máximo de Venta al Público, de la Harina de Maíz Precocido y el Precio del Maíz Blanco de Producción Nacional, en los términos en ella señalados. *G.O.* N° 39.208 de 26-6-2009.

4.   *Régimen de Energía y Petróleo*

A.   *Actividades primarias de Hidrocarburos: Reserva de bienes y servicios*

Ley Orgánica que reserva al Estado bienes y servicios conexos a las actividades primarias de Hidrocarburos. *G.O.* N° 39.173 de 7-5-2009.

B.   *Desarrollo de las Actividades Petroquímicas*

Ley Orgánica para el Desarrollo de las Actividades Petroquímicas. *G.O.* N° 39.203 de 18-6-2009.

5.   *Régimen de la Minería*

Resolución N° 09-06-03 del Banco Central de Venezuela, mediante la cual se dictan las Normas sobre el Régimen de Comercialización de Oro y sus Aleaciones. *G.O.* N° 39.201 de 16-6-2009.

## V.   DESARROLLO SOCIAL

1.   *Régimen de la Salud: Imágenes en las cajetillas de cigarrillos*

Resolución N° 056 Ministerio del Poder Popular para la Salud y Protección Social, por la cual se dispone la sustitución de las diez imágenes que contienen las cajetillas de cigarrillos, reguladas en el artículo 4 de la Resolución N° 110, de fecha 22 de marzo de 2004. *G.O.* N° 39.153 de 3-4-2009.

2.   *Régimen de la Vivienda*

   A.   *Congelación de alquileres*

Resolución Conjunta N° DM-74 y DM-035 de los Ministerios del Poder Popular para el Comercio y para las Obras Públicas y Vivienda, por la cual se prorroga por seis meses la medida de congelación de alquileres. *G.O.* N° 39.168 de 29-4-2009.

   B.   *Adquisición de Viviendas: Inaplicación del Índice de Precios al Consumidor (IPC)*

Resolución N° 110 del Ministerio del Poder Popular para las Obras Públicas y Vivienda, mediante la cual en los contratos que tengan por objeto, bajo cualquier forma o modalidad, la adquisición de viviendas por construirse, en construcción o ya construidas, suscritos o por suscribirse por los sujetos comprendidos en el Sistema Nacional de Vivienda y Hábitat, se prohíbe el cobro de cuotas, alícuotas, porcentajes y, o sumas adicionales de dinero, basados en la aplicación del Índice de Precios al Consumidor IPC o de cualquier otro mecanismo de corrección monetaria o ajuste por inflación, queda sin efecto cualquier estipulación convenida o que se convenga en contravención a lo dispuesto en esta Norma, en los términos que en ella se indican. *G.O.* N° 39.197 de 10-6-2009.

3.   *Régimen de la Educación*

   A.   *Matrículas y mensualidades*

Resolución Conjunta N° DM-064 y DM-033 de los Ministerios del Poder Popular para el Comercio y para la Educación, mediante la cual se establece el procedimiento según el cual la Sociedad de Padres, Madres, Representantes y Responsables determinarán el ajuste de la matrícula y mensualidad de cada plantel educativo privado, en los términos que en ella se indican. *G.O.* N° 39.187 de 27-5-2009

Resolución Conjunta N° DM-066 y DM-034 de los Ministerios del Poder Popular para el Comercio y para la Educación, por la cual se fija para el año escolar 2009-2010, un índice porcentual de veinte por ciento, como límite máximo de aumento en el cobro de las matrículas y mensualidades escolares de los planteles educativos privados, ubicados en todo el territorio nacional. *G.O.* N° 39.188 de 28-5-2009.

   B.   *Programas de formación: Transporte acuático*

Resolución N° 3.688 del Ministerio del Poder Popular para la Educación Superior, por la cual se crea el Programa Nacional de Formación en Transporte Acuático, como conjunto de actividades académicas conducentes a los títulos de Técnica Superior Universitaria o Técnico Superior Universitario en Transporte Acuático; así como al grado de Especialista Técnico en áreas afines. *G.O.* N° 39.197 de 10-6-2009.

4.   *Régimen del Turismo: Establecimientos de alojamiento turístico*

Resolución N° 064 del Ministerio del Poder Popular para el Turismo, por la cual se establecen las especificaciones que deben contener las placas de identificación, de clasificación y categorización de los establecimientos de alojamiento turístico. *G.O.* N° 39.207 de 25-6-2009.

5.    *Régimen del Trabajo: Salario mínimo*

Decreto N° 6.660 de la Presidencia de la República, mediante el cual se fija aumento de 20% del salario mínimo mensual obligatorio para las trabajadoras y trabajadores que presten servicio en los sectores públicos y privados, en los términos que en él se indican. *G.O.* N° 39.151 de 1-4-2009.

## VI. DESARROLLO FÍSICO Y ORDENACIÓN DEL TERRITORIO

1.    *Régimen de Protección del Medio Ambiente y los Recursos Naturales.*

Resolución N° 0000018 del Ministerio del Poder Popular para el Ambiente, por la cual se declara la veda de la especie ostra de mangle Crassostrea rhizophorae en el Refugio de Fauna Silvestre de Cuare, hasta tanto se verifique la recuperación de la calidad de las aguas del Golfete de Cuare. *G.O.* N° 39.151 de 1-4-2009.

Resolución N° 00023 del Ministerio del Poder Popular para el Ambiente, por la cual se prohíbe la circulación de bienes forestales maderables y no maderables en el territorio nacional durante el horario comprendido desde las 6:00 pm hasta las 6:00 am, y sábados y domingos las veinticuatro horas. *G.O.* N° 39.168 de 29-4-2009.

Resolución N° 0000029 del Ministerio del Poder Popular para el Ambiente, por la cual se dicta la Norma Técnica Forestal sobre Selección y Preservación de Árboles Semilleros. *G.O.* N° 39.197 de 10-6-2009.

2.    *Régimen de las Telecomunicaciones: Requerimiento de actualización de datos*

Providencia N° 1.419 de la Comisión Nacional de Telecomunicaciones (CONATEL), mediante la cual se requiere a las personas naturales o jurídicas que prestan los servicios de radiodifusión sonora y televisión abierta, así como radiodifusión sonora y televisiva abierta comunitaria de servicio público sin fines de lucro, en todo el territorio nacional, que suministren a la Comisión Nacional de Telecomunicaciones, la información contenida en la planilla denominada Actualización de Datos que se encuentra disponible en el portal oficial en Internet de CONATEL, en la forma y plazos que en ella se mencionan, en los términos que en ella se indican. *G.O.* N° 39.189 de 29-5-2009

3.    *Régimen del Transporte y Tránsito*

A.    *Transporte y Tránsito Terrestre*

a.    *Servicio de Transporte: Tarifas*

Resolución Conjunta N° 034 y 73 de los Ministerios del Poder Popular para el Comercio y para las Obras Públicas y Vivienda, por la cual se ajustan las tarifas máximas a nivel nacional, a ser cobradas en el servicio de transporte terrestre público de pasajeros en rutas interurbanas. *G.O.* N° 39.168 de 29-4-2009.

Resolución Conjunta N° 033 y 72 de los Ministerios del Poder Popular para el Comercio y para las Obras Públicas y Vivienda, por la cual se ajustan las tarifas máximas a nivel nacional, a ser cobradas en el servicio de transporte terrestre público de pasajeros en rutas suburbanas. *G.O.* N° 39.168 de 29-4-2009.

b.   *Peajes*

Resolución N° 64 del Ministerio del Poder Popular para las Obras Públicas y Vivienda, por la cual se suspende el cobro de la tarifa de peaje a todos aquellos usuarios de la vía terrestre, correspondiente a vehículos automotores en tránsito por el período comprendido entre el seis de abril de 2009 hasta el trece de abril de 2009, ambas fechas inclusive. *G.O.* N° 39.154 de 6-4- 2009.

c.   *Programa de Gas Natural Vehicular GNV*

Resolución Conjunta N° DM-064, DM-S/N, DM-S/N, DM-S/N y DM-S/N, de los Ministerios del Poder Popular para Economía y Finanzas, para el Comercio, para la Energía y Petróleo, para las Obras Públicas y Vivienda y para Ciencia, Tecnología e Industrias Intermedias, mediante la cual se establecen las Normas conforme a las cuales las empresas ensambladoras, fabricantes, importadoras y comercializadoras de Vehículos Automotores, así como los Órganos y Entes del Ejecutivo Nacional cumplirán con su participación en el Programa de Gas Natural Vehicular GNV, en los términos que en ella se indican. *G.O.* N° 39.181 de 19-5-2009

d.   *Autoridades*

Providencia N° 0002 Instituto Nacional de Transporte Terrestre (INTT), por la cual se dictan los lineamientos y criterios técnicos que regirán la coordinación y homologación de las autoridades con competencia para control y vigilancia del transporte terrestre. *G.O.* N° 39.200 de 15-6-2009.

B.   *Transporte y Tráfico Aéreo: Regulaciones Aeronáuticas*

Resolución del Instituto Nacional de Aeronáutica Civil (INAC), mediante el cual se dicta la Regulación Aeronáutica Venezolana 121 RAV 121, en los términos que en ella se indican. *G.O.* N° 5.917 Extraordinario de la *G.O.* de 6-5-2009

Resolución del Instituto Nacional de Aeronáutica Civil (INAC), mediante el cual se dicta la Regulación Aeronáutica Venezolana 135 RAV 135, en los términos que en ella se indican. *G.O.* N° 5.917 Extraordinario de la *G.O.* de 6-5-2009.

Providencia del Instituto Nacional de Aeronáutica Civil (INAC), por la cual se dicta la Regulación Aeronáutica Venezolana 112 RAV 112, Certificación de Empresas de Servicios de Seguridad de la Aviación Civil. *G.O.* N° 5.922 Extraordinario de 21-5-2009

Providencia del Instituto Nacional de Aeronáutica Civil (INAC), por la cual se dicta la Regulación Aeronáutica Venezolana 109 RAV 109, Seguridad de las Operaciones de Carga, Correo, Provisiones y Suministros en la Aviación Civil. *G.O.* N° 5.922 Extraordinario de 21-5-2009.

Providencia del Instituto Nacional de Aeronáutica Civil (INAC), por la cual se dicta la Regulación Aeronáutica Venezolana 108 RAV 108, Seguridad de Exploradores de Aeronaves. *G.O.* N° 5.922 Extraordinario de 21-5-2009.

Providencia del Instituto Nacional de Aeronáutica Civil (INAC), por la cual se dicta la Regulación Aeronáutica Venezolana 107 RAV 107, Seguridad de la Aviación Civil en los Aeródromos y Aeropuertos. *G.O.* N° 5.922 Extraordinario de 21-5-2009.

Providencia Nº PRE-CJU-154-09 del Instituto de Aeronáutica Civil (INAC), mediante la cual se acuerda que este Instituto regulará a través de los Derechos Aeronáuticos la valoración económica por concepto de Prestación del Servicio de Control y Apoyo a la Navegación Aérea, en los términos que en ella se indican. *G.O.* Nº 39.189 de 29-5-2009.

# Comentarios Legislativos

## LA LEY VENEZOLANA QUE RESERVA AL ESTADO BIENES Y SERVICIOS CONEXOS A LAS ACTIVIDADES PRIMARIAS DE HIDROCARBUROS: UN ILÍCITO DE DERECHO INTERNACIONAL

### *Análisis conforme a los Tratados Bilateral de Inversión (BIT'S)*

José Antonio Muci Borjas
*Profesor de Derecho Administrativo*
*Universidad Católica Andrés Bello*

**Resumen**: *En este ensayo se desmenuza la Ley de nacionalización de los bienes y servicios conexos a las actividades primarias de hidrocarburos y, acto seguido, se analizan detalladamente sus disposiciones a la luz del Derecho interno venezolano y de los Tratados Bilaterales de Inversión (BIT's) suscritos y ratificados por la República.*

## I. LA EXPROPIACIÓN FORZOSA: SU FUNDAMENTO CONSTITUCIONAL

El Estado venezolano garantiza el derecho de propiedad privada. Es así como reza el encabezamiento del artículo 115 de la Constitución política de 1999, actualmente en vigor. La norma constitucional citada anteriormente agrega a renglón seguido que "sólo por causa de utilidad pública o interés social, *mediante sentencia firme y pago oportuno de justa indemnización*, podrá ser declarada la expropiación de cualquier clase de bienes". Esa norma debe ser adminiculada con el artículo 116 *eiusdem*, que prohíbe las confiscaciones.

En adición a esa norma, a los efectos de este breve ensayo también debe tenerse presente la letra del artículo 300 de la Constitución en vigor, a tenor del cual el Estado, por razones de conveniencia nacional, puede reservarse, mediante ley orgánica, la actividad petrolera y otras industrias, explotaciones, servicios y bienes de interés público de carácter estratégico.

## II. LA LEY DE RESERVA: CONTENIDO

Con fundamento en los artículos 115 y 300 de la Constitución venezolana, en mayo de 2009 la Asamblea Nacional sancionó la Ley orgánica que reserva al Estado bienes y servicios conexos a las actividades primarias de hidrocarburos[1] (en lo adelante, por causa de brevedad, la Ley). Por lo pronto, de la Ley interesa destacar cuanto sigue:

1. El Estado venezolano se reserva, por su "carácter estratégico", los bienes y servicios conexos a la realización de las *actividades primarias* previstas en la Ley Orgánica de Hidro-

---

[1]    *Gaceta Oficial* N° 39.173, del 7 de mayo de 2009.

carburos (artículos 1° y 2°)[2]. Los bienes y servicios conexos a los que se refiere la Ley son los siguientes: i. inyección de agua, de vapor o de gas, para incrementar la energía de los yacimientos y mejorar el factor de recobro; ii. compresión de gas; y, iii. los vinculados a las actividades ejecutadas en el Lago de Maracaibo, tales como lanchas para el transporte de personal, buzos y mantenimiento; barcazas con grúa para el transporte de materiales, diesel, agua industrial y otros insumos; remolcadores, gabarras planas, boyeras, grúas de ripio, de tendido o reemplazo de tuberías y cables subacuáticos; y, mantenimiento de buques en talleres, muelles y diques de cualquier naturaleza (artículo 2°).

En virtud de la *cláusula de reserva* contenida en la Ley, en lo adelante *los particulares quedan excluidos o segregados de este sector* del quehacer económico. Esas actividades sólo pueden ser realizadas por la República, Petróleos de Venezuela, S.A., la filial que ésta designe al efecto o, finalmente, empresas mixtas sometidas al "control" de Petróleos de Venezuela, S.A. o de sus filiales (artículo 1°).

2. No obstante la *cláusula de reserva* que excluye a los particulares de la actividad reservada, para evitar la paralización de las operaciones de las empresas que aún no han sido "formalmente" adquiridas a través del procedimiento expropiatorio, la Ley declara que tales actividades constituyen un *servicio público*. Por obra de dicha calificación, los servicios conexos a las actividades primarias quedan sujetos al Derecho Administrativo y deben continuar siendo prestados -por las empresas de propiedad privada sometidas a expropiación- de manera continua, regular y eficiente (artículo 5°).

3. Con base en la cláusula de reserva, la Ley autoriza al Ejecutivo Nacional para decretar la *expropiación* forzosa, total o parcial, de las *acciones* representativas del capital social de las empresas que prestan los servicios conexos con las actividades primarias (artículo 6°). La expropiación parcial abre la puerta a la adquisición de sólo una parte de las acciones representativas del capital social de las empresas existentes -sólo de lo necesario, de lo imprescindible, para tomar o asumir el "control" de las compañías-. La Ley también autoriza al Ejecutivo para la adquisición, total o parcial, de los *bienes* propiedad de tales empresas.

4. A los efectos del cálculo de la justa indemnización -*i.e.*, de la compensación- adeudada al expropiado, la Ley contempla las siguientes reglas: i. prohíbe tomar en cuenta el lucro cesante y los daños indirectos; ii. ordena que la valoración se haga sólo con base en el "valor en libro" (*book value*) de los bienes o activos empresariales; y, iii. dispone que la indemnización puede ser pagada "...en dinero efectivo, *títulos valores* u *obligaciones de personas jurídicas públicas*" (artículo 6°). Dicho en otras palabras, la Ley contempla un régimen especial, derogatorio del (general) previsto por la Ley de Expropiación por Causa de Utilidad Pública o Social[3], porque de acuerdo a esta última la expropiación forzosa de bienes de cualquier naturaleza supone o exige como requisito *sine qua non* el "pago oportuno y en *dinero efectivo* de justa indemnización" (artículo 7).

5. A partir de la fecha de publicación de la Ley en la *Gaceta Oficial*, el Estado, por intermedio de Petróleos de Venezuela, S.A. o de la filial que aquélla designe, queda autorizado

---


2    De acuerdo a la Ley de Hidrocarburos (*Gaceta Oficial* N° 37323, del 13 de noviembre de 2001), son actividades primarias las relativas a la exploración en busca de yacimientos de hidrocarburos, la extracción de ellos en su estado natural, así como su recolección, transporte y almacenamiento iniciales.

3    *Gaceta Oficial* N° 37.475, del 1 de julio de 2002.

para *tomar posesión de los bienes* y *asumir el control de las operaciones* de las empresas expropiadas (artículo 4°)[4].

6. Los contratos de servicio que mediaban entre el Estado venezolano y sus contrapartes, quedan extinguidos -de pleno derecho- al momento de ser identificadas, con "nombre y apellido", las empresas a objeto de la medida expropiatoria. La identificación de las empresas ha de hacerse mediante resolución administrativa (artículo 3°)[5].

7. Finalmente, todas las autorizaciones, permisos y registros de las compañías expropiadas pertenecen ahora -"...*pasarán de pleno derecho a...*", es lo que dice la Ley- a Petróleos de Venezuela, S.A. o la filial que esta designe (artículo 8°).

## III.   REFLEXIONES EN TORNO A UNA LEY CONFISCATORIA

Como es bien sabido, el ordenamiento jurídico está integrado por *una estructura escalonada de manifestaciones jurídicas* condicionantes y condicionadas -*i.e.*, una estructura escalonada de actos constitucionales, legislativos, administrativos y judiciales, entre otros-, para cuya "regular" emanación debe seguirse u observarse una también *serie o secuencia escalonada de vías procesales* -constitucionales, legislativas, administrativas y judiciales- que en cada caso relacionan una norma jurídica superior y la correspondiente norma jurídica inferior, y, en última instancia, una norma jurídica con un acto de ejecución del Derecho, que no admite ya una aplicación posterior[6]. Los procedimientos integran un sistema, propio del Estado de Derecho, que cabría denominar *sistema ordenado de procedimientos sucesivos*, porque en él todo tipo de actividad adelantada por el Poder Público se desarrolla de acuerdo a trámites o *secuencias de actos pre-ordenados y complementarios*, que permiten integrar -esto es, completar- la actividad estatal de creación y aplicación del Derecho.

Esa serie o secuencia escalonada es evidente, a título de ejemplo, en la expropiación forzosa, institución de Derecho Público prevista por el artículo 115 de la Constitución. En la expropiación por causa de utilidad pública o social interviene en un primer momento el Poder Legislativo para establecer, a través del trámite propio para la formación de las leyes, cuáles son los extremos administrativos y judiciales que han de ser satisfechos para adquirir la propiedad sobre bienes -de cualquier clase- mediante el mecanismo expropiatorio. Luego el Poder Ejecutivo, obrando con base en la Ley previa sancionada por la Asamblea, sigue un trámite administrativo, que tiene por objeto identificar los bienes que han de ser adquiridos

---

4    Mediante Resolución administrativa distinguida con el número 66 (*Gaceta Oficial* N° 39.182, del 20 de mayo de 2009), se creó un Comité Estratégico de Ejecución, con el objeto de "...garantizar la continuidad de las operaciones y traspaso de los bienes y servicios..." expropiados. A dicho Comité, integrado única y exclusivamente por dependientes de la empresa estatal PDVSA, le incumbe determinar "... la forma de operación de los servicios y la modalidad de transferencia de los bienes..." expropiados.

5    De acuerdo al artículo 16 de la Ley Orgánica de Procedimientos Administrativos, las resoluciones son decisiones -i.e., actos administrativos- de carácter general o particular, adoptadas por los ministros por disposición del Presidente de la República o por disposición específica de la ley".

    Las empresas afectadas por la medida expropiatoria han sido identificadas a través de las Resoluciones administrativas del Ministro de Energía números 51 (*Gaceta Oficial* N° 39.174, del 8 de mayo de 2009), 54 (*Gaceta Oficial* N° 39.177, del 13 de mayo de 2009), 65 (*Gaceta Oficial* N° 39.181, del 19 de mayo de 2009), y 67 (*Gaceta Oficial* N° 39.183, del 21 de mayo de 2009).

6    Kelsen, Hans, *Teoria Generale del Diritto e dello Stato*, Etas Libri, Milano 1984, pp. 125 y 126, y Carré de Malberg, Raymond, *La teoria gradualistica del diritto. Confronto con le idee e le istituzioni del diritto francese*, Dott. A. Giuffrè Editore, Milano 2003, p. 7.

coactivamente para la obra calificada de utilidad pública o social, cuya ejecución, según el Ejecutivo, resulta necesaria para atender el interés de la colectividad. Finalmente, interviene el Poder Judicial para *autorizar la ocupación* temporal o previa de los bienes identificados en el Decreto de Expropiación, *declarar la licitud* de la medida administrativa que sirvió para identificar los bienes objeto de expropiación y la obra de utilidad pública, así como *determinar el quantum de la indemnización* -justa por definición- adeudada al expropiado. Por la trascendencia de la medida estatal, *ablativa* por su naturaleza, en ella intervienen órganos de los tres Poderes Públicos Nacionales clásicos (Legislativo, Ejecutivo y Judicial). Y aunque esa secuencia ordenada de procedimientos sucesivos, productores de una ley, un decreto administrativo y una sentencia, constituye la regla general, la Ley subvierte abiertamente la secuencia ordenada de trámites (legislativo, administrativo y judicial) mencionada *supra*. En efecto:

1. Sin que mediara la intervención de juez alguno, con la Ley, primero que nada, se ha autorizado la inmediata toma de "control" de las operaciones y bienes de esas empresas de servicio, vaciándose así el contenido del derecho de propiedad de los sujetos expropiados. De ese derecho hoy sólo resta, por así decirlo, el cascarón. Para constatarlo basta leer el texto de la Resolución número 67, cuyo artículo 2° reza textualmente así:

"Se instruye a Petróleos de Venezuela, S.A. o la filial que ésta designe, a *tomar el control de las operaciones y posesión inmediata de las instalaciones, documentación, bienes y equipos* [de las empresas expropiadas], afectos a las actividades a que se refiere a esta Resolución"[7].

Dicho en otros términos, la (futura) expropiación *de iure* o de Derecho se halla, pues, precedida de una velada o encubierta (e inmediata) expropiación de hecho o *de facto*, porque aunque aún no se ha transmitido el "título" sobre las acciones o los bienes de las compañías afectadas por la medida expropiatoria, en la práctica los sujetos expropiados nada útil pueden hacer con lo que formalmente les pertenece, con lo que sólo en las formas continúa siendo suyo[8]. Las empresas, de propiedad particular en el papel, han sido privadas de todo poder para manejar sus negocios a *su leal saber y entender*, porque en virtud de la Ley, insistimos en la idea, la República quedó autorizada para tomar posesión inmediata de los bienes y asumir el control de las operaciones *sin que mediara procedimiento judicial* y *sin que se produjera el pago (necesariamente previo) de la contraprestación exigida por la Constitución*.

Tales empresas se han convertido, por así decirlo, en meros apéndices de un Estado que, de un plumazo, transformó las deudas dinerarias de corto plazo (aludimos a las derivadas de los contratos de servicio, en parte ya líquidas y exigibles, que el Estado no podía honrar por las dificultades financieras que en la actualidad atraviesa) en *obligaciones de cumplimiento indeterminado* por lo que a la fecha de su pago se refiere, toda vez que los derechos de crédito ahora han de hacerse valer al momento de la fijación, en fecha incierta, del *quantum* de la justa indemnización[9].

---


7   *Supra*, nota a pie de página N° 5. Una nota digna de mención: En evidente exceso, el Estado venezolano ha pretendido extender la medida expropiatoria a otras empresas, por sólo el hecho de que éstas -directa o indirectamente- le prestan servicios a los sujetos (directamente) afectados por la Ley. Esta afectación "por extensión" carece de base legal.

8   Consúltese, *mutatis mutandis*, el asunto Sedco, Inc. V. National Iranian Oil Co., Award N° 55-129-3, October 28th, 1985, 15 Iran-U.S. Cl. Trib. Rep. 248.

9   Habida consideración de la mora en el pago de las obligaciones adeudadas por el Estado a las empresas contratistas, vale la pena tener presente -*mutatis mutandis*- lo sostenido por el Tribunal

En síntesis, más que para adquirir la titularidad (formal) del derecho de propiedad sobre los bienes y empresas afectados por la medida, previo juicio contradictorio y pago de justa indemnización, en el caso de la especie el poder expropiatorio ha sido empleado para el logro de *otra finalidad*, de *otro propósito*, a saber, la toma (administrativa) de control -sin miramiento alguno- sobre bienes y empresas, obviando u omitiendo *i.* la previa sustanciación de un proceso judicial, *ii.* el pago de la justa compensación y *iii.* la transmisión formal de la titularidad. Y a lo ya dicho se agrega que por los serios problemas de liquidez que hoy en día enfrenta el Estado venezolano, el poder expropiatorio, más que para adquirir la titularidad (formal) del derecho de propiedad, ha sido empleado igualmente para transformar -moderna "alquimia financiera"- deudas de corto plazo, en parte líquidas y exigibles, en obligaciones cuyo cumplimiento es indeterminado en el tiempo, pues los derechos de crédito deberán hacerse valer al momento de la fijación, en fecha incierta, del *quantum* de la indemnización expropiatoria. Esas circunstancias acreditan, así lo entendemos nosotros, que nos hallamos frente a un supuesto de *desviación de poder* tanto legislativa (*lato et improprio sensu*) como administrativa[10].

2.   Segundo, con la Ley se declaró que los contratos que mediaban entre el Estado venezolano y sus contrapartes quedarían extinguidos -de pleno derecho- al momento de identificarse, mediante resolución administrativa, las empresas objeto de la medida expropiatoria. Por increíble que pueda parecer, esa medida *ablativa*, producto de la Ley y sus resoluciones, no viene acompañada de indemnización alguna, y para constatarlo basta tener presente que la Ley, amén de negarle a los expropiados el derecho a reclamar el "lucro cesante", ordena determinar el justiprecio sobre la base del "valor en libros" de los bienes expropiados, única y exclusivamente. Pero hay más: La determinación de la justa indemnización con base en el valor en libros "congela" -he aquí su consecuencia natural- las obligaciones dinerarias derivadas de los contratos de servicio, y, por ende, niega el derecho al ajuste o indexación de los derechos de crédito que las empresas tenían frente al Estado por los servicios ya prestados, no obstante la (conocida) mora estatal en el cumplimiento de las obligaciones contractuales[11]. Sin justificación valedera, en esta expropiación se derogan las normas generales, contenidas en la Ley de Expropiación por Causa de Utilidad Pública o Social, que le imponen a las Comisiones (judiciales) de Avalúos el deber de tomar en consideración la "...probable produc-

---

que decidió el asunto Waste Management Inc. v. United Mexican States: "es posible argumentar que la persistente negativa o la incapacidad... de pagar sumas de dinero debidas de acuerdo al Contrato de Concesión constituye una expropiación, o al menos medidas equivalentes a una expropiación, de las sumas adeudadas" (Case *Waste Management Inc. v. United Mexican States*, N° ARB(AF)00/3, Award of 30 April 2004, 43 I.L.M. 967, en Muci Borjas, José Antonio, *El Derecho Administrativo Global y los Tratados Bilaterales de Inversión (BIT's)*, Editorial Jurídica Venezolana, Caracas 2007, p. 104).

10   Consúltese Chinchilla Marín, Carmen. *Desviación de poder*, segunda edición, Civitas Ediciones, S.L., Madrid 2004, pp. 83 y 84, y Balasso Tejera, Caterina, *Jurisprudencia sobre los actos administrativos 1980-1993*, Editorial Jurídica Venezolana, Caracas 1998, pp. 709 y ss.

11   En Venezuela la regla es que el aumento o disminución en el valor de la moneda, antes de que venza el término para el pago, no incide sobre el quantum de la obligación dineraria (principio nominalista). Por *argumentum* a contrario, mediante fallo del 30 de septiembre de 1992 la Sala de Casación Civil de la Corte Suprema de Justicia afirmó que cuando la variación en el valor de la moneda ocurre después de la fecha o tiempo establecido para el pago, es posible reclamar la indexación o ajuste monetario de lo adeudado (asunto Franklin y Paúl, S.R.L.).

ción…" de los bienes expropiados, "…los daños causados por el cese de actividades…" de la empresa, y la "…pérdida de una utilidad debidamente comprobada…"[12].

Los contratos -y los derechos de crédito que ellos contemplaban- desaparecieron del patrimonio de los expropiados sin compensación alguna, a pesar de que no ha mediado proceso, de que el juez no ha declarado la licitud de la medida, y de que el expropiado no ha recibido la indemnización -necesariamente previa- adeudada por causa de la expropiación.

3. Por la ocupación de las empresas, la extinción de los contratos de servicio, y también por la indebida apropiación *manu militare* de las autorizaciones, permisos y registros de las empresas expropiadas, medidas -todas ellas- decretadas directamente por la Ley, las medidas, más que expropiatorias, lucen como *verdaderas penas*, como *sanciones* veladas o *encubiertas*, pues resulta difícil reconciliar las medidas legislativas con el criterio jurisprudencial -pacífico por lo demás- conforme al cual la expropiación forzosa de un bien no debe *ni enriquecer ni empobrecer* al propietario destinatario de la medida.

En propósito, la Corte Federal y de Casación afirmaba que los criterios de valoración contemplados por la Ley de expropiación por causa de utilidad pública o social persiguen

"…que la sustitución del derecho real sobre la cosa expropiada por su equivalente en dinero, se ajuste a *su verdadero valor económico*"[13] (el resaltado es nuestro).

En sentido coincidente, la Corte Suprema de Justicia venezolana sostuvo años después que cuando el Estado expropia

"…ejerce un poder jurídico que la Constitución consagra; pero como el ejercicio de ese poder supone un sacrificio en el derecho del propietario, es preciso que se le compense o indemnice por la privación de su propiedad. Por tanto, *la suma* a pagar *debe cubrir exactamente el daño que se irroga al expropiado, sin que éste se empobrezca ni enriquezca*, en la medida que tal resultado pueda razonablemente alcanzarse. Sólo así quedará cumplido el mandato constitucional que ordena pagar una justa indemnización"[14] (el resaltado es nuestro).

Por sólo citar un fallo adicional, vale la pena invocar aquí la decisión de la Corte Suprema de Justicia, en la que -en sentido coincidente- se afirmó que con la introducción de la expresión "justa indemnización" en la Constitución de 1961 era

"…obvia la intención del Constituyente de dar al pago [adeudado al expropiado] una *mayor amplitud, comprensiva de los daños y perjuicios, puesto que habla de justa indemnización y no de precio* exclusivamente; que por indemnización debe entenderse no solamente el precio de la cosa expropiada, sino *la reparación íntegra de todo empobrecimiento* sufrido por el expropiado, es decir, que constituye un *restablecimiento del equilibrio patrimonial* lesionado o alterado por la expropiación; [y] que esa reparación debe ser *adecuada al daño realmente sufrido*…"[15] (el resaltado es nuestro).

---

12    Artículos 36, 39 y 41, respectivamente (*Gaceta Oficial* Nº 37.475, del 1 de julio de 2002).

13    Sentencia dictada por la Sala Federal el 4 de mayo de 1948. Consúltese en Brewer-Carías, Allan Randolph, *Jurisprudencia de la Corte Suprema 1930-74 y Estudios de Derecho Administrativo*, Tomo VI (Propiedad y Expropiación), Instituto de Derecho Público de la Universidad Central de Venezuela, Caracas 1979, p. 452.

14    Sentencia dictada por la Sala Político-Administrativa en fecha 24 de febrero de 1965, en Brewer-Carías, Allan Randolph, *op. cit.*, p. 297.

15    Sentencia dictada por la Sala Político-Administrativa en fecha 7 de febrero de 1973, en Brewer-Carías, Allan Randolph, *op. cit.*, p. 461.

## IV.  LA IRRACIONALIDAD EN EL EJERCICIO DEL PODER PÚBLICO: EL PROCEDIMIENTO LEGISLATIVO COMO TRÁMITE MERAMENTE FORMAL SIN SUSTANCIA O CONTENIDO

La Ley, este dato es clave, fue dictada de manera *atropellada* o, dicho de otra manera, la Asamblea Nacional y el Presidente de la República obraron *atropelladamente*, esto es, de tropel, con desorden y confusión. Veamos.

La Ley fue discutida y aprobada en poquísimos días, y para constatarlo basta considerar que el Proyecto de Ley, revisado en primera discusión el día martes 5 de mayo de 2009, fue revisado, sancionado, promulgado y publicado tan sólo dos (2) días después, el jueves 7 del mismo mes y año. En otras palabras, entre el 5 y el 7 de mayo de 2009 la Asamblea Nacional, he aquí el listado de actividades ordenado por la Constitución, *i.* en primera discusión habría considerado la Exposición de Motivos del Proyecto de Ley y, además, evaluado sus objetivos, alcance y viabilidad, a fin de determinar la pertinencia de la ley, y la Comisión o Comisiones Legislativas relacionadas con la materia habrían estudiado en detalle el Proyecto de Ley y elaborado, además, un Informe sobre el mismo (artículo 208 de la Constitución); *ii.* la Asamblea, por añadidura, habría consultado el parecer u opinión de otros órganos del Estado, de los ciudadanos y de la sociedad organizada (artículo 211 *eiusdem*), y, por la naturaleza de las cosas, habría además procesado o digerido tales pareceres u opiniones para así enriquecer o mejorar el proyecto de ley; y, finalmente, *iii.* en segunda discusión, la Asamblea, tras razonada discusión, habría revisado y aprobado, artículo por artículo, el texto sometido a su consideración (artículo 209 *eiusdem*). Dentro de ese brevísimo lapso, adicionalmente, el Ejecutivo habría revisado la Ley sancionada y, por no merecerle reparo alguno, habría ordenado su ejecútese y ulterior impresión en *Gaceta Oficial* (artículo 214 y 215 *eiusdem*).

Ese *precipitado* modo de obrar acredita, y los datos son todos y cada uno de ellos objetivos, que en el caso de la especie el Poder fue ejercido de manera *arbitraria*, esto es, *irrazonable*, porque la medida legislativa no estuvo precedida por un *proceso reflexivo* mínimo. Lo anunciábamos en el título del presente capítulo o sección: El procedimiento legislativo que precedió la aprobación de la Ley quedó reducido a un *simple trámite, mera formalidad*, porque careció de sustancia o contenido verdaderos.

## V.  LA VIOLENCIA Y EL EJERCICIO DEL PODER EXPROPIATORIO

Mención aparte merece la Disposición Transitoria Única de la Ley. En ésta nuestro Legislador le ordena al Ministerio de Energía coordinar, tanto con la Administración Tributaria Nacional (SENIAT) como con el Ministerio del Trabajo, todas las medidas necesarias para identificar las "desviaciones" de las leyes impositivas, los contratos colectivos de trabajo y, en general, cualesquiera otros contratos, en que hubieren podido incurrir las compañías de servicio expropiadas. Copiada a la letra la norma legal dispone:

"Disposición Transitoria Única.

El Ministerio del Poder Popular con competencia en materia petrolera coordinará con el Servicio Nacional Integrado de Administración Aduanera y Tributaria y el Ministerio del Poder Popular para el Trabajo, *todas las medidas tendentes a identificar cualquier desviación de la legislación fiscal, convenios laborales y contratos vigentes*".

¿Qué sentido tiene la "orden" si esas, por la naturaleza de las cosas, son funciones propias de esas Administraciones Públicas? Si nada agrega, si nada añade, ¿cuál es entonces el verdadero propósito u objetivo de esa "orden"? La verdad sea dicha, entendemos que la Disposición no es más que una (clara) advertencia, una (grosera) *amenaza*, esto es, una (burda) *medida intimidatoria*, proferida por el Poder para cohibir o reprimir a quienes, libres de ese *injusto* apremio o presión, en otras circunstancias hubieran ponderado seriamente la posibilidad de demandar la nulidad de la Ley, por *inconstitucional*. El nuestro es hoy por hoy un Estado autoritario, porque el principio de División del Poder carece de vigor; un Estado que aprueba normas despóticas, porque en él, por la ausencia de una justicia independiente, campea la impunidad[16]; un Estado en que la *violencia* ha pasado a formar parte del ejercicio (ordinario) del Poder Público por las instituciones.

La *amenaza* o *intimidación*, suscrita por la Asamblea Nacional y refrendada por el Presidente de la República sin ningún rubor, con absoluta desvergüenza, pone de bulto, y nos duele tener que reconocerlo, que en estos últimos años el país civilizado al cual todos aspirábamos se ha ido tornado en una realidad cada vez más lejana, más distante.

## VI.    LA LEY A LA LUZ DE LOS TRATADOS PARA PROMOVER Y PROTEGER INVERSIONES (BIT'S)

Los reparos u objeciones que anteceden son -todos ellos- de Derecho interno. Por consiguiente, en el presente Capítulo analizaremos las distintas medidas contenidas en la Ley y en las Resoluciones que la ejecutan, a la luz de los Tratados Bilaterales de Promoción y Protección de Inversiones (BIT's) suscritos y ratificados por el Estado venezolano a lo largo de los últimos años. En concreto, nos interesa poner de relieve cómo la Ley y sus Resoluciones no pueden ser reconciliadas con *i.* el deber de brindar trato justo y equitativo (*fair and equitable treatment*), *ii.* las garantías procedimentales que han de rodear la expropiación forzosa y *iii.* la justa indemnización (*prompt, adequate and effective compensation*) que ha de serle saldada al sujeto expropiado.

1.    El trato justo y equitativo ("*fair and equitable treatment*") al cual tiene derecho un inversionista protegido por un BIT[17] es un concepto jurídico indeterminado garantizado bajo diversas fórmulas o redacciones. En el Acuerdo (BIT) Venezuela-Francia[18] se dispone, *exempli gratia*, que "cada una de las Partes Contratantes se compromete a conceder, en su territorio y en su zona marítima, un *trato justo y equitativo*, conforme a *las reglas y principios del Derecho Internacional*, a las inversiones de los nacionales y sociedades de la otra Parte Contratante y a garantizar que el ejercicio del derecho así adquirido no sea obstaculizado, de hecho ni de derecho". Otro tanto dispone el Acuerdo (BIT) Venezuela-Cuba, según el cual "cada Parte Contratante, *de conformidad con las normas y criterios del Derecho Internacional*, acordará a las inversiones de inversores de la otra Parte Contratante en su territorio, un *trato justo y equitativo*, les garantizará seguridad y protección jurídica plenas y se abstendrá

---

16    En propósito, consúltese Canova González, Antonio, *La realidad del contencioso administrativo venezolano (Un llamado de atención frente a las desoladoras estadísticas de la Sala Político-Administrativa en 2007 y primer semestre de 2008)*, Fundación de Estudios de Derecho Administrativo, Caracas, 2009. Por sólo citar un par de los datos -desoladores, sin lugar a dudas- compilados por Canova González, a lo largo del año 2007 y del primer semestre del año 2008, dieciocho (18) meses en total, la Sala Político-Administrativa del Tribunal Supremo de Justicia i. negó la medida cautelar de suspensión de efectos solicitada por los particulares en el 97% de los casos, y ii. rechazó el 100% de las demandas contractuales propuestas por las contrapartes de la Administración (Canova González, Antonio, *op. cit.*, pp. 64 y 70).

17    En torno a los conceptos jurídicos indeterminados consúltese a García de Enterría, Eduardo, y Fernández, Tomás Ramón, *Curso de Derecho Administrativo*, Tomo I, Editorial Civitas, S.A., Madrid 1991, pp. 455 y ss. En sentido coincidente, en el Laudo Enron Corporation and Ponderosa Assets. L.P v. Argentine Republic se afirmó que "...[the] fair and equitable treatment is a standard none too clear and precise" (Icsid Case N° ARB/01/3, Award, May 22nd, 2007, § 256).

18    Artículo 3.1 (*Gaceta Oficial* N° 37.896, del 11 de marzo de 2004).

de obstaculizar con medidas arbitrarias o discriminatorias su administración, gestión, mantenimiento, uso, disfrute, ampliación, venta o liquidación"[19]. Finalmente, por sólo citar un Tratado más, el Acuerdo (BIT) Venezuela-Suecia establece que a "las inversiones de inversores de una Parte Contratante se les *otorgará en toda ocasión* un *trato justo y equitativo* de acuerdo con las *reglas internacionales del Derecho Internacional*. Ninguna Parte Contratante obstaculizará mediante medidas arbitrarias o discriminatorias la administración, mantenimiento, uso, disfrute o enajenación de tales inversiones así como la adquisición de bienes y servicios y la venta de su producción"[20].

¿Pero cuál es el alcance de ese impreciso concepto? Pues bien, la doctrina comparada afirma que la expresión tiene por finalidad proporcionar un estándar básico y general de protección ajeno al Derecho interno del Estado receptor de la inversión -*i.e.*, un estándar absoluto-, y que su significado, por definición variable, sólo puede ser precisado cuando ha de ser aplicado a un supuesto de hecho concreto o específico[21]. Lo que sí es cierto, empero, es que por causa del derecho a un trato justo y equitativo las medidas adoptadas por un Estado deben respetar u observar los dos extremos, complementarios entre sí, que de seguida se mencionan: La actuación estatal, primero que nada, debe ser transparente. En virtud de ese *principio de transparencia*, el Estado se halla en el deber de elaborar normas claras e inteligibles en materia de inversiones extranjeras[22]. Más aún, esa transparencia supone consultas e intercambios de información (siempre previos) con los inversionistas interesados, de manera que cualquier modificación normativa les resulte predecible[23]. En segundo lugar, el inversio-

---

19    Artículo 4.1 (*Gaceta Oficial* N° 37.913, del 5 de abril de 2004).

20    Artículo 2(2), (*Gaceta Oficial* N° 5.192 Extraordinario, del 18 de diciembre de 1997).

    Aunque la regulación de los distintos Tratados Bilaterales de Inversión (BITs) es dispar y el nivel de protección brindado al inversionista depende de la letra del específico Tratado que el particular puede invocar, la doctrina ha destacado que esos Tratados, bilaterales en cuanto a su forma, son o terminan siendo multilaterales en cuanto a sus efectos, pues por causa de la cláusula de la nación más favorecida (MFN) o del inversionista más favorecido que cada uno de ellos contiene, en realidad conforman una verdadera red, un sistema, cuyas previsiones terminan siendo generales, homogéneas, para todos los inversionistas protegidos (Salomoni, Jorge Luis, "Los Tribunales Arbitrales Internacionales y el Contencioso Administrativo Argentino", en *El Derecho Público a los 100 Números de la Revista de Derecho Público 1980-2005*, Editorial Jurídica Venezolana. Caracas 2006, p. 981).

21    Dolzer, Rudolph y Stevens, Margaret, *Bilateral Investment Treaties*, Martinus Nijhoff Publishers, Netherlands 1995, p. 58.

22    Commission v. Italy, en Arnull, Anthony, *The European Union and its Court of Justice*, Oxford EC Law Library, Oxford University Press, Oxford (Inglaterra) 1999, p. 193.

23    Caso: *Metalclad Corporation v. Estados Unidos Mexicanos*, N° ARB(AF)/97/1, 30 de agosto de 2000, sección 99; Caso: *Occidental Exploration and Production Company v. República de Ecuador*, N° UN 3467, 1° de julio de 2004; y, Caso: *CMS Gas Transmission Company v. Argentine Republic*, N° ARB/01/8, 12 de mayo de 2005, sección 276.

    Comoquiera que los cambios normativos deben ser predecibles, la estabilidad del sistema normativo (i.e., la interdicción de cambios súbitos o repentinos que, por inesperados, puedan llegar a frustrar las expectativas legítimas del inversionista) es un valor digno de tutela. Sobre este particular vale la pena tener presente, *exempli gratia*, la Exposición de Motivos del Acuerdo (BIT) Venezuela-Uruguay, en la que los Estados contratantes declaran estar "convencidos de que para alcanzar estos fines [esto es, para crear y mantener condiciones favorables para las inversiones] es importante asegurar la seguridad jurídica y medios imparciales y eficientes para la solución de controversias" (*Gaceta Oficial* N° 36.519, del 18 de agosto de 1998). También que la Sala Político-Administrativa de la Corte Suprema de Justicia venezolana ha dejado sentado que la seguridad ju-

nista tiene derecho a la participación en los trámites que guarden relación con la elaboración de las normas que puedan afectarlo. Y, como contrapartida, el Estado debe tomar en cuenta las observaciones que los inversionistas puedan formular cuando participan en tales procedimientos[24].

Ahora bien, comoquiera que la ocupación de las empresas, la extinción de los contratos de servicio, y también la indebida apropiación -*manu militare*- de las autorizaciones, permisos y registros de las empresas expropiadas, fueron, todas ellas, medidas decretadas directamente por la Ley, luce pertinente reiterar aquí que el artículo 211 de la Constitución venezolana obliga a la Asamblea Nacional a consultar el parecer u opinión de los ciudadanos y de la sociedad organizada (incluidos, porque no puede ser de otra manera, los destinatarios directos de las normas) *antes* de sancionar las leyes. Pero es más, teniendo presentes tales medidas también resulta pertinente tener presente el fallo pronunciado años atrás por el Tribunal Europeo de Derechos Humanos en el célebre caso *Rumasa*. Luce pertinente citar ese fallo, decíamos, porque en el presente caso a los destinatarios de la medida -y otro tanto ocurrió, *mutatis mutandis*, en el asunto *Rumasa*- se les negó el derecho a participar en el trámite que culminó con la expropiación forzosa de sus bienes por causa de la "artificial" transformación en acto legislativo de unas medidas que "por definición" debieron haber sido administrativas o judiciales. Y a la luz de ese dato, el Tribunal Europeo de Derechos Humanos sugirió o dio a entender que la *garantía* prevista por el artículo 6.1 del Convenio de Derechos Humanos, que le asegura al particular el derecho a *audiencia previa*, debía ser observada o respetada *incluso en sede legislativa*, particularmente cuando el trámite para la aprobación de las leyes tuviere por objeto una ley de contenido "singular" o "individual" -singular o individual porque afecta a un grupo limitado y determinado de sujetos-[25].

Con base en las premisas sentadas con anterioridad, pareciera posible afirmar que el Estado venezolano infringió la garantía de trato justo y equitativo al discutir, sancionar y promulgar una ley "singular" o "individual" a espaldas de los particulares, afectados por las

---

rídica, es decir, al derecho fundamental al Derecho, tiene rango o jerarquía constitucional (fallo de fecha 30 de octubre de 1997, asunto Luis Enrique Pages).

24    Ortino, Federico, From 'non-discrimination' to 'reasonableness': a paradigm shift in international economic law?, Jean Monnet Working Paper 01/05, en www.jeanmonnetprogram.org, pp. 36 y ss.

25    En su fallo el Tribunal constató, por una parte, que mediante decisión del 19 de diciembre de 1986 la Corte Constitucional española había sostenido -con dos votos salvados- que los artículos 1° y 2° de la Ley (expropiatoria) N° 7/1983 eran compatibles con el artículo 24 de la Constitución española, que garantiza el derecho a la tutela judicial efectiva, pero al mismo tiempo reconoció que la expropiación legislativa -i.e., las realizadas mediante ley especial referida a un caso específico- limitaba los derechos de las personas afectadas (*Ruiz Mateos v. Spain judgment of 24 June 1993*, Series A N° 262). Consúltese Gallardo Castillo, María Jesús, "Rumasa ante el Tribunal Europeo de Derechos Humanos", en *Revista de Derecho Administrativo* N° 84, Editorial Civitas, S.A., Madrid 1994, 613 y ss.

Copiado a la letra el artículo 6.1 del Convenio dispone que "toda persona tiene derecho a que su causa sea oída equitativa, públicamente y dentro de un plazo razonable, por un Tribunal independiente e imparcial, establecido por la Ley, que decidirá los litigios sobre sus derechos y obligaciones de carácter civil o sobre el fundamento de cualquier acusación en materia penal dirigida contra ella. La sentencia debe ser pronunciada públicamente, pero el acceso a la Sala de Audiencia puede ser prohibido a la prensa y al público durante la totalidad o parte del proceso en interés de la moralidad, del orden público o de la seguridad nacional en una sociedad democrática, cuando los intereses de los menores o la protección de la vida privada de las partes en el proceso así lo exijan o en la medida considerada necesaria por el Tribunal, cuando en circunstancias especiales la publicidad pudiera ser perjudicial para los intereses de la justicia".

medidas expropiatorias -*rectius*, confiscatorias-, cuyas identidades eran conocidas de antemano o, en el peor de los casos, podían ser determinadas sin mayores contratiempos.

Sin perjuicio de lo ya aseverado, luce pertinente una reflexión complementaria, referida a la Disposición Transitoria Única de la Ley, que obliga al Ministerio con competencia en materia petrolera a coordinar acciones con las autoridades impositivas y del trabajo para "...identificar cualquier desviación de la legislación fiscal, convenios laborales y contratos vigentes". Una reflexión complementaria porque al tratarse de un *mecanismo de opresión*, esto es, un instrumento de *coerción y acoso indebidos* sobre los propietarios de las empresas sometidas a expropiación -una suerte de recordatorio sobre la "inconveniencia" de oponerse a la injusta Ley (*supra*, Capítulo V)-, la violencia que subyace o se oculta tras la letra de Disposición, eso entendemos nosotros, contradice abiertamente el deber del Estado de brindar un trato justo y equitativo[26].

Conforme a la jurisprudencia, pero sobre ello disertaremos *infra* (Capítulo VI, número 3), la infracción del derecho a un trato justo y equitativo obliga al Estado a pagar una indemnización (*compensation*) "completa, pronta y adecuada"[27].

2. Por lo que se refiere al derecho de propiedad y las garantías que han de rodear toda medida expropiatoria, cabe citar, a título de ejemplo, el artículo 4.1 del Acuerdo (BIT) Venezuela-Unión Económica Belgo-Luxemburguesa, que dispone textualmente:

"Medidas Privativas o Restrictivas de la Propiedad.

1.- Cada una de las Partes Contratantes se obliga a no adoptar ninguna medida de expropiación o nacionalización, ni cualquiera otra cuyo efecto sea desposeer directa o indirectamente a los inversores de la otra Parte Contratante de las inversiones que les pertenezcan en su territorio, salvo si cumplen las condiciones siguientes:

a) que las medidas se adopten por razones de utilidad pública o de interés nacional;

b) que las medidas sean adoptadas de conformidad con los procedimientos legales;

c) que no sean ni discriminatorias, ni contrarias a un compromiso específico relativo al trato de una inversión;

d) que vengan acompañadas de disposiciones que prevean el pago de una indemnización adecuada y efectiva".

Una detenida lectura de la norma transcrita *supra* evidencia que los BIT's contemplan una doble garantía: En primer lugar, con su regulación de la expropiación *de iure* o de Derecho (*Direct Taking*) salvaguardan el derecho de propiedad desde el punto de vista formal, porque se ocupan de las medidas estatales que comportan un cambio (formal) de titularidad. En segundo término, más allá de las formas, de las meras apariencias, con su regulación de la expropiación *de facto* o de hecho (*Indirect Taking*) garantizan la vigencia práctica o efectiva, la sustancia, del derecho de propiedad amparado por el Tratado[28].

---

26   Tudor, Ioana, *The Fair and Equitable Treatment Standard in the International Law if Foreign Investment*, Oxford Monographs in International Law, Oxford University Press, 2008, p. 169.

27   Caso: *MTD Equity Sdn. Bhd. et al. v. República de Chile*, N° ARB/01/7, 25 de mayo de 2004, Sección 238.

28   Sporrong and Lönnroth v. Sweden, ECHR judgement of September 23rd, 1982, Series A, N° 52. También Curtis, Jr., Jerome J., "Comparison of the Regulatory Takings under the United States

Mencionamos ambas garantías porque más allá de la expropiación de *iure*, aún en trámite o proceso, que eventualmente culminará con la formal transferencia de título sobre bienes y empresas, la (inmediata) toma de "control" de las operaciones y bienes de las empresas de servicio ordenada por la Ley luce, todo apunta a ello, como una expropiación *de facto*, esto es, como una medida estatal que impide -y de manera permanente- el libre ejercicio de atributos esenciales del derecho de propiedad protegido por la Constitución y los BIT's. Vale la pena recordar en propósito, por una parte, que a través de la Resolución número 67, dictada en ejecución de la Ley, se instruye u ordena a Petróleos de Venezuela, S.A. a "...*tomar el control de las operaciones y posesión inmediata de las instalaciones, documentación, bienes y equipos...*" de las empresas expropiadas; y por la otra, que en la Resolución número 66, mediante la cual se creó el Comité Estratégico de Ejecución, órgano integrado única y exclusivamente por dependientes de PDVSA, se le encomendó a dicho Comité la tarea de determinar "...*la forma de operación de los servicios* y la modalidad de transferencia de los bienes..." expropiados. La administración de bienes y empresas ha sido secuestrada *lato et improprio sensu*. En palabras de Aldrich,

"...si bien es cierto que la toma de control de una propiedad por el Estado no permite concluir, de manera automática e inmediata, que la propiedad ha sido expropiada, y que, por tanto, se debe una compensación de acuerdo al Derecho internacional, *debe concluirse que ha mediado expropiación cuando los hechos acreditan que el dueño ha sido privado de atributos esenciales de su propiedad y esa privación no luce efímera*. La intención del Estado es menos importante que los efectos de las medidas sobre el dueño, y la forma de las medidas de control e interferencia es menos importante que su impacto real"[29].

En adición a lo ya dicho, cabe agregar que esa expropiación *de facto* es contraria al Derecho interno, porque comoquiera que no medió trámite judicial alguno para la ocupación de bienes y empresas, la medida de ocupación y toma de control no fue adoptada y ejecutada cumpliendo los requisitos concurrentes previstos por el artículo 115 de la Constitución venezolana. Esa forma de obrar contravino, pues, "...el debido proceso legal"[30].

3. Por lo que se refiere al derecho al pago de *justa compensación*, permítasenos citar ahora el Acuerdo (BIT) Venezuela-Gran Bretaña e Irlanda del Norte, a tenor del cual

"las inversiones de nacionales o sociedades de una Parte Contratante no serán sometidas a nacionalización, expropiación o a medidas que en sus efectos equivalgan a nacionalización o expropiación (que en lo sucesivo se denominan "expropiación") en el territorio de la otra Parte Contratante salvo para fines públicos relacionados con las necesidades internas de dicha Parte Contratante, en forma no discriminatoria y con *indemnización pronta, adecuada y efectiva*. Dicha compensación equivaldrá al *valor real de la inversión* expropiada inmediatamente antes de la fecha de la expropiación o antes de la fecha en que se haga de conocimiento público la expropiación inminente, cualquiera que sea anterior; comprenderá los intereses al tipo comercial normal hasta la fecha en que se efectúe el pago; *se efectuará sin*

---

Constitution and the European Convention on Human Rights", *European Law Review*, Volume 14, Sweet & Maxwell, London 1989, p. 73.

29　*ITT Industries, Inc. v. The Islamic Republic of Iran et al.* (Concurring Opinion), en Aldrich, George H., *The Jurisprudence of the Iran-United States Claims Tribunal*, Clarendon Press, Oxford 1996, pp. 175 y 176. En idéntico sentido, consúltese Case: *Compañía del Desarrollo de Santa Elena, S.A. v. The Republic of Costa Rica*, N° Arb/96/1, Final Award, February 17th. 2000, Paragraph 77.

30　Artículo 4.1 del Acuerdo entre el Gobierno de la República de Venezuela y el Gobierno de la República Federativa del Brasil para la Promoción y Protección Recíproca de las Inversiones (*Gaceta Oficial* Nº 36.268 del 13 de agosto de 1997).

*demora, y será efectivamente realizable y libremente transferible*. El nacional o sociedad afectada tendrá derecho, en virtud de las leyes de la Parte Contratante que efectúe dicha expropiación, a una pronta revisión, por parte de una autoridad judicial u otra autoridad independiente de dicha Parte Contratante, de su caso y del avalúo de su inversión de conformidad con los principios establecidos en este párrafo"[31].

Por lo que se refiere a la determinación de la justa indemnización otros Bit's emplean una redacción un tanto diferente. En efecto, el Acuerdo (BIT) Venezuela-Francia dispone que "todas las medidas de expropiación que pudieran tomarse deben dar lugar al pago de una pronta y adecuada *indemnización* cuyo monto, *igual al valor real de las inversiones* en cuestión...", precisando luego que dicho valor "...debe ser *tasado con relación a la situación económica normal* que prevalecía antes de que se hiciera pública toda amenaza de medidas de expropiación"[32]. Por su parte el Acuerdo (BIT) Venezuela-Canadá dispone que la "...compensación se basará en el *valor genuino de la inversión* o de *las ganancias expropiadas* inmediatamente *antes de la expropiación* o al momento en que la expropiación propuesta se haga del conocimiento público..."[33].

¿Qué significan esas previsiones? ¿Cómo han de ser interpretadas? El punto de partida es el asunto *Chorzów Factory*[34], en el que se sostuvo que cuando media expropiación el Estado, conforme a la regla de la *restitutio in integrum*, se halla obligado a reparar todos y cada uno de los daños sufridos por el dueño de la propiedad expropiada. En su fallo la Corte Permanente de Justicia Internacional precisó que hasta donde ello sea posible, la indemnización debe *borrar todas las consecuencias del acto* ilegal y *reestablecer la situación* que hubiera existido si el acto expropiatorio no hubiera sido dictado.

Por consiguiente, para determinar la indemnización resulta necesario valorar, entre otros activos, los derechos contractuales de la empresa expropiada -en nuestro caso, los contratos de servicio extinguidos[35]- y otros bienes intangibles, tales como el *goodwill* y las proyecciones o perspectivas económicas futuras -y, en nuestro caso, también los permisos, autorizaciones y registros transferidos al Estado-.

La jurisprudencia arbitral más reciente ha interpretado esas fórmulas de valoración de la siguiente manera:

"La pérdida sufrida por el demandante es el estándar general comúnmente utilizado por el Derecho internacional cuando se trata de [medir los] perjuicios a la propiedad, lo que usualmente incluye el capital, la *pérdida de ganancias* y los gastos... Dependiendo de las circunstancias, varios métodos han sido utilizados por los tribunales para determinar la compensación que debe ser pagada, pero el concepto general sobre el cual se basa la valoración comercial de los activos es el de *"justo valor de mercado"*.

En el ámbito internacional dicho concepto tiene una definición reconocida que reza así:

---

31    Artículo 5(1), (*Gaceta Oficial* N° 36.010, del 30 de julio de 1996).

32    Artículo 5.1 (supra, nota a pie de página N° 16).

33    Artículo VII, numeral 1° (*Gaceta Oficial* N° 5.207 Extraordinaria, del 20 de enero de 1998).

34    Chorzów Factory (Germany v. Poland) 1928 P.C.I.J., Ser. A. N° 17 (Judgement of 13 September 1928), luego confirmado, entre muchos otros, por  Amoco International Finance Corp. v. The Government of the Islamic Republic of Iran, et al. (Aldrich, George H., *The Jurisprudence of the Iran-United States Claims Tribunal*, Clarendon Press, Oxford 1996, pp. 230-234).

35    Leena Goldfields, Ltd. V. Russia (Judgment of 3 September 1930), reproducido en Cornell L.Q. 42, 51-52 (1950).

*"el precio, en dinero efectivo, en el que, en un mercado abierto y sin restricciones, el derecho de propiedad cambiaría de manos entre un hipotético vendedor y un hipotético comprador no relacionados entre sí, cuando ninguno de ellos está compelido a comprar o vender y cuando ambos, siendo legalmente capaces para obligarse, tienen un razonable conocimiento de los hechos relevantes"*[36] (el resaltado es nuestro).

Los BIT's citados *supra* incorporan la Cláusula Hull -*Hull Clause* o *Hull Standard*, porque el primero en formularla fue el Secretario de Estado norteamericano Cordell Hull- "...que supone "completa, pronta y adecuada" compensación", y que, por tanto, exige que la indemnización adeudada al inversionista sea determinada de acuerdo a "...*estándares basados en el mercado...*"[37].

La conclusión es obvia: El método de valoración propuesto por la Ley es manifiestamente contrario a la letra y el espíritu de los compromisos asumidos por el Estado venezolano de acuerdo a los BIT's y el *Derecho Global*. Afirmamos que el "valor en libros" o *book value* de los bienes o activos empresariales -criterio, hoy en día en "desuso" por causa de la aprobación y ratificación de los BIT's, empleado en diferentes transacciones celebradas tras la expropiación de la industria petrolera, principalmente en 1973- es manifiestamente contrario al Derecho Global, porque ignora la existencia de otros activos empresariales (intangibles), como son los derechos contractuales, las patentes, el *know-how* y el *goodwill*, y porque ignora, además, que los bienes expropiados, lejos de ser bienes aislados o inconexos destinados a ser luego vendidos o enajenados individualmente, en realidad forman parte integrante de una empresa -*i.e.*, de un *ongoing concern*- productora de rentas[38]. Así las cosas, por lo que se refiere a los inversionistas internacionales protegidos, el método de valoración es -lisa y llanamente- ilegal, esto es, arbitrario. Vale la pena tener presente que de acuerdo al artículo 31 de los Artículos de la Comisión de Derecho Internacional sobre la responsabilidad internacional del Estado establece:

"Reparación

1. El Estado responsable tiene la obligación de reparar de manera íntegra los perjuicios causados por un acto contrario al Derecho Internacional. 2. Perjuicio incluye cualquier daño, tanto material como moral, causado por el acto estatal contrario al Derecho Internacional"[39].

---

36   Case: *CMS Gas Transmission Company v. Argentine Republic* N° ARB/01/8, May 12th, 2005, Paragraph 402). En idéntico sentido, consúltense los asuntos Caso: *Asian Agricultural Products Ltd. (AAPL) v. Republic of Sri Lanka*, N° ARB/87/3, 27 de junio de 1990, sección 96 ("In the absence of a stock market... the evaluation of the shares owned by AAPL in Serendib has to be established by the alternative method of determining what was the reasonable price a willing purchaser would have offered to AAPL to acquire its share[s]..."); y, James Saghi (en Bishop, R. Doak, Crawford, James y Reisman W. Michael, "Foreign Investment Disputes", *Kluwer Law International*, The Hague (The Netherlands), 2005, p. 854). Véase también a Bergman, Mark S., *Bilateral Investment Protection Treaties: An Examination of the Evolution and Significance of the U.S. Prototype Treaty*, 16 N.Y.U. J. Int'l L. & Pol. 1 1983-1984, p. 40.

37   Van Harten, Gus, *Investment Treaty Arbitration and Public Law*, Oxford University Press, Oxford 2007, p. 91.

38   Bishop, R. Doak, Crawford, James y Reisman W. Michael, *op.cit.*, p. 1349. En contra de este criterio de valoración también se pronuncian McLachlan, Campbell, Shore, Laurence y Weiniger, Matthew, *International Investment Arbitration*. Substantive Principles, Oxford University Press, 2007, p. 320.

39   Crawford, James, *The International Law Commissions's Articles on State Responsibility. Introduction, Text and Commentaries*, Cambridge University Press, Cambridge (United Kingdom) 2005, p. 201.

## VII. UNA REFLEXIÓN FINAL: EL DECRETO-LEY PARA PROMOVER Y PROTEGER INVERSIONES

¿Qué cabe decir de los nacionales expropiados, habida consideración que los venezolanos, por su nacionalidad, no pueden invocar (directamente) los BIT's suscritos y ratificados por la Nación venezolana?

A nuestro entender, la respuesta a dicha pregunta se encuentra en el Decreto con Rango y Fuerza de Ley de Promoción y Protección de Inversiones venezolano[40], cuyo artículo 10 textualmente dispone que "las inversiones y los inversionistas venezolanos tendrán derecho a un trato no menos favorable que el otorgado a las inversiones internacionales, o a los inversionistas internacionales, según corresponda, en circunstancias similares", porque en esta previsión legal, que *equipara* los inversionistas nacionales a los extranjeros, encuentra su justificación -esa es su *ratio*- en el hecho de que el origen de los capitales y de las inversiones *no* constituye *criterio válido* -esto es, razonable- para brindarle a los nacionales un trato dispar e inferior al reconocido a los extranjeros.

El Decreto-Ley para la promoción y protección de inversiones establece, dicho sea de paso, que las inversiones, tanto nacionales como internacionales, tendrán derecho a un *trato justo y equitativo*, conforme a las normas y criterios del derecho internacional, y que no serán objeto de medidas arbitrarias o discriminatorias que obstaculicen su mantenimiento, gestión, utilización, disfrute, ampliación, venta o liquidación; que sólo se realizarán *expropiaciones* de inversiones, o se aplicarán a éstas medidas de efecto equivalente a una expropiación, por causa de utilidad pública o de interés social, *siguiendo el procedimiento legalmente establecido* a estos efectos, de manera no discriminatoria y mediante una *indemnización pronta, justa y adecuada*; que la indemnización será equivalente al *justo precio* que la inversión expropiada tenga inmediatamente antes del momento en que la expropiación sea anunciada por los mecanismos legales o hecha del conocimiento público, lo que suceda antes; que la indemnización, que incluirá el pago de intereses hasta el día efectivo del pago, calculados sobre la base de criterios comerciales usuales, se abonará sin demora; y, que las indemnizaciones a que haya lugar con motivo de expropiaciones de inversiones internacionales serán abonadas en *moneda convertible* y serán libremente transferibles al exterior (artículos 6° y 11).

---

40    *Gaceta Oficial* N° 5.390, del 22 de octubre de 1999.

# JURISPRUDENCIA

# Información Jurisprudencial

## *Jurisprudencia Administrativa y Constitucional (Tribunal Supremo de Justicia y Cortes de lo Contencioso Administrativo): Segundo Trimestre de 2009*

Selección, recopilación y notas
por Mary Ramos Fernández
*Abogado*
*Secretaria de Redacción de la Revista*

Marianella Villegas Salazar
*Abogado Asistente*

SUMARIO

I.  EL ORDENAMIENTO CONSTITUCIONAL Y FUNCIONAL DEL ESTADO

1. *El Ordenamiento Jurídico.* A. Principio de Legalidad: Reserva legal en materia sancionatoria. 2. *Responsabilidad Patrimonial del Estado: Prueba de los daños.*

II.  DERECHOS Y GARANTÍAS CONSTITUCIONALES

1. *Garantías Constitucionales.* A. La garantía de igualdad ante la Ley. B. La garantía de acceso a la Justicia: Perdida del Interés procesal. C. Las garantías del debido proceso: Derecho a la Defensa. D. Imputabilidad penal de las personas jurídicas. 2. *Derechos Constitucionales.* A. Derechos Individuales. a. Libertad Personal: Pena de sujeción a la vigilancia de la autoridad. b. Derecho a la libre expresión del pensamiento y el derecho a la información. B. Derechos Sociales. a. Protección de los niños y adolescentes. b. Derecho a la vivienda. c. Derechos Laborales: Protección (solvencia laboral). C. Los Derechos Culturales y Educativos: El derecho al deporte. D. Derechos Ambientales: Derecho al ambiente y desarrollo urbanístico.

III.  EL ORDENAMIENTO ORGÁNICO DEL ESTADO

1. *Régimen del Poder Público Nacional.* A. Régimen de la Administración Pública: Potestad sancionatoria. Prescripción. B. El Poder Judicial. a. Tribunal Supremo de Justicia: Facultad de Avocamiento. b. *Regulación de Jurisdicción. Falta de jurisdicción. Arbitraje.*

IV.  EL ORDENAMIENTO ECONÓMICO DEL ESTADO

1. *Libertad Económica: Límites.* 2. *Régimen de la Moneda: Poder adquisitivo (indexación).*

V.  LA ACTIVIDAD ADMINISTRATIVA

1. *El Procedimiento Administrativo.* A. Derecho de los administrados: Derecho a la defensa y debido proceso. B. Medidas Cautelares. C. Pruebas: irrecurribilidad del acto de admisión de pruebas. 2. *Reglamentos.* 3. *Actos Administrativos: Requisitos de proporcionalidad y racionalidad.* 4. *Contratos Administrativos: Rescisión unilateral.*

VI.   LA JURISDICCIÓN CONTENCIOSO ADMINISTRATIVA

1. *El Contencioso Administrativo de Anulación.* A. Legitimación en defensa de intereses difusos: Inspector General de Tribunales. B. Pruebas: Perito-testigo. C. Sentencia: Apelación. Fundamentación. D. Perención. 2. *El Contencioso Administrativo Especial.* A. El Contencioso Administrativo de los Contratos. B. El Contencioso Administrativo de los Conflictos: Procedimiento.

VII.   LA JUSTICIA CONSTITUCIONAL

1. *Acción de Amparo Constitucional.* A. Admisibilidad: Legitimación activa. B. Amenaza de lesión.

VIII.   FUNCIONARIOS PÚBLICOS

1. *Responsabilidad administrativa.* 2. *Sanciones accesorias.* 3. *Responsabilidad disciplinaria.*


I.   **EL ORDENAMIENTO CONSTITUCIONAL Y FUNCIONAL DEL ESTADO**

1.   *El Ordenamiento Jurídico*

A.   *Principio de Legalidad: Reserva legal en materia sancionatoria*

**TSJ-SC (834)**                                            **18-6-2009**

Magistrado Ponente: Carmen Zuleta de Merchán

Caso: Corpomedios GV Inversiones, C.A., (GLOBOVISIÓN) y RCTV, C.A. vs. Artículos 171 cardinal 6; 183, parágrafo único; 208 cardinales 1 y 8, y 209 de la Ley Orgánica de Telecomunicaciones y otra normativa.

**La Sala Constitucional determina que la estipulación efectuada por el artículo 208 de la Ley Orgánica de Telecomunicaciones no reviste inconstitucionalidad alguna, al haber establecido por razones de transición una remisión al ordenamiento sublegal que estuviese vigente y que venía aplicándose durante la permanencia de la ley anterior, por lo que el sistema empleado por el legislador, dentro de la potestad que éste posee para considerar y valorar las razones por las cuales decidió mantener con carácter temporal el sistema reglamentario en materia de emisiones de contenidos, no puede calificarse de inconstitucional, dado que está dentro del ámbito de la potestad legislativa confirma la permanencia de las disposiciones anteriores, y hace remisión efectiva de las mismas en caso de así considerarlo necesario.**

Establecidas las consideraciones de las partes, esta Sala transcribe el contenido de la disposición normativa impugnada, el cual, es el siguiente:

*Artículo 208.* Hasta tanto se dicte la ley que regule el contenido de las transmisiones y comunicaciones cursadas a través de los distintos medios de telecomunicación, el Ejecutivo Nacional, mediante reglamento, podrá seguir estableciendo las regulaciones que considere necesarias. Se mantendrán en vigencia, salvo lo que disponga la Asamblea Nacional o el Ejecutivo Nacional, según el caso, todas las disposiciones legales y reglamentarias y cualquier otra de carácter normativo que regulen, limiten o restrinjan, el contenido de dichas transmisiones o comunicaciones y, en especial, aquellas contenidas en:

1. Decreto N° 2427 de fecha 1 de febrero de 1984, mediante el cual se establece el Reglamento de Radiocomunicaciones, publicado en la *Gaceta Oficial* N° 3.336 de fecha 1 de febrero de 1984.

(*omissis*)

8. Reglamento Parcial sobre Transmisiones de Televisión publicado mediante Decreto N° 2.625 del 5 de noviembre de 1992, publicado en la *Gaceta Oficial de la República de Venezuela* N° 35.996, del 20 de noviembre de 1992.

Corresponde a la Sala analizar si el medio empleado por el legislador para mantener la regulación normativa sobre los mensajes emitidos por los medios de comunicación resulta acorde con el principio de legalidad en materia de regulación de los derechos constitucionales y de la reserva legal en materia sancionatoria; por lo que debe considerarse si la técnica empleada, referente a la remisión efectuada por la ley a los reglamentos dictados durante la vigencia de la Ley de Telecomunicaciones de 1940, resulta violatoria de los derechos constitucionales invocados.

La disposición en cuestión preservó la vigencia de los instrumentos normativos que venían regulando la emisión de contenidos de expresión e información por los operadores de telecomunicaciones, permitiendo mantener la vigencia del Reglamento de Radiodifusión y del Reglamento Parcial de Televisión. En el presente caso existe una evidente remisión normativa la cual se estipuló con el objeto de preservar, dentro del margen de las disposiciones transitorias de la ley, un régimen temporal que regulase los mensajes emitidos través de las telecomunicaciones hasta tanto se dictase el respectivo instrumento legal aplicable.

En este caso se entiende que al haberse confirmado la vigencia de los reglamentos, aun con la entrada en vigencia de la Ley Orgánica de Telecomunicaciones, obedece al hecho de que al momento de dictarse la nueva ley, ésta se concibió como el cuerpo legal que delimitaría únicamente los aspectos específicos del medio de las telecomunicaciones, tales como: el uso del espectro radioeléctrico, la sustitución de la noción del servicio público por la actividad de interés general; y el efecto de esta declaratoria sobre la participación de los particulares en ese sector; su régimen de concesiones y habilitaciones, sistema impositivo, de servicio universal, sancionatorio, penal, entre otros, específicamente relacionados al ámbito técnico, estableciendo en lo concerniente a la emisión de contenidos una disposición de tipo especial para la preservación de las reglamentaciones existentes, hasta tanto fuese el mismo Poder Legislativo el que legislase sobre la materia.

Al respecto, dada la remisión que establece la norma, la Sala ha interrelacionado la limitación de los derechos constitucionales, su vinculación con la reserva legal y la técnica de la habilitación que realiza el legislador en prosecución del desarrollo normativo a través del reglamento.

En lo que corresponde al principio de legalidad y su vinculación con la potestad sancionatoria en materia administrativa, el artículo 49.6 de la Constitución de la República Bolivariana de Venezuela establece que los entes u órganos con potestad en el ejercicio de la función administrativa no pueden aplicar su potestad coactiva sin fundamento en normas de rango legal. Este principio establece una doble connotación: por un lado, impone el deber para el Estado de legislar en materia sancionatoria, como restricción o delimitación de los derechos constitucionales; y, por el otro, comporta una garantía para la ciudadanía de que solamente tendrán comprometida su responsabilidad cuando así se encuentre prevista legalmente.

En el ámbito administrativo, los principios aludidos exigen que las actividades sancionatoria y disciplinaria estén sujetas al marco de la legalidad; sin embargo, es de destacar que la legalidad no detenta la misma rigurosidad en la materia penal que en la administrativa.

En materia administrativa y, específicamente, en el régimen sancionatorio, el principio de legalidad no puede entenderse de manera absoluta, considerando a la ley como el único medio llamado a establecer de forma exhaustiva los tipos y las sanciones correspondientes al marco regulatorio. En tal sentido, la interpretación de este sistema históricamente ha venido desarrollándose desde la entonces Corte Suprema de Justicia, quien, en consideración al modelo empleado por el legislador en esta materia, había declarado que cabe la remisión al reglamento si la ley delimita de manera suficiente cuál es la conducta antijurídica y los límites que se deben imponer a las sanciones, sin que ello valga a establecer, una formulación vaga de éstas. Así, la Sala Político-Administrativa de la extinta Corte Suprema de Justicia, en fallo del 5 de junio de 1985 (caso: *Difemer*), señaló, lo siguiente:

> ...las sanciones de carácter administrativo, según la intención y voluntad del legislador, pueden establecerse tanto en una ley como en un reglamento, pero, en este segundo caso, es necesario que la propia ley establezca que, por vía reglamentaria, se determinarán las sanciones. Ese ha sido el camino escogido por el legislador en numerosos casos, al autorizar o delegar al Poder Ejecutivo la determinación de las penas y de las sanciones a las infracciones de los administrados a la normativa legal y, en tal supuesto, se cumple con el precepto constitucional, pues el particular conoce, con antelación, cuáles son concretamente las sanciones aplicables a determinadas infracciones, y el poder administrador ejerce su acción dentro de cauces que no permiten posibles arbitrariedades y abusos de poder.

El carácter de las normas administrativas permite que la tipicidad delimitada en la proposición pueda basarse en cláusulas generales, las cuales permiten que se apliquen conceptos jurídicos indeterminados o lista de actos sancionados. Esta modalidad de aplicación normativa permite que el tipo no sea completamente delimitado en la ley, sino que exige la conjunción de otra norma, como lo sería el dispositivo que implementa el mandato de prohibición y el que indica que el incumplimiento de dicho mandato acarrea una infracción susceptible de sanción.

Esta Sala ha establecido con anterioridad (s.S.C. 1422 del 30 de junio de 2005), la procedencia en derecho de que exista habilitación hacia el reglamento de las materias que sean de la reserva legal, indicando, a tal efecto, que:

La práctica de esta modalidad es de vieja data en nuestro país y ha dado lugar a discusiones sobre si el reglamentista puede interferir en el ámbito de materias que la Constitución asigna a la ley. Al respecto, tanto la doctrina como la jurisprudencia (*v.gr.* s.S.C. N° 333/2004, del 9 de marzo, y N° 1613/2004, del 17 de agosto) se ha inclinado a aceptar que el reglamento delimite materias propias de la previsión legal, siempre y cuando la ley establezca los criterios y las materias a regular, es decir, la existencia previa de una autorización que exprese de forma específica, lacónica y con parámetros delimitados, el ámbito que la Administración debe normar, supuesto que no implica que el reglamentista quede atrapado en el simple hecho de copiar la norma legal, pues la habilitación, por sí misma, debe entenderse como la obligación de complementar técnicamente y con base en el conocimiento que la Administración tenga sobre la materia.

En definitiva, nuestro sistema jurídico es consecuente en aplicar para los sistemas regulatorios, la habilitación de las materias que el legislador permite por vía reglamentaria, siempre que se establezca de manera precisa los términos en que se efectúe la delegación.

Por otra parte, la correlación que puede implementarse entre la autorización y delimitación que acuerde la ley; así como su desarrollo por el reglamento, puede tener un mayor margen de amplitud cuando se establecen leyes especiales en razón de la especificidad de la materia, lo cual amerita un régimen especial de disciplina, supervisión y control de un sector fundamental en la actividad social o económica, entre los cuales se encuentran comprendidas las telecomunicaciones. La importancia de ciertos sectores económicos para el desarrollo del país y las actividades que despliegan es la que permite la implementación de ordenamientos especiales que establezcan la posibilidad de tipificar modalidades de regulación normativas que sean más efectivas que las modalidades tradicionales y que abarquen, en relación a la eficacia que se requiriere por la seguridad jurídica, la completa ordenación de las áreas en que se desenvuelven los operadores.

Esto permite, como ha ocurrido en el supuesto de lo que se ha entendido como ordenamientos jurídicos sectoriales, que pueda haber una amplitud por razones del interés público que extienda la modalidad de los medios sobre los cuales el Estado establece sus regulaciones y directrices normativas sobre ciertas áreas, teniendo una mayor libertad en la manera como implementa los mecanismos de normativización.

Muestra de lo anterior se encuentra determinada precisamente en la modalidad bajo la cual la Ley de Telecomunicaciones complementó su marco regulador mediante remisiones reglamentarias, luego de considerar que el sector exigía la reducción de los rigorismos en virtud del ámbito específico en que se implementa el sistema y por la condición particular de los actores que intervienen en él, dándose una modificación de la vinculación que puede tener la Administración con el resto de los administrados, a cambio de lo que se conoce como relaciones de sujeción especial, siendo viable que se permitan cambios en la regulación.

Precisamente, esta ha sido la consideración dada por la entonces Corte Suprema de Justicia en Pleno, mediante sentencia dictada el 13 de febrero de 1997, cuando determinó la particularidad existente entre los actos de rango sub legal promulgados con ocasión a la Ley de Telecomunicaciones de 1940, a saber:

...de esta forma, si bien puede sostenerse que en materia de sanciones administrativas rige como principio general el de la exigencia de una reserva legal, en los términos antes expuestos y como garantía general a la libertad dentro del marco de las relaciones ordinarias entre Administración y los administrados, no puede desatenderse la circunstancia de que, aún dentro de dicho régimen general y en esa clase de relaciones existe excepcionalmente la posibilidad de dar cabida o participación a los actos de rango sublegal para que desarrollen una labor de colaboración o complemento de la ley, no obstante tratarse de una materia como la sancionatoria, para la que rige la reserva de ley.

(...)

En efecto, todas las evidentes razones de orden público antes descritas condicionan precisamente la operatividad de un régimen muy distinto al que rige normalmente para cualquier ciudadano, régimen destinado a ofrecer plena satisfacción a la necesidad de que el servicio en cuestión y el derecho fundamental a él vinculado –la libre expresión del pensamiento- se presten y ejerzan dentro de los estrictos límites aludidos en el presente fallo justificándose en esa misma medida imprimir una matización en el rigor o grado con que de ordinario opera la exigencia de las garantías contempladas en nuestro ordenamiento al ejercicio de derechos, entre ellas la de reserva legal de tipificación aducida como vulnerada, más aún cuando ya esta posibilidad es admitida sin discusión, aunque excepcionalmente, en el régimen general y dentro del marco de las relaciones ordinarias entre Administración y los administrados, como se dejó establecido al comentar el contenido del artículo 10 de la Ley Orgánica de Procedimientos Administrativos, conforme al cual se deja abierta la posibilidad para que, justamente en una materia como la sancionatoria sujeta indiscutiblemente a reserva legal, tenga cabida la producción de actos sublegales que desarrollen labores de colaboración o complemento de la ley, claro está, dentro de los límites que ella fije.

(...)

En consecuencia y atendiendo a las anteriores consideraciones estima esta Corte que, en la medida en que constituyen normas conformadoras de un régimen jurídico especial, regulador de la prestación por particulares de un servicio público bajo la figura de la concesión o el permiso y, por tanto, propias de la relación de sujeción especial que los vincula a la Administración concedente, los artículo (*sic*) 24 de la Ley de Telecomunicaciones; 199 y 201 del Reglamento de Radiocomunicaciones; 2 del Decreto N° 849; 26 de la Resolución 1029 y 5 de la Resolución N° 65, y consecuentemente, la Resolución N° 327 que en ella se funda, no pueden estimarse violatorias de la garantías de la reserva legal de tipificación contemplada por el artículo 60, ordinal 2º de la Constitución de la República, por lo que resulta improcedente la impugnación que de los mismos hace la accionante por tal motivo, y así se declara.

Atendiendo al régimen particular de las habilitaciones o delegaciones, y su correlación con la especialidad normativa del régimen de las telecomunicaciones; nada obsta para que una ley de carácter especial establezca al momento de su promulgación, una remisión expresa a las normas sublegales que hayan sido promulgadas durante la vigencia del marco normativo anterior, con el objeto no sólo de mantener expresamente por razones de seguridad jurídica el resto del ordenamiento jurídico que se ha encontrado vigente y que no fue objeto de modificación por parte del legislador; sino también ante la transitoriedad que la misma ley previó y que delimitó la continuidad de su vigencia de estos reglamentos hasta tanto se promulgase la ley destinada a regular esta materia. De hecho, en nuestra historia legislativa hemos tenido ejemplo de ello en la Ley Orgánica del Trabajo (1970) y su Reglamento (1936).

En consideración al modelo empleado por la norma impugnada, la Sala determina que la estipulación efectuada por el artículo 208 de la Ley Orgánica de Telecomunicaciones no reviste inconstitucionalidad alguna, al haber establecido por razones de transición una remisión al ordenamiento sublegal que estuviese vigente y que venía aplicándose durante la permanencia de la ley anterior, por lo que el sistema empleado por el legislador, dentro de la potestad que éste posee para considerar y valorar las razones por las cuales decidió mantener con carácter temporal el sistema reglamentario en materia de emisiones de contenidos, no puede calificarse de inconstitucional, dado que está dentro del ámbito de la potestad legislativa confirmar la permanencia de las disposiciones anteriores, y hacer remisión efectiva de las mismas en caso de así considerarlo necesario.

No obstante, el planteamiento de las demandantes se ha circunscrito a su vez, no sólo a la disposición del artículo 208, cardinales 1 y 8 de la Ley Orgánica de Telecomunicaciones; sino también a la estructura en si de los actos remitidos, contenido en los reglamentos ya mencionados, dictados con ocasión de la Ley de Telecomunicaciones de 1940, cuya constitucionalidad han cuestionado por implementar una regulación independiente y ajena al control legislativo.

Sobre el particular, esta Sala reitera la posición expuesta en su decisión por la otrora Corte Suprema de Justicia en Pleno cuando refirió, con fundamento en la especialidad de la norma inclinada hacia los ordenamientos jurídicos sectoriales y su correlación con las relaciones de sujeción especial que puedan suscitarse entre la Administración y un grupo de particulares relacionados en un área determinada, que por razones de necesidad de control y de seguridad jurídica se establezcan marcos de regulación que delimiten el ámbito de la actividad a desarrollar; por lo que dicha interpretación, en razón del tiempo, válida durante la vigencia de la ley anterior, es también valedera para mantener el interregno normativo, en virtud de la necesidad de reiterar el régimen referente a las disposiciones transitorias previsto en la Ley Orgánica de Telecomunicaciones y, particularmente, en el artículo 208, hasta tanto, como expresamente lo estipuló la norma, se dictase la ley especial destinada a regular los mensajes transmitidos por los medios de radiodifusión sonora y de televisión abierta.

En efecto, el artículo 208 de la Ley Orgánica de Telecomunicaciones determinó la vigencia temporal de los reglamentos reguladores de los contenidos de las emisiones de medios de comunicación hasta tanto el legislador dictase la ley que delimitaría las modalidades de los mensajes expresados a través de las comunicaciones emitidas mediante los medios de difusión masiva en el áreas de las telecomunicaciones, condición que se ha cumplido en virtud de la promulgación de la Ley de Responsabilidad Social en Radio y Televisión.

La entrada en vigencia de la Ley de Responsabilidad Social en Radio y Televisión materializa la previsión del artículo 208 de la Ley Orgánica de Telecomunicaciones; y en cuyo carácter delimita la libertad de difundir contenidos y la responsabilidad ulterior, dándose culminación a la transitoriedad que en su momento previó la Ley Orgánica de Telecomunicaciones.

En razón de ello, determina la Sala, considerando el tiempo en que se solicitó la nulidad, y su denuncia respecto de la impugnación de una norma de efectos temporales, que la modalidad empleada por el legislador con la finalidad de mantener un régimen transitorio resultó válida, por lo que se considera que no hubo quebrantamiento de los derechos denunciados; razón por la cual esta Sala concluye que dicha disposición no contravino los principios y derechos constitucionales denunciados como vulnerados. Así se decide.

*Voto Salvado del Magistrado Pedro Rafael Rondón Haaz*

El Magistrado Pedro Rafael Rondón Haaz manifiesta su disentimiento respecto del fallo que antecede, razón por la cual, de conformidad con el artículo 20 de la Ley Orgánica del Tribunal Supremo de Justicia, expresa su voto salvado en los siguientes términos:

La mayoría sentenciadora declaró sin lugar la demanda de nulidad, por razones de inconstitucionalidad, que Corpomedios GV Inversiones, C.A. (GLOBOVISIÓN) y RCTV incoaron contra los artículos 171, cardinal 6, 183, parágrafo único, 208, cardinales 1 y 8, y 209 de la Ley Orgánica de Telecomunicaciones (L.O.T.E.L.) y los Decretos Presidenciales números 2.427 del 1º de febrero de 1984 (*Gaceta Oficial Extraordinaria* Nº 3.336) y el 2.625 del 5 de noviembre de 1992 (*Gaceta Oficial* Nº 35.996), que contienen el Reglamento de Radiocomunicaciones y el Reglamento parcial sobre Transmisiones de Televisión, respectivamente.

Por cuanto este disidente no comparte los motivos por los cuales se desestimaron las denuncias de nulidad que las demandantes alegaron, a continuación, expone las razones de su disidencia en el mismo orden en que fueron analizadas las pretensiones de nulidad.

1. Artículo 208, 1 y 8 L.O.T.E.L.

Hasta tanto se dicte la ley que regule el contenido de las transmisiones y comunicaciones cursadas a través de los distintos medios de telecomunicación, el Ejecutivo Nacional, mediante reglamento, podrá seguir estableciendo las regulaciones que considere necesarias. Se mantendrán en vigencia, salvo lo que disponga la Asamblea Nacional o el Ejecutivo Nacional, según el caso, todas las disposiciones legales y reglamentarias y cualquier otra de carácter normativo que regulen, limiten o restrinjan, el contenido de dichas transmisiones o comunicaciones y, en especial, aquellas contenidas en:

1. Decreto Nº 2427 de fecha 1 de febrero de 1984, mediante el cual se establece el Reglamento de Radiocomunicaciones (…)

(…)

8. Reglamento Parcial sobre Transmisiones de Televisión (…).

Las demandantes fundaron su pretensión de nulidad de la norma en referencia porque ésta vulneraría: i) el principio de la reserva legal en materia de derechos constitucionales, ii) la reserva legal en materia sancionatoria y iii) el derecho a la libertad de expresión.

En relación con la violación a la reserva legal en materia de derechos constitucionales, delataron que los Reglamento de Radiocomunicaciones y parcial sobre Trasmisiones de Televisión que indica el artículo 208, 1 y 8, L.O.T.E.L. son normas sublegales que limitan derechos constitucionales, entre otros, el derecho a la libertad de expresión.

Sobre la violación a la reserva legal en materia sancionatoria, expusieron que el régimen sancionatorio lo regulan los reglamentos que se citaron y no la ley.

Finalmente, también alegaron la violación al derecho a la libertad de expresión, pues la norma que sirve de base a la emisión de los reglamentos permite la creación de restricciones y prohibiciones respecto a la transmisión de mensajes.

Por su parte, la mayoría sentenciadora desestimó la denuncia de nulidad, por cuanto:

i) [E]xiste una remisión normativa del Legislador al Reglamentista. Técnica válida y común para la regulación de materias específicas, como las telecomunicaciones.

ii) *"[E]n materia administrativa sancionatoria, el principio de legalidad no puede entenderse de manera absoluta, considerando a la ley como el único llamado a establecer de forma exhaustiva los tipos y las sanciones correspondientes al marco regulatorio. En tal sentido, la interpretación de este sistema históricamente ha venido desarrollándose desde la entonces Corte Suprema de Justicia, quien, en consideración al modelo empleado por el legislador en esta materia, había declarado que cabe la remisión **si la ley delimita de manera suficiente cuál es la conducta antijurídica y los límites que se deben imponer a las sanciones**, sin que ello valga a establecer, una formulación vaga de éstas."* (Resaltado añadido).

iii) *"[E]sta modalidad de aplicación normativa permite que el tipo no sea completamente delimitado en la ley, sino que exige la conjunción de otra norma, como lo sería el dispositivo que implementa el mandato de prohibición y el que indica que el incumplimiento de dicho mandato acarrea una infracción susceptible de sanción."*

iv) La Sala, en sentencia N° 1422/05, estableció *"la procedencia en derecho de que exista habilitación hacia el reglamento de las materias que sean de la reserva legal, indicando: tanto la doctrina como la jurisprudencia (...) se ha inclinado a aceptar que el reglamento delimite materias propias de la previsión legal, **siempre y cuando la ley establezca los criterios y las materias a regular, es decir, la existencia previa de una autorización que exprese de forma específica, lacónica y con parámetros delimitados, el ámbito que la Administración debe normar,** supuesto que no implica que el reglamentista quede atrapado en el simple hecho de copiar la norma legal, pues la habilitación, por sí misma, **debe entenderse como la obligación de complementar técnicamente y con base en el conocimiento que la Administración tenga sobre la materia."*** (Resaltado añadido).

v) La Sala Plena de la entonces Corte Suprema de Justicia, en sentencia del 13 de febrero de 1997, se pronunció sobre los reglamentos y sostuvo *"si bien puede sostenerse que en materia de sanciones administrativas rige como principio general el de la exigencia de una reserva legal (...) en esa clase de relaciones existe excepcionalmente la posibilidad de dar cabida o participación a los actos de rango sublegal para que desarrollen una **labor de colaboración o complemento de la ley."*** (Resaltado añadido).

Con base en lo precedente, la mayoría concluyó que el artículo 208 de la Ley de Telecomunicaciones *"no reviste inconstitucionalidad alguna, al haber establecido por razones de transición una remisión al ordenamiento sublegal que estuviese subyacente y que venía aplicándose durante la permanencia de la ley anterior."*

Quien disiente, en primer término, considera que la Sala no debió entrar al conocimiento del fondo de la denuncia, por cuanto la Ley de Responsabilidad Social en Radio Televisión hizo cesar la vigencia de las regulaciones provisorias objeto de la pretensión de nulidad; por tanto, lo que correspondía era la determinación de la vigencia de esas reglas y la actualidad del interés de las demandantes, ya que ahora la materia cuya "deslegalización" delataron como inconstitucional, está regulada por normas de rango legal; así, la pretensión, que fue de nulidad, ya no podía ser satisfecha porque las normas ya no están vigentes.

No obstante lo anterior, en virtud de que la Sala se pronunció acerca de la validez de la disposición que se impugnó, quien disiente deja constancia de que considera que la misma, como fue alegado por la parte actora, era inconstitucionalidad porque injuriaba el principio de legalidad en materia sancionadora y, en concreto, el principio de tipicidad de las infracciones y sanciones administrativas, por las siguientes razones:

El principio de tipicidad está preceptuado en el artículo 49.6 constitucional de manera tan clara que a su respecto no cabe interpretación (*in claris non fit interpretatio*): "Ninguna persona podrá ser sancionada por actos u omisiones que no fueren previstos como delitos, faltas o infracciones en leyes preexistentes". En palabras de la doctrina, este principio consiste en "*la exigencia de descripción específica y precisa, por la norma creadora de las infracciones y sanciones, de las conductas concretas que pueden ser sancionadas, y del contenido material de las sanciones que puede imponerse por la comisión de cada conducta, así como la correlación entre unas y otras*" (*cfr.* Santamaría Pastor, Juan Alfonso, *Principios de Derecho Administrativo*, tomo II, Madrid, 2001, p. 385).

Este principio, que consigue su origen en el Derecho Penal, se aplica ciertamente, como se afirma en la decisión, con ciertas matizaciones, en el ámbito del Derecho Administrativo Sancionador, pero siempre con respeto al núcleo esencial del derecho fundamental al debido proceso, uno de cuyos atributos es precisamente la garantía de tipificación legal de las faltas y sanciones, que consigue afincamiento en el artículo 49, cardinal 6, de la Constitución de 1999. Así, la matización que se acepta respecto de la aplicación de este principio, para que mantenga el respeto de ese núcleo esencial, es la técnica de la delegación normativa que consiste en que la Ley acuda a descripciones genéricas de las conductas censurables y remita a la Administración la determinación de <u>ciertos aspectos</u> de las mismas (labor de <u>complentación</u> o <u>detalle</u>). La descripción genérica de los ilícitos tiene, necesariamente, que figurar en la Ley, es decir, que sea la norma de rango legal la que establezca el tipo sancionable, pues, de lo contrario, se incurriría en agravio al principio de tipicidad. En consecuencia, las normas sublegales lo que pueden es complementar o dar mayor precisión al supuesto de hecho que debe, siempre, derivar suficientemente de la Ley.

La regla que se impugnó no describía, ni siquiera de manera genérica, cuáles eran los ilícitos administrativos que podían dar lugar a sanciones administrativas, ni cuáles eran , concretamente, las normas cuya violación comportaba una infracción; dejaba al arbitrio de la Administración, por completo, la determinación del contenido de las conductas como hechos generadores de responsabilidad administrativa. Con ello, es evidente que se trataba de una norma sancionadora en blanco que no respeta el núcleo esencial de la garantía fundamental, que dimana del principio de legalidad, de la tipicidad de las infracciones y sanciones administrativas que preceptúa la norma constitucional y, por tanto, durante su vigencia, fue inconstitucional.

En abundancia, este voto salvante advierte que, en este caso, la Sala se apartó de su propia jurisprudencia en relación con el principio de legalidad y de tipicidad de las sanciones administrativas. Así, en sentencia n.º 1260 de 11-6-02 (caso *Ley para Promover y Proteger el Ejercicio de la Libre Competencia*) la Sala anuló el artículo 52 de esa Ley, porque no se adecuaba al principio constitucional de tipicidad de las sanciones administrativas y era una norma en blanco. En esa oportunidad, la Sala estableció:

(...) si bien el Derecho Sancionatorio se nutre de los principios básicos del Derecho Penal que regula el *ius puniendi* del Estado contra las infracciones al orden jurídico cuyo ejercicio implica la imposición de penas corporales y que se efectúa a través de la jurisdicción penal; sin embargo, tales principios no tienen la misma rigidez que presentan en su fuente originaria, por cuanto están adaptados a las actividades de la Administración. Así, **el principio de tipicidad de los delitos y las penas que se consustancia con el principio general de la legalidad, admite en el Derecho Sancionatorio la delegación que haga el legislador en normas de rango sublegal, <u>de algunos de los elementos que configuran el ilícito administrativo</u> y, asimismo, éste, puede configurarse con contornos menos rígidos que los que rigen en el campo del Derecho Penal.** Sin embargo, existe una gran dificultad para delimitar las diferencias sustentadas por gran parte de la doctrina, entre el derecho penal y el derecho administrativo sancionador.

(...)

Considera esta Sala que poco provecho se obtendría al pretender generar la discusión con base al órgano que ejecuta el *ius puniendi* (judicial o administrativo), ya que las **diferencias existentes entre el derecho penal y el derecho sancionador son sólo relevantes en cuanto se refieren a su ámbito de aplicación,** siendo en consecuencia necesario entrar a analizar la finalidad de las mismas, pues las diferencias que pudiesen existir en ese orden, serán las que permitan establecer los parámetros de interpretación de tales ramas del derecho.

(...)

En este orden de ideas, **la discrecionalidad de la Administración sólo es admitida en la esfera del ejercicio de la potestad sancionatoria para determinar la gravedad de los hechos a los fines de la sanción, y siempre sometido a las reglas de la racionalidad y proporcionalidad. <u>No abarca la discrecionalidad, en consecuencia, la posibilidad de tipificar el hecho ilícito,</u> ni de desprender de una circunstancia determinados efectos en relación con los sujetos sometidos a un ordenamiento en el cual no exista una relación fija de supremacía especial.** En consecuencia, importa destacar que **<u>la facultad genérica otorgada a la administración mediante una norma que la autoriza a establecer caso por caso los elementos constitutivos de un ilícito sancionable, configura lo que se denomina norma en blanco, situación ésta, que ha sido objeto del total rechazo por parte de la jurisprudencia.</u>** (Resaltado y subrayado añadido).

Con fundamento en esas consideraciones, la Sala anuló el artículo 52 de la Ley Para Promover y Proteger el Ejercicio de la Libre Competencia, que disponía lo siguiente: *Toda infracción a esta ley y a sus reglamentos no castigado expresamente será castigado con multa de hasta tres millones de bolívares según la gravedad de la falta a juicio de la Superintendencia".*

En relación con el alcance de ese precepto normativo, la Sala agregó:

La modalidad de remisión adoptada por el legislador en el artículo 52 de la Ley Para Promover y Proteger el Ejercicio de la Libre Competencia, el cual ha sido impugnado en autos, excede de los métodos de técnica legislativa mencionadas supra, pues la identificación de los supuestos de hecho sancionables no se hacen mencionando a ninguno de los artículos, secciones o capítulos en los que están contenidos, sino utilizando una fórmula residual.

(...)

Analizado lo anterior, observa esta Sala que **el sistema de remisión residual otorga una potestad sancionatoria tan amplia que el administrado podría quedar sometido a la multa contemplada en el artículo por cualquier conducta que se juzgue como "infracción" a la Ley, esto es, como violatoria de una exigencia contenida en la Ley.**

A las consideraciones que anteceden ha de agregarse la relativa a **la amplitud de la facultad que el artículo le otorga a la Administración, al incluir como sancionables no sólo a las infracciones de la ley, sino a las infracciones del reglamento, lo cual permite una aper-**

**tura indefinida de los supuestos ilícitos administrativos, ya que cualquier conducta exigida por vía reglamentaria que es incumplida por el administrado daría lugar a la sanción que la norma prevé.**

Analizada la situación en la forma que antecede, **no puede menos que estimarse que el artículo 52 contempla una norma en blanco, esto es, facultativa en forma total y completa a la Superintendencia para crear el supuesto de hecho constitutivo del acto ilícito y por ello violatoria del principio de tipicidad, lo cual implica su nulidad por inconstitucionalidad.** Así se declara. (Resaltado añadido).

En el caso de autos, llaman la atención de este disidente las citas parciales que se hicieron en el acto decisorio que antecede para la justificación de la validez de la norma que se impugnó, toda vez que las mismas, en vez de que fundamenten la posición de la mayoría juzgadora, la debilitan jurídicamente.

En efecto, de la lectura de todas y cada una de las referencias jurisprudenciales que se incluyeron sobre la posibilidad de que la Administración ejerza su potestad reglamentaria en materia sancionatoria, se obtiene como conclusión primaria y básica que, para que no se violente la reserva legal, la conducta tipo y la sanción tienen que establecerse en la ley y la tarea del reglamentista se reduce a la complementación y detalle de las mismas. Así, los precedentes jurisprudenciales que la Sala invocó, en lugar de que sostengan la argumentación a favor de la constitucionalidad de la norma, delatan su inconstitucionalidad, pues el dispositivo legal no cumplió con la exigencia de que se recogiesen, en su texto, las conductas antijurídicas, que acarreaban sanciones administrativas.

Además, para quien discrepa, constituye una muestra inequívoca de la violación a la reserva legal sancionadora, por parte del artículo legal en cuestión, el hecho de que los Reglamentos de Radiocomunicación y parcial de Televisión se emitieron durante la vigencia de la Ley Orgánica de Telecomunicaciones de 1940 (actualmente derogada) y la Sala no expuso, en su decisión, cuáles artículos de la ley derogada fueron incluidos en la ley vigente para que la reglamentación tuviera un soporte y anclaje legal vigente. Como se precisó antes, el artículo 208 (derogado por la Ley Resorte) no contiene ningún supuesto de hecho que permita, en Derecho, una regulación reglamentaria; en cambio, se trata de una norma en blanco que contrariaba el ordenamiento constitucional.

En conclusión, por cuanto la norma que se impugnó no establece ninguna conducta tipo (infracciones administrativas) y tampoco sus correlativas sanciones (multa, revocación de la concesión, incautación de equipos), sino que tanto los ilícitos como las sanciones fueron regulados, durante su vigencia, por la Administración, en ejercicio de la potestad reglamentaria, el artículo 208 de la Ley de Telecomunicaciones fue inconstitucional, porque es contrario a lo que preceptúa el dispositivo 49.6 de la Constitución y, por vía de consecuencia, los Reglamentos de Radiocomunicación y Parcial de Transmisiones de Televisión resultaban, igualmente, inconstitucionales, por cuanto violaban la reserva legal sancionadora y así ha debido ser reconocido y declarado, si se consideraba que persistía el interés de las demandantes en ese pronunciamiento.

**TSJ-SPA (0417)**                                                  **1-4-2009**

Magistrado Ponente: Yolanda Jaimes Guerrero

Caso: Síndico Procurador Municipal del Municipio San Diego del Estado Carabobo. Decreto Presidencia de la República.

> **La Sala considera que el Decreto que reguló la solvencia laboral, al establecer la responsabilidad de los funcionarios que pudiera derivarse del incumplimiento del decreto en cuestión, por contratar o celebrar convenios con patronos o patronas sin requerir la solvencia laboral obligatoria, no viola el principio de reserva legal ni el principio de tipificación.**

...Alega también el accionante la violación del artículo 156, numeral 32 de la Constitución de la República Bolivariana de Venezuela y el artículo 87 de la Ley Orgánica de la Administración Pública, pues en su opinión, el decreto impugnado establece responsabilidades administrativas, penales y civiles e impone a los funcionarios públicos y funcionarias públicas sanciones no previstas en la ley, siendo entonces éste un acto ilegal e inconstitucional.

Con relación a esta denuncia resulta pertinente precisar que en efecto, del contenido de los mencionados artículos deriva la reserva constitucional para legislar sobre determinadas materias, cuya competencia corresponde con exclusividad al Poder Legislativo y a su vez, la prohibición expresa contemplada en el mencionado artículo 87 de la Ley Orgánica de la Administración Pública, para que el Poder Ejecutivo en ejercicio de la potestad reglamentaria no exceda los límites impuestos por dicha reserva leal, proscribiendo así, cualquier intento de tipificar delitos o faltas por vía reglamentaria.

En este sentido, se ha pronunciado esta Sala, concretamente el referirse a la reserva legal en materia sancionatoria en sentencia N° 01441 del 6 de junio del 2006, señalando lo siguiente:

> *"(…) debe examinarse en primer lugar lo referente a la presunta violación del principio de reserva legal, y en tal sentido vale destacar que en casos como el de autos, lo que se alude es al requerimiento de definición en una norma de rango legal, suficiente para su identificación, del ilícito y de su consecuencia sancionatoria, por lo que es conveniente efectuar algunas referencias acerca del principio de legalidad.*
>
> ***Así, doctrinariamente se ha venido admitiendo que el referido principio comporta un doble significado, a saber: la sumisión de los actos estatales a las disposiciones emanadas de los cuerpos legislativos en forma de ley; además, el sometimiento de todos los actos singulares, individuales y concretos, provenientes de una autoridad pública, a las normas generales y abstractas, previamente establecidas, sean o no de origen legislativo, e inclusive provenientes de esa misma autoridad.***
>
> *...Omissis...*
>
> *Al analizarse detenidamente el contenido del principio tratado, se evidencia la existencia de dos intereses considerados como contrapuestos en el desarrollo de la actividad administrativa: por una parte, la necesidad de salvaguardar los derechos de los administrados contra los eventuales abusos de la Administración; y por la otra, la exigencia de dotar a ésta de un margen de libertad de acción.*
>
> *En este sentido, **si bien es cierto que se debe evitar la posibilidad que se produzcan actuaciones arbitrarias por parte de la autoridad administrativa,** siendo para ello preciso que ésta se encuentre supeditada a una serie de reglas jurídicas, **no es menos cierto que tal sujeción no debe ser excesiva, al punto que se impida un normal desenvolvimiento de la actividad administrativa, lo que de igual forma causaría graves perjuicios a los administrados.** Así las cosas, es entendido que la oportunidad de adoptar determinadas medidas, por parte de la Administración, no siempre puede precisarse por vía general anticipadamente, sino en el momento específico en que cada caso concreto se presente…".* (Sent. N° 01970 de la SPA de fecha 5 de diciembre de 2007, que reitera el criterio expuesto en sentencia de la misma Sala N° 01441 del 6 de junio del 2006). (Negrillas de esta decisión).

Conforme a lo señalado en la sentencia parcialmente transcrita y sin detrimento de dicha competencia exclusiva del Legislador Nacional para legislar en materias reservadas, la Administración puede dictar ciertas medidas y actos individuales con fundamento a estas normas generales sin desbordar los limites de la legalidad, más aún tratándose como en el presente caso, de un acto dictado por el Ejecutivo Nacional de naturaleza reglamentaria y por ende, de efectos generales, que tiene su fundamento en disposiciones constitucionales y legales, cuya ejecución y aplicación se persigue a través del contenido del decreto en referencia.

Así, con respecto la supuesta violación de los artículos 156, numeral 32 de la Constitución de la República Bolivariana de Venezuela y el artículo 87 de la Ley Orgánica de la Administración Pública, alegada por la parte accionante, observa la Sala que de la lectura del artículo 7 (impugnado) del Decreto N° 4.248 se evidencia que el Ejecutivo Nacional, no violó dicho principio de reserva legal ni el principio de tipificación, ya que el referido artículo tan sólo establece la responsabilidad de los funcionarios que pudiera derivarse del incumplimiento del decreto en cuestión, al contratar o celebrar convenios con patronos o patronas sin requerir la solvencia laboral obligatoria, de donde se originaría un perjuicio en contra de los trabajadores y trabajadoras cuyos derechos irrenunciables se pretenden garantizar y cuya obligación compete a todos los niveles políticos-territoriales, esto es, al nacional, estadal y municipal.

La mencionada responsabilidad administrativa de los funcionarios públicos y de las funcionarias públicas, contrariamente a lo afirmado por la parte recurrente, se encuentra prevista expresamente en los artículos 25 y 39 de Constitución de la República Bolivariana de Venezuela, cuyo texto es el siguiente:

*"Artículo 25. Todo acto dictado en ejercicio del Poder Público que viole o menoscabe los derechos garantizados por esta Constitución y la ley es nulo; y los funcionarios públicos y funcionarias públicas que lo ordenen o ejecute incurrirán responsabilidad penal, civil y administrativa, según los casos, sin que le sirva de excusa órdenes superiores.."*

*"...Artículo 39. El ejercicio del Poder Público acarrea responsabilidad individual por abuso de poder o por violación de esta Constitución o de la ley...".*

Conforme al contenido de los indicados artículos constitucionales, la eventual responsabilidad de los funcionarios públicos y funcionarias públicas, en el presente caso, derivaría de la violación de los derechos de protección social de los trabajadores y las trabajadoras, consagrados en el artículo 87 y siguientes del Texto Fundamental y del sistema de derechos laborales desarrollado en la Ley Orgánica del Trabajo y otros textos normativos cuyo contenido, como fue señalado en la citada sentencia de la Sala Constitucional, es irrenunciable y reviste carácter de orden público. Por ello, todo funcionario público o funcionaria pública que al celebrar cualquier tipo de negociación, contrato o convenio, no requiera al patrono o patrona la solvencia laboral, en detrimento de los derechos laborales, incurre en responsabilidad individual, la cual puede ser de naturaleza administrativa, civil o penal, en cuyo caso, según el texto del artículo 7 impugnado, puede ser objeto de las sanciones establecidas en la Ley Contra la Corrupción, por ser éste el instrumento jurídico idóneo para regular dichas materias, de cuya ejecución sólo se encarga el Poder Ejecutivo a través de instrumentos como el que se analiza de contenido reglamentario, sin crear sanciones ni faltas.

Conforme a lo anterior se desecha el alegato expuesto por la parte actora, referido a la supuesta violación del artículo 156, numeral 32 de la Constitución de la República Bolivariana de Venezuela y del artículo 87 de la Ley Orgánica de la Administración Pública. Así se declara.

2.    *Responsabilidad Patrimonial del Estado: Prueba de los daños*

**TSJ-SC (888)**                                                      **17-6-2009**

Magistrado Ponente: Hadel Mostafá Paolini

Caso: Alba Marina Rodríguez de Montilla vs. República de Venezuela

**No bastará que un bien sea de uso limitado o restringido con ocasión de una afectación por un Plan de Ordenación del Territorio, para que su propietario tenga derecho a indemnización, ya que el perjuicio sufrido deberá ser cierto, efectivo, individualizado, actual y cuantificable económicamente.**

...Corresponde pronunciarse sobre el fondo de la controversia planteada, la cual se circunscribe a determinar si, en virtud de la declaratoria de Parque Nacional "Cerro Saroche" efectuada por el Ejecutivo Nacional, la demandante tiene derecho a una reclamación por daños y perjuicios materiales y morales, al presuntamente haber quedado comprendido un terreno de su propiedad dentro de esa declaratoria de Parque Nacional.

En este sentido, ha sido jurisprudencia pacífica aquella conforme a la cual la responsabilidad patrimonial del Estado Venezolano emana directamente de la Constitución, constituyéndose al Estado Venezolano en responsable patrimonialmente por los daños que cause su actividad pública.

Sobre el particular, ha dispuesto esta Sala que:

*"En la vigente Constitución, el ámbito de responsabilidad patrimonial de la Administración se extiende, de acuerdo con su artículo 140, 'a todo daño sufrido por los particulares en cualquiera de sus bienes y derechos, siempre que la lesión sea imputable al funcionamiento de la Administración Pública', consagrando en definitiva y sin margen de dudas, la responsabilidad objetiva, patrimonial e integral de la Administración, cuando con motivo de su actividad ocasione daños a los particulares, no importando si el funcionamiento dañoso de la Administración ha sido normal o anormal, a los fines de su deber resarcitorio.*

*De tal manera que tanto la Constitución de 1961, vigente al momento de producirse el siniestro, como la de 1999, establecen el sistema de la responsabilidad patrimonial del Estado en el campo que le es propio al conocimiento y competencia de la jurisdicción contenciosa administrativa, sin que sea necesario recurrir en todo caso a las fuentes del derecho civil sobre el hecho ilícito, para determinar dicha especial responsabilidad. Tal precisión se hace pertinente por cuanto en la evolución histórica de la responsabilidad extracontractual de la Administración, no siempre el Estado resultó ante los administrados responsable por los hechos dañosos que causaba, pues durante mucho tiempo se le dispensó de responsabilidad por parte de los tribunales de justicia, al considerarse que los ciudadanos debían soportar sin reclamo una actividad que por estar destinada a la satisfacción del interés general, suponía un riesgo que los particulares debían afrontar por sí mismos."* (Sentencia N° 00593 del 10 de abril de 2002, Exp. 11.107).

De conformidad con lo dispuesto en el fallo anteriormente transcrito, mediante una interpretación sistemática e integradora de los postulados constitucionales relativos a la entidad del Estado Venezolano, se ha establecido que los elementos constitutivos concurrentes para que sea declarada la procedencia de la responsabilidad de la Administración son:

1.- Que se haya producido un daño o perjuicio en la esfera de los derechos o intereses de un particular:

2.- Que el daño inferido sea imputable al funcionamiento de la Administración Pública; y

3.- Que exista una relación de causalidad entre el daño o perjuicio causado y la actividad administrativa (*vid*. sentencia de esta Sala del 7 de julio de 2005, caso: *Jaime Antonio Urdaneta Galbán*).

Conforme al aludido criterio jurisprudencial, el demandante de daños y perjuicios tiene sobre sí la carga de alegar suficiente y particularizadamente tanto los daños que alega haber sufrido, como la acción estatal que denuncia como hecho causal de los daños, y además demostrar que dichos daños son imputables directamente a la actividad administrativa denunciada como perjudicial.

En el caso concreto, la representación judicial de la actora sostiene que aun cuando la declaratoria de Parque Nacional en sí misma no tiene efectos traslativos de propiedad a favor de la Administración, ello comporta "*un carácter limitativo de los atributos esenciales de su derecho de propiedad*", por lo que su representada no está en el deber de soportar esa situación sin compensación alguna, surgiendo entonces un derecho "*a indemnización*".

Asimismo, señala que además del daño material ocasionado por la República, se le ha generado a su mandante un daño moral "*derivados de la frustración, impotencia y dolor al ver transcurrir aproximadamente 8 años buscando una solución conciliadora (...) y sin ningún tipo de respuesta satisfactoria (...) causándole angustia y desesperación lo le obligó a contratar los servicios de abogados para reclamar su derecho a ser indemnizada.*" (Sic).

En atención a lo expuesto, resulta importante traer a colación lo dispuesto por esta Sala en la decisión n. 1515 de fecha 8 de octubre de 2003, en la cual se pronunció sobre el régimen jurídico aplicable a la declaratoria de Parques Nacionales, la cual es del tenor siguiente:

> *"La política de conservación de los Parques Nacionales se inicia con la Convención de Washington o Convención para la Protección de la Flora, de la Fauna y de las Bellezas Escénicas Naturales de los Países de América suscrita por Venezuela el 12 de octubre de 1940. No obstante, encuentra su regulación expresa en el país en la Ley Forestal de Suelos y Aguas, publicada en la Gaceta Oficial Nº 1.004 Extraordinario, del 26 de enero de 1966. En efecto, en la norma contenida en su artículo 2 se declara como de utilidad pública tanto a los Parques Nacionales, como a los monumentos naturales y zonas protectoras.*
>
> *Asimismo, la norma prevista en el artículo 10 de la prenombrada Ley al referirse a la figura de los Parques Nacionales, establece:*
>
> *'Artículo 10.- Serán declarados Parques Nacionales aquellas regiones que por su belleza escénica natural o que por la flora y fauna de su importancia nacional que en ellas se encuentren así lo ameriten.'*
>
> *De acuerdo a lo anterior, sólo puede ser declarado Parque Nacional, aquella región que represente una importancia nacional por su flora o fauna, debiendo para ello cumplir con algunos requisitos previstos en las normas legales y reglamentarias, dadas las consecuencias que trae la declaratoria de una región determinada como Parque Nacional.*
>
> *En consecuencia, toda declaratoria de una región como Parque Nacional, debe hacerse en Consejo de Ministros, tal como lo obliga la norma dispuesta en el artículo 11 de la Ley comentada.*
>
> *Lo anterior, fue previsto posteriormente en la Ley Orgánica para la Ordenación del Territorio, publicada en la Gaceta Oficial Nº 3.238 Extraordinario, de fecha 11 de agosto de 1983. En efecto, dispone el artículo 15 de dicha ley, lo siguiente:*
>
> *'Artículo 15.- Constituyen áreas bajo régimen de administración especial, las áreas del territorio nacional que se encuentren sometidas a un régimen especial de manejo conforme a leyes especiales, las cuales, en particular, son las siguientes:*

*1) Parques Nacionales;*

*(...)'*

*Asimismo, prevé la norma dispuesta en el artículo 17 eiusdem lo siguiente:*

*'Artículo 17.- Las áreas bajo régimen de administración deberán establecerse por Decreto adoptado por el Presidente de la República en Consejo de Ministros, en el cual deberá determinarse, con la mayor exactitud, los linderos de la misma; y los organismos responsables de su administración o manejo, deberán demarcarlas dentro del plazo que se establezca en el correspondiente Decreto.*

*En el respectivo Decreto se ordenará la elaboración del Plan respectivo, en el cual se establecerán los lineamientos, directrices y políticas para la administración de la correspondiente área, así como la orientación para la asignación de usos y actividades permitidas.*

*En todo caso, los usos previstos en los planes de las áreas bajo régimen de Administración Especial deben ser objeto de un Reglamento Especial, sin cuya publicación aquéllos no surtirán efectos.*

*Parágrafo Primero: No se considerará incompatible someter a un mismo espacio del territorio a dos o más figuras de Áreas Bajo Régimen de Administración Especial, siempre y cuando ellas sean complementarias.*

*Parágrafo Segundo: La desafectación parcial o total de las áreas se podrá realizar cumpliéndose los mismos trámites y requisitos establecidos en este artículo, previo conocimiento de la Comisión Nacional de Ordenación del Territorio.'*

*De acuerdo a lo precedentemente expuesto puede precisarse que para que un área del territorio nacional sea calificada como Parque Nacional, por considerarse que debe permanecer bajo régimen de administración especial, es necesario que se cumpla con lo siguiente:*

*1) Establecimiento del área que será considerado como Parque Nacional, mediante Decreto adoptado en Consejo de Ministros.*

*2) Elaboración del Plan de ordenamiento correspondiente a los fines de establecer los lineamientos y políticas para la administración del Parque Nacional.*

*3) Previsión de los usos permitidos en los planes mediante un Reglamento Especial.*

*4) A los fines de desafectar el área, es necesario el conocimiento previo de la Comisión Nacional de Ordenación del Territorio.*

*Posteriormente a la promulgación de la Ley Orgánica para la Ordenación del Territorio y con el fin de cumplir con lo señalado anteriormente en el punto 3 y delinear el procedimiento para la determinación de un área determinada como Parque Nacional, en fecha 9 de junio de 1989, mediante el Decreto Nº 276, el Presidente de la República dicta el 'Reglamento Parcial de la Ley Orgánica para la Ordenación del Territorio sobre Administración y Manejo de Parques Nacionales y Monumentos Naturales', el cual tiene como objeto de conformidad con la norma prevista en el artículo 1: '...establecer las normas generales por las cuales se regirá la administración y manejo de los parques nacionales y monumentos naturales, en cuanto a la asignación de los usos permitidos; la regulación de las actividades y las modalidades de administración propiamente dicha para asegurar que tales espacios territoriales permitan el disfrute del pueblo venezolano, respetando los principios de conservación, defensa y mejoramiento del ambiente.'*

*En la normativa prevista en el Capítulo II del mencionado Reglamento, se establece el 'procedimiento para la creación de parques nacionales y monumentos naturales.' En efecto, disponen los artículos 5 y 6 lo siguiente:*

*'Artículo 5: La declaratoria de un parque nacional o monumento natural procederá previo estudio técnico que la justifique plenamente. Dichos estudios podrán ser realizados:*

*1- A iniciativa del Ministerio del Ambiente y de los Recursos Naturales Renovables.*

*2- A iniciativa del Instituto Nacional de Parques.*

*3- A solicitud de un grupo de ciudadanos representativo de una comunidad vinculada al área donde se localiza el espacio de cuyo estudio se trate.*

*4- A solicitud de una o varias organizaciones de carácter privado de tipo conservacionista.*

*5- A solicitud de una o varias entidades oficiales nacionales municipales o estadales.*

*Parágrafo Único: las solicitudes a que se refiera este artículo se dirigirán al Ministerio del Ambiente y de los Recursos Naturales Renovables, el cual dará apertura al procedimiento establecido en este Reglamento.'*

*'Artículo 6: Recibida la solicitud, el Ministerio del Ambiente y de los Recursos Naturales Renovables la remitirá al Instituto Nacional de Parques quien realizará el estudio técnico de la zona propuesta para determinar si la naturaleza de los recursos allí contenidos justifican tal declaratoria. En dicho estudio se especificará la clase, calidad, situación, utilización y posible producción de las tierras de la zona, su catastro físico y condición legal, así como sus características geográficas, geológicas, biológicas o históricas y otras circunstancias que influyan para decidir sobre la declaratoria de parque nacional o monumento natural.*

*Parágrafo Primero: Sólo podrán ser declarados parques nacionales, aquellas superficies del territorio relativamente extensas, en las cuales estén representados uno o más ecosistemas de los más importantes del país o áreas naturales o escénicas, de relevancia nacional o internacional, que no hayan sido esencialmente alteradas por la acción humana y en donde las especies vegetales y animales, las condiciones geomorfológicas y los hábitats sean de especial interés para la ciencia, la educación y la recreación.*

*Parágrafo Segundo: Para ser declarados monumentos naturales se requiere la existencia de un rasgo continental, natural o marino, de interés nacional que presente por lo menos una característica sobresaliente, tales como accidentes geográficos o sitios de belleza o rareza excepcionales, que merecen recibir protección absoluta y a perpetuidad, en su estado natural.*

*Parágrafo Tercero: Si una vez realizado el estudio se concluye que la declaratoria es factible, por cumplir con las características o condiciones indicadas en este artículo, se elaborará el correspondiente Proyecto de Decreto, con las exigencias legales pertinentes, para ser sometido a la consideración del ciudadano Presidente de la República en Consejo de Ministros".*

Adicionalmente a la normativa anteriormente reseñada, debe señalarse que el artículo 3 del Reglamento de la Ley Orgánica para la Ordenación del Territorio sobre Administración y Manejo de Parques Nacionales y Monumentos Naturales, también denominado Decreto N° 276 del 07 de junio de 1989, dispone que:

*"Las actividades que podrán desarrollarse dentro de un parque nacional o monumento natural, están sometidas al régimen de aprobaciones y autorizaciones establecido en la Ley Orgánica para la Ordenación del Territorio. Dichas aprobaciones o autorizaciones serán otorgadas por el Instituto Nacional de Parques conforme a lo previsto en este Reglamento y en los planes de ordenación y reglamento de uso correspondiente."*

Por su parte, el artículo 77 *ibidem*, es del tenor siguiente:

*"Los sectores o espacios que con anterioridad a la declaratoria de Parque Nacional o Monumento Natural, estén ocupados por asentamientos humanos o actividades incompatibles con los objetivos de la misma, se someterán a una regulación temporal que se establecerá en forma expresa en el plan de ordenación y manejo y en el correspondiente reglamento de uso, con indicación de la fecha cierta en que deberán ajustar sus actividades a las permitidas dentro del área o la desocuparán, por aplicación del régimen que en cada caso sea legalmente procedente".*

Ciertamente, tal como lo apunta la demandante, observa la Sala que el régimen legal aplicable a los Parques Nacionales implica una limitación de su derecho de propiedad, lo cual se traduce en que cualquier actividad que se pretenda llevar a cabo en estos espacios deberá contar con la previa autorización del Director General Sectorial de Planificación y Ordenación del Ambiente de dicho Ministerio, por mandato expreso del artículo 75 del Reglamento de la Ley Orgánica para la Ordenación del Territorio sobre Administración y Manejo de Parques Nacionales y Monumentos Naturales.

De igual forma, si bien no existe restricción para la enajenación del inmueble, resulta factible, dada la posibilidad limitada de su uso y aprovechamiento, que eventualmente el valor del bien merme en el mercado.

No obstante lo expuesto, lo anterior no implica per se que la República Bolivariana de Venezuela, por órgano del Ministerio del Poder Popular para el Ambiente, deba indemnizar a la reclamante, ya que ésta deberá, de conformidad con lo previsto en el artículo 506 del Código de Procedimiento Civil, sustentar sus afirmaciones fácticas con elementos probatorios idóneos y suficientes que permitan al Juzgador apreciar, sin lugar a dudas, los hechos que se alegan.

Lo anterior tiene su sustento en el artículo 63 de la Ley Orgánica para la Ordenación del Territorio aplicable ratione temporis al caso de autos, el cual es del tenor siguiente:

*"Artículo 63*

***Los usos regulados y permitidos** por los planes de ordenación del territorio. se consideran limitaciones legales a la propiedad y, **en consecuencia, no originan, por sí solos, derechos a indemnizar. Esta sólo podrá ser reclamada por los propietarios en los casos de limitaciones que desnaturalicen las facultades del derecho de propiedad, siempre que produzcan un daño cierto, efectivo, individualizado, actual y cuantificable económicamente.***

*En estos casos, a los efectos de determinar la indemnización, se seguirán los criterios establecidos en la Ley de Expropiación por causa de Utilidad Pública o Social."*(Negrillas y subrayado de la Sala).

De conformidad con lo anteriormente expuesto, para situaciones como las de autos, la ley califica con exactitud cuáles son los elementos del daño para que éste pueda ser indemnizable, puesto que no bastará que un bien sea de uso limitado o restringido con ocasión de una afectación por un Plan de Ordenación del Territorio (en el presente caso la declaratoria de un área bajo régimen de administración especial "Parque Nacional Cerro Saroche"), para que su propietario o propietaria tenga derecho a indemnización, ya que el perjuicio sufrido deberá ser cierto, efectivo, individualizado, actual y cuantificable económicamente.

En este sentido, de los elementos probatorios aportados a los autos por la accionante, concretamente, de la copia certificada de documento aclaratorio inscrito ante la Oficina Subalterna de Registro del Municipio Torres del Estado Lara en fecha 20 de marzo de 1991, bajo el número 7, folios 1 al 3, Tomo Siete del Protocolo Primero y de la copia certificada de certificación de gravámenes sobre el terreno propiedad de la parte demandante, expedida por la Oficina Subalterna de Registro del Municipio Torres del Estado Lara el 3 de abril de 2001, documentos que son valorados como instrumentos públicos, de conformidad con lo previsto en el artículo 1.357 del Código Civil en concordancia con lo dispuesto en el artículo 429 del Código de Procedimiento Civil, se desprende que, efectivamente, la demandante es propietaria de un terreno.

De igual forma, es un hecho no controvertido en el presente proceso, que dicho terreno se encuentra parcialmente ubicado dentro del área declarada como Parque Nacional por el

Ejecutivo Nacional, ya que esa circunstancia fue reconocida por la representación de la Procuraduría General de la República, así como también se desprende del informe remitido por el Instituto Nacional de Parques (INPARQUES).

Sin embargo, no existen en autos pruebas que le permitan a esta Sala apreciar el supuesto daño ocasionado, ya que la prueba de experticia promovida por la demandante nunca fue evacuada, carga que no puede suplir este órgano jurisdiccional.

Adicionalmente, aprecia la Sala que la parte actora pretende que se le indemnice un daño eventual, no actual ni efectivo. Esto se desprende del propio escrito libelar, cuando realiza las siguientes afirmaciones:

*"En efecto, si bien la ciudadana Alba Marina Rodríguez de Montilla, anteriormente identificada, conserva todos los poderes de disposición y aún de disfrute del mismo, se encuentra privada de las facultades inherentes al dominio que le impiden cambiar o alterar el bien en su materialidad en el ejercicio de su derecho de uso goce y disfrute...*

*(...)*

*En efecto, los tres elementos constitutivos de la propiedad uso, goce y disfrute quedan radicalmente afectados sobre la extensión de terreno de aproximadamente 3.000 hectáreas de los cuales es propietaria mi mandante que se encuentran comprendidos en el 'Parque Nacional Cerro Saroche', es así como el uso (ius utendi) queda reducido a su mínima expresión ya que no podría cambiar o alterar o modificar de alguna forma el bien de manera que no afecte la materialidad física del Parque Nacional o la existencia del mismo.*

*Sin embargo, las actividades que pudieran ser ejercidas en dicha extensión, quedan sujetas a un régimen autorizatorio quedando alterado y muchas veces impedidas en su ejercicio lo cual evidentemente supone una lesión. Al igual que si bien es cierto conserva el goce y disfrute del bien (ius fruendi) este se encuentra considerablemente reducido, por el mantenimiento que comporta la existencia física del Parque Nacional, es decir puede gozar y disfrutar del bien siempre y cuando las actividades que realice no puedan afectar la existencia del Parque nacional 'Cerro Saroche', lo cual supone una lesión antijurídica que no debe soportar, sin indemnización, y por último el derecho a la disposición del bien, el más esencial y atractivo de los elementos constitutivos del derecho a la propiedad, es indiscutiblemente el más afectado con la declaratoria de Parque Nacional, en razón de que aún cuando la extensión de las 3.000 hectáreas y el resto de la propiedad sobre la cual se estableció el acceso a dicho Parque, no existirá particulares que deseen adquirirlo por las limitaciones que conlleva dicha extensión de terreno al ser parte del Parque Nacional 'Cerro Saroche'." (sic)*

Como puede observarse, no efectúa el apoderado actor un reclamo cierto y directo, sino que por el contrario, se limita a indicar que la declaratoria de Parque Nacional afecta el uso y las posibilidades de aprovechamiento del terreno propiedad de su mandante, lo cual no está en discusión, porque toda área declarada Parque Nacional tendrá un uso controlado sometido a la actividad autorizatoria de la Administración.

Ahora bien, tal y como se ha expresado precedentemente, esa sola limitación no le otorga al particular derecho a indemnización, debiendo alegar y probar el daño causado, el cual, se reitera, deberá ser cierto, efectivo, individualizado, actual y cuantificable económicamente.

De esta manera, a falta de pruebas suficientes que permitan apreciar la existencia del supuesto daño sufrido, debe la Sala declarar que no cumplió la accionante con la carga de argumentar y probar fehacientemente los extremos concurrentes para la procedencia de la demanda por daños y perjuicios materiales y morales incoada. Así se decide.

## II.   DERECHOS Y GARANTÍAS CONSTITUCIONALES

### 1.   *Garantías Constitucionales*

#### A.   *La garantía de igualdad ante la Ley*

**TSJ-SPA (932)**                                              25-6-2009

Magistrado Ponente: Evelyn Marrero Ortiz

Caso: Cervecería Polar, C.A. vs. Directorio de Responsabilidad Social adscrito a la Comisión Nacional de Telecomunicaciones (CONATEL).

**Respecto a la violación del derecho a la igualdad normativa, la Sala Constitucional reitera que se produce la misma cuando los sujetos de la norma se encuentren en similar situación jurídica y que les sean aplicados supuestos de hecho y consecuencias jurídicas disímiles.**

Denuncia la actora, que el artículo 10 de la Providencia Administrativa N° 10 del 22 de diciembre de 2005, establece una discriminación al promulgar un régimen normativo en el cual las empresas extranjeras de bebidas alcohólicas, pueden realizar publicidad por emplazamiento en eventos deportivos, lo cual está vedado a empresas nacionales del mismo ramo. Afirma, que tal situación en favor de las empresas extranjeras implica una violación a la prohibición constitucional para establecer regímenes más benignos a empresas extranjeras.

Por su parte, la representación judicial del Directorio de Responsabilidad Social rechaza la denuncia presentada por la recurrente y, al efecto, señala que no puede hablarse de discriminación, toda vez que las empresas extranjeras de bebidas alcohólicas no se encuentran en la misma situación jurídica que las nacionales en el patrocinio de equipos deportivos. De igual manera, sostiene que la aparición de marcas extranjeras de estos productos sucedería únicamente en forma eventual en eventos internacionales realizados en el país, lo cual se realiza de manera temporal y definida, a diferencia de las marcas nacionales, que aparecerían por períodos largos de tiempo. Al respecto, la representación judicial del Ministerio Público indica que la denuncia sobre el particular es infundada, pues la situación jurídica de las empresas venezolanas de bebidas alcohólicas no es la misma frente a empresas de otros países del mismo ramo en cuanto al patrocinio de equipos deportivos que pudieran presentarse en nuestro país.

Expone, que la normativa promulgada tiene su justificación en la preservación de la salud y el bienestar de la población venezolana, con la restricción de la publicidad a productos cuyo consumo es considerado potencialmente dañino.

Ahora bien, esta Sala observa que la denuncia planteada por la parte actora versa sobre la existencia de una discriminación de origen normativo de rango sub-legal, específicamente, de un presunto tratamiento desigual a empresas nacionales y extranjeras de bebidas alcohólicas, para realizar publicidad por emplazamiento en eventos deportivos internacionales.

En este contexto, considera oportuno la Sala hacer referencia al contenido de los artículos 21 y 301 de la Constitución de la República Bolivariana de Venezuela, según los cuales:

*"**Artículo 21**. Todas las personas son iguales ante la ley; en consecuencia:*

*1. No se permitirán discriminaciones fundadas en la raza, el sexo, el credo, la condición social o aquellas que, en general, tengan por objeto o por resultado anular o menoscabar el reconocimiento, goce o ejercicio en condiciones de igualdad, de los derechos y libertades de toda persona.*

*2. La ley garantizará las condiciones jurídicas y administrativas para que la igualdad ante la ley sea real y efectiva; adoptará medidas positivas a favor de personas o grupos que puedan ser discriminados, marginados o vulnerables; protegerá especialmente a aquellas personas que por alguna de las condiciones antes especificadas, se encuentren en circunstancia de debilidad manifiesta y sancionará los abusos o maltratos que contra ellas se cometan.*

*3. Sólo se dará el trato oficial de ciudadano o ciudadana; salvo las fórmulas diplomáticas.*

*4. No se reconocen títulos nobiliarios ni distinciones hereditarias".*

**"Artículo 301.** *El Estado se reserva el uso de la política comercial para defender las actividades económicas de las empresas nacionales públicas y privadas.* **No se podrá otorgar a personas, empresas u organismos extranjeros regímenes más beneficiosos que los establecidos para los nacionales. La inversión extranjera está sujeta a las mismas condiciones que la inversión nacional** *".* (Énfasis de la Sala).

Con relación al artículo antes transcrito, esta Sala ha sostenido que una denuncia de violación del derecho a la igualdad y a la no discriminación, requiere que la parte presuntamente afectada demuestre frente a circunstancias similares y en igualdad de condiciones respecto a otros, que ha recibido un tratamiento desigual (*Vid.* sentencias de esta Sala N° 1.450, publicada el 7 de junio de 2006, caso: *Refrigeración Master Metropolitana, C.A. vs. Ministerio del Ambiente y de los Recursos Naturales,* y N° 526 de fecha 11 de abril de 2007, caso: *Miguel Eduardo Salas López vs. Ministro de la Defensa*).

Asimismo, respecto a la violación del derecho a la igualdad normativa, este Alto Tribunal se ha pronunciado en varias oportunidades señalando las condiciones que deben cumplirse para verificar dicha violación; esto es, que los sujetos de la norma se encuentren en similar situación jurídica y que les sean aplicados supuestos de hecho y consecuencias jurídicas disímiles. En este sentido véase sentencia de ésta Sala Político Administrativa del 3 de mayo de 2000, caso *Francisco Javier Hurtado León vs. Consejo de la Facultad de Ciencias Económicas y Sociales de la Universidad de Carabobo;* y sentencia de la Sala Constitucional del 17 de febrero de 2006, caso: *José Ramón Mendoza Ríos vs. Juzgado Octavo de Primera Instancia en Funciones de Ejecución del Circuito Judicial Penal del Área Metropolitana de Caracas,* criterio posteriormente acogido por esta Sala en sentencia N° 2790 del 12 de diciembre de 2006).

Ahora bien, cabe destacar que en la sentencia N° 2.790 publicada el 12 de diciembre de 2006, esta Sala declaró improcedente el amparo constitucional interpuesto conjuntamente con el recurso contencioso administrativo de autos, de la siguiente manera:

*"(...)* **el principio de igualdad normativa constituye una prohibición contra discriminaciones que tengan su origen directo en las normas jurídicas, como un mecanismo de defensa al alcance del ciudadano frente al órgano creador de la norma, quedando éste último obligado a respetar la igualdad entre iguales, equiparación esta que no implica necesariamente identidad.**

*Ahora bien, en atención al criterio jurisprudencial de esta Sala, en concordancia con el de la Sala Constitucional de este Tribunal Supremo de Justicia,* **se observa que para denunciar la violación del derecho de igualdad ante la Ley por un acto normativo, es fundamental demostrar cómo los sujetos pasivos de la regulación han sido tratados de manera desigual sin justificación legítima.**

**Esta exigencia comporta que, en el caso bajo examen, la parte recurrente demostrase que las empresas nacionales comercializadoras de productos cuya publicidad está regulada por la Ley de Responsabilidad Social en Radio y Televisión, se encuentran en la misma situación jurídica que sus homólogas extranjeras, de manera tal que una regulación diferente no tendría asidero jurídico legítimo.**

*En efecto, la posición igualitaria que sostiene la recurrente respecto a las sociedades mercantiles extranjeras de su mismo ramo implicaba una argumentación suficiente de su parte que creara en el juzgador la convicción de que estas últimas se encuentran en una situación jurídica asimilable a la que comporta la quejosa, no obstante su cualidad de extranjeras, carácter este último que, prima facie, justificaría un tratamiento normativo diferente. Aunado a lo expuesto, observa la Sala que las afirmaciones referentes a la discriminación normativa que denuncia la parte accionante, implicaba la sustentación de tales argumentos con pruebas que permitieran evidenciar la alegada discriminación o la falta de justificación de una regulación que estableciere diferenciaciones entre iguales, carga esta que no fue satisfecha en forma alguna por la recurrente.*

*Por otra parte, **observa la Sala que la situación denunciada por la sociedad mercantil recurrente no implica un tratamiento normativo desigual frente a hipotéticas empresas extranjeras de su mismo ramo**, sino, más bien, la situación de mérito denunciada comporta la no aplicación de la normativa establecida a la difusión en nuestro país de publicidad por patrocinio deportivo que dichas empresas extranjeras convengan con equipos deportivos internacionales que se presenten en nuestro país de una manera temporal y definida, y cuyos eventos sean difundidos por los medios de comunicación social.*

***Dicha situación contrasta de manera importante a la situación jurídica en la cual se encuentra la recurrente, conforme a la cual la publicidad por patrocinio que convenga con equipos deportivos nacionales sería de difusión reiterada y extendida en el tiempo por los medios de comunicación social,** sin importar si se trata de un evento netamente nacional o internacional, de lo cual se deriva que la norma impugnada configura una regulación diferente a supuestos de hecho que en efecto son disímiles, lo cual justificaría el tratamiento heterogéneo ".* (Resaltado de esta Sala).

Así, en la decisión parcialmente transcrita, esta Sala determinó que la situación denunciada por la sociedad mercantil recurrente no implicaba en forma alguna un tratamiento normativo desigual frente a empresas extranjeras de su mismo ramo.

En efecto, en esa oportunidad se apreció que la denuncia planteada comporta una excepción a la aplicación de la norma impugnada a empresas extranjeras de bebidas alcohólicas y otros productos de comercialización regulada, que hayan convenido con equipos deportivos internacionales a presentarse en nuestro país; situación esta que se presenta de manera contingente en eventos difundidos por los medios de comunicación social venezolanos de manera temporal y limitada, lo cual contrasta significativamente con la situación en que se encontrarían las empresas nacionales de bebidas alcohólicas respecto a sus contratos de publicidad por emplazamiento con equipos deportivos o atletas nacionales.

De esta manera, la Sala estableció en el citado fallo que la situación en la que se colocó a la accionante es totalmente diferente a la de las empresas extranjeras de bebidas alcohólicas patrocinantes de equipos internacionales, cuyos productos pueden o no ser comercializados en el país.

Por ello, constatada esa distinción entre las empresas nacionales y extranjeras de bebidas alcohólicas, se consideró que no se refería el caso a un tratamiento desigual entre iguales, sino del establecimiento de consecuencias jurídicas diferentes aplicables a sujetos que se encontraban en circunstancias jurídicas disímiles.

Cabe agregar, que un tratamiento discriminatorio entre iguales podría devenir de la posibilidad que se ofreciera a empresas internacionales de bebidas alcohólicas de contratar, bajo la modalidad de publicidad por emplazamiento, con organizaciones deportivas nacionales que se presentasen en el país de manera permanente y continua; mientras se le deniega dicha oportunidad a las empresas nacionales, situación discriminatoria esta que no se configura en el caso de autos.

Vistas las anteriores consideraciones, esta Sala estima que en el caso bajo análisis, es aplicable el criterio expuesto en la sentencia N° 2.790 del 12 de diciembre de 2006, respecto a la violación al derecho a la no discriminación, antes referida. En consecuencia, desestima la denuncia. Así se declara.

Con relación a la violación a la prohibición de acordar a empresas extranjeras regímenes comerciales más beneficiosos, previsto en el artículo 301 de la Constitución de la República Bolivariana de Venezuela; considera la Sala que no puede argumentarse válidamente que se estableció un régimen más ventajoso a las empresas extrajeras de bebidas alcohólicas que a las nacionales del mismo ramo, toda vez que éstas se encuentran en supuestos jurídicos diferentes, tal como fue expuesto.

En efecto, el artículo 10 de las *Normas Técnicas sobre Definiciones, Tiempo y Condiciones de la Publicidad, Propaganda y Promociones en los Servicios de Radio, Televisión y Difusión por Suscripción*, no dispone políticas comerciales más beneficiosas para empresas extranjeras de bebidas alcohólicas, respecto a las establecidas en los mismos supuestos para las empresas nacionales, pues -se insiste- ambas industrias se encuentran en situaciones jurídicas diferentes que justifican el tratamiento distinto, sin crear ventajas comerciales para un sector a expensas del otro.

Lo anterior se hace evidente, habida cuenta que la norma sub-legal impugnada no establece políticas comerciales para beneficiar a empresas de bebidas alcohólicas extranjeras que pretendan comercializar productos en el país, sino que dicha norma pretende más bien limitar la exposición de la población venezolana a estos productos, potencialmente riesgosos para la salud.

Ciertamente, la exposición de la sociedad venezolana a la publicidad de bebidas alcohólicas extranjeras, que pudieran o no comercializarse en el territorio venezolano, se ve reducida únicamente al emplazamiento de signos distintivos en eventos internacionales que, esporádicamente, se celebrasen en el país. Esta situación contrasta significativamente con la mayor exposición de la población venezolana a las marcas nacionales de bebidas alcohólicas mediante la publicidad por emplazamiento, lo que implicaría un mayor despliegue publicitario de bebidas alcohólicas en relación con sus homólogos extranjeros.

Conforme a lo precedentemente expuesto, demostrada la inexistencia del establecimiento de políticas comerciales más beneficiosas a empresas extranjeras respecto a las nacionales en la misma situación jurídica, debe esta Sala desechar la denuncia presentada sobre este particular. Así se declara.

**CSCA**                                                      **14-4-2009**

Juez Ponente: Emilio Ramos González

Caso: Del Sur Banco Universal, C.A. vs. Superintendencia de Bancos y Otras Instituciones Financieras (SUDEBAN).

**El principio de igualdad impone al Estado el deber de tratar a los individuos de manera igual, de tal modo que las cargas y las ventajas sociales se distribuyan equitativamente entre ellos.**

Ahora bien, también observa esta Corte que el apoderado judicial de la sociedad mercantil arguyó que "[igualmente], se hizo valer que se vulneraría el principio de igualdad de la ley, pues se estaría imponiendo una sanción a [esa] institución, en desigualdad de condiciones, con relación a las oportunidades que han sido conferidas al resto de las instituciones que integran el sistema financiero, que han contado con mayores lapsos para adaptarse a las *(sic)* cumplimiento de lo exigido, antes de ser sancionado por primera vez".

Sobre este particular, a los fines de resolver la denuncia planteada por el representante judicial de la sociedad mercantil recurrente, debe esta Corte señalar que el principio de igualdad representa uno de los pilares de toda sociedad bien organizada y de todo Estado constitucional. Así, este principio impone al Estado el deber de tratar a los individuos de manera igual, de tal modo que las cargas y las ventajas sociales se distribuyan equitativamente entre ellos.

De esta forma, este deber se concreta en cuatro mandatos correlativos, a saber: i) un mandato de trato idéntico a destinatarios que se encuentren en circunstancias idénticas; ii) un mandato de trato enteramente diferenciado a destinatarios cuyas situaciones no comportan ningún elemento común; iii) un mandato de trato paritario a destinatarios cuyas situaciones presenten similitudes y diferencias, pero las similitudes sean más relevantes que las diferencias (trato igual a pesar de la diferencia); y iv) un mandato de trato diferenciado a destinatarios que se encuentren también en una posición en parte similar y en parte diversa, pero en cuyo caso, las diferencias sean más relevantes que las similitudes (trato diferente a pesar de la similitud).

Estos cuatro mandatos tienen una dimensión objetiva, a partir de la cual se define el principio de igualdad, y una dimensión subjetiva: que se configura como el derecho a la igualdad. Como derecho, la igualdad atribuye al individuo (el sujeto activo) el deber de exigir del Estado (el sujeto pasivo) el cumplimiento de los mandatos que se derivan del principio de igualdad. En estos casos, el principio y el derecho a la igualdad se proyectan en dos niveles distintos: la igualdad ante la ley y la igualdad en la ley. El primer nivel se refiere al carácter vinculante de los mandatos de la igualdad en la aplicación administrativa y jurisdiccional de la ley y en las relaciones entre particulares, es decir, el principio de la igualdad como parámetro en la aplicación de la ley. El segundo nivel, en cambio, alude a su eficacia vinculante de los mandatos que se desprenden del principio de la igualdad pero, esta vez, frente al Legislador (*Vid.* BERNAL PULIDO, Carlos. "El Juicio de la Igualdad en la Jurisprudencia de la Corte Constitucional Colombiana". /EN/ *Instrumentos de Tutela y Justicia Constitucional. Memorias del VI Congreso Iberoamericano de Derecho Constitucional*, México, Instituto de Investigaciones Jurídica, UNAM, 2002, p. 51 y sig).

En este sentido, tal como lo ha interpretado la Sala Constitucional del Tribunal Supremo de Justicia, el derecho a la igualdad proclama, entre otras cosas, que toda persona sea tratada ante la Ley en forma igualitaria lo cual conlleva inexorablemente a rechazar todo tipo de discriminación, pero si bien ello es así, tal circunstancia no implica que en determinados casos la aplicación de una disposición legal puede estipular tratos diferentes, siempre y cuando estos no sean arbitrarios y encuentren justificación en la particular situación en que puedan encontrarse los individuos.

Así, la mencionada Sala Constitucional en sentencia Número 1.197 de fecha 17 de octubre de 2000, precisó que no todo trato desigual es discriminatorio pues, solo lo será el que no esté basado en causas objetivas y razonables, pero en la aplicación de la ley puede existir diferencias de trato cuando las mismas no sean arbitrarias, esto es, cuando están justificadas por la situación real de los individuos o grupos, es por ello, que el derecho a la igualdad sólo se vulnera cuando se trata desigualmente a los iguales, en consecuencia lo constitucionalmente prohibido es el trato desigual frente a situaciones idénticas.

De manera que, de los argumentos esgrimidos por la representación judicial de la parte actora, así como también de los documentos que cursan en autos esta Corte pudo observar que no se evidencia con claridad, con hechos concretos, en qué aspectos la Superintendencia de Bancos y Otras Instituciones Financieras, con la Resolución número 324.05 de fecha 23 de junio de 2005, y la Resolución 097.05 de fecha 30 de marzo de 2005, vulneró el principio de igualdad ante la ley.

Asimismo, tampoco se desprende que el recurrente haya consignado a título ilustrativo o a modo referencial, a que otras empresas del Sector Bancario en situaciones similares o análogas, se les haya dado un trato distinto o preferencial, al compararlo con la actividad desplegada por la entidad financiera Del Sur Banco Universal, C.A., permitiéndole de esta manera a este Órgano Jurisdiccional constatar con un simple cotejo, la existencia de un trato injusto, distinto o discriminatorio.

De manera que, en atención a los argumentos anteriormente esbozados, esta Instancia Sentenciadora desestima el alegato esgrimido por la representación judicial de la parte actora, sobre la vulneración del principio de igualdad y equidad, así se declara.

B.	*La garantía de acceso a la justicia: Pérdida del interés procesal*

**TSJ-SC (416)**							**28-4-2009**

Magistrado Ponente: Luisa Estella Morales Lamuño

Caso: Carlos Vecchio y otros vs. Decreto N° 5.161 con Rango, Valor y Fuerza de Ley sobre la Condecoración "Orden 4 de Febrero", publicado en la *G.O.* N° 38.617 del 1 -2- 2007.

La presunción de pérdida del interés procesal puede darse en dos casos de inactividad: antes de la admisión de la demanda o después de que la causa ha entrado en estado de sentencia. En el resto de los casos, es decir, entre la admisión y la oportunidad en que se dice "vistos" y comienza el lapso para decidir la causa, la inactividad produciría la perención de la instancia.

Luego del análisis de las actas procesales, esta Sala observa que en esta causa, desde el 7 de febrero de 2008, oportunidad en la que la abogada Adriana Vigilanza requirió pronunciamiento de la Sala, no se ha realizado alguna otra actuación procesal hasta la presente decisión.

El derecho de acceso a los órganos de administración de justicia, previsto en el artículo 26 de la Constitución, se ejerce mediante la acción cuyo ejercicio se concreta en la proposición de la demanda y la realización de los actos necesarios para el debido impulso del proceso. El requisito del interés procesal como elemento de la acción deviene de la esfera del derecho individual que ostenta el solicitante, que le permite la elevación de la infracción constitucional o legal ante los órganos de administración de justicia. No es una abstracción para el particular que lo invoca mientras que puede ser una abstracción para el resto de la colectividad. Tal presupuesto procesal se entiende como requisito de un acto procesal cuya ausencia imposibilita el examen de la pretensión.

El interés procesal surge así de la necesidad que tiene una persona, por una circunstancia o situación real en que se encuentra, de acudir a la vía judicial para que se le reconozca un derecho y se le evite un daño injusto, personal o colectivo (*Cfr.* Sentencia N° 686 del 2 de abril de 2002, caso: *"MTI (Arv) Carlos José Moncada"*).

El interés procesal ha de manifestarse en la demanda o solicitud y mantenerse a lo largo del proceso, ya que la pérdida del interés procesal se traduce en el decaimiento y extinción de la acción. Como un requisito que es de la acción, ante la constatación de esa falta de interés, ella puede ser declarada de oficio, ya que no hay razón para que se movilice el órgano jurisdiccional, si la acción no existe. (*vid.* Sentencia de esta Sala N° 256 del 1 de junio de 2001, caso: *"Fran Valero González y Milena Portillo Manosalva de Valero"*).

En tal sentido, la Sala ha dejado sentado que la presunción de pérdida del interés procesal puede darse en dos casos de inactividad: antes de la admisión de la demanda o después de que la causa ha entrado en estado de sentencia. En el resto de los casos, es decir, entre la admisión y la oportunidad en que se dice "vistos" y comienza el lapso para decidir la causa, la inactividad produciría la perención de la instancia.

Dicho criterio fue asentado en el fallo N° 2.673 del 14 de diciembre de 2001 (caso: *"DHL Fletes Aéreos, C.A."*), en el que se señaló lo siguiente:

> *"(...) En tal sentido, tomando en cuenta la circunstancia de que el interés procesal subyace en la pretensión inicial del actor y debe subsistir en el curso del proceso, la Sala consideró que la inactividad que denota desinterés procesal, el cual se manifiesta por la falta de aspiración en que se le sentencie, surgía en dos oportunidades procesales:*

> *a) Cuando habiéndose interpuesto la acción, sin que el juez haya admitido o negado la demanda, se deja inactivo el juicio, por un tiempo suficiente que hace presumir al juez que el actor realmente no tiene interés procesal, que no tiene interés en que se le administre justicia, debido a que deja de instar al tribunal a tal fin.*

> *b) Cuando la causa se paraliza en estado de sentencia, lo cual no produce la perención, pero si ella rebasa los términos de prescripción del derecho objeto de la pretensión, sin que el actor pida o busque que se sentencie, lo que clara y objetivamente surge es una pérdida del interés en la sentencia, en que se componga el proceso, en que se declare el derecho deducido".*

En el presente caso se está claramente en presencia de la primera de las situaciones: no hubo pronunciamiento respecto de la admisión de la demanda y, sin embargo, los demandantes dejaron de instar para que ello se produjese.

De este modo, siendo que a partir del el 7 de febrero de 2008, los recurrentes dejaron de manifestar interés, la Sala en atención a su propia jurisprudencia, declara la pérdida del interés. Así se decide.

C.   *Las garantías del debido proceso: Derecho a la Defensa*

**TSJ-SC (607)**                                                      **19-5-2009**

Magistrado Ponente: Marco Tulio Dugarte Padrón

Caso: Olga del Carmen Garcia Ceballos vs. Decisión Juzgado Superior Tercero en lo Civil, Mercantil, del Tránsito, Bancario y de Protección de Niños y Adolescentes de la Circunscripción Judicial del Estado Táchira.

**La preclusión de los lapsos es clave para el mantenimiento del derecho a la defensa, ya que estos están concebidos en aras de conferir seguridad jurídica a las partes y estabilidad al juez al momento de emitir algún tipo de pronunciamiento, por lo que el procedimiento no es relajable ni aún por consentimiento entre las partes pues su estructura secuencial y desarrollo está plenamente establecido en la ley.**

Corresponde a esta Sala proceder a plasmar mediante este fallo la decisión emitida en la audiencia constitucional celebrada el 16 de abril de 2009 y, a tal efecto, observa:

De lo precedente, se colige que, mediante sentencia del 11 de abril de 2008, el Juzgado Superior Tercero en lo Civil, Mercantil, del Tránsito, Bancario y de Protección de Niños y Adolescentes de la Circunscripción Judicial del Estado Táchira, en el expediente N° 08-3079, relativo al juicio de cobro de bolívares por intimación llevado por la hoy accionante en amparo contra José Rafael Tortosa, consideró que "(…) por cuanto en la contestación se tachó el documento fundamental de la demanda se deben dejar trascurrir integramente los cinco días por tratarse de un lapso y obedeciendo lo establecido en el artículo 203 ejusdem (sic) (…)," para poder formalizar de la tacha, considerando tempestiva la formalización efectuada y declarando con lugar la apelación ejercida contra el auto del 14 de diciembre de 2007, dictado por el Juzgado Tercero de Primera Instancia en lo Civil, mercantil y del Tránsito de la Circunscripción Judicial del Estado Táchira.

En este sentido, la Sala Constitucional ha de acotar que es acertado el razonamiento efectuado por el tribunal *ad quem* y conforme a la jurisprudencia de esta Sala, en cuanto a que la defensa es un derecho inviolable en todo estado y grado del proceso, tal como lo reconoce el artículo 49 de la Constitución, encontrándose dentro de los elementos del debido proceso, teniendo importancia los términos procesales previstos por el legislador para que se actúe dentro de ellos, los cuales deben dejarse correr íntegros, a menos que la ley señale expresamente que la actuación agota el lapso al momento en que ella ocurra. Todo esto, para otorgar seguridad de las actuaciones, donde la preclusión de los lapsos es clave para el mantenimiento del derecho a la defensa, ya que estos están concebidos en aras de conferir seguridad jurídica a las partes y estabilidad al juez al momento de emitir algún tipo de pronunciamiento, por lo que el procedimiento no es relajable ni aún por consentimiento entre las partes pues su estructura secuencial y desarrollo está plenamente establecido en la ley.

Así, los lapsos consagrados, tienen como finalidad la correcta administración de justicia, al permitir a las partes prepararse para todos los actos procesales y ejercer sus correspondientes defensas, siendo que son obligaciones de estricto cumplimiento por parte del tribunal como rector del proceso, por lo que, conservar y acatar el principio de la preclusividad de los lapsos y la prohibición de prórroga, reapertura y abreviación de los términos y lapsos procesales -artículos 202 y 203 del Código de Procedimiento Civil- es de obligatorio cumplimiento ya que la parte ha tenido la oportunidad de utilizar el lapso legal; pensar lo contrario quebraría el principio de la igualdad si quedase beneficiada alguna de las partes con la extensión del plazo, y por ello es que los lapsos del proceso deben trascurrir integramente en aras de la seguridad jurídica y el principio de igualdad entre las partes.

Por ello, es que los lapsos procesales no pueden abreviarse ni prorrogarse ni aún por acuerdo entre las partes, ya que las formas procesales no fueron consagradas de manera caprichosa por el legislador, ni persiguen entorpecer el procedimiento en detrimento de las partes, están establecidas a los fines de garantizar el equilibrio de las partes y el derecho de defensa, ligado a las condiciones de modo, tiempo y espacio fijados en la ley, pero siempre teniendo en cuenta que la justicia no puede ser sacrificada por la omisión de formalidades no esenciales, sin formalismos ni reposiciones inútiles, aplicando esos principios sin desconocer las formas procesales.

Sin embargo, en el caso de autos se debe apreciar que se trata de una incidencia de un procedimiento de tacha documental, que se produjo en el juicio principal relativo al juicio de cobro de bolívares por intimación llevado por la hoy accionante en amparo contra José Rafael Tortosa. A tal efecto, se observa que el documento impugnado se trata de una prueba que fue traída junto con el libelo de la demanda y que constituye el instrumento fundamental de ésta, el cual fue tachado en la oportunidad legal establecida -artículo 443 Código de Procedimiento Civil-.

No obstante, no se puede olvidar que con la tacha surge un procedimiento paralelo e incidental, que tiene sus lapsos independientes del juicio principal, corriendo ambos lapsos sin depender el uno del otro de forma paralela, tal como ocurre con el procedimiento incidental respecto a las medidas preventivas - artículo 602 del Código de Procedimiento Civil-, y no como ocurre con la oposición de cuestiones previas -artículo 346 del Código de Procedimiento Civil-, sobre todo cuando observamos que en este último caso dicho artículo señala "Dentro del lapso fijado para la contestación de la demanda (...)", mientras que para la tacha el artículo 440 *eiusdem* dice "(...) el demandante expondrá en su libelo los motivos en que funde la tacha, expresando pormenorizadamente los hechos que le sirvan de apoyo y que se proponga probar; y el demandado, en su contestación a la demanda (...)", con lo que se evidencia de la redacción, que no se supedita la incidencia al transcurso íntegro del lapso de contestación, como lo señalara el juzgado superior, sino que son lapsos y términos que corren por separados e independientes uno del otro, tal como se señalara, por ello que el artículo 439 *eiusdem*, se indica que la tacha incidental se puede proponer en cualquier estado o grado de la causa, siendo cuando ocurre en el lapso de pruebas o incluso en informes no se dejan transcurrir estos lapsos y términos para comenzar con la incidencia de tacha.

Por lo tanto, el computar los lapsos del juicio principal y de la incidencia de manera separada, no se trata de una abreviación de términos o lapsos procesales fuera de los casos previstos por la ley -artículo 203 del Código de Procedimiento Civil-, por el contrario se observa, de acuerdo a las tablillas de despacho del a quo, que el demandado se dio por intimado el día 30 de julio de 2007, siendo así se tiene que el lapso para formular oposición al decreto intimatorio comenzó el día 31 de julio hasta el día 17 de septiembre de 2007, ambas fechas inclusive; que el lapso para contestar la demanda, de conformidad con el artículo 652 del Código de Procedimiento Civil, de cinco días, trascurrió desde el día 18 de Septiembre hasta el día 24 de Septiembre de 2007, siendo que se dio la contestación en el cuarto de los cinco días del lapso para contestar la demanda y por cuanto en la contestación se tachó el documento fundamental de la demanda, tomando en cuenta que se trata de un procedimiento paralelo e incidental con sus lapsos independientes del juicio principal, corriendo ambos lapsos sin depender el uno del otro, no se debe dejar trascurrir integramente los cinco días y, obedeciendo a lo establecido en el artículo 203 *eiusdem*, se ha de contar de manera autónoma e independiente los lapsos y términos del proceso de tacha del juicio principal, por lo que se tiene que para el tachante nace la carga de formalizar la tacha al quinto día -artículo 440 del Código de Procedimiento Civil-, esto es el día 28 de septiembre de 2007, y visto que así no lo hizo el tachante se tiene que la formalización de la tacha fue extemporánea y por tanto se debe considerar desistida la impugnación -artículo 442.1 *eiusdem*-. Así se decide.

En consecuencia, la decisión del 11 de abril del mismo año, dictada por el Juzgado Superior Tercero en lo Civil, Mercantil, del Tránsito, Bancario y de Protección de Niños y Adolescentes de la Circunscripción Judicial del Estado Táchira, que declaró con lugar la apelación interpuesta por José Rafael Tortosa Contreras, en el juicio de cobro de bolivares por intimación llevado por la hoy accionante en amparo contra éste, violó los derechos constitucionales a la tutela judicial efectiva, al debido proceso y al derecho a la defensa, al no seguir el proceso establecido en la ley adjetiva civil, por cuanto el artículo 430 del Código de Procedimiento Civil, es claro al decir que respecto a los instrumentos privados se observarán las disposiciones sobre tacha y reconocimiento de instrumentos privados, realizándose el procedimiento de tacha como una incidencia -artículos 438 y 440 *eiusdem*-, y de conformidad con lo establecido en el Libro Segundo "Del procedimiento ordinario", Título II De la instrucción de la causa, Capítulo V De la prueba por escrito, Sección 3ª, De la tacha de los instrumentos, del Código de Procedimiento Civil, que como ya se dijo, se efectúa de manera paralela e incidental con sus lapsos independientes del juicio principal, corriendo ambos lapsos sin depender el uno del otro, por lo que con ello se violó el orden público procesal y los derechos constitucionales antes mencionados. Así se decide.

D. *Imputabilidad penal de las personas jurídicas*

**TSJ-SC (834)** 18-6-2009

Magistrado Ponente: Carmen Zuleta de Merchán

Caso: Corpomedios GV Inversiones, C.A., (GLOBOVISIÓN) y RCTV, C.A. vs. Artículos 171 cardinal 6; 183, parágrafo único; 208 cardinales 1 y 8, y 209 de la Ley Orgánica de Telecomunicaciones y otra normativa.

**Las personas jurídicas ostentan la capacidad de culpabilidad penal -imputabilidad-, puesto que la culpabilidad ya no se concibe como un juicio de reproche eminentemente personal sino como un juicio que -en tanto función social- protege preventivamente los bienes jurídicos, siendo que la tutela penal abarca a todas las personas, ya sean estas naturales o jurídicas.**

En cuanto a la violación del principio de intrascendencia de las penas, previsto en el artículo 44.3 constitucional, por cuanto las personas jurídicas, en concepto de los solicitantes no son susceptibles de ser imputadas penalmente, esta Sala debe referir lo siguiente:

En la dogmática penal el juicio de imputación tiene un contenido axiológico, en el sentido de que a través del mismo se coloca en relevancia el significado de la relación de causalidad en el ordenamiento jurídico, pues efectúa la verificación de una relación jurídica especial entre la acción y el resultado, prescindiendo de la constatación de la relación causal. Así, en los procesos penales que conducen a un resultado lo que se trata de comprobar es la valoración de la relación causal, libre de razones filosóficas.

Así entonces, *la teoría de la adecuación típica* se resuelve a través de la teoría de la imputación y no a través de la teoría de la relación causal; ubicándola en el plano valorativo y atendiendo a un concepto moderno y social de la acción, llamado también *teoría objetivo-final de la acción*. Según esta concepción los hechos o acciones deben concebirse como fenómenos naturales de la vida social y la responsabilidad penal debe ser entendida -en su función social- como atribución de pena de acuerdo a los parámetros constitucionales de protección preventiva de bienes jurídicos. Ello significa que la discusión dogmática cede ante los problemas sociales, siendo el resultado de un cambio de paradigma cuya legitimidad viene dada por la capacidad de resolver los problemas que se plantean espacio-tiempo.

Tal postura, de cara a una concepción laxa de la responsabilidad penal, permite reorientar el concepto de imputación en la teoría del delito fracturando las estructuras ontológicas del Derecho Penal para concluir que las personas jurídicas ostentan la capacidad de culpabilidad penal -imputabilidad-, puesto que la culpabilidad ya no se concibe como un juicio de reproche eminentemente personal sino como un juicio que -en tanto función social- protege preventivamente los bienes jurídicos, siendo que la tutela penal abarca a todas las personas, ya sean estas naturales o jurídicas; aceptar lo contrario y aferrarse al principio tradicional *societas delinquere non potest* implicaría -frente a novedosas formas de criminalidad- dotar de impunidad a los entes colectivos y convertirlos así en gérmenes para la sociedad.

A esa nueva dimensión de la responsabilidad penal apunta el Derecho Comunitario de la Unión Europea, que estipula la responsabilidad de las personas jurídicas, entendidas como una *unidad económica*. Así merece destacar las siguientes sentencias del Tribunal de la Comunidad Europea, recaídas en los casos: *Christiani & Nielsen* del 18 de junio de 1969,

*Farbstoffe* del 24 de julio de 1969; *Johnson & Johnson* del 25 de noviembre de 1980; *Moet & Chandon* del 27 de noviembre de 1987; *AEG* del 6 de enero de 1982 y *Zinc Producer Group* del 6 de agosto de 1984.

En cuanto al principio de intrascendencia de las penas debe precisarse que el mismo dispone que la pena no se transfiere, no comprende a terceros; de esta manera las penas son personales e intransferibles; excluyendo así la responsabilidad penal por acciones u omisiones de otros y hechos cometidos sin los presupuestos subjetivos de la responsabilidad penal; de allí que la Sala observa que la disposición normativa impugnada no consagra en su texto ni tampoco puede inferirse la imposición de penas a terceros ajenos a la actividad o servicio propio de las telecomunicaciones, pues la sanción está destinada al prestador del servicio de telecomunicaciones una vez que se ha comprobado la infracción administrativa o penal según sea el caso.

Colofón de lo dicho, la Sala concluye que, tal como lo refiere expresamente la representación de la Procuraduría General de la República, el artículo 171, cardinal 6 de la Ley Orgánica de Telecomunicaciones no adolece de los vicios de inconstitucionalidad alegados por los solicitantes de la nulidad relativos a que la posibilidad de imputación de las personas jurídicas vulnere el principio de intrascendencia de las penas, consagrado en el artículo 44. 3 de la Constitución de la República Bolivariana de Venezuela.

### *Voto Salvado del Magistrado Pedro Rafael Rondón Haaz*

El Magistrado Pedro Rafael Rondón Haaz manifiesta su disentimiento respecto del fallo que antecede, razón por la cual, de conformidad con el artículo 20 de la Ley Orgánica del Tribunal Supremo de Justicia, expresa su voto salvado en los siguientes términos:

La mayoría sentenciadora declaró sin lugar la demanda de nulidad, por razones de inconstitucionalidad, que Corpomedios GV Inversiones, C.A. (GLOBOVISIÓN) y RCTV incoaron contra los artículos 171, cardinal 6, 183, parágrafo único, 208, cardinales 1 y 8, y 209 de la Ley Orgánica de Telecomunicaciones (L.O.T.E.L.) y los Decretos Presidenciales números 2.427 del 1° de febrero de 1984 (*Gaceta Oficial Extraordinaria* N° 3.336) y el 2.625 del 5 de noviembre de 1992 (*Gaceta Oficial* N° 35.996), que contienen el Reglamento de Radiocomunicaciones y el Reglamento parcial sobre Transmisiones de Televisión, respectivamente.

Por cuanto este disidente no comparte los motivos por los cuales se desestimaron las denuncias de nulidad que las demandantes alegaron, a continuación, expone las razones de su disidencia en el mismo orden en que fueron analizadas las pretensiones de nulidad.

(…)

3. Artículo 171.6 L.O.T.E.L.

Sin perjuicio de las multas que corresponda aplicar de conformidad con lo previsto en esta Ley, será sancionado con la revocatoria de la habilitación administrativa o concesión, según el caso:

6. El que utilice o permita el uso de los servicios de telecomunicaciones para los cuales está habilitado, como medios para coadyuvar en la comisión de delitos.

En su contra, la parte actora denunció el vicio de usurpación de funciones, pues se permite que una autoridad administrativa califique la actuación del operador como un hecho punible, cuando ello es propio de un tribunal penal.

Asimismo, delató la violación al derecho a la presunción de inocencia y al juez natural, pues permite que el Ministro de Infraestructura sancione a los operadores sin que exista sentencia pasada por autoridad de cosa juzgada donde quede establecida la coparticipación y responsabilidad del operador en la comisión de un hecho punible. Por último, alegó la violación al principio de personalidad o intrascendencia de las penas, por cuanto los operadores son personas jurídicas, mientras que la responsabilidad penal se aplica a las personas naturales. Por su parte, la mayoría sentenciadora rechazó la pretensión de nulidad con base en que no existe violación al Juez Natural porque: i) C.O.N.A.T.E.L. tiene expresa competencia para la regulación de los operadores, ii) su Director tiene competencia para el inicio y decisión de los procedimientos administrativos, y iii) el Ministro de Infraestructura ejerce el control de tutela sobre aquel instituto autónomo.

En relación con el vicio de usurpación de funciones, el veredicto lo estimó inexistente, por cuanto la revocación de la habilitación administrativa supone la existencia de un procedimiento sancionatorio previo en el que se verifique la infracción a la Ley de Telecomunicaciones. Esa competencia es propia del Director de C.O.N.A.T.E.L. y, por tanto, la sanción emanaría de una autoridad legítima.

Finalmente, el acto jurisdiccional del que se discrepa señaló que no se viola el principio de personalidad de la pena, por cuanto "… *una concepción laxa de la responsabilidad penal, permite reorientar el concepto de imputación en la teoría del delito fracturando las estructuras ontológicas del Derecho Penal para concluir que las personas jurídicas ostentan la capacidad de culpabilidad penal imputabilidad-, puesto que la culpabilidad ya no se concibe como un juicio de reproche eminentemente personal sino como un juicio que –en tanto función social- protege preventivamente los bienes jurídicos, siendo que la tutela penal abarca a todas las personas, ya sean estas naturales o jurídicas; aceptar lo contrario y aferrarse al principio tradicional societas delinquere non potest implicaría frente a novedosas formas de criminalidad- dotar de impunidad a los entes colectivos y convertirlos así en gérmenes para la sociedad.*"

Este disidente considera que la interpretación del precepto legal que se impugnó, para que no se configure su inconstitucionalidad, es la de que tanto la comisión de un delito por alguien distinto del operador como la colaboración en dicha comisión por parte del operador, a que alude la norma, tienen que ser previamente declaradas mediante sentencia definitivamente firme por un tribunal penal, el único juez natural para ello según la Constitución de la República Bolivariana de Venezuela; de otra manera, se verificaría el vicio de usurpación de funciones que se denunció, al igual que se injuriarían el debido proceso, el juez natural, el derecho a la defensa y la presunción de inocencia, aun cuando la sanción administrativa estuviese precedida por un procedimiento administrativo. Así, la Administración sólo podría revocar la habilitación administrativa por la causal del cardinal 6 del artículo 171 de la Ley de Telecomunicaciones con apoyo en una sentencia definitivamente firme en materia penal que haya determinado la colaboración en la comisión de un hecho punible, que es la única manera como se configure el supuesto de hecho de la norma sancionatoria en forma ajustada a la Constitución.

En el caso de autos, la mayoría sentenciadora rechazó la pretensión de nulidad con el empleo de un erróneo enfoque de la denuncia. En efecto, lo que se discute no es si C.O.N.A.T.E.L., en tanto que ente regulador del sector de las telecomunicaciones, tiene o no competencias sancionadoras, así como tampoco cuáles de sus funcionarios tienen la competencia para que dé inicio y terminación a los procedimientos sancionatorios. El punto, que no resolvió la mayoría juzgadora, es que la autoridad competente no puede calificar una conducta como "hecho punible", pues ello es de la exclusiva competencia del Poder Judicial, a través de los tribunales penales.

Por tanto, lo que debió hacer la Sala, en el marco de una interpretación de la norma conforme con la Constitución, es la fijación, la que se explicó, como regla de interpretación y aplicación del precepto legal que está contenido en el artículo 171.6 cuya declaratoria de nulidad se pretendía

2. *Derechos Constitucionales*

A. *Derechos Individuales*

a. *Libertad Personal: Pena de sujeción a la vigilancia de la autoridad*

**TSJ-SC (389)**                                                        **2- 4-2009**

Magistrado Ponente: Francisco Antonio Carrasquero López

Caso: David Eduardo Azuaje

**La Sala Constitucional reitera que la pena de sujeción a la vigilancia de la autoridad resulta una pena excesiva, al extender de hecho el tiempo de toda condena privativa de libertad.**

Conoce la Sala del presente caso en virtud de la desaplicación por control difuso de la constitucionalidad que realizara el Juzgado Sexto de Primera Instancia en Funciones de Ejecución del Circuito Judicial Penal del Estado Zulia, respecto a los artículos 13, numeral 3, y 22 ambos del Código Penal, mediante decisión del 10 de junio de 2008, la cual se encuentra definitivamente firme tal como lo expresó dicho órgano judicial, mediante auto de fecha 3 de noviembre de 2008.

En tal sentido, expresó el referido órgano judicial que los artículos desaplicados vulneran el artículo 44 de la Constitución de las República Bolivariana de Venezuela, pues restringen el derecho a la libertad del penado por un tiempo mayor al establecido en la pena principal, lo cual perjudica la reinserción del penado a la sociedad, aunado al hecho de que no existe un mecanismo eficaz que permita supervisar el cumplimiento efectivo de la pena accesoria establecida en los artículos desaplicados.

Ahora bien, respecto a la desaplicación de los referidos artículos, la Sala había sostenido inicialmente que la pena accesoria de sujeción a la vigilancia de la autoridad prevista en los artículos 13 y 16 del Código Penal y regulada en el artículo 22 *eiusdem*, no lesiona el derecho al honor y a la protección de la honra, por cuanto dicha pena lo que materializa es una forma de control por un período determinado; aunado a que dicha pena accesoria no tiene carácter denigrante o infamante, sino que la misma evita que los reos cometan nuevos delitos, concluyendo; por lo tanto, que la sujeción a la vigilancia de la autoridad no vulnera derecho constitucional alguno. (*Vid.* Sentencias N° 3268/2003, 424/2004 y 952/2004, entre otras).

Sin embargo, en sentencia N° 940 del 21 de mayo de 2007 (caso: "*Asdrúbal Celestino Sevilla*") esta Sala reinterpretó, tal como lo sostuvo el Tribunal Sexto de Ejecución del Circuito Judicial Penal del Estado Zulia, el criterio que se venía manteniendo respecto a la desaplicación de los artículos 13.3 y 22 del Código Penal, con ocasión del control difuso de la constitucionalidad realizado por el Tribunal Primero de Ejecución del Circuito Judicial Penal del Área Metropolitana de Caracas, concluyéndose en la misma que la referida pena accesoria era contraria a lo previsto en el artículo 44 de la Carta Magna. En efecto, en dicho fallo se estableció:

"De acuerdo al contenido del artículo 44 de la Constitución de la República Bolivariana de Venezuela, la libertad es un derecho inviolable; asimismo, consagra dicha norma que toda persona tiene derecho a estar en libertad, a menos que exista una decisión judicial que provea lo contrario o sea capturada in fraganti en la comisión de un delito. Ese derecho a la libertad personal, es un derecho intrínseco de la persona y se puede concluir, que es el derecho más importante después del derecho a la vida.

Sin embargo, el derecho a la libertad, no es un derecho absoluto, toda vez que el mismo puede ser restringido. Esa restricción resulta cuando una persona comete un hecho delictivo y, por disposición legal, debe cumplir una pena privativa de libertad.

Mediante la pena, el Estado le impone a una persona determinada la carga de soportar una privación o disminución de bienes jurídicos que, de otra manera permanecerían intangibles frente a la acción estatal. Ello ocurre, desde luego, con las limitaciones que señalen la Constitución, la dignidad de la persona humana y el respeto a los derechos humanos; a pesar de que la pena en sí equivale a la restricción de las libertades públicas que debe soportar el ser humano que es declarado responsable de un injusto punible.

De acuerdo con el contenido del nuestro Código Penal, las penas se clasifican en corporales y no corporales; principales y accesorias.

Las penas corporales son aquellas que restringen la libertad personal de un individuo; y las no corporales restringen otros derechos que no se corresponden con la libertad individual. Por su lado, las penas principales, son aquellas que la ley aplica directamente al castigo del delito, y las accesorias se refieren a las que la ley trae como adherentes a la principal, ya sea en forma necesaria o imprescindible, o en forma accidental.

Entre las penas no corporales encontramos, las siguientes: sujeción a la vigilancia de la autoridad pública, interdicción civil, inhabilitación política, inhabilitación para ejercer alguna profesión, industria o cargo, multa, entre otras. Estas penas accesorias, que se encuentran contempladas en el Código Penal, así como en otros textos penales sustantivos, deben necesariamente ser impuestas conjuntamente con las principales. El juez de Control o de Juicio las aplicará, dependiendo del caso en concreto, velando que las penas accesorias sean las que el legislador penal estableció para cada delito en concreto, como sería la sujeción a la vigilancia de la autoridad, en el caso de que el responsable sea condenado a cumplir la pena principal de presidio o de prisión, dependiendo del delito que se la haya atribuido al responsable de su comisión.

Así pues, encontramos que la pena accesoria de sujeción a la vigilancia de la autoridad data del ordenamiento jurídico penal de 1863, manteniéndose incólume en los Códigos Penales de 1915 y sus reformas, así como las de 1926, 1964, 2000 y 2005. Dicha pena accesoria se encuentra prevista en los artículos 13, 16 y 22 del Código Penal, los cuales textualmente prescriben:

Artículo 13 (…)

Artículo 16 (…)

Artículo 22 (…)

De modo que, la pena de sujeción a la vigilancia de la autoridad es una pena no corporal, de carácter accesorio, que es complementaria de la pena de presidio y de prisión y persigue un objetivo preventivo, el cual consiste, en teoría, en reinsertar socialmente al individuo. Consiste, como lo establece el artículo 22 anteriormente transcrito, en la obligación para el penado de dar cuenta a los respectivos Jefes Civiles de Municipio donde resida o por donde transite de su salida y llegada a éstos. Sin embargo, esta pena de sujeción a vigilancia de la autoridad, comienza cuando se ha cumplido la pena principal de presidio o de prisión.

Ahora bien, toda pena, ya sea principal, no principal, corporal y no corporal, va a constituir un control social negativo, por cuanto a través de un castigo se sustrae a un sujeto de aquellas conductas que no son aceptadas por la totalidad de los individuos. Así pues, si bien es verdad que la sociedad en el estado actual de su desarrollo acude a las penas como medio de control social, también lo es que a ella sólo puede acudirse *in extremis*, pues la pena privativa de libertad en un Estado democrático y social de derecho y de justicia sólo tiene justificación como la última ratio que se ponga en actividad para garantizar la pacífica convivencia de los asociados, previa evaluación de la gravedad del delito, cuya valoración es cambiante conforme a la evolución de las circunstancias sociales, políticas, económicas y culturales imperantes en la sociedad en un momento determinado.

Para el derecho penal moderno, es importante que toda pena no sea excesiva, es decir, que no sea abusiva y desmesurada; y ello responde a una exigencia de la justicia, así como de la política criminal. Esa exigencia, no sólo comprende a las penas principales o corporales, sino también debe incluir a las penas accesorias y no corporales, toda vez que todas ellas son consecuencias jurídicas del delito.

Ahora bien, la Sala observa que la pena accesoria de sujeción a la vigilancia de la autoridad es excesiva de la pena que causa el delito. La sujeción a la vigilancia de la autoridad, a pesar de que no es una pena principal, restringe la libertad plena a la que tiene derecho el penado luego de cumplida la pena principal, por lo que la misma, a juicio de esta Sala, se convierte en excesiva.

En efecto, la consecuencia natural del cumplimiento de la pena corporal es que se acuerde la libertad plena. Sin embargo, esta plenitud no es alcanzada por el ciudadano que cumplió su pena principal, por cuanto debe sujetarse a una pena accesoria que, en fin, se trata de una extensión de hecho de la condena privativa de libertad, pudiendo exceder con creces la privativa de libertad a la pena máxima establecida constitucionalmente en el artículo 44.3 in fine de la Constitución de la República Bolivariana de Venezuela; ya que en efecto, con la sujeción a la vigilancia de la autoridad, se subordina a un ciudadano, que ya ha cumplido su pena privativa de libertad, a una libertad condicionada, que es una especie de restricción de la libertad, contraria a la libertad plena a la cual tiene derecho el penado una vez cumplida la pena de presidio o prisión.

En efecto, a juicio de la Sala, la sujeción de vigilancia a la libertad (*sic*) obliga al penado a dar cuenta a los respectivos Jefes Civiles de Municipio sobre el lugar donde resida o por donde transite, lo que equivale a un régimen de presentación que limita, a todas luces, la libertad individual.

Para la Sala, basta el cumplimiento de la pena de presidio o de prisión para justificar la privación de libertad de una persona, el que se restrinja por extensión la libertad plena a través de la sujeción a la vigilancia de la autoridad, es contrario al espíritu del artículo 44 de la Constitución de la República Bolivariana de Venezuela.

Se insiste, esa extensión de hecho, podría ir más allá de lo establecido en la Carta Magna, respecto al límite que debe tener toda pena que prive, de algún modo, la libertad plena del individuo. En efecto, de acuerdo con el artículo 44.3 in fine constitucional las penas privativas de libertad no excederán de treinta años, por lo que, verbigracia, si una persona es condenada a cumplir la pena de presidio por treinta años, no debería -por existir esa limitante y por tratarse de una especie de restricción de libertad-, estar sujeta a un cuarto de la pena bajo la sujeción a la vigilancia de la autoridad, ya que ello se convertiría en una extralimitación de lo señalado en la Carta Magna. Lo anterior demuestra que la sujeción a la vigilancia de la autoridad es una pena excesiva, por lo que no cumple con las exigencias del derecho penal moderno.

Además, cabe acotar que el Tribunal Primero de Ejecución del Circuito Judicial Penal del Área Metropolitana de Caracas desaplicó los artículos 13.3 y 22 del Código Penal, los cuales prevén la pena de la sujeción a la vigilancia de la autoridad, al considerar que dicha figura penal '...además de estar completamente en desuso, es violatoria a los derechos humanos más intrínsecos del penado'. Adicionalmente, vale otra reflexión.

En la práctica la pena de sujeción a la vigilancia de la autoridad siendo una pena de auto ejecución su eficacia depende de la persona sujeta a la misma; ahora bien, toda vez que su eficacia depende de la propia presentación del penado ante la autoridad pública, aunado a lo cual debe tomarse en cuenta, tal como lo sostuvo el Tribunal Primero de Ejecución del Circuito Judicial Penal del Área Metropolitana de Caracas, que las condiciones geográficas de las ciudades venezolanas han cambiado sustancialmente en los últimos años, convirtiéndose en grandes urbes cosmopolitas en las cuales existen varios Jefes Civiles, resultando imposible, por lo tanto, que dichos funcionarios pudiesen ejercer algún tipo de control sobre los penados que están sometidos a esa pena accesoria, es lógico concluir que con ella no se hace efectiva la reinserción social del penado.

Esa inutilidad ya ha sido advertida por la Sala, al darse cuenta sobre la inconveniencia de la pena accesoria de sujeción a la vigilancia a la autoridad, respecto a la figura de los Jefes Civiles, en sentencia N° 424 del 6 de abril de 2005 (caso: *Miguel Ángel Gómez Oramas*). La Sala estableció que:

(…)

No obstante, esta Sala considera que, a pesar de que la función que estableció el Código Penal a los Jefes Civiles fue absorbida jurisprudencialmente por los delegados de prueba, esa solución no ha sido definitiva, en virtud de que ello no ha resuelto la ineficacia de la pena de la sujeción a la vigilancia de la autoridad, por cuanto queda a responsabilidad del penado, que ya cumplió su pena privativa de libertad, acudir a los delegados de prueba, en aquellos casos que transite por varios lugares; resultando iluso el quebrantamiento de la condena previsto en el artículo 262 del Código Penal, que establece una sanción para el incumplimiento de la pena accesoria de la sujeción a la vigilancia de la autoridad; al no existir un mecanismo de control que permita supervisar el cumplimiento de la sujeción a la vigilancia de la autoridad. Por lo tanto, al no existir ese mecanismo, la pena accesoria deviene, además de excesiva, en ineficaz".

Como puede apreciarse, esta Sala Constitucional introdujo un cambio de criterio en relación a la doctrina asentada respecto a la desaplicación de las normas contentivas de la pena de sujeción a la vigilancia de la autoridad, estimándose, con la argumentación transcrita, que la misma resulta una pena excesiva, al extender de hecho el tiempo de toda condena privativa de libertad.

Asimismo, se apuntó en dicho fallo que la sujeción a la vigilancia de la autoridad es una pena ineficaz, toda vez que no existe un mecanismo de control que permita supervisar el cumplimiento de la ejecución de esa pena accesoria, resultando iluso el quebrantamiento de la condena previsto en el artículo 262 del Código Penal (*Vid.* p.ej. sentencias núms. 2264 y 2286/07).

En este orden de ideas, visto que el cambio de criterio establecido por la Sala es anterior al fallo sometido a consulta y, como quiera que el presente caso se encuentra inmerso en el mismo supuesto de la decisión anteriormente transcrita, toda vez que se desaplicaron los artículos 13, numeral 3, y 22 del Código Penal por considerar que los mismos vulneran el derecho a la libertad, previsto en el artículo 44 de la Constitución de la República Bolivariana de Venezuela, la Sala considera ajustada a derecho la desaplicación que efectuara el Juzgado Sexto de Primera Instancia en Funciones de Ejecución del Circuito Judicial Penal del Estado Zulia de los artículos 13, numeral 3, y 22 del Código Penal, en lo que respecta a la sujeción de la vigilancia de la autoridad del ciudadano DAVID EDUARDO AZUAJE. Así se decide.

*Voto Salvado del Magistrado Arcadio Delgado Rosales*

Quien suscribe, Magistrado Arcadio Delgado Rosales, disiente de la mayoría sentenciadora por las razones que a continuación se exponen:

El fallo del cual se discrepa, declaró conforme a derecho la sentencia dictada el 10 de junio de 2008 por el Juzgado Sexto de Primera Instancia en Funciones de Ejecución del Circuito Judicial Penal del Estado Zulia, en la causa seguida al ciudadano David Eduardo Azuaje, mediante la cual desaplicó por control difuso de la constitucionalidad, el contenido de los artículos 13 cardinal 3 y 22 del Código Penal, con relación a la pena accesoria de sujeción a la vigilancia de la autoridad y, en consecuencia, decretó la extinción de la responsabilidad penal por cumplimiento total de la condena y la cosa juzgada conforme lo previsto en el artículo 105 del Código Penal, en concordancia con el cardinal 1 del artículo 479 del Código Orgánico Procesal Penal.

Ahora bien, considera quien suscribe el presente voto salvado que, en el caso de autos, no debió confirmarse la desaplicación de las normas *in commento*, ya que la pena accesoria de "sujeción a la vigilancia de la autoridad", no constituye, en forma alguna una penalidad de carácter denigrante o infamante y mucho menos excesiva; antes por el contrario, se presenta como un mecanismo dirigido a cumplir una doble finalidad, ya que, por una parte, persigue un fin preventivo que consiste en reinsertar socialmente al individuo y, por la otra, un fin de control dirigido a evitar que el sujeto que hubiese cumplido la pena de presidio o de prisión cometa nuevos delitos.

La pena accesoria de sujeción a la vigilancia trata simplemente del cumplimiento de una pena accesoria que deviene de una sentencia condenatoria, por haberse cometido un hecho punible, que nada altera los derechos constitucionales, tal como se ha expresado en las sentencias números 3268/03, 424/04, 578/04, 952/04 y 855/06, entre otras, en las cuales se resolvieron casos semejantes al que se conoce en el presente asunto.

En efecto, en sentencia N° 424 del 6 de abril de 2005 (caso: *Miguel Ángel Gómez Oramas*), estableció que:

*"...En el caso específico de la sujeción a la vigilancia de la autoridad competente, según la interpretación que antecede, dicha medida constituye una herramienta de control adecuada a las tendencias más aceptadas, posterior al cese de la pena corporal de presidio o prisión que, como principal, haya sido impuesta al infractor.*

*Así las cosas, estima que queda afirmada la aplicabilidad, aun coactiva de la pena en examen, lo cual, junto a lo que quedó establecido ut supra, en relación con la vigencia actual de la misma y las consecuencias que derivan de su quebrantamiento, conducen a la conclusión de que no existe obstáculo constitucional ni legal alguno, para la vigencia actual y eficaz de la referida pena accesoria y que, por consiguiente, son carentes de validez los fundamentos de ilegitimidad e ilegalidad en los cuales se basó la decisión que es objeto de la actual revisión, para la desaplicación de la antes referida sanción. Así se declara...".* (Subrayado de esta Sala).

Con base en las consideraciones expuestas, estima quien disidente que no debió introducirse un cambio de criterio, con relación a la doctrina asentada respecto de la aplicación de los artículos 13 cardinal 3 y 22 del Código Penal, ello -se insiste- en atención a que la pena accesoria de sujeción a la vigilancia posee plena justificación constitucional, al establecer el artículo 272 del Texto Fundamental que el Estado garantizará un sistema penitenciario que asegure no solo la rehabilitación del interno o interna sino también la reinserción social de quienes hayan cumplido condena. Queda así expuesto el criterio del Magistrado disidente.

    b.   *Derecho a la libre expresión del pensamiento y el derecho a la información*

**TSJ-SC (834)**          **18-6-2009**

Magistrado Ponente: Carmen Zuleta de Merchán

Caso: Corpomedios GV Inversiones, C.A., (GLOBOVISIÓN) y RCTV, C.A. vs. Artículos 171 cardinal 6; 183, parágrafo único; 208 cardinales 1 y 8, y 209 de la Ley Orgánica de Telecomunicaciones y otra normativa.

> **La norma contenida en el artículo 209 de la Ley Orgánica de Telecomunicaciones no desconoce el derecho constitucional a informar, sino que pondera los dos bienes jurídicos constitucionales en juego delimitando el alcance del derecho a trasmitir comunicaciones cursadas a través de los distintos medios de telecomunicaciones cuando se afecte los intereses de la Nación, o cuando así lo exigiere el orden público o la seguridad. Si ello no fuera así, las consecuencias indeseables o perjudiciales de las comunicaciones se harían irreparables jurídica y socialmente.**

Señalan los accionantes que el artículo en referencia establece la posibilidad de que el Ejecutivo Nacional suspenda "*...la transmisión de comunicaciones...*", sin necesidad de tener que articular un procedimiento administrativo previo en el que se les notifique a los interesados cuáles son los supuestos de hecho que hacen procedente la referida "*sanción*", y en el que tengan la oportunidad de defenderse, aportando alegatos y probanzas para la mejor defensa de sus intereses; lo cual constituye, a su decir, una trasgresión del derecho a la defensa y al debido proceso.

Que dicha suspensión también implica una trasgresión a la libertad de expresión, contenido en el artículo 57 de la Constitución de la República Bolivariana de Venezuela, pues no se trata de una simple delimitación del mencionado derecho sino de una "total y absoluta eliminación" del mismo, pues las plantas televisivas "*se verían impedidas de difundir informaciones a la colectividad y de expresar sus opiniones a través de sus señales, así como también se verían impedidas de seguir siendo mecanismo o instrumento de difusión de opiniones e ideas de terceros*". Al igual que se lesionaria el derecho de los ciudadanos de acceder a la información.

Finalmente, cuestionan las accionantes cómo el Ejecutivo Nacional pueda restringir el derecho a la información al suspender la transmisión de las comunicaciones en ciertas circunstancias, si con base en lo dispuesto en el artículo 337 constitucional el derecho a la información no puede ser restringido ni siquiera en estado de excepción.

Por su parte la representación de la Procuraduría General de la República alega que el artículo 209 de la Ley en referencia no estipula una sanción, sino una mera facultad del Ejecutivo Nacional para proteger determinados valores de Estado, desvinculada, y esto lo alega la representación de la Comisión Nacional de Telecomunicaciones, de la conducta del operador televisivo. Que, ciertamente, la instrumentación de esta facultad requiere la valoración de conceptos jurídicos indeterminados; pero no por ello desprovisto de control jurisdiccional, siendo en definitiva a los órganos jurisdiccionales a los que les corresponderá juzgar acerca de la validez del actuar del Ejecutivo.

El precepto en referencia es del siguiente tenor:

ARTÍCULO 209.- Hasta tanto se dicte la ley correspondiente, el Ejecutivo Nacional podrá, cuando lo juzgue conveniente a los intereses de la Nación, o cuando así lo exigiere el orden público o la seguridad, suspender **la transmisión de comunicaciones cursadas** *a través de los distintos medios de telecomunicaciones*, todo ello de conformidad con la Constitución de la República Bolivariana de Venezuela (resaltado y cursivas añadidos).

El artículo trascrito, aunque incardinado en el capítulo correspondiente a las disposiciones transitorias, estipula la facultad del Ejecutivo Nacional de suspender "*la transmisión de comunicaciones cursadas a través de los distintos medios de telecomunicaciones*", ello hasta tanto se dicte la ley correspondiente. En contra de esta norma las accionantes alegan en primer lugar que es una sanción, y como tal que requiere de un procedimiento administrativo previo; la Procuraduría General de la República y la Comisión Nacional de Telecomunicaciones, por su parte, estiman que es una facultad para proteger valores del Estado, desarraigada de cualquier naturaleza sancionatoria, lo que le permite al Ejecutivo dictarla sin necesidad de procedimiento previo. A su entender, visto el bien jurídico en juego, el control estipulado para este acto es el control *a posteriori* efectuado por los órganos jurisdiccionales.

De los argumentos expuestos por las accionantes observa la Sala que éstas dan por descontadas que los destinatarios de la medida de suspensión son los medios de telecomunicaciones, y que aquella abarca toda la actividad divulgativa del medio correspondiente. Al respecto, cabe precisar que lo que es objeto de suspensión es la transmisión de comunicaciones, **entiéndase cursadas** o divulgadas a través de los medios de telecomunicaciones. Esta precisión da cuenta de dos cosas: la primera, que no se trata de una sanción, al no existir conducta antijurídica; y la segunda, que la suspensión está dirigida a las comunicaciones (comunicados), sólo que como éstas cursan, se divulgan a través de los medios de telecomunicaciones, toca suspender la trasmisión que el medio de telecomunicación realiza de ese comunicado.

Efectivamente, la sanción es una conducta antijurídica concreta que se le atribuye a una persona, lo que no se verifica en el artículo 209 de la Ley Orgánica de Telecomunicaciones. El supuesto de hecho estipulado por el artículo en referencia es la trasmisión de los medios de telecomunicación de un comunicado, que no necesariamente tiene que ser antijurídico (objeto de sanción o de pena); lo importante es que su divulgación pueda llegar a afectar los intereses de la Nación, el orden público o la seguridad y de defensa del país. De ese modo, antes que una sanción, se trata de una medida anticipativa a los posibles efectos negativos que pudiera causar la masificación del contenido del comunicado.

Es la necesidad y urgencia de paliar los potenciales efectos negativos lo que justifica que la medida sea dictada *inaudita parte*; sin embargo, ello no implica que sea un acto carente de control, sino que el control opera *a posteriori*, no sólo por el fin de la medida, sino también por las propias características de la suspensión, que se contrae específicamente, se insiste, a impedir la divulgación extendida del comunicado. Por ello, no son comparables los supuestos normativos entendidos en el artículo 209 de la Ley Orgánica de Telecomunicaciones y el artículo 337 de la Constitución de la República Bolivariana de Venezuela.

Es en este aspecto, que se diferencia la suspensión que estipula el artículo 209 de la Ley Orgánica de Telecomunicaciones de la prohibición de suspender las garantías al derecho a la información contemplada en el artículo 337 constitucional, pues, mientras que en el artículo constitucional se prohíbe suspender las garantías a la totalidad de la labor informativa de los medios de telecomunicaciones (para ceñirnos al supuesto en discusión); el artículo 209 suspende la trasmisión única de comunicados cursados a través de medios de telecomunicación.

Así, la norma constitucional garantiza el rol informativo de los medios de comunicación; y por su parte la norma legal habilita suspender la trasmisión de comunicados realizados por agentes distintos al medio de telecomunicación como un accidente del hecho de que cursa en ese medio, a fin de garantizar los intereses de la Nación, el orden público o la seguridad.

De ese modo, aunque resulta cierto que tal medida afecta la labor divulgativa de los medios de telecomunicación, debe recordarse que, de conformidad con el artículo 322 constitucional, "La seguridad de la Nación es competencia esencial y responsabilidad del Estado…" y su defensa igualmente atañe a "…*las personas naturales y jurídicas, tanto de derecho público como de derecho privado…*", de lo cual se desprende que el manejo de información sensible a los intereses de la Nación, al orden público o a la seguridad es un bien jurídico constitucional al igual que el derecho a informar, que se fundamenta en la corresponsabilidad entre el Estado y la sociedad civil a los efectos de dar cumplimiento a los principios estipulados en el artículo 326 de la Carta Magna.

Siendo ello así, a diferencia de lo sostenido por las accionantes, la norma contenida en el artículo 209 de la Ley Orgánica de Telecomunicaciones no desconoce el derecho constitucional a informar, sino que pondera los dos bienes jurídicos constitucionales en juego delimitando el alcance del derecho a trasmitir comunicaciones cursadas a través de los distintos medios de telecomunicaciones cuando se afecte los intereses de la Nación, o cuando así lo exigiere el orden público o la seguridad. Si ello no fuera así, las consecuencias indeseables o perjudiciales de las comunicaciones se harían irreparables jurídica y socialmente.

Se trata de una medida de gobernabilidad que se toma en atención a la evidente facilidad para la articulación de agentes desestabilizadores que puede generar la divulgación de un comunicado en contra de los intereses de la Nación, el orden público o la seguridad, mermando la capacidad de respuesta de los órganos estatales en ese sentido. En efecto, es un hecho comprobado que en momentos coyunturales la masificación de comunicaciones, a través de los medios de telecomunicación, sirve por igual en esta sociedad de desinformación tanto como medio informativo como efecto desencadenante o catalizador de actuaciones desestabilizadores (no sólo en aspectos relativos a la seguridad de la Nación, sino además en lo social, tal como ocurrió en el uso de las ondas de radio en los casos de los "medios de comunicación del odio", en Ruanda, que ya cuenta con sentencia condenatoria por parte del Tribunal Penal Internacional.

El hecho es que aunque conforme con el artículo 57 constitucional toda persona tiene derecho a expresar libremente sus pensamientos, sus ideas u opiniones y de hacer uso para ello de cualquier medio de comunicación o difusión, sin que pueda establecerse censura, el aludido artículo no permite *"...el anonimato, ni la propaganda de guerra, ni los mensajes discriminatorios, ni los que promuevan la intolerancia religiosa"*. Es dentro de este contexto que la suspensión de la transmisión de comunicaciones cursadas a través de los distintos medios de telecomunicaciones delimita la libertad de expresión, más aún cuando, conforme con el artículo 58 constitucional, la comunicación aunque libre y plural comporta las responsabilidades que indique la ley. Así se declara.

De ese modo, la suspensión a que alude el artículo 209 de la Ley Orgánica de Telecomunicaciones no es un acto arbitrario, aunque si discrecional, que está limitado por la prohibición que realiza el artículo 57 de la Constitución de la República Bolivariana de Venezuela del anonimato, la propaganda de guerra, los mensajes discriminatorios y los que promuevan la intolerancia religiosa. Así como también responde a la competencia asignada al Estado por el artículo 322 constitucional de velar por la seguridad de la Nación, lo que implica, según lo dispuesto en el artículo 326 *eiusdem*, la tutela de los *"...principios de independencia, democracia, igualdad, paz, libertad, justicia, promoción y conservación ambiental y afirmación de los derechos humanos, así como en la satisfacción progresiva de las necesidades individuales y colectivas de los venezolanos y venezolanas..."*.

La transgresión de estos límites y valores acarreará la responsabilidad del órgano estatal correspondiente por cuanto todo acto del Poder Público está sujeto al control judicial; pero en primera instancia, el Ejecutivo y sus respectivos órganos están obligados a salvaguardar los intereses de la Nación, el orden público y la seguridad del país, así haya sido respecto de comunicaciones erróneamente valoradas. Por tanto, esta Sala estima que el precepto contenido en el artículo 209 de la Ley Orgánica de Telecomunicaciones no contraría precepto constitucional alguno. Así se decide.

*Voto Salvado del Magistrado Pedro Rafael Rondón Haaz*

El Magistrado Pedro Rafael Rondón Haaz manifiesta su disentimiento respecto del fallo que antecede, razón por la cual, de conformidad con el artículo 20 de la Ley Orgánica del Tribunal Supremo de Justicia, expresa su voto salvado en los siguientes términos:

La mayoría sentenciadora declaró sin lugar la demanda de nulidad, por razones de inconstitucionalidad, que Corpomedios GV Inversiones, C.A. (GLOBOVISIÓN) y RCTV incoaron contra los artículos 171, cardinal 6, 183, parágrafo único, 208, cardinales 1 y 8, y 209 de la Ley Orgánica de Telecomunicaciones (L.O.T.E.L.) y los Decretos Presidenciales números 2.427 del 1° de febrero de 1984 (*Gaceta Oficial Extraordinaria* N° 3.336) y el 2.625 del 5 de noviembre de 1992 (*Gaceta Oficial* N° 35.996), que contienen el Reglamento de Radiocomunicaciones y el Reglamento parcial sobre Transmisiones de Televisión, respectivamente.

Por cuanto este disidente no comparte los motivos por los cuales se desestimaron las denuncias de nulidad que las demandantes alegaron, a continuación, expone las razones de su disidencia en el mismo orden en que fueron analizadas las pretensiones de nulidad.

(…)

2.  Artículo 209 L.O.T.E.L.

<u>Hasta tanto se dicte la ley correspondiente</u>, el Ejecutivo Nacional podrá, cuando lo juzgue conveniente a los intereses de la Nación, o cuando así lo exigiere el orden público o la seguridad, suspender la transmisión de comunicaciones cursadas a través de los distintos medios de telecomunicaciones, todo ello de conformidad con la Constitución de la República Bolivariana de Venezuela. (Subrayado añadido)

La parte actora imputó, a esa norma, la violación al artículo 49 de la Constitución, pues permitiría que se aplique una sanción (suspensión de transmisión) sin la posibilidad de que el afectado alegue y pruebe algo en su defensa, y la violación al artículo 57 de la Carta Magna que recoge el derecho a la libertad de expresión.

La mayoría sentenciadora negó la pretensión de nulidad de la regla con la consideración de que la misma no contiene una sanción, como la parte actora lo denunció, sino que establece una potestad del Ejecutivo en legítimo resguardo de la "gobernabilidad".

Ahora bien, en opinión de quien discrepa, en relación con el artículo 209, caben las mismas observaciones que se hicieron en el primer punto acerca de la falta de vigencia del precepto y correspondiente ausencia de interés actual de la parte actora, así como sobre la ausencia de tipificación y remisión genérica que permite que se concluya que se trata de una norma en blanco y, por tanto, durante su vigencia, fue violatoria de la reserva legal.

En efecto, el precepto, cuando dispone que el Ejecutivo podrá suspender la transmisión de comunicaciones "*cuando lo juzgue conveniente a los intereses de la Nación, o cuando así lo exigiere[n] el orden público o la seguridad*", sin duda, regula de manera tan amplia el supuesto de hecho que dejó su determinación a la absoluta escogencia de la Administración, sin parámetros suficientes para el ejercicio de la potestad que permitiesen darle cobertura a través de la técnica de los conceptos jurídicos indeterminados.

Quien se aparta de la mayoría, y aun bajo el entendido de que la suspensión no reviste carácter sancionatorio, considera que la norma es tan ambigua que no salvaguarda las mínimas reglas de seguridad y certeza jurídica propios de un Estado de Derecho, que imponen irrestricta sujeción al principio de legalidad.

B.   *Derechos Sociales*

a.   *Protección de los niños y adolescentes*

**TSJ-SC (850)**                                                        **19-6-2009**

Magistrado Ponente: Carmen Zuleta De Merchan

Caso: Violeta Josefina Franco de Van Dertahg vs. Decisión Del Juzgado Segundo de Primera Instancia de Mediación y Sustanciación de la Circunscripción Judicial del Estado Nueva Esparta.

**Los Estados Partes suscribientes de la Convención sobre los Aspectos Civiles de la Sustracción Internacional de Menores proyectaron a través de su contenido hacer efectivo e inmediato el retorno del niño, niña o adolescente para evadirse de los inconvenientes que producen en éstos un cambio arbitrario de su entorno, de su ambiente habitual. Por ello, no es posible requerir el exequátur para la aplicación de la referida Convención, pues tal exigencia es incompatible con la finalidad y propósito del mismo, pues con éste se persigue la restitución inmediata, es decir, expedita, del niño, niña o adolescente que haya sido trasladado o retenido ilícitamente.**

En este orden de ideas, se precisa establecer que no es posible requerir el exequátur para la aplicación de la Convención sobre los Aspectos Civiles de la Sustracción Internacional de Menores, pues tal exigencia es incompatible con la finalidad y propósito del mismo, pues con éste se persigue la restitución inmediata, es decir, expedita, del niño, niña o adolescente que haya sido trasladado o retenido ilícitamente.

Los Estados Partes suscribientes de la Convención sobre los Aspectos Civiles de la Sustracción Internacional de Menores proyectaron a través de su contenido hacer efectivo e inmediato el retorno del niño, niña o adolescente para evadirse de los inconvenientes que producen en éstos un cambio arbitrario de su entorno, de su ambiente habitual. Es por ello que el artículo 2 de la Convención sobre los Aspectos Civiles de la Sustracción Internacional de Menores establece: *"Los Estados Contratantes adoptarán todas las medidas apropiadas para garantizar que se cumplan en sus territorios respectivos los objetivos del Convenio. Para ello deberán recurrir a los procedimientos de urgencia de que dispongan"*.

Considerado lo anterior, para decidir, advierte la Sala de la lectura del expediente que la causa que dio origen a la actuación judicial supuestamente lesiva consiste en una solicitud de restitución internacional iniciada con fundamento en el Convenio Internacional de La Haya sobre los Aspectos Civiles de la Sustracción Internacional Menores, instrumento internacional suscrito y ratificado por Venezuela, el cual establece una reglamentación especial a los fines de asegurar la restitución inmediata de los niños, niñas o adolescentes que hayan sido trasladados o retenidos ilícitamente, en cualesquiera de los países contratantes; y también asegurar que los derechos de custodia y de visita vigentes en dichos países sean respetados en los demás Estados contratantes.

Observa la Sala que la causa en cuestión se inició con motivo de una solicitud efectuada por la Dirección de Servicio Consular Extranjero del Ministerio del Poder Popular para Relaciones Exteriores al Tribunal de Protección del Niño y del Adolescente de la Circunscripción Judicial del Estado Nueva Esparta, que a su vez había sido requerido por la Autoridad Central de la República Francesa (Ministerio de Justicia), en virtud de la solicitud planteada ante ese organismo por el ciudadano Rafael Andrés Paiva Mata, con la finalidad de peticionar la restitución internacional de su hijo, quien habría sido presuntamente sustraído, ilícitamente, por su progenitora, la ciudadana venezolana Sophia Franco Montcourt y, presuntamente se encontrarian residenciados en Boca de Río, Península de Macanao, Estado Nueva Esparta.

Tal solicitud dio lugar a que el Tribunal al que se le asignó el conocimiento del asunto, esto es, el Juzgado Segundo de Primera Instancia de Sustanciación y Mediación de Protección de Niños, Niñas y Adolescentes de la Circunscripción Judicial del Estado Nueva Esparta, dictara auto, el 8 de agosto de 2008, por el que admitió el mismo, de conformidad con el artículo 457 de la Ley Orgánica para la Protección de Niños, Niñas y Adolescentes, en concordancia con lo dispuesto en el artículo 1 de la Ley de Derecho Internacional Privado, y de acuerdo con lo establecido en la Convención de La Haya sobre los Aspectos Civiles de la Sustracción Internacional Menores y la Convención sobre los Derechos del Niño de 1989, señalando al efecto la decisión judicial lo siguiente:

> "… y por cuanto establecen las mismas [las Convenciones citadas] la importancia primordial que los intereses del niño y del adolescente tienen en todas las cuestiones relativas a su custodia, así como que sea escuchada su opinión como sujetos de derecho, de conformidad con el artículo 12 de la Convención sobre los Derechos del Niño y ante la falta de normas procedimentales para tratar este asunto, y por cuanto en el presente escrito se señala que el niño (…*omissis*…), actualmente se encuentra ubicado en (…*omissis*…) Estado Nueva Esparta. En tal sentido este Juzgado, a los fines de garantizar el derecho al debido proceso, previsto en el artículo 49 de la Constitución de la República Bolivariana de Venezuela, ordena citar a la ciudadana SOPHIA ELENA MONTCOURT FRANCO, (…*omissis*…) madre del niño antes mencionado, para el Tercer (*sic*) (3er) día de Despacho (*sic*) siguiente a su citación, (…*omissis*…) con la finalidad de que de por enterada del presente asunto, debidamente asistida de abogado y proceda a dar contestación a la demanda. Igualmente deberá comparecer acompañada de su hijo el niño en mención, a los fines de garantizarle su derecho a opinar y a ser escuchado, de conformidad con los artículos 80 de la Ley Orgánica para la Protección de Niños, Niñas y Adolescentes, artículo 12 de la Convención sobre los Derechos del Niño, así como las Directrices emanadas de la Sala Plena del Tribunal Supremo de Justicia de fecha doce de junio de dos mil siete (12-06-2007)".

En esa misma oportunidad el Tribunal dictó medida de prohibición de salida del país al niño y a la madre del niño.

Posteriormente, el ciudadano Rafael Paiva Mata, consignó diligencia y, seguidamente, el 12 de agosto de 2008, el referido Tribunal de Primera Instancia dictó auto por el que resolvió:

> "…PRIMERO: En sentencia dictada en fecha veintinueve de mayo del año dos mil ocho (29-05-2008), el Tribunal de Primera Instancia de Pontoise en Asunto de Familia del Departamento de Val d' Oise, Francia, dispuso que la patria potestad a favor del niño (…), será ejercida por el padre y que la residencia del niño en mención se fija en el domicilio del padre, el cual es en la siguiente dirección: 9, rue de la Destinée Bat. A-appto. 40, 95800 CERGY, Francia. SEGUNDO: Establece la norma del Artículo 390 de la Ley Orgánica para la Protección de Niños, Niñas y Adolescentes, que el padre y la madre, que sustraiga o retenga indebidamente a un hijo cuya Custodia (sic) haya sido otorgada al otro o a un tercero, deber ser conminado judicialmente a restituirla a la persona que ejerce la custodia y responde por los daños y perjuicios que su conducta ocasiones al hijo o hija. En razón de lo expuesto anteriormente, esta Juzgadora en ocasión a la urgencia del caso y conforme a lo dispuesto en el Convenio sobre los Aspectos Civiles de la Sustracción Internacional de Menores de La Haya (…) en concordancia con nuestra Ley Adjetiva especial en su artículo 390, ordena la Restitución Inmediata del Niño (…) a su padre (…). En tal virtud, oficiese al Consejo de Protección de Niños, Niñas y Adolescentes del Municipio Península de Macanao de este Estado, con el objeto de acompañar al referido ciudadano, a los fines de dar cumplimiento al presente auto. Asimismo, se le hace saber al precitado ciudadano que deberá comparecer al día siguiente a

que se haga efectiva dicha restitución, a las 9:00 de la mañana, acompañado de su hijo a fin de constatar el estado actual del mismo. Igualmente déjese sin efecto la boleta librada en fecha 08-08-08 y líbrese nueva boleta, con el objeto de que la parte demandada, ciudadana SOPHIA HELANA MONTCOURT FRANCO (…), comparezca el Primer (1°) día de Despacho siguiente a que se haga efectiva la restitución del niño en mención, a las 9:00 de la mañana, y proceda a dar contestación a la presente demanda de Restitución de Custodia Internacional…".

Contra esta última decisión se ejerció la acción de amparo constitucional a la que se hizo referencia. Ahora bien, la Sala procede a pronunciarse acerca de los siguientes aspectos:

La sentencia dictada por el Tribunal de Primera Instancia de Pontoise en Asunto de Familia del Departamento de Val d' Oise, Francia, el 29 de mayo de 2008, fue proferida con motivo de la demanda interpuesta por el ciudadano Rafael Paiva Mata, contra la ciudadana Sophia Montcort Franco, bajo el alegato de que la referida ciudadana no había dado cumplimiento a la decisión previamente dictada entre las partes por el Juez de Asuntos Familiares del Tribunal de Primera Instancia de Pontoise, el 27 de febrero de 2008, tal decisión había establecido cuanto sigue:

"…

Ordenamos una encuesta social.

…*omissis*…

Decimos que los padres ejercerán conjuntamente la patria potestad.

Recordamos que en el marco del ejercicio conjunto de la patria potestad, corresponde a los padres tomas juntos las decisiones importantes de la vida del niño, relativas a la escolaridad, la salud y las elecciones religiosas eventuales.

Ordenamos la inscripción en el pasaporte de los padres la prohibición de salida del niño del territorio francés sin la autorización de ambos padres.

Decimos que la residencia del niño se establece en el domicilio de la madre.

Decimos que el padre recibirá al niño en su domicilio, libremente, de acuerdo entre los padres o bajo reserva de un mejor acuerdo de la siguiente manera:

*durante los períodos escolares:

…*omissis*…

*durante las vacaciones escolares (cortas y largas):

…*omissis*…

Fijamos en la cantidad de 300 euros por mes la pensión alimenticia a cargo del padre para el mantenimiento y la educación del niño, pagadera en el domicilio de la Señora Montcourt, mensualmente, por adelantado, doce meses sobre doce y además de las prestaciones familiares y sociales, y esto a partir de la presente decisión, y lo condena a ello como de necesidad.

…*omissis*…

Decimos que las partes deberán acudir al juez del fondo después de depositar el informe de encuesta social.

Denegamos a las partes el excedente de su demanda;

Recordamos a la parte requirente que le corresponde hacer notificar por medio de alguacil de justicia la presente decisión.

Recordamos que la presente decisión es de derecho ejecutorio desde el momento de su notificación.

*...omissis..."*

Ahora bien, la decisión del 29 de mayo de 2008, a que se hizo referencia supra, dictada con posterioridad, y que sirve de fundamento a las actuaciones judiciales referidas, fue consignada a los autos debidamente traducida al castellano por intérprete público y apostillada, conforme a la Convención de La Haya de 1961 Para Suprimir la Exigencia de la Legalización de los Documentos Públicos Extranjeros, señalando lo siguiente:

"Disponer que la patria potestad será ejercida por el padre;

Recordar que el padre que no ejerce la patria potestad conserva el derecho de vigilar la manutención y la educación del hijo y debe estar informado, en consecuencia, de las opciones importantes relativas a la vida de este último;

Disponer que la madre no podrá sacar al niño del territorio francés sin autorización escrita del padre;

Disponer que la residencia del niño se fija en el domicilio del padre,

Disponer que la madre ejercerá un simple derecho de visita a su hijo, un sábado sobre dos, de 10 horas a 18 horas, en presencia del padre o de un tercero digno de confianza, quedando en reserva su derecho de alojamiento;

Poner a cargo de la madre ir a buscar y llevar al niño al domicilio del padre o de hacerlo buscar y hacerlo llevar por una persona digna de confianza.

Fijar en la suma de 200 euros por mes la pensión alimenticia puesta a cargo de la madre para la manutención y educación del niño, que será pagada en el domicilio del Sr. Paiva Mata, mensualmente, por adelantado, doce meses sobre doce, además de las prestaciones familiares y sociales, esto a contar desde la presente decisión y condenarla al pago si fuese necesario.

*... omissis..."*

La parcialmente transcrita decisión sirvió entonces de fundamento para que las autoridades francesas requiriesen a Venezuela, como Estado contratante, la restitución del niño, conforme a la Convención sobre los aspectos Civiles de la Sustracción Internacional de Menores.

En este estado, es preciso para la Sala señalar que de los hechos acontecidos, que constan en las actas procesales, se evidencia que con el asunto planteado ante los órganos judiciales venezolanos, lo que realmente se pretende es la ejecución de una sentencia proferida por un juez extranjero que es una situación jurídica distinta a la contemplada en la Convención sobre los aspectos Civiles de la Sustracción Internacional de Menores. En efecto, ha examinado la Sala los términos del conflicto y ha observado que la custodia (denominada anteriormente guarda) del niño, cuya restitución se pretende, estaba asignada a la madre, si bien en un pasado próximo la tenían ambos, por convivir todos juntos. Cabe destacar, en este sentido, que es la sentencia del Tribunal francés –que pretende ejecutarse- la que establece una nueva situación, y modifica el status quo del niño (de cinco años de edad para entonces), de la madre y del padre, al ordenar no sólo que la custodia esté a cargo del padre, sino además la que decide que sea éste quien en soledad ejerza la patria potestad del niño, estableciéndose un régimen de convivencia o visitas "simple" a favor de la madre, ello se evidencia de la lectura de la transcripción antes anotada de la sentencia francesa, cuando señala:

"Vistos los documentos traídos a juicio, resulta que la Sra. Montcourt no ha respetado en ningún momento los términos de la decisión pronunciada y no ha permitido nunca que el padre ejerciera de su derecho de visita y de alojamiento.

Además, decidió menospreciando la Ordenanza del 27 de febrero, irse a vivir a Venezuela, privando así, totalmente al niño de la presencia de su padre.

La actitud de la Sra Montcourt, que tiende a eliminar totalmente al niño de la presencia del padre.

La actitud de la Sra. Montcourt, que tiende a eliminar totalmente al Sr. PAIVA MATA de la vida de su hijo, es manifiestamente contraria al interés del niño: Su comportamiento justifica que la patria potestad sea ejercida por el padre, en casa del cual también será fijada la residencia del niño. El Sr. PAIVA MATA podrá, de esta manera, escolarizar de nuevo al niño en su antigua escuela infantil.

Habida cuenta del riesgo de un nuevo rapto del niño, la madre solamente gozará de un simple derecho de visita, un sábado sobre dos de 10 horas 18 horas, en presencia del padre o de un tercero digno de su confianza, su derecho de alojamiento queda reservado".

En este orden de ideas, se observa que durante el proceso judicial se hizo constar la circunstancia de que la madre tenía consigo al niño, de hecho cambió varias veces su domicilio en territorio francés y fue luego de pronunciada la primera de las decisiones emitidas por el tribunal francés, que le había conferido la custodia del niño a ésta, y antes de producirse la sentencia parcialmente transcrita dictada el 29 de mayo de 2008, cuya ejecución se pretende, que supuestamente la madre, ciudadana Sophia Montcourt abandona Francia para venir a Venezuela. De allí entonces que sea indiscutible que el padre no tenía antes del supuesto e ilícito traslado, la guarda del niño, mucho menos ejercía sin la madre la patria potestad; es sólo con la sentencia referida que nace esta nueva situación jurídica, cuyo mérito no corresponde a esta Sala juzgar.

Cabe destacar que la Convención sobre los Aspectos Civiles de la Sustracción Internacional de Menores, cuya Ley Aprobatoria dictada por el entonces Congreso de la República, aparece publicada en la *Gaceta Oficial de la República de Venezuela* N° 295385, del 19 de julio de 1996, y de la cual también Francia es signataria, establece que el traslado o la retención de un menor se considerarán ilícitos (artículo 3):

"…

a) Cuando se hayan producido con infracción de un derecho de custodia atribuido, separada o conjuntamente, a una persona, a una institución, o a cualquier otro organismo, con arreglo al derecho vigente en el Estado en que el menor tenía su residencia habitual inmediatamente antes de su traslado o retención; y

b) Cuando este derecho se ejercía de forma efectiva, separada o conjuntamente, en el momento del traslado o de la retención, o se habría ejercido de no haberse producido dicho traslado o retención.

…"

De donde se colige entonces que no puede considerarse como ilícito el traslado realizado por la ciudadana Sophia Montcourt a Venezuela en compañía de su hijo menor de edad, por cuanto no se configura el supuesto normativo exigido por la norma jurídica; ciertamente, se modificó la residencia habitual del niño, pues su madre lo trasladó de Francia a Venezuela; empero tal circunstancia, por sí sola, sin considerar otras circunstancias que distinguen al caso, y a pesar de la medida de prohibición de salida del país, no hace posible la aplicación de la referida Convención de La Haya. Aunado ello a la circunstancia de que la decisión dictada por el Tribunal francés el 27 de febrero de 2008, le había conferido inicialmente la custodia de su hijo a la madre, y fue luego de dicha fecha y antes que se produjera la decisión que pretende ejecutarse –según consta en autos- que ésta se trasladó a Venezuela con el niño.

En el caso de autos, es evidente que con la solicitud que dio origen al caso no se trata simplemente de agotar la aplicación del Convenio, es decir, la restitución internacional, sino que se pretende más que ello: la ejecución de una sentencia, con la modificación absoluta de la situación familiar que la misma conlleva.

Observa la Sala que se está tratando de dar eficacia a la decisión de un juez extranjero, a través de la errónea aplicación de la Convención Internacional sobre Aspectos Civiles de la Sustracción Internacional de Menores, sin advertirse que el fallo que se trata de ejecutar consiste en una sentencia constitutiva, que creó, modificó y extinguió derechos y obligaciones; y que crea una situación ex novo, por lo que requiere, para que surta efectos en Venezuela, y pueda ser ejecutada, del pase del exequátur.

En vista de lo anterior, considera la Sala que el fallo del Tribunal de Primera Instancia de Pontoise en Asuntos de Familia del Departamento de Val d' Oise, Francia, no debió ejecutarse a través del mecanismo solicitado, esto es, a través del cumplimiento de la Convención sobre los Aspectos Civiles de la Sustracción Internacional de Menores, antes por el contrario al tratarse de la ejecución de una sentencia extranjera en Venezuela, la misma debe cumplir con la normativa contenida en la Ley de Derecho Internacional Privado, en cuyo artículo 1 establece: *"Los supuestos de hecho relacionados con los ordenamientos jurídicos extranjeros se regularán, por las normas de Derecho Internacional Público sobre la materia, en particular, las establecidas en los tratados internacionales vigentes en Venezuela; en su defecto, se aplicarán las normas de Derecho Internacional Privado venezolano; a falta de ellas, se utilizará la analogía y, finalmente, se regirán por los principios de Derecho Internacional Privado generalmente aceptados"*. Tal disposición obliga aplicar, en primer término, las normas de Derecho Internacional Público sobre la materia, en particular las establecidas en los tratados internacionales vigentes en Venezuela, pero como quiera que Venezuela y Francia no han suscrito tratados internacionales en materia de reconocimiento y ejecución de sentencias, debe seguirse el orden de prelación de las fuentes en la materia, razón por la que debe aplicarse las normas de Derecho Internacional Privado Venezolano, a saber: las contenidas en el referido instrumento normativo que establece cuanto sigue:

"**Artículo 53**. Las sentencias extranjeras tendrán efecto en Venezuela siempre que reúnan los siguientes requisitos:

1. Que hayan sido dictadas en materia civil o mercantil o, en general, en materia de relaciones jurídicas privadas;

2. Que tengan fuerza de cosa juzgada de acuerdo con la ley del Estado en el cual han sido pronunciadas;

3. Que no versen sobre derechos reales respecto a bienes inmuebles situados en la República o que no se haya arrebatado a Venezuela la jurisdicción exclusiva que le correspondiere para conocer del negocio;

4. Que los tribunales del Estado sentenciador tengan jurisdicción para conocer de la causa de acuerdo con los principios generales de jurisdicción consagrados en el Capítulo IX de esta Ley;

5. Que el demandado haya sido debidamente citado, con tiempo suficiente para comparecer, y que se le hayan otorgado en general, las garantías procesales que aseguren una razonable posibilidad de defensa;

6. Que no sean incompatibles con sentencia anterior que tenga autoridad de cosa juzgada; y que no se encuentre pendiente, ante los tribunales venezolanos, un juicio sobre el mismo objeto y entre las mismas partes, iniciado antes que se hubiere dictado la sentencia extranjera.

**Artículo 55**. Para proceder a la **ejecución de una sentencia extranjera** deberá ser declarada ejecutoria de acuerdo con el procedimiento establecido por la ley y previa comprobación de que en ella concurren los requisitos consagrados en el artículo 53 de esta Ley". (Destacado de este fallo)

De tal modo que, para que tuviera eficacia el fallo dictado por el Tribunal francés y poder ejecutar las órdenes contenidas en el mismo, era preciso, y aun lo es, la aplicación de las aludidas disposiciones jurídicas, relativas al exequátur. Ello es así, no porque sea indispensable para la aplicación del aludido Acuerdo Internacional la exigencia del exequátur, sino por cuanto en realidad el mismo no resulta aplicable a la situación controvertida, al no obedecer a una restitución del niño sino a la constitución de una nueva situación respecto al ejercicio de la custodia y patria potestad del niño. Debe dejar sentado la Sala que se exige el exequátur, es decir, la aplicación de las antes señaladas disposiciones jurídicas de la Ley de Derecho Internacional Privado, de conformidad con lo dispuesto en el artículo 8 del Código de Procedimiento Civil, a falta –como se dijo- de un tratado internacional suscrito entre Francia y Venezuela que regule de manera específica la materia, pues si bien ambos Estados son parte de la Convención sobre los Aspectos Civiles de la Sustracción Internacional de Menores, en este caso, se está discutiendo la eficacia de una sentencia extranjera en Venezuela, circunstancia que amerita de otro tratamiento jurídico, como quedó igualmente expuesto.

De tal modo que, quiere precisar la Sala: la exigencia del exequátur deriva de la pretensión de ejecución del fallo judicial del Tribunal francés que creó una situación distinta a la que existía para el momento en que se produjo el supuesto e ilícito traslado del niño; de allí que estime esta Sala que existe una inadecuada tramitación del asunto controvertido.

Es importante además advertir, tal como se anotó anteriormente que la Convención sobre los Aspectos Civiles de la Sustracción Internacional de Menores no requiere la exigencia o el pase del exequátur de Ley. A través de la Convención los Estados contratantes se propusieron, de acuerdo con su artículo 1°: a) garantizar la restitución inmediata de los menores trasladados o retenidos de manera ilícita en cualquier Estado contratante; y b) velar por que los derechos de custodia y de visita vigentes en uno de los Estados contratantes se respeten en los demás Estados contratantes. *"Es decir, tiende a restablecer la situación anterior al traslado o retención ilícita mediante la restitución inmediata del menor a su residencia habitual, impidiendo que los individuos unilateralmente puedan cambiar la jurisdicción a su criterio para obtener una decisión judicial que los favorezca"*. DUHALDE, Carlos María, *Convención sobre los Aspectos Civiles de la Sustracción Internacional de Menores. Derechos Humanos*, Consejero del Departamento de Derechos Humanos de la Embajada Argentina en España. (Véase: http://www.portalargentino.net/derechos/?p=20.).

En este orden de ideas, se precisa establecer que no es posible requerir el exequátur para la aplicación de la Convención sobre los Aspectos Civiles de la Sustracción Internacional de Menores, pues tal exigencia es incompatible con la finalidad y propósito del mismo, pues con éste se persigue la restitución inmediata, es decir, expedita, del niño, niña o adolescente que haya sido trasladado o retenido ilícitamente.

Los Estados Partes suscribientes de la Convención sobre los Aspectos Civiles de la Sustracción Internacional de Menores proyectaron a través de su contenido hacer efectivo e inmediato el retorno del niño, niña o adolescente para evadirse de los inconvenientes que producen en éstos un cambio arbitrario de su entorno, de su ambiente habitual. Es por ello que el artículo 2 de la Convención sobre los Aspectos Civiles de la Sustracción Internacional de Menores establece: *"Los Estados Contratantes adoptarán todas las medidas apropiadas para garantizar que se cumplan en sus territorios respectivos los objetivos del Convenio. Para ello deberán recurrir a los procedimientos de urgencia de que dispongan"*.

Asimismo, de los artículos 11, 12, 14 y 23 *eiusdem* se desprende tal aserto, cuando establece:

"Artículo 11. Las autoridades judiciales o administrativas de los Estados contratantes actuarán con urgencia en los procedimientos para la restitución de los menores. Si la autoridad judicial o administrativa competente no hubiera llegado a una decisión en el plazo de seis semanas a partir de la fecha de iniciación de los procedimientos, el solicitante o la autoridad central del Estado requerido, por iniciativa propia o a instancia de la Autoridad Central del Estado requirente tendrá derecho a pedir una declaración sobre las razones de la demora. ..."

"Artículo 14. Para determinar la existencia de un traslado o de una retención ilícitos en el sentido del artículo 3, las autoridades judiciales o administrativas del Estado requerido podrá tener en cuenta directamente la legislación y las decisiones judiciales o administrativas, ya estén reconocidas formalmente o no en el Estado de la residencia habitual del menor, sin tener que recurrir a procedimientos concretos  para probar la vigencia de esa legislación o para el reconocimiento de las decisiones extranjeras  que de lo contrario serían aplicables".

"Artículo 23 No se exigirá, en el contexto del presente Convenio, legalización ni otras formalidades análogas"

La doctrina patria precisa cuáles son los objetivos fundamentales del citado Convenio de La Haya sobre los aspectos Civiles de la Sustracción Internacional de Menores, a saber: *"(i) proteger al menor, en el plano internacional, de los efectos perjudiciales que podría ocasionarle un traslado o una retención ilícita en los términos del artículo 3 de ese Convenio: y (ii) establecer los procedimientos que permitan garantizar la restitución inmediata del menor a un Estado en el que tenga su residencia habitual, así como de asegurar la protección del derecho de visita". "Es por ello -agrega-, que una de las finalidades del Convenio de La Haya es velar porque los derechos de custodia (guarda) y de visitas vigentes en uno de los Estados Contratantes, ya estén establecidos o no por una decisión judicial, sean respetados en los demás Estados Contratantes (artículo 1, literal b) del Convenio de La Haya). A los efectos del Convenio de La Haya, el derecho de custodia comprende el derecho relativo al cuidado de la persona del menor y, en particular, el de decidir sobre su lugar de residencia (artículo 5, literal a) del Convenio de La Haya)".* (*Ley de Derecho Internacional Privado. Libro Homenaje a GONZALO PARRA ARANGUREN, Tribunal Supremo de Justicia*, Colección Libros Homenajes N° 1, Caracas, Venezuela, 2001, p. 425).

Exigir entonces para la aplicación de la Convención sobre los aspectos Civiles de la Sustracción Internacional de Menores, la tramitación del exequátur con su correspondiente dilación, tendría el inconveniente de que podría verse frustrado el mandato judicial, no solo porque le reduciría rapidez sino porque además podría prevenir al sujeto activo del traslado para movilizarse a otro Estado, evadiendo o burlando las gestiones procesales, a la vez que, el desarraigo del niño, niña o adolescente se haría cada vez más intenso y prolongado por la larga separación de su hogar. Considerar entonces que se requiere el exequátur para la aplicación del acuerdo internacional que analizamos haría nugatorio el referido instrumento internacional, y la más de las veces, ineficaz el tratado. Por ello, es en principio correcta la resolución de la apelada cuando resolvió la improcedencia del exequátur en aquellos casos sujetos a la Convención sobre los Aspectos Civiles de la Sustracción Internacional de Menores. Sin embargo, la Sala insiste en que en el caso de autos no era aplicable la referida Convención, y se requería el pase del exequátur para su ejecutabilidad en territorio nacional.

Ello así, considera la Sala que la solicitud de restitución internacional a que se refiere el caso de autos no reúne los requisitos de procedencia establecidos en la Convención sobre los Aspectos Civiles de la Sustracción Internacional de Menores; por tanto, juzga la Sala que erró el Juzgado Segundo de Primera Instancia de Mediación y Sustanciación de la Circunscripción Judicial del Estado Nueva Esparta, al dictar la decisión impugnada, procediendo como lo hizo, sin previamente constatar las condiciones de aplicabilidad del aludido Convenio de la Haya, toda vez que el traslado realizado no era ilícito y, debido a que lo que se pretendía realmente era la ejecución en Venezuela de un fallo extranjero y de que, como tal, requería para su ejecución del exequátur, a tenor de lo dispuesto en la Ley de Derecho Internacional Privado.

No debe la Sala dejar de advertir, por otra parte, que de haberse pretendido hacer valer en Venezuela la primigenia decisión dictada por el Tribunal de Gran Instancia de Pontoise, Francia de fecha 27 de febrero de 2008, luego revocada, que ordenó, entre otras cosas: una encuesta social; que los padres ejercieran conjuntamente la patria potestad; que en ese sentido, correspondía a los padres tomar juntos las decisiones importantes de la vida del niño, relativas a la escolaridad, la salud y las elecciones religiosas eventuales; la inscripción en el pasaporte de los padres de la prohibición de salida del niño del territorio francés sin la autorización de ambos padres; que la residencia del niño se establecía en el domicilio de la madre; que el padre recibiría al niño en su domicilio, libremente, de acuerdo entre los padres o bajo reserva de un mejor acuerdo de la manera que la misma decisión dispuso y fijó en la cantidad de 300 euros la pensión alimenticia a cargo del padre para el mantenimiento y la educación del niño, pagadera en el domicilio de la Señora Montcourt, mensualmente, por adelantado, estima la Sala, que en este supuesto, si hubiese sido aplicable la Convención sobre los Aspectos Civiles de la Sustracción Internacional de Menores, toda vez que, ciertamente el traslado del niño del territorio francés, luego de tal decisión, hubiese impedido la permanencia del niño dentro de su entorno y hubiese impedido que se cumpliese el régimen de visitas que había sido acordado a favor del padre. Sin embargo, no fue ésta la decisión que provocó la solicitud de aplicación de la aludida Convención sino, como antes se dijo, una nueva decisión dictada el 29 de mayo de 2008, que la revocó y que pretendió modificar absolutamente la situación fáctica de los sujetos involucrados y que comportaba el cambio de residencia, custodia y por ende el régimen de convivencia y la obligación de manutención, desde la fecha en que dicha decisión se produjo, es decir, desde el 29 de mayo de 2008, oportunidad para la cual la madre, según se desprende de autos, ya había abandonado Francia.

Estima la Sala importante, además, indicar no obstante la falta de procedencia de la Convención que, de cualquier modo, la actuación del referido Juzgado de Primera Instancia desconoció la doctrina de la Sala respecto a la importancia de la observancia al debido proceso y al derecho de la defensa de las partes, frente a la aplicación de la aludida Convención sobre los Aspectos Civiles de la Sustracción Internacional de Menores.

En este sentido, debe señalarse que esta Sala estableció desde su sentencia número 579 del 20 de junio de 2000, la necesidad de garantizar tales derechos. A tal efecto, sostuvo:

"La defensa en juicio consiste en la garantía que ofrece el ordenamiento jurídico a aquéllos que participan u ostentan algún interés en participar en un proceso judicial, de alegar las razones en que fundamenten sus pretensiones o ejercer los medios disponibles para enervar las decisiones de los juzgadores. Es así como la garantía a la defensa efectiva cobija a todos aquellos ciudadanos que de alguna u otra manera, sea como actores, demandados o terceros, se vean afectados de manera directa o refleja por lo que resulte del desarrollo de un proceso judicial.

Pero, con precedencia temporal y lógica a la verificación de esta garantía, la sociedad política ha impuesto, como medio insoslayable de composición pacífica de las controversias, el denominado proceso judicial, de tal suerte, que la expresión de la función jurisdiccional en que consiste la sentencia sobre el fondo debe suponer la verificación de una serie de actos a través de los cuales los beneficiados o perjudicados por ella se hubieren enterado del objeto litigioso, se les haya permitido alegar las defensas que consideraren pertinentes, así como probar sus respectivas afirmaciones de hecho.

En el caso de autos es evidente, que el Juzgado Superior Primero de Familia y Menores de la Circunscripción Judicial del Área Metropolitana de Caracas y Nacional de Adopción Internacional, al ordenar la restitución de las menores (…), es decir, al emitir una decisión sobre el fondo de la solicitud del ciudadano (…) sin que mediase la debida notificación a la madre de las menores ciudadana (…), sin permitir además que la citada ciudadana disfrutara de un procedimiento de cognición mediante el cual alegara sus respectivas afirmaciones y defensas, cometió una violación ostensible y clara al principio del debido proceso, consagrado en el artículo 49 de la Constitución.

Tal negación de los principios procesales más elementales luce aún con mayor claridad si se contrapone con el propio texto de la Convención, del cual podemos extraer ciertos elementos que aseguran el respeto a los derechos al debido proceso y a la defensa, como cuando se exige que el país requerido deba '*recurrir a los procedimientos de urgencia*' (artículo 2) –la urgencia no niega que se abra un debate, como tampoco lo niega la sumariedad o la inmediatez con que deban conducirse los tribunales de acuerdo al caso-; '*El convenio se aplicará a todo menor que tuviera su residencia habitual en un Estado contratante…*' (artículo 4), de suerte que la convicción del juez requerido acerca de si el menor tenía su residencia habitual en un Estado determinado, amerita la actividad probatoria de las partes.

La necesidad de un proceso cognitivo que garantice a las partes una decisión fundada en las alegaciones y probanzas de las partes también se resume del párrafo segundo del artículo 12 de la Convención, pues contempla que frente al supuesto de haber transcurrido un año del traslado o retención ilícitos la autoridad judicial o administrativa del país requerido podrá ordenar la restitución del menor '*salvo que <u>quede demostrado</u> que el menor ha quedado integrado en su nuevo ambiente*' (subrayado de la Sala).

Con un sentido procesal similar, ha sido perfilado el segundo párrafo del artículo 13 de dicho instrumento normativo, cuando expresa que: '*La autoridad judicial o administrativa podrá asimismo negarse a ordenar la restitución del menor si comprueba que el propio menor se opone a la restitución, cuando el menor haya alcanzado una edad y un grado de madurez en que resulte apropiado tener en cuenta sus opiniones*'. De otro lado, pero en atención a principios que interesan a la materia debatida, pero que no dejan de tener incidencia en el proceso, la Convención anima a que la autoridad competente procure la '*restitución voluntaria del menor o (facilite) una solución amigable*' (literal c del artículo 7).

Por tanto, y visto que la decisión del Juzgado Superior Primero de Familia y Menores de la Circunscripción Judicial del Área Metropolitana de Caracas y Nacional de Adopción Internacional apelada se pronunció correctamente sobre la violación al debido proceso en que incurrió el Juzgado Noveno de Primera Instancia de Familia y Menores de la Circunscripción Judicial del Área Metropolitana de Caracas corresponde a esta Sala confirmar, en lo que toca a este punto, la sentencia apelada, y así se declara.

Por otra parte, considera la Sala que, en el presente caso, el principio al debido proceso reviste un sentido de justicia que excede el mero aspecto subjetivo o particularizado con que se acostumbra rodear este tipo de pretensiones; sin duda alguna, la garantía al debido proceso en el caso que ocupa a este Alto Tribunal, guarda una conexión existencial con el interés general de tuición consagrado en la Convención sobre los Aspectos Civiles de la Sustracción Internacional de Menores (publicada en la *Gaceta Oficial de la República de Venezuela* N° 36.004 de fecha 19 de julio de 1996), y que consiste, entre otras cosas, en permitir que se proteja a los menores de los perjuicios derivados de un traslado o retención ilícita.

Precisamente, es respecto a una presunta retención ilícita el asunto que está pendiente de debate en esta oportunidad, y al cual, por cierto, no parece merecerle mayor atención la decisión apelada. Recuerda esta Sala que existe una solicitud de restitución de las menores (…) formulada por el ciudadano (…), y que, a pesar de la violación constitucional cometida por el Juzgado Noveno de Primera Instancia de Familia y Menores en contra de la madre de las mismas, estima esta Sala que, en razón del alegado *principio del interés superior del niño*, tal solicitud clama por una respuesta, no sólo en interés de las menores involucradas, sea cual fuere la decisión que se tome, sino también por el deber que tiene el Estado venezolano de dar curso y repudiar —en caso de llevar razón el solicitante- aquellos hechos cometidos en perjuicio de los menores, como lo sería el apartamiento ilícito de los menores o adolescentes del lado de las personas o instituciones que tuvieren el deber de guardarlos.

El interés superior del menor no sólo se entiende desde la posición del interesado que exige una determinada conducta de un sujeto obligado, es menester en estos caso *(sic)* prestar atención al interés general de la sociedad en hacer respetar los instrumentos normativos de protección, no sólo para asegurar su eficacia, sino también para prevenir con una ejemplar aplicación la actuación de potenciales agresores. En fin, debe el juzgador integrar el principio de libertad subyacente a toda pretensión particularizada con el principio de justicia que imprime los objetivos planteados por la Convención sobre los Aspectos Civiles de la Sustracción Internacional de Menores, y de los cuales se hace eco este decisor.

En otro sentido, la decisión del juez de amparo debe apuntar a restituir al agraviado en la situación previa a la violación de su derecho o garantía constitucionales. En el presente caso, la ciudadana (…) denunció la violación de su derecho al debido proceso y a la defensa cometida por el Juzgado Noveno de Primera Instancia de Familia y Menores al no actuar la solicitud interpuesta por el ciudadano (…) a través del proceso judicial; dicho lo cual, toca a esta Sala reponer el status jurídico de la accionante a la situación previa a la violación o a *'la situación que más se asemeje a ella'* (artículos 27 de la Constitución y 1 de la Ley Orgánica de Amparo sobre Derechos y Garantías Constitucionales)".

Debe advertirse, no obstante, que luego de la entrada en vigencia de la Ley Orgánica para la Protección de Niños, Niñas y Adolescentes, el procedimiento pautado por la Sala en la transcrita decisión ya no resulta aplicable; sin embargo, siguen vigentes las afirmaciones realizadas por esta Sala en el citado fallo N° 579/00 en cuanto a la necesidad de garantizar los derechos y garantías en la tramitación o sustanciación del proceso de restitución internacional, toda vez que definitivamente estos procesos llevados conforme a la Convención sobre los Aspectos Civiles de la Sustracción Internacional de Menores deben tramitarse con urgencia; en tal sentido, acierta el Juzgado Superior de Protección de Niños, Niñas y Adolescentes de la Circunscripción Judicial del Estado Nueva Esparta, que conoció de la acción de amparo en primera instancia, cuando dispuso que el trámite para la solicitud de restitución internacional, debió ser el contemplado en la Ley Orgánica para la Protección de Niños, Niñas y Adolescentes, con la respectiva reducción de lapsos, pues su tramitación debe hacerse compatible con la naturaleza breve y expedita de la solicitud de restitución internacional. Reconocimiento que esta Sala hace a pesar de no compartir otras afirmaciones y criterios con el referido Juzgado Superior. Así se decide.

En virtud de todos los razonamientos expuestos, es forzoso para esta Sala Constitucional declarar la nulidad de la actuación practicada por el Juzgado Segundo de Primera Instancia de Mediación y Sustanciación de la Circunscripción Judicial del Estado Nueva Esparta, el 12 de agosto de 2008, con motivo de la solicitud de restitución internacional, que había sido objeto de la presente acción de amparo constitucional. Asimismo, se anula la decisión dictada el 5 de noviembre de 2008 por el Juzgado Superior de Protección de Niños, Niñas y Adolescentes de la Circunscripción Judicial del Estado Nueva Esparta, que conoció de la acción de amparo incoada por la ciudadana Violeta Josefina Franco de Van Dertahg (actualmente fallecida), que dieran origen al presente caso, por cuanto si bien acertó en muchas de sus afirmaciones no se percató de la inadmisibilidad de la misma, además de la improcedencia de la aplicación para el caso de autos de la Convención sobre los Aspectos Civiles de la Sustracción Internacional de Menores y la necesidad de tramitar el exequátur a la sentencia extranjera cuya aplicación se solicitó. Así se decide.

Ahora bien, debe esta Sala indicar que por diligencias del 17 de marzo y el 12 de mayo de 2009, la representación del ciudadano Rafael Andrés Paiva Mata, consignó copias certificas relativas a la audiencia preliminar de la fase de mediación; decreto de medida preventiva, consistente en la restitución de la custodia del niño a su padre; audiencia preliminar de la fase de sustanciación; del poder que lo acredita para actuar; audiencia de juicio del 21 de abril de 2009, dictadas y celebradas por el Juzgado Primero de Primera Instancia de Mediación y Sustanciación de Protección de Niños, Niñas y Adolescentes, que conoció de la solicitud de restitución, luego de la decisión dictada por el Juzgado Superior de Protección de Niños, Niñas y Adolescentes de la Circunscripción Judicial del Estado Nueva Esparta, el 5 de noviembre de 2008. Asimismo, consignó copia certificada de la sentencia emitida por el mencionado Juzgado de Primera Instancia, el 24 de abril de 2009, por medio de la cual se declaró con lugar la solicitud de restitución internacional tramitada por la Autoridad Central, Ministerio de Relaciones Exteriores de la República Bolivariana de Venezuela, procedente de la Autoridad Central de la República Francesa y en consecuencia ordenó a la ciudadana Sophia Helena Montcourt Franco la restitución inmediata del niño, cuya identificación se omite de conformidad con lo dispuesto en el artículo 65 de la Ley Orgánica para la Protección de Niños, Niñas y Adolescentes, a su padre, el ciudadano Rafael Paiva Mata, acordándose, entre otras cosas que el niño sea trasladado a Francia.

Por cuanto tal como quedó expuesto en el presente fallo, la restitución del niño no es procedente, con fundamento en las disposiciones de la Convención sobre los Aspectos Civiles de la Sustracción Internacional de Menores y por cuanto se trata de ejecutar una sentencia extranjera que requiere el exequátur, es forzoso declarar la nulidad igualmente de todas las actuaciones cumplidas por el Juzgado Primero de Primera Instancia de Mediación y Sustanciación de Protección de Niños, Niñas y Adolescentes de la Circunscripción Judicial del Estado Nueva Esparta, con ocasión de lo ordenado por la sentencia dictada, el 5 de noviembre de 2008, por el Juzgado Superior de Protección de Niños, Niñas y Adolescentes de la Circunscripción Judicial del Estado Nueva Esparta, revisada por la Sala, incluyendo el fallo definitivo, dictado el 24 de abril de 2009. Así se declara.-

Por último, la Sala censura la conducta asumida por la ciudadana Sophia Helena Montcourt Franco, suficientemente identificada en autos; quien evadió la decisión del referido Juzgado Superior de Protección de Niños, Niñas y Adolescentes, acordada el 20 de octubre de 2008, para que hiciera comparecer al niño, a los fines de oir su opinión, transgrediendo el derecho constitucional de éste a expresar su opinión. En tal sentido, debe esta Sala destacar la obligación en que se encuentran las personas, naturales o jurídicas, públicas o privadas de dar cumplimiento a los mandatos judiciales, cuyo carácter coercitivo les obliga a someterse a la orden decretada legitimamente por el juez y no les está permitido discutirlas, sino por las vías procesales regulares previstas por el ordenamiento jurídico. En tal sentido, quiere esta Sala manifestar su rechazo a ese tipo de actitudes que en nada contribuyen a una sana administración de justicia, y así se decide.

En virtud de los razonamientos expuestos esta Sala declara inadmisible la acción de amparo constitucional incoada por la ciudadana Violeta Josefina Franco de Van Dertahg (actualmente fallecida), ejercida en su propio nombre y en defensa de su nieto, cuya identificación se omite conforme al artículo 65 de la Ley Orgánica para la Protección de Niños, Niñas y Adolescentes, contra el Juzgado Segundo de Primera Instancia de Mediación y Sustanciación de la Circunscripción Judicial del Estado Nueva Esparta; y, conoce y se pronuncia de oficio acerca de las actuaciones emitidas por dicho Tribunal con motivo de la solicitud de restitución internacional, en consecuencia, se declaran nulas todas las actuaciones practicadas por los Juzgados Primero y Segundo de Primera Instancia de Mediación y Sustanciación de la Circunscripción Judicial del Estado Nueva Esparta, con motivo de dicha solicitud, y así se decide finalmente.

b.   *Derecho a la vivienda*

**TSJ-SC (835)**                                                          **18-6-2009**

Magistrado Ponente: Arcadio de Jesús Delgado Rosales

Caso: Alianza Nacional de Usuarios y Consumidores Anauco

**La Sala Constitucional señala, en atención al principio de progresividad de los derechos, que los contratos a que hace referencia el artículo 23 de la Ley Especial de Protección al Deudor Hipotecario de Vivienda (que sólo se pueden otorgar en bolívares), son todos aquellos señalados en la norma y no sólo los contratos de crédito hipotecario para adquisición de vivienda.**

A partir de esta previsión constitucional, debe señalarse que el derecho a la vivienda es un derecho humano, adoptado por la Declaración Universal de Derechos Humanos (1948) en su artículo 25 y previsto en el artículo 11 del Pacto Internacional de Derechos Económicos, Sociales y Culturales (1976), ratificado por Venezuela el 28 de enero de 1978, entre otros instrumentos internacionales, pasando a formar parte del conjunto de normas jurídicas internacionales sobre derechos humanos universalmente aplicables, por lo que puede afirmarse que es un derecho fundamental reconocido y reafirmado por un gran número de instrumentos de derechos humanos y por los ordenamientos jurídicos de muchos Estados, entre los cuales se encuentra el Estado venezolano.

Dentro de este marco, cabe destacar que el párrafo 1 del artículo 25 de la Declaración Universal de Derechos Humanos, señala que *"toda persona tiene derecho a un nivel de vida adecuado que le asegure, así como a su familia, la salud y el bienestar, y en especial la alimentación, el vestido, la vivienda, la asistencia médica y los servicios sociales necesarios; tiene asimismo derecho a los seguros en caso de desempleo, enfermedad, invalidez, viudez, vejez y otros casos de pérdida de sus medios de subsistencia por circunstancias independientes de su voluntad"*.

Resulta claro que el derecho a una vivienda digna es un derecho fundamental intrínseco a la dignidad humana que atiende a la necesidad del hombre de habitar una vivienda que permita su desarrollo y crecimiento personal como condición esencial para la existencia y protección del núcleo familiar y, por ende, de la misma sociedad, por lo que es pertinente que el Estado, como manifiesta evolución natural, garantice la protección progresiva de este derecho, tal como lo prevé el Texto Fundamental en su artículo 19, al disponer que *"El Estado garantizará a toda persona, conforme al principio de progresividad y sin discriminación alguna, el goce y ejercicio irrenunciable, indivisible e interdependiente de los derechos humanos..."*.

Consciente de la protección del Estado al derecho a la vivienda, materializada en las leyes y demás actos normativos dictados para asegurar el efectivo ejercicio y goce de este derecho –entre las cuales se ubica la Ley de Protección al Deudor Hipotecario de Vivienda–, esta Sala Constitucional se ha pronunciado en sentencias N° 2403, dictada el 27 de noviembre de 2001 y N° 85 del 24 de enero de 2002, al señalar lo siguiente:

*"La protección que brinda el Estado Social de Derecho, varía desde la defensa de intereses económicos de las clases o grupos que la ley considera se encuentran en una situación de desequilibrio que los perjudica, hasta la defensa de valores espirituales de esas personas o grupos, tales como la educación (que es deber social fundamental conforme al artículo 102 constitucional), o la salud (derecho social fundamental según el artículo 83 constitucional), o la protección del trabajo, la seguridad social y **el derecho a la vivienda (artículos 82, 86 y***

*87 constitucionales), por lo que el interés social gravita sobre actividades tanto del Estado como de los particulares, porque con él se trata de evitar un desequilibrio que atente contra el orden público, la dignidad humana y la justicia social*". (Resaltado de este fallo).

En todo caso, el derecho a la vivienda es un derecho de indudable naturaleza social que persigue la satisfacción de una necesidad básica del ser humano de habitar en un recinto adecuado y digno, que permita su crecimiento y desarrollo personal y familiar, respecto del cual, tanto el Estado como el ciudadano y el sector privado, se encuentran comprometidos.

Sobre este aspecto, esta Sala señaló:

*"A juicio de esta Sala, cualquier actividad sistemática pública o privada, dirigida, en cualquier forma a proveer de vivienda a quien carece de ella, permitiendo que se cumpla el derecho que concede a toda persona el artículo 82 constitucional, y debido a la obligación compartida que dicha norma establece entre los ciudadanos y ciudadanas y el Estado, para que se satisfaga ese derecho social,* **convierte a los préstamos para adquirir viviendas, seguras, cómodas, higiénicas, con los servicios básicos esenciales, en materia de interés social,** *atinentes al desarrollo del Estado Social de Derecho y de Justicia.*

*Ahora bien, una cosa es pertenecer al subsistema de vivienda y política habitacional, y otra es ejercer el derecho a la vivienda fuera del sistema, pero esto último no quita la connotación de derecho social al que pretende obtener una vivienda de la cual carece, ni el carácter de interés social de las operaciones destinadas a la adquisición de la vivienda que reúna las condiciones del artículo 82 Constitucional, lo que implica no destruir o minimizar al débil jurídico (quien carece de vivienda o quiere mejorarla y ante esa necesidad se encuentra compelido a obtener préstamos)"* (resaltado propio).

Siguiendo este criterio, esta Sala puntualizó lo siguiente:

*"Agrega esta Sala,* **que siendo de naturaleza constitucional el derecho a la adquisición de la vivienda,** *y al crédito para ello, la existencia de créditos de este tipo, que estructuralmente perjudican al deudor,* **debido a que los cambios convenidos son de tal magnitud que el deudor para afrontarlos tendría que sufrir graves perjuicios tanto en lo personal como en lo familiar, se convierten en violatorios del artículo 82 constitucional".**

De lo anterior se colige claramente que las normas contenidas en la Ley Especial de Protección al Deudor Hipotecario de Vivienda, deben ser interpretadas bajo la premisa del derecho fundamental a la vivienda y el compromiso y el fin del Estado de proteger el pleno ejercicio de este derecho, por cuanto constituye un mecanismo dirigido a equilibrar las prestaciones, de forma tal que el préstamo recibido sea proporcional a lo adeudado y al valor del inmueble objeto del crédito hipotecario o del financiamiento otorgado, a fin de evitar que el riesgo asumido en el contrato por el deudor afecte sólo a éste en beneficio del acreedor e impida en definitiva el cumplimiento de las obligaciones dinerarias contraídas y la conservación de la vivienda.

De allí que, esta Sala estima que la ley referida recoge, en cierta forma, el criterio plasmado en sentencia N° 85 del 24 de enero de 2002, que es del tenor siguiente:

*"De allí que la Sala considera que el riesgo del deudor previsto en los contratos, de que le sea muy oneroso honrar su compromiso, desproporcionado con lo que recibió originalmente, también lo debe correr el prestamista, en cuanto no exista equivalencia entre su ventaja y la del prestatario (...).*

*...Omissis...*

*La Sala reputa que cuando en materia de interés social el contrato se hizo lesivo para el deudor, el mismo debe ser reestructurado a fin que las prestaciones equivalentes se equilibren, o pueda darse por cumplido el contrato en un término superior al pactado, quedando lo pagado en exceso a favor del acreedor.*

**TSJ-SC (835)**                                                **18-6-2009**

Magistrado Ponente: Arcadio de Jesús Delgado Rosales

Caso: Alianza Nacional de Usuarios y Consumidores Anauco

> **Los contratos de crédito hipotecario y contrataciones u operaciones de compraventa con financiamientos dirigidos a la adquisición, construcción, autoconstrucción, ampliación o remodelación de vivienda, pactadas en moneda extranjera, que hayan sido celebradas con anterioridad a la fecha de entrada en vigencia de la Ley Especial de Protección al Deudor Hipotecario de Vivienda y que tengan un saldo deudor para esa fecha, deben reponerse a su estado original y ser calculados en bolívares al tipo de cambio vigente para la fecha de la celebración del contrato, pues lo contrario sería anular el avance que ha dado el Estado en el desarrollo del derecho fundamental a una vivienda digna.**

Por otra parte, la sentencia objeto de revisión, en interpretación del artículo 23 de la Ley Especial de Protección al Deudor Hipotecario de Vivienda señaló que:

> "...*el monto del contrato de crédito hipotecario para adquisición de vivienda deberá ser objeto de reposición en moneda nacional, menos las cuotas mensuales y/o especiales pagadas por el deudor hipotecario antes del 3 de enero de 2005; el saldo deudor vigente será objeto de reposición considerando el valor de la moneda extranjera para el momento en que se suscribió el contrato de crédito hipotecario para adquisición de vivienda*". (Resaltado de esta Sala).

Sobre este aspecto, observa la Sala que el segundo párrafo del referido artículo 23, prevé textualmente lo siguiente:

> "*La contratación realizada en moneda extranjera es ilegal. En consecuencia, se proscriben los créditos hipotecarios para vivienda en moneda extranjera, y **quienes hayan otorgado créditos en moneda extranjera deberán reponer a su estado original en bolívares al tipo de cambio de referencia vigente para la fecha del contrato**, publicado por el Banco Central de Venezuela*". (Resaltado de esta Sala).

En atención al contenido de este párrafo, el cual no puede ser interpretado fuera del contexto y espíritu del primero, esta Sala estima oportuno destacar que no puede el intérprete limitar la reposición en moneda nacional sólo a las cuotas no pagadas para la fecha de entrada en vigencia de la Ley especial, excluyendo las cuotas o pagos realizados antes de esa fecha, pues el legislador en el artículo 23 aludido no prevé diferenciación alguna respecto de las cuotas pagadas o pendientes, tal como se evidencia del segundo párrafo de dicha norma, el cual señala:

> "*y quienes hayan otorgado créditos en moneda extranjera deberán reponer a su estado original en bolívares al tipo de cambio de referencia vigente para la fecha del contrato*".

Por lo que esta Sala aprecia que no existe discriminación que permita la aplicación de la referida reposición a un tipo de contrato pactado en moneda extranjera con exclusión de otros y, menos aún, exceptuar "*las cuotas mensuales y/o especiales pagadas por el deudor hipotecario antes del 3 de enero de 2005*", lo que evidentemente estaría condicionando o creando una limitación no prevista en la norma comentada.

De tal manera, que el precepto normativo citado prevé un supuesto de hecho general en tiempo pasado, pues al señalar "quienes hayan otorgado créditos", engloba a todos los tipos de créditos que fueron otorgados, en moneda extranjera, con anterioridad a la fecha de entrada en vigencia de la ley en mención, por lo que todos, sin excepción ni discriminación, deberán reponerse a su estado original, es decir, al momento de la celebración de la contratación, en bolívares al tipo de cambio vigente para esa fecha, como un beneficio que se concede a los deudores hipotecarios y a aquellos que hayan contratado en moneda extranjera un financiamiento, sea cual fuere la modalidad contractual y si esta consta en instrumento público o privado, con el propósito de adquirir, construir, autoconstruir, ampliar o remodelar una vivienda, a los fines de proteger su derecho a una vivienda digna, previsto en el artículo 82 de la Carta Magna, ante el incremento que había venido experimentando el valor de la moneda extranjera respecto de la nacional, lo que se ha reflejado en el aumento del saldo deudor que deben pagar por su vivienda; lo contrario, sería cambiar el espíritu de la norma y desconocer la correcta interpretación de las normas constitucionales que prevén el derecho a la vivienda cuya protección está implícita en la norma en comento.

De allí pues, esta Sala aprecia que, en atención a la irretroactividad de la Ley, la sentencia objeto de revisión cuando interpretó el artículo 23 de la Ley de Protección al Deudor Hipotecario de Vivienda discriminó varias supuestos de aplicación a partir de la entrada en vigencia de la referida ley, negando la posibilidad de recalcular en bolívares las cuotas pagadas antes de la entrada en vigencia de la referida regulación legal.

Al respecto, esta Sala aprecia que el derecho fundamental a la vivienda, contenido en el artículo 82 constitucional, es un derecho vinculado directamente a la dignidad humana, que es un derecho sin condicionamientos, en virtud de lo cual puede afirmarse que es precisamente ese vínculo lo que le otorga el carácter fundamental por conexidad y, a su vez, constituye su núcleo duro que lo hace indisponible para el legislador y, más aún para el intérprete, de forma tal que no puede ser eliminado o desconocido, ya que lesionar el derecho a la vivienda conllevaría además afectar directamente el derecho a la dignidad humana y poner en peligro el desarrollo individual, familiar y social en detrimento de la existencia humana.

Por otra parte, el derecho a la irretroactividad de la ley se encuentra previsto en el artículo 24 del Texto Fundamental, que señala: *"ninguna disposición legislativa tendrá efecto retroactivo, excepto cuando imponga menor pena"*. En este caso, el bien jurídico tutelado por esta norma es la seguridad jurídica que, como se advierte de la disposición transcrita, admite excepciones.

Luego de analizar cada disposición, esta Sala observa que el derecho a la vivienda constituye un derecho fundamental intrínseco a la dignidad humana, que atiende al valor superior del Estado de preeminencia de los derechos humanos plasmado en la Carta Magna, específicamente en su artículo 2. Por otra parte, el principio de irretroactividad, que como indicamos admite excepciones no sería aplicable en el presente caso, pues como se indicó supra los contratos de opción de compraventa u otros preliminares, previos o complementarios del contrato definitivo de compraventa conforman una misma negociación jurídica. Es decir, que la aplicación del artículo 23 de la Ley Especial de Protección al Deudor Hipotecario de Vivienda a los contratos suscritos con anterioridad al año 2005 no obedece a una excepción al principio de irretroactividad de la ley de cara a tutelar el derecho constitucional a la vivienda. Dicha aplicación se explica por el hecho de que se tratan de relaciones jurídicas no consumadas y que, como tales, transitan de un régimen normativo a otro. En palabras de Joaquín Sánchez Covisa se está en presencia de una ley que afecta o regula las consecuencias jurídicas futuras de un supuesto de hecho que se produjo antes de su vigencia.

Asimismo, aprecia esta Sala que la aplicación del recálculo previsto en el artículo 23 *ejusdem*, es inocuo para quienes otorgaron dicho crédito, por cuanto la deuda será recalculada a la tasa de cambio vigente para el momento en el cual se firmó el contrato de crédito hipotecario o se acordaron las primeras obligaciones relativas o preparatorias del referido contrato de crédito si este no se había firmado para el momento de la entrada en vigencia de dicha ley, garantizándose a los acreedores el retorno de su capital deslastrado del incremento producido por los cambios monetarios sucedidos con posterioridad, sin perjudicar el derecho de los deudores de conservar, adquirir, construir o remodelar su vivienda y preservar el respeto a la dignidad humana. Así se decide.

Ahora bien, observa la Sala que la sentencia sometida a revisión señaló:

*"Que los contratos de promesa bilateral u opciones de compraventa y/o las promesas unilaterales de compra, suscritas antes de la entrada en vigencia de la Ley Especial de Protección al Deudor Hipotecario de Vivienda, no resultan alteradas por la citada Ley Especial, debido a que no son los contratos a que se refiere el artículo 23 eiusdem, por lo que al momento de suscribir los contratos de créditos hipotecarios para adquisición de vivienda con posterioridad a la referida Ley Especial de Protección al Deudor Hipotecario de Vivienda, estos deberán estar apegados a las estipulaciones previstas en la referida Ley Especial"* (Resaltado de esta Sala).

Con relación a este punto y en atención a lo expuesto, aprecia esta Sala que en el marco de las operaciones para el otorgamiento de un crédito hipotecario o bien de un financiamiento para la adquisición o construcción de viviendas, se realizan contrataciones -como requisito para optar a alguna de las anteriores modalidades- en las cuales se hace constar el precio con fines preparatorios y de aseguramiento de la operación de compraventa del inmueble, que anteceden a la firma del contrato definitivo de compraventa, por lo que si algunos de esos contratos llamados "opciones de compraventa" fueron pactados en moneda extranjera e involucran además de la promesa bilateral de comprar y vender, el pago en cuotas programadas del precio de la venta, los mismos formarían parte de la operación de compraventa definitiva, de perfeccionarse, siendo que la denominación del contrato no es determinante de su naturaleza y tipo, lo que debería considerarse a los efectos de evitar exclusiones que pudieran lesionar el derecho  la vivienda y cambiar el sentido y alcance de la norma interpretada, como ya se explicó en líneas anteriores.

Con base en esta fundamentación, estima la Sala que las cuotas pactadas en moneda extranjera en el marco de un contrato llamado "opción a compra", celebrado antes de la entrada en vigencia de la ley especial aludida, como requisito para el otorgamiento del crédito hipotecario o bien como inicio de la operación de financiamiento que culmina con la firma del contrato de compraventa o construcción de la vivienda, se encuentran sometidas a dicha ley y, en consecuencia, dicho financiamiento debe reponerse a su estado original en bolívares al tipo de cambio vigente para la fecha de su celebración. Ello aplicaría para los deudores que, bajo esa modalidad, han asumido el pago de un financiamiento y, en función de ello, pagaron cuotas consecutivas por concepto de pago del precio en moneda extranjera de la venta del inmueble, y que para el momento de la entrada en vigencia aún no habían suscrito el contrato de compraventa, pues, como se mencionó, forman parte de la misma operación para la adquisición de una vivienda o bien se trata de una sola operación a mediano y largo plazo con dos financiamientos, primero, el que se pacta en el contrato de opción a compra y se acredita como pago inicial parte del precio de la venta y, segundo, el crédito hipotecario que se acuerda en el contrato de compraventa definitivo y se acredita al pago del saldo del precio de la venta, pactado en la opción a compra. Así se declara.

En virtud de lo anterior, es preciso destacar que la interpretación legal debe atender a la preeminencia de los derechos humanos,  garantías y principios previstos en el Texto Fundamental, en sintonía siempre con los valores superiores del Estado democrático y social de derecho y de justicia presentes en el ordenamiento jurídico venezolano para asegurar que tanto la legislación como la jurisprudencia, fuentes del derecho, sean reflejo de los valores, objetivos y fines del Estado como pacto social.

A partir de este análisis, aprecia esta Sala que, en atención al principio de progresividad del derecho fundamental a la vivienda y, por cuanto constituye una protección que atiende a un valor constitucional, el referido párrafo segundo del artículo 23 de la Ley Especial de Protección al Deudor Hipotecario de Vivienda plantea la aplicación -no condicionada- de esta norma a los contratos de crédito hipotecario y contrataciones u operaciones de compraventa con financiamientos dirigidos a la adquisición, construcción, autoconstrucción, ampliación o remodelación de vivienda, pactadas en moneda extranjera, que hayan sido celebradas con anterioridad a la fecha de entrada en vigencia de la ley referida y que tengan un saldo deudor para esa fecha, por lo que todos los créditos otorgados y los intereses que de estos se generen deben reponerse a su estado original  y ser calculados en bolívares al tipo de cambio vigente para la fecha de la celebración del contrato, pues lo contrario sería anular el avance que ha dado el Estado en el desarrollo del derecho fundamental a una vivienda digna que constituye, sin dudas, una garantía para los deudores de créditos pactados en moneda extranjera, quienes podrían encontrarse amenazados de perder su vivienda y ser menoscabados en su derecho, por lo que se estima que, en este caso, la satisfacción del derecho a la vivienda se encuentra justificada, siendo idónea y necesaria la norma legal que asegura dicha protección; y así se decide.

Este criterio ha sido acogido por el legislador en el artículo 23 de la Ley de Reforma Parcial de la Ley Especial de Protección al Deudor Hipotecario de Vivienda, publicada en la *Gaceta Oficial de la República de Venezuela* N° 38.756 del 28 de agosto de 2007, el cual dispone lo siguiente:

> *"Artículo 23. Las opciones de compra para la adquisición de viviendas, los créditos hipotecarios, los contratos de ventas con financiamientos u operaciones de compraventa, destinados a la construcción, autoconstrucción, adquisición, ampliación o remodelación de vivienda, sólo se otorgarán en bolívares, conforme a lo previsto en el artículo 318 de la Constitución de la República bolivariana de Venezuela.*
>
> *La contratación celebrada o referenciada en moneda extranjera es inconstitucional e ilegal. En consecuencia, se prohíben todo tipo de contratos de venta con financiamientos, créditos hipotecarios, operaciones de compraventa y opciones de compra, para la adquisición de vivienda en moneda extranjera, y quienes hayan celebrado contratos constituidos o referenciados en moneda extranjera, deberán reponer a su estado original en bolívares, tomando como referencia el precio de la venta establecido en el primer documento de opción de compra, o el documento de compra venta si este fue el primero, al tipo de cambio vigente para la fecha del contrato, publicado por el Banco Central de Venezuela. Salvo que las partes hubieren convenido una mejor tasa de cambio para el opcionante o comprador, en cuyo caso ésta será aplicable".*

En atención de los razonamientos y doctrina jurisprudencial expuestos, esta Sala concluye que, en el presente caso, la sentencia objeto de revisión no realizó una interpretación acorde con la doctrina de esta Sala y con la norma que prevé el derecho fundamental a la vivienda, así como con los principios y valores constitucionales expuestos, por lo que la presunción de adecuación al Texto Fundamental quedó desvirtuada y, en consecuencia, la solicitud de revisión de la sentencia N° "RedI:01032", dictada por la Sala de Casación Civil el 18 de diciembre de 2006 debe ser declarada que ha lugar, anulada la sentencia revisada y, en atención a ello, se ordena a dicha Sala que dicte nueva sentencia en estricto apego a lo expuesto en el presente fallo. Así se decide.

*Voto Salvado del Magistrado Pedro Rafael Rondón Haaz*

El Magistrado Pedro Rafael Rondón Haaz manifiesta su disentimiento de la decisión que antecede, que declaró la inadmisión de la pretensión de Inversiones PP01 C.A., y difiere de la motivación mediante la que se declaró con lugar la revisión:

1. La mayoría sentenciadora declaró inadmisible pretensión de Inversiones PP01 C.A., pues en este proceso no *"tienen lugar las pretensiones de las partes y los terceros adhesivos, por lo que dicha empresa carece de cualidad para intervenir en esta causa"*.

Al respecto el disidente observa que si bien, en virtud de la naturaleza objetiva de la revisión, esta Sala no está obligada al establecimiento de un contradictorio para que pueda pronunciarse sobre la solicitud, ello no impide que se acepte la intervención de las partes o los terceros en el juicio que dio origen al fallo objeto de revisión, cuando éstos expresen su deseo de defender el veredicto que recayó en un proceso en el que participaron. El discrepante recuerda que la participación en un proceso, incluso aquellos de jurisdicción voluntaria, sólo requiere que se pruebe un interés en la decisión que en definitiva se tomará. En ese sentido, el salvante trae colación que, respecto del proceso de revisión constitucional, esta Sala estableció en la sentencia Nº 1078 09-05-03 que:

...para la interposición de la solicitud de revisión constitucional es necesario que el solicitante esgrima un interés personal y directo respecto a la pretensión de revisión, derivado de su condición de demandante, demandado o tercero en el juicio que dio lugar al pronunciamiento que se impugna.

En vista de las consideraciones efectuadas, y visto que los solicitantes no afirman un interés atendible en sede de revisión constitucional, la pretensión de revisión de la decisión dictada por la Sala Plena que fuera propuesta en esta oportunidad, es inadmisible por falta de legitimación procesal. Así se declara.

Ese criterio ha sido ratificado más recientemente en el acto decisorio Nº 1555 del 20-07-07, donde se expresó:

Evidencia la Sala, contrariamente a lo indicado por los representantes del solicitante, que el procedimiento de amparo que motivó la sentencia hoy objeto de revisión, no fue intentado contra el Municipio Chacao del Estado Miranda, es decir, que el referido Municipio solicita la revisión de una decisión dictada en una causa que no les es propia, al no ser parte de la misma, ni de la cual es destinatario, sino contra un fallo dirigido a uno de sus organismos adscritos, como lo es el Instituto Autónomo de Policía Municipal de la Alcaldía del Municipio Chacao del Estado Miranda, el cual ostenta personalidad jurídica distinta al referido Municipio y es el destinatario directo del mandato de amparo.

En este sentido, el Instituto Autónomo de Policía Municipal de la Alcaldía del Municipio Chacao, por ser un instituto autónomo que posee personalidad jurídica propia distinta a la del órgano de adscripción –municipio-, detenta capacidad jurídica suficiente para defender y representar sus intereses ante los órganos jurisdiccionales.

En este orden de ideas, la Sala en relación a la legitimación para acudir y requerir la revisión, en sentencia Nº 1129 del 22 de junio de 2007 (caso: *Rodolfo Luis Quijada Marval* ) asentó que: *"(...) el señalado artículo 19.5 prevé que "(...) Se declarará inadmisible la demanda, solicitud o recurso cuando así lo disponga la ley; o si el conocimiento de la acción o recurso compete a otro tribunal; o si fuere evidente la caducidad o prescripción de la acción o recurso intentado; o cuando se acumulen acciones o recursos que se excluyan mutuamente o cuyos procedimientos sean incompatibles; o cuando no se acompañen los documentos indispensables para verificar si la acción o recursos es admisible; o cuando no se haya cumplido el procedimiento administrativo previo a las demandas contra la República, de conformidad con la Ley Orgánica de la Procuraduría General de la República; o si contiene conceptos ofensivos o irrespetuosos; o es de tal modo ininteligible que resulte imposible su tramitación; **o cuando sea manifiesta la falta de representación o legitimidad que se atribuya al demandante, recurrente o accionante; o en la cosa juzgada** (...) (Negrillas de la Sala")*.

En el caso de autos, los abogados José Antonio Maes Aponte, María Beatriz Araujo Salas, José Luis Durán, María Meide Rodríguez, Martha Bellas Yáñez, Emma Vanesa Amundaraín Sertal y Dorelis León García, actuando el primero de los nombrados como Síndico Procurador Municipal de Chacao y los últimos como apoderados judiciales del Municipio Chacao del Estado Miranda, acudieron ante esta Sala "de acuerdo con el dispositivo contenido tanto en el numeral 10 del artículo 336 de la Constitución de la República Bolivariana de Venezuela, como el artículo 5, numeral 4 de la Ley Orgánica del Tribunal Supremo de Justicia", a fin de solicitar la revisión de la sentencia dictada por la Corte Primera de lo Contencioso Administrativo el 16 de septiembre de 2005; sin embargo, no señalaron, mucho menos se deduce de su pretensión, cuál es el interés directo que posee el Municipio Chacao del Estado Miranda en el proceso de revisión que pretenden iniciar, toda vez que en el proceso de amparo que dio lugar a la sentencia impugnada por vía de revisión constitucional, no actuó ni como demandante, demandado o tercero.

Por tanto, en esta oportunidad, reitera esta Sala lo asentado al respecto en la sentencia número 2862 del 20 de noviembre de 2002:

> *"(...) Como punto previo al análisis de procedencia de la presente solicitud, debe la Sala pronunciarse acerca de la legitimación del solicitante. En este sentido, se observa que el abogado (...) dijo que actúa 'en representación de (sus) propios derechos e intereses y en representación de los intereses difusos de todos los ciudadanos y abogados litigantes del país, lo cual encuentra su motivación en que la uniforme y correcta aplicación de los principios y valores contenidos en la Constitución de la República Bolivariana de Venezuela es una cuestión que interesa a todos, especialmente a los abogados en ejercicio...'. En abundancia, indicó que es especialista en Derecho Administrativo y, como tal, tiene especial interés en que exista seguridad jurídica respecto del criterio de la jurisprudencia relativo a la determinación de los tribunales con competencia en el orden contencioso administrativo. Considera la Sala que la condición de litigante y especialista que alegó el actor, no le otorga facultad suficiente para el planteamiento de la pretensión objeto de la presente solicitud de revisión, esto es, que se proceda a la unificación de los criterios jurisprudenciales que se denunciaron como contradictorios y se establezca con precisión, con fundamento en la correcta interpretación del Texto Constitucional, a cuáles Tribunales corresponde el conocimiento de los juicios que sean incoados contra los actos que emanen de las Inspectorías del Trabajo. Siguiendo el criterio sentado en la decisión de esta Sala de 6 de febrero de 2001 (caso CORPOTURISMO), debe declararse la falta de legitimación del solicitante, ya que no alegó la existencia de un derecho o interés jurídico-subjetivo determinado como sustento de su solicitud de revisión. Así se decide".*

Asimismo, en acto de juzgamiento N° 2815 del 14-11-02 la Sala, con ocasión de la revisión que pidió Oleg Alberto Oropeza Muñoz actuando *"como ciudadano de la República Bolivariana de Venezuela y en (su) carácter de agraviado por los sucesos acaecidos los días 11, 12 y 13 de abril de 2002"*, respecto de la sentencia del 14 de agosto de 2002, que emitió la Sala Plena Accidental del Tribunal Supremo de Justicia que *"declaró la inexistencia del mérito para el enjuiciamiento"* de los ciudadanos Efraín Vásquez Velasco, Héctor Ramírez Pérez, Pedro Pereira Olivares y Daniel Lino José Comisso Urdaneta, aseveró que:

> Ahora bien, en sentencia de 6 de febrero de 2001, caso Corporación de Turismo de Venezuela (Corpoturismo), esta Sala, cuando interpretó el alcance de la atribución que le confiere el numeral 10 del señalado artículo 336 de la Constitución, estableció en cuanto a la forma de iniciación de una demanda de esta naturaleza, que la misma puede tramitarse : *"...de oficio o a solicitud de la parte afectada por una decisión de alguna otra Sala del Tribunal Supremo de Justicia; o de algún Tribunal o Juzgado de la República".*

> En efecto, en dicho fallo se reconoció no sólo la legitimación de la demandante sino también de su opositora, porque consideró que la misma *"posee interés directo en el presente proceso **por haber sido parte demandante en el juicio ordinario** que resultó en el fallo que se impugna".*

> Las limitaciones establecidas por la Sala en esta materia devienen del carácter extraordinario de la solicitud de revisión lo cual obliga ***"a ser excesivamente prudente en cuanto a la admisión y procedencia de recursos que pretendan la revisión de sentencias que han adquirido dicho carácter de cosa juzgada judicial".***

En consecuencia, para la interposición de la solicitud de revisión constitucional es necesario que el solicitante posea interés directo y personal en el proceso que pretende iniciar, por haber sido demandante, demandado o tercero en el juicio que dé lugar al pronunciamiento que se impugna.

Al respecto, esta Sala Constitucional ha sentado de manera constante que el requisito del interés procesal, como elemento de la acción, proviene de la esfera del derecho individual que ostente el solicitante le permite la elevación de la infracción constitucional o legal ante los órganos de administración de justicia. Tal presupuesto procesal es entendido como simple requisito o circunstancia de un acto procesal cuya carencia imposibilita el examen de la pretensión.

El interés surge así de la necesidad que tiene una persona, por la situación jurídica real en que se encuentra, de acudir a la vía judicial para que se le reconozca un derecho y evitar un daño injusto, personal o colectivo. El interés personal y directo ha de manifestarse de la demanda o solicitud y mantenerse a lo largo del proceso y, más aún, frente al carácter extraordinario, excepcional y estrictamente limitado que ostenta la revisión constitucional.

En este contexto debe señalarse que en los procedimientos de revisión no es posible invocar un derecho o interés difuso o colectivo, tal y como lo pretenden el solicitante y los diversos ciudadanos que se adhirieron a la presente solicitud. En efecto, ya esta Sala en sentencia del 30 de junio de 2000 (Caso: *Dilia Parra Guillén*), señaló que tales derechos se determinan:

*"...porque se difunde entre todos los individuos de la comunidad, aunque a veces la lesión a la calidad de la vida puede restringirse a grupos de perjudicados individualizables como sectores que sufren como entes sociales, como pueden serlo los habitantes de una misma zona, o los pertenecientes a una misma categoría, o los miembros de gremios profesionales, etc. Sin embargo, los afectados no serán individuos particularizados, sino una totalidad o grupo de personas naturales o jurídicas, ya que los bienes lesionados, no son susceptibles de apropiación exclusiva por un sujeto. Se trata de intereses indiferenciados, como los llamó el profesor Denti, citado por María Isabel González Cano (La Protección de los Intereses Legítimos en el Proceso Administrativo. Tirant. Monografías. Valencia-España 1997). Como derecho otorgado a la ciudadanía en general, para su protección y defensa, es un derecho indivisible (así la acción para ejercerlo no lo sea), que corresponde en conjunto a toda la población del país o a un sector de ella. Esta indivisibilidad ha contribuido a que en muchas legislaciones se otorgue la acción para ejercerlos a una sola persona, como pueden serlo los entes públicos o privados que representan por mandato legal a la población en general, o a sus sectores, impidiendo su ejercicio individual. ...(Omissis)... De la idea anterior surge otro de los elementos esenciales para calificar la existencia de un derecho o interés difuso o colectivo, cual es que el obligado (estado o particular) debe una prestación indeterminada, que puede hacerse concreta debido a la intervención judicial. Desde este punto de vista, lo importante es que el objeto jurídico que se exija al obligado es de carácter general, opuesto a las prestaciones concretas señaladas por la ley".*

Como consecuencia de las anteriores consideraciones en cuanto a la admisibilidad de la solicitud extraordinaria de revisión y a la exigencia formal y sustantiva del interés, derivada del carácter de parte en el juicio que da lugar a la sentencia cuya revisión se solicita, se concluye que en el presente caso no se dan los supuestos necesarios para que esta Sala pueda conocer de la revisión de una sentencia que ha adquirido el carácter de cosa juzgada, puesto que no se evidencia el interés de los demandantes para la impugnación de la decisión que pretenden sea revisada, por cuanto el fallo recurrido no condenó en ningún momento a los recurrentes a cumplir lo que dispuso, ni causó una lesión a su esfera particular, por lo que, aun cuando la misma adoleciere de algún vicio, no ha sido capaz de producirle agravio constitucional alguno, lo que determina, forzosamente, su inadmisibilidad, por falta de legitimación procesal. Así se declara.

De las opiniones que fueron transcritas se deduce, claramente, que los interesados en la revisión serían: i) en los casos donde no haya intereses difusos y colectivos implicados, sólo las partes y los terceros en el juicio objeto de revisión; y ii) cuando hubiere intereses colectivos y difusos involucrados, además de las partes y los tercero en el juicio en cuestión, todos aquellos que demuestren que son afectados en su esfera particular de intereses.

Si bien los anteriores precedentes se refieren al interés para la solicitud de revisión, ella sirve para la determinación de en qué casos sería válida la participación de otro de los interesados en el fallo pues, de lo contrario, la Sala podría encontrarse en una situación atentatoria contra de la economía procesal, ya que, ante la negación de la participación de otros interesados en una revisión, éstos podrían intentarla cada uno por separado, como única vía para que sean escuchados sus argumentos.

En conclusión, el voto salvante considera que la mayoría debió haber considerado los argumentos de Inversiones PP001 C.A.

2.- En relación con la argumentación para la declaratoria con lugar la revisión, quien disiente apreció:

2.1. La mayoría considera que la regulación que contiene el artículo 23 de la Ley de Protección Especial al Deudor Hipotecario de Vivienda no puede limitarse a:

...la reposición en moneda nacional sólo a las cuotas no pagadas para la fecha de entrada en vigencia de la ley especial, excluyendo las cuotas o pagos realizados antes de esa fecha, pues el legislador en el artículo 23 aludido, no prevé diferenciación alguna respecto de las cuotas pagadas o pendientes...

El disidente considera que esta Sala revisó una parte de la decisión de la Sala de Casación Civil que ajustó el texto de la norma como garantía de la irretroactividad de las leyes; interpretación de la Sala de Casación Civil que no resultaba contraria a la constitución y que se ajustó a los precedentes que esta Sala ha establecido respecto de la irretroactividad.

En este sentido el disidente citó los precedentes de la Sala, según los cuales las leyes nuevas sólo pueden aplicarse a los contratos en curso, en la parte que es posterior al cambio de legislación. Concretamente se hizo referencia al fallo N° 818 del 05-05-04 (que fue ratificado en sentencia N° 2718 del 12-08-05: donde se expresó:

Al respecto, la Sala advierte que para verificar los hechos denunciados debe precisarse la fecha en la que se efectuó la venta del inmueble arrendado y su notificación, porque ello determinará la aplicación o no del mencionado Decreto. En este sentido, de la sentencia del a quo y del *ad quem* se desprende que la venta se efectuó el 30 de julio de 1999, por lo tanto, el arrendatario, según reiterada jurisprudencia (*cfr.* Sala de Casación Civil, sentencias N° 55/2000 del 21 de marzo de 2000, N° 179/2003 del 25 de abril), tiene un lapso de cuarenta días para ejercer la acción de retracto legal, esto es, tenía hasta el 8 de septiembre de 1999.

De lo anterior se verifica que los hechos debatidos en el juicio para reclamar el derecho de retracto legal arrendaticio ocurrieron en 1999, por lo tanto, debían ser regulados por la normativa vigente para ese momento, es decir, por el Decreto Legislativo sobre Desalojo de Viviendas, publicado en la *Gaceta Oficial* N° 29.727 el 5 de febrero de 1972, y el hecho de que la demanda se interpusiera, el 27 de junio de 2000, en nada afecta lo antes dicho, porque la aplicación inmediata de las leyes procesales (artículo 24 de la Constitución) no debe confundirse con su aplicación retroactiva.

En el artículo 24 de la Constitución de la República Bolivariana de Venezuela, se hace está distinción en los siguientes términos:

"**Artículo 24.** Ninguna disposición legislativa tendrá efecto retroactivo, excepto cuando imponga menor pena. Las leyes de procedimiento se aplicarán desde el momento mismo de entrar en vigencia aun en los procesos que se hallaren en curso; pero en los procesos penales, las pruebas ya evacuadas se estimarán en cuanto beneficien al reo o rea, conforme a la ley vigente para la fecha en que se promovieron" (Subrayado de la Sala)

Del precepto antes transcrito se destaca el hecho de que el legislador, en consonancia con la doctrina moderna que trata el problema de la aplicación de la ley en el tiempo, distingue entre retroactividad y efecto inmediato de la ley. En este sentido, debe señalarse que Roubier en su momento indicó que la ley tiene efectos retroactivos *"cuando se aplique a hechos consumados (facta praeterita) o a situaciones en curso (facta pendentia) en la parte que es anterior al cambio de legislación, más no tendrá efecto retroactivo sino efecto inmediato, cuando se aplique a hechos futuros (facta futura) o a situaciones en curso (facta pendentia) en la parte que es posterior al cambio de legislación"* (tesis desarrollada por Paul Roubier en su obra *Les conflits de lois dans le temps (Théorie dite de la non-rétroactivité des lois)* y explicada por Joaquín Sánchez-Covisa, "La Vigencia Temporal de la Ley en el Ordenamiento Jurídico Venezolano", en *Obra Jurídica*, Ediciones de la Contraloría General de la República, 1976, p. 234).

De lo anterior se deduce que la ley tendrá efectos retroactivos cuando se aplique a hechos consumados y hechos en curso anteriores a su entrada en vigencia, mientras que la ley tendrá efectos inmediatos cuando se aplique a hechos futuros y a situaciones jurídicas todavía en curso luego de su entrada en vigencia. En el presente caso, los hechos debatidos en juicio se consumaron en 1999, por lo tanto, al decidir con fundamento en una ley que entró en vigencia el 1º de enero de 2000, se aplicó de forma retroactiva la misma.

Visto lo anterior, esta Sala confirma la sentencia dictada el 15 de septiembre de 2003 por el Juzgado Superior Décimo en lo Civil, Mercantil del Tránsito y Familia de la Circunscripción Judicial del Área Metropolitana de Caracas y declara resuelta en los términos expuestas la presente consulta. Así se decide.

De acuerdo con este criterio la aplicación de la Ley Especial de Protección al Deudor Hipotecario de Vivienda **a la parte no vencida de los contratos**, si bien es lo que la Ley especial propugna, debe adaptarse al principio constitucional de irretroactividad de la Ley cuya **única excepción** es el establecimiento de menores sanciones y no cede ante el establecimiento de mayores beneficios por el Estado, que es lo que implica el texto que aprobó la mayoría cuando afirma que el bien jurídico tutelado por el artículo 24 constitucional es la seguridad jurídica, *"...que admite la excepción de aplicación retroactiva en razón del principio de la progresividad."*

El salvante advierte que el resultado de esa interpretación es, en la práctica, la declaratoria de ilegalidad de contratos que estaban ajustados a las previsiones normativas en su momento, los que sólo deberían ser ajustados a las normas generales desde del momento cuando fue publicado el artículo que fue objeto de interpretación.

Una situación diferente sería que, luego de la revisión de la modalidad de los contratos en moneda extranjera, en la parte que no estaría sujeta a la Ley Especial Hipotecaria, se determine que esos acuerdos son usurarios, tal como fue el caso con el análisis de la modalidad de los créditos indexados.

2.2. En opinión del voto salvante, en el criterio de la mayoría subyace la afirmación de que el principio de progresividad de los derechos humanos se opone o constituye una excepción a la irretroactividad, aseveración con la que no se está de acuerdo por cuanto, en precedentes de esta Sala, se ha establecido que la progresividad de los derechos no puede utilizarse en desmedro los derechos constitucionales. Tal es el caso del fallo Nº 1709 del 07-08-07 en el que se estableció, respecto de la progresividad, lo siguiente:

El artículo 19 de la Constitución de la República Bolivariana de Venezuela, establece el deber del Estado de garantizar *"a toda persona, conforme al principio de progresividad y sin discriminación alguna, el goce y ejercicio irrenunciable, indivisible e interdependiente de los derechos humanos. Su respeto y garantía son obligatorios para los órganos del Poder Público de conformidad con esta Constitución, con los tratados sobre derechos humanos suscritos y ratificados por la República y con las leyes que los desarrollen".*

Como se aprecia, el propio texto constitucional reconoce expresamente el principio de progresividad en la protección de los derechos humanos, según el cual, el Estado se encuentra en el deber de garantizar a toda persona natural o jurídica, sin discriminación de ninguna especie, el goce y ejercicio irrenunciable, indivisible e interdependiente de tales derechos.

Dicho principio se concreta en el desarrollo consecutivo de la esencia de los derechos fundamentales, en tres aspectos fundamentales: ampliación de su número, desarrollo de su contenido y fortalecimiento de los mecanismos institucionales para su protección. En este contexto surge la necesidad de que la creación, interpretación y aplicación de las diversas normas que componen el ordenamiento jurídico, se realice respetando el contenido de los derechos fundamentales.

Ahora bien, el señalado artículo 19 constitucional no puede ser visto de manera aislada, por el contrario, debe ser interpretado sistemáticamente con los artículos 22 y 23 de la Constitución de la República Bolivariana de Venezuela, los cuales completan el contenido de aquél, enunciándose de esta forma la base para la protección de los derechos humanos.

Así, en el artículo 22 se inserta la cláusula abierta de los derechos humanos, según la cual la enunciación de los derechos y garantías consagrados en el texto constitucional y en los instrumentos internacionales sobre derechos humanos, no debe entenderse como la negativa a aceptar la existencia y la aplicación de otros derechos y garantías constitucionales, que siendo inherentes a la persona, no se encuentren establecidos expresamente en el texto constitucional o en dichos tratados; mientras que en el artículo 23 se reconocen como fuentes en la protección de los derechos humanos, a la Constitución, a los tratados internacionales en materia de derechos humanos suscritos y ratificados por la República, y a las leyes que los desarrollen. De igual forma, en dicha norma se establece, a los efectos de robustecer la protección de los derechos humanos, que los tratados, pactos y convenciones en materia de derechos humanos, que hayan sido suscritos y ratificados por Venezuela, predominarán en el orden jurídico interno en la medida en que contengan normas referidas al goce y ejercicio de los derechos humanos más favorables que las contenidas en la Constitución y en las leyes de la República, es decir, cuando tales tratados reconozcan y garanticen un derecho o una garantía de forma más amplia y favorable que la Constitución –u otra normativa nacional-, dichos instrumentos internacionales se aplicarán inmediata y directamente por todos los órganos del Poder Público, especialmente cuando se trate de operadores de justicia.

Referente a este principio, reitera esta Sala la doctrina señalada en la sentencia número 1.654 del 13 de julio de 2005, conforme la cual:

*"la progresividad de los derechos humanos se refiere <u>a la tendencia general de mejorar cada vez más la protección y el tratamiento de estos derechos,</u> sin embargo, la progresividad de los derechos humanos de los imputados, <u>no puede ir en detrimento de los derechos humanos del resto de las personas,</u> incluso de las víctimas de esos delitos, por lo que en ningún caso se autoriza la desproporcionalidad de las penas aplicables conforme a la gravedad del delito, ni un tratamiento igualitario respecto de quienes cometen delitos menos graves, pues sería contradictorio con el verdadero sentido de la justicia y la equidad.*

*Aunado a lo anterior, considera la Sala que en atención a la progresividad de los derechos humanos, <u>mal podría aplicarse por razones de conveniencia una norma que fue derogada hace más de cuatro años, con preferencia a la norma vigente para el momento de la comisión del delito en cuestión, pues eso aplicaría sólo cuando la derogatoria de la norma más favorable y consecuente entrada en vigencia de la nueva,</u> ocurriese durante el juicio penal al cual se pretende aplicar la más benévola, lo cual no es el caso de autos".* (Subrayado añadido)

En consonancia con ese acto jurisdiccional el disidente opina que el principio de progresividad, respecto del derecho a la vivienda impone al estado el desarrollo de su contenido, lo que se ha venido haciendo cuando se han preceptuado los beneficios que hoy van más allá de los créditos dentro del Régimen Prestacional de Vivienda, hasta llegar, por ejemplo, a la regulación de los créditos hipotecarios otorgados con recursos propios de la banca , la ampliación de los beneficios para los deudores hipotecarios, el fortalecimiento de los mecanismos institucionales para su protección y el eficaz reconocimiento de que ese derecho va más allá de la condiciones de la vivienda en sí, sino que comprende a todo su entorno (habitat), concediendo oportunidades para las mejoras de los espacios. La progresividad también impone la necesidad del fortalecimiento de los mecanismos institucionales para su protección, lo que ha garantizado el Estado, por ejemplo, cuando estableció cuotas en las carteras de créditos hipotecarios, la férrea regulación de tasa de interés aplicable a los créditos y la disposición de condiciones generales para los contratos de créditos hipotecarios.

Sin embargo, esas mejoras en los derechos no pueden, tal como se expresó en el fallo N° 1.654 que fue citado supra, convertirse en una desmedro de otros derechos, lo que ocurriría si se pretendiere la extensión de los mayores beneficios de la nueva normativa a la parte de los contratos que se ejecutó antes de la vigencia de la Ley Especial de Protección al Deudor Hipotecario de Vivienda, pues las nuevas medidas de protección al adquirente de vivienda, no pueden aplicarse en perjuicio de otros derechos constitucionales, como el de la seguridad jurídica o el **principio de irretroactividad**, ya que, tal como reconoce el artículo 19 de la CRBV los derechos constitucionales se reconocen a toda persona, incluso a quienes **vendieron bajo las condiciones legales vigentes antes de la promulgación** de las Ley Especial de Protección al Deudor Hipotecario de Vivienda, y hasta cuando no se determine lo contrario, actuaron dentro del marco legal para la época.

2.3. En cuanto a la interpretación de la Sala de Casación Civil de que los contratos sujetos a recálculo, son sólo los de crédito hipotecario, el salvante concuerda en la revisión de esa parte del fallo, pero aprecia que, además de que se ignoró las premisas del derecho fundamental a la vivienda, incurrió en el error de no haber aplicado un principio básico de interpretación "*A la ley debe atribuírsele el sentido que aparece evidente del significado propio de las palabras*" (artículo 4 del Código Civil), en el sentido que "*operaciones*" y "*contrato*" de venta, no son voces equivalentes y, por ello, arribó a una conclusión que atenta contra el derecho de las personas a la vivienda pues, excluyó un componente significativo en la operación de compra-venta de un inmueble, como lo es la opción de compra.

En conclusión, el disidente considera que la Sala ha debido admitir la participación de Inversiones PP01 C.A. y limitarse a la revisión del fallo sólo en el punto referido a los contratos sujetos a la reestructuración.

Queda así expresado el criterio del Magistrado que rinde este voto salvado.

c.    *Derechos Laborales: Protección (solvencia laboral)*

**TSJ-SPA (0417)**                                        **1-4-2009**

Magistrado Ponente: Yolanda Jaimes Guerrero

Caso: Síndico Procurador Municipal del Municipio San Diego del Estado Carabobo vs. Artículos 2, 3 y 7 del Decreto N° 4.248 del 30 de enero de 2006, emanado del Presidente de la República.

**Mediante la obligatoriedad de la solvencia laboral no se limita potestad alguna al Municipio ni al sector privado, pues su contenido está dirigido al perfeccionamiento y ejecución de los derechos labo-**

**rales de carácter irrenunciable, cuya labor de protección y garantía no sólo le compete a la Administración, sino a todos los órganos que ejercen el Poder Público.**

2.- A su vez, la parte accionante denunció que con la emisión del acto impugnado se violan los artículos 112 y 299 de la Constitución de la República Bolivariana de Venezuela y el artículo 88, numeral 6 de la Ley Orgánica del Poder Público Municipal y en tal sentido indicó que la limitación al derecho de las personas a participar en condiciones de igualdad en ciertos y determinados procesos de selección de contratistas, en virtud de la exclusión contemplada en el mencionado decreto, *"...conlleva a que todas aquellas empresas no solventes se les niegue la posibilidad, de participar en esos específicos procesos de selección de contratistas hasta tanto obtengan la solvencia aludida, por lo que la iniciativa privada se ve parcialmente truncada para el libre ejercicio económico, pero lo que es más grave aún y objeto de esta impugnación es la limitación que se le impone a la potestad de la Administración Pública Municipal de contratar, como está previsto en el artículo 88, numeral 6°, de la Ley Orgánica del Poder Público Municipal...".*

En relación a dicha denuncia agregó que la exclusión temporal de cierta categoría de contratistas, además de violar la Ley de Licitaciones, la cual no contempla entre sus exigencias la aludida solvencia laboral, *"...impide que la Administración Pública Municipal pueda optar por la mejor oferta ya que deberá circunscribirse a aquella que presente la empresa o empresas que presentan solvencia laboral...".*

A los efectos de analizar la denuncia anterior, estima la Sala conveniente reproducir el contenido del artículo 112 de la Constitución de la República Bolivariana de Venezuela, que consagra el derecho a la libertad económica, en el sentido siguiente:

*"...Artículo 112. Todas las personas pueden dedicarse libremente a la actividad económica de su preferencia, sin más limitaciones que las previstas en esta Constitución y las que establezcan las leyes, por razones de desarrollo humano, seguridad, sanidad, protección del ambiente u otras de interés social. El Estado promoverá la iniciativa privada, garantizando la creación y justa distribución de la riqueza, así como la producción de bienes y servicios que satisfagan las necesidades de la población, la libertad de trabajo, empresa, comercio, industria, sin perjuicio de su facultad para dictar medidas para planificar, racionalizar y regular la economía e impulsar el desarrollo integral del país...".*

La norma transcrita consagra las más amplias facultades conferidas por el Constituyente a todos los habitantes de la República para dedicarse a las actividades económicas de su preferencia. No obstante, el citado precepto admite la posibilidad de que el Estado fije directrices en esta materia y también limite el alcance de dicha libertad en beneficio del interés general. De allí que ha sido criterio de la Sala señalar que el derecho a la libertad económica no es un derecho absoluto puesto que su ejercicio puede estar restringido en beneficio del interés general, en tal sentido fue expuesto por ejemplo, en sentencia de esta Sala N° 00286 de fecha 5 de marzo de 2008, caso: *Imosa Tuboacero Fabricación, C.A., vs. Ministro de la Producción y el Comercio*, de la manera siguiente:

*"...Conforme se aprecia de la citada disposición, el Texto Constitucional no sólo consagra el derecho de los particulares a dedicarse a la actividad económica de su predilección, sino que garantiza que ese derecho podrá ser restringido únicamente por otras disposiciones de la misma Constitución o de la Ley; de manera que **el derecho económico in commento no se encuentra establecido en forma absoluta e ilimitada en su contenido o en la posibilidad de su disfrute, sino que, por el contrario, está expresamente condicionado por razones de desarrollo humano, seguridad, sanidad, protección al ambiente o interés social, en los términos que se establezcan en la propia Constitución o en las leyes.***

*Lo que interesa destacar con esto es que **los órganos del Poder Público están habilitados, dentro del ámbito de sus respectivas competencias, para regular el ejercicio de la libertad económica, con el fin primordial y último de alcanzar determinados propósitos de "interés social"**.*

*De esa manera, y así lo ha expresado este Máximo Tribunal en reiteradas oportunidades, el reconocimiento del derecho en referencia debe concertarse con otras normas elementales que justifican la intervención del Estado en la economía, por cuanto la Constitución de nuestro país reconoce el carácter mixto de la economía venezolana, esto es, la existencia de un sistema socioeconómico intermedio entre la economía de libre mercado (en la que el Estado funge como simple programador de aquélla, dependiendo ésta de la oferta y la demanda de bienes y servicios) y la economía interventora (en la que el Estado interviene activamente como una suerte de "empresario superior")..."*(Negrillas de esta decisión).

Asimismo, el artículo 299 de la Constitución de la República Bolivariana de Venezuela, se refiere, entre otros aspectos, a los fundamentos del régimen socio-económico de la República y establece que el Estado conjuntamente con la iniciativa privada, *"promoverá el desarrollo armónico de la economía nacional con el fin de generar fuentes de trabajo, alto valor agregado nacional, elevar el nivel de vida de la población y fortalecer la soberanía económica del país, garantizando la seguridad jurídica, solidez, dinamismo, sustentabilidad, permanencia y equidad del crecimiento de la economía (…)"*.

Ahora bien, hechas las precedentes consideraciones en torno al contenido esencial del derecho a la libertad económica y su regulación en nuestro ordenamiento jurídico, y apreciadas como han sido las disposiciones constitucionales aludidas, observa la Sala lo siguiente:

En el presente caso, la parte accionante alega que el decreto impugnado es un acto de rango sublegal, mediante el cual se limita el derecho de las personas a participar en condiciones de igualdad en ciertos y determinados procesos de selección de contratistas y que en virtud de la exclusión que hace el referido decreto de todas las empresas no solventes, la iniciativa privada y por ende, el libre ejercicio económico se encuentra vulnerados.

Adicionalmente fundamentó las mencionadas violaciones a la libertad económica y al sistema socioeconómico argumentando que también el acto recurrido "...impide que la Administración Pública Municipal pueda optar por la mejor oferta ya que deberá circunscribirse a aquella que presente la empresa o empresas que presenten solvencia laboral..."

Analizadas las normas impugnadas contenidas en los artículos 2 y 3 del Decreto Presidencial N° 4.248, se observa, que la solvencia laboral se define como un documento administrativo emanado del Ministerio del Trabajo mediante el cual dicho funcionario certifica que el **patrono o patrona** *respeta* efectivamente los derechos humanos laborales y sindicales de sus trabajadores y trabajadoras y que dicho documento debe ser solicitado con carácter obligatorio por los órganos y empresas del Estado al momento de celebrar cualquier tipo de contrato o convenio con sociedades de comercio privadas.

De lo expuesto se colige en primer término, que los destinatarios de la obligación de obtener la solvencia laboral en referencia, son aquellas empresas que deseen contratar con el Estado, en virtud que con esta certificación la Administración pretende asegurar el cumplimiento y efectividad de la normativa laboral y más concretamente, de los derechos laborales consagrados por el Constituyente en los artículos 87 y siguientes de la Constitución de la República Bolivariana de Venezuela y en la ley orgánica que rige la materia.

Así, se observa por ejemplo que entre los considerandos del decreto impugnado se enuncian algunos de estos derechos, tales como los relativos a la jornada de trabajo, vacaciones, salario mínimo digno y vital entre otros, los cuales deben ser respetados por los patronos y patronas y es por ello, que los mencionados derechos laborales, los cuales tienen un carácter preferente, por ser de protección social, constituyen en sí mismos la limitación del ejercicio de cualquier otro derecho de naturaleza individual, como es el caso, del derecho a la libertad económica alegado como conculcado.

Dicho carácter social de los derechos laborales cuya protección y progresividad persigue el Ejecutivo Nacional a través del mencionado Decreto, se dejó en principio, establecido por esta Sala en sentencia N° 02878 del 13 de diciembre de 2006, al pronunciarse acerca de la medida cautelar solicitada por CONINDUSTRIA contra el Decreto N° 4.248, en el sentido siguiente:

> "...*Del examen preliminar del dispositivo impugnado, y luego de ponderar los intereses en conflicto en el caso sub iudice, de un lado, **la aplicación de un instrumento normativo dirigido a proteger el ejercicio de "derechos humanos laborales"**, y por el otro, la pretensión de la recurrente de suspender provisionalmente sus efectos, con base en argumentos que están dirigidos fundamentalmente a demostrar la presunta vulneración de derechos atinentes al desarrollo de las actividades económicas desplegadas por las empresas afiliadas al gremio representado por la asociación civil Confederación Venezolana de Industriales "CONINDUSTRIA"; se observa que en el presente caso no existen indicios que justifiquen la suspensión del Decreto N° 4.248 toda vez que de su contenido no se constata la transgresión de derechos constitucionales esenciales a la naturaleza humana, circunstancia frente a la cual esta Sala se encontraría en la obligación de resguardarlos a fin de evitar los eventuales perjuicios que podrían ocasionarse a todas las personas que, durante la tramitación de este proceso, se vieran afectadas por su aplicación...*" (Negrillas de esta decisión).

Ahora bien, no deja de advertir la Sala que la parte accionante pretende sostener y argumentar la supuesta violación a la libertad económica y a la autonomía del Municipio para contratar, en virtud que considera que el referido decreto impide o violenta la potestad municipal para optar por la 'mejor oferta'. Al respecto, vale la pena destacar que es ajeno a los intereses del Municipio, de cualquier de las entidades político-territoriales, empresas del Estado u otro organismo de carácter público, ejercer sus potestades en contra de los intereses generales o del interés público que representan, los cuales están obligados a garantizar. Por ello, resulta inaceptable considerar a aquellas empresas que incumplen o se encuentran al margen de la legalidad, por no acatar los compromisos laborales derivados de la normativa consagrada en la Ley Orgánica del Trabajo, como la mejor opción para la celebración de contratos y convenios.

En consecuencia, mediante la obligatoriedad de la solvencia laboral no se limita potestad alguna al Municipio ni al sector privado, pues su contenido está dirigido al perfeccionamiento y ejecución de los derechos laborales de carácter irrenunciable, cuya labor de protección y garantía no sólo le compete a la Administración, sino a todos los órganos que ejercen el Poder Público. En este orden de ideas, la Sala Constitucional en sentencia N° 1854 de fecha 28 de noviembre de 2008, se refirió concretamente a la responsabilidad que recae sobre los órganos jurisdiccionales de garantizar el *carácter de orden público de la legislación laboral* y en consecuencia, la naturaleza irrenunciable de esta categoría de derechos.

> "...*En efecto, constata esta Sala cómo en la decisión objeto de revisión se estableció contrariamente a lo señalado en las normas transcritas ut supra, que, al inicio de la relación laboral, por voluntad de la partes y de forma tácita, se podían derogar normas de orden público, dictadas precisamente para proteger los derechos constitucionales de trabajadores y trabajadoras y el trabajo como hecho social.*

*En tal sentido, esta Sala considera importante destacar que los principios que informan el Derecho del Trabajo, entre los que se encuentra el principio de irrenunciabilidad de las normas que beneficien al trabajador, son directrices dirigidas al juez para asegurar la consecución del objeto propio del Derecho del Trabajo y, evitar así que se frustre la intención del legislador en perjuicio de los trabajadores, razón por la cual carecen de validez las estipulaciones mediante las cuales el trabajador admite prestar servicio en condiciones menos favorables a las establecidas en la normativa vigente, no entendiendo, esta Sala por consiguiente, cómo en la decisión objeto de revisión se admitió el supuesto de que el trabajador renunció de forma tácita a sus derechos laborales de orden público y constitucionalmente irrenunciable máxime cuando "[e]s nula toda acción, acuerdo o convenio que implique renuncia o menoscabo de estos derechos", por mandato constitucional....".* (Negrillas de esta sentencia).

Como se expone en la sentencia anterior, derechos como los tutelados en la normativa que ha sido impugnada en el presente caso, deben ser garantizados por los órganos jurisdiccionales, ya que su contenido se encuentra dirigido a desarrollar la progresividad de los derechos laborales, razón por la cual esta Sala desestima la alegada violación de los artículos 112 y 299 de la Constitución de la República Bolivariana de Venezuela y el artículo 88, numeral 6 de la Ley Orgánica del Poder Público Municipal, referido a las facultades del Alcalde o Alcaldesa para suscribir contratos. Así se declara.

C.  *Los Derechos Culturales y Educativos: El derecho al deporte*

**TSJ-SPA (932)**                                                      25-6-2009

Magistrado Ponente: Evelyn Marrero Ortiz

Caso: Cervecería Polar, C.A. vs. Directorio de Responsabilidad Social, adscrito a la Comisión Nacional de Telecomunicaciones (CONATEL).

**La Ley del Deporte se encuentra a tono con las disposiciones constitucionales al prever la importancia del fomento, la promoción, el desarrollo y la práctica del deporte como una obligación compartida entre el Estado venezolano y el sector privado.**

Aducen los apoderados judiciales de la empresa recurrente, que el artículo 10 de las *Normas Técnicas sobre Definiciones, Tiempo y Condiciones de la Publicidad, Propaganda y Promociones en los Servicios de Radio, Televisión y Difusión por Suscripción* desestimula el apoyo del sector privado a las actividades deportivas, por restringir el patrocinio deportivo en contravención los preceptos constitucionales y legales que establecen la responsabilidad del Estado y las entidades privadas para el fomento y apoyo del deporte.

La representación judicial del Directorio de Responsabilidad Social niega que la mencionada norma impida la contratación de patrocinio por parte de empresas con organizaciones deportivas o deportistas, pues no se proscribe el apoyo, fomento e inversión en actividades deportivas, siempre y cuando se respeten las regulaciones y prohibiciones contenidas en la Ley y las referidas Normas Técnicas.

Igualmente, la representación del Ministerio Público afirma que la norma sub-legal impugnada no obstaculiza la asistencia, fomento o patrocinio de las actividades deportivas en el país, lo cual se evidencia en la posibilidad que tiene la recurrente para realizar el patrocinio deportivo con cualquier otra de sus marcas comerciales que no implique publicidad de bebidas alcohólicas.

Así las cosas, debe la Sala señalar que el artículo 111 de la Constitución de la República Bolivariana de Venezuela, establece lo siguiente:

*"**Artículo 111**. Todas las personas tienen derecho al deporte y a la recreación como actividades que benefician la calidad de vida individual y colectiva. El Estado asumirá el deporte y la recreación como política de educación y salud pública y garantizará los recursos para su promoción. La educación física y el deporte cumplen un papel fundamental en la formación integral de la niñez y adolescencia. Su enseñanza es obligatoria en todos los niveles de la educación pública y privada hasta el ciclo diversificado, con las excepciones que establezca la ley. El Estado garantizará la atención integral de los y las deportistas sin discriminación alguna, así como el apoyo al deporte de alta competencia y la evaluación y regulación de las entidades deportivas del sector público y del privado, de conformidad con la ley.*

*La ley establecerá incentivos y estímulos a las personas, instituciones y comunidades que promuevan a los y las atletas y desarrollen o financien planes, programas y actividades deportivas en el país."*

Por su parte, los artículos 4 y 11 de la Ley del Deporte, publicada en la *Gaceta Oficial de la República de Venezuela* N° 4.975 Extraordinario de fecha 25 de septiembre de 1995, prevén:

*"**Artículo 4°**.- Se declara de utilidad pública el fomento, la promoción, el desarrollo y la práctica del deporte, así como la construcción, dotación, mantenimiento y protección de la infraestructura deportiva nacional."*

*"**Artículo 11**.- Los organismos nacionales, estadales, municipales y parroquiales, así como los organismos privados, prestarán asistencia y protección a las actividades deportivas públicas y privadas, y conjuntamente con los particulares velarán por su fomento y desarrollo en conformidad con los propósitos definidos en esta Ley."*

Conforme a la normativa precedentemente transcrita, el Estado venezolano ha establecido como un valor constitucional fundamental el incentivo y el estímulo al deporte, los atletas y la actividad deportiva en el país, conjuntamente con el derecho a la salud y a la calidad de vida individual y colectiva de todos los venezolanos.

En este sentido, la Ley del Deporte se encuentra a tono con las disposiciones constitucionales al prever la importancia del fomento, la promoción, el desarrollo y la práctica del deporte como una obligación compartida entre el Estado venezolano y el sector privado.

Al respecto, el Estado realiza una labor rectora en la planificación de políticas relativas al fomento y promoción deportiva, especialmente, con el fin de concatenarlas a las políticas educativas, de salud y de protección a niños y adolescentes, de manera que dichas políticas no sean tratadas de forma aislada, sino armonizadas en su propósito y fin último: su utilidad pública al servicio de los atletas e instituciones deportivas.

En ese orden de ideas, la Ley de Responsabilidad Social en Radio y Televisión en su artículo 9, prohíbe la difusión por radio y televisión de ciertos productos y servicios que potencialmente pudieran considerarse dañosos a la salud física y mental del venezolano, como una política sustentada en "motivos de salud pública, orden público y respeto a la persona humana".

De igual manera, en la aludida norma se prevé la posibilidad de realizar publicidad por emplazamiento solamente en eventos deportivos, excluyendo la propaganda de bebidas alcohólicas y otros productos allí nominados. Así, el legislador patrio estableció una excepción a la política de prohibir la publicidad por emplazamiento, con el fin de fomentar y apuntalar el patrocinio deportivo sin contradecir las razones de salud pública, orden público y respeto a la persona humana por las cuales se estableció la mencionada prohibición.

Ahora bien, las Normas Técnicas sobre Definiciones, Tiempo y Condiciones de la Publicidad, Propaganda y Promociones en los Servicios de Radio, Televisión y Difusión por

Suscripción desarrollan esa política de protección a la sociedad venezolana contra la publicidad de los referidos productos, al establecer como una excepción a la prohibición a la publicidad por emplazamiento de bebidas alcohólicas, cuando se trate de eventos deportivos internacionales y que la publicidad a ser difundida en ellos sea contratada en el exterior por personas u organizaciones no domiciliadas en Venezuela.

Por lo anterior, a juicio de esta Sala la norma recurrida facilita a atletas y organizaciones deportivas internacionales su presentación en eventos realizados en el país, en vista de la obligación que tiene la República de fomentar el deporte conjuntamente con el sector privado y preservar la salud y la calidad de vida de la población, armonizando los valores normativos consagrados en la Ley del Deporte y la Ley de Responsabilidad Social en Radio y Televisión, por lo que debe desecharse la denuncia formulada por la parte actora. Así se declara.

D.    *Derechos Ambientales: Derecho al ambiente y desarrollo urbanístico*

**TSJ-SC (601)**                                                        **18-5-2009**

Magistrado Ponente: Luisa Estella Morales Lamuño

Caso: Enrique Márquez y otros vs. Fondo Nacional de Investigaciones Agrícolas y Pecuarias (FONAIAP) y otros.

**Permitir el ejercicio ilimitado de una actividad económica, el derecho de propiedad o de acceder a una vivienda, sin atender o someterse a las restricciones de carácter constitucional o legal que el ordenamiento jurídico establece, convertiría tales derechos y su tutela judicial, en instrumentos de desigualdad e injusticia y no de garantías fundamentales, en la medida que se obtendría una defensa de derechos particulares, en desmedro del interés general en la preservación de un ambiente ecológicamente equilibrado, circunstancia que el constituyente y el legislador considera contraria a los intereses de la sociedad en contar con medio ambiente seguro y sano.**

En el presente caso, el punto controvertido se encuentra constituido respecto a las *"conductas (sic) omisiva (sic) el Fondo Nacional de Investigaciones Agrícolas y Pecuarias (FONAIAP): en conducta omisiva y amenaza inminente (sic) la Dirección de Planeamiento Urbano de la Alcaldía del Municipio Mario Briceño Iragorry del Estado Aragua; y en amenaza de violación latente e inminente, (sic) el Comité Pro-vivienda de FONAIAP-MARACAY (OCV. MARQUÉS DEL TORO) (...), para desarrollar parte del Complejo Habitacional de la OCV de los Trabajadores de FONAIAP, pues consideran (sic) la parte agraviada que el hecho que quieran talar ochocientos catorce árboles (...) es suficiente quebrantamiento de violación de normas legales como las establecidas en la Ley Forestal de Suelos y Aguas [y la Constitución]"*; fundamentando su acción en los artículos 26, 127, 129, 151 y 159 de la Constitución de la República Bolivariana de Venezuela, en concordancia con la Ley de Bosques y Gestión Forestal y la Ley de Aguas.

La representación judicial del *Comité Pro-vivienda de FONAIAP-MARACAY (OCV. MARQUÉS DEL TORO)*, alegó que los informes, estudios y documentos anexos en el expediente, evidencian a su juicio que el referido Comité cuenta con los requerimientos legales necesarios para la tala o *"limpieza del terreno de la Urbanización El Marqués del Toro ubicado en la Avenida 100. Sector el Paseo [del Municipio Mario Briceño Iragorry del Estado Aragua] para la remoción de la capa vegetal y bote"* (anexo 2).

En tal sentido, advirtió la parte presuntamente agraviante que el correspondiente desarrollo habitacional cuenta con los permisos municipales, referidos al cumplimiento de variables urbanas, permiso de contracción mayor (anexo 2; A); limpieza del terreno (anexo 2; C) y el establecimiento de restricciones por seguridad o protección ambiental emanado de la Dirección Estadal Ambiental del Estado Aragua del Ministerio del Poder Popular para el Ambiente (anexo 2; G), por lo que al verificarse en principio el cumplimiento de las condiciones legales para el desarrollo habitacional, el amparo debe ser declarado sin lugar, ya que la intervención de un terreno para su afectación y destinación a una planificación urbana siempre genera un perjuicio ambiental que el ordenamiento jurídico tolera y permite en la medida que esta sea formulada con anticipación, implementada oportunamente y ejecutada conforme al ordenamiento jurídico aplicable. En tales situaciones, el particular o la sociedad no podría en principio, oponer la preexistencia de situaciones jurídico-subjetivas que serían modificadas o extinguidas como la existencia de una capa vegetal o su intervención en la conservación de la misma aduciendo una violación al derecho fundamental a un ambiente sano o a la biodiversidad, en la medida que derechos como la libertad de empresa, acceso al mercado o a la vivienda, deben ser igualmente tutelados.

Por su parte la representación judicial del Ministerio del Poder Popular para el Ambiente, afirmó que la acción de amparo debía ser declarada improcedente por no existir ni siquiera la amenaza de violación a derecho constitucional alguno, toda vez que consideró, que el *"Comité Pro-vivienda de FONAIAP-MARACAY (OCV. MARQUÉS DEL TORO)"*, cuenta con los requerimientos legales necesarios para el desarrollo de la Urbanización El Marqués del Toro ubicado en la Avenida 100, Sector el Paseo del Municipio Mario Briceño Iragorry del Estado Aragua, los cuales no se encuentran sometidos a ningún régimen estatutario de derecho público.

Al respecto, la Sala advierte de las actas procesales que consta autorización de la Dirección de Planeamiento Urbano del Municipio Mario Briceño Iragorry del Estado Aragua del 23 de mayo de 2007, a favor del *"Comité Pro-vivienda de FONAIAP (...) [para] la limpieza del terreno, remoción carga y bote de la capa vegetal en terrenos de la Urb. El Márquez del Toro, ubicado en la Avenida 100. Sector el Paseo"* (anexo 2; C) y que *"la franja de terreno objeto del presente amparo constitucional (...) tal como se evidencia del plano reducido del proyecto, en gran parte es área verde dentro del proyecto urbanístico, es zona destinada a caminerías, barrilleras, parques infantiles"* (Cfr. Escrito del 18 de junio de 2008, presentado por la representación judicial del Comité Pro-vivienda de FONAIAP y ratificado en la audiencia constitucional del 30 de abril de 2009).

Así, a los fines de resolver el fondo del asunto planteado resulta imprescindible determinar si el ejercicio de los derechos de propiedad, a la libertad económica y a la vivienda en los términos expuestos por los presuntos agraviantes y autorizados por el mencionado acto administrativo contenido en el permiso de la Dirección de Planeamiento Urbano del Municipio Mario Briceño Iragorry del Estado Aragua del 23 de mayo de 2007, constituye una violación de los denominados derechos ambientales, conforme al artículo 127 de la Constitución de la República Bolivariana de Venezuela.

Entonces, es de resaltar que los derechos ambientales a la par del derecho a la seguridad alimentaria se caracteriza en que su tutela se dirige fundamentalmente a la protección de generaciones futuras -*vgr.* Explotación sustentable de los recursos naturales-, lo que necesariamente comporta la posibilidad de determinar la incidencia de cualquier medida sobre el interés general, ya que el equilibrio ecológico y los bienes jurídicos ambientales son considerados por la Constitución de la República Bolivariana de Venezuela, como patrimonio común e irrenunciable de la humanidad -*Cfr.* Artículo 127 y Preámbulo de la Constitución- y, en ese contexto, no basta sostener en materias de especial sensibilidad por el interés común inserto, contraponer la posibilidad de que se generen perjuicios de carácter económico -derecho a la libertad económica o a la propiedad-, sin vincular esa supuesta afectación particular a daños de carácter colectivo o general actuales y futuros.

Ello, es consecuencia inmediata del contenido de los artículos 127 y 129 de la Constitución de la República Bolivariana de Venezuela, ya que es un derecho y un deber de cada generación proteger y mantener el ambiente en beneficio de sí misma y del mundo futuro, en la medida que toda persona tiene derecho individual y colectivamente a disfrutar de una vida y de un ambiente seguro, sano y ecológicamente equilibrado, por lo que el desarrollo económico y social y el aprovechamiento de los recursos naturales deberán realizarse a través de una gestión apropiada del ambiente de manera tal que no comprometa las posibilidades de las generaciones presentes y futuras.

Existe entonces desde el punto de vista constitucional, un parámetro interpretativo que se traduce en la obligación del juez de determinar qué actividades económicas comportan una gestión del patrimonio ambiental que comprometa las posibilidades de las generaciones presentes y futuras; teniendo presenten en todo caso, que la afectación al medio ambiente muchas veces se concreta en actividades que provocan por su mera consumación, un deterioro cierto e irreversible del mismo.

En tal sentido, la Sala ha señalado que *"se observa desde una perspectiva ecológica, que la degradación del medio ambiente ha tenido un efecto desproporcionado, pues muchas veces las presiones comerciales impiden la protección y la utilización colectiva de la biodiversidad de los ecosistemas y la existencia de sistemas justos y equitativos de distribución de los beneficios obtenidos de los recursos naturales, limitando la dimensión ambiental a acuerdos económicos, y no a las reales necesidades sociales y medioambientales de la humanidad"* -*Cfr.* Sentencia de esta Sala Nº 1.515/06-.

Desde esa perspectiva, permitir el ejercicio ilimitado de una actividad económica, el derecho de propiedad o de acceder a una vivienda, mediante el desarrollo de un "Complejo Habitacional de la OCV de los Trabajadores de FONAIAP", sin atender o someterse a las restricciones de carácter constitucional o legal que el ordenamiento jurídico establece, convertiria tales derechos y su tutela judicial, en instrumentos de desigualdad e injusticia y no de garantias fundamentales, en la medida que se obtendría una defensa de derechos particulares, en desmedro del interés general en la preservación de un ambiente ecológicamente equilibrado, circunstancia que el constituyente y el legislador considera contraria a los intereses de la sociedad en contar con medio ambiente seguro y sano.

Por ello, en anteriores oportunidades la Sala ha señalado que el contenido normativo del artículo 112 de la Constitución de la República Bolivariana de Venezuela, permite a todos los particulares desarrollar libremente su iniciativa económica, a través del acceso a la actividad de su preferencia, la explotación de la empresa que hubieren iniciado y el cese en el ejercicio de tal actividad, todo ello, sin perjuicio de las restricciones que impone la Constitución y la ley. Así lo señaló esta Sala en sentencia Nº 462/01, en la que se estableció lo siguiente:

*"respecto a la pretendida violación del derecho a la libertad de empresa, debe anotarse que tal derecho tiene como contenido esencial, no la dedicación por los particulares a una actividad cualquiera y en las condiciones más favorables a sus personales intereses; por el contrario, el fin del derecho a la libertad de empresa constituye una garantía institucional frente a la cual los poderes constituidos deben abstenerse de dictar normas que priven de todo sentido a la posibilidad de iniciar y mantener una actividad económica sujeta al cumplimiento de determinados requisitos. Así, pues, su mínimo constitucional viene referido al ejercicio de aquella actividad de su preferencia en las condiciones o bajo las exigencias que el propio ordenamiento jurídico tenga establecidas".*

En desarrollo del criterio jurisprudencial parcialmente transcrito, la Sala precisó que en el contexto del principio de libertad -artículo 20 de la Constitución de la República Bolivariana de Venezuela- que informa como valor fundamental al ordenamiento jurídico venezolano, se desarrolló el derecho a la libertad económica, igualmente denominado derecho a la libertad de empresa, como una situación jurídica bifronte, en tanto se materializa, en una situación de poder, que faculta a los sujetos de derecho a realizar cualquier actividad económica, siempre que ésta no esté expresamente prohibida o que en el caso de estar regulada, se cumplan las condiciones legalmente establecidas para su desarrollo y, en una prohibición general de perturbación de las posibilidades de desarrollo de una actividad económica, mientras el sistema normativo no prescriba lo contrario -*Cfr.* Sentencia de esta Sala Nº 1.444/08-, respecto de lo cual se consideró que:

*"se reconoce de igual manera, el principio de regulación, como uno de los aspectos esenciales del Estado social de derecho a que se refiere el artículo 2 del Texto Fundamental.*

*Ambos valores esenciales -libertad de empresa y regulación económica-, se encuentran en la base del sistema político instaurado, sin que ninguno pueda erigirse como un valor absoluto, propenso a avasallar a cualquier otro que se le interponga. Antes bien, se impone la máxima del equilibrio según la cual, los valores están llamados a convivir armoniosamente, mediante la producción de mutuas concesiones y ello implica, que las exigencias de cada uno de ellos, no sean asumidas con carácter rígido o dogmático, sino con la suficiente flexibilidad para posibilitar su concordancia.*

*De este modo, las colisiones o conflictos entre valores o derechos, que lleva inherente el carácter mixto de la denominada Constitución económica, permite mantener la armonía del sistema, no mediante la sumisión total de unos valores sustentada en alguna pretendida prevalencia abstracta u ontológica de uno sobre otro, sino mediante el aseguramiento, en la mayor medida posible, de la observancia de cada valor, fijando el punto de equilibrio en atención a las circunstancias del caso y a los principios del ordenamiento.*

*El comentado punto de equilibrio, se logra a través del principio de compatibilidad con el sistema democrático, que impera en materia de limitación de derechos fundamentales y de acuerdo al cual, las citadas restricciones deben responder al contexto constitucional en el que habrán de ser dictadas. Así, a través del denominado control democrático, que no es más que un análisis de la vigencia del principio de racionalidad, debe constatarse que la actuación del Estado sea idónea, necesaria y proporcional al objetivo perseguido, es decir, que sea apta para los fines que se buscan, requerida ante la inexistencia de una medida menos gravosa para el derecho y finalmente, que la intervención no resulte lesiva, sino suficientemente significativa, pues de lo contrario se plantea una limitación injustificada. De esta forma, si el ejercicio del derecho se ve limitado excesivamente, la medida devendrá en desproporcionada y por ende, inconstitucional, con lo cual no es suficiente su idoneidad, sino la valoración de un propósito donde deben preponderar los requerimientos sociales del pleno goce de los derechos involucrados, sin trascender de lo estrictamente necesario, pues tal como se desprende del artículo 3 del Texto Fundamental vigente, el Estado venezolano tiene una vocación instrumental que como todo Estado constitucional de derecho, propende al goce y salvaguarda de los derechos fundamentales en un contexto social.*

*En el referido marco constitucional, la injerencia pública sobre el principio general de libertad de empresa, debe basarse en la salvaguarda del desarrollo humano, la seguridad, sanidad, protección del ambiente u otras de interés social y someterse al comentado principio de racionalidad o test democrático" -Vid. Sentencia de esta Sala Nº 2.152/07-.*

Afín a los anteriores asertos, es el criterio jurisprudencial de esta Sala en relación con el derecho de propiedad, según el cual efectivamente la Constitución garantiza categóricamente el derecho de propiedad, sin que ello comporte que *"como casi todo derecho -a excepción de los derechos a la vida y a la integridad- conocen excepciones o limitaciones. En primer lugar, la propiedad puede ser limitada por la ley, si existen razones de utilidad pública o interés general, tal como lo establece el artículo 115 del Texto Fundamental, según el cual: 'Se garantiza el derecho de propiedad. Toda persona tiene derecho al uso, goce, disfrute y disposición de sus bienes. La propiedad estará sometida a las contribuciones, restricciones y obligaciones que establezca la ley con fines de utilidad pública o de interés general. Sólo por causa de utilidad pública o interés social, mediante sentencia firme y pago oportuno de justa indemnización, podrá ser declarada la expropiación de cualquier clase de bienes'. Existe abundante jurisprudencia acerca de la posibilidad de que se limite la propiedad si hay razones que lo justifiquen" -Cfr.* Sentencia de esta Sala N° 3.537/05-.

En este contexto, se aprecia que la Constitución reconoce un derecho a la propiedad privada que se configura y protege, ciertamente, como un haz de facultades individuales sobre las cosas, pero también, y al mismo tiempo, como un conjunto de deberes y obligaciones establecidos, de acuerdo con las leyes, en atención a valores o intereses de la colectividad, es decir, a la finalidad o utilidad social que cada categoría de bienes objeto de dominio esté llamada a cumplir. Por ello, *"la fijación del contenido esencial de la propiedad privada no puede hacerse desde la exclusiva perspectiva subjetiva del derecho o de los intereses individuales que a éste subyacen, sino que debe incluir igualmente la necesaria referencia a la función social, entendida no como mero límite externo a su definición o a su ejercicio, sino como parte integrante del derecho mismo. La incorporación de exigencias sociales, con fundamento en la utilidad individual y función social al contenido del derecho a la propiedad privada, que se traduce en la previsión legal de intervenciones públicas no meramente ablatorias en la esfera de las facultades y responsabilidades del propietario, es un hecho hoy generalmente admitido, ya que, en efecto, esa dimensión social de la propiedad privada, en cuanto institución llamada a satisfacer necesidades colectivas, es en todo conforme con la imagen que de aquel derecho se ha formado la sociedad contemporánea y, por ende, debe ser rechazada la idea de que la previsión legal de restricciones a las tendencialmente ilimitadas facultades de uso, disfrute, consumo y disposición o la imposición de deberes positivos al propietario, hagan irreconocible el derecho de propiedad como perteneciente al tipo constitucionalmente descrito, en este sentido, cabe destacar que la incorporación de tales exigencias a la definición misma del derecho de propiedad responde a principios establecidos e intereses tutelados por la propia Constitución"* -Cfr. Sentencia de esta Sala N° 403/06-.

Iguales consideraciones, deben formularse respecto a lo dispuesto en el artículo 82 del Texto Constitucional, según el cual toda persona tiene derecho a una vivienda adecuada, segura, cómoda, higiénica, con servicios básicos esenciales que incluyan un hábitat que humanice las relaciones familiares, vecinales y comunitarias, siendo la satisfacción progresiva de ese derecho obligación compartida entre los ciudadanos y ciudadanas y el Estado en todos sus ámbitos; ya que la consagración de tal derecho, comporta una necesaria interrelación del mismo con otros derechos constitucionales, que no admite efectuar un examen aislado de dicha norma, que no permita atender a su contexto normativo (Constitución) -siguiendo los diversos métodos interpretativos del Texto Constitucional-, como un todo integrado e interrelacionado que lo dota de un valor conceptual y ejecutivo -*Cfr.* Sentencia de esta Sala N° 314/09-.

Las restricciones que impone la Constitución conforme a sus artículos 127 y 129, son desarrolladas por la ley, por lo que resulta conveniente precisar, que la Sala en reiteradas oportunidades ha señalado que es posible que proceda la acción de amparo contra violaciones de normas legales o sublegales en los supuestos en los cuales el desconocimiento, la mala praxis, o la errada interpretación de las mismas enerve el goce y ejercicio pleno de un derecho constitucional o lo haga nugatorio -*Cfr.* Sentencias de esta Sala Nros. 828/2000, 237/2001, 1.897/2001, 2.656/2001, 1.564/2002, entre otras-.

Ciertamente, se debe convenir en que la acción de amparo constitucional ha sido consagrada, a tenor del artículo 1 de la Ley Orgánica de Amparo sobre Derechos y Garantías Constitucionales, con el fin de restablecer la situación jurídica lesionada por el desconocimiento de un derecho positivizado a nivel constitucional; debe reiterarse que el juez en esta sede, se ve compelido interpretar, si bien de manera casuística pero con fundamento en los límites internos y externos que perfilan toda actividad hermenéutica, el núcleo esencial de los derechos fundamentales, los cuales se encuentran contenidos en normas de diversos instrumentos jurídicos, lo que origina que la antijuridicidad constitucional respecto a ellos involucre diversos planos normativos, sean legales o sublegales; u opere en la ejecución de diversos tipos de relaciones jurídicas en cuyos elementos subjetivos intervengan tanto personas jurídicas individuales, colectivas, públicas o privadas.

Así, la Sala *"está consciente de que esta postura controvierte el sentido expresado en la concepción según la cual el amparo persigue sólo tutelar ante violaciones directas de la Constitución y que, cuando la infracción se refiere a las leyes que la desarrollan, se está frente a una transgresión indirecta que no motiva un amparo. Sin embargo, debe quedar claro que la lesión directa debe entenderse en la línea en que fue explicado anteriormente, es decir, respecto a los conceptos de núcleo esencial y supuestos distintos al núcleo esencial del derecho de que se trate. La lesión será directa cuando toque ese núcleo, sea que la situación en que se origine la lesión acontezca con ocasión de una relación jurídica privada, administrativa, estatutaria o legal, o del desconocimiento, errónea aplicación o falsa interpretación de la ley, reglamento, resolución o contrato, que atente directamente contra el núcleo del derecho o garantía constitucional. No se trata del rango del acto, sino del efecto que sobre los derechos y garantías fundamentales ejerce la violación del acto, en relación con la situación jurídica de las personas y la necesidad de restablecerla de inmediato si ella fuere lesionada"* -*Cfr.* Sentencia de esta Sala N° 1.853/03-. Conforme a las consideraciones antes expuestas, por imperativo de la norma contenida en los artículos 127 y 129 de la Constitución de la República Bolivariana de Venezuela, el Estado está en la obligación de proteger el ambiente, la diversidad biológica, los recursos genéticos, los procesos ecológicos, los parques nacionales y monumentos naturales y demás áreas de especial importancia ecológica, para lograr el aprovechamiento sustentable del patrimonio forestal y de las aguas.

Ese reconocimiento constitucional respecto a la protección al ambiente, ha sido en el ámbito internacional recogido en instrumentos que tienen por objeto procurar el interés general, representado por el derecho de toda la población y de la humanidad al goce de un ambiente seguro y sano, surgiendo así una serie de Acuerdos Internacionales -que en muchos casos Venezuela es parte- encaminados a poner en marcha un plan de preservación mundial, que mantenga y eleve la calidad de vida mediante un alto grado de protección de nuestros recursos naturales, la determinación y aplicación de gestiones eficaces para contrarrestar los riesgos contra la seguridad ambiental y garantizar que las políticas en el ámbito ambiental se basen en un planeamiento multisectorial y multinacional, que permita afrontar el creciente deterioro que ha experimentado el ecosistema mundial durante las últimas décadas, en gran parte como consecuencia de la actividad humana.

En el marco normativo venezolano, frente a normas de contenido ambiental dictadas desde hace más de veinte años, tiempo en el cual el Derecho Ambiental ha experimentado un desarrollo acelerado, la conciencia respecto al progresivo deterioro del entorno y el temor e inquietud provocados en todo el planeta por el uso incontrolado de la naturaleza y su impacto en la seguridad y salud de la vida humana y de toda forma de vida en general, ha llevado a la búsqueda de soluciones, entre las cuales se ha optado por la revisión y modificación del ordenamiento estatutario de derecho público vigente en la materia, tales como la Ley de Bosques y Gestión Forestal.

Ahora bien, para el momento en el cual ocurren los hechos lesivos, se interpone y admite la presente acción de amparo, se encontraba en plena vigencia la Ley Forestal de Suelos y Aguas publicada en la *Gaceta Oficial de la República de Venezuela* Nº 1.004 Extraordinario del 26 de enero de 1.966, la cual conforme a la Disposición Derogatoria Primera de la Ley de Bosques y Gestión Forestal (*Gaceta Oficial* Nº 38.946 del 5 de junio de 2008), quedó parcialmente derogada en lo que respecta a "los artículo 1º al artículo 21, ambos inclusive; del artículo 26 al artículo 81, ambos inclusive, del artículo 96 al artículo 121, ambos inclusive, del artículo 123 al artículo 130, ambos inclusive".

En ese sentido, se advierte del contenido del artículo 7 de la Ley Forestal de Suelos y Aguas, que "*La deforestación, la tala de vegetación alta o mediana, las rozas y quemas, desmontes y cualquier otra actividad que implique destrucción de la vegetación, así como también la explotación de productos forestales en terrenos ejidos o de propiedad privada, no podrán efectuarse sin previa autorización de los funcionarios del ramo, quienes la impartirán de conformidad con los requisitos que al efecto establezca el Reglamento. Esta autorización podrá ser negada o revocada cuando existan o surjan impedimentos técnicos o reglamentarios que lo determinen. La revocatoria procederá también cuando hiciere oposición un tercero y compruebe que es propietario u ocupante de los terrenos objeto de la solicitud*"; lo cual comportaba que para la tala o "*limpieza del terreno de la Urbanización El Marqués del Toro ubicado en la Avenida 100, Sector el Paseo [del Municipio Mario Briceño Iragorry del Estado Aragua] para la remoción de la capa vegetal y bote*", el "*Comité Pro-vivienda de FONAIAP-MARACAY (OCV. MARQUÉS DEL TORO)*" requería además de la obtención de la permisología municipal para el correspondiente desarrollo urbanístico, la autorización otorgada por el Ministerio del Poder Popular para el Ambiente para tales fines, situación que no se verificó en el presente caso.

Empero, verificada la situación jurídica subjetiva "*Comité Pro-vivienda de FONAIAP-MARACAY (OCV. MARQUÉS DEL TORO)*", debe esta Sala precisar que al no contar éste con la permisología necesaria para la "*limpieza del terreno de la Urbanización El Marqués del Toro ubicado en la Avenida 100, Sector el Paseo [del Municipio Mario Briceño Iragorry del Estado Aragua] para la remoción de la capa vegetal y bote*", la posibilidad de acceder a tal permisología, se trata de una verdadera situación en curso, a la cual es aplicable la legislación vigente como es la mencionada Ley de Bosques y Gestión Forestal (*Gaceta Oficial* Nº 38.946 del 5 de junio de 2008).

En este sentido, basta reiterar que el criterio del Constituyente coincide con Roubier, quien en su momento indicó que la ley tiene efectos retroactivos "*cuando se aplique a hechos consumados (facta praeterita) o a situaciones en curso (facta pendentia) en la parte que es anterior al cambio de legislación, mas no tendrá efecto retroactivo sino efecto inmediato, cuando se aplique a hechos futuros (facta futura) o a situaciones en curso (facta pendentia) en la parte que es posterior al cambio de legislación -tesis desarrollada por Paul Roubier en su obra Les conflits de lois dans le temps (Théorie dite de la non-rétroactivité des lois) y explicada por Joaquín Sánchez-Covisa, La Vigencia Temporal de la Ley en el Ordenamiento Jurídico Venezolano, en Obra Jurídica, Ediciones de la Contraloría General de la República, 1976, p. 234- (...)*" -*Vid*. Sentencia de esta Sala Nº 818/04-, más aún cuando esta Sala en decisión Nº 654/2007, señaló lo siguiente:

"*como afirma Joaquín Sánchez-Covisa, la noción de retroactividad se encuentra intrínsecamente relacionada con la noción de derecho adquirido, si se entiende por tal 'aquel que no pueda ser afectado por una ley sin dar a la misma aplicación retroactiva'-, por lo que ambos son 'el aspecto objetivo y el aspecto subjetivo de un mismo fenómeno', expresión que esta Sala ha hecho suya en sentencias nos 389/2000 (Caso Diógenes Santiago Celta) y 104/2002 (Caso Douglas Rafael Gil), entre otras.*

*En consecuencia, esta Sala considera que ha de partirse de la premisa de que 'una ley será retroactiva cuando vulnere derechos adquiridos' (Sánchez-Covisa Hernando, Joaquín, La vigencia temporal de la Ley en el ordenamiento jurídico venezolano, 1943, pp. 149 y 237).*

*Asunto por demás complejo es la determinación de en qué casos una norma jurídica es retroactiva y, en consecuencia, cuándo lesiona un derecho adquirido. Para ello, la autorizada doctrina que se citó delimita cuatro supuestos hipotéticos: (i) cuando la nueva Ley afecta la existencia misma de un supuesto de hecho verificado antes de su entrada en vigencia, y afecta también las consecuencias jurídicas subsiguientes de tal supuesto; (ii) cuando la nueva ley afecta la existencia misma de un supuesto de hecho que se verificó antes de su entrada en vigencia; (iii) cuando la nueva ley afecta las consecuencias jurídicas pasadas de un supuesto jurídico que se consolidó antes de su entrada en vigencia; y (iv) cuando la nueva ley sólo afecta o regula las consecuencias jurídicas futuras de un supuesto de hecho que se produjo antes de su vigencia.*

*En los tres primeros supuestos, no hay duda de que la nueva Ley tendrá auténticos efectos retroactivos, pues afecta la existencia misma de supuestos de hecho (Actos, hechos o negocios jurídicos) o bien las consecuencias jurídicas ya consolidadas de tales supuestos de hecho que se verificaron antes de la vigencia de esa nueva Ley, en contradicción con el principio 'tempus regit actum' y, en consecuencia, con el precepto del artículo 24 constitucional. En el caso de la cuarta hipótesis, la solución no es tan fácil, ante lo cual Sánchez-Covisa propone  postura que comparte esta Sala- que habrá de analizarse el carácter de orden público o no de la norma jurídica que recién sea dictada, para determinar si su aplicación no puede renunciarse o relajarse por voluntad de las partes (Ob. cit., pp. 166 y ss.) y, en caso afirmativo, la nueva legislación puede válidamente y sin ser retroactiva regular las consecuencias futuras de las relaciones existentes, siempre que se respeten los hechos y efectos pasados (...)".*

En ese contexto, se advierte de las actas del expediente (folios 45 al 73) y particularmente de la inspección judicial solicitada por la representación judicial del "*Comité Provivienda de FONAIAP-MARACAY (OCV. MARQUÉS DEL TORO)*" y del "*informe técnico presentado*", que el terreno no es un área natural protegida o de uso especial, "*conforme a la Ley Orgánica para la Planificación y Gestión del Territorio*", observándose igualmente que "*en la franja de terreno objeto de la presente inspección judicial se encuentra sembrado de plantas de diversas especies: mangos, aguacates, paraparas, cocos, samán, cambures, onoto, guásimo, guama de castilla, naranja, tamarindo, merey, entre otros, así como también hay presencia en este ecosistema de malezas de porte bajo, sobresaliendo gramíneas, en este grupo se pueden mencionar la yaraguá, hyparrhenia rufa, gamelote, panicum maximun, esta maleza se caracteriza de que es perenne y se observa que han adaptado su vida a las condiciones propias del terreno, pero sin ningún valor de aprovechamiento. Las plantas sembradas allí por la mano del hombre, presentan crecimiento intermedio, presumiendo con esto que su siembra es reciente, su edad no arroja más de 10 años, y su número no es superior a ochocientos árboles. Se recomienda realizar un inventario, con el marcaje de los árboles para así determinar la cantidad exacta y especie*".

Por otra parte, en la audiencia constitucional celebrada el 30 de abril de 2009, el ciudadano Alfredo Campero, quien se identificó como ingeniero agrónomo III, adscrito al Ministerio del Popular para el Ambiente, dejó constancia que la mencionada franja de área verde, que colinda con el canal de drenaje de agua de lluvia, puede considerarse como árboles fuera del bosque conforme a la Ley de Bosques y Gestión Forestal.

Por lo tanto, no resulta un hecho controvertido la existencia de un conjunto de árboles de diversas especies que colindan con un drenaje de aguas servidas, que pueden considerarse como árboles fuera del bosque conforme a la Ley de Bosques y Gestión Forestal.

Así, dado que en materia de conservación y uso sustentable de los bosques y demás componentes del patrimonio forestal, en beneficio de las generaciones actuales y futuras, atendiendo al interés social, ambiental y económico de la Nación, se dictó la Ley de Bosques y Gestión Forestal (*Gaceta Oficial* N° 38.946 del 5 de junio de 2008), cuyo ámbito de aplicación son los ecosistemas y recursos naturales que integran el patrimonio forestal del país y los bienes y servicios que de éste se deriven, así como a la gestión orientada a su conservación y al desarrollo forestal sustentable, la misma es plenamente aplicable al presente caso. En tanto, que el artículo 3 de la Ley de Bosques y Gestión Forestal considera que el patrimonio forestal del país abarca la totalidad de los ecosistemas y recursos forestales comprendidos en el territorio nacional, incluidos los bosques nativos, plantaciones forestales, árboles fuera del bosque, así como también las tierras forestales y las formas de vegetación no arbórea asociadas o no al bosque.

Según el artículo 36 *eiusdem*, los árboles fuera del bosque comprenden "*los individuos arbóreos que se encuentran en forma aislada o agrupados sin llegar a pertenecer a la categoría de bosque, en áreas rurales o urbanas*", siendo el Ministerio del Poder Popular para el Ambiente el responsable de dirigir y coordinar las acciones orientadas a la conservación de los árboles fuera del bosque localizados en el territorio nacional, y a la preservación de los valores ecológicos y culturales que representan.

Esta potestad de policía administrativa a cargo del mencionado Ministerio, es regulada particularmente en los artículos 62 al 65 *eiusdem*, conforme a los cuales existe un control previo ambiental que impone que el uso del patrimonio forestal está sujeto al otorgamiento de los instrumentos previstos en la Ley de Bosques y Gestión Forestal, tales como las "*Autorizaciones para el uso y aprovechamiento de bosques y árboles fuera del bosque, y para la afectación de vegetación con fines diversos, cuando se trate de terrenos de propiedad privada, o bajo concesiones forestales otorgadas previamente por la República*", sin perjuicio de la aprobación del estudio de impacto ambiental y socio-cultural correspondiente -y el trámite del procedimiento administrativo ordinario regulado en la mencionada ley- (*Cfr*. Artículos 63.2 y 65 *eiusdem*).

No puede pasar por alto esta Sala, que existe una extensa legislación, doctrina y jurisprudencia respecto a bosques, su papel y funciones ecológicas y socioeconómicas, así como en relación a las estimaciones del área boscosa, deforestación y degradación de los bosques de una región, país o el planeta. Así, la Sala ha señalado que "*(…) 'la tierra y su biosfera conforma una gran síntesis de sistemas complejos interactivos, incluidos en otros sistemas, orgánicos e inorgánicos, animados e inanimados. El Mundo (en cambio) es la manera que la humanidad ha comprendido y organizado su propia ocupación de la Tierra: una expresión de la imaginación y fines materializados a través de la exploración, la invención, el trabajo y la violencia. Los océanos, las islas, las especies y los ecosistemas son partes integrales de la Tierra, pero el Mundo no se encuentra integrado - sus culturas y valores no conforman una unidad. Todo ser humano es parte de una especie, pero sus valores son diversos' (Vid. CALDWELL, Lynton Keith. International Environmental Policy, Emergence and Dimensions; Duke Press Policy Studies; Durham, North Carolina, 1984). Ello así, se observa desde una perspectiva ecológica, que la degradación del medio ambiente ha tenido un efecto desproporcionado, pues muchas veces las presiones comerciales impiden la protección y la utilización colectiva de la biodiversidad de los ecosistemas y la existencia de sistemas justos y equitativos de distribución de los beneficios obtenidos de los recursos naturales, limitando la dimensión ambiental a acuerdos económicos, y no a las reales necesidades sociales y medioambientales de la humanidad*" -*Cfr*. Sentencia de esta Sala N° 1.853/03-.

Pero respecto al tema de los árboles fuera del bosque, si bien no existe tal información de forma amplia y sistematizada -tal vez porque como concepto es un neologismo aparecido a mediados de los años noventa-, el Departamento Forestal de la Organización de las Naciones Unidas para la Agricultura y la Alimentación entre otras organizaciones internacionales, ha señalado que *"la promoción de los árboles fuera del bosque es un elemento estratégico de los esfuerzos que realiza la FAO para aumentar la contribución de la silvicultura para el desarrollo sostenible y la consecución de los medios de subsistencia (...). Un paisaje urbano bello con árboles estimula el comercio, la inversión, el empleo y los valores de la propiedad. Los productos aprovechados para el consumo familiar y los ingresos y trabajos creados mediante la silvicultura urbana son resultados económicos tangibles. Cuando las especies se seleccionan de manera apropiada y los sistemas están bien ordenados, las repercusiones negativas, como los daños causados por raíces, por la humedad que favorece la malaria y los refugios para la delincuencia son controladas"* -Cfr. Página Web, consultada el 4 de mayo de 2009, en el vínculo identificado http://www.fao.org/ forestry/foris/pdf/infonotes/ infofaospanish-losarbolesfueradelbosque.pdf.

Con base a las disposiciones normativas vigentes y, al conocimiento de esta Sala sobre la materia, la tutela de los árboles fuera del bosque trasciende el mero interés ecológico, ya que representan para la colectividad y los animales una fuente alimentaria importante, contribuyen al equilibrio nutricional, forman parte de los tratamientos tradicionales o autóctonos de la salud, o constituyen fuente de leña y madera para la construcción o generación de energía, además de ser materia prima para actividades artesanales, entre otras actividades asociadas a los mismos. Así, aunado a los múltiples usos de los árboles fuera del bosque, en la construcción y la artesanía, los mismos contribuyen con la diversidad biológica, el control del clima y en la preservación de los ecosistemas, necesarios en la conservación de suelos y aguas.

Más allá de la enumeración de los bienes y servicios que puede proporcionar la conservación de los árboles fuera del bosque, lo fundamental es que la **Constitución al someter la totalidad de las actividades económicas privadas y públicas -producción, distribución o comercialización- a limitaciones de carácter ambiental, tales como el logro de un desarrollo sustentable, erige un principio tutelable judicialmente, en la medida que se constituye en un valor o estándar que propone un objetivo a ser alcanzado, no sólo por asegurar la concepción política, económica y social que la Constitución establece expresamente -artículos 2, 82, 99, 112, 115, 127 y 129-, sino como consecuencia de una verdadera exigencia racional, derivada de la necesaria preservación del medio ambiente para la subsistencia del hombre, la civilización y las futuras generaciones.**

En ese marco conceptual, los árboles y en general los espacios verdes *"actúan como filtros naturales y como factores de absorción del ruido; además, mejoran el microclima y sirven para proteger y elevar la calidad de los recursos naturales: suelo, agua, vegetación y fauna. Los árboles contribuyen en medida considerable al atractivo estético de las ciudades, ayudando de tal modo a mantener la salud psíquica de sus habitantes"*, lo que en definitiva materializa la real y efectiva tutela del derecho individual y colectivo a disfrutar de una vida y de un ambiente seguro, sano y ecológicamente equilibrado. El valor estético y recreativo de los árboles fuera del bosque, satisface ciertas necesidades psicológicas, sociales y culturales de la población urbana o periurbana, *"desde el punto de vista social juegan un papel muy importante al aliviar las tensiones y mejorar la salud psíquica de la población; la gente, sencillamente, se siente mejor cuando vive en zonas arboladas"* -Cfr. G. Kuchelmeister y S. Braatz. "Una Nueva Visión de la Silvicultura". En la *Revista Internacional de Silvicultura e Industrias Forestales (FAO)*, Unasylva, No. 173, La Silvicultura Urbana y Periurbana, 1993/2 y Dwyer, J.F., Schroeder, H.W. y Gobster, P.H. The Significance of Urban Trees and Forests: Toward a Deeper Understanding of Values. J. Arboriculture, 17(10): 276-284, 1991-.

Por ello, la intervención de un terreno para su afectación y destinación a una planificación urbana -en la medida que siempre genera un perjuicio ambiental- debe someterse a las regulaciones urbanísticas y ambientales que el ordenamiento jurídico establece, para que dicha actividad no genere violaciones de orden constitucional o legal tutelables por los órganos administrativos y jurisdiccionales competentes. De ello resulta pues, que al no constar en las actas del expediente que el "*Comité Pro-vivienda de FONAIAP-MARACAY (OCV. MARQUÉS DEL TORO)*", haya dado cabal cumplimiento al contenido de los extremos comprendidos en la Ley Forestal de Suelos y Aguas y en la vigente Ley de Bosques y Gestión Forestal, se produjo la violación del derecho a disfrutar de una vida y de un ambiente seguro, sano y ecológicamente equilibrado, de conformidad con el artículo 127 de la Constitución de la República Bolivariana de Venezuela.

Aunado a las anteriores consideraciones, la Sala advierte de las actas del expediente que en el terreno en cuestión existe un canal de agua intermitente que igualmente se encontraba tutelado por el ordenamiento jurídico estatutario vigente, particularmente por la Ley de Aguas (*Gaceta Oficial* Nº 38.595 del 2 de enero de 2007), al considerarse como un canal de aguas superficiales, definido por la mencionada ley como aquellos cuerpos de aguas naturales y artificiales que incluyen los cauces de corrientes naturales continuos y discontinuos, así como los lechos de los lagos, lagunas y embalses (artículo 2 *eiusdem*), los cuales forman parte del ecosistema antes mencionado y cuya intervención debe adecuarse a las previsiones contenidas en la referida Ley de Aguas, circunstancias que no se comprobaron en el presente caso.

Así, dado que no se verificó el cabal cumplimiento al contenido de los extremos comprendidos en la Ley Forestal de Suelos y Aguas, en la vigente Ley de Bosques y Gestión Forestal y la Ley de Aguas, la Sala estima que se produjo la violación del derecho a disfrutar de una vida y de un ambiente seguro, sano y ecológicamente equilibrado, de conformidad con el artículo 127 de la Constitución de la República Bolivariana de Venezuela, en los términos expuestos *ut supra*. En consecuencia, la Sala declara con lugar la acción de amparo interpuesta y ordena la protección del canal intermitente de agua de lluvia y el área de árboles fuera del bosque sobre él establecido, sin que se afecte el desarrollo del proyecto habitacional El Marqués del Toro. Así se decide.

Ahora bien, la Sala advierte que las presentes consideraciones en forma alguna comportan una negación o menoscabo del núcleo esencial del derecho a la vivienda, el cual se encuentra plenamente garantizado en la presente decisión, en tanto que el desarrollo del correspondiente complejo habitacional, puede ejecutarse en la medida que se someta a los límites formulados en el presente fallo y que el ordenamiento jurídico aplicable establece. Así se declara.

Finalmente, se deja sin efecto la medida cautelar acordada mediante sentencia de esta Sala Nº 866/08.

*Voto Salvado del Magistrado Pedro Rafael Rondón Haaz*

El Magistrado Dr. Pedro Rafael Rondón Haaz manifiesta su disentimiento de parte de la motivación del fallo que antecede, mas no de la dispositiva, razón por la cual, de conformidad con el artículo 20 de la Ley Orgánica del Tribunal Supremo de Justicia, emite su voto concurrente en los siguientes términos:

El veredicto en cuestión declaró con lugar la demanda de amparo porque "*se produjo la violación del derecho a disfrutar de una vida y de un ambiente seguro, sano y ecológicamente equilibrado, de conformidad con el artículo 127 de la Constitución de la República Bolivariana de Venezuela.*"

Ahora bien, para el arribo a esa conclusión, la mayoría sentenciadora se inclinó por una posición estrictamente ambientalista. En efecto, la Sala analizó el derecho al medio ambiente desde una visión intensamente ecologista que no resulta acorde con las exigencias de crecimiento de la población y la correlativa garantía del principio del desarrollo sustentable que se predica en estos tiempos.

Actualmente, debido a los innegables crecimientos y expansiones de las necesidades urbanas, se impone la tesis del desarrollo sustentable, según la cual las posiciones ambientalistas y materialistas no resultan incompatibles, pues lo importante es la búsqueda del equilibrio entre las dos que permita la convivencia de ambas posiciones, en apariencia antagónicas. En el caso de autos, por una parte se encuentra la idea de no penetración o alteración de un área ocupada por distintas especies de árboles y, por la otra, la pretensión de construirse el *"Complejo Habitacional de la OCV de los Trabajadores de FONAIAP"*.

En opinión de quien concurre, estas dos situaciones no son excluyentes, pues en un Estado Social y de Derecho no puede desconocerse o vaciarse de contenido los derechos a la propiedad y libertad económica, que permite al promotor la construcción del complejo habitacional y tampoco puede desmejorarse la calidad de vida y derecho al medio ambiente del colectivo que vive en el entorno del lugar donde se ejecutará esa obra. La idea es que se encuentre el equilibrio y las autoridades ambientales exijan al promotor el cumplimiento con estrictas  medidas de prevención, mitigación y control, con dirección a la minimización del impacto ambiental.

En un asunto de mucha mayor trascendencia e incidencia ambiental, como lo fue el caso que se conoció como el *Tendido Eléctrico Venezuela-Brasil*, la Sala desarrolló la tesis del desarrollo sustentable y consiguió la armonía entre los derechos de las comunidades indígenas con el derecho al progreso de los habitantes de la zona. Sin duda, la ejecución del proyecto causaba un importante impacto ambiental, más aún, si se toma en cuenta que el tendido eléctrico se instalaría sobre terrenos altamente protegidos por tratarse de Parques Nacionales y Reservorios Naturales: Canaima, Gran Sabana y Sierra del Imataca. No obstante, aun bajo las mínimas condiciones de penetración que permitían esas zonas protegidas, la Sala, en ese momento, ponderó los intereses en juego y juzgó la viabilidad del proyecto eléctrico. (s.S.C. N° 1600/00).

La posición preponderantemente ambientalista y ecologista que la Sala adoptó en la hipótesis de autos, en opinión de quien suscribe, la condujo a conclusiones incongruentes. Se destacan: (i) la afirmación de que *"no resulta un hecho controvertido la existencia de un conjunto de árboles de diversas especies que colindan con un drenaje de aguas servidas, que pueden considerarse como árboles fuera del bosque conforme a la Ley de Bosques y Gestión Forestal."* Precedentemente, el fallo recogió la intervención del Ingeniero Agrónomo, con adscripción al Ministerio del Poder Popular para el Ambiente en el acto oral y público, en la que informó que tales árboles no podían considerarse dentro de la categoría de *"bosque"* que la Ley de Bosques y Gestión Forestal regula.

No obstante, pese a que el propio técnico en la materia hizo ese señalamiento, la Sala concluyó, sin explicación alguna, que el Comité Pro-vivienda de FONAIAP-MARACAY había violado la Ley de Bosques y Gestión Forestal; y (ii) la afirmación de que el proyecto habitacional no cumple con los permisos necesarios. En este aspecto, el veredicto recoge una serie de autorizaciones que las autoridades municipales expidieron para la intervención de la zona y la afectación de recursos naturales con la remoción de la capa vegetal. Incluso, el desarrollo habitacional cuenta con el pronunciamiento de la autoridad ambiental nacional (Ministerio del Poder Popular para el Ambiente).

Al respecto, el acto decisorio señala:

La representación judicial del Ministerio del Poder Popular para el Ambiente señaló que ese despacho no otorgó la autorización para la afectación de recursos naturales pero sí el establecimiento de ´variables ambientales, referidas a las restricciones por seguridad o protección ambiental, que regirían los trabajos de afectación de recursos naturales para el proyecto...

De lo precedente, en opinión de quien suscribe, se observa que el promotor no actuó al margen del orden legal y constitucional, sino con participación de las autoridades. Por tanto, la Sala debió, como una labor de reforzamiento de los derechos e intereses en juego, más que ordenar la no afectación del área de árboles fuera del bosque, por parte del proyecto habitacional, exigir el cumplimiento cabal con las variables urbanas ambientales que fueron definidas, así como también el estricto cumplimiento con las medidas de mitigación del impacto ambiental que produciría la construcción del desarrollo. De esa forma, ambos derechos constitucionales (medio ambiente y vivienda) quedarían salvaguardados.

Queda expresado, en los términos precedentes, el motivo del Magistrado para la emisión del presente voto concurrente.

## III.  EL ORDENAMIENTO ORGANICO DEL ESTADO

1.  *Régimen del Poder Público Nacional*

A.  *Régimen de la Administración Pública: Potestad sancionatoria. Prescripción*

**TSJ-SPA (0642)**                                           **20-5-2009**

Magistrado Ponente: Levis Ignacio Zerpa

Caso: David Uzcategui Campins vs. Contralor General de la República.

**En virtud de que la Ley Orgánica de la Contraloría General de la República y del Sistema Nacional de Control Fiscal no prevé expresamente un lapso de prescripción para la declaratoria de las sanciones accesorias contempladas en su artículo 105, luego de declarada la responsabilidad administrativa del funcionario de que se trate, la Sala aplica el lapso general de prescripción previsto en el artículo 114 *ejusdem* (5 años).**

5. Denunció también el accionante que el Contralor General de la República tardó 195 días en imponerle la sanción accesoria de inhabilitación, luego de que haber quedado firme el auto decisorio mediante el cual fue declarada su responsabilidad administrativa, lo cual, en su criterio, atenta contra los principios de seguridad jurídica, tutela judicial efectiva, confianza legítima y en definitiva, el debido proceso.

Al respecto juzga la Sala, que ante la ausencia de un lapso expreso para que el Contralor General de la República imponga las sanciones accesorias a las que alude el artículo 105 de la Contraloría General de la República, debe aplicarse de forma análoga un lapso general de prescripción; así, es menester destacar que la prescripción es una forma de extinción de la responsabilidad disciplinaria, de conformidad con la cual el transcurso de un tiempo contado a partir de la comisión de la falta sin que se iniciara la correspondiente averiguación, imposibilita al Estado para sancionar, en ese caso, la conducta prevista como infracción al ordenamiento.

La doctrina y la jurisprudencia han justificado de diversas maneras la utilización de esta figura, invocando en algunos casos razones de seguridad jurídica, en virtud de la necesidad de que no se prolonguen indefinidamente en el tiempo situaciones de posible sanción, así como también razones de oportunidad, por cuanto el transcurso del tiempo podría vaciar de contenido el ejercicio de la potestad disciplinaria, entendida como medio para optimizar la actividad de la Administración. (*vid.* Sentencia 00681, del 07 de mayo de 2003)

Ahora bien, como quedó anotado supra, la Ley Orgánica de la Contraloría General de la República y del Sistema Nacional de Control Fiscal no prevé expresamente un lapso de prescripción para la declaratoria de las sanciones accesorias contempladas en su artículo 105, luego de declarada la responsabilidad administrativa del funcionario de que se trate.

Por tanto, estima la Sala procedente en estos casos, dada la especialidad de la materia, aplicar el lapso general de prescripción previsto en el artículo 114 de la Ley Orgánica de la Contraloría General de la República y del Sistema Nacional de Control Fiscal, contando el término allí previsto a partir de la fecha de la declaratoria de responsabilidad; dicha norma es del tenor siguiente:

*"114. Las acciones administrativas sancionatorias o resarcitorias derivadas de la presente Ley, prescribirán el término de cinco (5) años, salvo que en Leyes especiales se establezcan plazos diferentes.*

*Dicho término se comenzará a contar desde la fecha de ocurrencia del hecho, acto u omisión que origine la responsabilidad administrativa, la imposición de la multa o la formulación del reparo; sin embargo cuando el infractor fuere funcionario público, la prescripción comenzará a contarse desde la fecha de cesación en el cargo ostentado para la época de ocurrencia de la irregularidad. Si se tratare de funcionarios que gocen de inmunidad, se contará a partir del momento en que ésta hubiere cesado o haya sido allanada. Si durante el lapso de prescripción el infractor llegare a gozar de inmunidad, se continuarán los procedimientos que pudieran dar lugar a las acciones administrativas, sancionatorias o resarcitorias que correspondan.*

*En casos de reparos tributarios, la prescripción se regirá por lo establecido en el Código Orgánico Tributario."*

En atención al criterio antes expuesto, no operó la prescripción de la acción disciplinaria en el presente caso, toda vez que el 26 de octubre de 2004 fue dictado por el Director Encargado de la Dirección de Determinación de Responsabilidades de la Dirección Especial de Procedimientos Especiales, el auto mediante el cual se declaró responsable administrativamente al actor, y la sanción de inhabilitación para el ejercicio de funciones públicas, fue impuesta el 30 de marzo de 2005, esto es apenas cinco (5) meses después de declarada la responsabilidad del accionante, con lo cual queda evidenciado que no transcurrió el lapso previsto en la citada norma. Así se declara.

B. *El Poder Judicial*

a. *Tribunal Supremo de Justicia: Facultad de Avocamiento*

**TSJ-SC (462)** **29-4-2009**

Magistrado Ponente: Luisa Estella Morales Lamuño

Caso: Venezolana de Exportaciones e Importaciones, C.A. (VEXIMCA) vs. Decisión de la Sala de Casación Civil del Tribunal Supremo de Justicia.

En materia de avocamiento, y en los supuestos en los cuales es posible que la causa pueda ser objeto de revisión por los tribunales de instancia nuevamente, las Salas deben garantizar el doble grado de jurisdicción, absteniéndose de no emitir pronunciamientos de fondo del asunto planteado que haga nugatoria o inútil el trámite procesal que se produzca como consecuencia de la reposición ordenada.

Ahora bien, respecto al fondo del asunto planteado, la Sala advierte que la decisión Nº 806 del 24 de abril de 2002 (caso: "*Sintracemento*"), estableció respecto a la figura procesal del avocamiento que:

> "*(...) El objeto del avocamiento es, en palabras de los proyectistas de la Ley Orgánica de la Corte Suprema de Justicia, traer al más Alto Tribunal de la República 'cualquier asunto que por su gravedad y por las consecuencias que pudiera producir un fallo desatinado, amerite un tratamiento de excepción con el fin de prevenir antes de que se produzca una situación de caos, desquiciamiento, anarquía o cualesquiera otros inconvenientes a los altos intereses de la Nación y que pudiera perturbar el normal desenvolvimiento de las actividades políticas, económicas y sociales consagradas en nuestra carta fundamental' (cita recogida en el Acuerdo de la Sala Político Administrativa del 10-08-82, con ponencia del Magistrado Domingo A. Coronil).*
>
> *Además de los referidos motivos esbozados por los proyectistas de la Ley, la jurisprudencia a que se ha hecho referencia en este fallo, justificó el ejercicio de esta institución ante casos de manifiesta injusticia, denegación de justicia, amenaza en grado superlativo al interés público y social o necesidad de restablecer el orden en algún proceso judicial que así lo amerite en razón de su trascendencia e importancia. En efecto, la figura procesal en comento, exige tal tratamiento en virtud de su naturaleza excepcional, que permite excluir del conocimiento de una causa al juez que esté llamado ordinariamente a hacerlo y con ello limita los recursos que la Ley le otorga a las partes para impugnar las decisiones que de este último emanen (...)*".

Asimismo, la Ley Orgánica del Tribunal Supremo de Justicia, vigente desde el 20 de mayo de 2004, delimitó los lineamientos bajo los cuales las distintas Salas de este Tribunal deben estimar la pertinencia de modificar extraordinariamente la competencia en una causa determinada. Además, tanto el artículo 5.48 concatenado con su primer aparte, como los cuatro últimos apartes del artículo 18 de la Ley, establecen la procedencia del ejercicio del avocamiento con respecto a casos graves o de escandalosas violaciones al ordenamiento jurídico que justifiquen modificar la competencia hacia la máxima instancia en la materia para que sea a este nivel que se decida la causa controvertida. La normativa determinada en la Ley Orgánica del Tribunal Supremo de Justicia que consagra dicha figura, textualmente reza:

> "*(...) Artículo 5. Es de la competencia del Tribunal Supremo de Justicia como más alto Tribunal de la República:*
>
> *(...)*
>
> *48. Solicitar de oficio, o a petición de parte, algún expediente que curse ante otro tribunal, y avocarse al conocimiento del asunto cuando lo estime conveniente.*
>
> *(...)*
>
> *El Tribunal conocerá en Sala Plena los asuntos a que se refiere este artículo en sus numerales 1 al 2. En Sala Constitucional los asuntos previstos en los numerales 3 al 23. En Sala Político Administrativa los asuntos previstos en los numerales 24 al 37. En Sala de Casación Penal los asuntos previstos en los numerales 38 al 40. En Sala de Casación Civil el asunto previsto en los numerales 41 al 42.*
>
> *En Sala de Casación Social los asuntos previstos en los numerales 43 al 44. En Sala Electoral los asuntos previstos en los numerales 45 y 46. En los casos previstos en los numerales 47 al 52 su conocimiento corresponderá a la Sala afín con la materia debatida.*
>
> *(...)*

*Artículo 18. El proceso establecido en la presente Ley constituye el instrumento fundamental para la realización de la justicia, y se regirá por los principios de simplicidad, eficacia, celeridad, economía, uniformidad, mediación y oralidad. No se sacrificará la justicia por la omisión de formalidad no esencial.*

*(...)*

*Cualesquiera de las Salas del Tribunal Supremo de Justicia en las materias de su respectiva competencia, de oficio o a instancia de parte, con conocimiento sumario de la situación, podrá recabar de cualquier tribunal de instancia, en el estado en que se encuentre, cualquier expediente o causa, para resolver si se avoca, y directamente asume el conocimiento el asunto, o, en su defecto lo asigna a otro tribunal.*

*Esta atribución deberá ser ejercida con suma prudencia y sólo en caso grave, o de escandalosas violaciones al ordenamiento jurídico que perjudique ostensiblemente la imagen del Poder Judicial, la paz pública, la decencia o la institucionalidad democrática venezolana, y se hayan desatendido o mal tramitado los recursos ordinarios o extraordinarios que los interesados hubieren ejercido.*

*La Sala requerida examinará las condiciones concurrentes de procedencia del avocamiento, en cuanto que el asunto curse ante algún tribunal de la República, independiente de su jerarquía y especialidad, que la materia vinculada sea de la competencia de la Sala, sin importar la etapa o fase procesal en que éste se encuentre, así como las irregularidades que se alegan hayan sido oportunamente reclamadas sin éxito en la instancia a través de los recursos ordinarios. Al admitir la solicitud de avocamiento, la Sala oficiará al tribunal de instancia, requiriendo el expediente respectivo, y podrá ordenar la suspensión inmediata del curso de la causa y la prohibición de realizar cualquier clase de actuación. Serán nulos los actos y las diligencias que se dicten en desacuerdo por el mandamiento de prohibición.*

*La sentencia sobre el avocamiento la dictará la Sala competente, la cual podrá decretar la nulidad y subsiguiente reposición del juicio al estado que tiene pertinencia, o decretar la nulidad de alguno o algunos de los actos de los procesos, u ordenar la remisión del expediente para la continuación del proceso o de los procesos en otro tribunal competente por la materia, así como adoptar cualquier medida legal que estime idónea para restablecer el orden jurídico infringido (...)".*

Efectivamente, la figura del avocamiento reviste un carácter sumamente extraordinario por cuanto afecta las garantías del juez natural y del doble grado de jurisdicción y de allí deriva que las Salas de este Máximo Tribunal, cuando ejerzan la misma, deberán ceñirse estrictamente al contenido de la precitada norma, que regula las condiciones de procedencia de las solicitudes al respecto. Ese especial trato que el legislador y la jurisprudencia exige en el ejercicio de la potestad de avocamiento, es consecuencia necesaria de su naturaleza excepcional, que permite excluir del conocimiento de una causa al juez que esté llamado ordinariamente a hacerlo, por lo que limita los recursos que la ley le otorga a las partes para impugnar las decisiones que de este último emanen.

Al constituirse en una excepción a un principio jurídico fundamental con jerarquía constitucional (ex artículo 23 de la Constitución de la República Bolivariana de Venezuela) que guarda íntima relación con los derechos a la defensa, al debido proceso y a la tutela judicial efectiva, como lo es el del doble grado de conocimiento, el legislador circunscribió su ejercicio a la posibilidad de (i) *"asum[ir] el conocimiento del asunto"*, con lo cual la respectiva *Sala decide el fondo del asunto planteado o, (ii) "decretar la nulidad y subsiguiente reposición del juicio al estado que tiene pertinencia, o decretar la nulidad de alguno o algunos de los actos de los procesos, u ordenar la remisión del expediente para la continuación del proceso o de los procesos en otro tribunal competente por la materia, así como adoptar cualquier medida legal que estime idónea para restablecer el orden jurídico infringido"*, supuestos en los cuales es posible que la causa pueda ser objeto de revisión por los tribunales de instancia nuevamente.

En estos últimos casos, las Salas deben garantizar el doble grado de jurisdicción, absteniéndose de no emitir pronunciamientos de fondo del asunto planteado que haga nugatoria o inútil el trámite procesal que se produzca como consecuencia de la reposición ordenada.

Al anterior aserto, podría objetarse que los jueces de instancia al serle remitida nuevamente la causa objeto de un pronunciamiento de avocamiento, asumen el pleno conocimiento de la misma, por lo que podrían -salvo el caso de las decisiones vinculantes- apartarse del contenido del fallo que resuelve el respectivo avocamiento; no obstante, ello desconocería que en algunos casos los asertos contenidos en las decisiones que resuelven el avocamiento, constituyen declaraciones que afectan la conformidad a derecho de las pretensiones de las partes o del proceso judicial en su totalidad, haciendo materialmente imposible una resolución distinta a la resolución planteada por la Sala que conoce del avocamiento.

Ciertamente, en supuestos como las declaratorias de fraude procesal respecto a la totalidad del proceso que reconocen el derecho de una de las partes respecto al objeto del litigio, la decisión que resuelve el avocamiento al ordenar la reposición de la causa, podría generar una violación de los principios y garantías consagrados en el Texto Fundamental, tales como el derecho a una tutela judicial efectiva y a la prohibición de no decretar reposiciones inútiles, lo cual debe determinarse en cada caso.

En ese sentido, esta Sala ha reconocido que "(...) *en la redacción del artículo 257 constitucional un verdadero derecho subjetivo fundamental al proceso, el cual exigiría, desde un punto de vista negativo, que sólo a través de éste se tramiten pretensiones cuyas peticiones consistan en la obtención del goce de un bien escaso, cuyo disfrute se alcance necesariamente a costa del sacrificio en su disfrute por parte de otra persona; y desde un punto de vista positivo, que el Estado tenga a disposición de quien lo requiera, los medios materiales e intelectuales en medida suficiente para que dicho derecho pueda ser ejercido (...). Un tal derecho al proceso complementa los derechos fundamentales en el proceso que han sido establecidos en los artículos 26 y 49 de la Constitución; este último grupo atiende a las relaciones procesales una vez constituidas; en cambio, el derecho al proceso, lo que prohíbe es que los derechos o intereses de las personas sean afectados sin proceso (...). Este derecho subjetivo fundamental al proceso, impondría, pues, a los órganos de justicia, abstenerse de tomar decisiones en aquellos casos en que, y luego de un trámite que asegure el debate de las posturas encontradas, se advierta la utilización del proceso como un instrumento para la obtención de ciertos resultados que, si se escogieran las vías que garantizaran el derecho a la tutela judicial efectiva, no se alcanzarían con la misma economía de tiempo y recursos, o simplemente no se lograrían (...)"* -Cfr. Sentencia de esta Sala Nº 1.141/06-.

Según sentencia de esta Sala Nº 286/07, las normas constitucionales antes mencionadas, expresan la clara voluntad del constituyente de preservar a toda costa la justicia, por encima de cualquier formalidad no esencial en el proceso y la necesidad de que ésta se imparta sin dilaciones o reposiciones que en nada contribuyan al alcance de tal fin. En efecto, el mencionado artículo 26 desarrolla lo que la doctrina y la jurisprudencia ha denominado el derecho a la tutela judicial efectiva que consiste, entre otras cosas, en el derecho de los ciudadanos a obtener un pronunciamiento oportuno y eficaz sobre el asunto planteado a los órganos judiciales; derecho constitucional íntimamente relacionado con la garantía de la seguridad jurídica. Lo cual encuentra a su vez asidero en distintos instrumentos internacionales como los artículos 8 y 10 de la Declaración Universal de Derechos Humanos; parte II del artículo 2 e inciso 1 y 3 literales a, b, c y siguientes del artículo 14 del Pacto Internacional de Derechos Civiles y Políticos; los artículos 18 y 26 de la Declaración Americana de los Derechos y Deberes del Hombre; y los artículos 1, 8 y 25 de la Convención Americana sobre Derechos Humanos.

Por ello, es claro que la Constitución acorde con las tendencias mundiales en las que las democracias propenden en la mayor protección de los derechos fundamentales, consagró el derecho a una justicia accesible, imparcial, oportuna, autónoma e independiente, que en modo alguno puede ser sacrificada por la omisión de formalidades no esenciales, sino por el contrario dejó establecido que el proceso debe ser un instrumento fundamental para su realización, lo cual pone de manifiesto que la República Bolivariana de Venezuela constituye un Estado social de derecho y de justicia (artículo 2 de la vigente Constitución), cuyo ordenamiento jurídico garantiza un debido proceso expedito, sin dilaciones indebidas y sin formalismos o reposiciones inútiles (artículo 26 y 257 *eiusdem*), en el que la justicia no debe ser sacrificada por formas procesales, cuyo incumplimiento no impidan alcanzar la finalidad prevista en la ley.

Razón por la cual, aunado a la naturaleza instrumental simple, uniforme y eficaz que debe observar todo proceso judicial llevado a cabo ante los Tribunales de la República, además se reconoce de manera clara y precisa que el fin primordial de éste, es garantizar a las partes y a todos los interesados en una determinada contención, que la tramitación de la misma y las decisiones que se dicten a los efectos de resolverla no sólo estén fundadas en el Derecho, en atención a lo alegado y probado en autos, sino también en criterios de justicia y razonabilidad que aseguren la tutela efectiva de quien haya demostrado su legítima pretensión en el asunto a resolver.

Desde tal perspectiva, el debido proceso más que un conjunto de formas esenciales para el ejercicio del derecho a la defensa, tal y como se desprende de las disposiciones consagradas en el artículo 49 de la Constitución de la República Bolivariana de Venezuela y en el artículo 8 de la Convención Americana sobre Derechos Humanos, deviene, conforme al citado artículo 257, en derecho sustantivo, regulador de las actuaciones y decisiones de los órganos jurisdiccionales en su misión constitucional de otorgar tutela efectiva a toda persona que vea amenazados o desconocidos sus derechos o intereses, sean éstos individuales o colectivos.

De una revisión de las actas que conforman el presente expediente, esta Sala observa a su folio 93, que la sentencia objeto de revisión formuló un pronunciamiento de fondo, respecto de la titularidad de los bienes objeto de litigio, al señalar que *"(...) con tal actitud que hubo manipulación de la función jurisdiccional para conseguir la ejecución forzosa inmediata de la carta intención objeto de la acción de cumplimiento de contrato y, por esta vía, entrar en posesión **de los bienes de las Empresas Transgar pertenecientes al ciudadano Ernesto García García, quien es el hoy solicitante del avocamiento***" (Destacado de esta Sala).

Asimismo, se sostuvo que *"así pues, es evidente que en el sub iudice, **se utilizó el proceso para fines contrarios a los que le son propios**, pues lo que se logró con el mismo fue el despojo rápido y violento de las propiedades ya mencionadas, lo que sumado al cúmulo de evidencias antes mencionadas que llevan a la certeza de que el procedimiento se intentó de manera fraudulenta, con el propósito del logro de un efecto que, de otra manera, sería imposible. Todo ello lleva hace presumir a esta Sala **que la demanda que incoó el ciudadano Walid Makled García en contra del ciudadano Ernesto García García, es producto de un concierto entre la Jueza Isabel Cristina Cabrera de Urbano y la parte actora Walid Makled García, quienes emplearon la causa como una ficción jurídica en perjuicio de derechos del demandado, con lo cual se desnaturalizó la realización de la justicia como esencia del proceso, infringiendo con tal proceder los artículos 17 y 170 del Código de Procedimiento Civil*"** (Destacado de esta Sala) y, se ordenó la "reposición de la causa al estado en que el Juzgado Décimo de Primera Instancia en lo Civil y Mercantil de la Circunscripción Judicial del Área Metropolitana de Caracas se pronuncie sobre la admisión de la demanda".

Con este proceder, la sentencia objeto de revisión entró en contradicción con la prohibición constitucional contenida en el artículo 26 de la Constitución de la República Bolivariana de Venezuela que veda las reposiciones inútiles y erige al proceso como un medio para la resolución del conflicto de fondo, de manera imparcial, idónea, transparente, independiente, expedita y sin formalismos, ya que no es posible concluir en el marco conceptual que informa la retícula normativa contenida en los artículos 2, 26 y 257 de la Constitución que se ordene la tramitación de un proceso considerado como un fraude contra la administración de justicia y en resguardo del orden público constitucional, en el cual por lo demás existe un pronunciamiento de fondo, respecto de la titularidad de los bienes objeto de litigio.

Ahora bien, las consideraciones antes expuestas no afirman la imposibilidad de decretar reposiciones en el marco de los procesos de avocamiento -así como de otros recursos, acciones o solicitudes- cuando se determina la existencia de fraude procesal, pero sí comportan que al declararse la existencia de un fraude procesal y ordenarse la reposición de la causa, el contenido de los fundamentos de la respectiva decisión, no pueden ser de tal entidad respecto de las pretensiones deducidas, que desconozcan o hagan nugatoria la garantía de las partes y a todos los interesados en una determinada contención, que la tramitación de un proceso y las decisiones que se dicten estén además de fundadas en el Derecho, en atención a lo alegado y probado en autos, reflejen criterios de justicia y razonabilidad que aseguren la tutela efectiva de quien haya demostrado su legítima pretensión en el asunto a resolver.

Así, resulta claro entonces que no sería posible la garantía de los derechos consagrados en los artículos 2, 26, 49 y 257 de la Constitución, en la medida que reconociéndose la ilegalidad o contrariedad a derecho de un proceso y de la pretensión del accionante en el mismo, se ordenara su tramitación o la movilización del aparato jurisdiccional para la consecución de "una apariencia parcial o total de proceso" -*Cfr*. Sentencia de esta Sala N° 908/2000-, en el cual la resolución del fondo del asunto planteado, se encuentra condicionada directamente por la declaratoria de ilegalidad del proceso y la desestimación previa de la pretensión de la parte demandante sobre los bienes en litigio.

Por lo tanto, la lesión de los derechos al debido proceso y a una tutela judicial efectiva se encuentra presente desde el momento en que la Sala de Casación Civil se avocó al conocimiento de una causa y tras haber declarado fraude procesal en la totalidad del juicio iniciado por "*la demanda que incoó el ciudadano Walid Makled García en contra del ciudadano Ernesto García García, es producto de un concierto entre la Jueza Isabel Cristina Cabrera de Urbano y la parte actora Walid Makled García, quienes emplearon la causa como una ficción jurídica en perjuicio de derechos del demandado, con lo cual se desnaturalizó la realización de la justicia como esencia del proceso, infringiendo con tal proceder los artículos 17 y 170 del Código de Procedimiento Civil*", ordenó la "*reposición de la causa al estado en que el Juzgado Décimo de Primera Instancia en lo Civil y Mercantil de la Circunscripción Judicial del Área Metropolitana de Caracas se pronuncie sobre la admisión de la demanda*", formulando un pronunciamiento de fondo, respecto de la titularidad de los bienes objeto de litigio, al señalar que "*(…) con tal actitud que hubo manipulación de la función jurisdiccional para conseguir la ejecución forzosa inmediata de la carta intención objeto de la acción de cumplimiento de contrato y, por esta vía, entrar en posesión de los bienes de las Empresas Transgar pertenecientes al ciudadano Ernesto García García, quien es el hoy solicitante del avocamiento*", desconociendo la jurisprudencia vinculante de esta Sala en relación al fraude procesal y a la garantía del debido proceso y a una tutela judicial efectiva.

De ello resulta pues, que esta Sala concluya ha lugar la revisión del fallo N° 58 dictado por la Sala de Casación Civil del Tribunal Supremo de Justicia el 19 de febrero de 2009, debido a que el mismo generó una violación constitucional tutelable mediante la presente solicitud, conforme el criterio expuesto (*Vid.* Sentencia de esta Sala Nº 325/05, caso: "*Alcido Pedro Ferreira*"), por lo cual resulta inoficioso entrar a pronunciarse con respecto a la medida cautelar innominada solicitada, dado su carácter accesorio respecto de la acción principal. Así se declara.

En consecuencia, se anula la sentencia Nº 58 dictada por la Sala de Casación Civil del Tribunal Supremo de Justicia el 19 de febrero de 2009 y, ordena remitir copia de la presente decisión a la mencionada Sala, a los fines de que dicte un nuevo pronunciamiento, en acatamiento a la doctrina establecida en este fallo (*Vid.* Sentencias de esta Sala Nros. 93/01 y 325/05, casos: "*Corpoturismo*" y "*Alcido Pedro Ferreira*", respectivamente). Así se decide.

*Voto Salvado del Magistrado Pedro Rafael Rondón Haaz*

El Magistrado Pedro Rafael Rondón Haaz manifiesta su disentimiento de la motivación del fallo que antecede, razón por la cual, de conformidad con el artículo 20 de la Ley Orgánica del Tribunal Supremo de Justicia, expresa su desacuerdo con la motivación en los siguientes términos:

1. La discrepancia de la referida motivación atañe al alcance de la revisión ya que, en criterio de quien disiente, la revisión debió hacerse también respecto de algunas de las razones de la Sala de Casación Civil para la toma de la medida extraordinaria del avocamiento, pues éstas carecen de fundamento legal y causan una violación al derecho de las partes a la derogación de la competencia por el territorio en los casos en que ella es admisible.

La Sala de Casación Civil estableció la necesidad del avocamiento en que el Juzgado de la causa, con fundamento en que el Juzgado Cuarto de Primera Instancia en lo Civil, Mercantil y del Transito de la Circunscripción Judicial del estado Carabobo no declaró, de oficio, su incompetencia por el territorio, su razonamiento al respecto fue el siguiente:

Una vez realizado el recuento de los actos procesales relevantes del presente juicio, la Sala pasa a expresar sus consideraciones, y en tal sentido observa:

La presente controversia surge por la demanda de cumplimiento de contrato incoada por el ciudadano Walid Makled García, en contra del ciudadano Ernesto García García, cuyo alegato fundamental es el incumplimiento de las obligaciones contraídas en la "CARTA INTENCIÓN" suscrita entre ambos, cuyo contenido establece las pautas de negociación de venta de las acciones de las empresas TRANSGAR pertenecientes al ciudadano Ernesto García García.

Del examen del expediente esta Sala constató la existencia de ciertas irregularidades, las cuales de seguidas se enumeran:

1) <u>Incompetencia territorial del tribunal que admitió la demanda y acordó las medidas.</u>

(…)

Así pues, enumeradas tales irregularidades esta Sala pasa a desarrollarlas:

De lo observado en las actas se desprende que la parte actora en el libelo de demanda señaló el domicilio del demandado el cual corresponde a la ciudad de Caracas, sin embargo, la Juez Cuarto de Primera Instancia en lo Civil, Mercantil y del Transito de la Circunscripción Judicial del estado Carabobo, Isabel Cristina Cabrera, admitió la demanda y acordó medidas, aun siendo tal Juez incompetente por el territorio para el conocimiento de tal causa, pues la regla general en materia de competencia territorial es que la demanda que se proponga debe ser conocida por el tribunal del lugar donde la parte demandada tenga su domicilio, de conformidad al artículo 40 del Código de Procedimiento Civil.

De modo que, la jueza ya mencionada <u>en modo alguno debió admitir la demanda y menos aún decretar tales medidas innominadas</u>, pues el hecho de haber señalado la parte actora el domicilio del demandado en el libelo de demanda, al expresar "*A los fines de citar, notificar o intimar al ciudadano ERNESTO GARCÍA GARCÍA, pido se hace (sic) en la Avenida Simón Planas, Quinta Delier, Urbanización Santa Mónica, Caracas, Distrito Capital*", atribuía la competencia al tribunal del lugar del domicilio determinado en dicho libelo para el conocimiento de la presente acción.

Así pues, son abundantes en nuestro ordenamiento jurídico las disposiciones legales tanto adjetivas como sustantivas que regulan la materia de la competencia en razón del territorio, a los efectos de determinar el domicilio procesal y, consecuentemente, los tribunales a los cuales corresponde la competencia para conocer de las controversias surgidas en determinados actos o asuntos. (Sentencia Sala Civil del 6-12-2007, Caso *Carlos Alberto José Acosta contra Cooperativa de Protección Automotriz (Coproauto)*)

Al respecto, el Código de Procedimiento Civil establece lo siguiente:

**Artículo 47**. "La competencia por el territorio puede derogarse por convenio de las partes, caso en el cual la demanda podrá proponerse ante la autoridad judicial del lugar que se haya elegido como domicilio. La derogación no podrá efectuarse cuando se trate de causas en las que debe intervenir el Ministerio Público, ni en cualquier otro en que la ley expresamente lo determine.

**Artículo 40**. "Las demandas relativas a derechos personales y las relativas a derechos reales sobre bienes muebles se propondrán ante la autoridad judicial del lugar donde el demandado tenga su domicilio, o en defecto de éste su residencia. Si el demandado no tuviere ni domicilio ni residencia conocidos, la demanda se propondrá en cualquier lugar donde él se encuentre".

Por lo que no logra entender esta Sala, como la referida jueza que se presume conocedora del derecho, dejó pasar desapercibida tal situación y se pronunció sobre la admisión de la demanda y decretó medidas sin tener competencia para ello.

En relación a la Garantía del Juez Natural, la Sala Constitucional mediante decisión de 7 de junio de 2000 (Caso: Mercantil International C.A., Exp. n.º 00-0520), estableció, lo siguiente:

"...El derecho al juez natural consiste, básicamente, en la necesidad de que el proceso sea decidido por el juez ordinario predeterminado en la ley...(*omissis*)...Esto supone, en primer lugar, que el órgano judicial haya sido creado previamente por la norma jurídica; en segundo lugar, que ésta lo haya investido de autoridad con anterioridad al hecho motivador de la actuación y proceso judicial; en tercer lugar, que su régimen orgánico y procesal no permita calificarlo de órgano especial o excepcional para el caso; y en cuarto lugar, que la composición del órgano jurisdiccional sea determinado en la Ley...**En síntesis, la garantía del juez natural puede expresarse diciéndose que es la garantía de que la causa sea resuelta por el juez competente o por quien funcionalmente haga sus veces...**". (Resaltado de la Sala)

Conforme a lo anterior, toda causa debe ser resuelta por el juez competente o por quien funcionalmente haga sus veces pues ello constituye la garantía del juez natural, por lo que al haber la Jueza, en el presente caso, admitido la demanda y acordado medidas siendo incompetente, violó tal garantía. (subrayado añadido)

1.1 La Sala de Casación Civil objeta la actuación del Juzgado Cuarto de Primera Instancia en lo Civil, Mercantil y del Tránsito de la Circunscripción Judicial del Estado Carabobo por cuanto admitió la demanda, pese a que no era competente por el territorio.

Esa afirmación implica que, por un lado, la incompetencia por el territorio debe decretarse de oficio en todos los casos y, por el otro, que la incompetencia por ese motivo es causa para la negativa de la admisión de la pretensión, afirmaciones que en criterio de quien discrepa carecen de sustento jurídico.

1.2 Respecto de la primera aseveración, el disidente observa que la norma que contiene el artículo 47 del Código de procedimiento Civil deja a las partes en libertad para la determinación de lugar en que debe demandarse (puede derogarse por convenio de las partes), ese convenio puede ser expreso, cuando las partes eligen formalmente lo que se conoce como un domicilio especial, cuando el demandado no objete la elección del demandante. Sólo en los casos en que debe intervenir el Ministerio Público o donde la ley expresamente prohíbe la derogatoria quedan fuera de ese principio.

1.3 En cuanto a que la incompetencia territorial impide la admisión de la demanda el disidente cita el artículo el artículo 60 del Código de Procedimiento Civil que, tal como se infiere de la regulación que contiene el artículo 47 *eiusdem*, establece que "*...la incompetencia por el territorio con excepción de los casos previstos en la última parte del artículo 47, puede oponerse sólo como cuestión previa, como se indica en el artículo 346.*"; lo que implica que la demanda debe ser admitida aunque no hubiere sido propuesta en el domicilio o residencia del demando y sólo habría lugar al pronunciamiento judicial, cuando aquel plantease la incompetencia.

En consecuencia, la Juez actuó apegada a derecho cuando tramitó la demanda pese a que fue propuesta fuera del domicilio del deudor.

2. El magistrado que rinde este voto concurrente objeta que no hubiere sido objeto de revisión la aserción de la Sala de Casación Civil de que, en el juicio objeto de avocamiento, las denuncias sobre irregularidades no obtuvieron respuesta, afirmación que resulta falsa en lo que se refiere a la competencia territorial, pues, en el acto jurisdiccional objeto de revisión se reseñó que la parte demandada promovió, oportunamente, la cuestión previa respectiva y esta fue declarada con lugar por el juez que conoció de la causa luego de la recusación de que fue objeto la titular del Juzgado Cuarto de Primera Instancia en lo Civil, Mercantil y del Transito de la Circunscripción Judicial del Estado Carabobo.

3. Por último, el voto salvante apoyó su opinión disidente en que los conceptos, que se expresan en la decisión objeto de la solicitud sobre la competencia territorial, contravienen el criterio que esta Sala expresó en el fallo N° 117 del 29 de enero de 2002 en el caso: *Manuel Fernández Rodríguez y Gladys Yolanda Delgado.*

En conclusión la motivación debió incluir la revisión de los conceptos sobre la prorrogabilidad de la competencia territorial y las obligaciones del juez ante la selección de la misma por las partes. Quedan expresados, en los términos precedentes, los motivos del disentimiento del Magistrado que expide el presente voto concurrente.

      b.    *Regulación de Jurisdicción. Falta de jurisdicción. Arbitraje*

**TSJ-SPA (0687)**                                                 **21-5-2009**

Magistrado Ponente: Levis Ignacio Zerpa

Caso: Astivenca Astilleros de Venezuela, C.A. vs. Oceanlink Offshore III AS.

Corresponde a esta Sala pronunciarse acerca de la regulación de jurisdicción interpuesta en fecha 20 de febrero de 2009, por la representación judicial de la sociedad mercantil ASTIVENCA Astilleros de Venezuela, C.A., contra la decisión dictada por el Juzgado de Primera Instancia Marítimo con competencia Nacional en fecha 17 de febrero de 2009, en la cual se declaró con lugar la cuestión previa de falta de jurisdicción opuesta por el apoderado judicial de las sociedades mercantiles Oceanlink Offshore III AS y Oceanlink Offshore.

En tal sentido, debe atenderse a lo alegado por la parte demandada al oponer la cuestión previa, respecto a que los tribunales venezolanos carecen de jurisdicción por haberse incluido dentro del Memorando de Entendimiento suscrito entre las partes, una cláusula de arbitraje y que en virtud de la existencia de elementos de extranjería, resulta aplicable el orden de prelación de las normas previsto en el artículo 1 de la Ley de Derecho Internacional Privado, lo que hace aplicable, a su decir, la Ley Aprobatoria de la Convención sobre el Reconocimiento y Ejecución de las Sentencias Arbitrales Extranjeras, así como la Ley de Arbitraje Comercial y la Ley de Comercio Marítimo.

Por su parte la actora, al interponer la regulación de jurisdicción, indica que en el caso de autos se evidencia que *"la sociedad mercantil 'OCEANLINK' se sometió tácitamente a la jurisdicción de los Tribunales venezolanos"*, toda vez que *"la primera actuación de la demandada ejecutada en fecha 9 de diciembre de 2008, fue la de oponerse a la medida de embargo decretada por el Tribunal Marítimo de Primera Instancia y simultáneamente, en el cuaderno principal, oponer la defensa de falta de legitimidad del citado"*; además señala que *"el artículo 11 de la Ley de Comercio Marítimo no permite la derogatoria voluntaria de la jurisdicción venezolana en el presente caso"* y que *"los tribunales venezolanos tienen jurisdicción exclusiva para decidir esta controversia por cuanto el buque objeto de la presente acción se encuentra en aguas venezolanas"*.

Ahora bien, se observa que el caso de autos ciertamente presenta elementos de extranjería relevantes, como el domicilio de la parte demandada (Ciudad de Oslo –Noruega-), el objeto del contrato de compra venta contenido en el Memorando de Entendimiento es el buque "Nobleman", el cual se encuentra registrado en Douglas  capital de la Isla de Man-; por lo que resultarían aplicables las disposiciones contenidas en los artículos 39 y siguientes de la Ley de Derecho Internacional Privado, las cuales regulan los supuestos en los que los tribunales venezolanos tienen jurisdicción. No obstante, visto que lo invocado por la parte demandada es la existencia de una cláusula de arbitraje que impide a la jurisdicción venezolana conocer de la demanda incoada, debe atenderse a lo previsto en el Memorandum de Entendimiento suscrito el  22 de marzo de 2008, entre Oceanlink Offshore AS y Oceanlink Mangment AS (vendedoras) y la empresa Astivenca Astilleros de Venezuela, C.A. (compradora del Buque "Nobleman") (folio 165 al 178 de la primera pieza), debidamente traducido por intérprete público, en cuya Cláusula 16 se dispuso lo siguiente:

*"16. Arbitraje*

*a) * Este acuerdo será regido e interpretado de acuerdo con la ley inglesa y cualquier disputa originada por este Acuerdo será referida a arbitraje en Londres.*

** 16 a), 16 b) y 16 c) son alternativas; se suprime cualquiera que no sea aplicable. En ausencia de supresiones, se aplica la alternativa 16 a)"*.

La cláusula anteriormente transcrita establece que las partes contratantes sometan a arbitraje la resolución de las diferencias que se pudieran originar con ocasión del Memorando; en efecto, el artículo 5 de la Ley de Arbitraje Comercial consagra expresamente la posibilidad de que las partes sometan a arbitraje la resolución de controversias o disputas, mediante un acuerdo denominado "acuerdo de arbitraje"; dicha norma reza:

*"Artículo 5: El 'acuerdo de arbitraje' es un acuerdo por el cual las partes deciden someterse a arbitraje todas o algunas de las controversias que hayan surgido o puedan surgir entre ellas respecto de una relación jurídica contractual o no contractual. <u>El acuerdo de arbitraje puede consistir en una cláusula incluida en un contrato, o en un acuerdo independiente.</u>*

*<u>En virtud del acuerdo de arbitraje las partes se obligan a someter sus controversias a la decisión de árbitros y renuncian a hacer valer sus pretensiones ante los jueces. El acuerdo de arbitraje es exclusivo y excluyente de la jurisdicción ordinaria</u>"*. (Subrayado de la Sala).

Así, al estar el acuerdo de arbitraje contemplado en una cláusula contractual, el mismo adquiere carácter vinculante para las partes que han suscrito el contrato, quienes por dicha disposición renuncian a acudir ante los órganos jurisdiccionales ordinarios a someter sus conflictos.

Por su parte, dispone el artículo 6 *eiusdem*, lo siguiente:

*"Artículo 6.- El acuerdo de arbitraje deberá constar por escrito en cualquier documento o conjunto de documentos que dejen constancia de la voluntad de las partes de someterse a arbitraje. La referencia hecha en un contrato a un documento que contenga una cláusula arbitral, constituirá un acuerdo de arbitraje siempre que dicho contrato conste por escrito y la referencia implique que esa cláusula forma parte del contrato.*

*(omissis)".*

Con fundamento en las normas supra transcritas, se observa que en el caso de autos la voluntad de las partes fue la de incluir una cláusula arbitral con el propósito de que en el supuesto de existir diferencias, ellas acudieran a la figura del arbitraje institucional, previendo excluir con ello a los órganos jurisdiccionales del conocimiento de cualquier disputa relacionada con el contrato de compra venta del buque. De igual forma, observa la Sala que la controversia suscitada en el presente caso, va referida a diferencias surgidas con ocasión del presunto incumplimiento de un contrato, por lo que al no tratarse de ningún conflicto que excluya al arbitraje, de los indicados en el artículo 3 de la Ley de Arbitraje Comercial, si es posible que las partes sometan sus disputas a la figura del arbitraje.

Asimismo, conviene invocar la Ley Aprobatoria de la *"Convención sobre el Reconocimiento y Ejecución de las Sentencias Arbitrales Extranjeras"*, publicada en *Gaceta Oficial* N° 4.832 Extraordinario del 29 de diciembre de 1994, convención ratificada por Venezuela y Noruega, la cual si bien se aplica, tal como su nombre lo indica, "al reconocimiento y la ejecución de las sentencias arbitrales dictadas en el territorio de un Estado distinto de aquel en que se pide el reconocimiento y la ejecución de dichas sentencias, y que tengan su origen en diferencias entre personas naturales o jurídicas; así como a las sentencias arbitrales que no sean consideradas como sentencias nacionales en el Estado en el que se pide su reconocimiento y ejecución"; no es menos cierto que en ella se regula en el Artículo II, lo siguiente:

*"ARTÍCULO II*

*1. Cada uno de los Estados Contratantes reconocerá el acuerdo por escrito conforme al cual las partes se obliguen a someter a arbitraje todas las diferencias o ciertas diferencias que hayan surgido o puedan surgir entre ellas respecto a una determinada relación jurídica, contractual o no contractual, concerniente a un asunto que pueda ser resuelto por arbitraje.*

*2. La expresión 'acuerdo por escrito' denotará una cláusula compromisoria incluida en un contrato o un compromiso, firmados por las partes o contenidos en un canje de cartas o telegramas.*

*3. El tribunal de uno de los Estados Contratantes al que se someta un litigio respecto del cual las partes hayan concluido un acuerdo en el sentido del presente artículo, remitirá a las partes al arbitraje, a instancia de una de ellas, a menos que compruebe que dicho acuerdo es nulo, ineficaz o inaplicable.".* (Resaltado de la Sala)

La disposición antes transcrita obliga a los Estados que hayan suscrito la convención, a remitir las disputas suscitadas entre las partes que han establecido un acuerdo de arbitraje en un contrato, al arbitraje; salvo que se compruebe que el acuerdo es nulo, ineficaz o inaplicable.

En este sentido, ha sido criterio reiterado de esta Sala que para la procedencia de la excepción del acuerdo o pacto arbitral frente a la jurisdicción ordinaria, el juez debe valorar los siguientes elementos fundamentales, a saber:

*"(a) La validez y eficacia del acuerdo, pacto o cláusula compromisoria, esto es, el apego y respeto de los requisitos y extremos que la legislación exige para que tales acuerdos surtan plenos efectos jurídicos, tanto en el campo sustantivo como el adjetivo y, por tanto, resulte enervado el conocimiento que por mandato constitucional detentan los tribunales ordinarios de la República para dirimir conflictos y controversias entre los ciudadanos. Entre los requisitos se encuentran, tanto los atinentes a las estipulaciones contenidas en la cláusula o acuerdo arbitral (sin vacilaciones o contradicciones en cuanto a someterse o no en árbitros), como también, los referentes a la capacidad suficiente de quienes, mediante la celebración del pacto o negocio que le contenga, procedan a comprometer en árbitros.*

*(b).- La existencia de conductas procesales de las partes en disputa, todas orientadas a una inequívoca, indiscutible y no fraudulenta intención de someterse en arbitraje. Conductas éstas calificables como demostrativas de una incuestionable voluntad de no sometimiento al conocimiento de la jurisdicción ordinaria y, en su lugar, al Laudo Arbitral que los árbitros designados lleguen a emitir.*

*Elementos éstos, de necesario examen, a los fines de determinar si la excepción de arbitraje es o no válida y procedente frente al conocimiento de la jurisdicción ordinaria, para lo cual sería perentorio, a su vez, el análisis de dos situaciones que de forma común, serán decisivas para el aludido examen a que se hace referencia:*

*b´1) La denominada "Renuncia Tácita al Arbitraje", cuando habiéndose demandado en vía judicial, la otra parte una vez apersonada en juicio no haya opuesto en "forma: ex ordinal 1° del artículo 346 del Código de Procedimiento Civil", la cláusula de arbitraje y se someta al conocimiento del tribunal ordinario, bien solicitando la declaratoria sin lugar de la demanda (contestando el fondo de la misma), bien reconviniendo (mutua petición) o habiendo quedado confeso (confesión ficta). También, se considerará como renuncia tácita, aun y cuando, habiéndose opuesto la existencia de una cláusula de arbitraje, dicha advertencia u oposición no haya sido interpuesta en "forma" esto es, mediante el mecanismo procesal adecuado según la legislación especial adjetiva (en nuestro régimen la cuestión previa del ordinal 1° del artículo 346 del Código de Procedimiento Civil).* (Véanse, entre otras, sentencias números 1209 y 832, de fechas 20 de junio de 2001 y 12 de junio de 2002, casos: *Hoteles Doral C.A.* e *Inversiones San Ciprian, C.A.,* respectivamente).

El fallo parcialmente transcrito, consagra dos supuestos en los que se considera que ha operado "la renuncia tácita al arbitraje"; el primero se refiere al caso en el que el demandado, una vez apersonado en juicio, no haya opuesto la cuestión previa de falta de jurisdicción, sino que, por el contrario, haya ejercido defensas de fondo, bien contestando la demanda, bien reconviniendo. El segundo supuesto, va referido al caso en que el demandado, apersonado en juicio, haya opuesto la existencia de la cláusula de arbitraje, pero no mediante el mecanismo procesal idóneo, cual es el ejercicio de la cuestión previa relativa a la falta de jurisdicción.

En cuanto al primer supuesto, referido a que el demandado una vez apersonado en juicio haya ejercido defensas de fondo y no haya opuesto la cuestión previa de falta de jurisdicción, se observa que la representación judicial del ciudadano Marko Vukosa, Capitán del buque M/N Nobleman y de la sociedad mercantil Oceanlink Offshore III AS, en la primera oportunidad en la que actuó en el expediente, esto es, el 9 de diciembre de 2008, se dio por citado en nombre de sus representados, y alegó que la citación de la mencionada empresa estaba viciada, por cuanto se practicó en la persona del agente naviero OCAMAR designado por ASTIVENCA, dado el carácter de fletador del citado buque; al mismo tiempo, en el cuaderno separado, se opuso a la medida cautelar de prohibición de zarpe dictada el 7 de octubre de 2008, y solicitó subsidiariamente el levantamiento de la misma por medio de la constitución de una caución.

Dichas actuaciones, a criterio de la demandante, son evidencia de la voluntad por parte de la demandada de someterse a la jurisdicción de los tribunales venezolanos, por cuanto en la primera oportunidad en la que se dio por citada no opuso la cuestión previa de falta de jurisdicción; al respecto debe esta Sala precisar que si bien la primera actuación de la representación judicial de la demandada no fue la de oponer la cuestión previa de falta de jurisdicción, sus actuaciones no estaban dirigidas en forma alguna a ejercer defensas de fondo, como sería por ejemplo el haber dado contestación a la demanda o haber incoado una reconvención. Por el contrario, su primera actuación fue la de darse por citado y denunciar el error en la práctica de la citación de la parte demandada, error que fue reconocido por el Tribunal de Primera Instancia Marítimo en decisión dictada el 22 de enero de 2009, al acordar la reposición de la causa a los fines de que transcurriera el término de la comparecencia de la empresa Oceanlik Offshore III AS, así como el término de distancia [denuncia esta que, contrariamente a lo indicado por la parte demandante, no fue opuesta como cuestión previa –ordinal 4° del artículo 346 del Código de Procedimiento Civil-], luego de lo cual en fecha 12 de febrero de 2009, presentó las defensas previas y de fondo, en atención a lo previsto en el artículo 865 del Código de Procedimiento Civil, aplicable de conformidad con el artículo 8 del Decreto con Fuerza de Ley de Procedimiento Marítimo.

Asimismo se precisa, que la oposición a la medida cautelar de prohibición de zarpe efectuada por la parte demandada en la misma fecha 9 de diciembre de 2008, no configura una renuncia tácita a la cláusula de arbitraje, toda vez que lo que perseguía era simplemente enervar los efectos que la medida podía ocasionar sobre el buque objeto del contrato y en ningún momento puede entenderse dicha actuación como una defensa de fondo.

Lo anterior tiene fundamento jurídico en la disposición contenida en el artículo 45 de la Ley de Derecho Internacional Privado, que señala: *"La sumisión tácita resultará, por parte del demandante, del hecho de interponer la demanda y, **por parte del demandado, del hecho de realizar en el juicio, personalmente o por medio de apoderado, cualquier acto que no sea proponer la declinatoria de jurisdicción u oponerse a una medida preventiva"**.*

De otra parte, en cuanto al segundo supuesto en el que opera la renuncia tácita del arbitraje, es decir, referido al caso en que el demandado, una vez apersonado en juicio, no haya hecho uso del mecanismo procesal idóneo para oponer la existencia de la cláusula de arbitraje; se observa que en el caso de autos el apoderado judicial de la parte demandada opuso oportunamente la cuestión previa  de falta de jurisdicción, medio procesal apropiado para alegar la existencia de la cláusula de arbitraje; de lo cual se concluye que no hay evidencia que, en el caso de autos, la parte demandada haya querido renunciar, ni tácita ni expresamente, al empleo de este medio alternativo de resolución de conflictos.

A mayor abundamiento, de las actas procesales que conforman el expediente se observa que la parte demandada, al oponer la cuestión previa de falta de jurisdicción, señaló:

*"En ejecución del referido acuerdo de arbitraje, en fecha 1° de diciembre de 2008 (su) representada a través de sus representantes legales Nordisk Legal Services, procedió a informar a 'ASTIVENCA' que con arreglo a la Cláusula 16 del MOA válidamente suscrito entre las partes llamaba a ARBITRAJE, con ocasión del reclamo de aquélla por las pérdidas sufridas como resultado del incumplimiento por parte de 'ASTIVENCA' respecto del pago de US$ 2.500.000 (....) invitándole en consecuencia, al nombramiento conjunto de un árbitro para tratar sobre la disputa (...). Seguidamente (su) representada procedió con la presentación formal de la Demanda de Arbitraje (Claims submissions) de fecha 30-01-09, en la que reclama a 'ASTIVENCA' una cifra superior a los US$ 15.000.000,00. y cuya recepción fue conformada por los árbitros de ambas partes, esto es, Robert Gaisford y Alec J. Kazantzis (...)".*

En efecto, consta en autos comunicaciones debidamente traducidas por intérprete público, en las cuales los representantes judiciales de las empresas en conflicto se encuentran efectuando las gestiones necesarias a los fines de designar los árbitros que llevarán a cabo el procedimiento de arbitraje en Londres, en cumplimiento al Memorando de Entendimiento; señalamiento que no fue rechazado por la contraparte al ejercer la regulación de jurisdicción, de todo lo cual puede inferirse que, efectivamente, ya las partes han decidido someterse al arbitraje.

Señala por otro lado la representación judicial de la parte accionante, que en el presente caso se evidencia que hubo una *"sumisión expresa a la jurisdicción de los tribunales venezolanos"* por parte de la demandada, al haber indicado que *"en la oportunidad procesal correspondiente presentará ciertas pruebas [manifestando] su acuerdo con que el juicio siga ante el Tribunal de la causa"*; respecto de este argumento debe precisar la Sala que la actuación en la que se fundamenta la accionante es la diligencia presentada por la representación judicial de la parte demandada el 9 de diciembre de 2008, en la que expuso lo siguiente:

*"Por cuanto OCEAN LINK OFFSHORE III AS; en su condición de propietario de la M/N NOBLEMAN, de conformidad con el artículo 32 de la Ley de Comercio Marítimo, y con antelación a la presunta citación, designó como agente naviero a la sociedad mercantil ANTILLANA DE TRANSPORTE, C.A., para atender al buque en referencia en la Circunscripción Acuática de Guanta-Puerto La Cruz, teniendo en consecuencia dicho agente naviero la representación activa y pasiva, en virtud de lo cual acreditaremos su nominación en la oportunidad procesal pertinente (…)".*

De la anterior transcripción, en forma alguna evidencia la Sala que se haya pretendido someter expresamente a la jurisdicción de los tribunales venezolanos el conocimiento de la disputa suscitada, más aun cuando dicha sumisión [expresa] debe constar por escrito, en atención a lo previsto en el artículo 44 de la Ley de Derecho Internacional Privado; por el contrario, lo que si se constata de las actuaciones efectuadas por la representación judicial de la parte demandada, es la voluntad de someterse al arbitraje y de sustraer el conflicto de la jurisdicción. Otro aspecto que requiere un análisis, es el relativo al argumento formulado por la parte demandante en el escrito de regulación de jurisdicción, referido a la presunta invalidez que tendría la cláusula de arbitraje *"por ser de fecha anterior al incumplimiento por parte de la demandada y a la acción interpuesta por (su) representada"*; al respecto debe aclararse que el arbitraje como medio de autocomposición procesal, puede estar previsto en una cláusula de arbitraje contenida en un contrato, acuerdo en el que las partes convienen en forma anticipada en sustraer del conocimiento del Poder Judicial, las controversias que se susciten entre ellas, por lo que su previsión anticipada en ninguna forma invalida la cláusula de arbitraje. (*Vid.* sentencia de esta Sala N° 01356 del 31 de julio de 2007 caso: *SAFEC SANTANDER*). Asimismo, en cuanto al alegato relativo a que los tribunales venezolanos tienen jurisdicción exclusiva *"por cuanto el buque objeto de la presente acción se encuentra en aguas venezolanas"*, de conformidad con lo dispuesto en el artículo 12 de la Ley de Comercio Marítimo, se observa que dicha norma prevé lo siguiente:

*"Artículo 12. Además de la jurisdicción que atribuye la Ley de Derecho Internacional Privado en sus artículos 39 y 40, deberán someterse al conocimiento de la Jurisdicción Especial Acuática, las acciones que se intenten con motivo de las disposiciones que regulan el comercio marítimo, la navegación por agua, la exploración y la explotación de recursos ubicados en el espacio acuático nacional, así como las acciones sobre buques inscritos en el Registro Naval Venezolano, independientemente de la jurisdicción de las aguas donde se encuentran y sobre los buques extranjeros que se encuentren en aguas en las que la República ejerza derechos exclusivos de soberanía y jurisdicción, las operaciones que tengan lugar en las zonas portuarias y cualquier otra actividad que se desarrolle en el espacio acuático nacional."*

La norma antes transcrita atribuye a la llamada Jurisdicción Especial Acuática, el conocimiento de las acciones allí indicadas, relacionadas con buques extranjeros que se encuentren en aguas en las que la República ejerza derechos exclusivos de soberanía; en el caso de autos se trata de un buque que si bien se encontraba en aguas venezolanas respecto de las que la República ejerce derechos exclusivos de soberanía, lo que pudiera implicar, en principio, que el conocimiento de los autos sí corresponde a la jurisdicción venezolana y específicamente a la llamada Jurisdicción Especial Acuática, no es menos cierto que con la estipulación de la cláusula de arbitraje las partes previeron someter sus disputas al arbitraje y, que en todo caso, no se ve afectado el orden público venezolano.

De igual forma, debe precisarse en cuanto a lo indicado por el recurrente, en el sentido de que los tribunales venezolanos tienen jurisdicción exclusiva para conocer de los autos, que el artículo 47 de la Ley de Derecho Internacional Privado, consagra el principio de inderogabilidad de jurisdicción o jurisdicción exclusiva; dicha norma establece que:

*"Artículo 47. La jurisdicción que corresponde a los Tribunales venezolanos, según las disposiciones anteriores, no podrá ser derogada convencionalmente a favor de Tribunales extranjeros, o de árbitros que resuelvan en el extranjero, en aquellos casos en que el asunto se refiera a controversias relativas a derechos reales sobre bienes inmuebles situados en el territorio de la República, o se trate de materias respecto de las cuales no cabe transacción o que afecten los principios esenciales del orden público venezolano."*

El presente caso no está referido a ninguno de los supuestos contenidos en dicha norma, respecto de los cuales no es posible que las partes convencionalmente se sometan al arbitraje.

En cuanto al alegato formulado por la parte demandante referido a que de conformidad con lo dispuesto en el artículo 11 de la Ley de Comercio Marítimo, no existe norma alguna que "admita" la derogatoria convencional de la jurisdicción de los tribunales venezolanos en el supuesto de hecho que genera la controversia planteada; debe atenderse, en primer lugar, a lo establecido en la norma, la cual reza:

*"Artículo 11. En los casos en los que se admita, una vez producido el hecho generador de la acción, la jurisdicción que corresponda a los tribunales venezolanos, podrá declinarse a favor de tribunales o al procedimiento de arbitraje."*

Dicha norma viene a ratificar los argumentos expuestos en el presente fallo, en el sentido de que cuando algún tribunal de la llamada Jurisdicción Especial Acuática esté conociendo de una controversia planteada, podrá declinarse el asunto al procedimiento de arbitraje, siempre que ello sea permitido ("se admita"), esto es, en aquellos casos en los que no se trate por ejemplo de jurisdicción exclusiva, lo cual, como se explicó, no se da en el caso de autos y que la cláusula de arbitraje sea válida (que como se indicó supra sí lo es), por lo que carece de sentido el razonamiento empleado por la parte demandante, para pretender restar validez a la cláusula de arbitraje, pues es la misma norma (artículo 11) la que faculta la derogatoria de jurisdicción en los procedimientos de arbitraje.

Finalmente, en lo que respecta a las incidencias surgidas en el presente caso, esta Sala declara el decaimiento del objeto de las mismas, al carecer el Poder Judicial venezolano de jurisdicción para conocer de la demanda interpuesta.

En consecuencia, resulta forzoso para esta Sala declarar improcedente la regulación de jurisdicción planteada por la representación judicial de la demandante y, en consecuencia, se declara que el Poder Judicial venezolano no tiene jurisdicción para conocer del caso de autos, razón por la cual se confirma la decisión dictada por el Juzgado de Primera Instancia Marítimo en fecha 17 de febrero de 2009, que declaró con lugar la cuestión previa de falta de jurisdicción opuesta por el apoderado judicial de las empresas Oceanlink Offshore III AS y Oceanlink Offshore; asimismo, se confirma la decisión del 19 del mismo mes y año, en la que se amplió la decisión del 17 de febrero de 2009, dejando sin efecto la medida cautelar de prohibición de zarpe del buque M/N Nobleman. Así se decide.

## IV.  EL ORDENAMIENTO ECONÓMICO DEL ESTADO

1.  *Libertad Económica: Límites*

**TSJ-SC (601)**                                                   **18-5-2009**

Magistrado Ponente: Luisa Estella Morales Lamuño

Caso: Enrique Márquez y otros vs. Fondo Nacional de Investigaciones Agrícolas y Pecuarias (FONAIAP) y otros.

**En el contexto del principio de libertad -artículo 20 de la Constitución de la República Bolivariana de Venezuela- que informa como valor fundamental al ordenamiento jurídico venezolano, se desarrolló el derecho a la libertad económica, igualmente denominado derecho a la libertad de empresa, como una situación jurídica bifronte, en tanto se materializa, en una situación de poder, que faculta a los sujetos de derecho a realizar cualquier actividad económica, siempre que ésta no esté expresamente prohibida o que en el caso de estar regulada, se cumplan las condiciones legalmente establecidas para su desarrollo y, en una prohibición general de perturbación de las posibilidades de desarrollo de una actividad económica, mientras el sistema normativo no prescriba lo contrario.**

**TSJ-SPA (0619)**                                                 **13-5-2009**

Magistrado Ponente: Yolanda Jaimes Guerrero

Caso: Corporación Betapetrol, S.A. vs. Ministerio de Energía y Petróleo.

**No toda medida que incida en la libertad de empresa es, per se, contraria al derecho a la libertad económica, salvo que persiga -por un mero voluntarismo- obstaculizar el ejercicio de tal derecho o dé lugar a rémoras que no guarden relación alguna con el fin constitucionalmente perseguido.**

4.-Alega también la recurrente la violación del derecho a la libertad económica, indicando en relación a este alegato que la "...*imposición de esa medida sancionatoria por vía de la decisión revocatoria de la licencia obtenida contenida en la Resolución N° 476 confirmada mediante la Resolución N° 220, ambas del Ministerio de Energía y Petróleo. impide a Corporación Betapetrol, S.A., ejercer las actividades de refinación de hidrocarburos y comercialización de los productos derivados, para lo cual había obtenido las autorizaciones de ley y cumplido con las exigencias que le correspondía observar, lesionándose flagrantemente su derecho a dedicarse a la actividad lucrativa propia de su giro comercial, sin que exista un justificación legítima para ello, lo cual vicia semejante decisión de nulidad absoluta, a tenor de lo previsto en el ordinal 1° del artículo 19 de la Ley Orgánica de Procedimientos Administrativos, en concordancia con los artículos 25 y 49, ordinal 6° de la Constitución...*". (Negrillas del escrito).

En casos similares al de autos se ha referido la Sala respecto al contenido y alcance del derecho a la libertad económica, estableciendo lo siguiente:

*"...Sostienen los apoderados actores que la Resolución N° 453 viola, igualmente, el derecho a la libertad económica de Imosa Tuboacero Fabricación, C.A., por cuanto implica el "cierre" de su negocio "en lo que se refiere a su intervención en el mercado petrolero venezolano, fuente primordial de sus ingresos", y prohíbe la fabricación de tubos con costura longitudinal para la industria petrolera nacional.*

*Asimismo, indica que su mandante es una empresa de capital venezolano, con empleados venezolanos y que fabrica su producto en Venezuela desde 1960, a lo que agrega que el pago de la materia prima que importa de Brasil se efectúa a través del Convenio de Pago Recíproco de ALADI, por lo que dicha retribución, señala, no genera salida de divisas del país.*

*Al respecto, se impone señalar que el derecho a la libertad económica previsto en el artículo 112 de la Constitución de la República Bolivariana de Venezuela, constituye una manifestación específica de la libertad general de los ciudadanos, proyectada en su ámbito o aspecto económico, y consiste en la posibilidad legítima de emprender y mantener en libertad la actividad empresarial, esto es, de entrar, permanecer y retirarse del mercado de su preferencia.*

*El indicado precepto consagra en los siguientes términos el derecho en referencia:*

> *"Artículo 112. Todas las personas pueden dedicarse libremente a la actividad económica de su preferencia, sin más limitaciones que las previstas en esta Constitución y las que establezcan las leyes, por razones de desarrollo humano, seguridad, sanidad, protección del ambiente u otras de interés social.*
>
> *El Estado promoverá la iniciativa privada, garantizando la creación y justa distribución de la riqueza, así como la producción de bienes y servicios que satisfagan las necesidades de la población, la libertad de trabajo, empresa, comercio, industria, sin perjuicio de su facultad para dictar medidas para planificar, racionalizar y regular la economía e impulsar el desarrollo integral del país."*

*Conforme se aprecia de la citada disposición, el Texto Constitucional no sólo consagra el derecho de los particulares a dedicarse a la actividad económica de su predilección, sino que garantiza que ese derecho podrá ser restringido únicamente por otras disposiciones de la misma Constitución o de la Ley; de manera que el derecho económico in commento no se encuentra establecido en forma absoluta e ilimitada en su contenido o en la posibilidad de su disfrute, sino que, por el contrario, está expresamente condicionado por razones de desarrollo humano, seguridad, sanidad, protección al ambiente o interés social, en los términos que se establezcan en la propia Constitución o en las leyes.*

*Por cuanto la Constitución de nuestro país reconoce el carácter mixto de la economía venezolana, esto es, la existencia de un sistema socioeconómico intermedio entre la economía de libre mercado (en la que el Estado funge como simple programador de aquélla, dependiendo ésta de la oferta y la demanda de bienes y servicios) y la economía interventora (en la que el Estado interviene activamente como una suerte de "empresario superior").*

*En armonía con lo anterior, debe destacarse que no toda medida que incida en la libertad de empresa es, per se, contraria al derecho en referencia, salvo que persiga -por un mero voluntarismo- obstaculizar el ejercicio de tal derecho o dé lugar a rémoras que no guarden relación alguna con el fin constitucionalmente perseguido...". (negritas de esta decisión) (Sent. SPA N° 00286 de fecha 5 de marzo de 2008, caso: IMOSA TUBOACERO FABRICACIÓN, C.A. vs. MINISTRO DE LA PRODUCCIÓN Y EL COMERCIO)*

Conforme a lo alegado por la parte accionante en su libelo, en el presente caso, con la Resolución impugnada se le está vulnerando el citado derecho a la libertad económica pues en su opinión, al haber dado cumplimiento a las obligaciones derivadas de la Resolución N° 332 (Licencia) y de acuerdo a lo estipulado en el Decreto con Fuerza de Ley Orgánica de Hidrocarburos, dicha decisión del Ministerio de Energía y Petróleo de revocar la Licencia otorgada, no persigue un fin público.

En primer término, en relación a este alegato cabe destacar lo expuesto por la Procuraduría General de la República en su escrito de conclusiones a los Informes orales, en el cual refiere que de conformidad con lo dispuesto en los artículos 4 y 9 del citado Decreto con Fuerza de Ley Orgánica de Hidrocarburos, en concordancia con lo establecido en el artículo 302 de la Constitución de la República Bolivariana de Venezuela, "...que establece la reserva del Estado de las actividades petroleras por razones estratégicas y de conveniencia nacional, mal puede la parte recurrente alegar el menoscabo en el ejercicio de su derecho a la libertad económica, cuando el Estado ya se ha reservado la actividad en cuestión, es decir, sólo la Licencia u autorización 'permiten' en cierta medida la intervención de particulares...".

Adicionalmente, la Sala debe aclarar que en virtud del sistema de economía mixto imperante en Venezuela, en el artículo 299 de la Constitución de la República Bolivariana de Venezuela se establece que el Estado conjuntamente con la iniciativa privada, "...*promoverá el desarrollo armónico de la economía nacional con el fin de generar fuentes de trabajo, alto valor agregado nacional, elevar el nivel de vida de la población y fortalecer la soberanía económica del país, garantizando la seguridad jurídica, solidez, dinamismo, sustentabilidad, permanencia y equidad del crecimiento de la economía...*". No obstante, el ejercicio de dichas actividades se encuentran bajo la rectoría del Estado.

Ahora bien, hechas las precedentes consideraciones en torno al contenido esencial del derecho a la libertad económica y de conformidad con las disposiciones constitucionales antes aludidas, observa la Sala lo siguiente:

La Resolución N° 476 de fecha 27 de diciembre de 2005 emanada del Ministro de Energía y Petróleo, cuyo contenido es confirmado mediante Resolución N° 220 del 18 de julio de 2006 (acto impugnado), dictada por la misma autoridad, incide, ciertamente, en el ejercicio de lo que a decir de la accionante constituye la principal actividad económica de la empresa recurrente, toda vez que por aplicación de dicho acto se le impide dedicarse a la actividad lucrativa propia de su giro comercial.

Sin embargo, en criterio de este Máximo Tribunal, contrariamente a lo alegado por la empresa accionante, la mencionada revocatoria de la Licencia en cuestión, además de estar sustentada en los términos expuestos, en la tantas veces referida Resolución N° 332 y con base a lo preceptuado en los citados artículos 4, 9, 15, 17 y 19 del Decreto con Fuerza de Ley Orgánica de Hidrocarburos, tiene una vinculación con el interés general, específicamente en el ámbito socio-económico que el Estado está llamado a promover y satisfacer y por consecuencia justifica su intervención en materias tan sensibles como las siguientes:

-Lo relativo al régimen de gravámenes de los activos, lo concerniente a las limitaciones al comercio exterior derivadas del desarrollo endógeno como política del Estado venezolano, con la finalidad de fortalecer el mercado interno y las industrias nacionales, de lo cual deriva por ejemplo, la improcedencia de la solicitud de Corporación Betapetrol, S.A., del pago en divisa extranjera (dólares) por los productos que tenga que comercializar en el mercado interno, en razón del principio constitucional de la unidad monetaria.

-Lo referente al Régimen Fiscal y la competencia atribuida en dicha materia al Ministerio de Energía y Minas para fiscalizar las operaciones que causen impuestos, por lo que conforme a las observaciones planteadas por la Consultoría Jurídica contenida en el mencionado Oficio N° DITH/139 del 7 de octubre de 2003, no se podía autorizar la cesión parcial de la licencia, a empresas afiliadas a la licenciataria (Betapetrol), para separar las actividades que realizan, con el único fin de evitar, impedir o disminuir el impacto del hecho imponible, reduciendo de esta forma la carga fiscal o tributo a pagar.

En definitiva, considera la Sala que todas las observaciones de carácter técnico y jurídico efectuadas por el Ministerio de Energía y Petróleo dirigidas a la empresa Corporación Betapetrol, S.A, a través de la Consultoría Jurídica y la Dirección de Industrialización y Tecnología de Hidrocarburos, para que reformulara el estudio de prefactiblidad técnico económico presentado en fecha 29 de mayo de 2003, y cuya inobservancia e incumplimiento determinó la decisión de revocar la Licencia por no ser factible el proyecto, constituyen limitaciones de orden público y estricto interés nacional y por tanto, restricciones legítimas, cónsonas con la finalidad de la normativa que sirvió de base a la Resolución objeto de impugnación y con los lineamientos que establece la Constitución respecto al contenido esencial de tal derecho. Conforme a lo anterior, se desestima la alegada violación del derecho constitucional a la libertad económica. Así se declara.

2. *Régimen de la Moneda: Poder adquisitivo (indexación)*

**TSJ-SC (438)**                                                      **28-4-2009**

Magistrado Ponente: Pedro Rafael Rondón Haaz

Caso: Giancarlo Virtoli Billi

**Salvo que la ley diga lo contrario, quien pretende cobrar una acreencia y no recibe el pago al momento del vencimiento de la obligación, tiene derecho a recibir el pago en proporción al poder adquisitivo que tiene la moneda para la fecha del mismo. La Sala ratifica su criterio respecto al cual sólo la obligación principal es susceptible de indexación y el monto resultante de la indexación no tiene ninguna influencia en la determinación de los daños y perjuicios que puedan atribuirse al retardo en el pago.**

En el caso *sub iudice*, el peticionario persigue que se revise el acto jurisdiccional que emitió el Juzgado Quinto de Primera Instancia Civil, Mercantil y Tránsito de la Circunscripción Judicial del Área Metropolitana de Caracas el 26 de julio de 2006, con el alegato de que no acogió la interpretación constitucional de esta Sala que indica que la indexación, en ciertos casos, es necesaria para la realización de los fines de la justicia.

La sentencia de esta Sala cuyo criterio no habría sido acogido estableció:

El poder adquisitivo de la moneda es algo inherente o intrínseco a ella, representa su real valor y como tal no tiene que ver ni con daños y perjuicios, ni con intereses devengados o por vencerse, ya que la indemnización de daños y perjuicios se calcula para la fecha de su liquidación judicial, con el valor que tenga para esa fecha, y la tasa de interés -con sus posibles fluctuaciones- nada tiene que ver con el valor real de la moneda.

En consecuencia, y salvo que la ley diga lo contrario, quien pretende cobrar una acreencia y no recibe el pago al momento del vencimiento de la obligación, tiene derecho a recibir el pago en proporción al poder adquisitivo que tiene la moneda para la fecha del mismo. Sólo así, recupera lo que le correspondía recibir cuando se venció la obligación y ella se hizo exigible.

Esta realidad referida al poder adquisitivo de la moneda, sólo tiene lugar cuando existe en un país una tendencia continua, acelerada y generalizada al incremento del nivel general de precios (que abarca todos los precios y los costos de los servicios), por lo que ante el alza de los precios, el poder adquisitivo de la moneda cae. A esta situación se la llama inflación y ella atiende a un concepto económico y no jurídico. Por lo tanto, su existencia debe ser reconocida oficialmente por los entes que legalmente monitorean la actividad económica, como lo hace en Venezuela, el Banco Central de Venezuela.

A juicio de esta Sala, la inflación per se como fenómeno económico, no es un hecho notorio, ni una máxima de experiencia; ella a su vez difiere de los estados especulativos, o de los vaivenes transitorios de los precios, y, repite la Sala, su existencia debe ser reconocida por los organismos económicos oficiales competentes para ello, y cuando ello sucede es que la inflación se considera un hecho notorio.

Una vez determinada la existencia del estado inflacionario, conocer su índice es también un problema técnico que debe ser señalado por los organismos que manejan las variables económicas y que por tanto puedan precisarlo. No se trata de un problema empírico que puede ser reconocido aduciendo que se trata de un hecho notorio, lo que no es cierto, ya que atiende a un concepto económico; ni que se conoce como máxima de experiencia común, ya que su reconocimiento y alcance es una cuestión técnica.

Por ello, a juicio de esta Sala, los jueces no pueden, sin base alguna, declarar y reconocer que se está ante un estado inflacionario, cuando económicamente los organismos técnicos no lo han declarado, así como sus alcances y los índices generales de inflación por zonas geográficas. Conforme al artículo 318 Constitucional, corresponde al Banco Central de Venezuela lograr la estabilidad de precios y preservar el valor interno y externo de la unidad monetaria, por lo que coordina con el Ejecutivo el balance de la inflación (artículo 320 Constitucional), lo que unido a los artículos 50 y 90 de la Ley del Banco Central de Venezuela, corresponde a este ente establecer legalmente el manejo, y por tanto la determinación, de las tendencias inflacionarias. Reconocido oficialmente por los órganos competentes y autónomos del Estado (Banco Central de Venezuela), la situación inflacionaria, aunado a que el fenómeno lo sufre toda la población, éste se convierte en un hecho notorio, más no la extensión y características del proceso inflacionario. Por ello, los índices inflacionarios variables deben ser determinados.

A juicio de la Sala, no pueden los órganos jurisdiccionales, sin declaratoria previa de los entes especializados, reconocer un estado inflacionario y sus consecuencias, sin conocer si se estaba ante un ajuste coyuntural de precios, un desequilibrio temporal en los mercados específicos (determinados productos), un brote especulativo, o un pasajero efecto de la relación del bolívar con monedas extranjeras. Ahora bien, reconocida la inflación, tal reconocimiento se convierte en un hecho notorio, ya que el mismo se incorpora a la cultura de la sociedad, <u>pero no toda inflación desestabiliza económicamente y atenta contra el valor del dinero, siendo necesario –y ello a criterio del juez- que se concrete un daño económico, un deterioro del dinero, lo que puede ocurrir cuando el índice inflacionario supera el cinco por ciento (5%) anual</u>.

El efecto inflacionario radica en que la moneda pierde su poder adquisitivo, lo que como ya lo apuntó la Sala, es un valor intrínseco de ella, y por tanto <u>surge la pregunta sí quien pretende el pago de una acreencia debe invocar o no expresamente se le indexe judicialmente la suma reclamada o si ello opera de oficio</u>; dando por sentado que en un Estado social de derecho y de justicia (artículo 2 Constitucional) <u>resulta lesivo que durante la época inflacionaria impere el artículo 1.737 del Código Civil</u>, el cual establece la entrega de valor monetario numéricamente expresado para la acreencia, antes que el pago en dinero del valor ajustado (justo) que resulte de la inflación existente para el momento del pago.

Ante la anterior declaración, la Sala debe distinguir entre las obligaciones que atienden a razones de interés social y que responden a la necesidad de manutención y calidad de vida de la gente, como son los sueldos, salarios, honorarios, pensiones, comisiones, etc, que responden al trabajo o al ejercicio profesional, de aquellas otras que pertenecen al comercio jurídico.

Por motivos de orden público e interés social, dentro de un Estado Social de Derecho, la protección de la calidad de la vida también corresponde al juez, y <u>ante la desmejora de las condiciones básicas provenientes de la privación a tiempo del salario, de los honorarios, pensiones alimentarías, o de cualquier tipo de prestación del cual depende la manutención y las necesidades básicas, el juez de oficio –sin duda en este tipo de acreencias- debe acordar la indexación (figura distinta a la corrección monetaria)</u>.

Este contenido social lo ha reconocido la Constitución artículo 92 en cierta forma la Sala de Casación Civil, cuando en sentencia de 2 de julio de 1996, consideró que el reconocimiento de la indexación era cónsono con "una elemental noción de justicia".

Sin embargo, cuando las prestaciones demandadas no están interrelacionadas con nociones de orden público o de interés social, sino que la pretensión versa sobre derechos subjetivos de los accionantes, a quienes la ley (el Código de Procedimiento Civil), les exige señale los límites de la litis tanto en lo fáctico como en el objeto de la pretensión, considera la Sala que la indexación debe ser solicitada por quien incoa el cobro, ya que como disposición de un derecho subjetivo, podría el accionante contentarse en recibir la misma cantidad a que tenía derecho para la fecha del vencimiento de la obligación insoluta o para antes de la demanda.

En sentencia del 3 de agosto de 1994 (Caso: *Extebandes vs. Carlos Sotillo Luna*), la Sala de Casación Civil de la extinta Corte Suprema de Justicia estableció que la inflación debía ser alegada por el demandante en el libelo o en el escrito de la reconvención para tener derecho a la indexación, pero este criterio fue posteriormente abandonado por dicha Sala, precisándose que podía la indexación de lo demandado solicitarse en los informes del proceso escrito. A juicio de esta Sala, tal petición sólo puede tener lugar en el proceso donde se exige el reconocimiento de la acreencia y no fuera de él.

Para determinar en <u>qué oportunidad el acreedor debe solicitar la indexación</u>, la Sala observa:

<u>Dentro del proceso civil</u>, y en los procedimientos en los que él es supletorio, el derecho de defensa de ambas partes, se ejerce en cuanto al fondo de lo controvertido, <u>en la demanda y en la contestación</u>, formándose en estos actos el *thema decidendum*, el cual conforme al artículo 12 del Código de Procedimiento Civil, vincula al juez sobre los alcances de su fallo, ya que sólo podrá decidir sobre lo alegado por las partes, no pudiendo suplir excepciones o defensas no interpuestas.

Este es el principio, con raíces constitucionales, que informa al proceso civil regido por el principio dispositivo, y que no sufre distinción alguna en el supuesto que el demandado no conteste la demanda en el juicio ordinario, ya que el *thema decidendum* en este caso está conformado por los hechos de la pretensión y la negativa de su existencia, que nace como producto de la ausencia de contestación.

El principio expuesto es congruente con otras normas del Código de Procedimiento Civil, tales como el artículo 340, el cual en sus numerales 4 y 7 exige que el actor en su demanda señale el objeto de la pretensión, mientras que el artículo 364 *eiusdem*, expresa que terminada la contestación o precluido el plazo para realizarla, no podría admitirse la alegación de nuevos hechos, lo que involucra el alegato de nuevos petitorios, ya que éstos se fundan en hechos que han debido ser afirmados en sus oportunidades legales.

Este sistema, con efecto preclusivo para las alegaciones de las partes (pretensión y contrapretensión), es a su vez acogido por el artículo 243 ordinal 5º del Código de Procedimiento Civil, el cual exige que la sentencia contenga decisión expresa, positiva y precisa con arreglo a la pretensión deducida (es decir, la contenida en la demanda) y a las excepciones o defensas opuestas (las esgrimidas en la contestación por el demandado).

Por lo tanto, fuera de la demanda y la contestación, o de la ficción de que se dio por contestada la demanda por los efectos que produce la falta de contestación oportuna, no pueden las partes alegar nuevos hechos y solicitar sus consecuencias de derecho.

Sin embargo, la Casación Civil ha venido aceptando que en el acto de informes, fuera de las oportunidades preclusivas para alegar, se puedan interponer otras peticiones, entre las que se encuentran la solicitud de indexación de las sumas demandadas "si el fenómeno inflacionario surge con posterioridad a la interposición de la demanda, criterio que responde a una elemental noción de justicia, pues no puede el demandante cargar con el perjuicio que a su pretensión, se causaría, por hechos económicos cuyas causas le son ajenas" (Sentencia de la Sala de Casación Civil del 2 de julio de 1996, antes citada en este fallo).

La Casación Civil ha contrapuesto el valor justicia al Derecho de Defensa, desarrollado en el proceso civil por las oportunidades preclusivas que tienen las partes para alegar y pedir, y en ese sentido –para los casos que conoce la Sala de Casación Civil- se trata de una interpretación de normas y principios constitucionales, que adelanta dicha Sala en razón del artículo 334 constitucional, lo que, en principio, obedece a una facultad de dicha Sala, y así se declara.

Debido a esta interpretación, la indexación podrá ser solicitada por el demandante en oportunidad diferente a la demanda (sentencia aludida del 2 de julio de 1996), pero siempre dentro del proceso donde se demanda la acreencia principal, y nunca fuera de él.

A juicio de esta Sala, quien pretende que su contraparte sea condenada, tomando en cuenta la indexación, debe pedirlo en autos expresamente, ya que a pesar de que puede en ciertas materias operar de pleno derecho (asuntos de orden público o interés social), tal ajuste responde a un derecho subjetivo de quien lo pretende, el cual no puede ser suplido por el juez, máxime cuando la ley (como luego se apunta en este fallo) trae un régimen de condenas que no es uniforme, y que por tanto exige peticiones para su aplicación.

Resulta injusto, que el acreedor reciba años después del vencimiento, el monto exigible de la acreencia en dinero devaluado, lo que lo empobrece y enriquece al deudor; a menos que exista por parte del acreedor una renuncia a tal ajuste indexado, la cual puede ser tácita o expresa, cuando la convención no contiene una cláusula escalatoria de valor.

En un sistema de derecho y de justicia, resulta un efecto de derecho, que el acreedor demandante está pidiendo se le resarza su acreencia, con el poder adquisitivo de la moneda para la fecha del pago real, que a los fines de la ejecución no es otro que el de fijación o liquidación de la condena.

Sin embargo, tal efecto de derecho, implícito en cada cobro, no puede ser pedido en cualquier oportunidad del juicio por el demandante, ya que el mismo atiende a sus derechos subjetivos, renunciables, en las materias donde no está interesado el orden público y el interés social, y por ello debe ser solicitado expresamente por el accionante.

Esa necesidad de pedir, invariable, sin embargo en un Estado social de derecho y de justicia, puede sufrir excepciones, en materia de interés social y de orden público, donde el valor justicia y el de protección de la calidad de vida impera, y por ello en materia laboral y de expropiación -por ejemplo- se aplica de oficio la indexación, sin necesidad de alegación, aunque lo que se litiga son derechos subjetivos.

La Sala, sin entrar en las disquisiciones doctrinarias que distinguen equidad de justicia considera que de poder aplicarse de oficio, por equidad, la indexación, sin que medie para ello petición de parte, lo sería sólo en los casos de interés social y de orden público, donde priva la solución socialmente justa que debe imperar en esas materias, conforme a los principios constitucionales y la realidad social, que hay que ponderarlas.

El Estado social de derecho, implica que la interpretación y aplicación del derecho tenga en cuenta la realidad social a fin de no agravar más la condición de vulnerabilidad en que se encuentran algunos sectores de la sociedad en relación a otros, o a su calidad de vida.

El Estado social de derecho exige una visión del derecho compenetrada con la sociedad (el derecho sociológico), a fin de minimizar en lo posible y mediante la interpretación jurídica, los desajustes sociales; pero ello no puede atentar contra la seguridad jurídica, ni contra los principios claves que conducen a esa seguridad. De allí que la interpretación en cuanto a sus alcances debe ser en cierta forma restringida, ajustada a los principios procesales.

Consecuencia de lo expuesto es, que en materia que no afecta el orden público, ni el interés social, sino a los derechos e intereses particulares de los ciudadanos, las normas deben aplicarse en el sentido que exige el artículo 4 del Código Civil, que en el caso del Código de Procedimiento Civil, es claro con respecto a lo que debe contener la demanda, la contestación y la sentencia, y que carga al demandante a pedir en su libelo y no en cualquier momento del proceso cognoscitivo, la indexación, y claro está, el monto de la misma como acreencia autónoma, no podrá ser pedido en otro proceso distinto a aquel donde se demanda la acreencia. Siendo un hecho notorio, no hay ninguna razón para que no se incluya, con carácter preclusivo, dentro de la pretensión, la petición de indexación; y por ello permitir que en oportunidad distinta a la demanda y a la reconvención, se pida la indexación, es violar el derecho de defensa del demandado o del reconvenido, quien ajustará su defensa a la situación alegada y no a otra.

Una solución contraria es en la actualidad una violación del artículo 12 del Código de Procedimiento Civil, ya que el juez estaría supliendo argumentos al accionante.

Cuando el fenómeno inflacionario comenzaba, y aparecía como sobrevenido, era aceptable que por razones de justicia –y hasta de orden público- se permitiera que la indexación se solicitare hasta en informes; pero en la actualidad –siendo notoria- en un proceso dispositivo, destinado a ventilar derechos subjetivos, es inconcebible que fuera de las demandas de interés social, se acuerde de oficio, o se acepte que se solicite fuera de la pretensión.

El legislador (artículo 38 de Código de Procedimiento Civil), exige al demandante estime la demanda, cuando la cosa demandada no conste, pero sea apreciable en dinero, con el fin de fijar la competencia por la cuantía.

Dicha fijación no limita la condena al monto estimado en el libelo, y por ello el artículo 249 del Código de Procedimiento Civil, establece la experticia complementaria del fallo, para el caso que no se determine en la sentencia la cantidad de la condena por frutos, intereses o daños, o cuando el juez no pueda hacer la estimación o liquidación de la indemnización de cualquier especie o la restitución de frutos.

Tal disposición, al igual que los artículos 527, 528, 529 y 530 del Código de Procedimiento Civil, demuestran a las claras, que la estimación que se hace en el libelo no pone topes a la condena, y que no es el fallo necesariamente, quien determine el monto de los frutos, intereses o daños, pudiendo éstos, al igual que otras sumas (artículos 528 o 529 del Código de Procedimiento Civil), ser establecidas incluso después del fallo, mediante los mecanismos procesales señalados en dichas normas.

Con este acotamiento quiere la Sala resaltar, que la liquidación de los montos de la condena pueden, y en algunos casos deben, hacerse en un complemento de la sentencia, por lo que lo estimado en la demanda no es mas que un indicativo, y siendo así en relación con los intereses, los daños y perjuicios, los frutos, etc, nada obsta para que el monto de lo indexado sea liquidado después del fallo; y para constatar que la petición de indexación, que se basará en parámetros no determinados con exactitud para la fecha de la petición, atiende a una posibilidad que existe en toda demanda, cual es que el monto de la condena se liquide en un complemento de la sentencia por la vía de la experticia complementaria del fallo contemplada en los artículos 249 y 527 del Código de Procedimiento Civil, si es que el juez no pudiera hacerlo en la sentencia.

Por esas razones, la Sala debe puntualizar cuáles son las obligaciones indexables, lo que viene dado por una situación procesal ligada al alcance de la condena, y a la oportunidad legal de su liquidación.

Las condenas tienen diversos regímenes en las leyes. Hay casos en que la indexación no es posible, ya que la propia ley señala en cual época debe ser liquidado el valor de la demanda. Así los artículos 1457, 1507, 1514, 1521, 1523 y 1744 del Código Civil, por ejemplo, señalan que las cantidades a condenarse deben ser calculadas antes de la fecha de la demanda, por lo que sería imposible indexarlas o corregirlas para que den un resultado diferente, ya que ello violaría la ley. Otras normas, como la de los artículos 1466, 1469 y 1584 del Código Civil, ponen como hito del monto condenable, el valor al momento de la introducción del libelo. En supuestos como estos no es posible adaptar las condenas al valor actual de la moneda, en base a su poder adquisitivo, ya que el legislador, consideró que el resarcimiento justo se lograba mediante los valores atribuibles a los bienes resarcibles (incluso dinero) en esas oportunidades, y por tanto cualquier petición contraria sería ilegal.

En las materias donde la condena puede referirse a cantidades cuyo monto se determina para la fecha de la sentencia o que se pueden liquidar en la fase de su ejecución, ya que es en ese momento cuando se puede determinar la base efectiva del resarcimiento o condena, hay que distinguir si se trata de asuntos contractuales o extra contractuales. Si son de los primeros, en una situación inflacionaria, la pérdida del valor de la moneda equivale a un daño previsible, a tenor del artículo 1274 del Código Civil, y la jurisprudencia venezolana ha dejado atrás el principio nominalístico expresado en el artículo 1737 del Código Civil, procediendo el juez a ordenar la entrega en dinero del valor equivalente al numéricamente expresado en el contrato, por lo que la condena del deudor no es a pagar una suma idéntica a la convenida en el contrato, sino en la de pagar una cantidad equivalente al valor de la suma prestada originalmente a la fecha del pago, cuando debido a su mora se hace necesario demandarlo. Lo importante es el valor real de la moneda para la época judicial del pago, no siendo posible pretender lo mismo, cuando las partes del contrato pacten lo contrario, o cuando judicial o extrajudicialmente se cumpla la obligación.

Fundado en la esencia constitucional, de que Venezuela es un Estado democrático y social de derecho y de justicia (artículo 2 constitucional); y que el Estado garantiza una justicia idónea y equitativa (artículo 26 constitucional); que la justicia es un principio en el cual se fundamenta incluso la seguridad de la nación (artículo 326 *eiusdem*); que el Estado administra justicia (artículo 257 constitucional); los tribunales de la República, y en particular las Salas de Casación Civil y Social del Tribunal Supremo de Justicia, han indexado el pago de las deudas, reconocidas en la sentencia, al valor del dinero para el momento del pago, que no es otro que el que determine la ejecución del fallo.

Sin estar autorizado explícitamente por la ley, pero siempre como un resultado de la aplicación del principio constitucional de justicia, se ha ajustado la deuda contractual de sumas de dinero al valor real de la moneda al momento del pago, que no es otro que el momento de la ejecución.

La situación en materia de daños y perjuicios contractuales o extracontractuales, tiene otro cariz, ya que los daños (emergente y lucro cesante) se liquidan efectivamente para el momento del pago, por lo que es a los precios para esa oportunidad, que se calculan, y siendo así, teóricamente la indexación no puede tener lugar; como tampoco puede tener lugar con relación a los daños morales, ya que ellos los determina el juez también para el momento del fallo, señalando el monto de los mismos. Se trata de sumas que se calculan para la fecha del fallo, sin tomar en cuenta los valores anteriores.

Con relación a los gastos demandados aún no pagados a la víctima (accionante), si en ambos casos (contractual o extracontractual) los daños han quedado probados, pero no se conoce su monto y deban ser resarcidos; la experticia complementaria del fallo se hace obligatoria, y el cálculo de los expertos necesariamente se hará con base en los precios para la época de dicha experticia, por lo que no hay realmente una indexación, a pesar que se ha venido usando ese vocablo para identificar este resarcimiento. Tampoco la habrá, como ya lo apuntó la Sala, en materia de daños morales o especiales del artículo 1196 del Código Civil, ya que ellos quedan al arbitrio del Juez dentro de ciertos parámetros, y éste al establecerlos los determina tomando en cuenta la realidad para el momento de la decisión.

El problema radica en los daños cancelados a la víctima (accionante) antes de la demanda o durante el proceso, que se pagan con la moneda (y su poder adquisitivo) vigente para la fecha de la cancelación. ¿Podrán recuperarse indexados para la fecha del pago por el demandado?.

Se trata de una suma que se pagó con el valor de la moneda para esa fecha y que no se conocía si se recuperaría o no, ya que ni siquiera mediaba demanda al respecto, y que -en materia extracontractual- ni siquiera existía un vínculo entre acreedor y deudor. En relación a esto, la Sala considera que con respecto a lo pagado se extinguió la obligación, y mal puede producir efecto posterior la obligación extinta. Por otra parte, a juicio de esta Sala, el retardo en el cumplimiento incide, y es la clave en la indexación judicial. Este retardo no necesariamente corresponde al deudor, sino que puede ser inducido por el acreedor cuando abusando de su derecho no demanda en tiempo prudencial, sino que persigue "engordar" su acreencia.

Debe quedar a criterio del juez, ponderar si el acreedor está o no abusando de sus derechos, y si no lo está, ordenar el ajuste monetario de las cantidades ya pagadas, en vista de que en materia de daños y perjuicios, éstos se liquidan para el momento del pago, por el valor real que en esa época tiene, y que es lo que verdaderamente indemniza.

No es que la Sala acoja irrestrictamente la tesis del "mayor daño", ya que el valorismo lo aplica el juez independientemente de la culpa del deudor, sino que en un Estado social de derecho y de justicia, así como se reconoce un ajuste en la prestación del deudor, el abuso de derecho no puede alentarse.

Apunta la Sala, que además existen las llamadas obligaciones de valor, donde el accionante pretende se le indemnice en base a un valor de referencia o se le reponga el valor de un bien, y donde el monto en dinero se fija con base en el valor real del bien para el momento de la condena, hasta el punto que muchas veces -si fuera posible- se puede reponer la cosa, entregándose una igual para la fecha de la condena, independientemente de su valor para ese momento en relación del que tenía para la fecha de la demanda. A estas obligaciones no les es aplicable indexación alguna, sino el valor del bien para la época de la condena o de la ejecución.

Establecido lo anterior, debe la Sala puntualizar qué se entiende por fecha o lugar del pago. Pero antes, la Sala apunta, que si la deuda se pagó y el derecho por tanto se extinguió, el derecho del acreedor de que se le indexe el monto debido, ya pagado, se pierde, ya que el derecho extinguido no produce ningún otro efecto, siendo esto aplicable incluso a las acreencias que surjan en materias donde está interesado el orden público o el interés social. Tomando en cuenta, que el Código de Procedimiento Civil desarrolla una etapa procesal de ejecución de la sentencia, y que la ejecución con el remate de los bienes del deudor equivale procesalmente al pago, la Sala reputa que el monto del pago se encuentra determinado por el monto de la ejecución, y que por lo tanto la indexación debe ser anterior a tal determinación, de manera que la ejecución de la sentencia la abarque.

La fase ejecutiva no se encuentra abierta indefinidamente para que dentro de ella se vayan articulando cobros. En esta fase se fija el monto a pagar, que es el del monto de la ejecución, el cual estará contenido en el decreto de ejecución (artículo 524 del Código de Procedimiento Civil), por lo que la indexación debe ser practicada y liquidada en su monto antes de que se ordene el cumplimiento voluntario. En consecuencia después de este auto no puede existir indexación, siendo a juicio de esta Sala, una falta de técnica procesal, el que existiendo ya en autos los montos del cumplimiento, se reabran lapsos para indexarlos.

Corresponde a la sentencia determinar el monto líquido de la condena, de allí que si el juez considera procedente la indexación, deberá señalar en su fallo tal situación, no fuera de él (ya que ello no está previsto en el Código de Procedimiento Civil), y ordenar conforme a los artículos 249 del Código de Procedimiento Civil si fuera el caso, ó 527 *eiusdem*, liquidar el monto ejecutable. Sólo después de estas operaciones dentro del proceso donde surgió la condena con los respectivos dictámenes es que la sentencia ha quedado definitivamente firme y se decretará su ejecución si no hay recursos pendientes.

Si el juez considera que la experticia complementaria (artículo 249 del Código de Procedimiento Civil) del fallo, nada aportará, o practicada ésta se convence que es imposible probar el número o valor de las cosas demandadas o el importe de los daños y perjuicios, procederá a deferir el juramento al actor (artículo 1419 del Código Civil), y lo que éste jure se tendrá como monto en la condena, salvo la *taxatio* o el derecho del juez de moderar lo jurado, conforme al artículo 1420 del Código Civil; sobre estas sumas, montos de condena, no hay indexación alguna, y si se decretase se violaría el debido proceso.

Este principio, que gobierna la ejecución del fallo, sufre excepciones -previstas expresamente por la ley- cuando la orden de ejecución no se refiere a cantidades líquidas de dinero, sino a la entrega por el condenado de alguna cosa mueble o inmueble, o al cumplimiento de una obligación de hacer o de no hacer (artículos 528 y 529 del Código de Procedimiento Civil), casos en que si no pudiere ser habida la cosa mueble o no fuere posible la ejecución en especie de la obligación de hacer o no hacer, o ella resultase muy onerosa para el ejecutante, se procederá a estimar el valor de la cosa o a determinarlo mediante una expertica, procediéndose a la ejecución de una deuda líquida dineraria, la cual está referida al valor actual de los bienes o al costo actual de la obligación de hacer o de no hacer.

Ahora bien, estas excepciones refuerzan la estructura de que el monto de la ejecución, es el establecido para el cumplimiento voluntario, y que es sólo dentro de la fase ejecutiva de un proceso donde se pueden plantear estas situaciones que se desprenden de lo litigado en él, y nunca mediante una pretensión autónoma referida a lo subsidiario.

Comenzada la ejecución, por una cantidad ya fijada, esta no puede ir variándose por motivo de nuevas indexaciones, siendo lo único posible añadir la tasación de costas prevista en el artículo 33 de la Ley de Arancel Judicial, cuando ella proceda en la actualidad, bajo la vigencia del principio de gratuidad de la justicia.

La Sala considera que no ceñirse a estas disposiciones, significa infringir el derecho de defensa y el debido proceso del ejecutado. (s. S.C. N° 576 del 20 de marzo de 2003, caso: *Teodoro de Jesús Colasante Segovia*)

En el caso de autos, el juicio por cobro de bolívares fue tramitado conforme al procedimiento civil de intimación que preceptúan los artículos 640 y siguientes del Código de Procedimiento Civil; de manera que se requería que la demandante pidiera la indexación en su demanda, lo que, según se expresó en la sentencia objeto de la solicitud, ocurrió efectivamente, de manera que se cumplió en el primero de los requisitos para la indexación.

En segundo lugar, la Sala observa que la condena se refiere a una cantidad de dinero que fue determinada en los instrumentos cambiarios, con lo que el juez debió *"ordenar la entrega en dinero del valor equivalente al numéricamente expresado en el contrato"*, tal como se expresó en el precedente de esta Sala; y al no hacerlo, el Juzgado Quinto de Primera Instancia en lo Civil, Mercantil y Tránsito de la Circunscripción Judicial del Área Metropolitana de Caracas atentó contra el criterio de interpretación constitucional que se estableció en la sentencia N° 576 que antes se reseñó.

La Sala cree necesario un estudio de la apreciación que se acogió en el fallo objeto de la solicitud, según la que la indexación *"comprende a la suma que resultaría de los intereses moratorios"*, lo que motivó que declarara sin lugar la petición de indexación de la solicitante. La Sala aprecia que está autorizada a la evaluación de tal afirmación, en tanto que ella impide la aplicación de la actualización monetaria. Además, dicha afirmación contradice el criterio que se expresó en el caso Teodoro de Jesús Colasante Segovia en el sentido de que *"el poder adquisitivo de la moneda es algo inherente o intrínseco a ella, representa su real valor y como tal no tiene que ver ni con daños y perjuicios, ni con intereses devengados o por vencerse, ya que la indemnización de daños y perjuicios se calcula para la fecha de su liquidación judicial, con el valor que tenga para esa fecha, y la tasa de interés -con sus posibles fluctuaciones- nada tiene que ver con el valor real de la moneda"*. La anterior valoración de la Sala implica que sólo la obligación principal es susceptible de indexación, y el monto resultante de la indexación no tiene ninguna influencia en la determinación de los daños y perjuicios que puedan atribuirse al retardo en el pago.

En este sentido, se aprecia que, según el artículo 1.277 del Código Civil, los intereses moratorios son un medio supletorio para establecer el monto de los daños y perjuicios que genera al acreedor el retardo en el cumplimiento de aquellas obligaciones que tienen por objeto una suma de dinero.

Además de ese medio para la determinación de los daños, las partes podrían acordar la cláusula penal, las arras o establecer una cantidad determinada. Sea cual fuere el medio para la determinación, el deudor sólo está obligado, en principio, al pago de lo que pueda pactarse al tiempo de la celebración del contrato que, en el caso de las deudas de una suma de dinero sujetas a intereses moratorios, sería la suma que, diariamente, resulte de calcular los intereses a la tasa que corresponda, tomando como base la cantidad nominal de dinero objeto de la obligación.

Así, no puede pretenderse el cálculo de los intereses tomando como capital el valor indexado de la obligación principal, pues el monto que alcanzaría la deuda al momento de su cancelación resultaría imprevisible, en tanto que al momento de haberse perfeccionado la obligación, no podía saberse que habría retardo en su ejecución y, mucho menos, la oportunidad cuando la deuda se pagaría, luego de la ocurrencia del atraso. Debe añadirse que, según el artículo 532 del Código Civil, los intereses, en tanto que frutos civiles, se adquieren día a día, de tal manera que sólo podrían calcularse sobre la base del capital que constituía la deuda líquida y exigible cuando hubiere sido demandado el pago, pues la indexación sólo se produce luego de la decisión judicial que la acuerde y fije su monto, momento cuando los intereses moratorios ya habrían sido adquiridos por el acreedor. En el caso de las letras de cambio, el artículo 456 del Código de Comercio permite al portador la reclamación de los intereses moratorios a la tasa de cinco por ciento anual a partir del vencimiento de la letra, y ello fue pedido por la parte demandante, de manera que no había motivo para que se considerase que la indexación impedía la condena al pago de los intereses o viceversa, pues ambas condenas son compatibles y ninguna forma parte ni afecta a la otra.

De manera que la sentencia objeto de revisión no se adecuó a los valores que inspiran nuestro Estado Social de Derecho y Justicia, pues no resulta ajustado que en un *"Estado social de derecho y de justicia (artículo 2 Constitucional) durante la época inflacionaria impere el artículo 1.737 del Código Civil, el cual establece la entrega de valor monetario numéricamente expresado para la acreencia, antes que el pago en dinero del valor ajustado (justo) que resulte de la inflación existente para el momento del pago."*

Como consecuencia de todo lo antes expuesto y, en virtud de que esta Sala considera que la decisión que emanó del Juzgado Quinto de Primera Instancia en lo Civil, Mercantil y Tránsito de la Circunscripción Judicial del Área Metropolitana de Caracas, el 26 de julio de 2006, contraría los criterios jurisprudenciales de esta Sala con respecto a la interpretación de principios constitucionales, declara que ha lugar a la revisión de autos. Así se decide.

## V.   LA ACTIVIDAD ADMINISTRATIVA

### 1.   *El Procedimiento Administrativo*

#### A.   *Derecho de los administrados: Derecho a la defensa y debido proceso*

**TSJ-SPA (0619)**                                    **13-5-2009**

Magistrado Ponente: Yolanda Jaimes Guerrero

Caso: Corporación Betapetrol, S.A. vs. Ministerio de Energía y Petróleo.

**La concepción del procedimiento como cauce formal de la serie de actos conducentes a la adopción de una determinada decisión de la Administración, es una formalidad que no resulta aplicable al ejercicio de la actividad inspectora, ya que ésta no debe sujetarse necesariamente a un procedimiento formalizado en el sentido expuesto.**

**3.- Violación de la garantía al debido proceso:**

a) Alegaron que con la emisión del acto administrativo recurrido se violó el **derecho a la presunción de inocencia** de Corporación Betapetrol, S.A., ya que sostienen que, *"...En el* *procedimiento administrativo sustanciado por la Dirección de Industrialización y Tecnología de dicho Ministerio, no se demostró el incumplimiento de las obligaciones a cargo de [su] representada y, por tanto, no se demostró que su conducta la hacía merecedora de la sanción de revocatoria de la licencia impuesta mediante la decisión de esa entidad administrativa, por lo que la misma era y es improcedente...".*

En concreto, respecto a la supuesta violación del derecho a la presunción de inocencia de su representada adujeron que a ésta se le impuso la sanción de revocatoria de la Licencia en ausencia de pruebas que evidenciaran el incumplimiento de las obligaciones a su cargo, de acuerdo con lo estipulado en el texto de la Licencia y lo dispuesto en el Decreto con Fuerza de Ley Orgánica de Hidrocarburos.

En relación al derecho al debido proceso, esta Sala ha dejado sentado que el contenido esencial de dicha garantía entraña la necesidad de que todo procedimiento administrativo o jurisdiccional cumpla diversas exigencias, tendentes a mantener al particular en el ejercicio más amplio de los mecanismos y herramientas jurídicas a su alcance, con el fin de defenderse debidamente contra aquello que se le imputa.

En efecto, dichas condiciones y exigencias comportan, conforme se establece en los numerales 1 y 3 del artículo 49 de la Carta Magna, la necesidad de notificar al interesado del inicio de un procedimiento en su contra, tener acceso al expediente, a ser oído, a estar asistido legalmente, a disponer del tiempo y de los medios adecuados para ejercer su defensa, a obtener una decisión motivada, a ser informado de los recursos pertinentes y a impugnar las decisiones que se tomen en el procedimiento.

Asimismo, el derecho al debido proceso implica además, conforme lo prevé el numeral 2 del artículo 49 de la Carta Magna, el derecho que tiene toda persona a ser *considerada inocente mientras no se pruebe lo contrario*, cuya importancia trasciende en aquellos procedimientos administrativos que aluden a un régimen sancionatorio, concretizado en la necesaria existencia de un procedimiento previo a la imposición de la sanción, que ofrezca las garantías mínimas al sujeto investigado y permita, sobre todo, comprobar su culpabilidad (*Vid.* sentencia de esta Sala N° 1.102 del 3 de mayo de 2006).

Al respecto, se debe precisar que una vez determinada como ha sido la improcedencia del alegato anterior, referido al vicio por falso supuesto de hecho, esta Sala estima inoficioso analizar la denuncia de violación a la presunción de inocencia bajo el mismo argumento de ausencia de pruebas que evidenciaran el incumplimiento de las obligaciones a cargo de la accionante, de conformidad con lo estipulado en el texto de la Licencia y lo dispuesto en las disposiciones del Decreto con Fuerza de Ley Orgánica de Hidrocarburos, ya que ello quedó evidenciado para este Máximo Tribunal al analizar los hechos que sirvieron de fundamento a la Administración para considerar incumplidas las obligaciones a cargo de la Licenciataria relativas a la primera fase del proyecto asociado a la Refinería de Caripito. Así se declara.

b) Alegaron también la violación al **derecho la defensa** de su representada argumentando que en el presente caso, *"...del expediente administrativo levantado con ocasión del procedimiento que culminó mediante la decisión revocatoria de la licencia otorgada a Corporación Betapetrol, S.A., (...) se evidencia que en fecha 30 de marzo de 2005 se habría llevado a cabo una inspección, quedando recogidas sus resultas en Acta levantada con ocasión de la misma...".* Respecto a lo anterior denunciaron que *"...no se cumplió con las formalidades inherentes a la evacuación de ese tipo de medios probatorios, incorporándose dicha prueba de manera ilegítima al procedimiento administrativo, y lesionándose, en consecuencia, el derecho constitucional a la defensa de [su] representada...".*

En el mismo orden de ideas añadieron que si tal y como se afirma "*...en el Acta levanta-da en fecha 30 de marzo de 2005, la inspección que se realizó, se llevó a cabo en ejercicio de la atribución que otorgaría el artículo 8 de la LOH al Ministerio, para fiscalizar actividades en materia de hidrocarburos, la misma habría debido llevarse a cabo por el Viceministro de Hidrocarburos, quien es el titular de la unidad administrativa con competencia del segundo nivel jerárquico del Ministerio de Energía y Petróleo...*". (Sic).

Sobre el mencionado alegato se ha referido con anterioridad la Sala aludiendo concretamente a la competencia atribuida a la Dirección de Industrialización y Tecnología de Hidrocarburos, de conformidad con lo dispuesto en el artículo 8 del Decreto con Fuerza de Ley Orgánica de Hidrocarburos, estableciendo lo siguiente:

"*...De la normativa anteriormente transcrita se desprende que la Dirección de Industrialización y Tecnología de Hidrocarburos, ejerciendo una competencia legalmente atribuida, procedió los días 29 de octubre y 21 de noviembre de 2003 -hecho no controvertido en el presente proceso- a realizar inspecciones para verificar el estado de las instalaciones propiedad de la recurrente, para desarrollar las actividades previstas en la Ley.*

*Como producto de esas inspecciones, los funcionarios actuantes constataron una serie de aspectos que fueron recogidos en el informe rendido en fecha 19 de mayo de 2004, que corre inserto en el expediente administrativo, donde recomendaron que, ante el cúmulo de irregularidades observadas, se le abriera a la empresa el correspondiente procedimiento administrativo...*". (Sent. N° 01446 de fecha 12/11/08, caso: ECC CHEMICAL 2000 C.A).

Así como se ha indicado, a diferencia de lo que sostiene la accionante en su libelo, del artículo 8 del referido Decreto con Fuerza de Ley Orgánica de Hidrocarburos, se desprende que la Dirección de Industrialización y Tecnología de Hidrocarburos, como dependencia del Ministerio en referencia, se encuentra facultada para realizar inspecciones como las efectuadas en el caso de autos, ya que el citado artículo no discrimina dentro de la estructura del Despacho Ministerial a cuál de sus dependencias corresponde esa facultad. El indicado artículo sólo precisa en términos generales que "*...el Ministerio de Energía y Petróleo es el órgano nacional competente en todo lo relacionado con la administración de los hidrocarburos y en consecuencia tiene la facultad de inspeccionar los trabajos y actividades inherentes a los mismos, así como las de fiscalizar las operaciones que causen los impuestos, tasas o contribuciones establecidos en esta Ley y revisar las contabilidades respectivas...*".

A su vez, el tantas veces referido Decreto con Fuerza de Ley Orgánica de Hidrocarburos, establece en el artículo 61 lo siguiente:

"*...Las personas naturales o jurídicas que deseen ejercer las actividades de suministro, almacenamiento, transporte, distribución y expendio de los productos derivados de hidrocarburos, deberán obtener previamente permiso del Ministerio de Energía y Minas. Estos permisos estarán sujetos a las normas establecidas en este Decreto Ley, su Reglamento y las Resoluciones respectivas. Las personas naturales o jurídicas que ejerzan las actividades antes señaladas, podrán realizar más de un actividad, siempre que exista la separación jurídica y contable entre ellas.*

*La cesión o traspaso de dichos permisos requerirán la autorización previa del Ministro de Energía y Minas...*".

En consecuencia, de los citados artículos se evidencian las facultades acordadas al Ministro de Energía y Petróleo para ejercer las funciones de inspección y fiscalización de las actividades efectuadas por los funcionarios y los particulares, en materia de hidrocarburos, actividad ésta que comprende todo lo relativo al desarrollo, conservación, aprovechamiento y control de dichos recursos, tal y como lo establece el citado artículo 8 del Decreto con Fuerza de Ley Orgánica en referencia.

En efecto, de la lectura del expediente y del contenido del acto se evidencia que la Administración en el presente caso, a través del órgano competente, esto es, la Dirección de Industrialización y Tecnología de Hidrocarburos del Ministerio en referencia, en ejercicio de sus funciones, establecidas en el citado artículo 8 del Decreto con Fuerza de Ley Orgánica de Hidrocarburos en concordancia con lo dispuesto en los artículos 12 y 16 del Reglamento Interno del entonces Ministerio de Energía y Petróleo y la Ley Orgánica de Procedimientos Administrativos, acordó la apertura de oficio del procedimiento administrativo ordinario contra la empresa accionante, que dio lugar posteriormente, a la emisión de las Resoluciones N° 476 y 220, ambas emanadas del Ministro de Energía y Petróleo.

También se debe establecer en la presente decisión, que una de las características fundamentales de la potestad de inspección y fiscalización, resulta de su origen eminentemente normativo, pues ha de ser atribuida expresamente a la Administración, es decir, el ejercicio de dicha potestad no es el resultado de relaciones jurídicas, sino que por el contrario, ésta se traduce en un poder de intervención en la esfera jurídica de los administrados. En consecuencia, ante su ejercicio el ciudadano se encuentra en una especial situación de sujeción, pues como se ha indicado, con dicha actividad se persigue verificar el estricto cumplimiento de los requisitos que le sean impuestos por el ordenamiento jurídico. De allí que el particular que resulte inspeccionado no puede considerar cercenados sus derechos, pues como resultado de la referida especial situación de sujeción, existe el deber jurídico de soportar la verificación por parte de la Administración del cumplimiento del ordenamiento. (*Vid* Sent. de la SPA N° 01917 de fecha 28-11-07, caso: *Lubricantes Güiria S.R.L.*).

Adicionalmente, en el caso planteado se constata el levantamiento del Acta de Inspección de fecha 30 de marzo de 2005 (folios 11 y 12 del expediente administrativo), a los fines de recomendar "...*el estudio de la posibilidad de apertura de procedimiento administrativo...*", sin que ello signifique el incumplimiento de formalidad alguna ni la incorporación de medios probatorios "...*de manera ilegítima al procedimiento administrativo (...) lesionándose, en consecuencia, el derecho constitucional a la defensa de [su] representada...*", tal como fue alegado por la parte accionante.

Por el contrario, debe precisar en esta oportunidad la Sala, que el valor probatorio de las Actas de Inspección levantadas en ejercicio de las actuaciones inspectoras de la Administración, deriva fundamentalmente de la presunción de legalidad de todo acto administrativo. De allí que los hechos, actos o estados de cosas que se hagan constar en los referidos documentos deben tenerse como ciertos, salvo que otros medios de prueba desvirtúen lo allí documentado por el funcionario público competente, siendo entonces el acta de inspección un medio de prueba fundamentador pero no concluyente, a los efectos de las ulteriores decisiones administrativas que pudiesen producirse como resultado del ejercicio de la potestad sancionadora.

Así mismo, se ha de advertir que nada impide que los hechos expuestos en las Actas de Inspección puedan ser desvirtuados en el curso del procedimiento administrativo, a fin de enervar la decisión administrativa ulterior que pudiese producirse como resultado de un procedimiento administrativo sancionador iniciado precisamente, con fundamento en los datos, hechos o situaciones de las que se deja constancia en el acta levantada a tales efectos.

En el presente caso, el Acta de Inspección de fecha 30 de marzo de 2005, en la que se recomienda "...*el estudio de la posibilidad de apertura de procedimiento administrativo...*", constituye un acto previo que como se ha indicado, carece de valor concluyente y por tanto, no vulnera los derechos de la accionante inherentes al debido proceso enunciados anteriormente. La mencionada Acta de Inspección sólo sirvió de fundamento para que la Administración acordara en el Auto de Apertura del procedimiento Administrativo N° DITH/006-2005 de fecha 7 de abril de 2005 (folios 9 y 10 del expediente administrativo), el inicio de Oficio del Procedimiento Administrativo ordinario en contra de Corporación Betapetrol, S.A., *"...ante la **presunción** de que la referida Empresa estaría infringiendo las obligaciones contraídas en la Licencia..."*. Acto que fue notificado a la accionante el 28 de junio de 2005.

Así se observa que corre inserto, a los folios 128 al 137 del expediente administrativo el escrito de descargos presentado oportunamente por la empresa recurrente para dar respuesta al mencionado auto de apertura N° DITH/006-2005 y del contenido de dicho escrito se evidencia que la accionante pudo exponer todos los argumentos y alegatos que consideró pertinentes contradiciendo cada una de las situaciones y hechos de los que se dejó constancia en el Acta de Inspección mencionada.

Por consiguiente, resulta errado afirmar que los mencionados actos (Acta de Inspección y Auto de Apertura del Procedimiento), emanados de la Dirección de Industrialización y Tecnología de Hidrocarburos, hayan causado indefensión o vulnerado el debido proceso de la parte actora, pues al analizar el contenido de la Resolución N° 476 del 27 de diciembre de 2005 dictada por el Ministro de Energía y Petróleo, cuyo contenido es confirmado en el acto impugnado (Resolución N° 220 del 18 de julio de 2006), fue el incumplimiento de las obligaciones de la empresa Corporación Betapetrol, S.A., en virtud de la falta de incorporación de las observaciones de carácter técnico y jurídico requeridas por el Ministerio de Energía y Minas a través de la Dirección en cuestión y la Consultoría Jurídica, el supuesto de hecho que sirvió de fundamento a la revocatoria de la Licencia acordada a la empresa recurrente, y no los hechos de los que se dejó constancia en la referida Acta de Inspección en la que se alude por ejemplo a la falta de inicio de los trabajos de construcción de la Refinería de Caripito, ya que como acertadamente expuso la licenciataria en su escrito de descargos, el proyecto asociado a la dicha Refinería se encontraba en la primera fase de la Licencia referida a la aprobación por parte del Ministerio del citado estudio de prefactibilidad. Para mayor abundamiento, con respecto al alegado incumplimiento de las formalidades relativas a la actuación fiscalizadora, se debe agregar que la concepción del procedimiento como cauce formal de la serie de actos conducentes a la adopción de una determinada decisión de la Administración, es una formalidad que no resulta aplicable al ejercicio de la actividad inspectora, ya que ésta no debe sujetarse necesariamente a un procedimiento formalizado en el sentido expuesto.

De allí que la actividad inspectora puede iniciarse de oficio o a instancia de parte, sin obviar los elementos consustanciales al ejercicio de cualquier actividad de la Administración, pudiendo incluso en algunos casos, prescindir de la notificación formal de dicha actuación si está en riesgo la finalidad perseguida con la misma o ante supuestos de extrema urgencia o gravedad. En estos últimos casos sólo es exigible el levantamiento del Acta como manifestación formal a los efectos de que el funcionario deje constancia de los hechos relevantes. Finalmente, en relación a este alegato de violación al derecho a la defensa los apoderados judiciales de la accionante sostienen que *"...el funcionario que ordenó la apertura del procedimiento y llevó a cabo la instrucción del mismo, esto es, el Director de Industrialización y Tecnología de Hidrocarburos de ese Ministerio, ha debido inhibirse a tenor de lo previsto en la Ley Orgánica de Procedimientos Administrativos; y al no hacerlo, una vez más se lesionó la garantía constitucional de Betapetrol a ser oída por un funcionario imparcial, con lo que se afectó la validez de la decisión adoptada..."*. (*sic*). Al respecto, como se indicó anteriormente, en virtud del carácter fundamentador que tienen las Actas producto de la actividad inspectora de la Administración y no concluyente de ulteriores decisiones administrativas, resulta perfectamente aceptable (sin que ello implique violación a la garantía de imparcialidad inherente al debido proceso), que el órgano o dependencia que lleve a cabo la inspección sea a su vez, el que ordene la apertura del procedimiento administrativo sancionador, ya que su decisión, como se ha indicado, se fundamenta en una presunción de responsabilidad del administrado que no tiene valor determinante o concluyente para la imposición de la sanción respectiva.

De allí que en criterio de la Sala, en el caso que se analiza, no puede considerarse vulnerado el derecho al debido proceso de la empresa recurrente, puesto que, por una parte, fue la Dirección de Industrialización y Tecnología de Hidrocarburos la que realizó la inspección de la que se dejó constancia en el Acta de fecha 30 de marzo de 2005 y la que acordó la Apertura de Oficio del procedimiento administrativo ordinario contra Corporación Betapetrol, S.A., según consta en Auto N° DITH/006-2005, y por la otra, fue el Ministro de Energía y Petróleo, el que dictó la decisión contenida en la Resolución N° 476 de fecha 27 de diciembre de 2005, que declaró la revocatoria de la Licencia de fecha 28 de noviembre de 2002, en su carácter de órgano decisor y la Resolución impugnada N° 220 del 18 de julio de 2006, confirmatoria de la anterior. En esta última, respecto a este alegato de violación al debido proceso de la parte actora se indicó lo siguiente:

> *"...Por otra parte, es preciso distinguir entre la facultad de sustanciar y la facultad de decidir que ostenta la Administración en estos casos, ya que aunque ambas facultades forman parte de la referida potestad sancionatoria, cada una de ellas corresponden a funcionarios diferentes, tal es el caso de la sustanciación del expediente compete a la Dirección de Industrialización, pero la decisión del mismo compete al titular del Despacho, por lo tanto, cuando el representante de la empresa alega una causal de inhibición que supuestamente recaía en cabeza del Director de Industrialización de los Hidrocarburos, para esa época, quien según sus dichos, adelantó opinión inclusive antes de la apertura del procedimiento, es preciso destacar que las causales de inhibición, en todo caso operan y se ponen en práctica cuando es el funcionario a quien le corresponde tomar la decisión, quien se encuentra incurso en alguna de las causales de inhibición, pero es que en el caso que nos ocupa, el funcionario a quien se le pretende imputar la causal de inhibición no tenía facultades decisorias que lo pudieran hacer sujeto de la pretendida inhibición...".* (negrillas de esta decisión).

**TSJ-SPA (426)**                                                        1-4-2009

Magistrado Ponente: Hadel Mostafa Paolini

Caso: Antonieta Mendoza de López y Leopoldo López Mendoza vs. Contraloría General de la República.

**Toda vez que la fase investigativa puede dar o no lugar al inicio del procedimiento de determinación de responsabilidades, el análisis del derecho a la defensa en cuanto a la garantía de su ejercicio debe efectuarse atendiendo integralmente a la actuación del Órgano Contralor frente a los imputados, desde que se inician las averiguaciones hasta que se emite el acto que declare la responsabilidad administrativa.**

Sostiene la representación judicial de los recurrentes, que durante la fase investigativa del procedimiento contemplado en el Título III de la Ley Orgánica de la Contraloría General de la República y del Sistema Nacional de Control Fiscal, sus mandantes fueron cercenados en el ejercicio de sus derechos constitucionales a la defensa y al debido proceso, por cuanto no existió una "imputación clara y específica".

Al respecto, precisan que: (i) La Administración se limitó a hacer una narración de los hechos sin indicar el supuesto de hecho normativo *"que serviría para concretar dicha imputación"*; (ii) En la referida fase no se efectúa una *"simple notificación"* de hechos *"sin calificación jurídica alguna"*, pues de acuerdo al artículo 79 de la precitada Ley, se le debe indicar a los investigados cómo los hechos apreciados comprometen su responsabilidad; (iii) Para defenderse de las imputaciones y promover pruebas en los términos del indicado precepto, debe el interesado conocer claramente la imputación; (iv) Resulta errado pensar que *"imputar en la fase investigativa y acusar en la fase de determinación de responsabilidades es una duplicidad de acciones"*; (v) No debe entenderse de la legislación indicada, que haya lugar a *"sorpresas para el investigado que impuesto de unos hechos sin calificación jurídica es luego acusado en forma que ni se le imaginaba, como ocurrió en el caso que nos ocupa, en el cual sorpresivamente surgieron figuras como el 'concierto con los interesados' y la 'contratación por interpuesta persona', que nunca antes se habían mencionado".*

A fin del pronunciamiento sobre el alegato *in commento*, resulta menester aludir al artículo 49 de la Constitución de la República Bolivariana de Venezuela, cuyo texto es el siguiente:

*"**Artículo 49.** El debido proceso se aplicará a todas las actuaciones judiciales y administrativas; en consecuencia:*

*1. La defensa y la asistencia jurídica son derechos inviolables en todo estado y grado de la investigación y del proceso. Toda persona tiene derecho a ser notificada de los cargos por los cuales se le investiga; de acceder a las pruebas y de disponer del tiempo y de los medios adecuados para ejercer su defensa. Serán nulas las pruebas obtenidas mediante violación del debido proceso. Toda persona declarada culpable tiene derecho a recurrir del fallo, con las excepciones establecidas en esta Constitución y en la ley".*

La norma transcrita consagra el derecho al debido proceso, el cual abarca el derecho a la defensa y entraña la necesidad en todo procedimiento administrativo o jurisdiccional de cumplir diversas exigencias, tendientes a mantener al particular en el ejercicio más amplio de los mecanismos y herramientas jurídicas a su alcance con el fin de defenderse debidamente.

Dichas exigencias comportan, entre otros derechos y garantías, la necesidad de notificar al interesado del inicio de un procedimiento en su contra; garantizar la oportunidad de acceso al expediente; permitirle hacerse parte para presentar alegatos en beneficio de sus intereses; estar asistido legalmente en el procedimiento; promover, controlar e impugnar elementos probatorios; a ser oído (audiencia del interesado) y a obtener una decisión motivada. Asimismo, implican el derecho del interesado a ser informado de los recursos pertinentes para el ejercicio de la defensa y a ofrecerle la oportunidad de ejercerlos en las condiciones más idóneas (*Vid.* Sentencias de esta Sala N° 2.425, 514, 2.785 y 053 publicadas en fechas 30 de octubre de 2001, 20 de mayo de 2004, 7 de diciembre de 2006 y 18 de enero de 2007, respectivamente).

Expuesto lo anterior, se impone hacer referencia al procedimiento previsto en la Ley Orgánica de la Contraloría General de la República y del Sistema Nacional de Control Fiscal, para la determinación de responsabilidades administrativas de los funcionarios sometidos a dicha legislación, y al respecto se observa:

Dispone el artículo 96 de la precitada Ley, lo siguiente:

*"Artículo 96.*

*Si como consecuencia del ejercicio de las funciones de control o de las potestades investigativas establecidas en esta Ley, surgieren elementos de convicción o prueba que pudieran dar lugar a la formulación de reparos, a la declaratoria de responsabilidad administrativa o a la imposición de multas, el órgano de control fiscal respectivo iniciará el procedimiento mediante auto motivado que se notificará a los interesados, según lo previsto en la Ley Orgánica de Procedimientos Administrativos.*

*El procedimiento, podrá igualmente ser iniciado por denuncia, o a solicitud de cualquier organismo o empleado público, siempre que a la misma se acompañen elementos suficientes de convicción o prueba que permitan presumir fundamentalmente la responsabilidad de personas determinadas. (...)".*

Del trascrito precepto puede deducirse que la fase investigativa a que aluden los actores, prevista en los artículos 77 al 81 de la ley orgánica supra mencionada, constituye una etapa preliminar al procedimiento de determinación de responsabilidades administrativas consagrado en los artículos 95 al 111 *eiusdem*, pues, entre otras formas que aquélla estatuye, dicho procedimiento se iniciará cuando surgieren elementos que pudieran dar lugar a la declaratoria de responsabilidad *"como consecuencia de las potestades investigativas establecidas en es(a) ley"*.

Ahora bien, del Capítulo I del Título que regula las potestades de investigación, las responsabilidades y las sanciones, se desprende que:

a. Los órganos de control fiscal ejercen la potestad de investigación, cuando a su juicio existan méritos suficientes para ello (artículo 77).

b. En el curso de la investigación, el órgano de control puede *"imputar"* actos, hechos u omisiones que comprometan la responsabilidad de una persona. Si ello ocurriere, aquél está en la obligación de informar al investigado *"de manera específica y clara"* los hechos imputados, en cuyo caso este último tendrá acceso al expediente y *"podrá promover todos los medios probatorios necesarios para su defensa"*, no obstante el carácter *"reservado"* que se le otorga (artículo 79).

c. Con las actuaciones preliminares se formará un expediente, y su resultado se hará constar en un informe en el cual el órgano de control fiscal podrá ordenar: (i) el archivo de las actuaciones, ó (ii) el inicio del procedimiento de determinación de responsabilidades.

La forma en que ha sido regulado lo concerniente a las potestades de investigación y su relación con el procedimiento de determinación de responsabilidades administrativas, trae consigo una serie de particularidades que merecen ser destacadas, a saber:

a. Las mencionadas potestades se ejercen en una etapa *"preliminar"* (término que expresamente emplea el artículo 81 de la Ley Orgánica de la Contraloría General de la República y del Sistema Nacional de Control Fiscal), esto es, preparatoria del procedimiento previsto en los artículos 95 y siguientes *eiusdem*.

b. Dentro de este último, se contempla: (i) un auto *"de apertura"* -con el que se da inicio al procedimiento- en el que deben describirse o identificarse los hechos imputados, los sujetos presuntamente responsables, los elementos probatorios y demás razones que presumiblemente comprometan su responsabilidad; (ii) un término para que los interesados *"indiquen"* las pruebas que deseen promover; (iii) un acto oral y público en el que los investigados, por sí o por medio de sus representantes, expongan los argumentos que estimen pertinentes para su defensa.

c. Aun cuando no está formalmente incorporada en el *"procedimiento de determinación de responsabilidades administrativas"* y tampoco está en sí misma contemplada como un procedimiento autónomo que dé lugar a un acto definitivo, sino más bien como una potestad que debe ejercerse en el marco de determinadas condiciones (como ocurre en general con las potestades de la Administración, incluso las discrecionales): en dicha fase introductoria o preliminar puede suscitarse una etapa probatoria distinta de la que necesariamente se va a producir en el procedimiento a que se refieren los artículos 95 y siguientes, de ordenarse su apertura.

Ello así, como quiera que la oportunidad de promover pruebas a que alude el artículo 79 está inserta dentro de una serie de actuaciones esencialmente inquisitivas de la Administración, que no van a dar lugar a una decisión sancionatoria de carácter definitivo, sino que constituyen un introito al procedimiento que sí puede concluir con un pronunciamiento categórico respecto de la responsabilidad administrativa del investigado y en el que las partes interesadas cuentan con la posibilidad de promover pruebas y exponer de forma escrita y oral sus argumentos; debe entenderse que dicha actividad probatoria tiene por finalidad coadyuvar en la formación del criterio del órgano de control fiscal en cuanto a ordenar o no el inicio del procedimiento de determinación de responsabilidad.

Es por ello que el artículo 79 exige que se le indique al investigado, "*de manera específica y clara los hechos que se le imputan*", debiendo entenderse esa "imputación" de los hechos como la obligación de informarle, ponerlo en conocimiento de las actuaciones materiales, positivas o negativas, atribuidas.

Ahora bien, toda vez que esa fase puede dar o no lugar al inicio del procedimiento de determinación de responsabilidades, el análisis del derecho a la defensa en cuanto a la garantía de su ejercicio debe efectuarse atendiendo integralmente a la actuación del Órgano Contralor frente a los imputados, desde que se inician las averiguaciones hasta que se emite el acto que declare la responsabilidad administrativa.

En otras palabras, considera esta Sala que en el aspecto *in commento* no debe apreciarse la fase investigativa de manera aislada respecto del procedimiento de determinación de responsabilidades que se inicie y sustancie en virtud de los resultados obtenidos en aquélla.

Aplicando las consideraciones anteriores al caso de autos, se observa:

(…)

De las circunstancias enumeradas, concluye esta Sala lo siguiente:

(i) Que en la fase investigativa, los recurrentes fueron informados de los hechos atribuidos, incluso de los relacionados con el concierto y la actuación por interpuesta persona, que en definitiva es lo que exige el artículo 79 de la precitada ley orgánica cuando habla de "*imputación*" de "*actos, hechos u omisiones*"; por lo que no es cierto que "*sorpresivamente*" surgieran estas figuras en el marco de las actuaciones del Órgano Contralor.

(ii) Que tanto en la fase investigativa como en el procedimiento de determinación de responsabilidades, contaron e hicieron uso de las oportunidades para ejercer su derecho a la defensa, alegando lo que estimaron pertinente frente a los hechos atribuidos y a las imputaciones supra aludidas, las cuales fueron siempre referidas en términos de presunciones.

Con soporte en ello, se desestiman los alegatos de errónea interpretación del artículo 79 de la Ley Orgánica de la Contraloría General de la República y del Sistema Nacional de Control Fiscal, y violación del derecho a la defensa en la etapa investigativa. Así se declara.

**CSCA**                                                                    **13-4-2009**

Juez Ponente: Emilio Ramos González

Caso: Auristela Villaroel de Martínez vs. Instituto Nacional de la Vivienda (INAVI).

**Lo realmente importante con relación al derecho a la defensa es verificar por encima de cualquier consideración de índole formal si el particular pudo introducir cuantos elementos de juicio fueron oportunos para su defensa y las concretas condiciones en que se desarrolló su participación dentro del procedimiento.**

Estima esta Corte oportuno empezar el análisis de la sentencia apelada, haciendo referencia al pronunciamiento realizado por el Juzgado Superior Tercero de Transición de lo

Contencioso Administrativo de la Región Capital por medio de sentencia de fecha 25 de noviembre de 2004 a través de la cual declaró con lugar el recurso contencioso administrativo funcionarial interpuesto por la ciudadana Auristela Villarroel de Martínez,

Visto lo anterior, y circunscritos al caso bajo estudio, se colige que la pretensión de la parte apelante persigue desvirtuar las razones alegadas por la ciudadana Auristela Villarroel -parte actora en el presente caso-, sobre la presunta violación que se le ocasionó a su derecho constitucional a la defensa durante el íter procedimental que concluyó en su destitución del Instituto Nacional de la Vivienda (I.N.A.V.I.), con motivo de "(…) la evidente contradicción que se evidenciaba en cuanto al contenido del oficio contentivo de los mismos, en el cual indicaba estar presuntamente incursa en la causal de destitución prevista en el ordinal 6º del artículo 62 de la Ley de Carrera Administrativa (Solicitar y recibir dinero o cualquier otro beneficio material valiéndose de su condición de funcionario público) y las invocadas en las memorandas emanadas de la Gerencia del Distrito Federal y Estado Miranda, mediante las cuales se le [solicitó] el inicio de la averiguación administrativa (causales 2º y 3º de la citada Ley de Carrera Administrativa) (…)"; pretensión ésta que fue declarada con lugar por el *iudex a quo* con fundamento en "(…) que la notificación de los cargos formulados en contra de un funcionario en un procedimiento disciplinario es un acto formal esencial para el ejercicio, por parte del imputado, del derecho a la defensa, el cual versaría exclusivamente sobre los cargos que le fuesen imputados, es decir, respecto de los supuestos de hecho, los supuestos de derecho y la aplicación de las normas disciplinarias correspondientes, tal como le fueran formulados en dicha comunicación, y por ende, no susceptible de ser subsanado tácitamente como lo pretende la parte querellada (…)".

Así las cosas, esta Instancia Jurisdiccional a los fines de determinar si la decisión proferida por el *iudex a quo* se encuentra o no ajustada a derecho, observa que:

En cuanto al contenido del derecho constitucional a la defensa la Sala Político Administrativa del Tribunal Supremo de Justicia mediante sentencia número 00977 de fecha 13 de junio de 2007 (Caso: *Peter Bottome y Emisora Caracas F.M.92.9 C.A vs. Comisión Nacional de Telecomunicaciones (CONATEL)* ha declarado lo siguiente:

"El precepto parcialmente transcrito [artículo 49 de la Constitución de la República Bolivariana de Venezuela] proclama la interdicción de la arbitrariedad de los órganos del poder público frente a los ciudadanos, en la producción de sus actos y decisiones, en sede administrativa y jurisdiccional, para garantizar su necesaria participación en todas las fases del proceso.

El derecho a la defensa comprende el derecho a conocer los cargos objeto de investigación, formular alegatos, desplegar las defensas y excepciones frente a los cargos imputados, a probar, a informar, entre otros" (Resaltado de esta Corte).

Ahora bien, en el caso de autos el *iudex a quo* declaró con lugar el recurso contencioso administrativo funcionarial interpuesto por la ciudadana Auristela Villarroel por considerar que la Administración recurrida había vulnerado su derecho a la defensa, razonando que era un acto formal esencial el que se hubiese mantenido desde el inicio hasta su culminación la calificación jurídica de los hechos por los cuales fue instruido el procedimiento administrativo de destitución en contra de la querellante, no pudiendo el mismo "(…) ser subsanado tácitamente [por la Administración querellada] (…)", configurándose así –a su juicio- la indefensión de la recurrente como consecuencia de la violación del derecho a ser notificada de la acusación preceptuado en el numeral 1 del artículo 49 de la Constitución de la República Bolivariana de Venezuela por parte de la Administración recurrida.

Visto lo anterior, y circunscritos al caso de autos es oportuno señalar que el ordinal 1°
del artículo 19 de la Ley Orgánica de Procedimientos Administrativos prevé como causal de
nulidad absoluta de los actos dictados por la Administración "(…) 1° Cuando así este expresamente determinado por una norma constitucional o legal (…)", siendo que el derecho a la
defensa es un derecho fundamental preceptuado en el artículo 49 de la Constitución de la
República Bolivariana de Venezuela cuya violación acarrearía la nulidad absoluta del acto
que la provoca sea éste de trámite o definitivo; y siendo que el criterio adoptado por el iudex
a quo para declarar con lugar el recurso contencioso administrativo funcionarial interpuesto
se fundamenta en la indefensión que le ocasionó el Instituto Nacional de la Vivienda
(I.N.A.V.I) a la querellante, es preciso determinar si efectivamente se produjo la indefensión
de la recurrente como consecuencia de la actividad desplegada por el Instituto querellado a lo
largo del procedimiento administrativo sancionador instruido en su contra a los efectos de
que esta Corte pueda emitir un pronunciamiento acerca de la validez del acto administrativo
impugnado. Así las cosas, es menester para este Órgano sentenciador a los fines de resolver
el problema objeto de estudio en el presente debate judicial, realizar las siguientes precisiones:

- El defecto de forma como causa determinante de la violación del derecho a la defensa:

El Derecho Administrativo, al igual que las demás ramas del Derecho, para lograr adaptarse a las nuevas circunstancias fácticas a las cuales deberá regir, y poder generar en el espíritu colectivo el convencimiento de su necesidad (legitimidad), se encuentra en constante
proceso de evolución y cambio, propio de la dinámica de la actividad administrativa. Dentro
de este movimiento particular del derecho la forma siempre ha conservado un importante
valor, el cual ha variado según van cambiando las reivindicaciones sociales y las nuevas
concepciones sobre las funciones que cumple nuestro Estado al erigirse como un Estado
Democrático y Social de Derecho y de Justicia, lo cual se traduce en que la Administración
ostenta una serie de importantes potestades con el fin de que cumpla con todas aquellas prestaciones que demandan las exigencias sociales. El Estado venezolano, dentro de esta nueva
concepción, conmina a los poderes públicos a asumir un rol activo en la conformación del
orden social, procurando amparar a todos los miembros de la comunidad, mediante la asistencia suficiente para que puedan disfrutar de un cierto grado de bienestar. Es así como el
Derecho administrativo, no sólo constituye una garantía frente a la actuación de la Administración, sino que además viene a ser una garantía de que la Administración cumple con los
fines públicos que tiene encomendados; razón por la cual en la actualidad la forma no constituye únicamente una garantía de la libertad individual frente a los poderes de la Administración, sino que conjuntamente con los demás derechos de los administrados, debe responder
por la consecución del fin público que determinó la actuación de la Administración.

Dentro de esta perspectiva, esta Corte mediante sentencia número 2008-1005 de fecha 6
de junio de 2008 (Caso: *Carmen Nina Sequera de Callejas contra la Compañia Hidrológica
de la Región Capital*) ha hecho referencia a lo que agudamente profiriera el autor ibérico
Manuel García Pelayo, observándose lo siguiente:

"(…) Como Estado Social, toda su actividad prestacional tiene por finalidad satisfacer las
necesidades que tengan un interés general y colectivo, cuyo cumplimiento incida en el incremento de la calidad de vida del pueblo. De manera que, tal como lo señala el autor Manuel García Pelayo, en su obra *Las Transformaciones del Estado Contemporáneo*, "Los valores básicos del Estado democrático-liberal eran la libertad, la propiedad individual, la igualdad, la seguridad jurídica y la participación de los ciudadanos en la formación de la voluntad
estatal a través del sufragio. El estado social democrático y libre no sólo no niega estos valores, sino que pretende hacerlos más efectivos dándoles una base y un contenido material y
partiendo del supuesto de que individuo y sociedad no son categorías aisladas y contradictorias, sino dos términos en implicación recíproca de tal modo que no puede realizar el uno sin

el otro (...). De este modo, mientras que el Estado tradicional se sustentaba en la justicia conmutativa, el Estado social se sustenta en la justicia distributiva; mientras el primero asignaba derechos sin mención de contenido, el segundo distribuye bienes jurídicos de contenido material; mientras que aquel era fundamentalmente un Estado Legislador, éste es, fundamentalmente, un Estado gestor a cuyas condiciones han de someterse las modalidades de la legislación misma (predominio de los decretos leyes, leyes medidas, etc.), mientras que el uno se limitaba a asegurar la justicia legal formal; el otro se extiende a la justicia legal material. Mientras que el adversario de los valores burgueses clásicos era la expansión de la acción estatal, para limitar la cual se instituyeron los adecuados mecanismos -derechos individuales, principio de legalidad, división de poderes, etc-, en cambio lo único que puede asegurar la vigencia de los valores sociales es la acción del Estado, para lo cual han de desarrollarse también los adecuados mecanismos institucionales. Allí se trataba de proteger a la sociedad del Estado, aquí se trata de proteger a la sociedad por la acción del Estado. Allí se trataba de un Estado cuya idea se realiza por la inhibición, aquí se trata de un Estado que se realiza por su acción en forma de prestaciones sociales, dirección económica y distribución del producto nacional". (GARCÍA PELAYO, Manuel. *Las Transformaciones del Estado contemporáneo*. Editorial Alianza Universidad. Madrid – España 1989. p. 26) (Negrillas de esta Corte).

Ahora bien, como se explanó anteriormente la nueva configuración del Estado venezolano al constituirse como un Estado Social de Derecho y de Justicia, implica que la garantía formal adquiera una dimensión renovada alejada de la concepción individualista que implicaban las pretéritas estructuras de la Administración Pública, donde la forma era una técnica que única y exclusivamente apreciando la legalidad externa de la actuación de la Administración estaba dirigida a garantizar los intereses de los particulares frente a los actos de ésta; hoy la forma debe constituir una garantía para el alcance de los diversos intereses implicados, sean estos públicos o privados.

Si bien es cierto que proverbialmente se le ha atribuido a la forma la función de servir de garantía a los particulares de que la Administración se desenvuelve respetando sus derechos e intereses, igualmente, es de hacer notar que comporta para la Administración el deber de velar porque con su actuación no se genere indefensión a los administrados en el ejercicio de sus derechos e intereses. Tomando en consideración lo anterior, es menester hacer referencia a lo que el doctrinario español T.R. Fernández ha expresado con relación al derecho a la defensa:

"El concepto de indefensión es un concepto relativo, cuya valoración exige colocarse en una perspectiva dinámica o funcional, es decir, en una perspectiva que permita contemplar el procedimiento en su conjunto y el acto final como resultado de la integración de trámites y actuaciones de distinta clase y procedencia en las que el particular va teniendo oportunidades sucesivas de poner de relieve ante la Administración sus puntos de vistas. Más aún, la relatividad del concepto de indefensión es tanto mayor cuanto que la exigencia de la interposición de un recurso administrativo previo supone la existencia de una oportunidad para el administrado de seguir aportando nuevos elementos de juicio y para la Administración de subsanar pasadas deficiencias a través del empleo de fórmulas convalidatorias. El recurso contencioso-administrativo, en fin, ofrece igualmente nuevas oportunidades de aportar datos y elementos de conocimiento que permitan contrastar, en definitiva, la corrección sustancial de la decisión administrativa con la legalidad material aplicable al supuesto debatido" (T.R. Fernández citado por Beladiez R. Margarita. *Validez y eficacia de los actos administrativos*. Edit. Marcial Pons, Madrid 1994, p.112) (Resaltado de esta Corte)

Ahora bien, se aprecia de la elucidación antes expuesta que ocurriría la indefensión cuando la Administración hubiese impedido u obstaculizado efectivamente a los administrados la posibilidad de defenderse ante su propia actuación –la de la Administración Pública–; así, desde esta perspectiva, lo substancial es si el particular ha tenido la posibilidad de defenderse, con independencia del momento procedimental o procesal en que haya podido ejercer su defensa, esto en razón de que el procedimiento debe ser apreciado como un todo en el que las distintas partes que lo integran se van sucediendo de forma consecutiva de forma tal que permitirán al interesado la posibilidad de ejercer progresivamente su derecho a la defensa. Lo que fija la invalidez del acto es por tanto que la Administración haya cercenado al administrado la posibilidad de defenderse.

En este mismo orden de ideas, como atinadamente ha señalado César Cierco Seira "(...) la indefensión constituye, como se sabe, un concepto resbaladizo y de difícil aprehensión, cabe adoptar una definición inicial en cuya virtud la indefensión haría referencia a la situación en la que restará el interesado en un procedimiento administrativo tras haber sufrido una lesión en su derecho de defensa. En palabras del Tribunal Supremo [español], la indefensión puede concebirse como 'la situación en que queda el titular de un derecho o interés discutido cuando se ve imposibilitado para obtener o ejercer los medios legales suficiente para su defensa' (...)" (*Vid.* CIERCO SEIRA, César. *La Participación de los Interesados en el Procedimiento Administrativo*. Studia Albornotiana, dirigidos por Evelio Verdera y Tulles. Publicaciones del Real Colegio de España, Bolonia 2002, p. 329). El concepto precedentemente manifestado engloba la noción de indefensión material, el cual surge en contraposición a la noción de indefensión formal, basada esta última en la mera invocación de la transgresión de las reglas procesales que impedirían a los Jueces emitir un pronunciamiento sobre el fondo del asunto debatido.

Ahora bien, para una mayor comprensión de lo que debe entenderse por indefensión en su doble acepción –formal y material- es preciso concatenarlo con el Estado Democrático, Social de Derecho y de Justicia que se encuentra contenido en el artículo 2 del Texto Constitucional vigente, en el cual la justicia se configura como un elemento existencial del Estado y un fin esencial del mismo (artículo 3 de la Constitución de la República Bolivariana de Venezuela), pasando así el Estado venezolano de ser un Estado Formal de Derecho, en el que predominaba la dogmática y la exégesis positivista de la norma, a un Estado de Justicia Material, en el que esa idea de Justicia se vino a constituir en un valor con intervención directa en el funcionamiento de las instituciones.

Hecha la consideración anterior, es necesario señalar que el Derecho además de forma tiene materia, contenido, sustancia; materia de las que están hechas las necesidades humanas que, convertidas en normas jurídicas, constituyen los derechos reconocidos por el ordenamiento positivo. Asimismo, el Derecho se objetiva en la materialización de la justicia en cuanto a la cosa o conducta debida a otro. De modo tal, que el contenido de los derechos bien sea como facultades de un lado, o conductas debidas por el otro, son materiales. Los derechos y facultades son al Derecho como la savia que recorre el cuerpo de un gran árbol de Sequoia; nutren y vivifican al Derecho adaptándolo a la realidad sobre la cual debe proyectarse.

Por lo antes señalado, es que el Derecho debe considerar a la vida humana no solo como una universalidad y abstracción de principios que deben ser políticamente configurados y legitimados por sus destinatarios, sino que también debe considerar a la sociedad humana como un cuerpo vivo con naturaleza e historia, y a los sujetos vivientes que la componen como personas reclamantes de derechos por su dignidad más allá de todo sistema exterior a cualquier totalidad; comprendiendo que la reivindicación de conductas o cosas para mantener la vida digna viene suscitada de manera primaria por los que padecen la injusticia, por aquellos que no gozan de la materialidad de su derecho aunque formalmente estén reconocido en los ordenamientos jurídicos positivos. En concordancia con lo antes expuesto, es oportuno apuntar que los niveles de justicia social demandados por la sociedad actual son imposibles de lograr por medio del derecho formal, como afirmaba Duguit las normas formales nacían muertas, por lo que para contrarrestar los efectos de la rígida aplicación de las normas, debe el intérprete del Derecho desviarse de su tenor literal en aras de una adecuada correspondencia de la norma con su función social y con los imperativos de justicia, lo cual justifica el surgimiento del Estado Social en conjunción con el Estado de Derecho, para que el primero anime siempre el contenido del segundo, y así el ordenamiento jurídico logre armonizar con la realidad substancial de la cual emerge y a la cual debe ir dirigido, consolidando así la importancia de la protección de la sociedad por la acción del Estado (Duguit citado por Bourdie, Pierre y otros. *La Fuerza del Derecho*, Edit. Siglo del Hombre Editores, Colombia-Bogotá, 2000; p. 40).

Así, en concatenación con lo antes explanado, es menester indicar que la justicia tiene dos caras, una formal, de abstracción máxima, y una material, de mayor concreción. Se comprende como justicia formal la justicia en los procedimientos, métodos o caminos y la justicia material por su parte abarca el contenido o fondo en sus resultados, pese a la distinción de una de la otra, se complementan armoniosamente, como el alma y el cuerpo, para darle vida y entender mejor el Derecho. Es dable advertir entonces que el concepto de justicia en nuestra actual Constitución no tiene únicamente un carácter formal sino también material, y que la conjunción de la visión iusnaturalista de la justicia (justicia material, justicia distributiva) si bien es distinta no es incompatible con la visión positivista de la justicia (justicia formal, justicia conmutativa), y que como una especie de cabeza de Jano, ambos aspectos en principio contradictorios entre sí convivan concordemente, haciendo posible que por medio de la justicia material el Estado Social pueda desarrollar su acción a través de principios generales como la igualdad, la solidaridad, la democracia y la libertad y por medio del Estado de Derecho se brinde seguridad jurídica a los justiciables.

Visto lo anterior, y relacionándolo con el derecho a la defensa, podemos ver que la indefensión formal está vinculada con la justicia formal en tanto y cuanto, se ocasionaría la indefensión al justiciable cuando se haya dejado de apreciar una regla de procedimiento u omitido alguna formalidad de tipo procedimental, priorizando así una interpretación estricta del ordenamiento positivo en detrimento del derecho sustancial reclamado el cual muchas veces queda sin ser valorado y generándose más injusticia a la parte reclamante; del otro lado puede apreciarse como la indefensión material se identifica con la justicia material en la cual se ocasionaría la indefensión al justiciable cuando se deje de apreciar las circunstancias fácticas que rodean cada caso concreto, aplicándose reglas generales y abstractas, que impidan apreciar el contenido o la sustancia del derecho reclamado.

Sobre lo antes expuesto acertadamente ha pronunciado Cierco Seira que es preciso atribuir al derecho a la defensa un contenido extenso, en el cual lo más relevante es el aspecto referido al hecho de que el derecho a la defensa no se integra en ningún caso a través de la simple reunión de un conjunto de trámites, y que en consecuencia la indefensión no debe identificarse, con la omisión o el cumplimiento irregular de aquellos trámites destinados a preservar las garantía de los interesados, manifestando que:

"(…) Si así fuese el examen sobre la virtud de la indefensión se trasladaría en último extremo a la consideración del trámite omitido – o incorrectamente cumplido- con vistas a verificar en qué medida se ha visto afectada su entidad a raíz de la concreta infracción procedimental. En otras palabras: se desplazaría el centro de gravedad de la indefensión que dejaría de situarse en la posición del interesado para girar en torno a la esencialidad del trámite en cuestión (…). Un planteamiento de este corte debe ser rechazado *a radice* habida cuenta de que trae consigo el riesgo de una aplicación mecánica o automática de los vicios participativos, desconectada de las concretas circunstancias en que se ha desarrollado la tramitación; pero, sobre todo, porque supone de hecho un retroceso en la vigencia del contradictorio administrativo (…)" (Resaltado de esta Corte) (CIERCO, S. César. *La Participación de los Interesados en el Procedimiento Administrativo*. Studia Albornotiana, dirigidos por Evelio Verdera y Tulles. Publicaciones del Real Colegio de España, Bolonia 2002, p. 331).

En este mismo orden de ideas, una vez explicitado el contenido del derecho a la defensa, es menester apuntar que la afección que se produzca a alguna de las distintas facetas que este derecho comprende, puede estimarse como una auténtica lesión valorando la intensidad que deben adquirir las infracciones causantes de la misma.

Así las cosas, resulta necesario para determinar si se produjo o no la indefensión como consecuencia de la lesión causada al administrado, el análisis de cuáles fueron las concretas condiciones en las que se desarrolló la participación del interesado, es decir, cuál fue el ambiente en que se desenvolvió la trama procedimental y cómo se incorporó en ella la intervención de los sujetos afectados por las actuaciones, y no sujetándose la interdicción de indefensión únicamente al cumplimiento de consideraciones de índole formal, ritualista.

En este mismo orden argumental, es de advertir que en el análisis de la indefensión administrativa adquiere total relevancia, el carácter de "instrumental" de los diferentes trámites y actuaciones procedimentales preordenados a la protección de las facultades de intervención de los interesados. Característica ésta que según lo afirmado por Cierco Seira, "(...) con la que quiere significarse, simple y llanamente, que los diferentes actos intermedios del *íter* administrativo están animados e inspirados por una concreta finalidad procedimental, (...) ligada a la participación y defensa de los interesados, y que por esta razón, debe ser dicha finalidad la que les otorgue su sentido último.

Esto supuesto, parece razonable que si la concreta finalidad garantista o defensiva perseguida con un determinado trámite se ha alcanzado por otros mecanismos o medios, aunque no sean, en puridad, los que en abstracto había previsto el legislador, no resulte necesario –ni tampoco útil-declarar la anulación de la resolución impugnada (...)" (*Ob. Cit.* p. 335.).

En este mismo orden de ideas ha pronunciado el aludido autor ibérico que "(...) Incluso el incumplimiento del trámite más esencial de los posibles puede resultar estéril en orden a invalidar la decisión administrativa cuando en el caso concreto la defensa de los interesados no haya sufrido ningún quebranto" (*Ob. Cit.* p. 338.).

En concordancia con lo antes expuesto, es preciso señalar que el artículo 31 de la Ley Orgánica de Procedimientos Administrativos preceptúa el principio de unidad del expediente administrativo, según el cual el expediente comprende un todo unitario en el que las diversas partes se interrelacionan y complementan; esta representación holística del expediente administrativo facilita que los vacíos y defectos de las secuencias procedimentales queden subsanados gracias a la existencia de otros actos intermedios que han reemplazado en ese específico procedimiento administrativo la importancia y el fin que debía ocupar el trámite omitido, de forma tal que la indefensión como acertadamente apunta el autor español T.R. Fernández, deberá hacerse desde una "perspectiva dinámica o funcional" que permita apreciar el procedimiento como un todo y el acto final como la consecuencia de la unificación de trámites y actuaciones de distintas índoles y procedencia en las que los administrados van teniendo oportunidades continuas para manifestar ante la Administración sus puntos de vistas.

Congruentemente con lo antes indicado, es oportuno señalar que el artículo 257 de la Constitución de la República Bolivariana impone la obligatoriedad de no sacrificar la justicia por la omisión de formalidades no esenciales, subrayando así la preeminencia que debe dársele a la justicia material en la interpretación del concepto de justicia por encima de la noción de justicia formal.

Sobre este particular la Sala Político Administrativo mediante decisión número 02143 de fecha 7 de noviembre de 2000 (Caso: *Alí José Venturini Villarroel vs. Municipio Aguasay*) declaró lo siguiente:

"La Constitución de la República Bolivariana de Venezuela, nos impone una interpretación del concepto de justicia donde la noción de Justicia material adquiere especial significación en el fértil campo de los procesos judiciales en los que el derecho a la defensa y debido proceso (artículo 49 del texto fundamental), la búsqueda de la verdad como elemento consustancial a la Justicia, en los que no se sacrificará ésta por la omisión de formalidades no esenciales (artículo 257), y el entendimiento de que el acceso a la Justicia es para que el ciudadano haga valer sus derechos y pueda obtener una tutela efectiva de ellos de manera expedita, sin dilaciones indebidas y sin formalismos o reposiciones inútiles (artículo 26), conforman una cosmovisión de Estado justo, del justiciable como elemento protagónico de la democracia, y del deber ineludible que tienen los operadores u operarios del Poder Judicial de mantener el proceso y las decisiones dentro del marco de los valores y principios constitucionales.

El modelo de Estado Social y de Justicia, establece una relación integral entre la justicia formal y la material. En este sentido, en el contexto del Estado Social y de Justicia, la Administración está forzada a tener en cuenta los valores materiales primarios que reclama la sociedad, de lo contrario, su poder o autoridad se torna ilegítima y materialmente injusta (…)" (Resaltado de esta Corte).

Ahora bien, una concepción instrumental y finalista de las formas procedimentales, no sólo se aparta del rigorismo excesivo, del formalismo minucioso, al que podría conducir el estricto respeto de los trámites participativos, sino que, inversamente a lo que pudiera suponerse, posibilita reforzar aún más la vigencia del contradictorio administrativo, entendiéndolo como principio informador que traspasa tendidamente todo el iter procedimental y que no se sujeta a uno o varios trámites por relevantes que estos sean y que como ha expresado Cierco Seira "(…) el carácter instrumental de las formas procedimentales y el principio de unidad del iter administrativo reflejan felizmente la elasticidad que caracteriza a la estructura procedimental y en cuya virtud la progresión de la serie no debe seguir un modelo rígido y preclusivo; antes bien, ha de flexibilizarse para amoldar la decisión administrativa a la concreta realidad subyacente, permitiendo que el interesado participe en los diversos estadios y fases del procedimiento" (*Ob. Cit.* p. 340.).

Asimismo, es preciso señalar que en el contencioso administrativo la verificación de un vicio de indefensión podría excluir la posibilidad de resolver el fondo del asunto de la cuestión planteada; tradicionalmente se le ha dado a la forma en el derecho administrativo un valor excluyente, esto es que la apreciación de un vicio de forma relevante pone fin al debate procesal, generando en consecuencia que el fondo del asunto debatido quedase imprejuzgado; de allí que cobre importancia la instrumentalización de la forma, donde lo verdaderamente significativo es la justicia material en la decisión de fondo de las controversias y no la minuciosa sujeción a las formas prescritas, que por su propia esencia no son más que instrumentos de acceso a esa justicia que también puede alcanzarse por otros cauces distintos (*Vid.* Beladiez R., Margarita. *Validez y Eficacia de los Actos Administrativos.* Edit. Marcial Pons: Madrid 1994, p.110).

Atendiendo a lo anterior, es de suyo considerar que, de admitir la posibilidad de que existiera un error procedimental (el cual en el presente caso no existió por las razones prolijamente desarrolladas en el presente fallo), sería equivalente a dejar impune la actuación contraria a derecho de la querellante en el marco de las funciones que como funcionario público le fueron encomendadas, como consecuencia de incurrir en un formalismo extremo.

En otros términos, como igualmente se indicará infra, anular un acto administrativo por razones estrictamente formales, sin pronunciarse sobre el fondo de los hechos debatidos, involucraría -al menos en el caso de marras- permitir una conducta contraria a los deberes y obligaciones que debe tener todo funcionario público, poniéndose en riesgo el funcionamiento mismo de la Administración Pública.

Sobre el carácter instrumental que reviste la forma como elemento de los actos administrativos, entendiendo ésta como elemento cuya única finalidad radica en garantizar la legalidad del fondo de la decisión, T.R. Fernández ha señalado lo siguiente:

"[…] la anulación de un acto administrativo por defecto de forma exige siempre un estudio de fondo de la decisión que contiene y una valoración de la conformidad de la misma con el ordenamiento jurídico, con el fin de averiguar si en el caso enjuiciado ha existido o no una relación causal entre el vicio formal y la decisión misma. Si esta relación causal no existe y del estudio global del problema se desprende que la solución dada al caso por la Administración es correcta en cuanto al fondo y hubiera sido la misma aunque el vicio no hubieran existido, la intrascendencia del defecto formal resultará patente, y el juez por razones de economía procesal deberá declarar la corrección sustancial del acto impugnado" (BELADIEZ R., Margarita. *Validez y Eficacia de los Actos Administrativos*, Edit. Marcial Pons, Madrid 1994, p.110).

Ahora bien, es preciso señalar que al deseo de extender al máximo la protección jurisdiccional contra la actividad de la Administración Pública el vicio de forma para poder jugar este papel, comenzó a sufrir una hipertrofia que derivó en el uso del mismo al margen del campo que le es propio, sin tomar en cuenta que su existencia no puede derivar en principio en la nulidad de un acto entretanto ese vicio no sea determinante de una lesión efectiva o de la indefensión del afectado. De lo anterior se colige que, el vicio de forma carece de virtud en sí mismo, su esencia es puramente instrumental, sólo alcanza mérito propio cuando su existencia ha supuesto una disminución efectiva, real y trascendente de garantía repercutiendo así en la resolución de fondo y alterando, eventualmente, su sentido en perjuicio del administrado y de la propia Administración.

Ahora bien, de todo lo antes señalado podemos extraer que en la determinación del vicio de indefensión que se le haya originado a un particular como consecuencia de la actividad de la Administración, es preciso examinar la unidad de la tramitación seguida en el específico procedimiento administrativo, atendiendo especialmente a la conducta y a las múltiples intervenciones que en el iter procedimental, los interesados hayan podido ejercitar, y no únicamente circunscribiéndolo al trámite incumplido o irregularmente cumplido por la Administración; destacándose así que lo realmente importante con relación al derecho a la defensa es verificar por encima de cualquier consideración de índole formal si el particular pudo introducir cuantos elementos de juicio fueron oportunos para su defensa y las concretas condiciones en que se desarrolló su participación dentro del procedimiento. Así se declara.

**CSCA**　　　　　　　　　　　　　　　　　　　　　　**13-4-2009**

Juez Ponente: Emilio Ramos González

Caso: Auristela Villaroel de Martínez vs. Instituto Nacional de la Vivienda (INAVI).

**El derecho a ser informado de la acusación está dirigido a amparar el ejercicio del derecho a la defensa mediante la garantía de que los hechos por los cuales se le investiga a quien lo alega vulnerado y por los cuales se le impone una sanción se mantengan inalterables a lo largo de todo el procedimiento instruido en su contra, y que desde el punto de vista constitucional lo que resulta substancial es que la sanción no se origine por hechos o perspectivas jurídicas que de facto no hayan sido o no hayan podido ser palmariamente debatidas. La uniformidad entre la imputación y la sanción, es un instrumento útil para juzgar la posibilidad real del debate.**

- Del derecho a ser informado de la acusación y de la calificación jurídica como formalidad esencial para que se produzca el vicio de indefensión:

Ahora bien, visto que el *iudex a quo* fundamentó la indefensión de la recurrente en la modificación que en el acto decisorio hizo la Administración impugnada a la calificación jurídica por la cual le había sido instruido el procedimiento administrativo de destitución a la ciudadana Auristela Villarroel de Martínez, señalando que el Instituto Nacional de la Vivienda (I.N.A.V.I.) no le permitió a la recurrente ser informada de la acusación incoada en su contra –garantía ésta que forma parte del derecho a la defensa consagrado en el numeral 1 del artículo 49 de la Constitución de la República Bolivariana de Venezuela–, y como consecuencia de ello, el *iudex a quo* fundamentándose en una visión formalista de la justicia dejó sin apreciar si la querellante pudo o no participar efectivamente dentro del procedimiento administrativo ejerciendo activamente su derecho a la defensa. Es menester para esta Alzada determinar en este supuesto, si la sola apreciación de un aspecto formal como lo es la calificación jurídica de los hechos, pudo haberle generado indefensión a la recurrente y en consecuencia declararse la nulidad del acto administrativo contentivo de su destitución.

Visto lo anterior, es preciso señalar que calificar significa "(…) subsumir unos hechos en un concepto expresado en la norma, esto es, en la formulación normativa del presupuesto fáctico cuando éste se expresa en un concepto que aparece en la misma (…)". La calificación jurídica no sirve únicamente para fijar los hechos a los que la norma se refiere, sino también para determinar el punto de vista desde el que las normas contempla esos hechos.

Existencia y calificación jurídica de los hechos son dos aspectos distintos, la primera entra en el plano de la realidad, la segunda en el intelectual; lo que sucede es que, como el ser humano percibe la existencia de la realidad a través de los conceptos, en la práctica resulta inseparable la existencia de la manera en que ésta es percibida y es esta percepción la que a su vez nos conducirá a establecer su calificación jurídica. La calificación jurídica delimita la realidad desde el punto de vista de la norma jurídica, de manera que la misma condiciona la percepción de la realidad y esta última da a su vez sentido a la calificación jurídica.

Por otro lado, es de advertir que "(…) la determinación de los hechos tiene consecuencias jurídicas, de modo que en ocasiones éstas se tendrán en cuenta a la hora de determinar los hechos en su existencia o calificación, incluso mediante el recurso a ficciones". (*Vid.* de todo lo anterior ALONSO M., María J. *La Solución Justa en las Resoluciones Administrativas.* Edit. Universitat de Valéncia. España (1998); p.117).

Con respecto al punto bajo análisis, resulta necesario traer a colación lo expuesto por el autor español Jesús González Pérez, cuando afirma que:

"En los procesos que tienen por objeto la imposición de una sanción constituye garantía esencial (cuya infracción es determinante de indefensión) la información de la acusación formulada (arts. 24.2 y 17.3 de la Constitución). Como dice la S. de 4 de marzo de 1982 (S. 6/1982)". (GONZÁLEZ PÉREZ, Jesús: *El Derecho a la Tutela Jurisdiccional.* Cuadernos Civitas. Madrid, 1989. Pp. 171).

No obstante, de igual forma el mencionado autor aborda el punto relativo a la diferente calificación de la falta al principio y al final de un procedimiento, al precisar que:

"La S. de 23 de noviembre de 1983 (S. 105/1983), reiterando la doctrina de la de 10 de abril de 1981, establece que no se viola el derecho cuando se condena por un delito de igual o menor gravedad que los señalados en los escritos de calificación,". (*Ob. Cit.*, pp. 173) (Negritas de esta Corte)

Sobre lo antedicho la Sala Político del Tribunal Supremo de Justicia mediante decisión número 01887 de fecha 26 de julio de 2006 ha pronunciado lo siguiente:

"(…) En lo que se refiere a la denuncia de violación del derecho a la defensa y al debido proceso, [esa] Sala en decisiones anteriores ha señalado que no se configura una violación de estos derechos, cuando el órgano sancionador cambia la calificación jurídica de los hechos planteados en la apertura del procedimiento sancionador. En efecto, basta una calificación previa de los hechos que pudiera corresponder, sin perjuicio de lo que resulte de la instrucción, de tal forma que la Administración no queda totalmente atada a la calificación de los hechos que se haya formulado en el acto de inicio del procedimiento. Ello ha sido expuesto por esta Sala, en sentencia N° 01318 del 12 de noviembre de 2002, donde se dejó establecido:

"En cuanto a la presunta vulneración de este mismo derecho, debido a la imputación de abuso de autoridad que efectuara el ente disciplinario, diferente a la originalmente presentada por la Inspectoría General de Tribunales, alusiva al error judicial inexcusable, y que a su juicio, no permitió la realización de una defensa acorde con este nuevo señalamiento; es importante destacar, en primer lugar, que la apreciación efectuada por la Inspectoría General de Tribunales, como órgano auxiliar de la Comisión de Funcionamiento y Reestructuración del Sistema Judicial, supone una primera calificación, en nada despreciable, de los hechos imputados y su correspondencia con los ilícitos establecidos en la ley, mediante auto que da apertura al procedimiento disciplinario correspondiente. Sin embargo, lo anterior no obsta para que la Comisión, una vez recibidos los elementos recabados por la Inspectoría General de Tribunales, cuente por imperio de la ley, con la facultad de determinar, de forma definitiva, la calificación de la actuación sujeta a responsabilidad administrativa disciplinaria, toda vez que culmina con el procedimiento iniciado por el primero de los órganos señalados.

Expuestas así las cosas, considera esta Sala que el argumento planteado por la quejosa, según el cual no pudo procurarse una defensa acorde con el nuevo señalamiento carece de fundamento alguno, pues el cambio en la calificación, de error judicial inexcusable a abuso de autoridad, en nada modifica los hechos presentados en autos y que culminaron con la sanción administrativa impuesta. En todo caso, la defensa debía dirigirse a convencer al órgano sancionador de su inocencia en las imputaciones que se le hicieron desde el primer momento, las cuales, como ha podido apreciar la Sala, en nada cambiaron en el transcurso del procedimiento disciplinario instaurado. De modo que establecer una posible responsabilidad disciplinaria basada en una causal u otra de las previstas en la ley, no modifica los hechos que originaron la apertura del procedimiento y la posterior sanción de destitución. Las razones expuestas, sin duda, impiden presumir la violación grave del derecho a la defensa, necesaria para acordar la medida cautelar de amparo constitucional. Así finalmente se decide". (criterio reiterado en decisión N° 01744 del 7 de octubre de 2004). (Subrayado de la Sala)

En consecuencia, atendiendo al criterio antes expuesto, se puede afirmar que la calificación jurídica de los hechos imputados a un juez, efectuada por la Inspectoría General de Tribunales no es del todo vinculante para la Comisión de Funcionamiento y Reestructuración del Sistema Judicial, la cual mantiene cierta autonomía al momento de emitir su decisión sancionatoria y en virtud de lo cual, podría cambiar la calificación jurídica planteada por el órgano instructor. Sin embargo, a los fines de que no resulte afectada o reducida la facultad del particular de alegar y defenderse en un procedimiento disciplinario, cuando el órgano sancionatorio decida modificar la calificación de los hechos imputados y ello implique una situación más gravosa para el particular, como lo seria la aplicación de una sanción más grave a la inicialmente señalada en el procedimiento disciplinario, el órgano sancionador debe permitirle el ejercicio del derecho a la defensa frente a la sanción más gravosa a fin de que pueda contradecir la aplicación de la misma, planteando alegatos referidos, por ejemplo, a la proporcionalidad de la sanción (…)" (Resaltado de esta Corte).

Ahora bien, el numeral 1 del artículo 49 de la Constitución de la República Bolivariana de Venezuela, establece el derecho a ser informado de la acusación en los siguientes términos:

"Artículo 49 El debido proceso se aplicará a todas las actuaciones judiciales y administrativas; en consecuencia:

1. La defensa y la asistencia jurídica son derechos inviolables en todo estado y grado de la investigación del proceso. Toda persona tiene derecho a ser notificada de los cargos por los cuales se le investiga, de acceder a las pruebas y de disponer del tiempo y de los medios adecuados para ejercer su defensa (…)" (Resaltado de esta Corte).

En este mismo orden de ideas, es conveniente indicar que dentro del derecho constitucional a la defensa se encuentra comprendido el derecho a ser notificado de los cargos por los cuales se está siendo investigado en el marco de un proceso judicial o de un procedimiento administrativo, y que este derecho alude a la inalterabilidad de los hechos imputados. Asimismo está referido al mandato obvio de poner en conocimiento de quien se ve sometido al ejercicio del *ius puniendi* del Estado la razón de ello, presupone la existencia de la imputación misma y es a su vez, instrumento imprescindible para poder ejercer el derecho a la defensa pues representa una garantía para evitar la indefensión que resultaría del hecho de que alguien pueda ser sancionado por cosa distinta de la que se le cargue y de la que consecuencialmente no haya podido defenderse. No obstante lo anterior, es importante resaltar que eso no obsta para que el órgano decisor pueda alterar la calificación de los hechos enjuiciados en el ámbito de los elementos que han sido o han podido ser objeto de debate contradictorio, interesando aquí los conceptos de identidad de los hechos y homogeneidad de la calificación jurídica. Como corolario de lo anterior, desde el punto de vista constitucional del derecho a la defensa lo que resulta importante es que la sanción no se produzca por hechos o perspectivas jurídicas que de facto no hayan sido o no hayan podido ser controvertidas; la uniformidad entre la imputación y la sanción es, sobre todo, un instrumento útil para poder enjuiciar la posibilidad real de debate.

Ahora bien, concordando el contenido del numeral 1 del artículo 49 del Texto Constitucional, con el criterio de la decisión de la Sala Político Administrativa del Tribunal Supremo de Justicia parcialmente transcrita *ut supra*, se evidencia que el derecho a ser informado de la acusación está dirigido a amparar el ejercicio del derecho a la defensa mediante la garantía de que los hechos por los cuales se le investiga a quien lo alega vulnerado y por los cuales se le impone una sanción se mantengan inalterables a lo largo de todo el procedimiento instruido en su contra, y que desde el punto de vista constitucional lo que resulta substancial es que la sanción no se origine por hechos o perspectivas jurídicas que de facto no hayan sido o no hayan podido ser palmariamente debatidas. La uniformidad entre la imputación y la sanción, es un instrumento útil para juzgar la posibilidad real del debate.

Visto lo anterior y circunscritos al caso bajo estudio, esta Instancia Jurisdiccional, a los efectos de evidenciar si se produjo o no la indefensión de la recurrente como consecuencia del cambio de calificación jurídica de los hechos que les fueron imputados y determinar si efectivamente le fue vulnerado el derecho a ser notificada de la imputación realizada en su contra, observa lo siguiente:

i) Al folio ciento seis (106) del expediente administrativo (pieza III), corre inserto copia simple del Oficio número 072 de fecha 18 de julio de 2000 suscrito por la Gerente de Recursos Humanos del Instituto Nacional de la Vivienda, contentivo de la "CITACIÓN" remitida a la ciudadana Auristela Villarroel, recibida en esa misma fecha por la querellante, como se desprende en el extremo inferior central de dicho Oficio, mediante la cual se le notificó que debía comparecer por ante la Gerencia de Recursos Humanos-Unidad de Asesoría Legal,

"(…) a fin de que rinda declaración de la Averiguación Disciplinaria que se [instruyó] en su contra, a solicitud del Gerente del Distrito Federal (hoy Distrito Capital) y Estado Vargas de [ese] Instituto, todo ello de conformidad con lo establecido en el artículo 13, ordinal 1° y 5° de la Ley de Carrera Administrativa en concordancia con el artículo 93 del Reglamento General en la misma Ley (…)" (Resaltado de esta Corte).

Para mayor ahondamiento, aprecia este Órgano Jurisdiccional que el instrumento antes referido no fue contradicho por la parte recurrente, razón por la cual esta Corte les confiere valor probatorio de conformidad con lo establecido en el artículo 429 del Código de Procedimiento Civil vigente.

ii) Copia simple del Oficio número 100 de fecha 8 de agosto de 2000 y recibido por la querellante en fecha 11 de agosto de 2000, emanado de la Gerencia de Recursos Humanos del Instituto querellado, inserto al folio ciento cuatro (104) del expediente administrativo, constante de la "NOTIFICACIÓN DE CARGOS" remitida a la querellante, "(…) con el fin de dar cumplimiento a lo establecido en el artículo 93 del Reglamento General de la Ley de Carrera Administrativa, con la finalidad de notificarle que vistos y analizados los recaudos que conforman el expediente Administrativo Disciplinario N° 23-00 sustanciado en [contra de la ciudadana Auristela Villarroel], donde aparece presuntamente incursa en la causal de Destitución, tipificada en el numeral 6° del artículo 62 de la Ley de Carrera Administrativa, 'PRESUNTAS IRREGULARIDADES EN EL OTORGAMIENTO DE LAS VIVIENDAS UBICADAS EN EL BLOQUE 3 EDIFICIO2, APART. 305, PISO 3, RUÍZ PINEDA, URB. CARICUAO UD-7 Y BLOQUE 5, EDIFICIO 1. APART. 0902, URB CARICUAO C.C.2 (…)" (Resaltado de esta Corte).

Asimismo se desprende, de dicha notificación que la misma le fue informada con el objeto de que la querellante pudiera ejercer su derecho a la defensa, previa a la promoción y evacuación de pruebas que condujeran a la Administración recurrida a tomar la decisión final.

Ahora bien, aprecia este Órgano Jurisdiccional que el instrumento antes referido no fue contradicho por la parte recurrente, razón por la cual esta Corte les confiere valor probatorio de conformidad con lo establecido en el artículo 429 del Código de Procedimiento Civil vigente.

iii) Al folio ciento dos (102) del expediente administrativo, consta copia simple de la comunicación de fecha 15 de agosto de 2000 emanada de la Gerencia de Recursos Humanos del Instituto querellado, mediante la cual acordó le fuesen expedidas a la ciudadana Auristela Villarroel las copias certificadas -por ella solicitadas- del expediente correspondiente a la averiguación disciplinaria instruida en su contra.

Para mayor profundidad, repara este Órgano Jurisdiccional que el instrumento antes referido no fue contradicho por la parte recurrente, razón por la cual esta Corte les confiere valor probatorio de conformidad con lo establecido en el artículo 429 del Código de Procedimiento Civil vigente.

iv) Escrito de contestación a los cargos (folios 69 y ss. de la III pieza del expediente administrativo), consignada por la ciudadana Auristela Villarroel, en fecha 24 de agosto de 2000, y dirigido a la Gerente de Recursos Humanos del Instituto querellado, donde solicitó el cierre del expediente administrativo instruido en su contra. Del escrito de contestación de cargos se desprende que la querellante pudo exponer sus puntos de vista frente a la Administración impugnada sobre el fondo del asunto por el cual se le inició el procedimiento de destitución.

Ahora bien, sobre lo anterior y para una mejor comprensión del caso de autos es oportuno indicar que en fecha 24 de agosto de 2000, la ciudadana Auristela Villarroel, en su escrito de contestación a los cargos formulados en su contra, manifestó lo siguiente:

-"Con relación al otorgamiento del Documento de propiedad del inmueble ubicado en el bloque 3, Edif. 02 apto 305, piso 3, Ruiz Pineda Urbanización Caricuao UD-7 el cual fuera adjudicado en fecha 14/04/69 (*sic*) al ciudadano Sergio Ramón Pildaín, (…) y posteriormente le fuera otorgado documento de propiedad al ciudadano SERGIO SAÚL MARÍN FARIÑAS, hijo del adjudicatario, original por [su] persona, en virtud a que para esa oportunidad la única abogado con facultades para firmar ese tipo de documentos en la Gerencia del Distrito Federal era sólo [ella] quien otorgaba o firmaba en representación del Instituto dichos documentos por ante las Notarías Públicas y Registros Subalternos. No obstante, que el procedimiento previo a [esos] otorgamientos (revisión del expediente, redacción del documento, revisión y finalmente visado) correspondía exclusivamente al grupo de Abogados adscritos a la Asesoría Legal, que para aquel momento laboraban en la Agencia ocho (8) de Caricuao, no teniendo [ella] acceso ni a los documentos ni a los expedientes, sino sólo se limitaba a firmar en [su] condición de apoderada los días martes y jueves en la tarde, días de traslado de los Registros y Notarías a la Gerencia, en virtud a que todo ese proceso previo de revisión se efectuaba en la Agencia 8 de Caricuao, que era donde se había establecido para ese momento por orden de la Consultoría Jurídica todo lo relativo a la tramitación de documentos, los cuales eran directamente entregados por los abogados a los interesados a fin de su autenticación o protocolización, según fuera el caso"-.

Indicó la ciudadana Auristela Villarroel que –"(…) el documento otorgado al ciudadano SERGIO SAÚL MARÍN FARIÑAS, (…), fue redactado, elaborado, revisado, visado y consecuencialmente, entregado al interesado por la abogado Blanca Beatriz Vera Pérez – insistiendo la querellante- que [ella] era la encargada y facultada según consta de poder otorgado por el ciudadano Tito Fernando Herrera Armas, en su carácter de Presidente del Instituto, de firmar en representación del mismo, el cual estaba debidamente autenticado bajo el N° 103, tomo 2, por ante la Notaría Pública de Caracas (…)"-.

Continuó arguyendo en su escrito de descargos que  "[y] es en fecha 29/10/96 (*sic*) según consta de circular N° 991 donde la ciudadana Miriam Franco Soler, en su carácter de Consultor Jurídico de [ese] Instituto para la época, informó que según Resolución dictada por el Directorio de [ese] Instituto N° 037-013 de fecha 30/09/96, se limitó el ejercicio de los poderes a los abogados a los que el Instituto se los había conferido, delegándose a partir de la fecha tal facultad a los Gerentes (…)"-

Señalando la ciudadana Auristela Villarroel que a partir de la Resolución antes señalada, las adjudicaciones y cancelaciones de viviendas –"(…) eran tramitadas y sustanciadas por otras gerencias centrales resultando un divorcio entre el ente tramitador y el que elaboraba el documento y lo firmaba, lo que daba lugar, como de hecho ocurrió y seguirá ocurriendo en algunas oportunidades que terminen firmándose documentos de inmuebles que no han debido otorgarse, por cuanto quizás en algunos casos, los expedientes respectivos contengan la historia del inmueble (reclamos, solicitudes de derechos de terceros, etc.), pero en otros casos no (…)"-.

Con relación a la imputación que le hizo la Administración querellada sobre su presunta participación en las irregularidades cometidas en el otorgamiento de la vivienda identificada como "(…) BLOQUE 5, EDIFICIO I. APART. 0902, URB CARICUAO C.C.2 (…)", la querellante en su escrito de contestación a los cargos, manifestó que: -"(…) en lo atinente al documento otorgado a los ciudadanos Carlos Germán Alfonzo López, Carlos Manuel Alfonzo Mesías, Araiz Lisbeth Alfonzo Mesías y Héctor Eduardo Alfonzo Mesías, por el inmueble ubicado en el Bloque 5, Edificio 1 Apto 0902 Urbanización CC2. Caricuao, es de señalar que el Instituto Nacional de la Vivienda celebró Contrato de Venta a Plazo con la ciudadana Gladys Mesías de Alfonzo, (...) en fecha 30-12-47 (*sic*), posteriormente, la misma lo dio en alquiler al ciudadano Nelson Hernández, quien acudió por ante la Agencia N° 8 de Caricuao, la cual era para ese momento, la competente para ventilar las negociaciones de los referidos inmuebles, solicitando se legalizara su situación ya que el referido inmueble no estaba habitado por su adjudicataria y se encontraba en estado de morosidad, agravándose más la situación porque procedieron a celebrar con éste un contrato de arrendamiento (N° 003720 en fecha 23-01-79 (*sic*)"-.

Continuó alegando la querellante que –"[c]onsta de Estado de Cuenta de fecha 29/03/94 elaborado por el funcionario Domingo Márquez adscrito a la Agencia N°8 de Caricuao, donde se evidencia la cancelación total del referido inmueble (...) –asimismo que-"(...) En vista de lo anterior se procedió previa presentación de la Declaración Sucesoral expedida por el Ministerio de Hacienda en fecha 22-04-94 a otorgar el respectivo documento de propiedad a nombre de los ciudadanos supra identificados, tal como se dejó expresa constancia en el documento de propiedad por [ella] otorgado, existiendo una notable confusión ya que el saldo deudor no fue cubierto con adscripción al fondo de garantía como pretenden señalar sino que fue cancelado por los herederos de la ciudadana adjudicataria, evidenciándose en este caso, en primer lugar una violación no sólo de los procedimientos internos del Instituto sino también de la Ley, al disponer de un bien que no [les] pertenecía ya, en virtud a que el contrato de venta a favor de la ciudadana Gladis Masías Alfonzo (*sic*) tenía plena vigencia y validez"-.

Aduciendo la ciudadana Auristela Villarroel que -"(...) en este caso, [no ve] el hecho ilícito imputado por cuanto al otorgarse el documento de propiedad por su (*sic*) registro, a los herederos de la adjudicataria original fallecida se hizo legalmente, ya que el contrato de venta estaba vigente por cuanto, si existió en algún momento causal para rescindirlo, no se demandó en su oportunidad (...)"-.

v) Se advierten del folio setenta y siete (77) al folio cien (100) pruebas promovidas conjuntamente con el escrito de contestación a los alegatos por la ciudadana Auristela Villarroel, específicamente las relativas a la notificación que le fue practicada en fecha 8 de agosto de 2000, mediante Oficio Número 100 emanada de la Gerencia de Recursos Humanos del Instituto Nacional de la Vivienda (I.N.A.V.I.) (folio 77) y el Memorandum que le fue dirigido a la Unidad de Asesoría Legal de la Gerencia de Recursos Humanos del Instituto querellado por la Gerencia del Distrito Federal (hoy Distrito Capital ) y Estado Vargas, mediante el cual le fue solicitada a la primera la averiguación disciplinaria en contra de la ciudadana Auristela Villarroel; pruebas éstas que promovió la recurrente a los fines de evidenciar la discrepancia en la calificación jurídica de los hechos realizadas en las distintas oportunidades por la Administración recurrida; Asimismo promovió en su defensa documento poder otorgado por el ciudadano Tito Fernando Herrera Armas (folio 81), en su carácter de Presidente del Instituto querellado, a los fines de demostrar que en el documento otorgado al ciudadano Sergio Saúl Marín Fariñas, ella sólo actuó como encargada y facultada, pero que la revisión del expediente del aludido ciudadano y la redacción del documento de venta fue realizado por otra abogada del Instituto en específico la ciudadana Blanca Beatriz Vera Pérez. De lo anterior colige esta Corte que las pruebas promovidas por la querellante eran pertinentes al asunto por el cual estaba siendo investigada por la Administración recurrida. Asimismo, se aprecia al folio ochenta y seis (86) del expediente administrativo Memorandum de fecha 6 de agosto de 1998 suscrito por la ciudadana Auristela Villarroel dirigido a la Contraloría Interna, donde expuso las irregularidades que estaban ocurriendo dentro del Instituto querellado para esa época y el cual fue promovido por la recurrente como prueba de su inocencia de los cargos por los cuales se le estaba investigando.

Al folio noventa y dos (92) del expediente administrativo se aprecia Resolución de fecha 30 de septiembre de 1996 emanada de la Consultoría Jurídica del Instituto querellado y dirigida al Directorio del mismo, suscrito por el Presidente del Instituto Nacional de la Vivienda (I.N.A.V.I.) a los fines de ordenar lo relativo al otorgamiento de documento de adjudicación y cancelación y poderes de los abogados. Asimismo, promovió como prueba la querellante circular (folio 94) remitida por la Consultoría Jurídica del Instituto querellado a todas las Gerencias Centrales y Estatales y Abogados del Instituto mediante la cual se les informó las limitaciones al ejercicio de los poderes otorgados a los abogados a los que el Instituto se los había conferidos y le fueran delegadas esas facultades a los Gerentes, pruebas éstas que promovió la querellante a los fines de evidenciar que para la época en que se realizaron las adjudicaciones de las viviendas por las cuales ella estaba siendo investigada no ejercía plenos poderes para hacerlo y así corroborar su inocencia en el marco del procedimiento administrativo de destitución instruido en su contra.

Asimismo, consignó copia simple del memorándum dirigido por la Agencia número 18 Caricuao para la Gerencia de Administración de Inmueble del Departamento de Administración, Supervisión y Control de Recaudación de fecha 5 de marzo de 1992 (folio 95), con la finalidad de evidenciar que sobre el inmueble que le fue adjudicado a la ciudadana Gladys Mesias de Alfonzo (fallecida) en negociación de venta a plazo se encontraba pendiente juicio de rescisión de contrato —por cuanto el mismo se le había dado en calidad de arrendamiento al ciudadano Nelson Hernández una vez que el Instituto querellado había constatado la morosidad de la ciudadana Gladys Mesías de Alfonzo al momento de su fenecimiento— y que esa Agencia por la situación en que se encontraba el inmueble, solicitó mediante dicho memorando el procedimiento jurídico por abandono y deuda.

En congruencia con lo anterior la querellante promovió copia simple de Estado de Cuenta de fecha 29 de marzo de 1994, (folio 96) a los fines de demostrar la cancelación total del inmueble ubicado en el Bloque 5 del Edificio 1, piso 9 apartamento 0902 de la Urbanización Caricuao, Sector 2 (Solución el Saladillo) del Municipio Libertador, y por lo que previo a la presentación de la declaración sucesoral expedida por el Ministerio de Hacienda (hoy Ministerio del Poder Popular para la Economía y Finanzas) en fecha 22 de abril 1994, se procedió a otorgar el documento de propiedad. Finalmente consignó documento de venta del inmueble antes identificado protocolizado ante la Notaría Pública Octava de la ciudad de Caracas en fecha 1 de marzo de 1995, realizada a los ciudadanos y ciudadanas: Carlos Germán Alfonzo López, Carlos Manuel Alfonzo Mesias, Héctor Eduardo Alfonzo Mesías e Iraíz Lisbeth Alfonzo Mesías, del cual se desprende que la ciudadana Auristela Villarroel aparece como apoderada del Instituto Nacional de la Vivienda (I.N.A.V.I.), y el cual promovió a los fines de evidenciar que "(...) el saldo deudor no fue cubierto con adscripción al fondo de garantía como pretenden señalar sino que fue cancelado por los herederos de la ciudadana adjudicataria, evidenciándose en este caso, en primer lugar una violación no sólo de los procedimientos internos del Instituto sino también de la Ley, al disponer de un bien que no [les] pertenecía ya, en virtud a que (*sic*) el contrato de venta a favor de la ciudadana Gladis (*sic*) Masías (*sic*) Alfonzo tenía plena vigencia y validez".

vi) Al folio sesenta y ocho (68) del expediente administrativo se repara copia simple del "AUTO DE PROCEDER DE APERTURA DE PRUEBA" de fecha 28 de agosto de 2000, mediante el cual se dio inicio al lapso probatorio de quince (15) días hábiles o laborables para que la querellante consignara cualquier medio de prueba en su defensa. Ahora bien, aprecia este Órgano Jurisdiccional que el instrumento antes referido no fue contradicho por la parte recurrente, razón por la cual esta Corte les confiere valor probatorio de conformidad con lo establecido en el artículo 429 del Código de Procedimiento Civil vigente.

vii) Al folio sesenta y seis (66) del expediente administrativo, riela escrito de promoción de pruebas consignado por la querellante el 31 de agosto de 2000, dirigido a la Gerente de Recursos Humanos del Instituto querellado.

viii) Al folio sesenta y cinco (65) del expediente administrativo, consta auto de admisión de pruebas de fecha 31 de agosto de 2000, mediante el cual fueron admitidas las pruebas testimoniales promovidas por la querellante.

ix) Al folio cincuenta y ocho (58) del expediente administrativo riela comunicación de fecha 12 de septiembre de 2000, suscrita por la Unidad de Asesoría Legal de la Gerencia de Recursos Humanos del Instituto querellado, a los fines de fijar un nuevo lapso para la evacuación de los testigos tal como les fue solicitado por la querellante mediante solicitud dirigida por escrito en fecha 11 de septiembre de ese mismo año.

x) Corre inserto al folio cincuenta y cuatro (54) del expediente administrativo, auto emanado de la Unidad de Asesoría Legal de la Gerencia de Recursos Humanos del Instituto recurrido de fecha 19 de septiembre de 2000, mediante la cual se fijó un lapso de tres (3) días hábiles o laborales a los fines de emitir un predictamen, en el entendido de que a su vencimiento se remitiría el expediente a la Consultoría Jurídica a los fines de que emitiera su opinión sobre la procedencia o no de la destitución de la querellante, tal como lo establece el artículo 114 del Reglamento General de la Ley de Carrera Administrativa.

xi) Al folio cuarenta y siete (47) y siguientes corre inserto memorándum de fecha 22 de septiembre de 2000 dirigido a la Gerencia Legal del Instituto querellado y emanado de la Gerencia de Recursos Humanos del mismo, mediante el cual después de analizar los supuestos fácticos y las defensas esgrimidas por la querellante, determinó la autoría y responsabilidad de la querellante por lo cual consideró forzoso ordenar declarar procedente la medida de destitución de la ciudadana Auristela Villarroel por estar incursa en el supuesto de hecho establecido en el ordinal 3º del artículo 62 de la Ley de Carrera Administrativa. Es de hacer notar que del contenido del referido memorándum se desprende que la Administración recurrida argumentó que con fundamento a lo establecido en el artículo 81 de la Ley Orgánica de Procedimientos Administrativos la Administración puede convalidar en cualquier momento los actos que son anulables subsanando los vicios que adolezca y que en consecuencia el auto de apertura del procedimiento administrativo de destitución incoado en contra de la ciudadana Auristela Villarroel quedó convalidado, razonando que aun cuando la calificación jurídica inicial (ordinal 6º del artículo 62 de la Ley de Carrera Administrativa) haya variado al momento de dictar la decisión final (ordinal 3º del artículo 62 *eiusdem*), la recalificación se produjo como consecuencia de que la querellante "(...) al momento de rendir su declaración testimonial se le impuso del motivo de su comparecencia quedando convalidado de [ese] modo el auto de apertura de averiguación disciplinaria, y luego al momento de su contestación de cargos (...) [al negar, rechazar y contradecir, todos y cada uno de los señalamientos realizados en su contra al calificarlos como una infamia grave que ponen en entredicho su integridad y honradez como persona y profesional] quedando nuevamente de [ese] modo convalidado el hecho de que su procedimiento administrativo versaba también sobre la investigación que se le hacía en relación a las causales de destitución prevista en los ordinales 2º y 3º del artículo 62 de la Ley de Carrera Administrativa, aunado al hecho que a la funcionaria Auristela Villarroel de Martínez (...) se le entregaron copias certificadas de todo el expediente según consta de recibo (F.07) de la segunda pieza firmado conforme por la mencionada funcionaria el día (17-08-2000) (*sic*) (...)".

xii) Al folio veinticuatro (24) del expediente administrativo, riela "DICTAMEN" sobre la solicitud de destitución de la ciudadana Auristela Villarroel, mediante el cual se declaró procedente la medida de destitución de la querellante, de conformidad con lo establecido en el ordinal 3º del artículo 62 de la Ley de Carrera Administrativa, concluyendo que el auto de apertura de la averiguación disciplinaria quedó convalidado al haber sido impuesta de los hechos que originaron el procedimiento administrativo sancionatorio incoado en su contra al momento de rendir su declaración testimonial, ratificando lo aludido en el punto anterior sobre la convalidación en el expediente administrativo de que los hechos sobre los cuales versaba la investigación guardan relación con los supuestos de hechos contenidos en los ordinales 2º y 3º del artículo 62 de la Ley de Carrera Administrativa, y que en consecuencia la querellante "(...) estaba consciente y en pleno conocimiento del motivo por el cual se le inició el (...) procedimiento disciplinario, toda vez que no ha sido conculcado el derecho a la defensa y al debido proceso consagrado en el ordinal 1º del artículo 49 de la Constitución de la República Bolivariana de Venezuela" (Resaltado de esta Corte).

xiii) Al folio once (11) del expediente administrativo Resolución Número 030-004 de fecha 16 de noviembre de 2000, aprobada por el Directorio mediante la cual se aprobó la destitución de la ciudadana Auristela Villarroel del cargo que desempeñaba como abogado IV, adscrita a la Gerencia del Distrito Federal (hoy Distrito Capital) y del Estado Vargas del Instituto Nacional de la Vivienda (I.N.A.V.I).

xiv) Al folio dos (2) del expediente administrativo (pieza III), corre inserto acto administrativo de notificación contentivo de la Resolución Número 030-004 de fecha 16 de noviembre de 2000, aprobada por el Directorio del Instituto querellado, mediante la cual se aprobó la destitución de la ciudadana Auristela Villarroel del cargo que desempeñaba como abogado IV, adscrita a la Gerencia del Distrito Federal (hoy Distrito Capital) y del Estado Vargas del Instituto Nacional de la Vivienda (I.N.A.V.I), refiriéndose en primer lugar al hecho de que en el expediente quedó convalidado que el procedimiento administrativo de destitución versaba sobre la investigación que se le haría a la funcionaria con relación a las causales establecidas en los ordinales 2º y 3º del artículo 62 de la Ley de Carrera Administrativa, y que no le fue violado el derecho constitucional a la defensa y al debido proceso por cuanto la misma tuvo conocimiento pleno del motivo por el cual le fue instruida el procedimiento administrativo de destitución, así como también declaró la Administración recurrida que la ciudadana Auristela Villarroel no actuó con la diligencia de un buen padre de familia, "(...) ya que su condición le exigía establecer un cuidado especial en los negocios jurídicos, sobre todo si son traslativos de derechos civiles; igualmente no cumplió con la obligación de guardar, proteger, preservar los derechos e intereses que le fueron confiados por [esa] institución mediante el poder conferido, ya que ¿cómo firmó, otorgó los documentos, si no tenía acceso a los expedientes, que le permitieran practicar un cotejo, es decir, comparar los datos del documento con los recaudos contenidos en los respectivos expedientes?", asimismo se advierte del contenido de dicho acto que se le notificó a la querellante de los recursos que le acuerda la Ley en caso de considerar que esa decisión lesiona sus derechos e intereses.

Ahora bien, del estudio exhaustivo de las actas procesales, y muy especialmente del expediente administrativo, se colige lo siguiente:

i) que siempre la recurrente tuvo conocimiento de los supuestos fácticos por los cuales estaba siendo averiguada.

ii) que los hechos investigados se mantuvieron inalterables a lo largo del procedimiento.

iii) asimismo se desprende de las actas que cursan en el expediente administrativo que la recurrente siempre pudo defenderse y que efectivamente lo hizo sobre los hechos que se le imputaban.

iv) que siempre tuvo conocimiento que se había incoado en su contra un procedimiento administrativo de destitución por redactar un documento de propiedad a favor de un grupo familiar beneficiario del fondo de garantía, cuando existía morosidad en el pago al momento del fallecimiento de su adjudicataria y por lo tanto no procedía la cancelación del inmueble por dicho fondo y por la doble adjudicación de un inmueble lo que traería como consecuencia un perjuicio patrimonial al Instituto, presuntas irregularidades éstas en que había incurrido en el procedimiento de adjudicación de las viviendas "(…) ubicada en el Bloque 3, Edificio 2, Apartamento 305, Piso 3, Urbanización Ruíz Pineda Caricuao UD-7 (…)" y "(…) ubicada en el Bloque 5, del Edifici 1, Piso 9, Apartamento 0902, Urbanización Caricuao, Sector 2 (Solución el Saladillo) vivienda ubicada en la jurisdicción del Municipio Libertador (…)".

v) que el cambio de calificación jurídica respondió a la apreciación de los hechos por parte de la Administración recurrida, y de las testimoniales rendidas por la querellante al momento de imponérsele de los cargos por los cuales estaba siendo investigada, sin que por ello variara la sanción (destitución) o los hechos por los cuales se había incoado en contra de la ciudadana Auristela Villarroel de Martínez el procedimiento administrativo sancionador y de los cuales pudo defenderse durante todo el iter procedimental, como se desprende del expediente administrativo.

Como corolario de lo anterior, en criterio de esta Corte el argumento planteado por la querellante sobre la indefensión que le generó la Administración recurrida al haberse modificado la calificación jurídica por el cual se le había dado apertura al procedimiento administrativo de destitución instaurado en su contra, -es decir, el cambio en la calificación de solicitar y recibir dinero, o cualquier otro beneficio material valiéndose de su condición de funcionario público contenido en el ordinal 6º del artículo 62 de la Ley de Carrera Administrativa- en nada modificó los hechos presentados en autos y que culminaron con la sanción administrativa impuesta, o sea, perjuicio material grave causado intencionalmente o por negligencia manifiesta al patrimonio de la República establecido en el ordinal 3º del artículo 62 *eiusdem*. En todo caso, la defensa debía orientarse a persuadir al órgano sancionador de su inocencia en las imputaciones que se le hicieron desde el primer momento, las cuales, como ha podido apreciar este Órgano Jurisdiccional, en nada cambiaron en el iter procedimental disciplinario instaurado.

Así las cosas, fijar una posible responsabilidad disciplinaria fundamentada en una causal u otra de las previstas en la Ley, no altera los hechos que originaron la apertura del procedimiento y la posterior sanción de destitución.

Como consecuencia de todo lo antes examinado, esta Corte juzga que la Administración recurrida no vulneró el derecho a la defensa de la ciudadana Auristela Villarroel: ilación ésta a la que ha arribado este Órgano sentenciador al observar como norte en la resolución del presente caso el imperativo constitucional que exige dar preeminencia a la noción de justicia material por sobre las formas y tecnicismos propios de una legalidad formal que indudablemente ha tenido que ceder frente a la nueva noción de Estado. Concepto éste de Estado que, más allá de representar una forma de organización jurídica, tiene una significación teleológica que es la del alcance progresivo de la justicia social, que busca impulsar las condiciones para que la libertad y la igualdad del individuo y de los grupos en que se incluye sean reales y efectivas.

Dentro de este marco, es importante observar que la notificación de cargos de fecha 8 de agosto de 2000, suscrita por el Gerente de Recursos Humanos del INAVI (folio 62 de la pieza judicial), expresa que, vistos los recaudos que conforman el expediente disciplinario, la ahora querellante "aparece presuntamente incursa en la causal de Destitución, tipificada en el numeral 6º [*sic*] del artículo 62 de la Ley de Carrera Administrativa [por] PRESUNTAS IRREGULARIDADES EN EL OTORGAMIENTO DE LAS VIVIENDAS UBICADAS EN EL BLOQUE 3, EDIFICIO 2 APART. 305, PISO 3, RUIZ PINEDA, URB. CARICUAO y BLOQUE 5, EDIFICIO 1, APART. 0902, URB. CARICUAO C.C.2". En esos términos, se nota que la causal indicada por la Administración en aquélla oportunidad fue la de solicitar y recibir dinero, o cualquier otro beneficio material valiéndose de su condición de funcionario público.

Por su parte, como consecuencia de la sustanciación de todo el procedimiento disciplinario seguido en contra de la quejosa, resulta que mediante acto administrativo dictado por el Presidente del INAVI el 17 de noviembre de 2000, se decidió la destitución de la querellante del cargo de Abogado IV, adscrito a la Gerencia del Distrito Federal y Estado Vargas, por considerar la Administración que la recurrente se encontraba incursa en la causal de destitución prevista en el numeral 3 del artículo 62 de la Ley de Carrera Administrativa, referida al perjuicio material grave causado intencionalmente o por negligencia manifiesta al patrimonio de la República, como consecuencia de las irregularidades en el otorgamiento de las viviendas arriba indicadas.

Ahora bien, si bien es cierto que la causal indicada en la notificación de los cargos (numeral 6 del artículo 62 de la Ley de Carrera Administrativa) difiere de la causal señalada en el acto administrativo dictado al final del procedimiento disciplinario (numeral 3 del mismo artículo), no es menos cierto que uno y otro acto administrativo coinciden en el señalamiento y establecimiento de los mismos hechos, descritos supra, hechos éstos de los cuales la querellante se defendió durante su participación en el procedimiento disciplinario.

Como resultado de haber podido defenderse la recurrente de los hechos que le fueron imputados en la notificación de los cargos, y posteriormente demostrados al final del procedimiento disciplinario, esta Corte cuestiona la utilidad de considerar que tal cambio en la denominación de la falta realmente tenga una influencia importante en el derecho a la defensa de la quejosa, cuando en definitiva ésta no pudo demostrar que no había incurrido en las irregularidades relacionadas con el otorgamiento de los apartamentos mencionados supra. De allí que, de considerarse que ello infringió algún derecho constitucional a la querellante, se estaría irremediablemente incurriendo en un formalismo extremo, lo cual se encuentra proscrito por la propia Constitución de la República Bolivariana de Venezuela, por cuanto no tendría sentido alguno verificar un vicio en el caso de marras cuando se encuentra perfectamente probado en autos (como se analiza en el presente fallo) que la quejosa incurrió en una serie de hechos que ameritan la sanción de destitución de su cargo.

Permitir que un juez incurra en un formalismo como el incurrido por el a quo en el caso sub examine, implicaría desconocer los efectos prácticos de la búsqueda de la justicia material, previamente desarrollada, y que involucra la necesaria apreciación de todas las circunstancias fácticas que rodean cada caso concreto, permitiéndose valorar el contenido o la sustancia de lo debatido en un determinado juicio. De allí que no tenga sentido dejar sin efecto un acto administrativo impugnado, dejándose imprejuzgada la conducta antijurídica del sujeto pasivo del procedimiento disciplinario, que incurrió en una conducta contraria al ordenamiento jurídico, premiándose así conductas como la de autos.

Aplicando lo anterior al caso de marras, tenemos que la interpretación que debe dársele a la Ley, y en este caso en especial al ordinal 1º del artículo 19 de la Ley Orgánica de Procedimientos Administrativos, debe ser de conformidad con lo preceptuado en el artículo 257 de la Constitución de la República Bolivariana, -el cual como se dijo anteriormente-, exige que no se sacrifique la justicia por la omisión de formalidades no esenciales, ordenando así que en la búsqueda de la verdad se privilegie la justicia material por encima de la justicia formal. Así, el procedimiento administrativo debe dejar de ser un laberinto, con obstáculos e impedimentos, para ser un instrumento viable para la paz social y el bien común, por cuanto al formar parte del Poder Público está estrechamente vinculado a la sensibilidad social.

Por todo lo antes explanado esta Alzada no puede por el incumplimiento de una mera formalidad dictar decisiones que en lugar de acercarnos a una correcta impartición de justicia nos aleje de ella, por cuanto nos distancia de la búsqueda de la verdad que debe guiar nuestras actuaciones, más aun como se expresó *ut supra* en el marco de la nueva forma de Estado Social de Derecho y de Justicia sobre el cual se deben erguir todas nuestras acciones.

En este mismo hilo argumental producir una decisión fundamentada en una apreciación puramente formalista, nos induce a decidir no sólo de forma incoherente con el sustrato real a la cual va dirigida, sino también que puede derivar en un irrespeto del principio de economía procesal y de conservación de los actos administrativos, y más allá de eso amparar acciones que pueden ir en desmedro de la propia Administración, al ponderar de forma prevalente intereses individualistas frente al interés público al cual debe ir dirigido primordialmente la actividad de la Administración. Así se decide.

Como corolario de lo antes expuesto se declara con lugar el recurso de apelación interpuesto por la representación judicial del Instituto Nacional de la Vivienda (I.N.A.V.I.) y se revoca la sentencia apelada. Así se decide.

### B.    *Medidas Cautelares*

**TSJ-SC (834)**                                                              **18-6-2009**

Magistrado Ponente: Carmen Zuleta de Merchán

Caso: Corpomedios GV Inversiones, C.A., (GLOBOVISIÓN) y RCTV, C.A. vs. Artículos 171 cardinal 6; 183, parágrafo único; 208 cardinales 1 y 8, y 209 de la Ley Orgánica de Telecomunicaciones y otra normativa

No toda clase de tutela preventiva requiere obligatoriamente del cumplimiento de un *fumus boni iuris* y un *periculum in mora*, por cuanto puede existir variabilidad entre la actividad administrativa y la judicial, siendo necesario que la ley repare en las particularidades de cada una de las funciones de los órganos investidos de dicha potestad, a los fines de exigir su aplicabilidad, lo cual conlleva a que exista un margen de independencia de los medios como se manifiesta la institución cautelar a través de los distintos poderes del Estado, como ocurre en ámbito judicial de los poderes cautelares del juez constitucional, que son discrecionales.

Corresponde a la Sala establecer si el enunciado de la norma impugnada establece potestades o conductas a favor de la Administración que le permitan realizar actividades contrarias al principio de proporcionalidad; capaces de generar en aplicación de las medidas cautelares, arbitrariedades que socaven fatalmente el ejercicio de los derechos a la propiedad, libertad económica y libertad de expresión invocados en la demanda.

Al respecto, el postulado del parágrafo único, del artículo 183 de la Ley Orgánica de Telecomunicaciones, establece la potestad de la Comisión Nacional de Telecomunicaciones (CONATEL) para dictar medidas cautelares dentro de los procedimientos administrativos sancionatorios, con el siguiente objeto:

ARTÍCULO 183.- Las medidas cautelares que puede adoptar la Comisión Nacional de Telecomunicaciones, atendiendo a los parámetros establecidos en el artículo anterior pueden consistir en:

1. Ordenar la suspensión inmediata, total o parcial de las actividades presuntamente infractoras de esta Ley.

2. Ordenar la realización de actos o actuaciones en materia de Servicio Universal, interconexión, derecho de vía, restablecimiento de servicios, facturación de servicios, seguridad y defensa.

3. Proceder a la incautación de los equipos empleados y clausura de los recintos o establecimientos donde se opere, cuando se trate de actividades presuntamente clandestinas que impliquen el uso del espectro radioeléctrico.

Parágrafo Único: Las medidas a que se refiere este artículo podrán ser dictadas por la Comisión Nacional de Telecomunicaciones, con carácter provisionalísimo, en el acto de apertura del procedimiento administrativo sancionatorio sin cumplir con los extremos a que se refiere el artículo 182 de esta Ley, cuando razón de urgencia así lo ameriten. Ejecutada la medida provisionalísima, la Comisión Nacional de Telecomunicaciones deberá pronunciarse sobre su carácter cautelar, conformando, modificando o revocando la medida adoptada, en atención a lo dispuesto en los artículos 182 y siguientes de esta Ley.

El planteamiento relacionado con la impugnación de la disposición estriba en el fundamento de que la norma en su contexto es contraria a los principios de proporcionalidad y razonabilidad de los poderes públicos, al establecer la posibilidad de que el Estado ejerza medidas cautelares excesivas en contra de los operadores, por cuanto pueden ser dictadas obviando los requisitos tradicionales para su otorgamiento; desproporcionando la limitación de los derechos constitucionales a la libertad económica, a la propiedad y libertad de expresión, al permitir la suspensión de las actividades presuntamente infractoras, así como la incautación de equipos o la clausura de los establecimientos, en los términos previstos en los cardinales 1 y 3 de la Ley Orgánica de Telecomunicaciones, que, en criterio de quienes demandan, supone una indebida desproporción de las medidas por implicar la irrupción de la propiedad y actividad de sus destinatarios, restrictiva de manera absoluta de la libertad de expresión. Este señalamiento se circunscribe al principio de legalidad que rige en materia de procedimientos, y la determinación de las formas procesales que, en principio, es considerado como exclusivo y excluyente del legislador por disposición del artículo 156 cardinal 32 de la Constitución de la República Bolivariana de Venezuela. Así, en función de la reserva legal, corresponde al legislador determinar lo referente a los procedimientos tanto judiciales como administrativos, atendiendo a las previsiones constitucionales en materia procesal.

Con fundamento en el mandato constitucional, es el legislador quien debe establecer, conforme a los principios que rigen el proceso, la regulación y determinación de los procedimientos sobre los cuales deben apegarse los demás poderes en la instrucción de los actos que deban dictar en desempeño de sus funciones.

Es el mandato de Ley el principio formal básico sobre el cual se adoptan los esquemas procedimentales, abarcando no sólo lo atinente a fases de cognición y de ejecución, sino también a la tutela preventiva o cautelar, la cual puede estar presente no solo en los procedimientos judiciales, sino también en los administrativos.

Cuando así se considere pertinente, por vía legislativa pueden adaptarse, con fundamento en la tutela judicial efectiva, la seguridad jurídica o el interés general de la colectividad, medidas preliminares destinadas a garantizar el cumplimiento de un acto posterior que resuelva de manera definitiva el asunto planteado.

Lo anterior amerita que deba ser el legislador quien considere en la oportunidad de establecer medidas cautelares o preventivas, si el fin que deba ser tutelado reviste una importancia de tal relevancia, que amerite un pronunciamiento previo –aunque provisional– que incida sobre otros derechos constitucionales. En el ámbito judicial, el ejercicio de la tutela cautelar es evidente, ante la necesidad de garantizar la tutela judicial efectiva procurando asegurar las posibles resultas del juicio sin que exista la inocuidad de un fallo que no pueda ser ejecutado por su ineficacia para la satisfacer las pretensión de la parte favorecida por la decisión judicial.

Por su parte, la actividad administrativa puede encontrarse investida legislativamente para dictar medidas con carácter preventivo que obedezcan al aseguramiento de bienes cuya tutela y régimen de protección sean de interés público; ameritando la pronta intervención, por razones de gobernabilidad, del bien a garantizar por tener relevancia para el interés público; principio básico suficiente capaz de instruir la intervención preventiva, aunque su ejercicio pueda incidir sobre el margen de otros derechos constitucionales, pero este aspecto corresponde justamente ser evaluado en sede jurisdiccional.

En este contexto, las medidas cautelares que tiendan a dictar los órganos del Estado –sean judiciales o administrativos- siempre tendrán relevancia por cuanto pueden incidir sobre los derechos de la persona o grupo de personas ante las cuales se impone su decisión; estableciendo una doble relación en cuanto a la proporcionalidad y razonabilidad de cómo dicha institución se establezca, que puede ser dentro del marco de la previsión legislativa que faculte a los demás poderes a actuar cautelarmente, lo que amerita un análisis en abstracto de la norma que ha sido promulgada a los fines de verificar si su validez intrínseca se encuentra comprometida al incidir fatalmente sobre el ejercicio de otros derechos constitucionales; o puede suscitarse dentro del ámbito directo de aplicación de esa norma por parte de los órganos que hayan sido facultados para el ejercicio de la tutela cautelar, lo cual analiza el modo como esa norma se concreta y afecta otros derechos. Ambos supuestos abarcan una modalidad de estudio distinta, por cuanto la primera se relaciona directamente con el control concentrado de la norma; mientras que la otra se relaciona con su aplicación.

Dentro de este contexto, el artículo 183 de la Ley Orgánica de Telecomunicaciones establece la potestad de dictar medidas cautelares en sede administrativa; de lo cual, atendiendo a la autoridad que origina la disposición, no puede haber discusión alguna, por ser el Poder Legislativo por vía de la ley, el ente público que puede investir por delegación a los demás órganos del Estado con esta potestad.

Sin embargo, en criterio de los impugnantes, la estructura de la disposición no cumple con los principios de proporcionalidad y razonabilidad, por permitir a la Administración dictar medidas de manera arbitraria que no están sometidas a los criterios generales en materia de aplicación de medidas cautelares, tal como ocurre en materia jurisdiccional, en relación al *fumus boni iuris* y al *periculum in mora*, que asisten a los jueces para dictar decisiones cautelares.

Lo anterior obedece directamente a los elementos que dan origen a la aplicabilidad de la norma, los cuales se derivan directamente de la disposición que permite el ejercicio de la medida cautelar. En este sentido, en consideración al modelo expuesto por los recurrentes, el artículo 585 del Código de Procedimiento Civil establece como directriz para el otorgamiento de las medidas cautelares, que el juez las decretará "sólo cuando exista riesgo manifiesto de que quede ilusoria la ejecución del fallo" (*periculum in mora*) y "siempre que se acompañe un medio de prueba que constituya presunción grave de esta circunstancia y del derecho que se reclama" (*fumus boni iuris*").

Este requerimiento no es más que la exigencia de que se cumplan obligatoriamente tales supuestos para el conferimiento de un mandato instrumental que asegure el derecho que bajo presunción invoca la parte. No obstante, aunque el legislador imponga el cumplimiento de los supuestos de hecho mencionados para regular la actividad judicial cautelar, no necesariamente implica que toda clase de tutela preventiva requiera obligatoriamente del cumplimiento de un *fumus boni iuris* y un *periculum in mora*, por cuanto puede existir variabilidad entre la actividad administrativa y la judicial, siendo necesario que la ley repare en las particularidades de cada una de las funciones de los órganos investidos de dicha potestad, a los fines de exigir su aplicabilidad, lo cual conlleva a que exista un margen de independencia de los medios como se manifiesta la institución cautelar a través de los distintos poderes del Estado, como ocurre en ámbito judicial de los poderes cautelares del juez constitucional, que son discrecionales.

Lo que sí necesariamente debe requerirse, es el sometimiento de la potestad al cumplimiento de determinados supuestos que establezcan una interdicción a la arbitrariedad de la Administración, delimitando que la decisión que a tal fin se dicte obedezca a supuestos relacionados con el ejercicio de una actuación que sea fundamentada; exigiéndose en este sentido parámetros que obedezcan al aseguramiento de una manifestación racional y no desproporcionada de los entes públicos. De allí que todas las actuaciones administrativas estén sujetas al control judicial para la garantía de los ciudadanos tal como lo establece el artículo 25 de la Constitución de la República Bolivariana de Venezuela.

En consideración a lo anterior, el artículo 183 de la Ley Orgánica de Telecomunicaciones, establece lo siguiente: (i) el otorgamiento de una medida denominada provisionalísima en el acto mismo de apertura del procedimiento administrativo sancionatorio; (ii) Que esta medida puede dictarse *sin cumplir con los extremos a que se refiere el artículo 182 de esta Ley*; (iii) Que la misma podrá dictarse cuando *razones de urgencia así lo ameriten*; (iv) Que luego de dictada la medida la *Comisión Nacional de Telecomunicaciones deberá pronunciarse sobre su carácter cautelar, confirmando, modificando o revocando la medida adoptada en atención a lo dispuesto en el artículo 182 de esta Ley*".

Esta decisión preventiva de carácter administrativo obedece a la particularidad de que solamente puede ser dictada cuando existan razones de urgencia, condicionando el supuesto para la aplicación de la misma al momento mismo del inicio del procedimiento sancionatorio, la cual queda obligatoriamente sometida por ley a una nueva revisión en la cual la Comisión Nacional de Telecomunicaciones debe pronunciarse sobre su carácter cautelar, es decir, somete la decisión previa al procedimiento regular para dictar estas medidas.

Asimismo, luego de dictada la medida provisionalísima la misma debe cumplir con el artículo 182 de la Ley Orgánica de Telecomunicaciones, el cual prevé "... *la Comisión Nacional de Telecomunicaciones podrá dictar las medidas cautelares a que se refiere esta Sección [del procedimiento sancionatorio] a cuyos efectos deberá realizar una ponderación entre los perjuicios graves que pudieren sufrir los operadores y usuarios afectados por la conducta del presunto infractor, respecto a los perjuicios que implicaría para éste la adopción de dicha medida, todo ello en atención a la presunción de buen derecho que emergiere de la situación*".

Lo anterior permite establecer que el legislador estableció límites que circunscriben el estudio de la idoneidad y aptitud de la medida cautelar administrativa para el régimen especial de las telecomunicaciones, ciñendo la potestad que tiene el ente regulador para dictar a priori estas decisiones de carácter preventivo, valorando la situación del presunto infractor, el perjuicio que pudieran ocasionar a los demás operadores y usuarios, los perjuicios que implicaría para el presunto infractor el ejercicio de la medida, todo en atención a la presunción de buen derecho que emerge de la situación.

De allí que pueda concluirse que normativamente se ha establecido la interdicción suficiente para evitar una actuación arbitraria por parte de la Administración en la implementación de medidas cautelares para los operadores de telecomunicaciones; por lo que no puede considerarse que la disposición *in integrum* del artículo 183 de la Ley Orgánica de Telecomunicaciones, sea una norma que atente contra el principio de proporcionalidad y razonabilidad.

Correlativamente, al encontrarse sujeto el otorgamiento de las medidas cautelares en esta materia a un estudio necesario de su ponderación, el legislador más bien constriñó al ente regulador al imponerle la obligación de considerar en su totalidad todos los derechos que puedan estar presentes –presunto infractor, operadores afectados y usuarios- para la determinación de una decisión de esta índole, por lo que al exigir de manera precisa el requerimiento de establecer la referida ponderación, necesariamente se está condicionando la medida a una aplicación proporcional y racional de la ley, por lo que no se establece en favor de la Administración, un ejercicio indiscriminado de la potestad cautelar.

Los párrafos que anteceden permiten entender que el ejercicio de las medidas previstas en los artículos 182 y 183 de la Ley Orgánica de Telecomunicaciones establecen una aplicación equilibrada que no hace nugatoria la existencia del derecho a la propiedad, libertad económica y a la libertad de expresión, por cuanto es precisamente entre la correlación de estos principios, y el interés público, que debe existir una ponderación para la aplicación de estas medidas cautelares administrativas.

En razón de lo expuesto, esta Sala determina del ejercicio del control concentrado de la constitucionalidad que el artículo 183 de la Ley Orgánica de Telecomunicaciones no atenta contra los principios de proporcionalidad y razonabilidad de la actividad administrativa. Por consiguiente, la norma en cuestión no vulnera el derecho de propiedad, libertad económica y libertad de expresión. Dicha medida ha sido establecida en función de la gobernabilidad y para su aplicación requiere de la ponderación de los derechos de quienes puedan ser parte, como también los demás operadores y los usuarios de las telecomunicaciones. Así finalmente se decide.

*Voto Salvado del Magistrado Pedro Rafael Rondón Haaz*

El Magistrado Pedro Rafael Rondón Haaz manifiesta su disentimiento respecto del fallo que antecede, razón por la cual, de conformidad con el artículo 20 de la Ley Orgánica del Tribunal Supremo de Justicia, expresa su voto salvado en los siguientes términos:

La mayoría sentenciadora declaró sin lugar la demanda de nulidad, por razones de inconstitucionalidad, que Corpomedios GV Inversiones, C.A. (GLOBOVISIÓN) y RCTV incoaron contra los artículos 171, cardinal 6, 183, parágrafo único, 208, cardinales 1 y 8, y 209 de la Ley Orgánica de Telecomunicaciones (L.O.T.E.L.) y los Decretos Presidenciales números 2.427 del 1° de febrero de 1984 (*Gaceta Oficial Extraordinaria* N° 3.336) y el 2.625 del 5 de noviembre de 1992 (*Gaceta Oficial* N° 35.996), que contienen el Reglamento de Radiocomunicaciones y el Reglamento parcial sobre Transmisiones de Televisión, respectivamente.

Por cuanto este disidente no comparte los motivos por los cuales se desestimaron las denuncias de nulidad que las demandantes alegaron, a continuación, expone las razones de su disidencia en el mismo orden en que fueron analizadas las pretensiones de nulidad.

(…)

4. Artículo 183 L.O.T.E.L.

Las medidas cautelares que puede adoptar la Comisión Nacional de Telecomunicaciones, atendiendo a los parámetros establecidos en el artículo anterior pueden consistir en:

1. Ordenar la suspensión inmediata, total o parcial de las actividades presuntamente infractoras de esta Ley.

2. Ordenar la realización de actos o actuaciones en materia de Servicio Universal, interconexión, derecho de vía, restablecimiento de servicios, facturación de servicios, seguridad y defensa.

3. Proceder a la incautación de los equipos empleados y clausura de los recintos o establecimientos donde se opere, cuando se trate de actividades presuntamente clandestinas que impliquen el uso del espectro radioeléctrico.

Parágrafo Único: Las medidas a que se refiere este artículo podrán ser dictadas por la Comisión Nacional de Telecomunicaciones, con carácter provisionalísimo, en el acto de apertura del procedimiento administrativo sancionatorio **sin cumplir con los extremos** a que se refiere el artículo 182 de esta Ley, cuando razones de urgencia así lo ameriten. Ejecutada la medida provisionalísima, la Comisión Nacional de Telecomunicaciones deberá pronunciarse sobre su carácter cautelar, conformando, modificando o revocando la medida adoptada, en atención a lo dispuesto en los artículos 182 y siguientes de esta Ley.

La parte actora basó su pretensión de nulidad en la violación del principio de racionalidad y proporcionalidad, por cuanto la norma permitiría la aplicación de medidas cautelares de suma gravedad (suspensión de transmisiones, incautación de equipos, clausura), que limitan derechos constitucionales (propiedad y libertad económica), sin que se cumpla con sus requisitos de procedencia. Por tanto, esa posibilidad sería irracional y desproporcionada.

Asimismo, se delató la violación al derecho a la libertad económica y propiedad, por cuanto la medida inmotivada, permitiría la suspensión de transmisiones, la incautación de equipos y la clausura del medio de comunicación, lo cual generaría una evidente afectación en el normal desempeño del objeto social de las operadoras.

Por último, alegaron la violación al derecho a la libertad de expresión, por cuanto la aplicación de una medida cautelar irracional significaría una limitación inconstitucional a ese derecho.

La mayoría sentenciadora juzgó que la norma no viola los principios de racionalidad y proporcionalidad, por cuanto la Ley Orgánica de Telecomunicaciones sí determina que las medidas cautelares provisionalísimas sólo proceden en casos de urgencia. Asimismo, se consideró que, por cuanto la norma no es irracional no se violan los derechos a la libertad económica y libertad de expresión.

El fallo señaló:

... el legislador estableció límites que circunscriben el estudio de la idoneidad y aptitud de la medida cautelar administrativa para el régimen especial de las telecomunicaciones, ciñendo la potestad que tiene el ente regulador para dictar a priori estas decisiones de carácter preventivo, valorando la situación del presunto infractor, el perjuicio que pudieran ocasionar a los demás operadores y usuarios, los perjuicios que implicaría para el presunto infractor el ejercicio de la medida, todo en atención a la presunción de buen derecho que emerge de la situación.

La norma constriñe a CONATEL a considerar todos los derechos que puedan estar presentes (presunto infractor, operadores afectados y usuarios) para establecer la ponderación de la medida. De allí que, contrario a la denuncia, la norma no sea irracional y desproporcionada.

Al no ser la norma impugnada irracional ni desproporcionada no ha lugar las denuncias de violación a la libertad económica y propiedad.

El salvante no comparte el juzgamiento de la mayoría, por cuanto repite, como en múltiples oportunidades anteriores, que toda medida cautelar que se peticione, sea en sede judicial o administrativa, requiere del riguroso estudio de las causales de procedencia, a saber *periculum in mora, fumus boni iuris* y, en algunos casos, ponderación de intereses en juego, por exigencia constitucional de respeto al derecho a la defensa. En ese sentido, quien discrepa, insiste en apartarse de la afirmación de que el juez constitucional actúa "*discrecionalmente*" en sede cautelar.

Al respecto, este disidente reitera su posición, contraria a la de la mayoría sentenciadora -que se afinca en la doctrina que se fijó en el caso Corporación L'Hotels C.A.-, en el sentido de que no puede prescindirse nunca del análisis de los supuestos de procedencia de la medida cautelar, toda vez que el otorgamiento de toda cautela, incluso en el marco de pretensiones de amparo constitucional, exige la revisión exhaustiva, por parte del Juzgador, del cumplimiento con los requisitos de procedencia de las mismas, como lo son la presunción de buen derecho, el peligro en la mora y, en el marco de los procesos en los que sea parte algún ente público, la ponderación de los intereses en juego (*vid.* Exp. n.° 08-1533).

En efecto, el requisito del *fumus boni iuris*, cuyo cumplimiento es indispensable para que se acuerde cualquier medida preventiva, implica que exista presunción del derecho que se reclama: implicación que, evidentemente, exige un análisis presuntivo y a priori de la probabilidad de éxito de la pretensión principal —en esos casos de nulidad-, lo que no es, en modo alguno, un "*adelanto*" ni se "*inmiscuye*" en el fondo del asunto, pues se trata de un juicio de verosimilitud a diferencia del juicio de mérito que se hace en la sentencia definitiva. De lo contrario, ha sostenido este salvante, nunca sería procedente la medida cautelar de suspensión de efectos de actos, sean normativos o no. (*vid.* entre otras muchas, sentencia N° 3082/05).

El parágrafo único de la norma que se impugnó permite que C.O.N.A.T.E.L. emita medidas cautelares sin que se cumplan los extremos a que se refiere el artículo 182. Entre las posibles cautelas se encuentran: la suspensión inmediata de las transmisiones, incautación de equipos, clausura de establecimientos.

El artículo 182 L.O.T.E.L. dispone:

En el curso de los procedimientos administrativos sancionatorios la Comisión Nacional de Telecomunicaciones podrá dictar las medidas cautelares a que se refiere esta Sección, a cuyos efectos deberá realizar una ponderación entre los perjuicios graves que pudiesen sufrir los operadores y usuarios afectados por la conducta del presunto infractor, respecto de los perjuicios que implicaría para éste la adopción de dicha medida, todo ello en atención a la presunción de buen derecho que emergiere de la situación.

De la norma que precede se comprueba la exigencia de los requisitos de ponderación de los intereses en juego y de presunción de buen derecho para que la autoridad administrativa pueda pronunciarse cautelarmente en el procedimiento sancionatorio. Ahora bien, cuando el parágrafo único del artículo 183 L.O.T.E.L. permite que el ente regulador prescinda del estudio y verificación de tales extremos, otorga a la autoridad un margen desmedido para la emisión de las medidas cautelares que se puede traducir en actuaciones arbitrarias, cuyo control es, precisamente, la proporcionalidad y racionalidad de la actividad administrativa.

En este caso, la Sala debió interpretar la norma y llegar a la conclusión que el único extremo de los que preceptúa el artículo 182 que pudiera inobservarse en esa etapa "provisionalísima", es el relativo a la ponderación de intereses, pero no así el del *fumus boni iuris*, pues es a través de ese estudio como emerge la racionalidad y proporción de la medida, que debe satisfacer toda actuación administrativa, so pena de invalidez.

En efecto, con la lectura del artículo 12 de la Ley Orgánica de Procedimientos Administrativos se comprueba que la racionalidad y proporcionalidad de la actividad administrativa guarda estrecha relación con los supuestos de hecho y el elemento teleológico de la norma. En ese orden, para que pueda demostrarse la proporcionalidad y racionalidad en cualquier pronunciamiento cautelar, se exige el estudio de las condiciones fácticas y jurídicas, dentro de la orientación que la misma norma ofrece. Pues bien, cuando se elimina el estudio de los extremos de procedencia de la medida cautelar, debe concluirse que dota a la autoridad de un poder absoluto e ilimitado que equivale a desproporción y desequilibrio en la decisión que adopte. Por estas razones se debió establecer una interpretación conforme con la Constitución del parágrafo único del artículo 183 de la Ley Orgánica de Telecomunicaciones, en la forma como fue expuesto.

Por último, quien disiente deplora que la Sala no asuma una conducta acorde con su cualidad de máxima garante de la supremacía y eficacia de las normas y principios constitucionales y no haya interpretado, a la luz de la Constitución de la República Bolivariana de Venezuela, las normas que fueron impugnadas en la demanda de autos y que, en opinión de quien suscribe, sí estarían afectadas de inconstitucionalidad si no se les constriñe al marco constitucional.

Quedan expresados, en los términos precedentes, los motivos del disentimiento del Magistrado que rinde este voto salvado.

C.    *Pruebas: irrecurribilidad del acto de admisión de pruebas*

**TSJ-SPA (426)**                                                             1-4-2009

Magistrado Ponente: Hadel Mostafá Paolini

Caso: Antonieta Mendoza de López y Leopoldo López Mendoza vs. Contraloría General de la República.

**La Sala Político Administrativa convalida el criterio de la Administración, alusivo a la irrecurribilidad del acto a través del cual aquélla se pronuncia sobre la admisibilidad de las pruebas promovidas en sede administrativa, por no constituir éste un "acto decisorio"; ello sin perjuicio que de la revisión del acto definitivo se constate que la referida actuación ha provocado una disminución efectiva de las garantías del administrado y, por ende, un aspecto invalidante de la providencia.**

3. *Violación del derecho a la defensa en virtud de la negativa de evacuación de las pruebas de testigos e informes promovidas en el procedimiento administrativo.*

Alegan los apoderados que en el procedimiento de determinación de responsabilidades se obstaculizó la evacuación de las testimoniales promovidas el 25 de agosto de 2004 en nombre de la ciudadana Antonieta Mendoza de López, a su juicio necesaria para fijar los hechos alegados.

Al respecto precisaron que en la oportunidad de admitir tales pruebas, el órgano contralor lo hizo con la condición de que los testigos fueran *"presentados por el promovente"*, siendo que *"no existe (…) norma alguna que faculte a los particulares que sean parte en un proceso a ordenar la comparecencia de personas a fin de que rindan testimonio"*. Especial referencia efectuaron de la testimonial del ciudadano Julio Borges, destacando que siendo para la fecha Diputado de la Asamblea Nacional, correspondía a la Contraloría practicar su citación, en virtud de lo previsto en el artículo 223 del Código Orgánico Procesal Penal.

En torno a este alegato, se observa que mediante escrito de fecha 25 de agosto de 2004, el abogado Enrique Sánchez Falcón, procediendo con el carácter de apoderado de la ciudadana Antonieta Mendoza de López, promovió, entre otras, pruebas testimoniales, en los siguientes términos:

*"Solicito, de conformidad con lo previsto en el artículo 100 de la LOCGRSNCF, que esa Dirección de Determinación de Responsabilidades requiera la declaración testimonial o, en su defecto, indique la oportunidad y forma en que esta representación pueda presentarla, de las siguientes personas:*

*A) Ron Arms y Vicente Valdés de Interamerican Foundation; y Yadira Betancourt y Elvira Sanz de PDVSA, a fin de que declaren y sean interrogados sobre el seguimiento y control efectuado al Proyecto 'Expansión y Consolidación de la Justicia de Paz (...)'.*

*B) Nilda Tavio Reyes, responsable por la Industria Petrolera nacional del Proyecto 'Expansión y Consolidación de la Justicia de Paz (...), a fin de que declare y sea interrogada sobre el seguimiento y control efectuado al proyecto (...).*

*C) Mireya Vargas, Directora de la Asociación Civil Servicio de Apoyo Local (SOCSAL), a fin de que declare y sea interrogada sobre el conocimiento que tiene de la labor cumplida por esta Asociación con respecto al Proyecto 'Expansión (...)'*

*D) Diputado Julio Borges (...) a fin de que declare y sea interrogado sobre el conocimiento que tiene del Proyecto 'Expansión y Consolidación de la Justicia de Paz (...)', su ejecución, la forma de tramitarse ante PDVSA y la recepción de la donación de Bs. 60.060.000,00, en representación de la Asociación Civil Primero Justicia.*

*E) Carolina Abreu, a fin de que declare y sea interrogada sobre el conocimiento que tiene del Proyecto (...)".*

Por auto del 14 de septiembre de 2004, el Director de Determinación de Responsabilidades (E), fijó para el día 24 de ese mes y año, a partir de las 9:00 a.m., la presentación de los testigos por la promovente. Posteriormente, la representación de la actora requirió a la Dirección *"que sea ella la que cite a los testigos que le hemos indicado, de suerte que con tal autoridad se les pueda compeler a comparecer"*, agregando que "es muy probable que no se muestren inclinados a comparecer si somos nosotros, simples particulares, quienes los instamos", y solicitando finalmente, se postergaran las oportunidades para que tuviera lugar la evacuación de los testigos y la audiencia pública.

A propósito de ello, la mencionada Dirección respondió por decisión del 23 de septiembre de 2004, refiriendo que el acto cuestionado *"no es apelable ni mucho menos recurrible administrativamente"*, por tratarse de un acto de trámite; no obstante, el 24 de septiembre del mismo año, fijó como nueva oportunidad para la evacuación de los testigos el 29 de septiembre de 2004. En esta última fecha, se dejó constancia de la no presentación o comparecencia de los testigos promovidos *"en las dos oportunidades en que les fuera fijada por es(a) instancia"*.

Al respecto, comparte esta Sala -considerando que los principios del proceso ordinario no rigen con la misma rigurosidad en el procedimiento administrativo- el criterio de la Administración alusivo a la irrecurribilidad del acto a través del cual aquélla se pronuncia sobre la admisibilidad de las pruebas promovidas en sede administrativa, por no constituir éste un *"acto decisorio"*; ello sin perjuicio que de la revisión del acto definitivo se constate que la referida actuación ha provocado una disminución efectiva de las garantías del administrado y, por ende, un aspecto invalidante de la providencia.

En tal sentido, es de observar que a tenor de lo previsto en el artículo 483 del Código de Procedimiento Civil, aplicable en vía administrativa de conformidad con lo establecido en el artículo 58 de la Ley Orgánica de Procedimientos Administrativos, *"cada parte tendrá la carga de presentar al Tribunal los testigos que no necesiten citación en la oportunidad señalada"*, y de ser requerida debe la parte solicitarla expresamente.

En el caso de autos la representación de la ciudadana Antonieta Mendoza de López solicitó a la Administración que citara a los testigos, aduciendo a tal fin que resultaba improbable que acudieran al procedimiento si fueran instados por *"simples particulares"*, argumento éste que no demostraba la mencionada necesidad por lo que permanecía en cabeza de la interesada la carga de presentar los aludidos testigos.

Resulta necesario dejar sentado adicionalmente, que las testimoniales de las ciudadanas Mireya Vargas, Carolina Abreu y Julio Borges, fueron promovidas con el objeto de que declarasen sobre la labor cumplida por la Asociación Civil Primero Justicia y su conocimiento del Proyecto *"Expansión y Consolidación de la Justicia de Paz en los Estados Monagas, Anzoátegui, Sucre y Delta Amacuro"*, mientras que la de los ciudadanos Ron Arms, Vicente Valdés, Yadira Betancourt, Elvira Sanz y Nilda Tavio Reyes, se promovieron para que éstos fueran interrogados *"sobre el seguimiento y control"* efectuado a dicho Proyecto.

Ello así, se impone reiterar que los ciudadanos Antonieta Mendoza de López y Leopoldo López Mendoza fueron sancionados por incurrir, con el carácter de funcionarios de la empresa del Estado Petróleos de Venezuela, S.A., en un *"concierto para la obtención de un resultado"*, y el segundo, adicionalmente, por contratar con la Administración a través de interpuesta persona; supuestos cuya constatación, como se dejó sentado en líneas anteriores, debía efectuarse con independencia de la obtención o no de beneficios económicos por parte de los empleados investigados, y del destino dado a los recursos. Por tal razón, las mencionadas testimoniales resultaban impertinentes para el establecimiento de los aludidos ilícitos administrativos.

De otra parte, y en cuanto concierne particularmente a la testimonial del ciudadano Julio Borges, es de acotar que independientemente de que la legislación adjetiva venezolana excluya de la obligación de rendir declaración, como en efecto lo hace, a los diputados del órgano legislativo nacional, el artículo 478 del Código de Procedimiento Civil inhabilita para rendir testimonio al que *"tenga interés, aunque sea indirecto, en las resultas de un pleito"*, y, como se ha dicho, el mencionado ciudadano suscribió las donaciones otorgadas en su carácter de Presidente de la Asociación Civil Primero Justicia (donataria).

Lo expuesto lleva a concluir que no se verifica en el presente caso un vicio invalidante del acto objeto de impugnación, toda vez que no se produjo una violación del derecho a la defensa de la recurrente en los términos por ésta aludidos. Por tal motivo, se desestima la denuncia bajo análisis. Así se declara.

2.   *Reglamentos*

**TSJ-SPA (0417)**                                               **1-4-2009**

Magistrado Ponente: Yolanda Jaimes Guerrero

Caso: Síndico Procurador Municipal del Municipio San Diego del Estado Carabobo vs. Artículos 2, 3 y 7 del Decreto N° 4.248 del 30 de enero de 2006, emanado del Presidente de la República.

**La Sala reitera su jurisprudencia referente a que los reglamentos no pueden contradecir el espíritu propósito y razón de la ley. De allí que ese Máximo Tribunal, como cúspide de la jurisdicción contencioso-administrativa, debe velar porque no se invada la competencia**

**atribuida al Legislador, por ser la Asamblea Nacional el órgano de mayor representación popular el cual desarrolla la voluntad constitucional de que determinadas materias sólo sean reguladas por ley formal, dejando sólo al reglamento las disposiciones relativas a su ejecución y aplicación.**

Visto el escrito presentado por la parte actora, en el cual se impugnan los artículos 2, 3 y 7 del Decreto N° 4.248 de fecha 30 de enero de 2006, emanado del Presidente de la República (publicado en la *Gaceta Oficial de la República Bolivariana de Venezuela* N° 38.371 de fecha 2 de febrero de 2006), esta Sala, una vez revisado el expediente, pasa a pronunciarse sobre los vicios denunciados:

1. El Síndico Procurador Municipal del Municipio San Diego alegó la violación del principio de legalidad previsto en el artículo 137 de nuestra Carta Magna, por considerar que el Presidente de la República al dictar el acto administrativo de efectos generales que se recurre, incurrió en usurpación de funciones propias del poder legislativo, invadiendo con ello esferas de la reserva legal, ya que considera que *"...la Administración Pública Municipal está regida por el principio de la legalidad, a las cuales deben sujetarse las actividades que ejecuten, ello implica que los órganos que ejercen el poder público sólo pueden realizar aquellas atribuciones que les son expresamente consagradas por la Constitución y la Ley...".* (*sic*).

De conformidad con el referido principio toda la actividad de los órganos que ejercen el Poder Público se encuentra sujeta al Derecho en el más amplio sentido, es decir a la Carta Fundamental y a la Ley, así como al sistema de valores y principios desarrollados por el Constituyente venezolano en el Título I (*Principios Fundamentales*), de la Constitución de la República Bolivariana de Venezuela.

El mencionado principio de legalidad se encuentra consagrado en la Constitución de 1999 en el artículo 137 y específicamente, el de legalidad administrativa en el artículo 141, los cuales señalan:

*"...Artículo 137. Esta Constitución y la ley definen las atribuciones de los órganos que ejercen el Poder Público, a las cuales deben sujetarse las actividades que realicen..."*

*"...Artículo 141. La Administración Pública está al servicio de los ciudadanos y ciudadanas y se fundamenta en los principios de honestidad, participación, celeridad, eficacia, eficiencia, transparencia, rendición de cuentas y responsabilidad en el ejercicio de la función pública, con sometimiento pleno a la ley y al derecho...".*

En relación a la garantía de la reserva legal y al principio de legalidad referidos a la potestad reglamentaria del Poder Ejecutivo, la Sala ha establecido lo siguiente:

*"...Con respecto a la garantía de la reserva legal, esta Sala debe indicar que la misma aparece consagrada en el Texto Fundamental como una de las garantías normativas derivada del principio de legalidad, que tiene por finalidad asegurar el contenido de los derechos constitucionales, ya que a través de la misma se garantiza que la elaboración, debate y aprobación de ciertas materias consideradas por el Constituyente como de mayor trascendencia, se realice a través del procedimiento legislativo basado en los principios de publicidad, contradicción y debate.*

*...Omissis...*

*Acerca del alcance y contenido de la garantía de la reserva legal (en relación al ejercicio de la facultad de reglamentar las leyes) la jurisprudencia de este Máximo Tribunal ha sostenido lo siguiente:*

*"...la figura de la reserva legal viene dada por la consagración a nivel constitucional de determinadas materias que, debido a la importancia jurídica y política que tienen asignadas, sólo pueden ser reguladas mediante ley, desde el punto de vista formal, y ello excluye la posibilidad de que tales materias sean desarrolladas mediante reglamentos o cualquier otro instrumento normativo que no goce de dicho rango legal.*

*Ahora bien, en virtud de lo previsto en el artículo 190, numeral 10 de la Constitución de 1961 -hoy, artículo 236, numeral 10 de la Constitución de la República Bolivariana de Venezuela- el Ejecutivo Nacional puede reglamentar las leyes que se dicten en materias que pertenezcan a la reserva legal, incluso cuando tengan carácter de leyes orgánicas; lo que permite la participación del Poder Ejecutivo en el desarrollo de los principios contenidos en la Ley, siempre que no altere su espíritu, propósito y razón, y sin que ello pueda significar, en modo alguno, el otorgamiento al Presidente de la República de la potestad de legislar en torno a la materia o materias específicas que estén delimitadas por la Ley.*

*Así, el principio de la reserva legal contiene una obligación para el legislador de regular en el texto de la Ley de que se trate, toda la materia relacionada con ésta, de tal manera que, sólo puede remitir al reglamentista la posibilidad de establecer o fijar los detalles de su ejecución, esto es, explicar, desarrollar, complementar e interpretar a la Ley en aras de su mejor ejecución, estando prohibidas, por constituir una violación a la reserva legal, las remisiones 'genéricas' que pudieran originar reglamentos independientes, o dar lugar a los reglamentos 'delegados' "*. (Sent. de la S.C. N° 2338 del 21 de noviembre de 2001). (Subrayado de esta decisión).

En consecuencia, de conformidad con la jurisprudencia citada, si bien debe entenderse que ciertas materias de trascendental importancia han sido reservadas por el Constituyente para ser desarrolladas sólo por el legislador nacional, a través de leyes dictadas conforme al procedimiento de elaboración y sanción previsto en la Constitución, también debe destacarse que una vez regulados los aspectos fundamentales por el órgano deliberante nacional, el Poder Ejecutivo puede establecer ciertos aspectos necesarios para su aplicación y ejecución e igualmente pueden ser regulados mediante los Decretos Leyes previstos en la Constitución.

Así, conforme al Texto Fundamental corresponde al Presidente de la República reglamentar total o parcialmente las leyes, sin alterar su espíritu, propósito y razón (ordinal N° 10 del artículo 236 de la Constitución de la República Bolivariana de Venezuela) pero a su vez, constituye una atribución y obligación cumplir y hacer cumplir la Constitución y las leyes (ordinal N° 1 del artículo 236 *eiusdem*), función esta última del Ejecutivo Nacional reconocida por la doctrina constitucional como una de las de mayor trascendencia e importancia, ya que de ella derivan facultades tales como: el ejercicio del poder de policía, es decir, la facultad de dictar actos administrativos de contenido normativo en materia de seguridad, salubridad y tranquilidad públicas. El alcance y la extensión de esta clase de actos o reglamentos puede variar dependiendo del alcance general o más específico que tenga la ley cuya aplicación se pretenda.

(Sent. de la SPA N° 00302 del 12 de marzo de 2008, caso: *Jorge Rafael Delgado vs. Ministerio de la Defensa*).

Así, conforme a la cita anterior, se debe reiterar que los reglamentos no pueden contradecir el espíritu propósito y razón de la ley. De allí que este Máximo Tribunal, como cúspide de la jurisdicción contencioso-administrativa, debe velar porque no se invada la competencia atribuida al Legislador, por ser la Asamblea Nacional el órgano de mayor representación popular el cual desarrolla la voluntad constitucional de que determinadas materias sólo sean reguladas por ley formal, dejando sólo al reglamento las disposiciones relativas a su ejecución y aplicación. En el presente caso, se han impugnado por razones de inconstitucionalidad e ilegalidad los artículos 2, 3 y 7 del Decreto N° 4.248 de fecha 30 de enero de 2006, emanado del Presidente de la República, mediante el cual se establece la obligatoriedad de la solvencia laboral para celebrar contratos convenios o acuerdos con el Estado.

Al respecto se observa, que si bien el acto recurrido reviste la forma de un decreto, materialmente debe ser considerado un reglamento, más aún teniendo en cuenta que dicho instrumento jurídico fue dictado con fundamento en lo establecido en el artículo 13 de la Ley Orgánica del Trabajo, a través del cual el Legislador Nacional concedió amplias facultades al Poder Ejecutivo para reglamentar las disposiciones legales en materia del trabajo. Bajo el mismo fundamento han sido dictados por ejemplo, el Decreto N° 6.052, publicado en *Gaceta Oficial* N° 38.921 del 30 de abril de 2008, para regular lo relativo al salario mínimo y el Decreto N° 6.603, publicado en *Gaceta Oficial* N° 39.090 del 2 de enero de 2009, relativo a la inamovilidad laboral. De allí, que el mencionado acto impugnado tiene como base el artículo 88 de la Constitución de la República Bolivariana de Venezuela, el cual consagra el derecho al trabajo como un hecho social que debe gozar de la protección del Estado y es por ello, que dicho decreto refiere en su artículo 1° que el otorgamiento, vigencia, control y revocatoria de la solvencia laboral de los patronos y patronas, tienen por finalidad garantizar los derechos humanos laborables de los trabajadores y las trabajadoras.

En el mismo orden de ideas, la Sala Constitucional al referirse a la naturaleza jurídica del Decreto Presidencial N° 4.248 y declinar la competencia en esta Sala, para conocer de la nulidad del mencionado acto de efectos generales impugnado, estableció lo siguiente:

> "...*Como se observa, el Decreto impugnado es un acto normativo dictado por el Ejecutivo Nacional en aparente ejercicio de poderes de reglamentación, típicamente administrativo. De hecho, uno de los preceptos invocados como fundamento del Decreto N° 4248 es el artículo 13 de la Ley Orgánica del Trabajo, **que le concede amplias facultades de reglamentación en materia laboral**. La parte demandante le resta importancia a esa disposición, cuando en realidad la tiene. Por supuesto, será en el análisis que se haga respecto del fondo de la demanda cuando se determine si ese poder de reglamentación podía alcanzar la regulación contenida en el referido Decreto.*
>
> *La accionante ha errado, pues, en la calificación del rango del acto impugnado, en virtud de haber puesto el énfasis en la competencia que el Ejecutivo Nacional invoca como fundamento de su Decreto, cuando lo que debió fue determinar si el contenido del acto y la función ejercida a través de éste le permitía pensar que se trataba de una ejecución directa e inmediata del Texto Constitucional. Es evidente que no es el autor del acto quien puede a su voluntad cambiar su rango. En el caso de los Decretos, su rango legal derivará de que efectivamente se esté en presencia de una competencia fijada constitucionalmente, cuyo ejercicio no requiera de acto de rango intermedio, como sería una ley...". (Sent. SC N° 1122 de fecha 8 de junio de 2006, caso: Confederación Venezolana de Industriales CONINDUSTRIA, vs. Presidente de la República)* (Negritas y subrayado de esta decisión).

Ahora bien, determinado como ha sido el carácter reglamentario del acto impugnado se establece, que el mismo fue dictado con fundamento en las atribuciones conferidas expresamente por el Constituyente y el Legislador al Poder Ejecutivo para reglamentar las leyes, en consecuencia, éste no se excedió en el ejercicio de sus funciones, por el contario, el instrumento jurídico recurrido resulta conforme a su función de hacer cumplir la Constitución y las leyes y en virtud de ello es que puede, sin desbordar los límites de la reserva legal, desarrollar los contenidos de la ley. De allí que debe considerarse que en el presente caso, el Ejecutivo no vulneró el principio de legalidad y tampoco, el de la reserva legal. Así se declara.

Asimismo, respecto a la alegada usurpación de funciones en la que supuestamente incurrió el Ejecutivo Nacional con la emisión del acto impugnado, vulnerando, en criterio de la parte actora, el ámbito de competencia del Poder Legislativo, la Sala bajo el mismo fundamento anterior debe desechar este alegato, pues en el presente caso, como se expuso, el órgano emisor del acto recurrido actuó en el ámbito de su competencia ejerciendo poderes que le han sido atribuidos, siendo la base y el contenido del acto en cuestión, el resultado de atribuciones que el Constituyente y el Legislador le asignaron expresamente en los numerales 1, 2 y 24 del artículo 236 de la Constitución (De las atribuciones y obligaciones del Presidente de la República), el artículo 89 y 299 *eiusdem* (Relativos al derecho al trabajo como hecho social y al Régimen Socioeconómico y la función del Estado en la economía) y los artículos 13, 17 y 586 de la Ley Orgánica del Trabajo (que confieren amplios poderes del Ejecutivo Nacional para reglamentar la normativa laboral). Así se declara.

3.  *Actos Administrativos: Requisitos de proporcionalidad y racionalidad*

**CSCA**                                                          **14-4-2009**

Juez Ponente: Emilio Ramos González

Caso: Del Sur Banco Universal, C.A. vs. Superintendencia de Bancos y Otras Instituciones Financieras (SUDEBAN).

**La proporcionalidad y racionalidad del acto administrativo exige que exista congruencia entre el hecho que origina el acto y la consecuencia jurídica que se derive de la norma a aplicar, para evitar posibles excesos que se traduzcan en un sacrificio innecesario e injustificado de los derechos involucrados.**

.....Sin embargo, para esta Corte en necesario resaltar que, aún cuando en el presente caso el *thema decidendum* es el acto administrativo que causó estado y que constituye el objeto directo del recurso que ahora se examina, esto no obsta para que esta Corte en caso de considerarlo conveniente proceda, conforme a lo denunciado por el recurrente, a revisar la legalidad del acto primigenio (de imposición de multa), dictado por la Superintendencia de Bancos y Otras Instituciones Financieras (SUDEBAN), por cuanto este último acto constituye el fundamento de la resolución impugnada. Sostener lo contrario denotaría una interpretación fragmentada y excesivamente formalista de los términos del recurso, contrario al deber constitucional de garantizar una justicia accesible, equitativa y sin formalismos inútiles, de conformidad con lo dispuesto en el artículo 26 de la Constitución de la República Bolivariana de Venezuela (*Vid.* Sentencia número 660, de fecha 3 de mayo de 2007, de la Sala Político Administrativa del Tribunal Supremo de Justicia).

En ese sentido, observa esta Corte que la representación judicial de la parte actora, alegó en su recurso contencioso administrativo de nulidad, que la Resolución 324.05, de fecha 23 de junio de 2005, atenta contra los principios de proporcionalidad y racionalidad, dado que "(…) la imposición por parte del organismo de control, de una sanción, sin tomar en cuenta sus circunstancias particulares de reciente incorporación al sector de la banca universal atentaría contra los criterios de proporcionalidad y racionalidad que exige el artículo 404 de la Ley General de Bancos y Otras Instituciones, (*sic*) para la imposición de sanciones".

Por su parte, la representación de la Superintendencia de Bancos y Otras Instituciones Financieras expresó, en la Resolución 324.05 de fecha 23 de junio de 2005 que " (…) *el Banco del Sur Universal, C.A., no cumplió cabalmente con el porcentaje de colocación para el sector agrícola legalmente establecido, por las razones inherentes a la situación particular de su representada, [ese] Organismo considera necesario ratificarle al administrado lo expresado en la Resolución recurrida en el sentido de que al momento que una determinada institución especializada decide solicitar su transformación en una mayor complejidad, es evidente que dentro de los planes de transformación y fusión de la institución especializada, se evaluaron las obligaciones que se generarían como consecuencia de la transformación, dentro de los cuales se encuentra el porcentaje de crédito agrícolas, el cual es de fecha anterior a la autorización otorgada por este Organismo.*

*[Esa] Superintendencia no puede autorizar a ninguno de los supervisados a infringir la normativa que están obligados a cumplir, ni otorgar plazos o prórrogas para adecuarse a las exigencias de la Ley, cuando esta misma establece el tiempo y la forma en que deben ser cumplidas"* [Corchetes de esta Corte].

Asimismo agregó que *"(…) es necesario exponer que la representante de la Institución Financiera en el escrito consignado, [admitió] que su representada incurrió en el incumplimiento a la normativa anteriormente señalada, razón por la cual los hechos no están controvertidos; sin embargo, expone una serie de argumentos que fueron considerados por [esa] Superintendencia como atenuantes al momento de imponer sanción de conformidad con el numeral 1 del artículo 409, del Decreto con Fuerza de Ley de Reforma de la Ley General de Bancos y Otras Instituciones Financieras, pero no es un eximente de responsabilidad, por los razonamientos antes señalados esta Superintendencia considera desvirtuados el primer y segundo alegatos expuestos"* [Corchetes de esta Corte]

Siendo las cosas así, considera oportuno esta Instancia Jurisdiccional señalar, que el principio de proporcionalidad o de racionalidad, como fue establecido en sentencia del Tribunal Constitucional del 8 de agosto de 1992, consustancial al mismo en cuanto Estado de libertades y por ello el canon de constitucionalidad de la actuación de los poderes públicos, todos los cuales –y muy especialmente la Administración– han de proceder en la Resolución de todo conflicto a una cuidadosa ponderación de las circunstancias de todo orden que concurran en cada caso en concreto, absteniéndose de cualquier posible exceso susceptible de traducirse en un sacrificio innecesario e injustificado de uno de los derechos en presencia, de forma que se mantenga en todo momento el imprescindible equilibrio entre todos ellos (*Vid. Enciclopedia Jurídica Básica*, Editorial Civitas, Volumen III, Madrid-España, p. 5084) (Negrillas y subrayado de esta Corte).

Asimismo, la falta de proporcionalidad debida entre el supuesto contemplado en la norma y la sanción aplicada, obedece a un principio contenido en el artículo 12 de la Ley Orgánica de Procedimientos Administrativos, en virtud del cual se prevé que aún en los casos en que opere cierta discrecionalidad de parte de la Administración, se debe respetar la debida congruencia entre el supuesto de hecho que dio lugar al acto administrativo y la finalidad de la norma, a objeto de alcanzar un verdadero equilibrio en el cumplimiento de los fines de la Administración Pública.

En ese sentido, la doctrina ha definido el principio de *"(…) razonabilidad como aquel por el cual el acto administrativo debe mantener su justificación lógica y axiológica en los sucesos o circunstancias acaecidos, donde se exige que se produzca una consonancia entre el hecho antecedente 'creador' o 'motivador' del acto administrativo y el hecho consecuente derivado de aquél. En consecuencia, la razonabilidad comporta una adecuada relación lógico-axiológica entre la circunstancia motivante, el objeto buscado y el medio empleado"* (Cianciarlo, Juan. *El principio de la racionalidad*, Buenos Aires, Ábaco de Rodolfo Depalma, 2004, 315 pp.).

Ahora bien, evidencia esta Corte que el hecho generador del acto administrativo sancionatorio, nunca fue controvertido por la representación judicial de la parte actora, sino por el contrario, existe un reconocimiento por parte de la entidad financiera sancionada de no haber cumplido con el porcentaje mínimo exigido para la cartera de crédito agrícola de dieciséis por ciento (16%), por cuanto *"(…) no tenía [ese] instituto clientela alguna entre la personas dedicadas a la actividad agropecuaria, ni tampoco contaba el mismo con oficinas o Agencias en las zonas en que se explotan tales actividades especiales, ni infraestructura alguna o experiencia en el manejo de ellas"* [Corchetes de esta Corte].

En ese sentido, para determinar si la providencia administrativa recurrida vulnera el principio de proporcionalidad (racionalidad), considera oportuno esta Instancia Jurisdiccional conocer los dispositivos normativos utilizados por la Superintendencia de Bancos y Otras Instituciones Financieras, para sancionar a Del Sur Banco Universal, C.A., con la multa de Cincuenta Millones Quinientos Sesenta y Ocho Mil Veintidós Bolívares con Cero Céntimos (Bs. 54.568.022,00). En ese sentido, el artículo 12 de la Ley de Créditos para el Sector Agrícola, publicada mediante *Gaceta Oficial* N° 37.563, de fecha 5 de noviembre de 2002, aplicable al caso en cuestión *rationae temporis* contempló:

"Los bancos comerciales y universales que incumplan con las obligaciones establecidas en los artículos 2, 3, 4, 7, y 9 de la presente Ley serán sancionados con multas entre el cero coma uno por ciento (0,1%) y el uno por ciento (1%) de su capital pagado.
Cuando el incumplimiento sea de lo establecido en el artículo 2 de la presente Ley, además de la multa correspondiente, el banco comercial y universal deberá destinar a la cartera agrícola para el año siguiente al incumplimiento, el monto incumplido de la cartera agrícola más el nuevo porcentaje de la cartera agrícola asignada para el nuevo año.

La multa, a la que se refiere el presente artículo, será impuesta y liquidada por la Superintendencia de Bancos y Otras Instituciones Financieras, tomando en cuenta el monto del incumplimiento y el capital suscrito más la reserva de capital. El acto administrativo que establezca la sanción, estipulada en el presente artículo, deberá ser publicado en la *Gaceta Oficial de la República Bolivariana de Venezuela*" (Negrillas de esta Corte).

Por su parte, el artículo 2 de la mencionada Ley previó:

"El Ejecutivo Nacional, por órgano del Ministerio de Agricultura y Tierras mediante Resolución, fijará dentro del primer mes de cada año, el porcentaje mínimo de la cartera de crédito que cada uno de los Bancos Comerciales y Universales destinará al sector agrícola, tomando en consideración los ciclos de producción y comercialización, el cual en ningún caso podrá exceder del treinta por ciento (30%) de la cartera de crédito, previa opinión de la Superintendencia de Bancos y otras Instituciones Financieras.

En el porcentaje de cartera de crédito destinados al sector agrícola deben estar incluidos los créditos a mediano y largo plazo" (Negrillas de esta Corte).

Asimismo, la Resolución DM/N° 010 y DM/N° 1.509 emanada del Ministerio de Agricultura y Tierras y Ministerio de Finanzas, respectivamente, publicada mediante *Gaceta Oficial Extraordinaria* N° 5.692, de fecha 29 de enero de 2004, estableció que:

"Artículo 1.

…*omissis*…

Igualmente, se fija en Dieciséis por ciento (16%) el porcentaje mínimo sobre la cartera de créditos que debe destinar el financiamiento agrícola cada banco universal y comercial al cierre de los meses julio, agosto, septiembre, octubre, noviembre y diciembre del año 2004, atendiendo a los distintos ciclos de producción y/o comercialización.

Dichos porcentajes se calculan sobre la base del total de la cartera de créditos bruta al 31 de diciembre de 2003, debiendo mantenerlo cada banco universal y comercial en forma mensual" (negrilla y subrayado de esta Corte)".

De la lectura de los anteriores preceptos, se evidencia claramente la obligación que tenía la entidad financiera Del Sur Banco Universal, C.A., para los meses de julio, agosto, septiembre, octubre, noviembre y diciembre de 2004, de destinar un porcentaje mínimo de créditos dieciséis por ciento (16%)- para el desarrollo y financiamiento de proyectos vinculados con el sector agrícola.

De allí que, observa esta Corte que el porcentaje requerido para el otorgamiento de créditos agrícolas de dieciséis por ciento (16%), no fue cumplido a cabalidad por la entidad financiera Del Sur Banco Universal, C.A., por lo tanto, no puede pretender justificar su incumplimiento a la disposición normativa señala *ut supra*, alegando problemas operacionales o de cambio de estructura -Entidad de Ahorro y Préstamo a Banca Universal- ya que dentro de los planes de transformación y adecuación de la empresa, se debió prever las nuevas obligaciones y exigencias que se generarían a consecuencia del nuevo cambio de estructura de la entidad financiera.

De allí que, si la entidad financiera Del Sur Banco Universal, C.A. no se encontraba preparada lo suficientemente para poder soportar los cambios exigidos por la legislación vigente, no debió en un principio solicitar ante la Superintendencia de Bancos y Otras Instituciones Financieras, el cambio estructural de Entidad de Ahorro y Préstamo a Banco Universal. Por su parte, esta Corte en un caso similar al de autos, "caso: *Banco Provivienda, Banco Universal (BANPRO) vs. Superintendencia de Bancos y Otras Instituciones Financieras (SUDEBAN)*", estableció mediante la decisión N° 1879, de fecha 22 de octubre de 2008, lo siguiente:

> "Ante las anteriores aseveraciones, encuentra prudente esta Corte recordar que las obligaciones de medio son aquellas en las cuales la prestación que debe cumplir el deudor no es precisa ni determinada, y se basa sólo en la realización de una conducta diligente por parte del contrayente que genere la garantía en la consecución del resultado, (…) (*vid.* Maduro Luyando, Eloy. *Curso de Obligaciones*. Universidad Católica Andrés Bello, Caracas, 1995, p. 55), siempre y cuando no haya operado culpa e incluso dolo por parte del obligado en la ejecución de su deber.

> …*omissis*…

> En refuerzo de lo anterior es posible agregar que la labor de las entidades bancarias no puede limitarse a la simple remisión de un porcentaje presupuestario para destinarlos al sector de créditos agrícolas, pues reafirmado lo ya dicho, al ser una obligación de resultado la impuesta por la Ley de Créditos Agrícolas, en cuanto a la "colocación de créditos", deben las entidades bancarias procurar a través de los distintos medios, verbigracia los publicitarios, garantizar que las exigencias de la Ley sean acatadas a cabalidad, en especial en un área estrategia para el auto abastecimiento nacional, como lo es el agrícola. Así se declara" (Negrillas y subrayado de esta Corte).

Asimismo, también constata esta Corte que la Administración pudiendo aplicar un porcentaje mayor a la sanción impuesta, aplicó el porcentaje menos gravoso que el artículo 12 de la Ley de Créditos para el Sector Agrícola prevé, para aquellas entidades financieras que infrinjan las disposiciones normativas contenidas en esa Ley.

De manera que, una vez visto el porcentaje que la Superintendencia de Bancos y Otras Instituciones Financieras aplicó como medida de sanción por el incumplimiento de las Resoluciones DM/N° 010 y DM/N° 1.509 emanadas del Ministerio de Agricultura y Tierras y el Ministerio de Finanzas, respectivamente, de cero coma uno por ciento (0,1 %) del capital pagado por la empresa, y observando esta Corte, que el aludido porcentaje es la sanción más leve que prevé la Ley para este tipo de infracciones, le resulta forzoso a esta Instancia Jurisdiccional desechar el alegato esgrimido por la presentación judicial de la parte actora, en lo relativo a que la multa no cumple con los principios de proporcionalidad y racionalidad, así se declara.

4.  *Contratos Administrativos: Rescisión unilateral*

**TSJ-SPA (0592)**                                                    7-5-2009

Magistrado Ponente: Yolanda Jaimes Guerrero

Caso: Universidad de Carabobo vs. Ministerio de Salud

> **Cuando la Administración contratante declara terminado el contrato administrativo por razones de conveniencia, no resulta necesario que el acto de rescisión esté precedido de un procedimiento administrativo, donde se compruebe el incumplimiento y la imputabilidad del co-contratante.**

Finalmente, alega la parte recurrente que el Ministerio de Salud pretende *"hacer justicia por su propia mano, al pretender apropiarse de un inmueble sin que previamente haya mediado un procedimiento judicial tendente a demostrar la titularidad del derecho que invoca, lo cual va en desmedro del derecho de mi patrocinada a la defensa y al debido proceso"*.

Añade que en el caso de que se estuviera frente a un contrato administrativo, sujeto a las cláusulas exorbitantes virtuales o implícitas, dentro de las cuales se encuentra la potestad de la Administración de resolver anticipadamente el contrato cuando medie incumplimiento del co-contratante, aún en esos casos, el acto administrativo debe estar precedido de un procedimiento administrativo en el que la Universidad de Carabobo pueda expresar su criterio acerca del incumplimiento que se le imputa, como sería el presunto abandono de la antigua sede de la Facultad de Ciencias de la Educación, de forma que el Ministerio de Salud en su decisión tenga presente tal posición.

Al respecto, observa la Sala que por razones de conveniencia, la Administración contratante puede, en cualquier momento, declarar terminado el contrato administrativo, sin que medie decisión judicial, ya sea para asumir la prestación del servicio en forma directa o para poner fin al servicio por estimar que de éste no se desprende beneficio alguno para la colectividad. Así, unas de las cláusulas exorbitantes típicas de todo contrato administrativo, es el poder de rescisión unilateral por motivos de orden público cualquiera que fuese la conducta del co-contratante, a fin de permitir la ruptura de un vínculo que se ha convertido contrario a los intereses tutelados por la Administración. Por ello, aun cuando no conste en las cláusulas de la convención, la rescisión unilateral del mismo, cuando así lo demanden los intereses generales y públicos, es una facultad que la Administración no puede renunciar. (*Vid.* Sentencia SPA N° 0357 del 14 de abril de 2004, entre otras).

En este caso, la Administración hizo uso de su potestad de revocar unilateralmente el contrato, en virtud de razones de mérito y oportunidad, esto es, puso fin a dicha relación contractual, al estimar que en las edificaciones de la antigua Facultad de Ciencias de la Educación no se estaba prestando el servicio de educación y ante la necesidad de implementar nuevas políticas del Estado para garantizar los derechos constitucionales. En consecuencia, el hecho que le da origen a la revocatoria del contrato consiste en la mejor satisfacción del interés público, y por tanto, no resulta necesario que en estos casos, el acto de rescisión esté precedido de un procedimiento administrativo, donde se compruebe el incumplimiento y la imputabilidad del co-contratante. En tal virtud, no resulta procedente la denuncia de violación del derecho a la defensa, ya que no se trata de una sanción para el co-contratante. Así se decide.

En atención a las consideraciones antes señaladas, esta Sala declara sin lugar el recurso contencioso administrativo de nulidad. Así se decide.

## VI.  LA JURISDICCIÓN CONTENCIOSO ADMINISTRATIVA

### 1.  *El Contencioso Administrativo de Anulación*

#### A.  *Legitimación en defensa de intereses difusos: Inspector General de Tribunales*

**TSJ-SPA  (0616)**                                           **13-5-2009**

Magistrado Ponente: Levis Ignacio Zerpa

Caso: Josefina Entrialgo Sulbaran vs. Comisión de Funcionamiento y Reestructuración del Sistema Judicial.

**El Inspector General de Tribunales tiene cualidad para actuar legítimamente contra los actos emanados de la Comisión de Funcionamiento y Reestructuración del Sistema Judicial, que considere lesionan los intereses difusos o colectivos.**

Previa lectura del expediente administrativo y de los alegatos y pruebas presentados, se observa:

1.- Debe pronunciarse en primer término esta Sala respecto al alegato que cuestiona la legitimación activa de la Inspectoría General de Tribunales; sobre lo cual es preciso señalar que ya esta Sala ha establecido con relación a este punto, que el Inspector General de Tribunales tiene cualidad para actuar legítimamente contra los actos emanados de la Comisión de Funcionamiento y Reestructuración del Sistema Judicial, que considere lesionan los intereses difusos o colectivos.

En efecto, si bien el artículo 23 del Decreto por el cual se dicta el Régimen de Transición del Poder Público, otorga de manera provisional, la competencia disciplinaria al órgano antes indicado, reforzado además este carácter, en la Normativa sobre la Dirección, Gobierno y Administración del Poder Judicial, de fecha 15 de agosto de 2000, tal circunstancia no es óbice para legitimar al Inspector General de Tribunal, quien como titular del órgano auxiliar del ente decisor, como lo establece el artículo 28 del mismo decreto, y dada la condición de unidad autónoma del órgano que preside, por virtud del artículo 22 de la indicada normativa que rige las funciones de la Dirección Ejecutiva de la Magistratura, cuenta no sólo con la facultad sino también con la obligación de defender la transparencia de los procedimientos y decisiones administrativas dictadas por la Comisión de Funcionamiento y Reestructuración del Sistema Judicial, en ejercicio de su potestad disciplinaria. Así se decide.

#### B.  *Pruebas: Perito-testigo*

**TSJ-SPA (0083)**                                           **17-6-2009**

Magistrado Ponente: Levis Ignacio Zerpa

Caso: Entel Venezuela, C.A. vs. Ministerio del Poder Popular para las Telecomunicaciones y la Informática.

**Resultará cualidad fundamental para calificar como perito-testigo, poseer los conocimientos especializados en una determinada área del saber, pudiendo promoverse dicho medio de prueba para comprobar los mismos hechos susceptibles de conocerse por medio de un dictamen pericial, en atención a las particulares características de dicha prueba, las cuales han llevado a catalogarla como "un híbrido de experticia con testimonio".**

En efecto, observa la Sala que la recurrente promovió ante esta instancia la declaración de los ciudadanos Carlos Montes y John Franklin Naranjo, titulares de la cédula de identidad números 4.431.760 y 7.224.474, respectivamente, en su calidad de testigos expertos.

Ahora bien, en cuanto a la señalada prueba debe indicarse que tradicionalmente un destacado sector de la doctrina nacional, ha visto el fundamento legal de su admisibilidad en el proceso probatorio venezolano en una interpretación concatenada de los artículos 395 del Código de Procedimiento Civil, el artículo 57 de la Ley Orgánica contra el Tráfico Ilícito y el Consumo de Sustancias Estupefacientes y Psicotrópicas, el artículo 132 de la entonces vigente Ley Orgánica sobre Sustancias Estupefacientes y Psicotrópicas y el 98 de la entonces vigente Ley Orgánica de Salvaguarda de Patrimonio Público (las dos últimas normativas actualmente derogadas), argumentando que la misma forma parte de las denominadas pruebas libres, admitidas en derecho al no estar expresamente prohibidas por la ley, siendo valoradas conforme a las reglas de la sana crítica.

En este sentido, se ha indicado que mediante dicha prueba se pretende que el experto llamado a juicio como testigo, deponga de la misma forma que un testigo ordinario sobre las características de los hechos litigiosos, estándole permitido inclusive, emitir juicios de valoración conforme a los especiales conocimientos que posee en una determinada materia.

Bajo tales premisas, suele señalarse que dicha prueba de perito-testigo se diferencia del denominado testigo calificado, sub-tipo de la prueba testimonial, por cuanto al perito-testigo si bien le es dado declarar sobre hechos que percibió en el momento en que se verificaron, tal como sucede respecto del testigo ordinario, debido a que posee conocimientos especializados en una determinada área o materia, lo dicho por él en juicio encuentra mayor peso probatorio que el de un simple testigo. En tal sentido, agrega la doctrina que mientras el testigo calificado nunca será considerado como un experto, el perito-testigo podrá deponer sobre hechos deducidos a pesar de no haberlos presenciado.

Ello así, resultará cualidad fundamental para calificar como perito-testigo, poseer los conocimientos especializados en una determinada área del saber, pudiendo promoverse dicho medio de prueba para comprobar los mismos hechos susceptibles de conocerse por medio de un dictamen pericial, en atención a las particulares características de dicha prueba, las cuales han llevado a catalogarla como "un híbrido de experticia con testimonio".

Derivado de las consideraciones precedentes, y aun cuando tal prueba ha sido concebida como un medio distinto del testimonio, sucede que en virtud de sus múltiples similitudes, le son aplicables las normas adjetivas dictadas para regular la prueba testimonial; así por ejemplo, será procedente la aplicación de las reglas de promoción del señalado medio, sin necesidad de que medie una designación y posterior aceptación y juramentación por parte del perito-testigo, en atención a que éste no va a desempeñar un cargo judicial. Resultarán asimismo aplicables, la tacha como testigo y no la recusación como experto, siendo lo procedente para su evacuación la declaración oral sujeta a repregunta conforme a las normas de control del testigo, no pudiendo solicitarse la aclaratoria o ampliación propias del dictamen pericial.

Tal posición doctrinaria es compartida por esta Sala, debiendo en consecuencia, admitirse la factibilidad legal de dicho medio probatorio en el proceso contencioso administrativo. (Ver sentencia de esta Sala N° 6.140 de fecha 09 de noviembre de 2005)

Ahora bien, observa la Sala que dichos testigos fueron promovidos con la finalidad de establecer si, dado el desarrollo de la tecnología WLL desde el momento del otorgamiento de la concesión, hasta el momento de su revocatoria, era justificable que una empresa de telecomunicaciones con experiencia, responsable y actuando con la mayor diligencia posible pudiera haber comercializado el espectro otorgado con dicha tecnología, del mismo modo, se pretendía que los testigos describieran la tecnología y su desarrollo al momento en que se efectuó la subasta y en los años posteriores y describir la tecnología WIMAX, así como establecer si para el momento en que se iniciaron los procedimientos sancionatorios, había avanzado lo suficiente como para permitir que en las mismas bandas de frecuencia asignadas se desarrollasen soluciones de voz, datos y video integradas y si esa tecnología podía sustituir a la tecnología WLL.

En tal sentido, habiéndose establecido la legalidad del señalado medio de prueba, toca este Alto Tribunal decidir respecto de la pertinencia y conducencia del mismo en el presente caso.

Ahora bien, de los términos en que fue propuesta dicha prueba se observa, que el objeto de la misma fue circunscrito a comprobar los problemas de la tecnología WLL y lo relativo a su desarrollo así como la posibilidad de ser sustituida por la tecnología WIMAX; en tal sentido, juzga esta Sala que si bien la prueba promovida resultaba pertinente, no era conducente para desvirtuar la infracción imputada por la Administración, esto es, la recurrente no probó que hubiese usado las porciones del espectro radioeléctrico que le fuera otorgado. Además, en la forma en que fueron planteadas las preguntas en cuanto a su especificidad, se observa que lo que pretendía la parte recurrente era la obtención de una prueba de experticia a través de la vía del testimonio. Así se decide.

C.    *Sentencia: Apelación. Fundamentación*

**CSCA**                                                               **13-4-2009**

Juez Ponente: Emilio Ramos González

Caso: Auristela Villaroel de Martínez vs. Instituto Nacional de la Vivienda (INAVI).

**En el proceso contencioso administrativo basta con que el apelante señale, indistintamente, o bien las razones en que fundamenta su disconformidad, en virtud del gravamen causado con la sentencia dictada en primera instancia, o bien los vicios de la cual ésta supuestamente adolece, para que se considere fundamentada la apelación, y pueda la Alzada proceder a examinar la procedencia o no del recurso interpuesto.**

Como punto previo de pronunciamiento, advierte esta Instancia Jurisdiccional que la representación judicial de la parte querellante en su escrito de contestación a la apelación alegó que "(…) la representación del ente querellado en el escrito contentivo de la formalización a la apelación, en modo alguno, [denunció] vicios contenidos en la sentencia impugnada o que de la misma dimanen, determinen su revisión y consecuente declaratoria de nulidad (…)".

Al respecto, esta Corte aprecia que el artículo 19 aparte 18 y siguientes de la Ley Orgánica del Tribunal Supremo de Justicia de la República Bolivariana de Venezuela señala:

"Las apelaciones que deben tramitarse ante el Tribunal Supremo de Justicia seguirán los siguientes procedimientos: Iniciada la relación de la causa, conforme a los autos, la parte apelante deberá presentar un escrito donde exponga las razones de hecho y de derecho en que fundamenta la apelación, dentro de los quince (15) días hábiles siguientes. Inmediatamente, se abrirá un lapso de cinco (5) días hábiles continuos, para que la otra parte dé contestación a la apelación. La falta de comparecencia de la parte apelante se considerará como desistimiento de la acción, y así será declarado, de oficio o a instancia de la otra parte."

Apreciando lo enigmático preceptuado en la citada disposición legal, la jurisprudencia ha indicado en forma reiterada, que la fundamentación de la apelación tiene como finalidad el poner al juez de Alzada en conocimiento de todos aquellos vicios que la parte apelante ha detectado en la decisión dictada en primera instancia, así como las razones por las que tal decisión ha causado o puede causar un gravamen o perjuicio irreparable, para lo cual es preciso que sean determinados los motivos de hecho y de derecho que sostienen la imputación de tales vicios o denuncias, pues tal exigencia posibilita al juez de Alzada fijar, en atención al principio dispositivo, cuáles son los extremos de la pretensión impugnatoria de quien solicita un examen de la sentencia que ha causado un gravamen a los intereses debatidos en el juicio.

Así las cosas, se ha dejado sentado que la correcta fundamentación de la apelación requiere, en primer lugar, la presentación oportuna del escrito correspondiente, y, en segundo lugar, la exposición de las razones de hecho y de derecho en que funda su recurso el apelante, puede consistir no sólo en argumentos referidos a la impugnación del fallo por encontrarse en él vicios específicos, sino también en argumentos que expliquen la disconformidad de la parte apelante con la decisión recaída en el juicio.

Tal exigencia resulta de la esencia misma del recurso de apelación, el cual no debe juzgarse sólo como un medio procesal ordinario de impugnar la decisión de primera instancia, sino también como un medio igualmente idóneo de combatir aquella decisión que ha causado o puede causar un gravamen al perjudicado, tal como bien ha señalado la doctrina más calificada al expresar lo que a continuación se transcribe parcialmente:

"(…) a) La apelación es un recurso, esto es, un medio de impugnación de la sentencia dirigido a eliminar la injusticia de ésta mediante su reforma; y en ello se diferencia de la invalidación, cuya finalidad es hacer declarar la nulidad del acto atacado.

b) Es un recurso ordinario, que provoca un nuevo examen de la relación controvertida (*novum judicum*) y hace adquirir al juez de alzada la jurisdicción sobre el asunto, con facultad para decidir la controversia y conocer ex novo tanto de la *quaestio facti* como de la *quaestio iuris*; y en esto se diferencia del recurso extraordinario de casación, limitado a considerar exclusivamente los quebrantamientos de formas (errores *in procedendo*) y las infracciones de ley (errores *in iudicando*) en que haya incurrido el juez en la sentencia recurrida (…)". (Rengel Romberg, Arístides: *Tratado de Derecho Procesal Civil. Según el nuevo Código de 1987*, Tomo II, Editorial Arte, Caracas, 1995, p. 401).

Así las cosas y con mayor razón, en el proceso contencioso administrativo basta con que el apelante señale, indistintamente, o bien las razones en que fundamenta su disconformidad, en virtud del gravamen causado con la sentencia dictada en primera instancia, o bien los vicios de la cual ésta supuestamente adolece, para que se considere fundamentada la apelación, y pueda la Alzada proceder a examinar la procedencia o no del recurso interpuesto.

Tales consideraciones en la técnica de fundamentación de la apelación encuentran fundamento en las disposiciones contenidas en los artículos 26, numeral 1, 49, 257 y 259 de la Constitución de la República Bolivariana de Venezuela. En efecto, el artículo 26 consagra el derecho a la tutela judicial efectiva, el cual comprende, como ha sido suficientemente establecido por la Sala Constitucional del Tribunal Supremo de Justicia, la prohibición de indefensión (*Vid.* sentencia N° 515 del 31 de mayo de 2000).

Así, el numeral 1 del artículo 49 consagra el derecho al debido proceso, que incluye, como también han señalado las Salas Político-Administrativa y Constitucional de nuestro Máximo Tribunal, el derecho a recurrir del fallo que causa un gravamen; el artículo 257 consagra la prohibición de sacrificar el conocimiento del fondo del asunto, por la omisión durante los actos procesales de formalidades no esenciales, a los fines de impartir justicia en el caso concreto (*Vid.* sentencia de la Corte Primera de lo Contencioso Administrativo de fecha 7 de marzo de 2001, caso: Joaquín L. Silva) y, por último, el artículo 259 reconoce amplias facultades al juez contencioso administrativo para disponer lo necesario, a los fines de lograr el restablecimiento de la situación jurídica lesionada por la actividad de la Administración contraria a derecho.

Considerando los argumentos explanados, así como las disposiciones constitucionales antes aludidas, esta Corte aprecia que han sido expresados en el escrito de fundamentación a la apelación de la parte actora y de su representación judicial, los argumentos dirigidos a enervar los efectos de la sentencia dictada por el a quo, y a los fines de salvaguardar el derecho de acceso a la justicia y particularmente a la doble instancia, por parte del querellado, analizará de seguida la apelación propuesta. Así se decide.

D.  *Perención*

**TSJ-SPA (930)**                                                      **25-6-2009**

Magistrado Ponente: Evelyn Marrero Ortíz

Caso: Evelyna D'Apollo Abraham vs. Comisión de Funcionamiento y Reestructuración del Sistema Judicial.

Determinada como ha sido la competencia para conocer el recurso contencioso administrativo de nulidad interpuesto, la Sala observa que desde el 22 de junio de 2000, oportunidad en la cual la parte actora consignó el escrito de reforma al recurso, hasta la presente fecha, no ha realizado actos de procedimiento a los fines de impulsar y mantener el curso del proceso.

En este sentido, ha sido criterio pacífico y reiterado de esta Sala considerar "...que la perención se produce aun en aquellos casos en los que el proceso se encuentre paralizado en espera de una actuación que corresponde únicamente al juez, salvo cuando el tribunal haya dicho 'vistos' y el juicio entre en etapa de sentencia, entendiéndose tal estado como el referido a la decisión de fondo." (*Vid.*, entre otras, sentencias N° 650 del 6 de mayo de 2003, 1.473 del 7 de junio de 2006, 645 del 3 de mayo de 2007 y, más recientemente, 00312 y 00361 del 4 y 18 de marzo de 2009, respectivamente).

Con fundamento en lo expuesto, esta Sala ha decretado la perención de la instancia de conformidad con lo previsto en los artículos 86 de la derogada Ley Orgánica de la Corte Suprema de Justicia o 267 del Código de Procedimiento Civil (en virtud de la decisión de la Sala Constitucional de este Máximo Tribunal N° 1.466 de fecha 5 de agosto de 2004, en la que se desaplicó por ininteligible la disposición contenida en el aparte decimoquinto del artículo 19 de la Ley Orgánica del Tribunal Supremo de Justicia de la República Bolivariana de Venezuela), según sea el caso; inclusive en aquellas causas judiciales que se encuentran en estado de admisión, ya que nada impide a la parte recurrente diligenciar a los fines de solicitar la decisión correspondiente sobre la admisión de su recurso. (*Vid.* sentencia de esta Sala N° 01378 de fecha 5 de noviembre de 2008).

Ahora bien, un estudio más detallado del asunto debatido lleva a esta Sala a realizar un replanteamiento del criterio antes expuesto con ocasión de la sentencia de la Sala Constitucional de este Máximo Tribunal N° 416, publicada en fecha 28 de abril de 2009, mediante la cual se ratificó un criterio sentado por dicha Sala mediante el fallo N° 2.673 del 14 de diciembre de 2001 (caso: *DHL Fletes Aéreos, C.A.*).

En la referida sentencia N° 416, la Sala Constitucional señaló lo siguiente:

*"El derecho de acceso a los órganos de administración de justicia, previsto en el artículo 26 de la Constitución, se ejerce mediante la acción cuyo ejercicio se concreta en la proposición de la demanda y la realización de los actos necesarios para el debido impulso del proceso. El requisito del interés procesal como elemento de la acción deviene de la esfera del derecho individual que ostenta el solicitante, que le permite la elevación de la infracción constitucional o legal ante los órganos de administración de justicia.*

*No es una abstracción para el particular que lo invoca mientras que puede ser una abstracción para el resto de la colectividad. Tal presupuesto procesal se entiende como requisito de un acto procesal cuya ausencia imposibilita el examen de la pretensión.*

*El interés procesal surge así de la necesidad que tiene una persona, por una circunstancia o situación real en que se encuentra, de acudir a la vía judicial para que se le reconozca un derecho y se le evite un daño injusto, personal o colectivo (Cfr. Sentencia N° 686 del 2 de abril de 2002, caso: 'MTI (Arv) Carlos José Moncada').*

*El interés procesal ha de manifestarse en la demanda o solicitud y mantenerse a lo largo del proceso, ya que la pérdida del interés procesal se traduce en el decaimiento y extinción de la acción. Como un requisito que es de la acción, ante la constatación de esa falta de interés, ella puede ser declarada de oficio, ya que no hay razón para que se movilice el órgano jurisdiccional, si la acción no existe. (vid. Sentencia de esta Sala N° 256 del 1 de junio de 2001, caso: 'Fran Valero González y Milena Portillo Manosalva de Valero').*

*En tal sentido, la Sala ha dejado sentado que **la presunción de pérdida del interés procesal puede darse en dos casos de inactividad: antes de la admisión de la demanda o después de que la causa ha entrado en estado de sentencia. En el resto de los casos, es decir, entre la admisión y la oportunidad en que se dice 'vistos' y comienza el lapso para decidir la causa, la inactividad produciría la perención de la instancia.***"* (Resaltado de esta decisión).

Conforme al criterio jurisprudencial transcrito, la pérdida de interés debe ser declarada cuando la inactividad procesal se produce antes de la admisión o después de que la causa entre en estado de sentencia; mientras que la perención de la instancia, supone que la paralización se verifique luego de la admisión y hasta la oportunidad en que se dice "vistos" y comienza el lapso para dictar la sentencia de mérito.

Así las cosas, una vez verificado que en la causa bajo examen no hubo pronunciamiento respecto de la admisión del recurso, y visto que la parte recurrente dejó de instar para que ese trámite se produjese; esta Sala declara extinguida la acción en el caso de autos por pérdida de interés, con fundamento en la sentencia N° 416 del 28 de abril de 2009 dictada por la Sala Constitucional del Tribunal Supremo de Justicia. Así se declara.

2.    *El Contencioso Administrativo Especial*

   A.    *El Contencioso Administrativo de los Contratos*

**TSJ-SPA (0592)**                                                  7-5-2009

Magistrado Ponente: Yolanda Jaimes Guerrero

Caso: Universidad de Carabobo vs. Ministerio de Salud.

**En el marco de las acciones vinculadas con los contratos administrativos, las manifestaciones de voluntad de la Administración asociadas con esa relación bilateral, son actos de ejecución contractual, motivo por el cual la vía idónea para accionar frente a éstos, no es la del recurso de nulidad sino el contencioso de las demandas.**

.....Precisado lo anterior, resulta necesario determinar la naturaleza de la convención suscrita entre la República Bolivariana de Venezuela y la Universidad de Carabobo, cuya rescisión es objeto del presente recurso y a tal efecto, se observa que conforme a la jurisprudencia de esta Sala, las características esenciales de los contratos administrativos, son las siguientes: a) que una de las partes contratantes sea un ente público; b) que la finalidad del contrato se encuentre vinculada a una utilidad pública o servicio público; c) y como consecuencia de lo anterior, debe entenderse la presencia de ciertas prerrogativas de la administración en dichos contratos consideradas como exorbitantes, aun cuando no se encuentren expresamente plasmadas tales características en el texto de los mismos. (*Vid.* Sentencia SPA N° 1452 del 12 de julio de 2001, caso: *Alatec Haskoning, S.A.).*

En el presente caso, el objeto del contrato de comodato celebrado entre la República Bolivariana de Venezuela por órgano del Ministerio de Salud, está constituido por el préstamo de uso de un terreno donde la Universidad de Carabobo, según afirma, mantiene parte de sus instalaciones y edificaciones.

En efecto, el contenido del referido contrato de comodato es del siguiente tenor:

*"Entre la República Bolivariana de Venezuela, por órgano del Ministerio de Salud y Desarrollo Social,... , quien a los efectos de este Contrato se denominará 'EL COMODANTE', por una parte, y por la otra, la Universidad de Carabobo, ..., quien a los mismos efectos se denominará 'EL COMODATARIO', se ha convenido celebra como en efecto se celebra, el presente Contrato de Comodato, contenido en las cláusulas siguientes:*

*PRIMERA: 'EL COMODANTE' conviene en entregar a 'El COMODATARIO' para su uso y en forma gratuita las instalaciones y servicios que corresponden a los llamados pabellones psiquiátricos números ... y los lotes de terrenos ....*

*SEGUNDA: 'EL COMODATARIO' destinará las edificaciones a que se refiere este Contrato, a las actividades propias de la Universidad de Carabobo, no pudiendo dársele otro uso distinto para el cual se ha destinado.*

*TERCERO: 'EL COMODATARIO' se obliga a restituir los bienes objeto del Comodato especificados en la Cláusula Primera, en un término de Cincuenta (50) años contados a partir de la firma del presente documento, pudiendo ser prorrogado por períodos de igual duración.*

*CUARTA: 'EL COMODATARIO' podrá hacer las edificaciones objeto del presente contrato, los trabajos,, obras y mejoras que sean necesarias para el cumplimiento de las finalidades a que se refiere la Cláusula Segunda del presente Contrato, siendo convenido que todas las obras civiles construidas en tal sentido, quedarán en beneficio gratuito de 'EL COMOMODANTE' al término del presente contrato, cualquier que fuere la causa o motivo de dicha terminación: no obstante ello, quedará a salvo el derecho de 'EL COMODANTE' de exigir la oportuna devolución de las edificaciones indicadas en las condiciones en las que las entrega en este acto.*

*QUINTA: Si los bienes objeto del presente contrato se deterioraren por efecto de uso para el cual fueron cedidos, sin que mediare responsabilidad de 'EL COMODATARIO', este no responderá por el deterioro ocasionado, salvo que ocurra por la acción de terceros.*

*SEXTA: 'EL COMODANTE' no será responsable en forma alguna y en ningún caso por los daños y pérdidas de aparatos y demás bienes que puedan ocurrir en los inmuebles objeto del presente Comodato, sea quien fuere el dueño, ni por daños y perjuicios que por cualquier causa o motivo puedan experimentar personas o animales en los referidos inmuebles.*

*SEPTIMA: 'EL COMODATARIO no podrá traspasar, ceder, enajenar, gravar ni arrendar los inmuebles objeto del presente contrato ni los derechos que se le reconocen en este documento, sin la previa y escrita autorización de 'EL COMODANTE'.*

*(...Omissis ...)*

*DECIMATERCERA. Habida cuenta de la magnitud del patrimonio de 'EL COMODANTE' y de su compleja administración, es pacto expreso que 'EL COMODANTE' queda de una vez exonerado de toda responsabilidad que pudiera haber lugar, de conformidad con las previsiones del artículo 1.734 del Código Civil vigente.*

*(...Omissis...)".*

Tal como se desprende del contrato de comodato, se observa que éste fue celebrado entre dos entes de naturaleza pública, cumpliéndose así el primer requisito establecido para que se configure el contrato administrativo. Asimismo, el objeto del referido contrato consiste en la entrega de un inmueble propiedad de la República, adscrito al Ministerio de Salud, para que sea utilizado de forma gratuita por la Universidad y desarrolle parte de las actividades que le son propias, por lo que a juicio de esta Sala, el objeto del contrato está vinculado a la prestación de un servicio público que tiende a la satisfacción de un interés general, como lo es la educación.

Por ello, aun cuando el contrato celebrado no consagra cláusulas exorbitantes en cuanto a la rescisión unilateral del mismo, entre otras, se entiende que las mismas están implícitas y surten efectos para ambos entes públicos. Por ende, la Sala concluye que el contrato de comodato encuadra dentro de la categoría de contrato administrativo. Así se decide.

Ahora bien, ha considerado la Sala que en el marco de las acciones vinculadas con los contratos administrativos, las manifestaciones de voluntad de la Administración asociadas con esa relación bilateral, son actos de ejecución contractual, motivo por el cual la vía idónea para accionar frente a éstos, no es la del recurso de nulidad sino el contencioso de las demandas, habida cuenta que la declaratoria de nulidad de tales actos no permite por sí sola la satisfacción plena de las peticiones planteadas por los demandantes derivadas del alegado cumplimiento del contrato, ya que supone la obligación de la Administración de cumplir con la prestación que se reclama como debida. (*Vid.*, sentencias N° 1.063 del 27 de abril de 2006, N° 1.766 del 12 de julio de 2006 y N° 2.034 del 9 de agosto de 2006).

Al respecto, específicamente en el *"obiter dictum"* de la sentencia N° 1.063 del 27 de abril de 2006, se concluyó lo siguiente:

*"(...) Así, para la Sala, este tipo de pretensión sólo puede ser satisfecha apropiadamente, con la interposición de una demanda de cumplimiento de contrato, en la cual sí se podría imponer al ente contratante, de resultar vencedora la contratista, el deber de cumplir con la contraprestación que le impone la convención celebrada entre ambos. Así se declara".*

En consecuencia, a referirse la potestad rescisoria a una facultad propia de la Administración para dar por terminado un vínculo contractual por tratarse de una convención regida por el Derecho Público, el ejercicio de dicha potestad constituye un acto de ejecución del contrato y como tal, necesariamente debe ser analizado dentro de su contexto, toda vez que allí tiene su origen. Por tal motivo, la tendencia jurisprudencial ha sido negar la idoneidad del recurso contencioso administrativo de nulidad para atacar la terminación anticipada de la convención, señalando la existencia de otros medios judiciales específicos para tal fin.

Por tal motivo, si la recurrente pretende seguir ocupando el terreno en cuestión, en calidad de comodataria del inmueble cuya restitución le fue exigida, el medio adecuado para impugnar el acto rescisorio es la demanda por cumplimiento de contrato. Por otra parte, si lo que pretende la parte recurrente es que le sea restituido el bien que alega es de su propiedad, ha debido ejercer una acción reivindicatoria.

No obstante lo anterior y por cuanto el presente recurso ha sido interpuesto bajo la vigencia de la Ley Orgánica del Tribunal Supremo de Justicia, que no prevé la existencia de otra vía judicial como causal de inadmisibilidad, mal podría declararse ésta. (*Vid.* Sentencia SPA N° 01766 del 12 de julio de 2006, caso: *Lirka Ingeniería C.A.*).

Por tanto, tomando en cuenta que se ha sustanciado el proceso hasta la etapa de decisión, este órgano jurisdiccional conforme al derecho a la tutela judicial efectiva consagrada en el artículo 26 de la Constitución, pasa a pronunciarse sobre los vicios denunciados con ocasión del recurso contencioso administrativo de nulidad ejercido contra el acto administrativo contenido en la Resolución N° 263 de fecha 14 de septiembre de 2006, emanada del Ministerio de Salud y a tal efecto se observa: (…)

B.    *El Contencioso Administrativo de los Conflictos: Procedimiento*

**TSJ-SPA (0510)**                                                    **29-4-2009**

Magistrado Ponente: Yolanda Jaimes Guerrero

Caso: Concejo Municipal de Maracaibo del Estado Zulia

**La Sala precisa el procedimiento a seguir para la tramitación de conflictos entre autoridades y controversias administrativas.**

Corresponde a esta Sala pronunciarse sobre la solicitud formulada por la parte actora a los fines de que se ordenen "*…los actos conciliatorios previstos en el aparte 29 del artículo 21 de la Ley Orgánica del Tribunal Supremo de Justicia…*".

Previo a emitir pronunciamiento con respecto a lo solicitado, la Sala considera necesario efectuar las siguientes precisiones:

Con anterioridad a la entrada en vigencia de la Ley Orgánica del Tribunal Supremo de Justicia de la República Bolivariana de Venezuela, esta Sala mediante su jurisprudencia había establecido que, en ausencia de procedimientos específicos para la tramitación de conflictos entre autoridades y controversias administrativas y para garantizar el derecho a la defensa y al debido proceso, conforme a lo previsto en el artículo 49 de la Constitución de la República Bolivariana de Venezuela, el juez contencioso en virtud de la potestad establecida en el artículo 102 de la Ley Orgánica de la Corte Suprema de Justicia, ordenaba aplicar las reglas del procedimiento de amparo, señaladas en los artículos 23 y siguientes de la Ley Orgánica de Amparo sobre Derechos y Garantías Constitucionales. (*Ver* Sent. SPA N° 01570 de fecha 25-07-01, caso: *Alcalde Interino del Municipio Antolín del Campo del Estado Nueva Esparta*).

Luego, con la entrada en vigencia de la citada Ley Orgánica del Tribunal Supremo de Justicia de la República Bolivariana de Venezuela, la Sala con respecto a los procedimientos a seguir en los casos relativos a la resolución de conflictos entre autoridades y controversias administrativas advirtió que, "*…no obstante la aludida Ley -por error material- señala que tal procedimiento es aplicable a las controversias a que se refieren los numerales 31 y 33 del artículo 5 eiusdem, es notorio que el mencionado procedimiento es para las controversias a que aluden los numerales 32 y 34 del artículo 5 de esa Ley, dada cuenta que así se desprende categóricamente de la concordada inteligencia de lo dispuesto en los numerales mencionados en último término, con lo establecido en los apartes veintidós, veinticuatro y veintiséis del artículo 21 ibidem…*". (*Vid.* Sent. SPA N° 00914 del 6 de junio de 2007, caso: *Alcalde del Municipio San Cristóbal del Estado Táchira vs. Concejo Municipal del Municipio San Cristóbal del Estado Táchira*).

Conforme a lo anterior, este Máximo Tribunal viene precisando el procedimiento a seguir en estos tipos de recursos. Así con ocasión al recurso de apelación interpuesto contra el auto de fecha 13 de febrero de 2007, dictado por el Juzgado de Sustanciación de esta Sala, mediante el cual declaró improcedente la solicitud planteada, referida a que el caso fuera tramitado conforme a lo dispuesto *"en los artículos 23 y siguientes de la Ley Orgánica de Amparo sobre Derechos y Garantías Constitucionales"*, ratificando que el procedimiento de rigor era el previsto en el aparte 22 y siguientes del artículo 21 de la Ley Orgánica del Tribunal Supremo de Justicia de la República Bolivariana de Venezuela, se dejó establecido lo siguiente:

*"...Al respecto, esta Sala observa que ejercida como fue la presente controversia administrativa bajo la vigencia de la última de las leyes precedentemente nombradas, no cabe lugar a dudas en cuanto a que el procedimiento que le es aplicable lo constituye el establecido en el aparte veintidós y siguientes de su artículo 21, conforme reiterado criterio sostenido, entre otras, en sentencias Nos. 547 y 689 del 1º y 23 de junio de 2004, respectivamente.*

*En efecto, esas decisiones de esta Sala establecieron lo siguiente:*

*"Precisada la competencia de la Sala para conocer del presente asunto, se observa que la novísima Ley Orgánica del Tribunal Supremo de Justicia de la República Bolivariana de Venezuela, en el aparte veintidós y siguientes de su artículo 21, establece el procedimiento aplicable para la resolución de las controversias que son del carácter que tiene la que es objeto de autos, es decir, las controversias administrativas que se susciten cuando una de las partes sea la República o algún Estado o Municipio, cuando la contraparte sea alguna de esas mismas entidades, por el ejercicio de una competencia en ejecución directa e inmediata de la ley (procedimiento que es igualmente aplicable para dirimir las controversias que se susciten entre autoridades políticas o administrativas de una misma o diferentes jurisdicciones, con motivo de sus funciones).*

*En tal sentido, debe precisar y advertir esta Sala, que no obstante que la aludida Ley -por evidente error material- señala que tal procedimiento es aplicable a las controversias a que se refieren los numerales 31 y 33 del artículo 5 eiusdem, resulta evidente que el mencionado procedimiento es para las controversias a que aluden los numerales 32 y 34 del artículo 5 de esa novísima Ley, dada cuenta que así se desprende categóricamente de la concordada inteligencia de lo dispuesto en los numerales mencionados en último término, con lo establecido en los apartes veintidós, veinticuatro y veintiséis del artículo 21 ibidem.*

*Precisado lo anterior, esta Sala, de conformidad con lo dispuesto en el aparte veintitrés y siguientes del artículo 21 de la novísima Ley Orgánica del Tribunal Supremo de Justicia de la República Bolivariana de Venezuela, ordena la remisión del presente expediente al Juzgado de Sustanciación, a los fines de que se pronuncie sobre la admisibilidad del recurso, según las reglas generales de admisión contenidas en el quinto aparte del artículo 19 eiusdem, en cuanto le sean aplicables, y en caso de ser admisible, ordene el trámite establecido en el aparte 24 y siguientes del precitado artículo 21. Así se decide. "*

*Con fundamento a lo anterior, mal puede prosperar el argumento de la parte apelante, toda vez que se sustenta en un criterio jurisprudencial estrictamente vinculado al vacío legal existente en la derogada Ley Orgánica de la Corte Suprema de Justicia, y que en la actualidad se encuentra superado por fuerza de la vigente ley que rige las funciones de este Máximo Tribunal...". (Sent. de la SPA Nº 00628 del 25 de abril de 2007, caso: Víctor Machuca, Edgar Rodríguez, Maritza Maica, Johney Rodríguez y José Brito)* (Destacado de esta sentencia).

Al citado criterio se había referido la Sala en sentencias en las cuales se ordenó seguir el trámite establecido en el aparte 24 y siguientes del precitado artículo 21 *eiusdem*. (*Vid*. Sent. de la SPA Nº 06088 de fecha 3 de noviembre de 2005, caso: *Municipio José Antonio Páez y Rómulo Gallegos del Estado Apure vs. Alcalde del Distrito Del Alto Apure de la misma entidad estadal*).

Ahora bien, en el presente caso, el apoderado judicial de la parte actora mediante diligencia de fecha 8 de julio de 2008, solicitó se ordenen *"...los actos conciliatorios previstos en el aparte 29 del artículo 21 de la Ley Orgánica del Tribunal Supremo de Justicia...".*

Se observa que la mencionada disposición establece lo siguiente:

*"...Artículo 21. (...) Vencidos los términos señalados anteriormente, el Tribunal Supremo de Justicia procurará la conciliación de las partes, en un lapso de cinco (5) días hábiles continuos. Si no se lograse la misma, se abrirá de pleno derecho, el lapso probatorio. Los lapsos para promover y evacuar pruebas se realizará conforme lo prevé el Código de Procedimiento Civil...".*

Al respecto cabe señalar que sobre el citado aparte 29 del artículo 21 de la Ley Orgánica del Tribunal Supremo de Justicia de la República Bolivariana de Venezuela, no se había emitido pronunciamiento con anterioridad y es por ello, que ante la solicitud planteada en el caso bajo análisis, se debe precisar que tratándose de un lapso procesal dirigido a que las partes manifiesten expresamente ante este Máximo Tribunal su voluntad de resolver y superar la materia objeto de conflicto o controversia en cuestión, la Sala considera que la apertura de dicho lapso de cinco (5) días hábiles continuos, debe ser ordenada por el Juzgado de Sustanciación, a diferencia del lapso probatorio previsto en el enunciado artículo, el cual se abre de pleno derecho. El mencionado lapso sólo se ordenará en aquellos supuestos en los cuales no se encuentre involucrado el orden público.

Ahora bien, en el caso particular que se analiza, según se evidencia del expediente, se ha dejado establecida la necesidad de que se ordene al Alcalde del Municipio Maracaibo del Estado Zulia, *"...la inmediata remisión de los dozavos correspondientes al Concejo Municipal de dicha entidad territorial..."*, resultando en consecuencia improcedente proveer acerca del lapso de conciliación solicitado, por tratarse de una materia de orden público que involucra los intereses de la colectividad, ya que la controversia planteada gira en torno al supuesto incumplimiento de obligaciones constitucionales y legales por parte Ejecutivo del Municipio Maracaibo del Estado Zulia, que no pueden ser relajadas conforme al ordenamiento jurídico vigente.

Asimismo, se evidencia del contenido del Oficio N° 07-021268 de fecha 23 de mayo de 2006, suscrito por la Dirección General de Control de Estados y Municipios de la Contraloría General de la República (Folio N° 30), el referido carácter de orden público de la materia objeto de la controversia sujeta a la resolución de la Sala, razón ésta por la cual, el caso particular que nos ocupa no puede ser susceptible de transacción o convenimiento alguno.

En supuestos similares, relativos al cumplimiento de obligaciones constitucionales y legales indisponibles por parte de los órganos que ejercen el Poder Público, se ha referido la Sala con anterioridad precisando lo siguiente:

*"...Siendo así, estas fuentes de ingresos del Distrito Metropolitano de Caracas y correlativamente obligaciones dinerarias a cargo de los Municipios establecidas en la precitada Ley, forman parte de las subvenciones no condicionadas dentro del esquema fiscal venezolano, entendidas éstas como un auxilio financiero obligatorio de un ente territorial a otro, en este supuesto de carácter horizontal por mandato expreso de la ley. Por tanto, la obtención del situado municipal en este caso particular, como el aporte financiero, constituye un derecho constitucional propio del Distrito Metropolitano de Caracas, cuya transferencia debe ser permanente y periódica, para así garantizar su percepción y con ello financiar los servicios públicos regionales destinados a satisfacer las necesidades de la colectividad. En tal sentido, **la materia bajo controversia, como se infiere** adicionalmente de la opinión consignada por la Contraloría General de la República, **reviste características de orden público que impiden ser objeto de transacción, al versar sobre obligaciones de rango constitucional y de interés colectivo** según los elementos antes descritos.*

*Por tanto, si bien se verificó de las actas cursantes en autos que los mencionados Alcaldes estaban facultados expresamente por el Concejo Municipal del Municipio Baruta del Estado Miranda y el Cabildo Metropolitano de Caracas para transigir, esta Sala estima que tales autoridades no poseen capacidad en virtud de la indisponibilidad de la materia que comprende la transacción; razones por las cuales, debe declararse improcedente la homologación de la transacción celebrada entre las partes. Así se decide..."*

(Sent. de la SPA N° 00396 de fecha 2 de abril de 2008, caso: *Distrito Metropolitano de Caracas vs. Municipio Baruta del Estado Miranda*) (*Vid.* también sent. SPA N° 01544 de fecha 18 de septiembre de 2007, caso: *Gobernador del Estado Cojedes vs. Municipio Falcón Del Estado Cojedes*).

Así pues, conforme se ha venido estableciendo ante la presunción de que resulten afectados los derechos de la colectividad en virtud de la situación de anormalidad generadora de ciertos conflictos y controversias administrativas como el que se analiza, debe esta Sala, por ser de orden público, declarar improcedente la presente solicitud. Así se decide.

## VII. LA JUSTICIA CONSTITUCIONAL

1. *Acción de Amparo Constitucional*

    A. *Admisibilidad: Legitimación activa*

**TSJ-SC (997)**                                                        **16-7-2009**

Magistrado Ponente: Carmen Zuleta De Merchan

Caso: Reinaldo García Iturbe y otros

**La legitimación activa en materia de amparo constitucional corresponde a quien se afirme agraviado en sus derechos constitucionales, que puede actuar asistido de abogado o mediante apoderado judicial; y visto que en el caso de autos la parte supuestamente agraviada no otorgó un mandato o poder que permitiera que el profesional del derecho ejerciera su representación válidamente en el presente procedimiento de amparo constitucional, la Sala, de conformidad con lo previsto en el artículo 19 de la Ley Orgánica del Tribunal Supremo de Justicia, aplicable supletoriamente de acuerdo a lo establecido en el artículo 48 de la Ley Orgánica de Amparo sobre Derechos y Garantías Constitucionales declara inadmisible la acción de amparo interpuesta.**

Asumida la competencia por esta Sala se observa de las actas que conforman el expediente que la acción de amparo constitucional fue interpuesta por el abogado Guillermo Pomenta García, quien aduce actuar como "apoderado judicial" de los ciudadanos Reinaldo García Iturbe y Lea Josefina García Iturbe de Pomenta, sin que conste en autos algún instrumento que acredite tal representación.

En ese sentido, en sentencia 821 del 15 de mayo de 2008 (caso: *sociedad mercantil MAYRECA, C.A.*), la Sala, al constatar que el abogado actor no consignó el poder que lo acreditaba para actuar ante este Máximo Tribunal, sostuvo lo siguiente:

Ahora bien, esta Sala observa que la pretensión de amparo interpuesta fue presentada ante esta Sala Constitucional por el abogado Quiro Rafael Arbeláez, inscrito en el Instituto de Previsión Social del Abogado, bajo el N° 29.265, actuando con el carácter de apoderado judicial de la sociedad mercantil Mayreca, C.A. Al respecto, esta Sala estima necesario aclarar que para la interposición de la pretensión de amparo la accionante debe inexorablemente estar asistida o debidamente representada por un abogado debiendo ello constar en el escrito que la contiene y ser consignado en el expediente el documento poder debidamente otorgado que acredite la representación ante este Máximo Tribunal, con el fin de verificar dicho carácter.

(*omissis*)

En este sentido, es pertinente señalar que la Sala no puede suplir la carga que corresponde única y exclusivamente a quien pretende del órgano jurisdiccional el acto de administración de justicia, máxime cuando ello es requerido para determinar la admisibilidad de la pretensión de amparo constitucional, de conformidad con lo previsto en el artículo 19 de la Ley Orgánica del Tribunal Supremo de Justicia aparte quinto que señala lo que sigue:

Se declarará inadmisible la demanda, solicitud o recurso cuando así lo disponga la ley; o si el conocimiento de la acción o recurso compete a otro tribunal; o si fuere evidente la caducidad o prescripción de la acción o recurso intentado; o cuando se acumulen acciones o recursos que se excluyan mutuamente o cuyos procedimientos sean incompatibles; o cuando no se acompañen los documentos indispensables para verificar si la acción o recurso es admisible; o cuando no se haya cumplido el procedimiento administrativo previo a las demandas contra la República, de conformidad con la Ley Orgánica de la Procuraduría general de la República; o si contiene conceptos ofensivos o irrespetuosos; o es de tal modo ininteligible que resulte imposible su tramitación; o **cuando sea manifiesta la falta de representación o legitimidad que se atribuya al demandante, recurrente o accionante**; o en la cosa juzgada" (resaltado de este fallo).

Asimismo, la doctrina jurisprudencial de la Sala establecida en esta materia, ha quedado expresada en sentencia N° 1364 del 27 de junio de 2005, (caso: *Ramón Emilio Guerra Betancourt*); ratificada, entre otras, en sentencias: N° 2603 del 12 de agosto de 2005 (caso: *Gina Cuenca Batet*); N° 152 del 2 de febrero de 2006 (caso: *Sonia Mercedes Look Oropeza*); N° 1316 del 3 de junio de 2006 (caso: *Inversiones Inmobiliarias S.A.*); y N° 1894 del 27 de octubre de 2006 (caso: *Cleveland Indians Baseball Company*), en las que se señaló que:

Para la interposición de un amparo constitucional, cualquier persona que considere haber sido víctima de lesiones constitucionales, que reúna las condiciones necesarias para actuar en juicio, puede ser parte actora en un proceso de ese tipo. Sin embargo, al igual que para cualquier otro proceso, si ese justiciable, por más capacidad procesal que posea, no puede o no quiere por su propia cuenta postular pretensiones en un proceso, el *ius postulandi* o derecho de hacer peticiones en juicio, deberá ser ejercido por un abogado que detente el derecho de representación, en virtud de un mandato o poder auténtico y suficiente.

Así las cosas, para lograr el 'andamiento' de la acción de amparo constitucional, será necesario por parte del abogado que no se encuentre asistiendo al supuesto agraviado, demostrar su representación de manera suficiente; de lo contrario, la ausencia de tan indispensable presupuesto procesal deberá ser controlada de oficio por el juez de la causa mediante la declaratoria de inadmisibilidad de la acción (…).

Dentro de este orden de ideas, cabe destacar que la legitimación activa en materia de amparo constitucional corresponde a quien se afirme agraviado en sus derechos constitucionales, que puede actuar asistido de abogado o mediante apoderado judicial; y visto que en el caso de autos la parte supuestamente agraviada no otorgó un mandato o poder que permitiera que el profesional del derecho ejerciera su representación válidamente en el presente procedimiento de amparo constitucional, la Sala, de conformidad con lo previsto en el artículo 19 de la Ley Orgánica del Tribunal Supremo de Justicia, aplicable supletoriamente de acuerdo a lo establecido en el artículo 48 de la Ley Orgánica de Amparo sobre Derechos y Garantías Constitucionales declara inadmisible la acción de amparo interpuesta contra el auto del 12 de mayo de 2008 y el fallo del 26 de septiembre de 2008 dictados por el Juzgado Segundo de Primera Instancia en lo Civil, Mercantil, Agrario y del Tránsito de la Circunscripción Judicial del Estado Falcón, con sede en Punto Fijo. Así se decide.

*Voto Salvado de la Magistrado Luisa Estella Morales Lamuño*

Quien suscribe, Magistrada Luisa Estella Morales Lamuño, salva su voto por disentir del fallo que antecede el cual, luego de establecer el criterio vinculante relativo a la competencia de la Sala Constitucional para conocer, el cual se comparte plenamente, declaró inadmisible la acción de amparo constitucional interpuesta por el abogado Guillermo Pomenta García, aduciendo actuar con el carácter de apoderado judicial de los ciudadanos Reinaldo García Iturbe y Lea Josefina García Iturbe de Pomenta, contra el auto dictado el 12 de mayo de 2008 y el fallo dictado el 26 de septiembre de 2008, por el Juzgado Segundo de Primera Instancia en lo Civil, Mercantil, Agrario y del Tránsito de la Circunscripción Judicial del Estado Falcón, con fundamento en las razones que se señalan a continuación:

1.- En criterio de la mayoría sentenciadora:

"Asumida la competencia por esta Sala se observa de las actas que conforman el expediente que la acción de amparo constitucional fue interpuesta por el abogado Guillermo Pomenta García, quien aduce actuar como 'apoderado judicial' de los ciudadanos Reinaldo García Iturbe y Lea Josefina García Iturbe de Pomenta, sin que conste en autos algún instrumento que acredite tal representación.

….

Dentro de este orden de ideas, cabe destacar que la legitimación activa en materia de amparo constitucional corresponde a quien se afirme agraviado en sus derechos constitucionales, que puede actuar asistido de abogado o mediante apoderado judicial; y visto que en el caso de autos la parte supuestamente agraviada no otorgó un mandato o poder que permitiera que el profesional del derecho ejerciera su representación válidamente en el presente procedimiento de amparo constitucional, la Sala, de conformidad con lo previsto en el artículo 19 de la Ley Orgánica del Tribunal Supremo de Justicia, aplicable supletoriamente de acuerdo a lo establecido en el artículo 48 de la Ley Orgánica de Amparo sobre Derechos y Garantías Constitucionales declara inadmisible la acción de amparo …".

2.- Se fundamenta la sentencia que antecede, en lo dispuesto en el aparte quinto del artículo 19 de la Ley Orgánica del Tribunal Supremo de Justicia, aplicable en virtud de lo establecido en el artículo 48 de la Ley Orgánica de Amparo sobre Derechos y Garantías Constitucionales, haciendo alusión expresa a lo establecido por esta Sala Constitucional en la sentencia N° 1.364 del 27 de junio de 2005 (caso: *Ramón Emilio Guerra Betancourt*), entre muchas otras, a los fines de declarar la inadmisibilidad de la acción de amparo incoada.

3.- Quien aquí disiente, encuentra oportuno señalar que siendo la acción de amparo constitucional uno de los mecanismos de defensa judicial de mayor acceso para los ciudadanos, la inadmisibilidad por falta de representación, no siendo ya un asunto de legitimidad, debería dar paso a la posibilidad de poder subsanar dicho defecto mediante el mecanismo previsto en el artículo 19 de la Ley Orgánica de Amparo sobre Derechos y Garantías Constitucionales, corrigiendo así el requisito exigido en el artículo 18 numeral 1 *eiusdem*.

4.- Tal consideración tiene su razón en lo dispuesto en el artículo 26 de la Constitución de la República Bolivariana de Venezuela, pues no cabe duda, que siendo el amparo constitucional un medio de impugnación judicial de tanta trascendencia social, debe facilitarse su ejercicio, como manifestación del derecho de acceso a los órganos de administración de justicia, sin formalismos que lo obstruyan. Se trata de hacer efectivo el principio *pro actione*, en virtud de que, se reitera, el asunto de la representación no involucra problemas de legitimidad para accionar en amparo, además de no estar previsto como causal de inadmisibilidad en la Ley Orgánica de Amparo sobre Derechos y Garantías Constitucionales. Aspecto este también importante, ya que el artículo 13 *eiusdem* prevé que el amparo puede ser ejercido por cualquier persona natural o jurídica, por representación o directamente.

5.- Cabe plantearse entonces, la posibilidad que siendo la representación judicial completamente subsanable, como en innumerables casos similares lo ha señalado esta Sala Constitucional, se haga una reconsideración sobre el criterio que hasta ahora sostiene al respecto. Queda así expresado el criterio de la disidente.

La Presidenta de la Sala,

*Voto Salvado del Magistrado Pedro Rafael Rondón Haaz*

El Magistrado Pedro Rafael Rondón Haaz manifiesta su disentimiento del fallo que antecede, razón por la cual, de conformidad con el artículo 20 de la Ley Orgánica del Tribunal Supremo de Justicia, salva su voto en los siguientes términos:

1. La discrepancia de la referida decisión atañe a la declaración de inadmisión de la demanda de amparo, con base en la aplicación supletoria del artículo 19 de la Ley Orgánica del Tribunal Supremo de Justicia. Al respecto, se advierte:

1.1 En primer lugar, la aplicación supletoria de normas jurídico positivas tiene, como propósito único, la solución de una situación que no aparezca regulada, o lo esté insuficientemente, por la ley que, en principio, sea la aplicable. Se trata, en otros términos, de la necesidad de subsanación de vacíos legales o de puntos dudosos que existan en el texto normativo que deba aplicarse al caso concreto, tal como, por ejemplo, lo establecía, de manera expresa, el artículo 20 del Código de Enjuiciamiento Criminal. En la situación que se examina no existe tal insuficiencia, ya que la Ley Orgánica de Amparo sobre Derechos y Garantías Constitucionales regula claramente cuáles son los requisitos que debe satisfacer la solicitud de amparo —entre ellos, la *"suficiente identificación del poder conferido"*-, so pena de declaración de inadmisión de la pretensión, luego de que el Juez de la causa verifique que el demandante no acató la orden de subsanación de la falta o defecto de acreditación de la representación que se hubiera atribuido quien dijo actuar como tal representante del actor (artículos 18 y 19). Entonces, no tiene justificación alguna que hubiera sido traída a la presente causa una norma legal, para su aplicación supletoria, en relación con la falta de debida acreditación de la representación judicial, habida cuenta de que, como se expresó anteriormente, dicha situación fue suficientemente normada por el instrumento legal que regla el amparo, de suerte que no había, en dicha ley —tan orgánica, por lo demás, como la del Tribunal Supremo de Justicia- vacío ni punto dudoso que, al respecto, hubiera que suplir o esclarecer en la Ley Orgánica de Amparo sobre Derechos y Garantías Constitucionales;

1.2 Por otra parte, tampoco puede afirmarse que, para la apreciación de la admisibilidad de la pretensión de amparo, tenga primacía el artículo 19 de la Ley Orgánica del Tribunal Supremo de Justicia, sobre las equivalentes de la también Ley Orgánica de Amparo sobre Derechos y Garantías Constitucionales, que anteriormente se nombró, no sólo por razón de que la antinomia entre tales normas de estas leyes de igual jerarquía debió resolverse sobre la base del principio de especialidad normativa, sino, porque, además, la aplicación del citado artículo 19 de la antes mencionada ley que regula a este Supremo Tribunal (la cual fue creada para *"establecer el régimen, organización y funcionamiento del Tribunal Supremo de Justicia"*), como fundamento de la negación de admisión de las demandas de amparo, sólo sería posible contra las que sean presentadas ante el Máximo Tribunal de la República, pero no ante los tribunales de instancia que conozcan en primer grado de jurisdicción, porque, en éstos, la admisión o no de la pretensión de tutela tiene que ser decidida, en principio, con base en la Ley Orgánica de Amparo sobre Derechos y Garantías Constitucionales, razón por la cual la aplicación, en el particular que se analiza, de la referida norma de la Ley Orgánica del Tribunal Supremo de Justicia, en el juicio de amparo, crea un desfase en el tratamiento de la tutela, cuando de la misma deba conocerse, en primera instancia, por los juzgados ordinarios y cuando dicho conocimiento sea de la competencia del Tribunal Supremo de Justicia. Más aún, si, por ejemplo, la Sala Constitucional actúa como órgano de alzada, tal órgano jurisdiccional deberá resolver un innecesario dilema sobre la ley aplicable: la Ley Orgánica de Amparo sobre Derechos y Garantías Constitucionales o la del Tribunal Supremo de Justicia, para la valoración del pronunciamiento que, sobre admisibilidad de la pretensión de tutela, hubiera expedido el a quo, conforme a la Ley de Amparo y el Código de Procedimiento Civil. Así las cosas, ¿deberá esta segunda instancia revocar la decisión del a quo mediante la cual se admitió un amparo porque se estimó que el mismo satisfacía los requisitos que, sobre tal respecto, preceptúan el cuerpo legal que disciplina la tutela constitucional y el Código de Procedimiento Civil, pero que, en el curso de la apelación, se encuentre que dicha demanda no observe conforme a las exigencias del artículo 19 de la Ley Orgánica del Tribunal Supremo de Justicia?;

1.3 En criterio del salvante, los supuestos de inadmisibilidad que tienen pertinencia en el procedimiento de amparo son los que derivan de los artículos 6, 18 y 19 de la Ley Orgánica de Amparo sobre Derechos y Garantías Constitucionales, así como los generales que dispone el artículo 341 del Código de Procedimiento Civil, de acuerdo con la norma de remisión que contiene el artículo 48 de la Ley Orgánica de Amparo sobre Derechos y Garantías Constitucionales y con los criterios jurisprudenciales que ha establecido esta Sala;

1.4 De conformidad con las consideraciones que anteceden, se concluye que si quien señaló que actuaba en nombre y por cuenta de los quejosos de autos no acreditó debidamente dicha representación, junto con la demanda de amparo, tal omisión debió dar lugar al referido pronunciamiento de inadmisión sólo después de que caducara el lapso que establece el artículo 19 de la Ley Orgánica de Amparo sobre Derechos y Garantías Constitucionales, sin que dicho abogado hubiera subsanado el defecto de acreditación de su cualidad procesal, tal como debió haberle sido ordenado, de acuerdo con dicha disposición legal;

1.5 La negativa de admisión que fue expedida, en el fallo que antecede, con afincamiento en el artículo 19 de la Ley Orgánica del Tribunal Supremo de Justicia produjo, además del antes anotado efecto de desfase entre el procedimiento que corresponda, en primera instancia, a los tribunales ordinarios y el que deba aplicar el Tribunal Supremo de Justicia, un inconstitucional efecto de desigualdad que favorece a quienes demanden amparo ante los órganos jurisdiccionales ordinarios, porque ellos tendrán oportunidad de subsanación de los defectos que el Juez aprecie respecto de la formalización de su pretensión, en tanto que aquéllos, que deban ocurrir ante el Tribunal Supremo de Justicia para la interposición del amparo, no gozarán de dicha oportunidad, porque la misma está negada por el referido artículo 19 de la ley orgánica que rige a este Máximo tribunal.

2. Como conclusión, quien suscribe estima que la admisibilidad del amparo de autos no debió ser valorada según el artículo 19 de la Ley Orgánica del Tribunal Supremo de Justicia sino según las normas que, como se afirmó anteriormente, son las aplicables para el particular en examen.

Quedan expresados, en los términos precedentes, los motivos del disentimiento del Magistrado que expide el presente voto salvado.

**TSJ-SC (850)**                                          **19-6-2009**

Magistrado Ponente: Carmen Zuleta De Merchan

Caso: Violeta Josefina Franco de Van Dertahg

Para estar legitimado en el ejercicio de la acción de amparo se requiere que el accionante invoque una lesión directa a sus propios derechos. No obstante, debe señalarse que en una materia tan especial y susceptible, como es la relativa a la protección de niños, niñas y adolescentes, habida cuenta de los sujetos que regula y protege; además del principio del interés superior del niño, es justificable un criterio distinto, que atienda al particularismo de la materia minoril; y que permita una interpretación amplia de ciertos institutos tendientes a hacer más eficiente la defensa de los sujetos protegidos; tal sucede con la legitimación para la interposición de demandas de amparo a los derechos y garantías de los niños y adolescentes.

Asumida como ha sido la competencia para conocer de la presente apelación, corresponde a esta Sala, examinar la sentencia dictada por el a quo, así como los términos en que fue propuesta la pretensión constitucional; sin embargo, siendo un aspecto relativo a la admisibilidad de la acción, previamente será analizada la legitimación de la accionante para ejercer la presente acción de amparo constitucional.

En tal sentido, se observa que la ciudadana Violeta Josefina Franco de Van Dertahg, dijo actuar, en la oportunidad de incoar su demanda, en su condición de abuela materna del niño, para proteger así los intereses de su nieto, ya que, "en virtud de los atropellos cometidos por la ciudadana Juez; la madre del niño ciudadana Sophia Helena Montcourt Franco, se encuentra protegiendo a su menor hijo", "y no desea ser vista en virtud de los oficios librados se encuentra como perseguida de la Justicia venezolana ya que teme ser detenida y le sea arrancado a su menor hijo y llevado a Francia", actuación que además fundamentó en el artículo 4-A de la Ley Orgánica para la Protección de Niños, Niñas y Adolescentes.

A este respecto debe indicar la Sala que la interposición de una acción de amparo constitucional persigue la tutela de derechos y garantías constitucionales por parte del Estado, especialmente a través de los órganos judiciales, los cuales deben garantizar su ejercicio y velar porque los mismos permanezcan incólumes.

Ciertamente, se trata ésta de una acción personalísima, carácter que se excepciona en aquellos amparos a la seguridad y libertad personal. Así entonces, de acuerdo con lo dispuesto en el artículo 1 de la Ley Orgánica de Amparo sobre Derechos y Garantías Constitucionales, las acciones de amparo constitucional pueden ser intentadas por toda persona en los siguientes términos:

"**Artículo 1.**- Toda persona natural habitante de la República, o persona jurídica domiciliada en ésta, podrá solicitar ante los Tribunales competentes el amparo previsto en el artículo 49 de la Constitución, para el goce y el ejercicio de los derechos y garantías constitucionales, aún de aquellos derechos fundamentales de la persona humana que no figuren expresamente en la Constitución, con el propósito de que se restablezca inmediatamente la situación jurídica infringida o la situación que más se asemeje a ella".

Se ha sostenido entonces, tanto por la doctrina como por la jurisprudencia patria, que para estar legitimado en el ejercicio de esta acción se requiere que el accionante invoque una lesión directa a sus propios derechos. No obstante, debe señalarse que en una materia tan especial y susceptible, como es la relativa a la protección de niños, niñas y adolescentes, habida cuenta de los sujetos que regula y protege; además del principio del interés superior del niño, es justificable un criterio distinto, que atienda al particularismo de la materia minoril; y que permita una interpretación amplia de ciertos institutos tendientes a hacer más eficiente la defensa de los sujetos protegidos; tal sucede con la legitimación para la interposición de demandas de amparo a los derechos y garantías de los niños y adolescentes.

Ello no significa que cualquiera esté legitimado para interponer una acción de amparo para la defensa de derechos y garantías de niños y adolescentes, pues son, en principio, sus representantes legales, quienes ejercen la patria potestad, salvedad que abarca a las autoridades públicas autorizadas (Consejos de Protección, Ministerio Público, Defensa Pública), quienes tienen la facultad de defender y representar a los niños, niñas y adolescentes ante los órganos judiciales y extrajudiciales y quienes pueden decidir cuándo y cómo y ante qué circunstancias iniciar un debate judicial.

Encuentra la Sala, sin embargo, que eventualmente pueden existir casos en los que ninguno de los padres pueda, por distintas razones, ejercer la acción de tal modo que sea preciso que un tercero, como en este caso la abuela materna, se vea obligada a recurrir ante los órganos judiciales para incoar una acción de amparo en defensa y protección de los derechos y garantías constitucionales de un niño, niña o adolescente; y entonces excepcionalmente el juez constitucional puede admitir como legitimado a quien normalmente no tiene tal cualidad.

Tal afirmación tiene como fundamento no sólo el conocimiento que se tiene acerca de la evidente necesidad del respeto y vigencia de los derechos fundamentales de los ciudadanos, específicamente de los niños, niñas y adolescentes, sino el correlativo deber del Estado de garantizar su pacífico ejercicio, misión que muy especialmente emprenden los órganos del poder judicial, esencialmente, el juez constitucional. Además, el principio del interés superior del niño, a que se refiere la Constitución de la República Bolivariana de Venezuela, la Convención sobre los Derechos del Niño y la Ley Orgánica para la Protección de Niños, Niñas y Adolescentes, impone analizar y aplicar las normas del ordenamiento jurídico sobre la base de ese principio. En este sentido el precepto constitucional, dispone:

"Artículo 78. Los niños, niñas y adolescentes son sujetos plenos de derecho y estarán protegidos por la legislación, órganos y tribunales especializados, los cuales respetarán, garantizarán y desarrollarán los contenidos de esta Constitución, la Convención sobre los Derechos del Niño y demás tratados internacionales que en esta materia haya suscrito y ratificado la República. El Estado, las familias y la sociedad asegurarán, con prioridad absoluta, protección integral, para lo cual se tomará en cuenta su interés superior en las decisiones y acciones que les conciernan. El Estado promoverá su incorporación progresiva a la ciudadanía activa, y creará un sistema rector nacional para la protección integral de los niños, niñas y adolescentes".

De tal manera entonces que el referido principio obliga a ponderar cada situación de hecho, y a reinventar el alcance de cualquier instituto, visto desde esta óptica; todo ello para satisfacer de manera más eficiente la esfera jurídica de los niños, niñas y adolescentes.

De otra parte, es preciso indicar que la reforma a Ley Orgánica para la Protección de Niños, Niñas y Adolescentes, introdujo la disposición contenida en el artículo 4-A, invocado por la quejosa, relativo al principio de corresponsabilidad en los siguientes términos:

"El Estado, las familias y la sociedad son corresponsables en la defensa y garantía de los derechos de los niños, niñas y adolescentes, por lo que asegurarán con prioridad absoluta, su protección integral, para lo cual tomarán en cuenta su interés superior, en las decisiones y acciones que les conciernan".

Dicha norma si bien no establece una legitimación procesal directa, obliga la participación del Estado, las familias y la sociedad en la defensa y garantía de los derechos de los niños, niñas y adolescentes, aserto que debe adminicularse al primer aparte del artículo 91 de la misma Ley que dispone:

**"Artículo 91. Deber y derecho de denunciar amenazas y violaciones de los derechos y garantías de los niños, niñas y adolescentes.**

Todas las personas tienen derecho de denunciar ante las autoridades competentes los casos de amenazas o violaciones a los derechos o garantías de los niños, niñas y adolescentes".

Así las cosas, esta Sala Constitucional consecuente con la necesidad de velar por el ámbito vital de los niños, niñas y adolescentes dejó sentado, en fallo número 2.856 del 9 de diciembre de 2004, cuanto sigue:

"La disposición constitucional de protección al niño establece el norte de regulación de la tutela estatal de los menores, en virtud de la cual se debe asegurar la aplicación del principio del interés superior del niño en lo que atañe a su salud y desarrollo tanto físico como mental o psíquico con prioridad absoluta. La intención que informa al texto constitucional es pues la pauta a seguir en todo cuanto se refiere a los derechos del niño y a la tramitación procesal de esos derechos en juicio.

El asunto debe examinarse, tanto desde el punto de vista de las disposiciones especiales concernientes a la acción de amparo, como desde el punto de vista de la especialísima legislación para la protección del niño. Dentro de este contexto es preciso aplicar con amplitud y equidad los tradicionales presupuestos de acción consagrados en los distintos sistemas jurídicos.

Aplicar con un criterio estricto, a estas alturas, normas establecidas para situaciones que podríamos denominar de la actividad judicial diaria, a situaciones excepcionales, para cuya regulación han surgido nuevas disposiciones conduciría a la ineficacia e inoperatividad de los textos legales en numerosas situaciones.

En tal sentido, deben relacionarse los artículos 1 y 18 numeral 1 de la Ley Orgánica sobre Derechos y Garantías Constitucionales con los artículos 85, 86 y 511 de la Ley Orgánica para la Protección del Niño y del Adolescente, así como con los artículos 26 y 27 de la Constitución.

El artículo 85 citado, reza: Derecho de petición.

'*Todos los niños y adolescentes tienen derecho de presentar y dirigir peticiones por sí mismos, ante cualquier entidad o funcionario público, sobre los asuntos de la competencia de éstos y a obtener respuesta oportuna.*

*Se reconoce a todos los niños y adolescentes el ejercicio personal y directo de este derecho, sin más límites que los derivados de las facultades legales que corresponden a sus padres, representantes o responsables.*'

Por su parte, el artículo 86 de la misma Ley (Derecho a defender sus derechos), prevé:

"*Todos los niños y adolescentes tienen derecho a defender sus derechos por sí mismos. Se debe garantizar a todos los niños y adolescentes el ejercicio personal y directo de este derecho, ante cualquier persona, instancia, entidad u organismo*".

Dichas normas son cónsonas con diversas disposiciones de la Ley Aprobatoria de la Convención sobre los Derechos del Niño, la cual en su artículo 10 prevé las solicitudes hechas por un niño o por sus padres, para que el niño no sea separado de sus padres contra la voluntad de éstos, a menos que sea necesario por el interés superior del niño, como ocurre -conforme al artículo 9-1 de la misma Convención- cuando por maltrato o descuido, o porque los padres viven separados, haya que tomar decisión sobre el lugar de residencia del niño.

El artículo 1 de la Ley Orgánica de Amparo sobre Derechos y Garantías Constitucionales establece que: "*Toda persona natural habitante de la República, o persona jurídica domiciliada en ésta, podrá solicitar ante los Tribunales competentes el amparo previsto en el artículo 49 de la Constitución, para el goce y el ejercicio de los derechos y garantías constitucionales, aún de aquellos derechos fundamentales de la persona humana que no figuren expresamente en la Constitución, con el propósito de que se restablezca inmediatamente la situación jurídica infringida o la situación que más se asemeje a ella.*

*La garantía de la libertad personal que regula el habeas corpus constitucional, se regirá por esta Ley.*"

El numeral 1 del artículo 18 *eiusdem*, establece que en la solicitud de amparo se deberá expresar: "*Los datos concernientes a la identificación de la persona agraviada y de la persona que actúe en su nombre, y en este caso con la suficiente identificación del poder conferido*".

Las disposiciones antes indicadas de la Ley Orgánica para la Protección del Niño y del Adolescente, establecen en forma clara y determinante el derecho de petición que corresponde a los niños, en desarrollo del texto constitucional, específicamente del artículo 51, que consagra el derecho de petición y oportuna respuesta, sin que tal derecho quede menoscabado por la Juez especial de amparo.

En este contexto cabe traer a colación que la acción es una especie del género de petición. Así, cuando un niño se encuentra en situación irregular generada, precisamente, por una de las personas responsables de su guarda resultaría inhumano exigirle, con una visión estrecha el cumplimiento de requisitos y formas que en su caso sólo conducen al resultado contrario al espíritu de la legislación constitucional y ordinaria, al volver nugatorias las disposiciones encaminadas a favorecer y proteger su integridad física y mental.

A mayor abundamiento, el citado artículo 511 de la Ley Orgánica para la Protección del Niño y del Adolescente, que reglamenta el derecho constitucional de petición en la situación específica de los niños y adolescentes en cuanto al procedimiento especial a seguir en materia de guarda, confiere al niño, esto es, al menor de doce (12) años, la facultad de solicitar el inicio de dicho procedimiento, dejando a su elección el estar o no asistido de abogado, lo cual se enmarca dentro del principio constitucional *pro actione* que esta Sala ha aplicado en distintas oportunidades, (ver, entre otras, sentencia de esta Sala Nº 862 del 28 -07-00, caso: *Ramón Octavio Hurtado y otros*), por lo que las acciones de amparo ligadas a la guarda, deben tener el mismo trato.

La Sala debe puntualizar, que en materia de amparo constitucional, la capacidad procesal (artículo 136 del Código de Procedimiento Civil) para incoarlos viene dada por la libertad en el ejercicio de los derechos que tenga el accionante, y a los menores, la Ley Orgánica para la Protección del Niño y del Adolescente, en los artículos antes citados en este fallo, les otorga capacidad procesal lo que, aunado a que la  Ley Orgánica de Amparo sobre Derechos y Garantías Constitucionales no limita el ejercicio de la acción de amparo sólo a los mayores de edad, lleva a esta Sala a considerar que la protección constitucional puede ser invocada por menores de edad. El problema es que según su edad, la exposición oral en la audiencia constitucional podría resultar deficiente, motivo por el cual necesariamente requieren de asistencia jurídica; e igualmente la sujeción del menor a su guardián podría evitar que aquél concurriese a la audiencia constitucional, con lo que desistiría de la acción.

Estas limitantes podrían hacer pensar que los menores, al menos  los de doce (12) años, carecen de capacidad procesal en el amparo, ya que el libre ejercicio de sus derechos se encuentra limitado por las restricciones que pueden imponerles los guardadores, a su circulación y hasta el acceso a los profesionales del Derecho que lo asistirán. Pero tales limitantes, que son fácticas, en teoría no impiden que puedan acudir a solicitar por sí protección constitucional, máxime -como en el caso de autos- si actúa asistido por abogados.

El otro problema que puede surgir está referido a la presencia e intervención del menor en la audiencia constitucional, pero si bien la exposición que le corresponde la realiza el abogado asistente, el Tribunal podrá interrogarlo a fin de despejar dudas sobre su posición o sobre la posibilidad de manipulación que ejerce sobre él, los o uno de los padres o guardadores.

Las previas consideraciones conducen a afirmar, sin lugar a dudas, que la acción de amparo promovida por la niña (…) de nueve (9) años de edad, asistida por la abogada María Tapia Zambrano antes identificada, con motivo de una situación que denuncia como lesiva para su estabilidad mental y emocional no debió ser inadmitida por falta de capacidad procesal, pues ello evidencia una negación rotunda del derecho de acceso a la justicia, de allí que lo procedente es ordenar a dicho Tribunal, se pronuncie nuevamente sobre la admisibilidad del amparo propuesto, omitiendo pronunciamiento sobre la circunstancia antes examinada. Así se declara".

De lo expuesto se desprende entonces la intención del Legislador de niños, niñas y adolescentes y la inclinación o tendencia en criterio de esta Sala Constitucional en torno a la ampliación de la legitimación sobre la base de la participación del Estado, las familias y la sociedad en la defensa y garantía de los derechos de los niños, niñas y adolescentes y del interés superior del niño, con la finalidad de hacer más efectiva la tutela de los derechos e intereses de los niños, niñas y adolescentes. De allí entonces que, estima la Sala aceptable que excepcionalmente se extienda la legitimación activa a terceros que se encuentren en una especial situación de hecho con respecto al niño, niña o adolescente que pretenda tutelarse en sus derechos y garantías constitucionales, a través de una acción de amparo constitucional. Así las cosas, esta Sala resuelve que la ciudadana Violeta Josefina Franco de Van Dertahg (hoy fallecida), abuela materna del niño, cuyos derechos fueron presuntamente lesionados, poseía legitimación para incoar la presente acción; y así se decide.

Otro aspecto que es preciso que sea abordado por esta Sala es el relativo a la defunción de la accionante, ciudadana Violeta Josefina Franco de Van Dertahg, quien falleció en el transcurso del proceso. En tal sentido, debe indicarse que nada establece la Ley Orgánica de Amparo sobre Derechos y Garantías Constitucionales acerca de la muerte del accionante; sin embargo, ante tal ausencia de regulación esta Sala ha establecido doctrina en caso de fallecimiento de la parte durante el procedimiento de amparo; y al respecto, ha indicado que debe tenerse como extinguida la acción habida cuenta del carácter personalísimo de la acción de amparo, conforme al cual quien solicita la tutela constitucional alega la violación directa de sus derechos y garantías; y al morir ésta se *"vaciaría de contenido el precitado derecho y, en consecuencia, extinguiría la acción dirigida a hacerlo valer por ausencia –sobrevenida- de interés procesal"*. (*Vid.* sentencia número 1668 del 13 de julio de 2005).

Ahora bien, observa la Sala que tal situación fue analizada por el a quo, señalando que *"… ante el fallecimiento de la solicitante del amparo constitucional, esta Juzgadora decidió en la audiencia constitucional no suspender el procedimiento, conforme lo establece el Art. 144 del Código de Procedimiento Civil, en fundada razón de que el niño es la persona presuntamente agraviada y la persona fallecida fue la persona que de conformidad con el Art. 4-A de la Ley Orgánica para la Protección de Niños, Niñas y Adolescentes denunció ante esta Instancia Judicial las presuntas violaciones de derechos constitucionales en perjuicio del mencionado niño (…) por lo que al considerar que el presunto agraviado es el propio niño, y por ser materia de orden Público tanto el derecho de niños y adolescentes, de conformidad con lo establecido en el artículo 12 de la Ley Orgánica de Protección de Niños, Niñas y Adolescentes, como también lo son las violaciones al debido proceso consagrado en el artículo (sic) 88 Ibidem; en acatamiento a la Jurisprudencia (sic) del Tribunal Supremo de Justicia, caso Emery Mata Millán, esta Juzgadora, considerando las presuntas violaciones al orden público antes señalado decidió Instar (sic) el Procedimiento (sic) de Oficio (sic), por lo que se le designó defensor judicial al niño de conformidad con lo establecido en el artículo 170-B eiusdem y así se decide"*.

Comparte la Sala los argumentos expuestos por el a quo constitucional, por cuanto en efecto el presuntamente afectado en sus derechos es el niño y no la abuela materna fallecida, quien obró en representación de su nieto. De manera que, si bien cuando esta última incoó la presente acción de amparo constitucional, alegó incoarla en nombre propio, ejerció también un derecho ajeno, esto es el de su nieto, toda vez que actuó también en defensa de los derechos de su nieto, por tanto, al hilo de los argumentos antes expuestos respecto a la legitimación, debe afirmarse que al haber actuado en "representación" de su nieto, quien presuntamente es el afectado en su esfera jurídica, la acción subsiste a la muerte de aquella, en tal virtud la acción de amparo constitucional debía continuar su curso, como en efecto sucedió. Así se establece.

Ahora bien, examinadas como han sido las causales de inadmisibilidad establecidas en el artículo 6 de la Ley Orgánica de Amparo sobre Derechos y Garantías Constitucionales, las cuales pueden ser objeto de examen en cualquier estado y grado de la causa, esta Sala observó que la acción de amparo constitucional fue incoada contra la actuación judicial, dictada el 12 de agosto de 2008, por el Juez Segundo de Primera Instancia de Mediación y Sustanciación de Protección de Niños, Niñas y Adolescentes de la Circunscripción Judicial del Estado Nueva Esparta, señalado como agraviante, la cual, conforme lo dispone la Ley Orgánica para la Protección de Niños, Niñas y Adolescentes, podía ser apelada por la quejosa, de tal modo que la misma contaba con un mecanismo eficaz, con el que podía lograr restablecer la situación jurídica que afirmaba infringida.

En este sentido, es necesario señalar que esta Sala en sentencia N° 963 del 5 de junio de 2001 (Caso: *José Ángel Guía y otros*), precisó lo siguiente:

"la acción de amparo constitucional, opera en su tarea específica de encauzar las demandas contra actos, actuaciones, omisiones o abstenciones lesivas de derechos constitucionales, bajo las siguientes condiciones:

a) Una vez que los medios judiciales ordinarios han sido agotados y la situación jurídico constitucional no ha sido satisfecha; o

b) Ante la evidencia de que el uso de los medios judiciales ordinarios, en el caso concreto y en virtud de su urgencia, no dará satisfacción a la pretensión deducida.

La disposición del literal a), es bueno insistir, apunta a la comprensión de que el ejercicio de la tutela constitucional por parte de todos los jueces de la República, a través de cualquiera de los canales procesales dispuestos por el ordenamiento jurídico, es una característica inmanente al sistema judicial venezolano; por lo que, en consecuencia, ante la interposición de una acción de amparo constitucional, los tribunales deberán revisar si fue agotada la vía ordinaria o fueron ejercidos los recursos, que de no constar tales circunstancias, la consecuencia será la inadmisión de la acción sin entrar a analizar la idoneidad del medio procedente, pues el carácter tuitivo que la Constitución atribuye a las vías procesales ordinarias les impone el deber de conservar o restablecer el goce de los derechos fundamentales, por lo que bastaría con señalar que la vía existe y que su agotamiento previo es un presupuesto procesal a la admisibilidad de la acción de amparo.

La exigencia del agotamiento de los recursos a que se refiere el aludido literal a), no tiene el sentido de que se interponga cualquier recurso imaginable, sino sólo los que permitan reparar adecuadamente lesiones de derechos fundamentales que se denuncian. No se obliga, pues, a utilizar en cada caso todos los medios de impugnación que puedan estar previstos en el ordenamiento procesal, sino tan sólo aquellos normales que, de manera clara, se manifiesten ejercitables y razonablemente exigibles. En consecuencia, por ejemplo, ante el agotamiento de la doble instancia en un juicio civil, el actor tendrá la posibilidad de recurrir en casación o en amparo constitucional, pues es sabido que aquella constituye una vía extraordinaria de revisión.

De cara al segundo supuesto, relativo a que la acción de amparo puede proponerse inmediatamente, esto es, sin que hayan sido agotados los medios o recursos adjetivos disponibles, el mismo procede cuando se desprenda de las circunstancias fácticas o jurídicas que rodean la pretensión que el uso de los medios procesales ordinarios resultan insuficientes al restablecimiento del disfrute del bien jurídico lesionado. Alguna de tales circunstancias podría venir dada cuando, por ejemplo, la pretensión de amparo exceda del ámbito intersubjetivo para afectar gravemente al interés general o el orden público constitucional; en caso de que el recurrente pueda sufrir una desventaja inevitable o la lesión devenga irreparable por la circunstancia de utilizar y agotar la vía judicial previa (**lo que no puede enlazarse el hecho de que tal vía sea costosa o menos expedita que el procedimiento de amparo**); cuando no exista vía de impugnación contra el hecho lesivo, o ésta sea de imposible acceso; cuando el peligro provenga de la propia oscuridad o complejidad del ordenamiento procesal; o ante dilaciones indebidas por parte los órganos judiciales, tanto en vía de acción principal como en vía de recurso (debe recordarse, no obstante, que el concepto de proceso sin dilaciones indebidas es un concepto jurídico indeterminado, cuyo contenido concreto deberá ser obtenido mediante la aplicación, a las circunstancias específicas de cada caso, de los criterios objetivos que sean congruentes con su enunciado genérico. Podrían identificarse, como ejemplo, de tales criterios objetivos: la complejidad del litigio, los márgenes ordinarios de duración de los litigios del mismo tipo, la conducta procesal del interesado y de las autoridades implicadas y las consecuencias que de la demora se siguen para los litigantes. Así pues, criterios de razonabilidad pesarán sobre la decisión que se tome en cada caso concreto)."(Destacado de este fallo).

En virtud de lo anterior, estima esta Sala que, la ciudadana Violeta Josefina Franco de Van Dertahg (actualmente fallecida), accionante en la presente causa, contaba con el recurso de apelación, de acuerdo con lo dispuesto en el artículo 488 de la Ley Orgánica para la Protección de Niños, Niñas y Adolescentes; por tanto, debió acudir a los mecanismos procesales existentes para contrarrestar los efectos gravosos que en su opinión produjo la actuación judicial señalada como lesiva, dictada el 12 de agosto de 2008, por el Juzgado Segundo de Primera Instancia de Mediación y Sustanciación de Protección de Niños, Niñas y Adolescentes de la Circunscripción Judicial del Estado Nueva Esparta, y al no hacerlo, la acción de amparo intentada estaba incursa en la causal de inadmisibilidad a la que se refiere el numeral 5 del artículo 6 de la Ley Orgánica de Amparo sobre Derechos y Garantías Constitucionales; por tanto, debió el *a quo* constitucional declararla inadmisible, como en este acto lo declara esta Sala. Así se decide.

No obstante la advertida inadmisibilidad de la acción de amparo constitucional, estima esta Sala, vistas las circunstancias que distinguen el presente caso, y en ello coincide con el mencionado Juzgado Superior de Protección de Niños, Niñas y Adolescentes de la Circunscripción Judicial del Estado Nueva Esparta, que la materia de que trata el caso interesa al orden público.

En efecto, cabe destacar que, de acuerdo con lo preceptuado en el artículo 12 de la Ley Orgánica para la Protección de Niños, Niñas y Adolescentes, los derechos y garantías de los niños, niñas y adolescentes reconocidos y consagrados en esta Ley son inherentes a la persona humana, en consecuencia son: a) **De orden público**; b) Intransigibles; c) Irrenunciables; d) Interdependientes entre sí; e) Indivisibles.

Asimismo, la Constitución de la República Bolivariana de Venezuela establece:

"Artículo 78. Los niños, niñas y adolescentes son sujetos plenos de derecho y estarán protegidos por la legislación, órganos y tribunales especializados, los cuales respetarán, garantizarán y desarrollarán los contenidos de esta Constitución, la Convención sobre los Derechos del Niño y demás tratados internacionales que en esta materia haya suscrito y ratificado la República. El Estado, las familias y la sociedad asegurarán, con prioridad absoluta, protección integral, para lo cual se tomará en cuenta su interés superior en las decisiones y acciones que les conciernan".

Disposiciones jurídicas éstas que han sido analizadas e interpretadas por esta Sala Constitucional, en cuya decisión número 879 del 29 de mayo de 2001, arribó a la conclusión de que *"el ámbito de protección concebido en la Ley Orgánica para la Protección del Niño y del Adolescente, comprende los derechos de supervivencia, desarrollo, protección y participación, todos reconocidos en la Convención sobre los Derechos del Niño, según Gaceta Oficial N° 34.541 del 29 de agosto de 1990, a través de los cuales se enerva la premisa fundamental en este proceso, tal es, el 'Interés Superior del Niño', como sujeto de derecho"*.

Además, agregó el citado fallo:

"La Sala, en esta oportunidad, quiere dejar claro que uno de los objetivos de la Ley Orgánica en referencia, ha sido la creación de mecanismos procesales para proteger, ante las instancias judiciales y administrativas, los derechos consagrados en ella, siempre y cuando existan elementos que permitan inferir que los intereses del niño puedan verse afectados por alguna actuación de un particular, incluyendo sus padres y de algún órgano administrativo o jurisdiccional.

Según adujeron los ciudadanos José Antonio Acosta y Nancy Coromoto Alvarado de Acosta, aquí accionantes, y así ha sido aceptado por los tribunales en conflicto, en la presente acción de amparo se encuentra involucrada la persona de un niño. En tal sentido, debe privar el interés superior de éste y el Juez que ha de conocer y decidir la acción de amparo constitucional debe ser aquél cuyas funciones van encaminadas a salvaguardar sus derechos; esto es, un tribunal con competencia en materia del Niño y del Adolescente.

Aunado a ello, la Sala quiere destacar el contenido del artículo 12 de la Ley Orgánica para la Protección del Niño y del Adolescente, en lo atinente a la naturaleza de orden público en esta materia, el cual a la letra, dice:

'ARTÍCULO 12. **Naturaleza de los Derechos y Garantías de los Niños y Adolescentes.** Los derechos y garantías de los niños y adolescentes reconocidos y consagrados en esta Ley son inherentes a la persona humana, en consecuencia son:

a)   De orden público;

[...]'.

Ello es así, dada la labor que implica la protección integral que debe el Estado a estos sujetos de derecho. Dicha labor se ve materializada a través de los distintos órganos creados a tal fin, bien sean administrativos o judiciales, los cuales actúan en procura de su mejor bienestar y desarrollo".

Asimismo, en sentencia número 2662 del 14 de diciembre de 2001, estableció la Sala:

"...

la acción de amparo interpuesta es contra una actuación judicial, supuestamente lesiva de los intereses de los niños involucrados.

Siendo la naturaleza del bien jurídico que pretende tutelarse, a través de la interposición de la acción de amparo, de conformidad con lo establecido en el artículo 12 de la Ley Orgánica para la Protección del Niño y del Adolescente, de estricto orden público y así lo consagra el artículo 78 de la Constitución de la República Bolivariana de Venezuela, por lo que demanda una especial protección del Estado.

En armonía con lo antes señalado, esta Sala observa, que en el presente caso, el Juez Superior, erró en la aplicación del criterio supra transcrito por cuanto el objeto del amparo tiene relación con el "Interés Superior del Niño", materia estrechamente ligada al orden público, y que está referido en el artículo 8 de la Ley Orgánica de Protección del Niño y del Adolescente".

En el presente caso, el orden público está interesado; además, la acción de amparo versa sobre la restitución internacional de un niño venezolano a otro país, lo que implica separar al niño de su progenitora para entregárselo a su padre que tiene establecida su residencia fuera de la República; también por cuanto la solicitud invoca la aplicación de un Convenio Internacional, en virtud del cual la República asume una serie de obligaciones. Ello así, y visto el reconocimiento de la labor que implica la protección integral por parte del Estado a los niños, niñas y adolescentes, no debe haber equívocos en cuanto a la importancia que reviste para dicha materia el orden público. Así se declara.

Como corolario de lo expuesto, las instituciones jurídicas deben adecuarse a la protección del orden público hasta ceder incluso cuando éste prive sobre criterios sólidamente establecidos. En este sentido, debe hacerse referencia al criterio de la Sala en torno al orden público en el marco de las causales de inadmisibilidad del amparo acción; si bien, el caso resuelto, no trataba, como en el de autos, de una inadmisibilidad debido a la existencia de recursos que hicieran posible enervar la decisión presuntamente lesiva. En efecto, en sentencia N° 1.207 del 6 de julio de 2001 (reiterada en fallo N° 1735 del 9 de octubre 2006) esta Sala expresó lo que se trascribe a continuación:

"(…) es necesario tomar en cuenta que si se considerare toda violación constitucional alegada por algún accionante como de orden público, esto implicaría la no existencia de normas de procedimiento del juicio de amparo como la relativa al lapso de caducidad (numeral 4 del artículo 6 de la Ley Orgánica de Amparo sobre Derechos y Garantías Constitucionales), la de desistimiento expreso de la acción de amparo (artículo 25 de la Ley Orgánica de Amparo sobre Derechos y Garantías Constitucionales), así como que en ningún caso se consideraría como terminado el procedimiento en caso de inasistencia del presunto agraviado en una acción de amparo constitucional en los términos establecidos en la jurisprudencia establecida por esta Sala (sentencia del 1º/02/2000, caso: *José Amado Mejía Betancourt*).

Así las cosas, la situación de orden público referida anteriormente es pues una situación de carácter estrictamente excepcional que permite obviar las normas de procedimiento relativas al proceso de amparo constitucional. Es así, como el concepto de orden público a que se refieren las normas que rigen el proceso de amparo constitucional para permitir la posibilidad de obviar las normas procedimentales de dicho proceso, es aún más limitado que el concepto de orden público que se encuentra implícito en cualquier derecho o garantía constitucional precisamente por el hecho de que estos derechos poseen un carácter constitucional.

**Es pues que el concepto de orden público a los efectos de la excepción al cumplimiento de ciertas normas relacionadas con los procesos de amparo constitucional, se refiere a la amplitud en que el hecho supuestamente violatorio del derecho o norma constitucional afecta a una parte de la colectividad o al interés general, más allá de los intereses particulares de los accionantes.**

**Por ello en casos donde un presunto agraviado alega que un hecho, actuación, omisión o amenaza ocasionó una supuesta violación constitucional a su persona, sólo se consideraría de orden público, a manera de la excepción de las normas procedimentales de los juicios de amparo, cuando el Tribunal compruebe que, en forma evidente, y a consecuencia del hecho denunciado por los accionantes, se podría estar infringiendo, igualmente, derechos o garantías que afecten a una parte de la colectividad diferente a los accionantes o al interés general, o que aceptado el precedente resultaría una incitación al caos social, si es que otros jueces lo siguen.**

Ahondando en lo anterior, es necesario considerar que a pesar de la existencia de elementos de orden público que pudiesen hacerse presentes en los términos anteriormente expuestos, es necesario ponderar la posible infracción al derecho a la defensa y al debido proceso del presunto o presuntos agraviantes, que precisamente se encuentra protegido por las normas de procedimiento establecidas para los juicios de amparo, en contraposición con la supuesta situación de orden público que se presuma pueda existir.

Es decir, es necesario que el hecho denunciado ocasione una presunta violación de orden público de tal magnitud que permita, a pesar de que, por ejemplo, el accionante haya desistido, o que la acción haya caducado, conocer el fondo del asunto en detrimento del derecho a la debido proceso y la defensa que protege al presunto agraviante (…)" (Negrillas de este fallo).

Ahora bien, el Estado, a través de los órganos de administración de justicia, tiene la obligación de garantizar a todos los ciudadanos el ejercicio y goce de los derechos y garantías constitucionales y en tal sentido debe contribuir a la observancia y disfrute de tales derechos, por ello los jueces de la República ostentan la facultad para proceder, en resguardo del orden público, a corregir de oficio las infracciones que encontrare, cuando la ley lo autorice, según se evidencia de los artículos 11 y 341 del Código de Procedimiento Civil; actividad que con mayor razón debe desplegar esta Sala como máximo custodio de la Constitución, tal como lo ha establecido en anteriores oportunidades (*Vide*. Sentencias números 77/2000, caso: José

Zamora Quevedo; 1916/2002, caso: *Pablo E. Castellanos y Miguel Ángel Collantes* 479/2007, caso: *Banco de Venezuela S.A.C.A* y 1494/2007; caso: *Argenis Barrios*), en atención igualmente a  lo dispuesto en los artículos 17 y 212 que los facultan a declarar la nulidad de aquellas actuaciones que transgredan el orden público y la majestad de la justicia

De manera que, vista la inadmisibilidad declarada de la presente acción de amparo constitucional, como quedó expuesto, y vista la incidencia que sobre el orden público constitucional produce la sentencia accionada, esta Sala interesada en la protección de los derechos y garantías fundamentales contenidas en la Constitución de la República Bolivariana de Venezuela, procede a corregir, en uso de la señalada potestad, las infracciones contenidas en la decisión dictada por la Jueza Segunda de Primera Instancia de Mediación y Sustanciación de Protección de Niños, Niñas y Adolescentes de la Circunscripción Judicial del Estado Nueva Esparta, el 12 de agosto de 2008, así como todas aquellas emitidas con motivo de la solicitud de restitución internacional, efectuada por la Dirección de Servicio Consular Extranjero del Ministerio del Poder Popular para Relaciones Exteriores, al Tribunal de Protección del Niño y del Adolescente de la Circunscripción Judicial del Estado Nueva Esparta, en virtud del requerimiento formulado por el ciudadano Rafael Andrés Paiva Mata.

La presente actuación tendrá entonces como fundamento el mantenimiento del orden público constitucional, así como la protección del interés superior del niño y el orden procesal en aras de garantizar la integridad de la Constitución,  por lo que procede de oficio a su conocimiento. Así se establece.

B.    *Amenaza de lesión*

**TSJ-SC (500)**                                                          6-5-2009

Magistrado Ponente: Marcos Tulio Dugarte Padrón

Caso: Fundación Latinoamericana para el Desarrollo de la Equidad (FUNDAEQUIDAD) vs. Corpomedios GV Inversiones, C.A. (GLOBO-VISIÓN) y Radio Caracas Televisión Internacional (RCTV).

**El amparo es un medio de protección no de anticipación a hechos o actuaciones que de estimarse en arbitrarias o ilegales tendrán que ser impugnadas por las vías judiciales idóneas, eficaces y acorde con la pretensión deducida (*Vid.* sentencia N° 916/25-04-2003).**

Declarada su competencia, la Sala pasa a decidir sobre la acción incoada, con fundamento en las consideraciones siguientes:

En primer lugar, evidencia esta Sala que el presente amparo contiene todos los requisitos que exige el artículo 18 de la Ley Orgánica de Amparo sobre Derechos y Garantías Constitucionales, y así se declara.

Determinado lo anterior, esta Sala pasa a pronunciarse respecto a la admisibilidad de la presente acción de amparo constitucional, a la luz de los supuestos establecidos en el artículo 6 de la Ley Orgánica de Amparo sobre Derechos y Garantías Constitucionales, y, en tal sentido, observa que la presunta amenaza de lesión denunciada por la accionante está atribuida a una actuación concreta imputada a Corpomedios GV Inversiones, C.A. (GLOBOVISIÓN) y Radio Caracas Televisión Internacional (RCTV), por presuntamente incitar a la violencia y al golpe de Estado.

La supuesta amenaza de infracción constitucional está referida al incentivo a la violencia y al golpe de estado que, en opinión de la accionante, violenta el artículo 58 de la Constitución de obtener una información veraz, oportuna e imparcial, en razón de que es obvio que el Presidente de la República no posee vínculos con las Fuerzas Armadas Revolucionarias de Colombia u organizaciones terroristas.

Al respecto, la Sala considera necesario reiterar una vez más los criterios que ha sostenido en cuanto a la procedencia de la acción de amparo constitucional ejercida en el supuesto de una amenaza de violación de derechos o garantías constitucionales. Así pues, ha señalado esta Sala en sentencia dictada el 9 de marzo del 2001, dictada en el caso *Frigoríficos Ordaz S.A.*, que:

> *"...(L)a amenaza que hace procedente la acción de amparo es aquella que sea inmediata, posible y realizable por el imputado, estableciendo al efecto que tales requisitos deben ser concurrentes, por lo cual es indispensable -además de la inmediación de la amenaza- que la eventual violación de los derechos alegados -que podría materializarse de no ser protegidos mediante el mandamiento que se solicita- deba ser consecuencia directa e inmediata del acto, hecho u omisión que constituyan el objeto de la acción; de lo cual deviene, por interpretación a (sic) contrario, la improcedencia de la acción, cuando se le imputen al supuesto agraviante resultados distintos a los que eventualmente pudiere ocasionar la materialización de la amenaza que vulneraría los derechos denunciados, o cuando la misma no sea inmediata o ejecutable por el presunto agraviante"* (resaltado de este fallo).

Teniendo en cuenta los criterios parcialmente transcritos, revisadas -en forma detenida y detallada- las actas que conforman el presente expediente, esta Sala observa lo siguiente:

1.- Que la accionante ha hecho referencia a la actitud asumida por las accionadas de una supuesta amenaza de infracción constitucional que está referida al incentivo a la violencia y al golpe de estado que, en opinión de la accionante, violenta el artículo 58 de la Constitución de obtener una información veraz, oportuna e imparcial, en razón de que es obvio que el Presidente de la República no posee vínculos con las Fuerzas Armadas Revolucionarias de Colombia u organizaciones terroristas; sin embargo, no produjeron prueba fehaciente alguna de la que se desprenda la inminencia de la amenaza de violación que imputan a las plantas televisoras accionadas.

2.- La denuncia planteada está referida a la supuesta amenaza de infracción constitucional producida por los presuntos agraviantes ante la transmisión de un video y una entrevista radial de Miguel Ángel Rodríguez que, en opinión de la accionante, afectan el artículo 58 de la Constitución de obtener una información veraz, oportuna e imparcial, por considerar que indican que el Presidente de la República posee vínculos con las Fuerzas Armadas Revolucionarias de Colombia y organizaciones terroristas. Sin embargo, no expuso de qué forma su situación jurídica personal o colectiva se vería afectada por las actuaciones denunciadas, ya que sólo se limitó a señalar la presunta inconstitucionalidad de las respectivas transmisiones puntuales. Tampoco consignó en este caso prueba que tuviese valor jurídico, que demostrase tales hechos.

3.- La supuesta amenaza consistente en la posible interferencia de los mensajes y alocuciones contra del Ejecutivo Nacional, por intermedio de la transmisión de imágenes, constituye una denuncia referida a la legalidad de la actuación de dichas plantas televisoras; cuestión regulada en la Ley Orgánica de Telecomunicaciones y el Código Penal, y no a una infracción directa de disposiciones consagratorias de derechos constitucionales.

**Ello es así, porque de producirse un problema de legalidad, esto es, la infracción a alguna disposición de la ley antes señalada, como lo serían las actividades invocadas por la accionante (artículos 15; 37 numerales 2, 5, 8, 9, 10, 13, 14, 26 y 31; 159; 160; 165.6;**

**168; 171.6; y 192), competería a la Comisión Nacional de Telecomunicaciones (CONA-TEL); instituto autónomo adscrito al Ministerio del Poder Popular para las Telecomunicaciones y la Informática, que es el órgano rector de las Telecomunicaciones en el Estado, "(a)brir, de oficio o a instancia de parte, sustanciar y decidir los procedimientos administrativos relativos a presuntas infracciones a la ley y los reglamentos, así como aplicar las sanciones previstas en esta Ley e imponer los correctivos a que haya lugar" (numeral 13 del artículo 37 de la Ley Orgánica de Telecomunicaciones). Por lo tanto, es CONATEL de oficio o a instancia de parte, quien debe proporcionar el correctivo a la conducta afirmada; así como el Ministerio Público por la comisión de los delitos contenidos en los artículos 190 *eiusdem* y 132 y 147 del Código Penal.**

4.- No existe en autos, como antes se apuntó, ningún elemento del cual pudiera derivarse con la certeza que requiere la Ley Orgánica de Amparo sobre Derechos y Garantías Constitucionales, de que las accionadas amenacen con la interferencia de mensajes y alocuciones del Ejecutivo Nacional, esto es, de incurrir a futuro en una infracción de las disposiciones de rango legal que rigen su actividad.

5.- No se puede incoar un amparo porque se tema la posible violación de una ley; máxime cuando existen los órganos administrativos y el ordenamiento jurídico legal para lograr los debidos correctivos. Admitir la existencia de una amenaza, como lo señala la accionante, sería asumir anticipadamente que las plantas televisivas van a actuar de manera ilegal o arbitraria, y prohibirles una conducta que de estar contemplada en la ley como originaria de sanciones, debería ser el órgano competente -en este caso administrativo- quien las imponga.

6.- El amparo es -como antes lo ha apuntado esta Sala- un medio de protección no de anticipación a hechos o actuaciones que de estimarse en arbitrarias o ilegales tendrán que ser impugnadas por las vías judiciales idóneas, eficaces y acorde con la pretensión deducida (*Vid.* sentencia N° 916/25-04-2003).

Por todo lo anterior, se declara improcedente -*in limine litis*- la acción de amparo incoada, resultando inoficioso hacer algún pronunciamiento sobre la cautelar solicitada. Así se decide.

## VIII. FUNCIONARIOS PÚBLICOS

1.  *Responsabilidad administrativa*

**TSJ-SPA (426)**                                                             **1-4-2009**

Magistrado Ponente: Hadel Mostafá Paolini

Caso: Antonieta Mendoza de López y Leopoldo López Mendoza vs. Contraloría General de la República.

**A los fines de la imposición de las sanciones derivadas del incumplimiento de las obligaciones y deberes constitucionales y legales, la condición de funcionario público *per se* constituye una circunstancia agravante, toda vez que su actuación al servicio de la Administración debe realizarse con estricto apego a la Constitución y a la Ley.**

Sostiene la representación de los recurrentes, que la circunstancia agravante consagrada en el mencionado precepto, en la que se apoyó el órgano contralor para imponer la sanción de multa, es inconstitucional por tratarse de una regulación desigual que obra en perjuicio del destinatario natural de la actividad contralora.

Asimismo denuncia que esa norma fue aplicada retroactivamente a la situación de sus representados.

Sobre el primer aspecto denunciado resulta necesario señalar, reiterando lo expuesto en decisión N° 912 del 6 de agosto de 2008, lo siguiente:

El literal b) del artículo 66 del Reglamento de la Ley Orgánica de la Contraloría General de la República, publicado en la *Gaceta Oficial* N° 37.169 del 29 de marzo de 2001, establece:

*"Artículo 67. Se consideran circunstancias agravantes a los fines de la imposición de las multas establecidas en la Ley, las siguientes:*

*(omissis)*

*b) La condición de funcionario público…".*

Por su parte, el artículo 9 de la vigente Ley Orgánica de la Contraloría General de la República de 1995 (artículo 5 de la derogada Ley), dispone:

*"Artículo 5.*

*Están sujetos al control, vigilancia y fiscalización de la Contraloría General de la República, en los términos de esta Ley, los siguientes organismos, entidades y personas:*

*1. Los órganos del Poder Nacional, Ministerios, Oficinas Centrales de la Presidencia, organismos, dependencias y servicios que integran la Administración Central y Descentralizada; la Procuraduría General de la República; la Corte Suprema de Justicia; el Consejo de la Judicatura y los organismos que integran el Poder Judicial; el Ministerio Público y el Consejo Supremo Electoral.*

*2. Los órganos del Estado, las Asambleas Legislativas, de los Municipios, de los Territorios Federales y del Distrito Federal.*

*3. Los institutos autónomos, las universidades nacionales, los establecimientos públicos, el Banco Central de Venezuela y las demás personas jurídicas de derecho público.*

*4. Las sociedades de cualquier naturaleza en las cuales la República, y las personas a que se refieren los numerales anteriores, tengan participación en su capital social.*

*5. Las sociedades en las cuales las personas a que se refiere el numeral anterior tengan participación.*

*6. Las fundaciones, asociaciones y demás instituciones creadas con fondos públicos, o que ejecuten obras y presten servicios por parte del Estado.*

*7. Las personas naturales o jurídicas que sean contribuyentes o que en cualquier forma contraten, negocien o celebren operaciones con cualquiera de los organismos o entidades mencionados en los numerales anteriores, o que administren, manejen o custodien fondos o bienes públicos; o que reciban aportes, subsidios, otras transferencias o incentivos fiscales.*

*8. En general, todas las personas naturales y jurídicas que en cualquier forma intervengan en la administración, custodia o manejo de fondos o bienes públicos."*

Conforme a los artículos anteriormente citados, las normas de control fiscal y la actividad ejercida por la Contraloría General de la República están dirigidas a los órganos nacionales, estadales y municipales y del Distrito Metropolitano de Caracas; de los institutos autónomos nacionales, estadales y municipales; corporaciones y empresas del Estado y, en fin, personas jurídicas y naturales que en alguna forma manejen, custodien o administren recursos públicos.

Ahora bien, cabe reiterar que el ejercicio de la Administración Pública debe orientarse, entre otros, en los principios de honestidad, transparencia, rendición de cuentas y responsabilidad en el ejercicio de la función pública, tal y como fue reconocido en el artículo 141 de la Constitución de la República Bolivariana de Venezuela; de modo que, de la condición de funcionario público, surgen una serie de derechos y deberes que lo vincula con la Administración y que no se limitan al mero ejercicio de la función pública pues obliga al sujeto a sostener una posición derivada de su status funcionarial bajo cualquier circunstancia.

Así, a los fines de la imposición de las sanciones derivadas del incumplimiento de las obligaciones y deberes constitucionales y legales, la condición de funcionario público *per se* constituye una circunstancia agravante, toda vez que su actuación al servicio de la Administración debe realizarse con estricto apego a la Constitución y a la Ley.

De esta manera, mal podría desaplicarse en el caso concreto el literal b) del artículo 66 del mencionado Reglamento de la Ley Orgánica de la Contraloría General de la República, pues en atención a esa norma y a los postulados constitucionales, la condición de funcionario público cobra especial relevancia en todo lo relacionado con la custodia, manejo y administración de recursos del Estado.

En consecuencia, estima esta Sala que el órgano de Control Fiscal, al imponer la sanción de multa a los ciudadanos Antonieta Mendoza de López y Leopoldo López Mendoza, consideró acertadamente su condición de funcionarios públicos frente al incumplimiento de las normas contentivas de las infracciones que le fueran imputadas. Por tales razones, debe desestimarse el argumento esgrimido por la representación judicial de la parte actora sobre la inconstitucionalidad de la referida norma. Así se declara.

2.    *Sanciones accesorias*

**TSJ-SPA (0642)**                                                              **20-5-2009**

Magistrado Ponente: Levis Ignacio Zerpa

Caso: David Uzcátegui Campins vs. Contralor General De La República

**El artículo 105 de la Ley Orgánica de la Contraloría General de la República y del Sistema Nacional de Control Fiscal, prescribe al Contralor General de la República realizar la debida ponderación de la irregularidad cometida, con o sin intención, para entonces imponer las sanciones accesorias a que hubiese lugar.**

4. Con relación al argumento del accionante, según el cual está excluida la posibilidad de aplicar sanciones accesorias a aquéllos casos de declaratoria de responsabilidad administrativa objetiva, basándose en el hecho de que para su procedencia es necesario determinar la gravedad de la irregularidad cometida tal como prescribe el artículo 105 de la Ley Orgánica de la Contraloría General de la República y del Sistema Nacional de Control Fiscal, advierte la Sala que la citada norma faculta al Contralor General de la República para que de forma *exclusiva y excluyente* imponga las sanciones accesorias allí enumeradas, sin que medie ningún procedimiento, y luego de declarada la responsabilidad, independientemente de la objetividad o no de aquélla.

De hecho, no distingue el legislador sobre el tipo de responsabilidad que da origen a la sanción principal, sino que dicho dispositivo, esto es, el artículo 105 de la Ley Orgánica de la Contraloría General de la República y del Sistema Nacional de Control Fiscal, prescribe al

Contralor General de la República realizar la debida ponderación de la irregularidad cometida, con o sin intención, para entonces imponer las sanciones accesorias a que hubiese lugar.

En tal sentido, debe desecharse la denuncia formulada por la parte recurrente. Así se declara.

### TSJ-SPA (0642)                                        20-5-2009

Magistrado Ponente: Levis Ignacio Zerpa

Caso: David Uzcátegui Campins vs. Contralor General De La República

**La imposición de sanciones accesorias no debe ser inexorablemente declarada en el mismo acto de declaratoria de responsabilidad.**

6. En lo que respecta al alegato del recurrente, sobre que las sanciones accesorias deben estar previstas en el mismo acto mediante el cual se declara la responsabilidad administrativa, estima la Sala que carece totalmente de fundamento jurídico, pues no es suficiente argumentar a tal efecto que la norma contenida en el artículo 105 de la Ley Orgánica de la Contraloría General de la República y del Sistema Nacional de Control Fiscal dispone que la imposición de las sanciones allí previstas se hará "...*sin que medie ningún otro procedimiento...*", toda vez que dicha expresión alude, como se infiere del estudio integral del citado dispositivo, a que sólo se requiere para ello, realizar la ponderación de la entidad del ilícito cometido, atendiendo a la gravedad de la irregularidad cometida.

En este sentido, si bien ambos pronunciamientos pueden coexistir en un solo acto, como cuando es el propio Contralor General de la República la autoridad llamada legalmente a decidir sobre la responsabilidad administrativa de determinado funcionario, caso en el cual, eventualmente, luego de declarada aquélla, puede procederse de inmediato a imponer la sanción de inhabilitación, ello no implica que la imposición de sanciones accesorias deba ser inexorablemente declarada en el mismo acto de declaratoria de responsabilidad, como pretende el recurrente. Concluye así la Sala en la improcedencia de alegato examinado. Así se declara.

3.  *Responsabilidad disciplinaria*

### CSCA                                                   13-4-2009

Juez Ponente: Emilio Ramos González

Caso: Auristela Villaroel de Martínez vs. Instituto Nacional de la Vivienda (INAVI).

**El concepto de perjuicio como causal de destitución está estrechamente relacionado con la noción de daño. Por lo tanto, para que pueda concretarse la causal de destitución el daño ocasionado al patrimonio de la República debe ser relevante (grave).**

...Adujo la parte actora que el acto administrativo que originó su destitución está viciado de nulidad absoluta de conformidad con lo establecido en el artículo 19 de la Ley Orgánica de Procedimientos Administrativos, por ser violatorio del procedimiento legalmente establecido, razonando que "(...) el organismo querellado no probó en modo alguno los hechos configurativos del perjuicio material grave causado intencionalmente o por negligencia manifiesta al patrimonio de la República por parte de [su] mandante, fundamento de la Resolución contentiva de su destitución (...)".

Así las cosas, es preciso apuntar que el numeral 3 del artículo 62 de la Ley de Carrera Administrativa, que sirvió de base legal para motivar el acto administrativo de destitución de la ciudadana Auristela Villarroel de Martínez, establece que:

"(…) Artículo 62. Son causales de destitución:

(*omissis*)

3. Perjuicio material grave causado intencionalmente o por negligencia manifiesta al patrimonio de la República (…)".

En este sentido, es necesario señalar que el concepto de perjuicio está estrechamente relacionado con la noción de daño; en este orden argumental, para que pueda concretarse la causal de destitución el daño ocasionado al patrimonio de la República debe ser relevante (grave).

En consonancia con lo anterior, es menester acotar que el legislador ha exigido la concurrencia de dos (2) elementos para la procedencia de esta causal de destitución, los cuales son: la gravedad del perjuicio y la intencionalidad o negligencia manifiesta al patrimonio nacional. Con relación a la primera de las condiciones, es necesario indicar que el perjuicio si hay un perjuicio de menor relevancia, ese hecho será causal de amonestación escrita, pues el numeral 3 del artículo 60 de la Ley de Carrera Administrativa preceptúa que será causal de amonestación escrita el perjuicio material causado por negligencia manifiesta a los bienes de la República, siempre que la gravedad no amerite su destitución.

Ahora bien, siendo imposible medir la gravedad del daño, su estimación deberá realizarse racionalmente por la propia Administración en cada caso concreto, en base a la proporcionalidad que ésta debe observar en su actuación.

Sobre lo anterior, ha manifestado el autor venezolano Manuel Rojas Pérez que la noción de gravedad, es un concepto jurídico indeterminado, el cual no puede ser medido, sino en la medida del caso particularmente configurado; casuísticamente la Administración entrará a valorar si el perjuicio cometido indudablemente es de tal magnitud que puede considerarse como relevante al punto de corroborar que se configura la causal de destitución del funcionario público. En consecuencia, la Administración tendrá que estimar todos los elementos del daño, las razones por las cuales se ocasionó el perjuicio, la intencionalidad o no del funcionario, la comparación con otros casos donde hubo perjuicio. Pudiendo constituir un elemento de medición de la gravedad que el daño causado sea de tal dimensión que resulte relevante para la opinión pública (*Vid.* Fundación Estudios de Derecho Administrativo. *El Régimen Jurídico de la Función Pública en Venezuela*, Edit. Torino, Caracas 2004, p.106).

En este mismo orden de ideas, es significativo indicar que la causal contenida en el numeral 3 del artículo 62 de la Ley de Carrera Administrativa antes aludida, limita el perjuicio a que éste sea de naturaleza material; es decir, el daño causado a la Administración debe trascender la esfera de los derechos morales y pasar a ser un daño verificable, cuantitativo y objetivo, en consecuencia, el daño debe ser tangible.

Así, el daño material debe ser ocasionado al patrimonio público, por lo que los límites de ese daño grave se restringe aún más; por consiguiente, será menos espinoso fijar la gravedad o no de ese perjuicio, pues en el caso en específico de esta causal -numeral 3 del artículo 60 de la Ley de Carrera Administrativa- debe ser un perjuicio de trascendencia, es decir, apreciable a la vista de los particulares, de naturaleza monetaria y originado con la intención de causar un daño a la Administración, o con una negligencia tal, que sea estimada como inexcusable.

## Comentarios Jurisprudenciales

# COMENTARIOS SOBRE EL *"CASO: TRIBUNAL SUPREMO vs. LUIS BRITO GARCÍA"*, O DE CÓMO EL TRIBUNAL SUPREMO ADOPTA DECISIONES INTERPRETATIVAS DE SUS SENTENCIAS, DE OFICIO, SIN PROCESO NI PARTES, MEDIANTE "BOLETINES DE PRENSA" SOBRE TEMAS VINCULADOS A LA INMUNIDAD DE JURISDICCIÓN DEL ESTADO FRENTE A TRIBUNALES EXTRANJEROS

Allan R. Brewer-Carías
*Profesor de la Universidad Central de Venezuela*

**Resumen**: *El presente "comentario jurisprudencial" se refiere a la "novedosa" modalidad judicial creada por el Tribunal Supremo, sin asidero legal alguno, para expresar opinión en asuntos litigiosos mediante "Boletines de prensa" y "responder" críticas periodísticas formuladas por litigantes contra sus propias sentencias.*

El Tribunal Supremo de Justicia, mediante "Boletín de Prensa" publicado en su página web el 15 de junio de 2009 ("Autor: Prensa TSJ"), con el título: "Se consolida la inmunidad de Venezuela frente a tribunales extranjeros,"[1] decidió, presumiblemente en Sala Plena, emitir de oficio un pronunciamiento contentivo de conclusiones relativas al alcance de varias sentencias anteriores dictadas por una de sus Salas, la Sala Constitucional, sin que nadie se lo hubiese pedido, sin proceso constitucional alguno y, por tanto, sin partes ni contradictorio.

Las sentencias de la Sala Constitucional que fueron objeto de esta novedosa forma de ser interpretadas, fueron las siguientes: sentencia N° 97/09 (Caso: *Interpretación artículos 1 y 151 de la Constitución*, accionantes: Fermín Toro Jiménez y otros, de 11-02-2009)[2]; N° 1.942/03 (Caso: *Impugnación artículos Código Penal -Leyes de Desacato-*, accionante: Rafael Chavero Gazdik, de fecha 15-07-2003);[3] N° 1.541/08 (Caso: *Interpretación artículo 258 de la Constitución*, accionantes Hildegard Rondón de Sansó y otros, de fecha, 17-10-2008)[4] y N° 1.939/08 (Caso: *Interpretación de sentencia de la Corte Interamericana de Derechos*

---

1    Véase en www.tsj.gov.ve/informacion/notasdeprensa/notasdeprensa.asp?codigo=6941.

2    Véase en www.tsj.gov.ve/decisiones/scon/Febrero/97-11209-2009-08-0306.html. Exp-08-0306.

3    Véase en *Revista de Derecho Público*, N° 93-96, Editorial Jurídica Venezolana, Caracas 2003, pp. 136 ss., 164 ss., y 170 ss.

4    Véase en *Revista de Derecho Público*, N° 116, Editorial Jurídica Venezolana, Caracas 2008, pp. 129 ss.

*Humanos*, accionante: Procuraduría General de la República, abogados Gustavo Álvarez Arias y otros, de fecha 18-12-2008),[5] en las cuales se trataron diversas materias tales como la interpretación de las normas constitucionales sobre la inmunidad relativa de jurisdicción del Estado, el arbitraje internacional y el consentimiento del Estado, y la ejecutabilidad de las decisiones dictadas por tribunales internacionales.[6]

Ahora bien, del contenido de dicho "Boletín de Prensa," parecería deducirse, como lo afirmó el abogado y destacado escritor Luis Brito García (quien fue accionante en uno de los procesos constitucionales donde se dictó una de esas sentencias) en escrito de 21 de junio de 2009,[7] que se trataría de una nueva modalidad de dictar *"Sentencia por boletín de prensa,"* que habría adoptado el Tribunal Supremo de Justicia, en Pleno; modalidad decisoria irregular ante la cual Brito García se preguntó:

"¿Cómo debemos interpretar esta proclama pública espontánea de un tribunal que sólo puede pronunciarse a instancia de parte y mediante sentencia? ¿Su boletín es un veredicto? ¿Crea una nueva jurisdicción, la mediática? ¿Hace jurisprudencia? ¿Debe ser aplicado? ¿Fue acordado por mayoría de los magistrados?"[8]

Lo interesante a destacar es que la novedosa e irregular "sentencia por boletín de prensa," según lo afirmó el propio Brito García, se dictó al día siguiente de la aparición de unas declaraciones suyas el día 14 de junio de 2009, en el periódico *La Razón* con el título "Perdimos el derecho a ser juzgados según nuestras leyes, nunca las juntas arbitrales foráneas han favorecido a nuestro país,"[9] y presumiblemente en respuesta a las mismas, en las cuales criticó la decisión de la Sala Constitucional del Tribunal Supremo de Justicia Nº 97/09 (Caso: *Interpretación artículos 1 y 151 de la Constitución*, accionantes: Fermín Toro Jiménez y otros, de 11-02-2009),[10] que había declarado inadmisible la acción que él mismo, junto con otros abogados, había intentado, indicando que con la decisión, la Sala Constitucional pretendía "someter a Venezuela a la jurisdicción de tribunales y árbitros extranjeros en las controversias sobre sus contratos de interés público."[11] Ello, por supuesto no era cierto, ya que la Sala Constitucional se había limitado a declarar inadmisible una acción de interpretación de unos artículos de la Constitución que consideró no requerían tal interpretación, pues establecían el principio de la inmunidad relativa de jurisdicción del Estado.

---

5   Véase en *Revista de Derecho Público*, Nº 116, Editorial Jurídica Venezolana, Caracas 2008, pp. 236 ss. Véase además, Allan R. Brewer-Carías, "El juez constitucional vs. la justicia internacional en materia de derechos humanos", en *idem.*, pp. 249 ss.

6   Erradamente, sin embargo, en el "Boletín de Prensa" se utilizó la expresión "tribunales extranjeros" para referirse a los "internacionales." "Tribunales extranjeros," en realidad, son los tribunales de otros Estados, a cuyas decisiones no se refieren las sentencias objeto del Boletín de Prensa.

7   Véase, Luis Britto García, "¡Venezuela será condenada y embargada por jueces y árbitros extranjeros!," en www.aporrea.org/actualidad/a80479.html Fecha de publicación: 21-06-2009.

8   *Idem.*

9   Véase Carlos Díaz, entrevista a Luis Brito García, "Perdimos el derecho a ser juzgados según nuestras leyes, nunca las juntas arbitrales foráneas han favorecido a nuestro país," La razón, Caracas 14-06-2009. Publicado el 20-06-2009 por Luis Britto García en www.luisbrittogarcia. blogspot.com/2009/06/tsj-lesiono-soberania.html

10   Véase en www.tsj.gov.ve/decisiones/scon/Febrero/97-11209-2009-08-0306.html. Exp-08-0306.

11   *Idem.*

En todo caso, según lo que declaró Brito García, al día siguiente de formular sus declaraciones públicas (14-06-2009), el 15 de junio de 2009, el Tribunal Supremo de Justicia "publica un comunicado donde procura contradecir tales declaraciones."[12]

Ahora bien, para entender adecuadamente el alcance de la referida "sentencia por boletín de prensa" del Tribunal Supremo de Justicia, según la calificó Brito García, sin duda, hay que hacer referencia a los antecedentes del caso, comenzando por la propia sentencia de la Sala Constitucional N° 97/09 (Caso: *Interpretación artículos 1 y 151 de la Constitución*, accionantes: Fermín Toro Jiménez y otros, de 11-02-2009), que fue la criticada por Brito García, dictada, como se dijo, en un proceso en el cual él mismo fue accionante, y mediante la cual la Sala Constitucional declaró inadmisible la acción que había intentado junto con otros por falta de legitimación activa y, además, por considerar que las normas cuya interpretación se había requerido no necesitaban de interpretación alguna.

I.   LA SENTENCIA N° 97/09 DE LA SALA CONSTITUCIONAL DE DECLARATORIA DE LA INADMISIBILIDAD DE LA ACCIÓN DE INTERPRETACIÓN DE LOS ARTÍCULOS 1 Y 151 DE LA CONSTITUCIÓN POR FALTA DE LEGITIMIDAD DE LOS RECURRENTES

En efecto, en fecha 12 de marzo de 2008, varios ciudadanos, y entre ellos, Luis Brito García, interpusieron por ante la Sala Constitucional del Tribunal Supremo de Justicia, una acción de interpretación respecto del contenido y alcance de los artículos 1 y 151 de la Constitución de la República Bolivariana de Venezuela, en los cuales se dispone lo siguiente:

*Artículo 1.* La República Bolivariana de Venezuela es irrevocablemente libre e independiente y fundamenta su patrimonio moral y sus valores de libertad, igualdad, justicia y paz internacional en la doctrina de Simón Bolívar, el Libertador. Son derechos irrenunciables de la Nación la independencia, la libertad, la soberanía, la inmunidad, la integridad territorial y la autodeterminación nacional.

*Artículo 151.* En los contratos de interés público, si no fuere improcedente de acuerdo con la naturaleza de los mismos, se considerará incorporada, aun cuando no estuviere expresa, una cláusula según la cual las dudas y controversias que puedan suscitarse sobre dichos contratos y que no llegaren a ser resueltas amigablemente por las partes contratantes, serán decididas por los tribunales competentes de la República, de conformidad con sus leyes, sin que por ningún motivo ni causa puedan dar origen a reclamaciones extranjeras.

Después de reseñar todas las argumentaciones de los accionantes, la Sala Constitucional en su sentencia N° 97/09 (Caso: *Interpretación artículos 1 y 151 de la Constitución*, accionantes: Fermín Toro Jiménez y otros, de 11-02-2009),[13] resumió la pretensión de los mismos considerando que, en esencia, estimaban que:

"la interpretación conjunta y conciliada de los artículos 1 y 151 de la Constitución, en concordancia con la del 301 *ejusdem* [*sic*], conduce a que el primero deba ser considerado como principio rector privativo que integra los Principios Fundamentales, y el otro como su aplicación al caso específico de los contratos de interés público suscritos por el Estado con personas jurídicas privadas extranjeras. Mientras que el artículo 301, en desarrollo del principio de igualdad también consagrado en la Disposición Fundamental Primera, asimismo, impide admitir que personas, empresas u organizaciones extranjeras puedan excluirse de los tribunales y las leyes venezolanas, que son obligatorias para los nacionales".

12   Véase Luis Britto García, "¡Venezuela será condenada y embargada por jueces y árbitros extranjeros!," en www.aporrea.org/actualidad/a80479.html. Fecha de publicación: 21-06-2009.

13   Véase en www.tsj.gov.ve/decisiones/scon/Febrero/97-11209-2009-08-0306.html. Exp-08-0306.

Con base en ello, solicitaron a la Sala Constitucional que declarase que:

"la aparente excepción a que se contrae la regla general establecida en el artículo 151 de la Constitución es sólo aparente, y no restringe la regla de la irrenunciabilidad de la inmunidad de jurisdicción y legislación del Estado venezolano en materia de contratos de interés público, consagrada como principio rector en el artículo 1 *ejusdem* [*sic*]. Esto, porque alude a contratos de interés público que por su naturaleza son tratados internacionales y que por la condición de los sujetos que los celebran, Estados o empresas del sector público estatal con otros Estados u Organizaciones internacionales, son sujetos de Derecho Internacional Público".

Aparte de la improcedente confusión en la que incurrieron los accionantes al confundir "contratos de interés públicos" con "tratados internacionales," lo cual no tiene asidero alguno en el orden constitucional, en su escrito alegaron, según lo reseña la Sala Constitucional que si esta llegaba a considerar:

"que el referido artículo 151 de la Constitución si consagra una excepción a la regla de la inmunidad de jurisdicción y primacía de su [*sic*] legislación del Estado venezolano, en virtud de que dicha supuesta excepción estaría en contradicción flagrante con el principio del carácter irrenunciable de la inmunidad de jurisdicción y legislación consagrada en el artículo 1 *ejusdem* [*sic*] de los Principios Fundamentales, aplicable en forma privativa a todos los actos unilaterales o bilaterales, incluidos los contratos de interés público celebrados por el Estado venezolano, y de que también estaría en contradicción evidente con el principio de igualdad establecido en los artículos 1° [*sic*] y 301 *ejusdem* [*sic*], dicha excepción debe reputarse en lo adelante como eliminada del texto constitucional, es decir, deberá ser declarada inexistente, ya que ni siquiera otra norma constitucional puede contradecir o invalidar las comprendidas como Principios Fundamentales en el Título I de la Constitución de la República Bolivariana de Venezuela".

La Sala Constitucional en su sentencia, como se dijo, declaró la inadmisibilidad de la acción de interpretación constitucional propuesta, para lo cual analizó las condiciones de admisibilidad de dicha acción que, como se sabe, es de creación de la propia Sala Constitucional.[14] Entre esas condiciones, en particular respecto de la legitimación para accionar, la Sala ha exigido que los accionantes deben "ostentar un *interés personal, directo y actual* que derive de una situación jurídica concreta, como consecuencia inmediata de la incertidumbre que se origina con respecto al contenido y alcance de un precepto constitucional que afecta francamente la esfera de intereses del requirente." La consecuencia de este criterio es que según la Sala, el fundamento del interés de quien solicita la interpretación tiene que ser la existencia de una situación jurídica, eventualmente dañosa para el solicitante, derivada de la duda planteada respecto del contenido de una norma constitucional a un caso concreto; de lo que resulta necesario que "dicho interés esté vinculado a un situación jurídica actual, no virtual o hipotética, a fin de evitar que la interpretación dada por la Sala se convierta en un mero ejercicio académico, sin la finalidad práctica de integrar o armonizar la Norma Fundamental."[15]

En el caso concreto de la acción interpuesta por Brito García y otros, la Sala Constitucional constató que los accionantes se habían arrogado:

---

14    Véase sentencia N° 1077/2000, caso *Servio Tulio León*, en *Revista de Derecho Público*, N° 83, Editorial Jurídica Venezolana, Caracas 2000, pp. 247 ss.

15    Véase también sentencia N° 1383/2008, caso *Luis Hueck Henríquez*, en *Revista de Derecho Público*, N° 112, Editorial Jurídica Venezolana, Caracas 2008, pp. 596-601.

"la representación de los intereses difusos del pueblo venezolano que, genéricamente, resultaría afectado por una interpretación constitucional que denuncian contraria al principio de soberanía y autodeterminación de la República Bolivariana de Venezuela, pues –en su criterio- el establecimiento de cláusulas compromisorias en los contratos de interés público supondría una declinatoria inexcusable de la jurisdicción del Estado a favor de árbitros u órganos de justicia extranjeros."

Sin embargo, en el caso, la Sala estimó que los accionantes no plantearon hecho concreto alguno que articulado con las normas cuya interpretación solicitaron, pudieran estas afectar "de manera directa o siquiera eventual sus situaciones jurídicas, como consecuencia de la presunta oscuridad de las disposiciones de la Carta Magna antes referidas." De ello concluyó la Sala que "el interés procesal de los accionantes" resultaba "insuficiente," declarando la demanda como "inadmisible al carecer los accionantes de la legitimación requerida para intentarla."

Sin embargo, la sala Constitucional consideró necesario también referirse a las normas constitucionales cuya interpretación se solicitó, y llegó a la conclusión de que las mismas no sólo no eran oscuras o dudosas, sino que ya habían sido objeto de interpretación. En particular, la Sala se refirió a su sentencia previa N° 1541/2008 (Caso: *Interpretación artículo 258 de la Constitución*, accionantes Hildegard Rondón de Sansó y otros, de fecha, 17-10-200),[16] en la cual ya se había efectuado un amplio análisis de las disposiciones constitucionales de cuyo contenido los accionantes derivaban una aparente contradicción.

A tal efecto, en particular, la Sala indicó sobre el alcance del artículo 151 de la Constitución respecto de la posibilidad de someter a arbitraje internacional la solución de controversias relativas a contratos de interés público, que compartía el criterio que había sentado en sentencia del 17 de agosto de 1999, la Sala Político Administrativa de la antigua Corte Suprema de Justicia (Caso *Apertura petrolera*),[17] en relación con el artículo 127 de la Constitución de 1961 (equivalente al artículo 151 de la Constitución de 1999), en el sentido de que:

"resulta evidente (…), que la redacción de la citada norma no deja la menor duda de que el constituyente al incorporar en los contratos de interés público la excepción si no fuera improcedente de acuerdo con la naturaleza de los mismos se acogió al sistema de inmunidad relativa que ya había establecido la constitución de 1947.

Sistema que por lo demás impera en los países desarrollados, que permanentemente someten sus controversias internacionales a los árbitros que elijan uno u otro Estado, buscando con ello evitar que la jurisdicción interna de alguno de ellos tienda -como pareciera inevitable- a favorecer a su país en la disputa de que se trate (…)'.

Respecto de ello, la Sala Constitucional en la mencionada sentencia N° 97/09 (Caso: *Interpretación artículos 1 y 151 de la Constitución*, accionantes: Fermín Toro Jiménez y otros, de 11-02-2009),[18] consideró que dentro de las condiciones generales que fomentan y permiten la inversión extranjera en el mundo contemporáneo, es "una práctica común y deseada por la mayoría de los inversionistas, la necesidad de someter las posibles diferencias derivadas del desarrollo de las correspondientes actividades económicas, a una jurisdicción que a

---


16    Véase en *Revista de Derecho Público*, N° 116, Editorial Jurídica Venezolana, Caracas 2008, pp. 129 y ss.

17    Véase el texto en Allan R. Brewer-Carías (Compilador), Documentos del Juicio de la Apertura Petrolera (1996-1999), Caracas 2004, en www.allanbrewercarias.com (Biblioteca Virtual, I.2. Documentos, N° 22, 2004, pp. 280-328).

18    Véase en www.tsj.gov.ve/decisiones/scon/Febrero/97-11209-2009-08-0306.html. Exp-08-0306.

juicio de las partes interesadas no tienda a favorecer los intereses internos de cada Estado o de particulares envueltos en la controversia;" considerando además, que:

"el constituyente al incluir al arbitraje en el sistema de justicia de la República, atendió bajo un enfoque pragmático a la necesidad de permitir en nuestro ordenamiento jurídico constitucional, que en contratos de interés general el Estado tenga la posibilidad de someter los conflictos que se produzcan con ocasión de los mismos a la jurisdicción arbitral y así viabilizar las relaciones económicas internacionales necesarias para el desarrollo del país."

Concluyó la Sala indicando que "en aquellos contratos de interés general en los cuales se incorpore una cláusula arbitral no resulta errado afirmar que los mismos deben inscribirse dentro de la cláusula de inmunidad jurisdiccional relativa;" y que:

"Por lo tanto, en el contexto constitucional vigente y desde una perspectiva relativa a la determinación de la jurisdicción, resulta imposible sostener una teoría de la inmunidad absoluta o afirmar en términos generales la inconstitucionalidad de las cláusulas arbitrales en contratos de interés general, por el contrario, para determinar la validez y extensión de la respectivas cláusulas arbitrales se deberá atender al régimen jurídico particular correspondiente."

Concluyó la Sala afirmando que la interpretación anterior,

"consolida el **principio de soberanía**, en tanto reconoce la posibilidad del Estado de actuar en el marco constitucional y legal, para someter controversias relativas a contratos de interés general al sistema de justicia y particularmente a la actividad jurisdiccional desarrollada por los árbitros; por lo que resulta responsabilidad del Estado determinar el alcance, oportunidad y conveniencia, para someter determinados 'negocios' a un sistema de arbitraje u otro medio alternativo de resolución de conflictos; lo cual por lo demás, en forma alguna se vincula con un pronunciamiento respecto a la determinación del ordenamiento jurídico aplicable para la resolución del conflicto, sino se refiere exclusivamente a la posibilidad de someter a arbitraje las correspondientes controversias."

Finalmente la Sala indicó que "en aquellos contratos de interés general en los cuales se incorpore una cláusula arbitral no resulta errado afirmar que los mismos deben inscribirse dentro de la cláusula de inmunidad jurisdiccional relativa;" y que dicho aserto *"en forma alguna se constituyen en un cambio de criterio de esta jurisdicción constitucional en la materia."*[19] En la sentencia N° 97/09 (Caso: *Interpretación artículos 1 y 151 de la Constitución*, accionantes: Fermín Toro Jiménez y otros, de 11-02-2009)[20] de declaratoria de inadmisibilidad de la acción de interpretación de los artículos 1 y 151 de la Constitución, la Sala Constitucional además, hizo referencia a otra sentencia anterior, N° 1.942/03, dictada con motivo de la ejecución de las decisiones de órganos judiciales internacionales (Caso: *Impugnación artículos Código Penal-Leyes de desacato*, accionante Rafael Chavero G.)[21] en la cual se afirmó que:

"si bien es posible que el Estado se someta válidamente a la jurisdicción internacional, en caso que la decisión del correspondiente órgano contraríe el sistema jurídico constitucional interno, la misma sería inejecutable en la República, circunstancia que no debería producirse en la medida que la misma esté fundamentada correctamente en el marco jurídico aplicable para la resolución del correspondiente conflicto, como serían tratados internacionales, leyes o disposiciones contractuales, los cuales en todo caso deberán necesariamente atender a las normas de orden público de cada Estado en los cuales se pretenda ejecutar la decisión."

---

19    Véase en www.tsj.gov.ve/decisiones/scon/Febrero/97-11209-2009-08-0306.html. Exp-08-0306.

20    *Ídem.*

21    Véase en *Revista de Derecho Público*, N° 93-96, Editorial Jurídica Venezolana, Caracas 2003, pp. 136 ss., 164 ss., y 170 ss.

Con base en los razonamientos contenidos en las sentencias citadas, concluyó la Sala en su sentencia N° 97/09 declaratoria de inadmisibilidad de la acción de interpretación de los artículos 1 y 151 de la Constitución, por falta de legitimación activa, que:

"no existe una duda razonable respecto de los alcances de los artículos 1 y 151 de la Constitución y, por el contrario, de tales normas deriva una relación armónica que en ningún caso niega la soberanía o contradice el principio de autodeterminación de la República Bolivariana de Venezuela; motivo por el cual la demanda intentada también resulta inadmisible, en razón de la inexistencia de oscuridad en las disposiciones constitucionales analizadas. Así se decide."

II.  LA CRÍTICA FORMULADA A LA SENTENCIA N° 97/09 DE LA SALA CONSTITUCIONAL DE DECLARATORIA DE LA INADMISIBILIDAD DE LA ACCIÓN DE INTERPRETACIÓN DE LOS ARTÍCULOS 1 Y 151 DE LA CONSTITUCIÓN

Con fecha 14 de junio de 2009, como se ha dicho, en declaraciones dadas al diario *La Razón*, Luis Brito García criticó[22] la sentencia de la Sala Constitucional N° 97/09 (Caso: *Interpretación artículos 1 y 151 de la Constitución*, accionantes: Fermín Toro Jiménez y otros, de 11-02-2009)[23], antes reseñada, considerando que con la misma, la Sala pretende "ni más ni menos que destruir la soberanía de Venezuela," considerando que ésta:

"comprende el poder absoluto y perpetuo de la República de darse las propias leyes, aplicarlas con las propias autoridades y solucionar las controversias sobre su aplicación según dichas leyes y con los tribunales propios."

Estos principios son inherentes a la noción misma de soberanía, y desde 1868, el internacionalista argentino Carlos Calvo, indignado por la invasión de Francia e Inglaterra contra México, sostuvo que: 1) Los Estados no pueden ingerirse en los asuntos de otros, en virtud del principio de igualdad entre ellos, 2) los extranjeros no pueden gozar de mayores derechos y privilegios que los nacionales, 3) y empresas y ciudadanos extranjeros deben solucionar sus controversias ante los tribunales internos del Estado territorial donde están establecidos."[24] Luego de hacer referencia a la Cláusula Calvo,[25] de larga tradición en Venezuela y en Amé-

---

22   Véase Carlos Díaz, "Perdimos el derecho a ser juzgados según nuestras leyes, nunca las juntas arbitrales foráneas han favorecido a nuestro país", entrevista a Luis Britto García, La Razón, Caracas 14-06-2009; publicado el 20-06-2009 por Luis Britto García en www.luisbrittogarcia. blogspot.com/2009/06/tsj-lesiono-soberania.html.

23   Véase en www.tsj.gov.ve/decisiones/scon/Febrero/97-11209-2009-08-0306.html. Exp-08-0306.

24   Véase Carlos Díaz, "Perdimos el derecho a ser juzgados según nuestras leyes, nunca las juntas arbitrales foráneas han favorecido a nuestro país", entrevista a Luis Britto García, La Razón, Caracas 14-06-2009; publicado el 20-06-2009 por Luis Britto García en www.luisbrittogarcia. blogspot.com/2009/06/tsj-lesiono-soberania.html.

25   Esta Cláusula tuvo su origen en los trabajos de Carlos Calvo, quien la formuló en su libro Tratado de Derecho Internacional, publicado inicialmente en 1868, después de estudiar la intervención Franco-Británica en el Río de la Plata y la intervención de Francia en México. La Cláusula Calvo fue adoptada por primera vez en Venezuela en la Constitución de 1893 como respuesta a los reclamos diplomáticos formulados por países Europeos contra Venezuela como consecuencia de contratos firmados por el país con ciudadanos extranjeros. Véase Bogdanowsky de Maekelt, Tatiana, "Inmunidad de Jurisdicción de los Estados" en *Libro Homenaje a José Melich Orsini*, Vol. 1, Caracas 1982, pp. 213 ss.; Brewer-Carías, Allan R. "Principios especiales y estipulaciones obligatorias en la contratación administrativa," en *El Derecho Administrativo en Latinoamérica*, Vol. II, Ediciones Rosaristas, Colegio Mayor Nuestra Señora del Rosario, Bogotá 1986, pp. 345-378; Brewer-Carías, Allan R. "Algunos aspectos de la inmunidad jurisdiccional de los Estados y la cuestión de los actos de Estado (act of state) en la jurisprudencia norteamericana" en *Revista de*

rica Latina, conforme a la cual, según lo expresa el mismo artículo 151 de la Constitución las controversias que puedan suscitarse con motivo de contratos de interés público "por ningún motivo ni causa pueden dar origen a reclamaciones extranjeras;" Brito García consideró, a pesar de que la sentencia criticada sólo declaró la inadmisibilidad de su acción de interpretación, y ratificó el contenido del artículo 151 de la Constitución que admite el arbitraje internacional en los contratos públicos,[26] que con la sentencia, el Estado:

"en primer lugar, pierde el derecho a ser juzgado según sus propias leyes. En segundo lugar, pierde el derecho a ser juzgado por sus propios tribunales. En tercer lugar, tiene que improvisar complejos y costosos mecanismos de defensa en territorios extranjeros, o encomendar sus intereses a bufetes mercenarios. Y, en fin, prácticamente nunca las juntas arbitrales foráneas han favorecido a nuestro país, y en líneas generales deciden contra los países en vías de desarrollo y a favor de las transnacionales."

Todas estas afirmaciones, por supuesto carecen de base, pues la sentencia, al declarar inadmisible la acción propuesta, ratificó el contenido del artículo 151 de la Constitución que establece el principio de la inmunidad relativa de jurisdicción del Estado. Sin embargo, distorsionando la sentencia, Brito García, ante la pregunta que se le formuló sobre si con "este precedente legislativo (sic) se puede aniquilar la soberanía legislativa y jurisdiccional en Venezuela", respondió que:

"Lamentablemente sí. De ahora en adelante será inútil que Venezuela legisle en defensa de sus intereses, porque las controversias sobre sus contratos de interés público podrían ser decididas de acuerdo con otras leyes foráneas, o por el parecer libre de una junta arbitral. Será igualmente inútil que Venezuela tenga tribunales, porque las decisiones más importantes relativas a su interés público serán adoptadas por órganos foráneos."

De nuevo, se trata de afirmaciones sin fundamento jurídico pues el principio de la inmunidad relativa de jurisdicción deja precisamente en manos del Estado la decisión soberana de someter o no las controversias que surjan de contratos de interés público a tribunales nacionales o a tribunales arbitrales internacionales.

Finalmente, en cuando al significado de la sentencia del Tribunal Supremo de 97/09, y las diferencias que podría tener comparada con las adoptadas por la antigua Corte Suprema de Justicia antes de 1999 ("Cuarta República") en materia de soberanía, Brito García llegó a decir, también sin fundamento alguno, que "ni siquiera la Cuarta República se había atrevido a negar la soberanía de Venezuela en términos tan categóricamente inconstitucionales."

III.  EL BOLETÍN DE PRENSA DEL TRIBUNAL SUPREMO EN RESPUESTA A LA CRÍTICA PERIODÍSTICA DE UN LITIGANTE O LA "SENTENCIA MEDIANTE BOLETÍN DE PRENSA"

Fue precisamente al día siguiente de las declaraciones antes mencionadas dadas por Luis Brito García, criticando la sentencia de la Sala Constitucional Nº 97/09 (Caso: *Inter-*

---

Derecho Público Nº 24, Editorial Jurídica Venezolana, Caracas Octubre-Diciembre 1985, pp. 29-42.

26  Véase sobre el tema, Sansó de Ramírez, Beatrice, "La inmunidad de jurisdicción en el Artículo 151 de la Constitución de 1999," en *Libro Homenaje a Enrique Tejera París, Temas sobre la Constitución de 1999*, Centro de Investigaciones Jurídicas (CEIN), Caracas 2001, pp. 333-368; Morles, Alfredo, "La inmunidad de Jurisdicción y las operaciones de Crédito Público" en *Estudios sobre la Constitución, Libro Homenaje a Rafael Caldera*, Vol. III, Caracas 1979, pp. 1701 ss.; Brewer-Carías, Allan R.. *Contratos Administrativos*, Colección Estudios Jurídicos Nº 44, Editorial Jurídica Venezolana, Caracas 1992, pp. 262-265.

*pretación artículos 1 y 151 de la Constitución*, accionantes: Fermín Toro Jiménez y otros, de 11-02-2009)[27], que había declarado la inadmisibilidad de la acción de interpretación que junto con otros había propuesto respecto de los artículos 1 y 151 de la Constitución, cuando apareció publicado en la página web del Tribunal Supremo de Justicia, un "Boletín" o "nota" de prensa cuya autoría se atribuye a "Prensa/TSJ" con el título "Se consolida la inmunidad de Venezuela frente a tribunales extranjeros,"[28] en el cual el Tribunal Supremo formuló una serie de conclusiones respecto del contenido de las sentencias de la Sala Constitucional N° 97/09, 1.942/03, 1.541/08 y 1.939/08, antes mencionadas.

Este "Boletín de prensa," como se ha dicho, fue considerado por Brito García como la "respuesta" del Tribunal Supremo a la crítica periodística que él había formulado contra la decisión de la Sala Constitucional, calificándolo como una *"sentencia por boletín de prensa"* para cuya preparación -dijo-, el Tribunal Supremo se habría tomado un sólo día, en contraste con el año que se había tomado sentenciando "en contra de nuestro país" ("Celeridad contra los venezolanos, tardanza para defender la soberanía de Venezuela"); agregando que lo "más insólito" es que con el Boletín, el Tribunal Supremo,

> "tras denegar justicia sobre los recursos que le interponemos, salga sin que nadie se lo pida a pronunciarse sobre las opiniones de los ciudadanos a quienes consideró despojados de "interés y legitimación".

En todo caso, en la "sentencia-boletín" o "boletín-sentencia" como la calificó Brito, el Tribunal Supremo formuló las siguientes conclusiones:

Primero, comenzó afirmando al referirse a las anteriores sentencias de la Sala Constitucional que comenta, que:

> "es falso que con base a las mismas, se afirme que el Poder Judicial venezolano no tiene potestad soberana para decidir las controversias sobre contratos de interés público suscritos por la República o someta las controversias derivadas de los mismos a los tribunales extranjeros, por el contrario, las mencionadas sentencias reiteran que el Estado es absolutamente soberano, por lo que no puede someterse a tribunales extranjeros en tanto no exista una manifestación válida, expresa e inequívoca para dirimir sus conflictos en órganos jurisdiccionales extranjeros."

De ello resulta la ratificación del criterio sentado por la Sala Constitucional en el sentido de que de acuerdo con los artículos 151 y 258 de la Constitución, el Estado, en ejercicio de su poder soberano puede consentir someter controversias relativas a contratos de interés nacional a tribunales arbitrales internacionales, conforme a la cláusula de inmunidad relativa de jurisdicción establecida en la Constitución.

En segundo lugar, el Tribunal Supremo afirmó que "no es cierto que conforme a tales fallos bastaría el consentimiento de un funcionario para que Venezuela sea juzgada y condenada por árbitros o tribunales extranjeros de acuerdo con leyes foráneas," pues para ello se requiere "un consentimiento de las altas autoridades del Poder Nacional" haciendo referencia a lo previsto en los artículos 11 a 13 de la Ley Orgánica de la Procuraduría General de la República, y artículo 3 de la Ley de Arbitraje Comercial. Debe decirse, sin embargo, que estas normas no regulan consentimiento alguno: la primera se refiere a la necesidad de que los contratos públicos que contengan cláusulas arbitrales deban someterse al estudio jurídico del abogado del Estado (Procuraduría General de la República); el segundo artículo se refiere

---

27    Véase en www.tsj.gov.ve/decisiones/scon/Febrero/97-11209-2009-08-0306.html. Exp-08-0306.

28    Véase en www.tsj.gov.ve/informacion/notasdeprensa/notasdeprensa.asp?codigo=6941.

a los tipos de controversias que no pueden ser sometidas a arbitraje, como por ejemplo, las que sean contrarias al orden público. Es el artículo 4 de esta Ley el que exige que en los contratos en los cuales una de las partes del acuerdo arbitral sea un ente público, se requiera la autorización por escrito del Ministro de tutela respectivo.[29]

En tercer lugar, el Tribunal indicó que:

"las sentencias reiteran, que en el caso de arbitrajes de inversión o la aprobación de cualquier otro mecanismo que suponga el sometimiento a una jurisdicción internacional -vgr. Corte Penal Internacional, Corte Interamericana de Derechos Humanos, Tribunales subregionales como el Tribunal Andino, centros de arbitraje, conciliaciones, entre otros-, su validez y eficacia requiere, no solo de la manifestación de voluntad del Presidente de la República, sino además de una ley aprobatoria del tratado por parte de la Asamblea Nacional."

En cuarto lugar, el Tribunal también indicó, al reafirmar "el principio de soberanía y autodeterminación de la República" que:

"es posible que el Estado Venezolano de acuerdo a las normas aplicables, pueda denunciar o modificar los convenios suscritos -antes de 1999- con otras naciones en los cuales se sometió la resolución de controversias a órganos internacionales. Muestra de ello, es la sentencia N° 1.939/08, en la cual la Sala Constitucional exhortó al Ejecutivo Nacional para que denunciara la Convención Americana sobre Derechos Humanos, que sometió a la República a la jurisdicción de la Corte Interamericana de los Derechos Humanos, ante la evidente usurpación de funciones en que incurrió la misma."

En quinto lugar, en particular, en relación con el artículo 22 de la Ley de Promoción y Protección de Inversiones que contiene el consentimiento expreso unilateralmente formulado por el Estado para someter la resolución de controversias en materia de inversiones a tribunales arbitrales internacionales,[30] el Tribunal Supremo en su "Boletín de prensa" declaró al contrario, confundiendo "tribunales arbitrales internacionales" con "jurisdicciones de otros países," que:

"Las sentencias eliminan el riesgo que significaba interpretar al artículo 22 de la Ley de Promoción y Protección de Inversiones como una oferta o invitación abierta de Venezuela a someterse a la jurisdicción de otros países, tal y como se ha intentado plantear en el foro internacional, por sujetos con intereses contrarios a la República Bolivariana de Venezuela, como es el caso de las grandes trasnacionales de la energía."

En verdad, sin embargo, esto último sólo fue decidido en la sentencia de la Sala Constitucional N° 1.541/08 (Caso: *Interpretación artículo 258 de la Constitución*, accionantes Hildegard Rondón de Sansó y otros, de fecha, 17-10-2008)[31] que fue dictada al resolver una acción de interpretación constitucional del artículo 258 de la Constitución, pero que resultó en una interpretación del mencionado artículo 22 de la Ley de Promoción y protección de Inversiones de 1999.

---

29   Véase por ejemplo, Brewer-Carías, Allan R., "El arbitraje y los contratos de interés nacional," en *Seminario sobre la Ley de Arbitraje Comercial*, Biblioteca de la Academia de Ciencias Políticas y Sociales, Serie Eventos, N° 13, Caracas 1999, pp. 169-204.

30   Véase lo que expusimos en Brewer-Carías, Allan R., "Algunos comentarios a la Ley de Promoción y Protección de Inversiones: contratos públicos y jurisdicción," en *Arbitraje comercial interno e internacional. Reflexiones teóricas y experiencias prácticas*, Serie Eventos 18, Academia de Ciencias Políticas y Sociales, Caracas 2005, pp. 279-288.

31   Véase en *Revista de Derecho Público*, N° 116, Editorial Jurídica Venezolana, Caracas 2008, pp. 129 y ss.

En sexto lugar, en la llamada por Brito "sentencia mediante boletín de prensa," el Tribunal Supremo señaló que:

"Las sentencias exhortan el establecimiento de centros alternativos a los pertenecientes a las grandes potencias, destacándose la reciente iniciativa de los Presidentes de Tribunales Supremos de UNASUR, por constituir centros de arbitrajes latinoamericanos (*vid.* Declaración de Nueva Esparta, de la III Cumbre de Presidentes de Poderes Judiciales de UNASUR)."

En séptimo lugar, el Tribunal Supremo constató que las sentencias reconocían y consolidaban "la actividad desarrollada por el gobierno de la República a lo largo de casi diez años de vigencia de la Constitución, tiempo en el cual se han celebrado diversos convenios y acuerdos, en los cuales se somete a la República a órganos jurisdiccionales internacionales, tales como tratados bilaterales de protección de inversiones suscritos con países amigos como Argentina, Cuba e Irán."

En octavo lugar, las sentencias reiteraron las consideraciones formuladas en la sentencia N° 1.942/03 (Caso: *Impugnación artículos Código Penal -Leyes de Desacato-*, accionante: Rafael Chavero Gazdik, de fecha 15-07-2003);[32] respecto a la ejecución de las decisiones de órganos judiciales internacionales, según la cual:

"(…) como principio general, la preeminencia de la soberanía que sólo puede ser derogada por vía de excepción en casos singulares y precisos (…) las decisiones de los órganos judiciales internacionales existentes, institucionales o *ad hoc* (arbitrales), de carácter sectorial, para su ejecución en el Estado destinatario, no pueden obviar impunemente la soberanía nacional de estos (…). En caso de menoscabo de la Constitución, es posible sostener que, aun en esta hipótesis, no hay lugar a responsabilidad internacional por la inejecución del fallo, por cuanto éste atenta contra uno de los principios existenciales del orden internacional, como es el debido respeto a la soberanía estatal. El respeto al derecho interno de cada país y el agotamiento de la jurisdicción interna, son valores constantes para que proceda la decisión de esos órganos jurisdiccionales supranacionales, transnacionales o internacionales (…). El respeto al derecho interno se convierte así en un requisito previo, que sirve de dique de contención a que se dicten fallos que desconozcan, al menos, las normas constitucionales de los suscritores de los Convenios o Tratados. Planteado así, ni los fallos, laudos, dictámenes u otros actos de igual entidad, podrán ejecutarse penal o civilmente en el país, si son violatorios de la Constitución, por lo que por esta vía (la sentencia) no podrían proyectarse en el país, normas contenidas en Tratados, Convenios o Pactos sobre Derechos Humanos que colidiesen con la Constitución o sus Principios rectores (…)". (Sentencia de la Sala Constitucional N° 1.942/03).

Por último, en noveno lugar, el "Boletín de Prensa" del Tribunal Supremo reafirmó que "toda decisión o laudo internacional, puede ser objeto de control constitucional, si se pretende ejecutar en Venezuela, tal y como lo asentó la Sala Constitucional en el fallo N° 1.939/08, en el caso: *"Corte Interamericana de Derechos Humanos vs. Jueces de la Corte Primera de lo Contencioso Administrativo"*, y en la decisión N° 1.541/08, que a su vez ratifica la sentencia N° 1.942/03."

Luego de la emisión del "Boletín de prensa" antes comentado, el mismo abogado Luis Brito García reaccionó contra la "respuesta" a sus declaraciones del Tribunal Supremo que contenía, calificándolo, como se ha dicho, como una "sentencia por boletín de prensa" dictada "sin que nadie se lo pida a pronunciarse sobre las opiniones de los ciudadanos a quienes consideró despojados de 'interés y legitimación".

---

32    Véase en *Revista de Derecho Público*, N° 93-96, Editorial Jurídica Venezolana, Caracas 2003, pp. 136 ss., 164 ss., y 170 ss.

Independientemente de los calificativos emitidos por Luis Brito García, ante el "Boletín de prensa" comentado, y de lo errado de sus apreciaciones sobre lo que en verdad se estableció en la sentencia N° 97/09 (Caso: *Interpretación artículos 1 y 151 de la Constitución*, accionantes: Fermín Toro Jiménez y otros, de 11-02-2009),[33] sin duda, la reacción del Tribunal Supremo ante una crítica periodística constituye una "novedosa" forma judicial de un tribunal de expresar su "opinión" sobre determinados asuntos litigiosos, la cual debe ser rechazada, pues además de inconveniente, es ilegal por no tener competencia alguna el Tribunal para ello. Todavía en Venezuela, y a pesar de la ampliación de los poderes de actuación de oficio que se ha construido la Sala Constitucional,[34] por el principio dispositivo sigue siendo el norte del debido proceso en Venezuela.

New York, julio 2009

---

[33]   Véase en www.tsj.gov.ve/decisiones/scon/Febrero/97-11209-2009-08-0306.html. Exp. 08-0306.

[34]   Véase Brewer-Carías, Allan R., "Régimen y alcance de la actuación judicial de oficio en materia de justicia constitucional en Venezuela", en *Estudios Constitucionales. Revista Semestral del Centro de Estudios Constitucionales*, Año 4, N° 2, Universidad de Talca, Santiago, Chile 2006, pp. 221-250.

# ÍNDICE

# ÍNDICE ALFABÉTICO DE LA JURISPRUDENCIA